更轻

更简

更适合做朋友的一本书

这本书带给你的不仅是知识

2022年度全国会计专业技术资格考试

中级经济法 应试指南

上册

- 侯永斌 主编
- 正保会计网校 编

感恩22年相伴 助你梦想成真

中国商业出版社

图书在版编目（CIP）数据

中级经济法应试指南：上下册 / 侯永斌主编；正保会计网校编. —北京：中国商业出版社，2022.1
2022年度全国会计专业技术资格考试
ISBN 978-7-5208-2022-6

Ⅰ.①中… Ⅱ.①侯… ②正… Ⅲ.①经济法-中国-资格考试-自学参考资料 Ⅳ.①D922.29

中国版本图书馆 CIP 数据核字（2022）第 020751 号

责任编辑：黄世嘉

中国商业出版社出版发行
（www.zgsycb.com　100053　北京广安门内报国寺1号）
总编室：010-63180647　编辑室：010-63033100
发行部：010-83120835/8286
新华书店经销
天津市蓟县宏图印务有限公司印刷

*

787 毫米×1092 毫米　16 开　30.5 印张　781 千字
2022 年 1 月第 1 版　2022 年 1 月第 1 次印刷
定价：88.00 元

* * * *

（如有印装质量问题可更换）

前言

"人能不食十二日,惟书安可一日无。"

"不读书的人,思想就会停止。"

全国会计专业技术资格考试是我国评价选拔会计人才、促进会计人员成长的重要渠道,也是增强会计人员专业知识、提高业务水平的有效途径,所以备考中级会计职称考试是重要的。在会计考证道路上,通过中级会计职称考试是有难度的,需要下一番工夫好好备考学习才行。

为满足考生中级会计职称考试的备考需求,正保会计网校的辅导老师潜心研究考试大纲和命题规律,精心策划、编写,于是有了这样三本书:《中级会计实务应试指南》《中级财务管理应试指南》《中级经济法应试指南》。这三本书针对中级会计职称考试不同学科的专业特性与考试要求,可谓是各具特色。

《中级经济法应试指南》主编老师以有趣的守关大将为主题,让中级经济法的知识活灵活现,让知识不再枯燥无味。知识讲解部分穿插着"老侯提示"版块,以简洁、生动的语句点拨知识,解决学习中的记忆难点和易混淆知识点,帮助学生看清知识"陷阱"。同时,每一章汇集了主编老师精心挑选的习题,其中对重点题目、重点解析均进行了特别标记,使学生在练习过程中能不断巩固、加深对知识的理解与记忆。

最后,很开心在备考中级会计职称考试阶段我们相遇,也许你曾因初级会计职称考试、注册会计师考试或者其他考试曾与"指南"为伴,那么不论我们是初见还是重逢,"指南"的备考陪伴都有一个共同的祝愿：希望未来的日子"指南"能助你通过考试。相信在未来的日子，你与"指南"熟悉了解之后，你会发现它带给你的不仅仅是知识，也是一段值得沉淀的时光和一份难以忘怀的经历。

编　者

 小保提示

　　由于时间所限，书中难免存在疏漏，敬请批评指正。最后，小保祝福大家顺利通过考试。

正保文化官微

关注正保文化官方微信公众号——财会上分青年，回复"勘误表"，获取本书勘误内容。

正保远程教育

- **发展**：2000—2022年：感恩22年相伴，助你梦想成真
- **理念**：学员利益至上，一切为学员服务
- **成果**：20个不同类型的品牌网站，涵盖13个行业
- **奋斗目标：构建完善的"终身教育体系"和"完全教育体系"**

正保会计网校

- **发展**：正保远程教育旗下的第一品牌网站
- **理念**：精耕细作，锲而不舍
- **成果**：每年为我国财经领域培养数百万名专业人才
- **奋斗目标：成为所有会计人的"网上家园"**

"梦想成真"书系

- **发展**：正保远程教育主打的品牌系列辅导丛书
- **理念**：你的梦想由我们来保驾护航
- **成果**：图书品类涵盖会计职称、注册会计师、税务师、经济师、资产评估师、审计师、财税、实务等多个专业领域
- **奋斗目标：成为所有会计人实现梦想路上的启明灯**

图书特色

1 "天下大势"——备考攻略

解读考试**整体情况**，
了解大纲**总体框架**

一、天时——"经济法"的总体情况及大纲内容体系
(一)"经济法"的总体情况
作为中级会计资格考试"三兄弟之一"的"经济法"，与"中级会计实务"和"财务管理"相比并

二、地利——考核方式、题型题量与应对策略
(一)考核方式
自2017年以来，中级会计资格考试采用"无纸化"(计算机)形式进行，2022年由于报考人

三、人和——学习方法
(一)书课融合、内外兼修
一直以来，如何帮助您充分利用有限的时间提升备考效率，是"正保会计网校"

战略分析

雄关万道，山海为始。正所谓"幽蓟东来第一关，襟连沧海枕青山"。一如本章，作为经济法的开篇章节，侧重于**法学原理**的介绍，对后续各章影响极大。

2022年本关援军到来，守军占比预计将到达12%~14%，守将以"法律行为、代理、仲裁、民事诉讼、行政复议"为主。本关将"法律行为"与后续各关将多有联系，需重点关照。

攻城略地

第一部分 法律基础

守将一、法律体系（★·）(2022年新增)

(一)法律体系包括的内容
1.包括：现行**有效**的国内法
2.不包括：已废止的法律、国际法

(二)中国特色社会主义法律体系的构成
1.七大法律部门
宪法及宪法相关法、民商法、行政法、

特色社会主义法律体系组成部分的有( )。
A.国际法
B.由国务院制定的行政法规
C.由地方人大及常委会制定的地方性法规
D.由财政部制定的部门规章

【解析】选项A，法律体系**不包括国际法**；选项D，中国特色社会主义法律体系包括法律、行政法规、地方性法规、自治条例

积粮筑墙

扫我做试题

一、单项选择题
1.下列关于法律体系的表述中，正确的是( )。
A.法律体系包括现行有效的国内法和国

际法
B.法律体系包括历史上废止、已不再有效的法律
C.我国法律体系包括七个法律部门
D.法律、行政法规、地方性法规和部门

积粮筑墙答案及解析

一、单项选择题
1.C 【解析】选项AB，法律体系不包括国际法和历史上废止、已不再有效的法律；选项D，法律、行政法规、地方性法

消灭。
7.A【解析】可撤销民事法律行为**一经撤销**，其效力溯及**自行为时无效**。
8.A【解析】无民事行为能力人实施的民事法律行为无效，即便是纯获利的也

2 "群雄逐鹿"——应试指导及同步训练

- 深入**解读**本章考点及考试变化内容

- 全方位**透析**考试，**钻研**考点

- 了解命题方向和易错点

- **夯实**基础，快速**掌握**答题技巧

3 "定鼎中原"——考前模拟

- 模拟演练，**助力冲关**

模拟试卷（一）

扫我做试题

一、单项选择题(本类题共30小题，每小题1分，共30分。每小题备选答案中，只有一个符合题意的正确答案。错选、不选均不得分)

1.根据民法典的规定，下列各项中，属于无效民事法律行为的是( )。
A.13周岁的某某乘坐公交时投币1元
B.23周岁的王某继承其父亲财产后，购买了一辆游艇

A.行政复议的举证责任，由申请人承担
B.除法律另有规定外，行政复议机关应当自受理申请之日起60日内作出行政复议决定
C.行政复议机关责令被申请人重新作出具体行政行为的，被申请人不得以同一事实和理由作出与原具体行政行为相同或者基本相同的具体行政行为
D.行政复议决定书一经送达，即发生法

模拟试卷（二）

扫我做试题

一、单项选择题(本类题共30小题，每小题1分，共30分。每小题备选答案中，只有一个符合题意的正确答案。错选、不选均不得分)

1.根据行政诉讼法律制度的规定，审理海关处理的第一审行政案件的法院是( )。
A.基层   B.中级
C.高级   D.最高级

2.根据民事诉讼法律制度的规定，下列

C.涉及商业秘密的案件不公开审理
D.合议庭的成员满3人以上即可

6.关于行政复议和行政诉讼，下列说法正确的有( )。
A.对属于人民法院受理范围内的行政案件，必须要先经过行政复议，对行政复议不服的，才可以向人民法院提起诉讼
B.对属于人民法院受理范围内的行政案件，必须要先经过行政诉讼

目录

上 册

第一篇 "天下大势"——备考攻略

2022 年备考攻略 3

一、天时——"经济法"的总体情况及大纲内容体系 3

二、地利——考核方式、题型题量与应对策略 5

三、人和——学习方法 8

第二篇 "群雄逐鹿"——应试指导及同步训练

第一关 "山海关"——总论 13

战略分析 13

攻城略地 14

  第一部分 法律基础 14

  第二部分 平等主体经济纠纷解决途径 25

  第三部分 不平等主体经济纠纷的解决途径(2022 年新增) 44

积粮筑墙 54

积粮筑墙答案及解析 65

第二关 "居庸关"——公司法律制度 71

战略分析 71

攻城略地 72

1

第一部分　公司法律制度概述 …………………………………………… 72
　　第二部分　公司的登记管理（2022年调整）…………………………… 73
　　第三部分　有限责任公司 ………………………………………………… 82
　　第四部分　股份有限公司 ………………………………………………… 102
　　第五部分　公司董事、监事、高级管理人员的资格和义务 ………… 112
　　第六部分　公司股票和公司债券 ………………………………………… 115
　　第七部分　公司财务、会计 ……………………………………………… 120
　　第八部分　公司合并、分立、增资、减资 ……………………………… 122
　　第九部分　公司解散和清算 ……………………………………………… 123
　积粮筑墙 ……………………………………………………………………… 126
　积粮筑墙答案及解析 ………………………………………………………… 141

第三关　"紫荆关"——合伙企业法律制度 ………………………………… **153**
　战略分析 ……………………………………………………………………… 153
　攻城略地 ……………………………………………………………………… 153
　积粮筑墙 ……………………………………………………………………… 169
　积粮筑墙答案及解析 ………………………………………………………… 174

第四关　"偏头关"——物权法律制度 ……………………………………… **178**
　战略分析 ……………………………………………………………………… 178
　攻城略地 ……………………………………………………………………… 179
　　第一部分　物权基础 ……………………………………………………… 179
　　第二部分　所有权 ………………………………………………………… 191
　　第三部分　用益物权 ……………………………………………………… 198
　　第四部分　担保物权 ……………………………………………………… 203
　　第五部分　占　有 ………………………………………………………… 215
　积粮筑墙 ……………………………………………………………………… 216
　积粮筑墙答案及解析 ………………………………………………………… 224

下 册

第五关 "雁门关"——合同法律制度 …… 229

战略分析 …… 229

攻城略地 …… 230

第一部分　民法典合同编通则 …… 230

第二部分　民法典合同编分则 …… 255

积粮筑墙 …… 279

第一部分　民法典合同编通则 …… 279

第二部分　民法典合同编分则 …… 285

积粮筑墙答案及解析 …… 296

第一部分　民法典合同编通则 …… 296

第二部分　民法典合同编分则 …… 299

第六关 "嘉峪关"——金融法律制度 …… 309

战略分析 …… 309

攻城略地 …… 310

第一部分　票据法律制度 …… 310

第二部分　证券法律制度 …… 329

第三部分　保险法律制度 …… 355

第四部分　信托法律制度（2022年新增）…… 377

积粮筑墙 …… 385

第一部分　票据法律制度 …… 385

第二部分　证券法律制度 …… 392

第三部分　保险法律制度 …… 396

第四部分　信托法律制度 …… 402

积粮筑墙答案及解析 …… 403

第一部分　票据法律制度 …… 403

第二部分　证券法律制度 …… 408

第三部分　保险法律制度 …… 409

第四部分　信托法律制度 ··· 413

第七关　"玉门关"——财政法律制度 ··· 414

战略分析 ··· 414

攻城略地 ··· 415

第一部分　预算法律制度 ··· 415

第二部分　国有资产管理法律制度 ··· 424

第三部分　政府采购法律制度 ··· 428

积粮筑墙 ··· 434

第一部分　预算法律制度 ··· 434

第二部分　国有资产管理法律制度 ··· 436

第三部分　政府采购法律制度 ··· 438

积粮筑墙答案及解析 ··· 440

第一部分　预算法律制度 ··· 440

第二部分　国有资产管理法律制度 ··· 441

第三部分　政府采购法律制度 ··· 442

第三篇　"定鼎中原"——考前模拟

考前模拟 2 套卷 ··· 445

模拟试卷（一） ··· 445

模拟试卷（二） ··· 453

考前模拟 2 套卷参考答案及解析 ··· 462

模拟试卷（一）参考答案及解析 ··· 462

模拟试卷（二）参考答案及解析 ··· 467

第一篇 "天下大势"——备考攻略

——你需要知道——

亲爱的读者,无论你是新学员还是老考生,本着"逢变爱考"的原则,今年考试的变动内容你都需要重点掌握。微信扫描左侧小程序码,网校老师为你带来2022年本科目考试变动解读,助你第一时间掌握重要考点。

Learn more

2022年 备考攻略

"连营吹角启征途，绝壁巉崖视若无。遥岑远目关山月，倚剑长歌道不孤。"亲爱的读者朋友们大家好！当您决定选择本书的那一刻起，就证明您已经开始了中级会计专业技术资格考试（以下简称"中级会计资格考试"）的"漫漫征程"。

行军打仗自有一套规则，如何通过短短几个月的学习，突破"经济法"的重重锁钥，是您最关心的问题。下面就让我们一起进入战场，了解敌方守御重心，修习用兵之道，踏破连城关隘，最终定鼎天下！正所谓"挽弓当挽强，用箭当用长"，如您选择本书必将使"定鼎之路"事半功倍。

一、天时——"经济法"的总体情况及大纲内容体系

（一）"经济法"的总体情况

作为中级会计资格考试三巨头之一的"经济法"，与"中级会计实务"和"财务管理"相比并不是最难的，但却是最令人头疼的。大家普遍认为"经济法"语言晦涩、内容枯燥，想过关唯有"死记硬背"一条路可走。但从考试来看，无论主、客观题都不是单纯考查机械的识记，而是要求您在理解的基础上去运用法条解决会计工作中涉及的一些相对简单的法律问题。须知，法律源于生活，每个法条都有其背后的故事，理解法条背后的故事，才能真正学懂法律。

（二）大纲内容体系

1. 各章（下称"各关"）最近三年分值（下称"守军"）分布、重要性、攻取难度概况及2022年守军预估

关隘	2022年预计	2021年			2020年			2019年		重要性	复习难度
		C	B	A	C	B	A	B	A		
第一关 总论	12~14	11	9	8	9	9	10	10	9	★★	★★
第二关 公司	16~18	13	16	14	16	17	16	18	17	★★★	★★★
第三关 合伙	10~14	6	7	6	9	12	10	7	9	★★	★
第四关 物权	12~15	1	—	1	2	2	—	2	6	★★★	★★★
第五关 合同	15~18	11	15	17	14	13	16	13	11	★★★	★★★
第六关 金融	16~20	15	17	15	13	13	12	11	12	★★★	★★★

续表

关隘	2022年预计	2021年			2020年			2019年		重要性	复习难度
		C	B	A	C	B	A	B	A		
第七关 财政	10~12	10	10	10	5	4	6	8	5	★★	★★★

【说明】2022年为换防之年，各关隘重建，排兵布阵重大调整，原为守御重心的两关税法消失，历年守军分布只具备一定参考价值；第四关物权法律制度脱胎于第五关合同法律制度，因为此前未独立成关，守军占比不具有参考性。

2. 各关重要性及攻取难度说明

"经济法"共计七关，由三大部分组成，分别为法律基础知识及诉讼与非诉讼程序法（第一关）、民商法（第二关至第六关）、经济法（第七关）。其中，第一关和第七关守军占比合计为25%左右，民商法部分在考试中所占分值比重合计为75%左右。

攻取难度和守军占比基本成正比，"第一关"涉及大量法理性内容，其中民法的基础知识同时也是深入了解后续民商法关隘的铺垫性内容，此关守军多集中于诉讼与非诉讼程序法部分，攻取难度适中；"第七关"是由三大财政法（预算法、国有资产管理法、政府采购法）组成，体量大、内容驳杂、方向感不明确、知识点（下称"守将"）多、守军占比相对较低，因此上述两关均属于非重点关隘。但对2022年的您来说，一定要清楚这只是相对于民商法而言，25%的占比是任何人都不能轻言放弃的，否则，必被其截断粮道，致使定鼎之战功亏一篑。

"第二关"和"第三关"是企业组织法的范畴，属于"纸老虎"型关隘，初一接触架势很足，大量数字比例，各种对比铺天盖地而来，一旦躲过三板斧之后，您会发现由于其对理解的要求较低，因此只要多进攻几次找到其弱点，当如庖丁解牛一蹴而就。此两关守军合计可达30%，切不可抱有侥幸心理，亦不可遇难而退。

"第四关"和"第五关"是民法典的范畴，属于"真老虎"型关隘，且2022年的关卡设计（教材编写）专家此部分比照司法考试设计，在介绍基本法律体系的同时引入大量司法解释的内容，对可能是非司法专业的您来说极不友善。此两关守军占比同样可达30%，想攻克这两关，务必多思多想，透过现象理解本质，否则，即使通篇背诵，在考场上也可能因不理解在考题案例中的适用，而英雄无用武之地。

"第六关"为综合型关隘，其中票据和保险偏理解，证券和信托偏记忆，难度最高的同时守军占比也很可能为各关之最，想克此关，无他，唯有持之以恒。

需要提醒您注意的是，非重点关中亦有"主将"需要重点关照；同时重点关中也有不太重要的偏将、牙将，并非通篇内容都要求完全掌握。至于每一关的守将，在本书第二篇，笔者将使用"★"对其进行分类，每关最重要的一个，标记为"本关主将"，以便于您在"攻城略地"的过程中结合自身情况加以取舍。

除上述内容外，每年各关均有新增和调整的内容，尤为当年守御的重点，具体内容笔者会在第二篇每一关的开篇加以介绍。

诚然，两关税法的消失会使2022年您的通关之路充满荆棘，但同时物权法律制度的加入将与合同法律制度交相呼应，物权、债权相得益彰，底层逻辑更加圆满，对于您理解知识有莫大的帮助，此为天时。

二、地利——考核方式、题型题量与应对策略

(一)考核方式

自 2017 年以来,中级会计资格考试采用"无纸化"(计算机)形式进行,2022 年由于报考人数较多,将分三个批次完成。中级会计资格的"无纸化"考试并不采用题库随机抽取题目组成试卷的模式,而是与纸质试卷的出题方式类似,但因为考核批次的增加,不同的批次使用独立的试卷,这也直接导致了您备考复习的范围扩大,寄希望于考前临时突击几天就能通过是不现实的。

(二)题型题量与应对策略

题型	单项选择题	多项选择题	判断题	简答题	综合题
题量	30 题	15 题	10 题	3 题	1 题
分值	30 分	30 分	10 分	18 分	12 分
比重		70%		30%	

【提示】题型、题量及考核标准参考 2021 年。

1. 客观题

(1)考核标准

"单项选择题"4 个备选项中,只有 1 个正确答案,40% 的题目是对某一个考点的直接考核,60% 的题目是对某一至两个考点通过案例形式进行的考核。

"多项选择题"4 个备选项中,有 2~4 个正确答案,选择正确的得 2 分,不答、错答均不得分,是客观题中较难的题型,知识综合性较强且一般不涉及计算性题目。

"判断题"答对得 1 分,答错、不答题均不得分也不扣分,本类题型最低零分,一般是对边角知识点进行考核。

需要特别说明的是,2020 年为了降低考试难度,多选题的评判标准调整为"漏答可以得到相应的分值"(每选对一个选项给 0.5 分)。例如,正确答案为"ABC",选择"ABC"得 2 分,选择"AB、AC 或 BC"均可以得 1 分,但如选择了错误选项"D"则不得分。判断题也"取消了答错倒扣分机制"。这一规则预计将在 2022 年的考试中延续。

(2)命题规律

客观题的考点相对分散,各部分皆有考题,个别题目的阅读量较大,综合性相对较高,偶尔会考核一些边角型知识,极个别题目可能超出考试大纲的范围。

(3)应对策略

①"直接考核结论型"客观题。

【例题·单选题】根据政府采购法律制度的规定,从采购结束之日起,政府采购文件至少要保存的年限为( )年。

A. 30   B. 25   C. 20   D. 15

答案 D

【例题·多选题】根据公司法律制度的规定,下列财产中,股东可以用作出资的有( )。

A. 劳务   B. 商誉   C. 建设用地使用权   D. 知识产权

解析 股东不得以劳务、信用、自然人姓名、商誉、特许经营权或者设定担保的财产等

作价出资。

答案 CD

如上述两题所示，都是对单一知识点进行直接考核，不绕弯，知道就是知道，不知道就是不知道。

为应对此类题目，笔者会在本书中对时间、数字性规定进行总结梳理和对比，您在备考复习的过程中可以充分利用总结内容对此类知识进行反复强化，在考场上认真审题，并抓住"关键词"，经过反复强化后此类题目得分并不难。

②"案例分析型"客观题。

【例题·多选题】2021年1月15日，赵某向钱某借款，双方签订了借款合同。赵某请李某和孙某为该笔债务提供担保。1月18日，钱某与李某签订抵押合同，以李某所有的一套房屋为抵押物，双方办理了抵押登记。1月20日，孙某为该笔借款提供连带责任保证。因赵某拒绝还款，钱某向李某提出行使抵押权，并请求孙某承担保证责任。下列关于当事人权利义务的表述中，正确的有（　　）。

A. 孙某享有先诉抗辩权
B. 孙某承担保证责任后，有权向赵某进行追偿
C. 李某承担担保责任后，有权向赵某进行追偿
D. 钱某必须先行使抵押权，再要求孙某承担保证责任

解析 一般保证人享有先诉抗辩权，连带责任保证人不享有先诉抗辩权。被担保的债权既有物的担保又有人的担保，债务人不履行到期债务或者发生当事人约定的实现担保物权的情形，债权人应当按照约定实现债权；没有约定或者约定不明确，债务人自己提供物的担保的，债权人应当先就该物的担保实现债权；第三人提供物的担保的，债权人可以就物的担保实现债权，也可以要求保证人承担保证责任。提供担保的第三人承担担保责任后，有权向债务人追偿。

答案 BC

就此题来说，首先必须分清"抵押权"与"保证"的关系，"一般保证"与"连带责任保证"的区别，其次还要读懂案例，明确判断抵押物的提供方才能找到正确答案。以小案例为背景进行命题在中级职称考试中非常常见，此类题型对您的要求较高，如果读题不仔细很容易对考核方向做出错误判定。

应对此类题目，首先在备考复习过程中学习大多数知识点时需要做到准确理解而非死记硬背，并在理解的基础上学会灵活运用，通过练习掌握解题的正确思路和方法，并学会不断总结自己的易错点，完成法条案例化的过程，其次在考场上要仔细阅读案例以判定考点，完成案例法条化的还原。

③"边角型"客观题。

【例题·多选题】根据公司法律制度的规定，下列主体中，可以成为公司股东的有（　　）。

A. 某个人独资企业　　　　　　　　B. 某大学教师王某
C. 某派出所警察赵某　　　　　　　D. 某合伙企业有限合伙人李某

解析 股东是公司成立、存续不可或缺的条件，可以为自然人、法人或其他组织。有些自然人从事特定职业时，法律禁止其为股东，如国家公务员。

答案 ABD

此内容是在第二关公司法中以举例子方式出现的，原则上不应作为考题的命题方向，属于边角型内容。

应对此类题目，在考场上遇到时切勿慌张，可综合运用已有知识及解题技巧加以判定，您不熟悉，其他人其实也不熟悉，此类题目不具有选拔性，不会太多，即使做错也不影响考试

通过。

2. 主观题

(1) 考核标准

"简答题"共3题,一般每个题3小问,每问2分,合计6分,往往对单一法律加以考核,综合性较低,案例相对简单,得分较为容易。

"综合题"共1题,一般为6小问,每问2分,合计12分,往往是若干法律跨章节的结合,综合性较高。

(2) 命题规律

主观题考核内容大多为重点知识且法条表述相对较短,命题章节较为固定,一般出自公司、合伙、物权、合同、票据、保险,难度没有想象中大,得分并非难于上青天。

(3) 应对策略

应对"文字表述型"主观题,您需掌握三段答题法:首先明确表明观点,符合或不符合法律规定;其次引述法条说明理由,"根据规定……"无须追求按法条原文表述,只要答出关键词就能得分,即使完全不记得法条,也请用自己的语言把判断的理由表达清楚;第三结合本案事件、人物等简略描述重申观点,如果引述法条准确完整,第三段可以省略。

需要说明的是,要求说明理由的题目,只表明观点不说明理由,即使观点正确也不得分;同时个别提问为了降低您作答难度只要求表明观点,不要求说明理由,此类问题切勿画蛇添足。

【例题·简答题】(节选)2021年3月8日,食品厂向面粉厂出具了见票即付的商业汇票一张……后养鸡场在汇票上记载"保证"字样并签章,但未记载被保证人名称和保证日期。

其中第二问:本案例中,保证日期为哪一天?简要说明理由。(2分)

答案

第一步表明观点:本案中,保证日期为2021年3月8日(也可简写为"保证日期:2021.3.8")。(0.5分)

第二步说明理由:根据规定,保证人在汇票或者粘单上未记载保证日期的,以出票日为保证日期。(1.5分)

第三步引述案例:本题中,养鸡场未记载保证日期,则保证日期为该汇票的出票日期,即2021年3月8日。

☆只引述法条原文不分析案例☆

根据规定,保证人在汇票或者粘单上未记载保证日期的,以出票日期为保证日期。(1.5分)

☆不记得法条原文,用自己的话分析案例,且答出关键词☆

本题中,养鸡场未在票据上记载保证日期,这种情况下汇票的出票日期2021年3月8日就是保证日期。(1.5分)

☆不记得法条原文,用自己的话分析案例,但未答出关键词☆

本题中,食品厂于2021年3月8日出票。(0分)

其中第三问:机械厂可向哪些人行使追索权?

【注意】该问并未要求说明理由,考试中注意审题,不要做无用功。

(三) 关于考试的其他说明

一年一期多批次的考试模式,每套试卷考试难度必然会有不同,但考试中心会通过评判标准的调整最大限度地保证公平，您无法决定自己面对的是哪个守关大将，所以请将力气用在提升自己的能力上。

评判标准的调整，考核方向的明晰，可以使您更有目的性的分配自己的备考时间，此为地利。

三、人和——学习方法

(一) 书课融合、内外兼修

一直以来，如何帮助您充分利用有限的时间提升备考效率，是"正保会计网校"（www.chinaacc.com）不断探索的方向和追求的目标，2022年笔者结合2021年评判标准、改革后新的考试方向等对应试指南进行了重新编写，将其与课程进行深度融合。本书共分为三篇：

第一篇"天下大势——备考攻略"是对"中级会计资格考试经济法"的整体分析，其目的是使您能够初步了解其考核方向、难度、重点内容并提出相应的学习方法和应对策略。

第二篇"群雄逐鹿——应试指导及同步训练"是本书的核心，其中"攻城略地"部分，对"经济法"的内容进行了全面的阐述、归纳和总结，并对近年来的试题进行了收集和整理，归类于相关内容之下，在每一章最后的"积粮筑墙"部分，针对每个内容可能的考核方向专门编写了相关练习题目，上述内容总结、历年考题及配套练习题等足以保证对知识的完整覆盖。

"攻城略地"部分，笔者会帮助您完成对考点的初步掌握，其内容完全配套基础班课程，报名学习正保会计网校（www.chinaacc.com）课程的同学，无须再打印讲义，基础较好的读者，也可以使用本书自学。在这一部分，我们对全部内容进行了详细的整理、总结和阐述，对其中难以理解的内容增加了"老侯提示"这一小栏目并配合一些小例子进行阐述，以便帮助读者更轻松地掌握相关知识。

"积粮筑墙"部分设置在每章应试指导之后，针对每个考点可能的考核方向专门编写了相关练习题目，尽量做到完整覆盖本章内容且无重复考核，帮助您更进一步理解知识，完成由"知道"到"运用"的跨越。而本部分的所有题目我们会通过"课后作业"方式指导您进行练习，也会在配套习题课程中进行讲解。

第三篇"定鼎中原——考前模拟"是考前模拟试题。模拟考试的方式、模拟考试的难度，尽量做到与考试同步。

(二) 建立兴趣，树立信心

您在下定决心报考的时候，一定相信自己能够顺利通过考试。世人说"不忘初心，方得始终"，但"初心易得，始终难求"，尤其是面对法律类的课程，感觉要记、要背、要理解的内容太多，学着学着就懈怠了。所以当您累了、倦了，就去想想当初的理想，然后再多坚持一会儿，看着一个个知识从陌生到熟悉，您会发现它们并非不可战胜。

信心是成功之母，努力是成功之父，而兴趣是最好的老师，学习不是一种负担，请感受其中的快乐。只要拥有"长风破浪会有时，直挂云帆济沧海"的信念，就能每每得偿所愿。

(三) 心有猛虎，细嗅蔷薇

"经济法"虽考点繁多、范围宽广，但每年必考考点亦有不少，对重点章节、重要考点，您务必"凝心静气"做到彻底掌握，切勿"走马观花、浅尝辄止、自欺欺人"，须知"懂一点和一点不懂"没有区别。当然，学习过程中也不要钻牛角尖，有时候进了死胡同绕不出来，那就放一放，睡一觉。很多时候，"众里寻他千百度，蓦然回首，那人却在，灯火阑珊处"。

（四）理解为主，记忆为辅

"经济法"的考核题目50%以上都会以小案例的形式出现，绝不是只在主观题中考核案例题，在不理解的情况下死记硬背的法条是无法应对现阶段灵活多变的考题内容的。而理解可以大幅度减轻记忆量，哪怕最后的主观题考核点，忘记了法条原文，也可以凭借理解，用自己的话，答出关键词，同样可以得分。

同时，想通过任何一门考试都需要对知识点加以记忆。法律类课程中会涉及不少时间、数字、比例性规定，确实需要您花费一定的时间和精力去攻克，但记忆绝不是"死记硬背"，记忆是有方法的。本书中，笔者会结合不同考点给出相应的记忆方法，帮助您更加轻松和有效地搞定这些"顽疾"。

（五）一张一弛，文武之道

在漫长的备考复习过程中，如果没有一个行之有效的计划，很容易让自己懈怠下来并迷失方向。同时，个人的情况又都有差别，笔者无法制定出一个适合所有人的详细计划，在此给出大家一些制定学习计划的思路，以供参考。

从现在开始至走上考场，您需要完成如下步骤：

1. 基础阶段：学习本书第二篇"攻城略地"

这一阶段是对考试内容进行全面系统的学习，时间较长，大概在60至70小时，您可根据自身情况，预留出"1至3个月"的时间。这一阶段的目标是把不懂的内容学懂，把不理解的内容理解清楚，不需要刻意对具体知识点如相应数字、时间、比例等进行特别记忆。其实，通过理解，在潜移默化中学习是可以记住很大一部分知识的。

2. 复习阶段：回顾本书第二篇"攻城略地"

在系统学习全部知识点后，进入复习阶段。这一阶段是对已学习内容进行温故，完成对知识的进一步消化吸收。这一过程不宜过快，请预留出"10至15天"的时间。这一阶段的目标是在捡拾遗忘的知识点的同时，将孤立的知识点初步串联成体系。

3. 练习阶段：完成本书第二篇"积粮筑墙"的相关题目

在初步回顾完全部考点后，进入练习阶段。这一阶段是对已学内容进行第一次检验，完成由理论到实践的跨越。由于"积粮筑墙"要保证对考点的全面覆盖，因此相关题目较多，请预留出"10至20天"的时间。这一阶段的目标是通过一定量的练习，熟悉"经济法"的出题套路、考核方向及难易程度，并对已学知识进行检验，对发现的漏洞加以弥补，同时掌握一定的解题方法。需要提醒您注意的是，在练习阶段请注意整理错题和做错的原因。

4. 提高阶段：使用本书的姊妹篇"救命稻草"

在完成全部练习阶段的题目后进入提高阶段。这一阶段是在完成练习的基础上，对知识点进行重新认知。"救命稻草"会将考点中最核心的内容以表格形式对比展现，除核心考点总结以外，每个表格下的"把脉命题"模块，可以让您站在出题者的角度，完成对知识点的进一步梳理，同时进一步形成知识网；每个"把脉命题"后还有"典型考法"模块，让您清晰感知考试的难度和方向。

需要提醒注意的是，在提高阶段请注意整理自己尚未掌握或经常遗忘的知识点。

5. 模拟阶段：完成本书第三篇"定鼎中原"

在完成提高阶段的学习后，进入模拟阶段。这一阶段是考前进行第二次也是最后一次检验，完成从练习到考试的跨越。限于篇幅关系，本书只能提供两套模拟试题，建议您购买"最后冲刺8套模拟试卷"进行强化练习。因为需要严格按照考试标准完成试卷，一般每天只能完成一套，请预留出"7至15天"的时间。这一阶段的目标是综合演练，既是演练知识，也是演练心态、意志，所以请您务必按照考试的标准，在规定的时间内完成，尤其主观题务必动笔去写，并且要注意不可以边看题边看答案，这样起不到模拟的目的。

按照上述计划，能力较强的您大概需要2个月的时间；零基础的您大概需要4~5个月的时间。

（六）但行好事，莫问前程

朋友们，考试是公平的，只有付出努力，才有可能顺利通过。愿你我共同努力，此为人和。天时、地利、人和三者合一，攻城略地必将势如破竹！最后，笔者赋词一首，遥祝诸君"定鼎天下·梦想成真"！

《浪淘沙·塞外战鏖雄》

塞外战鏖雄，帷帐重重。惊雷卷尽漠无穷。醉卧莫问来时路，且与君同。

血雨总匆匆，夜去瞳瞳。雄关极目览天红。聚散袍泽皆如故，总是情浓。

第二篇 "群雄逐鹿"
——应试指导及同步训练

梦想成真辅导丛书

第一关 "山海关"——总论

战略分析

雄关万道，山海为始。正所谓"幽蓟东来第一关，襟连沧海枕青山"。一如本章，作为经济法的开篇章节，侧重"法学原理"的介绍，对后续章节影响极大。

2022年本关因援军到来，守军占比预计将到达12%~14%，守将以"法律行为、代理、仲裁、民事诉讼、行政复议"为主。本关主将"法律行为"与后续各关守将多有联系，需重点关照。

最近3年题型题量

题型	2021年			2020年			2019年	
	卷3	卷2	卷1	卷3	卷2	卷1	卷2	卷1
单选题	5题5分	4题4分	5题5分	3题3分	3题3分	4题4分	4题4分	4题4分
多选题	2题4分	2题4分	1题2分	2题4分	2题4分	2题4分	2题4分	2题4分
判断题	2题2分	1题1分	1题1分	2题2分	2题2分	2题2分	2题2分	1题1分
简答题	—	—	—	—	—	—	—	—
综合题	—	—	—	—	—	—	—	—
合计	9题11分	7题9分	7题8分	7题9分	7题9分	8题10分	8题10分	7题9分

【说明】2021年延考地区试卷、2019年第三套试卷因考生反馈考题并不完整，此处不予统计。

2022年本关调动

变动方向	具体内容	对考试影响
新增	（1）法律体系	★
	（2）行政复议	★★
	（3）行政诉讼	★★
调整	无权代理第三人恶意的法律责任	★
	民事诉讼（适用范围、合议制度、回避、审判制度、调解制度、地域管辖类型、未约定履行期限诉讼时效起算点、诉讼时效中断在连带债权债务中的适用等）	★★
补充	仲裁庭的组成，仲裁不公开进行的例外，仲裁裁决的中止执行、终结执行与恢复执行	★
删除	经济法概述	—
其他	调整代理适用范围、经济纠纷的概念及解决途径、仲裁原则、仲裁机构、仲裁协议的概念等	—

攻城略地

第一部分 法律基础

守将一、法律体系（★*）（2022 年新增）

（一）法律体系包括的内容

1. 包括：现行**有效**的国内法
2. 不包括：已废止的法律、国际法

（二）中国特色社会主义法律体系的构成

1. 七大法律部门

宪法及宪法相关法、民商法、行政法、经济法、社会法、刑法、诉讼与非诉讼程序法。

2. 三层法律规范

法律，行政法规，地方性法规、自治条例和单行条例。

【例题·多选题】下列各项中，属于中国特色社会主义法律体系组成部分的有( )。

A. 国际法
B. 由国务院制定的行政法规
C. 由地方人大及常委会制定的地方性法规
D. 由财政部制定的部门规章

解析 选项 A，法律体系**不包括国际法**；选项 D，中国特色社会主义法律体系包括法律，行政法规，地方性法规、自治条例和单行条例，不包括部门规章。 **答案** BC

守将二、法律部门（★）（2022 年新增）

（一）法律部门的划分标准

法律部门的划分标准见表 1-1。

表 1-1 法律部门的划分标准

标准		具体内容
主要标准	调整对象	法律规范所调整的社会关系
次要标准	调整方法	（1）实施法律制裁的方法； （2）确定法律关系主体不同地位、权利义务的方法

（二）法律部门与规范性法律文件的关系

1. 法律部门由同类法律规范总和而成，单一的规范性法律文件无法构成一个完整的法律部门
2. 一个规范性法律文件可能同时包含在多个法律部门中

（三）中国主要法律部门

1. 宪法及宪法相关法
（1）宪法
宪法以法律的形式确认了中国各族人民奋斗的成果，规定了国家的根本制度和根本任务，是国家的**根本法**，具有最高的法律效力。
（2）宪法相关法
①宪法相关法配套宪法，是直接保障宪法实施和国家政权运作的法律规范的总称。

---

* 本书采用★级进行标注，★表示了解，★★表示熟悉，★★★表示掌握。

②宪法相关法的内容(见表1-2)。

表1-2 宪法相关法的内容

类别	代表法律规范
国家机构组织法	国务院组织法、人民法院组织法、人民检察院组织法、监察法等
特别行政区法	香港特别行政区基本法、澳门特别行政区基本法等
民族区域自治法	民族区域自治法等
城乡基层群众自治法	城市居民委员会组织法、村民委员会组织法等
维护国家主权、领土完整和安全法	缔结条约程序法、领海及毗连区法、国家安全法、反分裂国家法等
国家标志法	国旗法、国徽法、国歌法等
保障公民基本权利法	集会游行示威法、国家赔偿法等 [老侯提示] 还包括民族、宗教、信访、出版、社团登记等方面的行政法规

2. 民商法

(1)民法

调整范围："平等主体"之间的人身关系和财产关系。

包括内容：民法典。

(2)商法

调整范围："平等主体"之间的商事关系。

包括内容：公司法、合伙企业法、个人独资企业法、证券法、海商法、票据法等。

3. 行政法

(1)调整范围

行政机关与行政管理相对人之间因行政管理活动而发生的社会关系。(纵向关系)

(2)特点

行政机关与行政管理相对人的地位不平等，行政行为由行政机关单方面作出，不需要双方平等协商。

(3)包括内容

行政法的内容见表1-3。

表1-3 行政法的内容

类别	代表法律规范
一般行政法	行政处罚法、行政复议法、行政许可法、行政强制法等
特别行政法	环境、民政、公安、卫生、文化、教育、城市建设、司法行政、海关、边防、军事行政管理等方面的法律规范性文件

4. 经济法

(1)调整范围

国家干预、管理、调控市场经济活动所产生的社会经济关系。

(2)包括内容

经济法的内容见表1-4。

表1-4 经济法的内容

类别	代表法律规范
宏观调控法	人民银行法、价格法、预算法等
市场管理法	反垄断法、反不正当竞争法、产品质量法、消费者权益保护法、广告法等
自然资源和能源法	土地管理法、矿产资源法、森林法、可再生能源法、循环经济法等
行业管理和产业促进法	农业法、渔业法、电力法、邮政法、旅游法、电影产业促进法、银行业监督管理法等

5. 社会法

（1）调整范围

劳动关系、社会保障、社会福利和特殊群体权益保障等方面关系。

（2）包括内容

社会法的内容见表1-5。

表1-5 社会法的内容

类别	代表法律规范
劳动法	劳动法、劳动合同法、职业病防治法、工会法等
社会保障法	社会保险法、失业保险条例等
特殊群体权益保障法	残疾人保障法、未成年人保护法等
社会公益事业法	红十字会法、公益事业捐赠法、慈善法等

6. 刑法

刑法是规范犯罪、刑事责任和刑罚的法律规范的总称。

7. 诉讼与非诉讼程序法

（1）诉讼程序法

刑事诉讼法、民事诉讼法、行政诉讼法等。

（2）非诉讼程序法

仲裁法、人民调解法等。

【例题1·多选题】下列各项中，属于经济法法律部门的有（ ）。

A.《中华人民共和国公司法》

B.《中华人民共和国反垄断法》

C.《中华人民共和国人民银行法》

D.《中华人民共和国劳动合同法》

解析 选项A，属于民商法部门；选项D，属于社会法部门。 **答案** BC

【例题2·单选题】下列关于法律部门的说法中正确的是（ ）。

A. 划分法律部门的主要标准是实施法律制裁的方法

B. 一个规范性法律文件只能属于一个法律部门

C. 宪法是国家的根本法

D. 国务院制定的行政法规均属于行政法部门

解析 选项A，划分法律部门的主要标准是法律规范所调整的社会关系；选项B，一个规范性法律文件可能同时包含在多个法律部门中；选项D，行政法是规范国家行政管理活动的法律规范的总称，包括法律、行政法规、地方性法规等，国务院制定的行政法规并非都属于行政法部门。 **答案** C

本关主将*、法律行为（★★★）

（2017 年单选题、判断题；2018 年、2019 年单选题、多选题、判断题；2020 年、2021 年单选题、多选题）

（一）法律行为的特征

1. 以达到一定的民事法律后果为目的（设立、变更或终止民事法律关系）

2. 以"意思表示"为要素

『老侯提示1』"民事行为"区别于"法律行为"：人的某些行为不以达到一定民事法律后果为目的（如吃饭、睡觉、发呆），则不属于法律行为。

『老侯提示2』"法律行为"区别于"事实行为"：事实行为（如拾得遗失物、建造房屋等）不以意思表示为要素。

【例题1·单选题】☆**根据民事法律制度的规定，下列各项中，属于法律行为的

---

* "守将三、法律行为"因地位显赫，需考生多加关注，故单列为"本关主将、法律行为"。

** 本书标记"☆"的题目为经典题目

是( )。
A. 刘某食用新鲜草莓
B. 王某与机器人对弈
C. 张某观测宇宙黑洞
D. 李某购买考试教材

解析 选项A、B、C，不产生民事法律后果，不属于法律行为；选项D，是以设立买卖合同权利义务关系为目的的意思表示行为，属于法律行为。 **答案** D

【例题2·单选题】☆下列各项中，属于法律行为的是( )。

A. 陈某拾得一个钱包
B. 李某种植果树
C. 杨某与某商场签订购买机器的合同
D. 王某盗窃他人财物

解析 选项A、B、D，不以意思表示为要素，属于事实行为；选项C，是以设立买卖合同权利义务关系为目的的意思表示行为，属于法律行为。 **答案** C

(二)法律行为的分类

法律行为的分类见表1-6。

表1-6 法律行为的分类

分类标准	分类内容	典型行为及注意事项
行为成立需几方意思表示	单方行为	委托代理的撤销、无权代理的追认等
	多方行为	如订立买卖合同等 『老侯提示』多方行为中的"决议"行为，不要求意思表示全部一致
取得利益有无对价	有偿行为	如买卖等
	无偿行为	赠与、无偿委托、借用等
是否具备特定的形式	要式行为	融资租赁合同、建设工程合同、技术开发合同等
	非要式行为	如自然人之间的借款、借用等
法律行为间的依存关系	主法律行为	如借款合同等
	从法律行为	如为确保该借款合同的履行而订立的担保合同 『老侯提示』主法律行为无效或消灭，从法律行为也随之无效或消灭

【例题3·单选题】☆王某和赵某为担保借款签订了一份抵押合同。根据法律行为的分类，该抵押合同属于( )。

A. 从法律行为
B. 单方法律行为
C. 实践法律行为
D. 非要式法律行为

解析 按照法律行为之间的依存关系可以将法律行为分为主法律行为和从法律行为。主法律行为是指不需要有其他法律行为的存在就可以独立成立的法律行为。从法律行为是指从属于其他法律行为而存在的法律行为。本题中，借款合同是主合同，抵押合同是从合同。 **答案** A

【例题4·多选题】☆甲公司与乙公司签订了一份标的额为3 000万元的建设工程合同。根据法律行为的分类，该合同属于( )。

A. 要式法律行为
B. 有偿法律行为
C. 单方法律行为
D. 从法律行为

解析 选项A，建设工程合同应当以书面形式订立，属于要式法律行为；选项B，标的额3 000万元属于有偿法律行为；选项C，由甲公司和乙公司在合同上签字盖章时合同生效属于多方法律行为；选项D，建设工程合同，不需要有其他法律行为的存在就可以独立成立，属于主法律行为。

答案 AB

(三)法律行为的要件

1. 法律行为的要件分类(见表1-7)

表1-7　法律行为的要件分类

成立要件	生效要件
当事人	行为人具有相应的民事行为能力
意思表示	意思表示真实
内容	不违反法律、行政法规的强制性规定，不违背公序良俗

〖老侯提示〗特定法律行为还要求特别成立要件(特定形式)。

2. 自然人的民事行为能力的判定标准——年龄、智力或精神健康状况(见表1-8)

表1-8　自然人的民事行为能力的判定标准

行为能力	年龄	智力、精神状态
无民事行为能力人	不满8周岁(<8)	"不能"辨认自己行为的成年人(包括8周岁以上的未成年人)
限制民事行为能力人	8周岁以上不满18周岁(8≤且<18)	"不能完全"辨认自己行为的成年人
完全民事行为能力人	年满18周岁(≥18) 16周岁以上的未成年人，以自己的劳动收入为主要生活来源(16≤且<18)	智力健全、精神健康

〖老侯提示〗民法典规定："以上、以下"包括本数，"超过、不满"不包括本数。

【例题5·多选题】☆根据民法典的规定，下列人员中，属于完全民事行为能力人的有(　　)。

A. 张某，20周岁，待业人员，不能完全辨认自己的行为

B. 刘某，16周岁，网店店主，以自己的劳动收入为全部生活来源

C. 李某，18周岁，大学生，学费和生活费由父母负担

D. 王某，7周岁，小学生，已参与拍摄电视剧两部，获酬3 000元

解析　选项A，不能完全辨认自己行为的成年人为限制民事行为能力人；选项B，16周岁以上的未成年人，以自己的劳动收入为主要生活来源的，视为完全民事行为能力人；选项C，18周岁以上的成年人为完全民事行为能力人；选项D，不满8周岁的未成年人为无民事行为能力人。　答案　BC

(四)附条件和附期限的法律行为

1. 判定标准

(1)条件：或成就(发生)或不成就(不发生)；

(2)期限：一定会到来。

〖老侯提示〗期限可以是明确的，也可以是不确定的。

【举例】①赵某对侯某说等你结婚的时候我送你1万元做彩礼；

②侯某对赵某说等你"驾鹤西游"的那一天我一定把欠你的1万元钱还给你。

以上两种表述分别属于何种法律行为？

【答案】①侯某可能结婚也可能不结婚，属于附条件的法律行为；

②人的死亡终会到来，属于附期限的法律行为。

2. 能够作为法律行为所附条件的事实必须具备的条件

(1)将来发生；

(2)不确定;

(3)当事人任意选择的事实;

(4)合法事实;

(5)不与行为内容相矛盾。

3. 有心栽花花不发

(1)恶意促成条件成就:视为条件未成就。

(2)恶意阻止条件成就:视为条件已经成就。

4. 附条件与附期限法律行为的生效与失效

(1)附生效条件的法律行为,自条件成就时生效。附解除条件的法律行为,自条件成就时失效。

(2)附生效期限的法律行为,自期限届至时生效。附终止期限的法律行为,自期限届满时失效。

【例题6·单选题】☆下列法律行为中,属于附条件法律行为的是( )。

A. 孙某承诺在其去世后将生前收藏的一幅名画赠与张某

B. 李某承诺2021年10月1日赠与周某一台电脑

C. 钱某承诺如果郑某考上研究生,则赠与郑某一部手机

D. 赵某和王某订立赠与合同,约定合同自签订之日起两个月后生效

解析 条件或成就或不成就,期限一定会到来。选项A、B、D,属于附生效期限的法律行为。

答案 C

【例题7·多选题】乙有汽车一辆,甲乙双方签订的汽车买卖合同约定如果明天早上8点乙能够开车与甲一起去车管所过户,甲就以5万元的价格购买乙的汽车。后甲非常后悔,认为乙的汽车不值5万元,于是在当夜晚间偷偷把乙的四个汽车轮胎均扎漏,导致乙的汽车在第二天无法使用,该行为恰被小区监控录像拍下。则下列说法中正确的有( )。

A. 该合同属于附条件的法律行为

B. 该合同属于附期限的法律行为

C. 该合同条件已经成就

D. 该合同条件尚未成就

解析 选项A、B,条件或成就或不成就,期限一定会到来;选项C、D,当事人恶意阻止条件成就的,应当认定条件已经成就。

答案 AC

(五)效力瑕疵的法律行为

1. 无效的法律行为

(1)无效法律行为的种类(见表1-9)。

表1-9 无效法律行为的种类

欠缺要件	具体行为	举例
行为能力欠缺	无民事行为能力人独立实施的法律行为	5岁的小花将房屋与6岁小蔡的斑点狗交换
意思表示有瑕疵	当事人以虚假意思表示实施的法律行为	某演员与某影视公司订立"阴阳合同"
	恶意串通,损害他人合法权益的法律行为	恶意串通招投标签订政府采购合同
违反法律、行政法规的强制性规定或违背公序良俗	(1)违反法律、行政法规的强制性规定 【课外阅读】此处强制性规定是指"效力性"强制性规定,如法律行为违反的是"管理性"强制性规定并不当然无效	效力性:毒品买卖 管理性:打黑车
	(2)违背公序良俗	代孕协议

(2)部分无效。

①法律行为标的之数超过法律许可范围;

②法律行为的内容由数种不同事项合并而成，其中一项或数项无效；

③法律行为的非主要条款，因违反强制性规定或公序良俗而无效。

『老侯提示』法律行为部分无效，不影响其他部分效力，其他部分仍然有效。

（3）无效法律行为的法律后果。

从行为"开始"就没有法律约束力。

2. 可撤销的法律行为

（1）可撤销法律行为的种类（见表1-10）。

表1-10 可撤销法律行为的种类

欠缺要件		具体行为	撤销权人
意思表示有瑕疵	欺诈	一方以欺诈手段，使对方在违背真实意思的情况下实施的法律行为	受欺诈的一方
		第三人实施欺诈行为，使一方在违背真实意思的情况下实施的法律行为，对方知道或者应当知道该欺诈行为的	
	胁迫	一方或者第三人以胁迫手段，使对方在违背真实意思的情况下实施的法律行为	受胁迫的一方
	重大误解	行为人基于对行为性质、对方当事人、标的物等的错误认识，使行为后果与自己真实意思相悖，且造成较大损失的	各方当事人
	显失公平	一方利用对方处于危困状态、缺乏判断能力等情形，致使法律行为成立时显失公平的	受损害方

（2）撤销权的行使期限。

①一般情况：知道或应当知道撤销事由之日起"1年"内行使。

②重大误解：知道或应当知道之日起"90日"内行使。

③受胁迫："胁迫行为终止之日"起1年内行使。

④最长行使期限："行为发生之日"起"5年"。

（3）可撤销法律行为的法律后果。

①被撤销前效力已经发生，未经撤销，效力不消灭；

②该行为的撤销应由"撤销权人"通过法院或仲裁机关行使；

③撤销权人可以选择撤销或不撤销其行为；

④该行为一经撤销，自行为开始时无效。

（4）法律行为无效、被撤销或者确定不发生效力后涉案财产及损失处理。

①行为人因该行为取得的财产，应当予以返还；不能返还或者没有必要返还的，应当折价补偿。

②有过错的一方应当赔偿对方由此所受到的损失；各方都有过错的，应当各自承担相应的责任。

3. 效力待定的法律行为*

（1）效力待定法律行为的种类。

①限制民事行为能力人"独立实施"的，"除纯获益或者与其年龄、智力、精神健康状况相适应"的法律行为。

②代理人"滥用代理权"实施的法律行为（恶意串通除外）。

③行为人"无权代理"实施的法律行为（表见代理除外）。

（2）效力待定法律行为的法律后果。

①行为人实施的法律行为效力待定，经法定代理人（委托代理的被代理人）追认后有效。

②相对人可以"催告"法定代理人（委托

---

* 为了便于考生更易理解和系统掌握效力瑕疵的法律行为，第五章效力待定合同的内容在本章一并讲解。

代理的被代理人)在"30日内"予以追认。

〖老侯提示1〗法定代理人(委托代理的被代理人)未作表示的，视为"拒绝"追认。

〖老侯提示2〗委托代理的被代理人已经开始履行合同义务或者接受相对人履行的，视为追认。

③法定代理人(委托代理的被代理人)追认之"前"，"善意"相对人有"撤销"的权利。

〖老侯提示〗无论相对人是否善意均可行使"催告权"，但只有善意相对人才有"撤销权"，且要在追认前行使。

【例题8·单选题】☆根据民法典的规定，下列法律行为中，属于无效法律行为的是(　　)。

　　A. 违背公序良俗的行为
　　B. 受欺诈的行为
　　C. 受胁迫的行为
　　D. 显失公平的行为

解析　选项B、C、D，属于可撤销的法律行为。　　　　　　　　　　答案　A

【例题9·单选题】☆下列关于民事行为能力的表述中，不正确的是(　　)。

　　A. 12周岁的李某单独购买价格为10元的练习册的法律行为有效
　　B. 6周岁的赵某将其家中价值2 000元的玩具赠与同学的法律行为无效
　　C. 10周岁的孙某接受其父亲同事赠与的200元红包，必须征得孙某法定代理人的同意
　　D. 25周岁的钱某不能辨认自己的行为，用价值5 000元的手机换取1颗棒棒糖的法律行为无效

解析　选项A、C，8周岁以上不满18周岁属于限制民事行为能力人，限制民事行为能力人从事纯获益的法律行为或者与其年龄、智力或精神健康状况相适应的法律行为有效；选项B、D，不满8周岁和不能辨认自己的行为的成年人属于无民事行为能力人，无民事行为能力人独立实施的法律行为无效。
答案　C

【例题10·多选题】☆根据民事法律制度的规定，下列关于无效法律行为的表述中，正确的有(　　)。

　　A. 法律行为部分无效，不影响其他部分效力的，其他部分仍然有效
　　B. 无效的法律行为，从行为被确认无效之日起不具有法律约束力
　　C. 双方恶意串通，实施法律行为损害第三人利益的，应当追缴双方取得的财产并返还第三人
　　D. 双方对法律行为无效都有过错的，应当各自承担相应的责任

解析　选项B，无效的法律行为，从行为开始时起就没有法律约束力。答案　ACD

【例题11·多选题】☆根据民事法律制度的规定，下列行为中，属于可撤销法律行为的有(　　)。

　　A. 刘某超越代理权以甲公司的名义与乙公司签订买卖合同
　　B. 孙某受蔡某欺诈与其签订买卖合同
　　C. 李某误以为赵某的镀金表为纯金表而花高价购买
　　D. 陈某受王某胁迫与其签订房屋租赁合同

解析　选项A，一般情况属于效力待定的法律行为；选项B，欺诈属于可撤销的法律行为；选项C，重大误解属于可撤销的法律行为；选项D，胁迫属于可撤销的法律行为。
答案　BCD

【例题12·多选题】☆根据民法典的规定，下列关于撤销权消灭情形的表述中，正确的有(　　)。

　　A. 当事人自应当知道撤销事由之日起1个月内没有行使撤销权的，撤销权消灭
　　B. 当事人自民事法律行为发生之日起5年内没有行使撤销权的，撤销权消灭
　　C. 重大误解的当事人自知道或者应当知道撤销事由之日起90日内没有行使撤销权的，撤销权消灭
　　D. 当事人受胁迫，自胁迫行为终止之日

起1年内没有行使撤销权的，撤销权消灭

解析 选项A，一般情况下，当事人自知道或者应当知道撤销事由之日起1年内没有行使撤销权的，撤销权消灭。**答案** BCD

【例题13·单选题】 ☆王某13周岁生日时，爷爷送其价值1万元的电脑一台，奶奶送其价值50元的棒球帽一项。同年某天，王某未事先征得法定代理人的同意，将其电脑与棒球帽分别赠送给同班同学。下列关于王某行为效力的表述中，正确的是( )。

A. 赠送棒球帽的行为效力待定
B. 受赠棒球帽的行为有效
C. 赠送电脑的行为无效
D. 受赠电脑的行为效力待定

解析 选项A、B、D，限制民事行为能力人，独立实施纯获利益的法律行为或者与其行为能力相适应的法律行为有效；选项C，限制民事行为能力人，独立实施法律行为(除纯获益和与其行为能力相适应的外)效力待定，应当经其法定代理人同意、追认。

答案 B

守将四、代理(★★)(2018年单选题；2019年单选题、多选题；2020年单选题、多选题、判断题；2021年单选题、判断题)

(一)代理的概念和特征

1. 代理的概念

代理人在代理权限内，"以被代理人的名义"与第三人实施法律行为，由此产生的法律后果直接由"被代理人承担"。

2. 代理的特征(见表1-11)

表1-11 代理的特征

特征	陷阱	代表行为
代理人必须以"被代理人"的名义实施法律行为	"行纪"、寄售等受托处分财产的行为不属于代理	拍卖、寄售等
代理人在代理权限内"独立"地向"第三人"进行"意思表示"	传递信息、中介行为不属于代理，代为保管物品行为不属于代理	代为出席××活动、房地产中介、转交保管物品等
代理行为的法律后果直接归属于"被代理人"	无效代理、冒名欺诈不属于代理	

【例题1·单选题】 下列法律行为中属于代理的是( )。

A. 拍卖行受托拍卖物品的行为
B. 房地产中介的中介行为
C. 赵某受朋友委托出席合同签字仪式
D. 保险公司兼职业务员的揽保行为

解析 选项A，属于行纪行为，由拍卖行以自己的名义实施，不属于代理；选项BC，委托出席活动行为、中介行为不涉及独立地向第三人进行意思表示，不属于代理；选项D，代理人(业务员)在代理权限内，以被代理人(保险公司)的名义与第三人实施法律行为，由此产生的法律后果直接由被代理人(保险公司)承担，属于代理。**答案** D

【例题2·单选题】 ☆根据民事法律制度的规定，下列关于代理制度的表述中，正确的是( )。

A. 代理行为的法律后果直接归属于代理人
B. 代理人必须以自己的名义实施法律行为
C. 代理行为包括传递信息等非独立进行意思表示的行为
D. 代理人和第三人恶意串通，损害被代理人合法权益的，代理人和第三人应当承担连带责任

解析 选项A，代理行为的法律后果直接归属于被代理人；选项B，代理人必须以被代理人的名义实施法律行为；选项C，代理人在代理权限内独立地向第三人进行意思

表示；非独立进行意思表示的行为，不属于代理行为，例如传递信息、中介行为等。

答案 D

（二）不适用代理的情形

"订立遗嘱、婚姻登记、收养子女"等依照法律规定或按照双方当事人约定、法律行为的性质，应当由本人亲自实施的法律行为，不得代理。

【例题 3·单选题】☆根据民事法律制度的规定，下列行为中，可以由他人代理实施的是(　　)。

A. 签订房屋租赁合同
B. 签订收养子女协议
C. 订立遗嘱
D. 婚姻登记

解析　依照法律规定或按照双方当事人的约定、法律行为的性质，应当由本人亲自实施的法律行为，不得代理，如订立遗嘱、婚姻登记、收养子女等。

答案 A

（三）代理的种类

1. 委托代理

（1）委托协议的形式：书面或者口头均可。

（2）委托书应当记载的内容：代理人的姓名或名称、代理事项、代理权限、代理期间、被代理人签名或盖章。

2. 法定代理

无民事行为能力人、限制民事行为能力人的监护人是其法定代理人。

【举例】（1）小明的父亲代 6 岁的小明签订了一份房屋买卖合同是否属于代理行为？

（2）甲公司法定代表人李某与乙公司签订购销合同是否属于代理行为？

【答案】（1）属于代理。无民事行为能力人、限制民事行为能力人的监护人是其法定代理人。小明父亲的行为属于法定代理。

（2）不属于代理。法定代表人代表公司签订合同的行为属于代表行为，而非代理行为。

『老侯提示』"法定代理"区别于"法定代表"，法定代表人的职务行为就是法人行为。

【例题 4·判断题】☆限制民事行为能力人的监护人是其法定代理人。　　　（　　）

答案 √

（四）滥用代理权、无权代理与表见代理

1. 滥用代理权——本质上有代理权，但是给点阳光就灿烂

（1）种类。

①自己代理：代理人以被代理人的名义与自己实施法律行为。

【举例】赵某委托侯某帮其卖房，价格不能低于 250 万元。后侯某以 250 万元的价格购买了赵某的房屋，该行为属于"自己代理"。

②双方代理：同一代理人代理双方当事人实施同一法律行为。

【举例】赵某委托侯某帮其卖房，高某委托侯某帮其买房，后侯某将赵某的房子出售给高某，该行为属于"双方代理"。

③恶意串通：代理人与相对人恶意串通损害被代理人的利益。

（2）法律后果。

①自己代理、双方代理不得进行，但被代理人同意或追认除外。

②代理人和相对人串通，损害被代理人的利益的，由代理人和相对人负连带责任。

『老侯提示』"自己代理"与"双方代理"，效力待定；恶意串通的代理行为无效。

2. 无权代理——本质上没有代理权

（1）种类。

①没有代理权而实施的代理；
②超越代理权实施的代理；
③代理权终止后而实施的代理。

（2）法律后果。

①由被代理人承担的情形。

经被代理人追认；满足表见代理的条件。

②由行为人承担的情形。

未经被代理人追认，一般情况下由"行为人"承担。

③由行为人与相对人承担责任的情形。

相对人"知情"的(知道或应当知道行为人无代理权)，由双方(相对人和行为人)按照各自的过错承担责任。

3. 表见代理——属于广义的无权代理

(1)概念。

行为人没有代理权、超越代理权或者代理权终止后，仍然实施代理行为，相对人"有理由相信"行为人有代理权的，代理行为"有效"。

【举例】保卫萝卜公司委托高某采购萝卜，双方签订了授权委托书，并向高某提供了盖有公章的空白合同。后高某擅自以保卫萝卜公司的名义向侯某购买2万斤土豆并向侯某出示盖有保卫萝卜公司公章的空白合同书。侯某因该合同而相信高某有代理权，则高某的该项代理行为有效。

(2)"有理由相信"的理由。

①被代理人对相对人表示已将代理权授予他人，而实际并未授权；

②被代理人将某种有代理权的"证明文件"(如盖有公章的空白合同文本)交给他人，他人以该种文件使相对人相信其有代理权并与之进行法律行为；

③代理人违反被代理人的意思或者超越代理权，相对人无过失地相信其有代理权；

④代理关系"终止后未采取必要的措施"而使相对人仍然相信行为人有代理权。

【例题5·单选题】☆甲公司授予乙公司代理权，委托乙公司向丙公司采购货物。乙公司和丙公司串通，致乙公司以甲公司名义购进的货物质次价高，使甲公司遭受严重的经济损失。关于甲公司损失承担的下列表述中，正确的是( )。

A. 甲公司的损失应当由甲公司和乙公司分担

B. 甲公司的损失应当由乙公司和丙公司承担连带赔偿责任

C. 甲公司的损失应当由乙公司承担全部赔偿责任

D. 甲公司的损失应当由乙公司和丙公司承担按份赔偿责任

解析 代理人和相对人恶意串通，损害被代理人合法权益的，代理人和相对人应当承担连带责任。
答案 B

【例题6·多选题】☆李某与甲公司解除代理关系后，持甲公司未收回的盖有甲公司公章的空白合同，代理甲公司与善意的乙公司签订了供货合同，下列关于李某代理行为的表述中，正确的有( )。

A. 属于无权代理　B. 属于有权代理
C. 代理行为有效　D. 代理行为无效

解析 选项A、B，代理权终止后而实施的代理属于无权代理；选项C、D，行为人没有代理权、超越代理权或者代理权终止后，仍然实施代理行为，相对人有理由相信行为人有代理权的，构成表见代理，代理行为有效；被代理人将某种有代理权的证明文件(如盖有公章的空白合同文本)交给他人，他人以该种文件使第三人相信其有代理权并与之进行法律行为即为相对人有理由相信行为人有代理权。
答案 AC

(五)代理关系终止

代理关系终止见表1-12。

表1-12　代理关系终止

委托代理终止	法定代理终止
代理期间届满或者代理事务完成	被代理人取得或恢复完全民事行为能力
被代理人取消委托或代理人辞去委托	
"代理人"丧失民事行为能力	"代理人"丧失民事行为能力
"代理人"或者"被代理人"死亡	"代理人"或"被代理人"死亡
作为"代理人"或者"被代理人"的法人、非法人组织终止	

【老侯提示】作为委托代理的"被代理人死亡"代理关系并不一定终止。满足下列情形之一，委托代理人实施的代理行为有效：

（1）代理人不知道并且不应当知道被代理人死亡；

（2）被代理人的继承人予以承认；

（3）授权中明确代理权在代理事务完成时终止；

（4）被代理人死亡前已经实施，为了被代理人的继承人的利益继续代理。

【总结】

（1）"被代理人"丧失"民事行为能力"对代理关系没有影响；

（2）"被代理人"死亡，"委托代理"不一定终止；

（3）"代理人"死亡或丧失民事行为能力，都将导致代理关系终止。

【例题7·单选题】☆根据民法典的规定，下列关于代理关系终止的表述中，不正确的是（　）。

A. 代理期间届满，则委托代理终止

B. 被代理人丧失民事行为能力，则委托代理终止

C. 被代理人取得完全民事行为能力，则法定代理终止

D. 代理人死亡，则法定代理终止

解析　选项B，委托代理中是由"代理人"独立的对第三人进行意思表示，"被代理人"是否丧失民事行为能力，对代理关系没有影响。

答案　B

【例题8·判断题】☆被代理人死亡后，被代理人的继承人承认的委托代理行为仍有效。（　）

答案　√

第二部分　平等主体经济纠纷解决途径

守将一、仲裁（★★★）（2016年判断题、综合题；2017年单选题、多选题、判断题；2018年多选题；2019年单选题、多选题；2020年单选题、多选题、判断题；2021年单选题、多选题）

（一）仲裁的适用范围

仲裁的适用范围见表1-13。

表1-13　仲裁的适用范围

是否适用	具体内容	说明
适用仲裁法提请仲裁	平等主体间的合同纠纷和其他财产权益纠纷	与民事诉讼"协议管辖"的适用范围基本相同
适用"其他法"提请仲裁	劳动争议	适用劳动争议调解仲裁法
	农业集体经济组织内部的农业承包合同纠纷	适用农村土地承包经营纠纷调解仲裁法
不能提请仲裁	（1）婚姻、收养、监护、扶养、继承纠纷	涉及"人身关系"
	（2）行政争议	涉及"不平等"主体

【例题1·单选题】☆根据仲裁法的规定，下列纠纷中，可以申请仲裁的是（　）。

A. 赵某与吴某之间的收养纠纷

B. 李某与其兄妹之间的继承纠纷

C. 周某与秦某之间的借款合同纠纷

D. 张某与王某之间的婚姻纠纷

解析　选项A、B、D，与人身有关的婚姻、收养、监护、扶养、继承纠纷不能申请仲裁。

答案　C

【例题2·多选题】☆根据仲裁法的规

定,下列各项中,不属于仲裁机构受理案件范围的有( )。

A. 甲公司与某行政机关之间的行政争议
B. 李某与王某之间的承揽合同纠纷
C. 蔡某与所在单位之间的劳动合同纠纷
D. 陈某与所属农业集体经济组织之间的农业承包合同纠纷

解析 选项A,行政争议不能仲裁;选项C、D,劳动争议和农业集体经济组织内部的农业承包合同纠纷不适用仲裁法。

答案 ACD

(二)仲裁的基本原则

仲裁的基本原则见表1-14。

表1-14 仲裁的基本原则

基本原则	具体内容
自愿	双方自愿,达成仲裁协议,没有仲裁协议,一方申请仲裁的,仲裁委员会不予受理 『老侯提示』仲裁无级别管辖和地域管辖,当事人自愿选择仲裁机构和仲裁员
公平合理	在适用法律时,无明文规定的,按照法律的基本精神和公平合理原则处理
独立仲裁	仲裁组织属于民间组织,不按行政区划层层设立,不隶属于任何国家机关,仲裁依法独立进行,不受任何行政机关、社会团体和个人的干涉,仲裁机构间也没有隶属关系 『老侯提示』人民法院可依法对仲裁活动进行监督
一裁终局	仲裁裁决作出后,当事人就同一纠纷不能再申请仲裁或向人民法院起诉

【例题3·多选题】☆根据仲裁法律制度的规定,下列各项中,属于仲裁基本原则的有( )。

A. 一裁终局原则
B. 仲裁组织依法独立行使仲裁权原则
C. 公开仲裁原则
D. 自愿原则

解析 选项C,仲裁开庭但是不公开进行。

答案 ABD

(三)仲裁协议

1. 仲裁协议的形式

仲裁协议应以"书面"形式订立。口头达成仲裁的意思表示无效。

『老侯提示』仲裁协议可以在纠纷发生前约定,也能在纠纷发生后协商订立。

2. 仲裁协议的内容
(1)请求仲裁的意思表示。
(2)仲裁事项。
(3)选定的"仲裁委员会"。

3. 仲裁协议的效力(见表1-15)

表1-15 仲裁协议的效力

仲裁协议	具体内容	注意事项
排他性	平等主体间的财产纠纷遵循或裁或审原则,但有效的仲裁协议可以排除法院的管辖权	自愿原则的体现
独立性	仲裁协议"独立"存在,合同的变更、解除、终止或者无效不影响仲裁协议的效力	—

续表

仲裁协议	具体内容	注意事项
效力异议	(1)当事人对仲裁协议的效力有异议的,可以请求"仲裁委员会"作出决定或者请求"法院"作出裁定 (2)一方请求仲裁委员会作出决定,另一方请求法院作出裁定的,由"法院"裁定 (3)当事人对仲裁协议的效力有异议,应当在仲裁"首次开庭前"提出	『老侯提示』为保证司法资源可以得到合理的分配,此处均要求在"首次开庭前"提出。试题中注意"首次开庭时、一审法庭辩论终结前"等错误说法
无视协议的存在	(1)当事人达成仲裁协议,一方向法院起诉未声明有仲裁协议,法院受理后,另一方在首次开庭"前"提交仲裁协议的,法院应当裁定驳回起诉,但仲裁协议无效的除外 (2)另一方在首次开庭"前"未对法院受理该案提出异议的,视为放弃仲裁协议,法院应当继续审理	

4. 无效

(1)约定的仲裁事项超过法律规定的仲裁范围;

(2)无民事行为能力人或者限制民事行为能力人订立的仲裁协议;

(3)一方采取胁迫手段,迫使对方订立的仲裁协议;

(4)仲裁协议对仲裁事项或仲裁委员会没有约定或约定不明确的,当事人可以补充协议;达不成补充协议的,仲裁协议无效。

【例题4·多选题】根据仲裁法律制度的规定,下列关于仲裁协议的表述中,正确的有( )。

A. 仲裁协议应当具有请求仲裁的意思表示

B. 仲裁协议应当具有选定的仲裁员

C. 仲裁协议应当具有仲裁事项

D. 仲裁协议应当以书面形式订立

解析 选项B,仲裁协议应当具有选定的仲裁委员会,订立仲裁协议时不需要选定仲裁员。 **答案** ACD

【例题5·单选题】☆甲公司与乙公司签订买卖合同,并在合同中约定了仲裁条款,但未选定仲裁委员会。关于该仲裁条款效力及适用的下列表述中,正确的是( )。

A. 该仲裁条款无效

B. 该仲裁条款有效;约定的仲裁事项发生争议时,由合同签订地的仲裁委员会审理

C. 当事人可以就仲裁委员会的选择签订补充协议;达不成补充协议的,该仲裁条款无效

D. 该仲裁条款有效;约定的仲裁事项发生争议时,由合同履行地的仲裁委员会审理

解析 仲裁协议对仲裁事项或仲裁委员会没有约定或约定不明确的,当事人可以协议补充;达不成补充协议的,仲裁协议无效。 **答案** C

【例题6·多选题】☆根据仲裁法律制度的规定,下列关于仲裁协议效力的表述中,正确的有( )。

A. 限制民事行为能力人订立的仲裁协议无效

B. 合同无效,合同中的仲裁条款也无效

C. 对仲裁协议的效力有异议的,应当在仲裁庭首次开庭之前请求仲裁委员会作出决定或请求人民法院作出裁定

D. 一方采取胁迫手段,迫使对方订立的仲裁协议无效

解析 选项B,仲裁协议具有独立性,合同的变更、解除、终止或无效,不影响仲裁协议的效力。 **答案** ACD

【例题7·单选题】甲、乙签订的买卖合同中订有有效的仲裁条款,后因合同履行发生纠纷,乙未声明有仲裁条款而向法院起诉,法院受理了该案,首次开庭后,甲提出应依

27

合同中的仲裁条款解决纠纷，法院对该案没有管辖权。下列对该案的处理方式中，正确的是(   )。

A. 法院与仲裁机构协商解决该案管辖权事宜

B. 法院继续审理该案

C. 法院中止审理，待确定仲裁条款效力后再决定是否继续审理

D. 法院终止审理，由仲裁机构审理该案

解析　当事人达成仲裁协议，一方向人民法院起诉未声明有仲裁协议，人民法院受理后，另一方在"首次开庭前"提交仲裁协议的，人民法院应当驳回起诉，但仲裁协议无效的除外；另一方在首次开庭前未对人民法院受理该案提出异议的，视为放弃仲裁协议，人民法院应当继续审理。本题中当事人是在"首次开庭后"才提出异议的，因此视为放弃仲裁协议，人民法院应当继续审理。　　答案　B

(四)仲裁程序

1. 仲裁申请和受理(见图1-1)

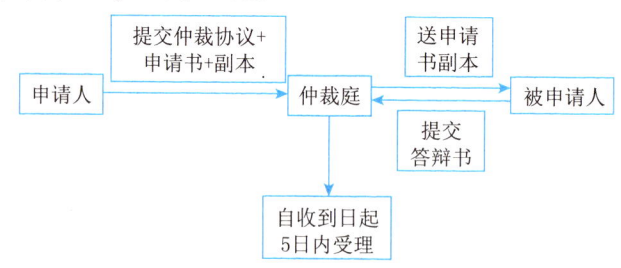

图1-1　仲裁申请和受理

『老侯提示』 被申请人未提交答辩书的，不影响仲裁程序的进行。

2. 仲裁庭的组成(2022年调整)

(1)当事人约定由3名仲裁员组成仲裁庭的，应当各自选定或者各自委托仲裁委员会主任指定1名仲裁员，第3名仲裁员由当事人共同选定或者共同委托仲裁委员会主任指定，第3名仲裁员为首席仲裁员。

(2)当事人约定由1名仲裁员成立仲裁庭的，应当由当事人共同选定或者共同委托仲裁委员会主任指定。

3. 回避制度

(1)是本案当事人，或者当事人、代理人的近亲属；

(2)与本案有利害关系；

(3)与本案当事人、代理人有其他关系，可能影响公正仲裁的；

(4)私自会见当事人、代理人，或者接受当事人、代理人的请客送礼的。

4. 仲裁的开庭与公开

(1)仲裁应当开庭进行。

『老侯提示』 当事人协议不开庭的，仲裁庭可以根据仲裁申请书、答辩书以及其他材料作出裁决。

(2)仲裁不公开进行。

『老侯提示』 当事人协议公开的，可以公开进行，但涉及国家秘密的除外。

5. 仲裁的和解与调解

(1)仲裁的和解(见图1-2)。

①当事人申请仲裁后，可以自行和解；

②达成和解协议的，"可以"请求仲裁庭根据和解协议作出裁决书，"也可以"撤回仲裁申请；

③当事人达成和解协议，"撤回仲裁申请"后又反悔的，可以根据仲裁协议申请仲裁。

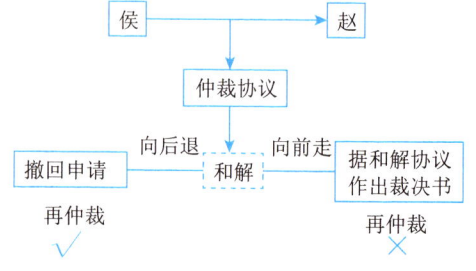

图1-2　仲裁的和解

(2)调解。

①仲裁庭在作出裁决前,"可以"先行调解;

②当事人自愿调解的,仲裁庭"应当"调解;

③调解不成的,仲裁庭应当及时作出裁决;

④调解达成协议的,仲裁庭应当制作调解书或者根据协议的结果制作裁决书,调解书与裁决书具有同等的法律效力;

⑤调解书经"双方当事人签收后",即发生法律效力;

⑥在调解书"签收前"当事人反悔的,仲裁庭应当及时作出裁决。

6. 作出裁决

(1)以谁为准?

①裁决应当按照多数仲裁员的意见作出;

②仲裁庭不能形成多数意见时,裁决应当按照首席仲裁员的意见作出。

(2)何时生效?

裁决书自"作出之日"起发生法律效力。

7. 履行裁决及强制执行

仲裁裁决作出后,当事人应当履行裁决。一方当事人不履行的,另一方当事人可以按照民事诉讼法的有关规定向"人民法院"申请执行。

【老侯提示】 与"一裁终局原则"进行区分。

【例题8·多选题】 根据仲裁法的规定,由3人组成仲裁庭的,关于仲裁员选定的下列表述中,正确的有(　　)。

A. 可以由当事人共同委托仲裁委员会主任指定首席仲裁员

B. 可以由当事人各自委托仲裁委员会主任指定1名仲裁员

C. 可以由当事人共同选定首席仲裁员

D. 可以由当事人各自选定1名仲裁员

解析　当事人约定由3名仲裁员组成仲裁庭的,应当各自选定或者各自委托仲裁委员会主任指定1名仲裁员,第3名仲裁员由当事人共同选定或者共同委托仲裁委员会主任指定。第3名仲裁员是首席仲裁员。

答案　ABCD

【例题9·多选题】 ☆根据仲裁法的规定,仲裁员具有特定情形必须回避。下列情形中,属于该特定情形的有(　　)。

A. 与本案有利害关系

B. 私自会见本案代理人

C. 是本案当事人的近亲属

D. 接受本案当事人的请客送礼

解析　凡可能影响公正仲裁的,仲裁员均应当回避。 答案　ABCD

【例题10·判断题】 ☆仲裁当事人自行和解达成和解协议后,可以请求仲裁庭根据和解协议作出仲裁裁决书。 (　　)

答案　√

【例题11·单选题】 甲、乙因合同纠纷申请仲裁,仲裁庭对案件裁决未能形成一致意见,关于该案件仲裁裁决的下列表述中,符合法律规定的是(　　)。

A. 应当按照多数仲裁员的意见作出裁决

B. 应当由仲裁庭达成一致意见作出裁决

C. 按照首席仲裁员的意见作出裁决

D. 提请仲裁委员会作出裁决

解析　裁决应当按照多数仲裁员的意见作出。仲裁庭不能形成多数意见时,裁决应当按照首席仲裁员的意见作出。 答案　A

(五)仲裁裁决的撤销

1. 仲裁裁决的法定撤销情形

(1)没有仲裁协议的;

(2)裁决事项不属于仲裁协议的范围或仲裁委员会无权仲裁的;

(3)仲裁庭的组成或者仲裁程序违反法定程序的;

(4)裁决所根据的证据是伪造的;

(5)对方当事人隐瞒了足以影响公正裁决的证据的;

(6)仲裁员在仲裁该案时有索贿受贿,徇私舞弊,枉法裁决行为的。

2. 撤销程序

当事人提出证据证明裁决有依法应撤销情形的,可在收到裁决书之日起"6个月内",

向仲裁委员会所在地的"中级"人民法院申请撤销裁决。

3. 中止执行、终结执行与恢复执行(2022年新增)

（1）当事人一方"申请执行"仲裁裁决，另一方"申请撤销"裁决的，人民法院应当裁定"中止"执行。

（2）人民法院"裁定撤销"裁决的，应当裁定"终结"执行。

（3）撤销裁决的申请被"裁定驳回"的，人民法院应当裁定"恢复"执行。

【例题12·多选题】☆根据仲裁法的规定，下列情形中，属于仲裁裁决的法定撤销情形的有(　　)。

A. 裁决的事项不属于仲裁协议的范围
B. 仲裁员在仲裁该案时有枉法裁决行为
C. 对方当事人隐瞒了足以影响公正裁决的证据
D. 仲裁庭的组成违反法定程序

答案 ABCD

【例题13·单选题】☆根据仲裁法的规定，当事人提出证据证明仲裁裁决有依法应当撤销情形的，可在收到裁决书之日起6个月内，向特定人民法院申请撤销裁决。该特定人民法院是(　　)。

A. 仲裁委员会所在地基层人民法院
B. 当事人所在地基层人民法院
C. 当事人所在地中级人民法院
D. 仲裁委员会所在地中级人民法院

答案 D

【例题14·单选题】☆根据仲裁法的规定，下列关于仲裁一裁终局原则的表述中，正确的是(　　)。

A. 仲裁裁决被人民法院撤销后，当事人不得依据重新达成的仲裁协议申请仲裁，只能向人民法院起诉
B. 仲裁裁决生效后，当事人就同一纠纷，不能再申请仲裁，但可以向人民法院提起诉讼
C. 仲裁裁决被人民法院撤销后，当事人既可以重新达成仲裁协议申请仲裁，也可以向人民法院起诉
D. 仲裁裁决被人民法院裁定不予执行后，当事人可以重新达成仲裁协议申请仲裁，但不能向人民法院起诉

解析 选项A、D，裁决被人民法院依法裁定撤销或不予执行的，当事人可以重新达成仲裁协议申请仲裁，也可以向人民法院起诉；选项B，仲裁裁决作出后，当事人就同一纠纷，不能再申请仲裁或向人民法院起诉。

答案 C

【例题15·判断题】当事人一方申请执行仲裁裁决，另一方申请撤销裁决的，人民法院应当裁定终结执行。(　　)

解析 当事人一方申请执行仲裁裁决，另一方申请撤销裁决的，人民法院应当裁定"中止"执行。

答案 ×

守将二、民事诉讼(★★★)(2016年、2017年单选题、多选题；2018年单选题、多选题、判断题；2019年单选题、多选题、判断题、简答题；2020年、2021年单选题、多选题、判断题)

(一)民事诉讼的适用范围(2022年新增)

"平等主体"之间因"财产关系"和"人身关系"发生纠纷，可以提起民事诉讼。

【例题1·多选题】下列案件中，适用民事诉讼途径解决的有(　　)。

A. 公民名誉权纠纷案件
B. 企业与银行因票据纠纷提起诉讼的案件
C. 纳税人与税务机关因税收征纳争议提起诉讼的案件
D. 劳动者与用人单位因劳动合同纠纷提起诉讼的案件

解析 选项C，属于纵向经济纠纷，适用行政诉讼的途径解决。

答案 ABD

(二)审判制度(2022年新增)

1. 两审终审制度——一个诉讼案件经过

两级法院审判后即终结

(1) 四级法院：最高、高级、中级、基层。

(2) 案件经第一审人民法院审判后，当事人有权在法定期限内向上一级人民法院提起上诉，由该上一级人民法院进行第二审。

(3) 二审法院的判决、裁定是终审判决、裁定。

(4) 对终审判决、裁定，当事人不得上诉，如果发现终审裁判确有错误，可以通过审判监督程序(再审程序)予以纠正。

(5) 特殊情况——一审终审。

①适用特别程序、督促程序、公示催告程序和简易程序中的"小额"诉讼程序审理的案件。

『老侯提示』适用简易程序审理的案件并非都是小额案件，注意题目陷阱。

②最高人民法院所作的一审判决、裁定。

2. 合议制度——由"3名以上""审判人员"组成审判组织

(1) 合议制与独任制的适用(见表1-16)

表1-16　合议制与独任制的适用

	审判制度	组成	适用
一审	独任制	审判员	简易程序、特别程序、督促程序、公示催告程序
	合议制	审判员+陪审员	一般案件
		审判员	选民资格案、重大疑难案
二审	独任制	审判员	第一审适用简易程序审结或者不服裁定提起上诉且事实清楚、权利义务关系明确并经双方当事人同意
	合议制	审判员	其他案件

『老侯提示』注意"审判人员"和"审判员"的区别，审判人员中还包括人民陪审员。

(2) 不适用独任制审理的情形
①涉及国家利益、社会公共利益的案件；
②涉及群体性纠纷，可能影响社会稳定的案件；
③人民群众广泛关注或者其他社会影响较大的案件；
④属于新类型或者疑难复杂的案件。

3. 回避制度——可能影响对案件公正审理

(1) 审判人员、书记员、翻译人员、鉴定人、勘验人适用回避制度。

『老侯提示』"证人"不适用回避制度。

(2) 当事人请求上述人员回避可以书面提出也可以口头提出。

4. 公开审判制度(见表1-17)

表1-17　公开审判制度

分类	审判过程		审判结果
一般情况	法院审理民事或行政案件应当"公开"进行		一律公开宣告判决
特殊情况	依法不公开	涉及国家秘密、个人隐私、法律另有规定	
	依当事人申请不公开	离婚案件、涉及商业秘密	

【例题 2·判断题】适用简易程序中的小额诉讼程序审理的民事案件，实行一审终审。（　）

答案 √

【例题 3·单选题】甲、乙公司因技术转让合同的履行产生纠纷，甲公司向某人民法院提起诉讼，法院受理该案件，已知该案件涉及商业秘密，下列关于该案件是否公开审理的表述中，正确的是（　）。

A. 该案件应当公开审理
B. 该案件不应当公开审理
C. 由双方当事人协商后决定是否公开审理
D. 由双方当事人申请不公开审理的，可以不公开审理

解析　人民法院审理民事案件，涉及商业秘密的案件，当事人申请不公开审理的，可以不公开审理。

答案 D

【例题 4·判断题】民事案件不论是否公开审理，一律公开宣告判决。（　）

答案 √

【例题 5·多选题】关于民事诉讼与仲裁法律制度相关内容的下列表述中，正确的有（　）。

A. 民事经济纠纷实行或裁或审制度
B. 民事诉讼与仲裁均实行回避制度
C. 民事诉讼实行两审终审制度，仲裁实行一裁终局制度
D. 民事诉讼实行公开审判制度，仲裁一般不公开进行

答案 ABCD

（三）民事诉讼管辖

1. 级别管辖（2022 年调整）

（1）基层人民法院原则上管辖第一审案件；

（2）中级人民法院管辖在本辖区有重大影响的案件、重大涉外案件及由最高人民法院确定由中级人民法院管辖的案件；

（3）高级人民法院管辖在辖区有重大影响的第一审案件；

（4）最高人民法院管辖在全国有重大影响的案件及认为应当由它审理的案件。

2. 地域管辖

（1）一般地域管辖（普通管辖）。

①按照当事人所在地与法院辖区的隶属关系来确定案件管辖法院。

②普通管辖的具体规定（见表 1-18）。

表 1-18　普通管辖的具体规定

判断原则	管辖法院	定义
"原告就被告"原则	一般民事案件由"被告住所地"人民法院管辖	被告住所地指自然人"户籍所在地"、法人或者其他组织的"主要办事机构所在地"，主要办事机构所在地不能确定的，注册地或者登记地为住所地（2022 年新增）
"经常居住地"原则	住所地与经常居住地不一致，由"经常居住地"人民法院管辖	经常居住地是指公民离开住所地至起诉时已连续居住满1年的地方，但公民"住院就医"的地方除外
"多人涉诉"原则	(1)同一诉讼的几个被告住所地、经常居住地在两个以上人民法院辖区的，各该人民法院都有管辖权。(2)对没有办事机构的个人合伙、合伙型联营体提起的诉讼，没有注册登记，几个被告又不在同一辖区的，被告住所地的人民法院都有管辖权	

（2）特殊地域管辖（特别管辖）。（2022 年调整）

①以诉讼标的所在地、法律事实所在地为标准确定管辖法院。

②特别管辖的具体规定（见表 1-19）。

表 1-19 特别管辖的具体规定

纠纷	管辖法院			
合同纠纷	合同履行地			被告住所地
保险合同纠纷	保险标的物所在地	保险标的物是运输工具或者运输中的货物	运输工具登记注册地、运输目的地、保险事故发生地	
		人身保险	被保险人住所地	
票据纠纷	票据支付地			
运输合同纠纷	运输始发地、目的地			
侵权行为	侵权行为地	侵权行为"实施"地		
		侵权结果"发生"地		
		【老侯提示1】信息网络侵权行为实施地包括实施被诉侵权行为的"计算机设备所在地",侵权结果地包括"被侵权人住所地";		
		【老侯提示2】因产品、服务质量不合格造成他人财产、人身损害提起的诉讼,"产品制造地、产品销售地、服务提供地、侵权行为地和被告住所地"人民法院均有管辖权		
交通事故请求损害赔偿	事故"发生"地或者车辆、船舶最先"到达"地、航空器最先"降落"地			
船舶碰撞或者其他海事损害事故请求损害赔偿	碰撞发生地、碰撞船舶最先到达地、加害船舶被扣留地			
海难救助费用	救助地或者被救助船舶最先到达地			
共同海损	船舶最先到达地、共同海损理算地或者航程终止地			
公司设立、确认股东资格、分配利润、解散等纠纷	公司住所地			

3. 专属管辖(2022年新增)

法律强制规定某类案件必须由特定的人民法院管辖,其他人民法院无权管辖,当事人也不得协议变更管辖,具有强制性和排他性。

①因不动产纠纷提起的诉讼,由"不动产"所在地人民法院管辖。

②因港口作业中发生纠纷提起的诉讼,由"港口"所在地人民法院管辖。

③因继承遗产纠纷提起的诉讼,由被继承人"死亡时住所地"或者"主要遗产所在地"人民法院管辖。

4. 协议管辖(约定管辖)(2022年调整)

(1)可协议的纠纷类型。

"合同"或者"其他财产权益纠纷"(包括因物权、知识产权中的财产权而产生的民事纠纷)。

(2)可协议的管辖法院。

被告住所地、合同履行地、合同签订地、原告住所地、标的物所在地等"与争议有实际联系"的地点。

【老侯提示】协议管辖排除普通管辖和特别管辖,但不能违背专属管辖和级别管辖的规定。

5. 共同管辖（选择管辖）（见表1-20）

表1-20 共同管辖

原则	具体规定
"立案在先"原则	两个以上人民法院都有管辖权的诉讼，原告可以向其中一个人民法院起诉；原告向两个以上有管辖权的人民法院起诉的，由"最先立案"的人民法院管辖
"禁止踢皮球"原则	（1）先立案的人民法院不得将案件移送给另一个有管辖权的人民法院
	（2）人民法院在立案"前"发现其他有管辖权的人民法院已先立案的，不得重复立案
	（3）立案"后"发现其他有管辖权的人民法院已先立案的，裁定将案件移送给先立案的人民法院

【例题6·单选题】☆住所地在甲市M区的张某，其工作单位在甲市N区，经常居住地在甲市P区。2020年5月，甲市Q区的某医院拟起诉张某要求其清偿住院时拖欠的医疗费。对该诉讼有管辖权的人民法院是（　　）。

A. 甲市M区人民法院
B. 甲市N区人民法院
C. 甲市P区人民法院
D. 甲市Q区人民法院

解析 对公民提起的民事诉讼，由被告住所地人民法院管辖，被告住所地与经常居住地不一致的，由经常居住地人民法院管辖。

答案 C

【例题7·多选题】2020年3月1日北京的赵某与石家庄的高某签订一份口罩买卖合同，双方在合同中约定合同履行地为天津，但未约定纠纷管辖法院，高某发货后，赵某一直没有付款并于2020年5月赴上海住院治疗"头发癌"，2021年8月高某拟对赵某提起诉讼，已知此时赵某仍在上海住院，则有管辖权的法院有（　　）。

A. 北京　　　B. 天津
C. 石家庄　　D. 上海

解析 （1）因合同纠纷引起的诉讼，由被告住所地或合同履行地人民法院管辖；（2）住所地和经常居住地不一致的，由经常居住地人民法院管辖；（3）经常居住地是指公民离开住所地至起诉时已连续居住"满1年"的地方，但公民"住院就医"的地方除外；（4）本题中合同履行地天津人民法院有管辖权（选项B）；被告赵某的住所地北京人民法院有管辖权（选项A），赵某赴上海的时间虽然超过1年但属于住院就医，因此上海不属于经常居住地。

答案 AB

【例题8·多选题】甲公司登记注册地为上海，主要办事机构所在地为北京，赵某住所地为天津，李某住所地为重庆，三方拟共同出资设立乙合伙企业（以下简称"乙企业"），乙企业尚未办理登记注册，也无办事机构，某日三方以乙企业的名义与丙公司签订一份合同，后因未履行合同给丙公司造成一定损失，丙公司向人民法院提起诉讼，则有管辖权的人民法院有（　　）。

A. 北京　　　B. 上海
C. 天津　　　D. 重庆

解析 （1）对没有办事机构的个人合伙、合伙型联营体提起的诉讼，由被告注册登记地人民法院管辖。没有注册登记，几个被告又不在同一辖区的，被告住所地的人民法院都有管辖权；（2）法人或者其他组织的住所地是指法人或者其他组织的主要办事机构所在地，主要办事机构所在地不能确定的，法人或者其他组织的注册地或者登记地为住所地。

答案 ACD

【例题9·多选题】☆根据民事诉讼法的规定，下列关于特殊地域管辖的表述中，正确的有（　　）。

A. 因票据纠纷提起的诉讼，可以由票据支付地人民法院管辖

B. 因人身保险合同纠纷提起的诉讼，可以由被保险人住所地人民法院管辖

C. 因买卖合同纠纷提起的诉讼，可以由合同履行地人民法院管辖

D. 因公路运输合同提起的诉讼，可以由运输目的地人民法院管辖

答案 ABCD

【例题10·多选题】甲企业得知竞争对手乙企业在M地的营销策略将会进行重大调整，于是到乙企业设在N地的分部窃取乙企业内部机密文件，随之采取相应对策，给乙企业在M地的营销造成重大损失，乙企业经过调查掌握了甲企业的侵权证据，拟向法院提起诉讼，其可以选择提起诉讼的法院有（ ）。

A. 甲住所地法院　B. 乙住所地法院

C. M地法院　　　D. N地法院

解析（1）因侵权行为提起的诉讼，由侵权行为地或者被告住所地人民法院管辖；（2）侵权行为地，包括侵权行为实施地、侵权结果发生地。本题中，侵权行为实施地是N地（到N地的分部实施窃取行为），侵权结果发生地是M地（乙企业在M地的营销策略），被告为甲企业。 **答案** ACD

【例题11·多选题】甲县的杨某在乙县购买丙县电磁炉厂生产的电磁炉，因电磁炉漏电导致杨某位于丁县的房屋烧毁受损。杨某欲提起侵权之诉，下列法院中，有管辖权的有（ ）。

A. 甲县人民法院　B. 乙县人民法院

C. 丁县人民法院　D. 丙县人民法院

解析 因产品、服务质量不合格造成他人财产、人身损害提起的诉讼，产品制造地（选项D）、产品销售地（选项B）、服务提供地、侵权行为地（选项C）和被告住所地人民法院均有管辖权。 **答案** BCD

【例题12·单选题】甲、乙因某房屋所有权归属发生纠纷，甲欲通过诉讼方式解决。其选择诉讼管辖法院的下列表述中，符合法律规定的是（ ）。

A. 甲只能向甲住所地法院提起诉讼

B. 甲只能向乙住所地法院提起诉讼

C. 甲只能向该房屋所在地法院提起诉讼

D. 甲可以选择向乙住所地或该房屋所在地法院提起诉讼

解析 因不动产纠纷提起的诉讼，由不动产所在地法院管辖。 **答案** C

【例题13·单选题】☆根据民事诉讼法律制度的规定，下列民事纠纷中，当事人不得约定纠纷管辖法院的是（ ）。

A. 收养协议纠纷　B. 赠与合同纠纷

C. 物权变动纠纷　D. 商标权纠纷

解析 双方当事人的合同纠纷和其他财产权益纠纷（包括因物权、知识产权中的财产权而产生的民事纠纷）可以以协议的方式选择管辖法院。收养协议纠纷不得约定纠纷管辖法院。 **答案** A

【例题14·判断题】☆原告向两个以上有管辖权的人民法院起诉的，由最先收到起诉书的人民法院管辖。（ ）

解析 原告向两个以上有管辖权的人民法院起诉的，由最先立案的人民法院管辖。

答案 ×

【例题15·多选题】☆根据民事诉讼法律制度的规定，关于两个或两个以上人民法院都有管辖权的诉讼管辖的确定，下列表述中正确的有（ ）。

A. 先立案的人民法院可以将案件移送给另一个有管辖权的人民法院

B. 原告向两个以上有管辖权的人民法院起诉的，由最先立案的人民法院管辖

C. 人民法院在立案前发现其他有管辖权的人民法院已先立案的，不得重复立案

D. 原告可以选择向其中一个人民法院起诉

解析 选项A，先立案的人民法院不得将案件移送给另一个有管辖权的人民法院；选项B、D，两个以上人民法院都有管辖权的诉讼，原告可以向其中一个人民法院起诉，原告向两个以上有管辖权的人民法院起诉的，

由最先立案的人民法院管辖；选项 C，人民法院在立案前发现其他有管辖权的人民法院已先立案的，不得重复立案。**答案** BCD

（四）诉讼时效

1. 诉讼时效的概念

诉讼时效，是指民事权利受到侵害的权利人在法定的时效期间内不行使权利，当时效期间届满时，债务人获得诉讼时效抗辩权的制度。

2. 诉讼时效的适用对象（见表 1-21）

表 1-21 诉讼时效的适用对象

分类	请求权	
适用	一般的请求权	
不适用	诉讼时效司法解释的特殊规定	支付"存款"本金及利息请求权
		兑付国债、金融债券以及向不特定对象发行的企业债券本息请求权
		基于投资关系产生的缴付"出资"请求权
	民法典的特殊规定	请求停止侵害、排除妨碍、消除危险
		不动产物权和"登记的动产"物权的权利人请求返还财产
		请求支付抚养费、赡养费或者扶养费

【链接】公司法司法解释三：公司股东未履行或者未全面履行出资义务或者抽逃出资，公司或者其他股东请求其向公司全面履行出资义务或者返还出资，被告股东以诉讼时效为由进行抗辩的，人民法院不予支持。

【例题 16·单选题】☆根据民法典的规定，下列请求权中，适用诉讼时效的是（　）。

A. 王某要求戊公司支付加工费用
B. 张某请求丙银行支付存款本金
C. 甲公司请求乙公司停止侵害
D. 丁公司要求股东李某缴付出资

解析 选项 B，支付存款本金及利息请求权不适用诉讼时效；选项 C，请求停止侵害、排除妨碍、消除危险不适用诉讼时效；选项 D，基于投资关系产生的缴付出资请求权不适用诉讼时效。**答案** A

3. 诉讼时效期间（见表 1-22）

表 1-22 诉讼时效期间

诉讼时效期间	起算点	长度
普通诉讼时效期间	"知道或者应当知道"权利被侵害和义务人时	除法律另有规定外，为"3 年"
最长诉讼时效期间	权利被侵害之日	"20 年"，不发生"中止、中断"有特殊情况法院可决定"延长"

【例题 17·单选题】赵某于 2002 年 7 月 1 日因鼻窦炎在医院进行了手术。2019 年 7 月 10 日，赵某的鼻子开始流脓，2019 年 8 月 1 日经鉴定流脓与当年的手术有关，则赵某可以向法院提起诉讼，主张其民事权利的法定期间是（　）。

A. 2022 年 8 月 1 日之前
B. 2023 年 8 月 1 日之前
C. 2022 年 7 月 1 日之前
D. 诉讼时效期间已过

解析 （1）普通诉讼时效期间为 3 年，从知道或应当知道权利被侵害及义务人之日起计算。本题中 2019 年 7 月 10 日赵某仅知道鼻子流脓，但并不知道原因，不构成"知道或应当知道权利被侵害和义务人"，因此诉讼时效期间未起算;2019年8月1日,经鉴定流脓与2002年7月1日的手术有关,赵某"知道权利被侵害和义务人"诉讼时效期间开始起算,直至2022年8月1日止。(2)从权利被侵害之日起超过20年的法律不予保护。本题中,赵某权利被侵害之日为2002年7月1日,直至2022年7月1日止。因此赵某最晚应于2022年7月1日之前起诉。

答案 C

[例题18·单选题] ☆根据民法典的规定,向人民法院请求保护民事权利的普通诉讼时效期间为( )年。

A. 1　　　　B. 2
C. 3　　　　D. 20

答案 C

[例题19·单选题] ☆根据民法典的规定,下列关于20年长期诉讼时效期间的表述中,正确的是( )。

A. 20年长期诉讼时效期间适用中止的规定
B. 20年长期诉讼时效期间适用中断的规定
C. 20年长期诉讼时效期间自权利受到侵害之日起计算
D. 20年长期诉讼时效期间不可以延长

解析 选项C,20年的长期时效期间,又被称为客观时效期间,从权利受侵害之日起计算;选项A、B、D,20年的长期时效期间不发生中止、中断问题,但可以延长。

答案 C

4. 诉讼时效期间的起算(2022年调整)(见表1-23)

表1-23 诉讼时效期间的起算

具体情形	起算点		
侵权行为	伤势明显,从受伤害之日;伤害当时未曾发现,自确诊之日		
约定履行期限	履行期限届满之日		
未约定履行期限	能确定履行期限	履行期限届满之日	
	不能确定履行期限	一般情况	债权人要求债务人履行义务的宽限期届满之日
		债务人在债权人第一次向其主张权利之时明确表示不履行义务	债务人明确表示不履行义务之日
约定同一债务分期履行	自最后一期履行期限届满之日		
以不作为为义务	自知道或应当知道债务人作为之时		
附条件	条件成就之日		
附期限	期限到达之日		
无、限人对法定代理人的请求权	法定代理终止之日	同时满足"知道或应当知道"	
国家赔偿	自知道或应当知道国家机关及其工作人员行使职权时的行为侵犯其人身权、财产权之日		
未成年人遭性侵的损害赔偿请求权	受害人年满18周岁之日 [老侯提示] 未满18周岁主张权利也受法律保护	同时满足"知道或应当知道"	

[例题20·单选题] ☆根据民事诉讼法律制度的规定,有关诉讼时效制度,下列表述不正确的是( )。

A. 诉讼时效期间自权利人知道或者应当

知道权利受到损害以及义务人之日起计算

B. 未成年人遭受性侵害的损害赔偿请求权的诉讼时效期间，自受害人受到侵害之日起计算

C. 当事人约定同一债务分期履行的，诉讼时效期间自最后一期履行期限届满之日起计算

D. 自权利受到损害之日起超过20年的，人民法院不予保护；有特殊情况的，人民法院可以根据权利人的申请决定延长

解析 选项A，诉讼时效期间自权利人知道或者应当知道权利受到损害以及义务人之日起计算。法律另有规定的，依照其规定。选项B，未成年人遭受性侵害的损害赔偿请求权的诉讼时效期间，自受害人年满18周岁之日起计算，且同时满足"知道或应当知道"。选项C，债务分期履行的，诉讼时效期间自最后一期履行期限届满之日起计算。选项D，最长诉讼时效期间是20年，自权利受到侵害之日起计算；超过20年时效期间的，人民法院不予保护；有特殊情况的，人民法院可以根据权利人的申请决定延长。

答案 B

5. 诉讼时效期间的中止和中断
（1）中止。

在诉讼时效期间的"最后6个月内"，因"下列障碍"致使权利人不能行使请求权的。

①关于法定障碍——客观原因。
a. 不可抗力；
b. 无民事行为能力人或者限制民事行为能力人没有法定代理人，或者法定代理人死亡、丧失民事行为能力、丧失代理权；
c. 继承开始后未确定继承人或遗产管理人；
d. 权利人被义务人或者其他人控制。

②关于最后6个月。

在诉讼时效期间的最后6个月以前发生上述事由，到最后6个月时法定事由已消除的，则不能发生诉讼时效期间中止。

该事由到最后6个月开始时仍然存在，则应从最后6个月开始时中止诉讼时效期间，直到该障碍消除。

③中止的法律后果。

诉讼时效期间"暂时停止计算"，从中止时效的原因消除之日起"满6个月"，诉讼时效期间届满。

【例题21·单选题】根据民事法律制度的规定，在一定期间内，债权人因不可抗力不能行使请求权的，诉讼时效中止，该期间为（ ）。

A. 诉讼时效期间的最后6个月
B. 诉讼时效期间的最后9个月
C. 诉讼时效期间届满后6个月
D. 诉讼时效期间届满后9个月

答案 A

【例题22·单选题】☆根据诉讼时效法律制度的规定，在诉讼时效期间最后6个月内发生的下列情形中，能够引起诉讼时效中止的是（ ）。

A. 权利人提起诉讼
B. 发生不可抗力致使权利人无法行使请求权
C. 义务人同意履行义务
D. 权利人向义务人提出履行义务的要求

解析 选项A、C、D都是诉讼时效中断的事由。

答案 B

（2）中断。

在诉讼时效期间，因"下列情形"出现，导致诉讼时效期间中断。

①导致诉讼时效中断的情形——主观原因。
a. 权利人向义务人提出履行请求；
b. 义务人同意履行义务；
c. 权利人提起诉讼或者申请仲裁；
d. 与提起诉讼或者申请仲裁有同等效力的其他情形。

②中断在连带债务中的适用（2022年新增）

对连带债权（务）人中的一人发生诉讼时效中断效力的事由，应当认定对其他连带债

权(务)人也发生诉讼时效中断的效力。

③中断的法律后果。

已经经过的时效期间全部归于无效,从中断、有关程序终结时起,诉讼时效期间"重新计算"。

【例题23·多选题】☆王某借给李某5万元。约定的还款期间届满后,李某未还款。在诉讼时效期间届满前发生的下列事由中,能够导致诉讼时效期间中断的有( )。

A. 李某向王某请求延期还款

B. 王某要求李某还款

C. 王某向人民法院提起诉讼要求李某还款

D. 李某向王某还款1万元

解析 选项A、D,属于义务人同意履行义务;选项B,属于权利人向义务人提出请求履行义务的要求;选项C,属于权利人提起诉讼。 **答案** ABCD

【例题24·多选题】☆根据民事法律制度的规定,下列关于诉讼时效中止的表述中,正确的有( )。

A. 引起诉讼时效中止的法定事由应发生于或存续至诉讼时效期间的最后6个月内

B. 诉讼时效中止的事由消除以后,重新计算诉讼时效期间

C. 权利人向义务人提出履行义务请求的,诉讼时效中止

D. 权利人被义务人控制使其不能行使请求权,是诉讼时效中止的法定事由

解析 选项B,诉讼时效中止,自中止时效的原因消除之日起满6个月,诉讼时效期间届满;选项C,属于"主观"原因,是引起诉讼时效中断的法定事由。 **答案** AD

6. 诉讼时效届满的法律效力

(1)诉讼时效期间届满,义务人可以提出不履行义务的抗辩。

(2)诉讼时效期间届满,权利人的"实体权利"不消灭,当事人自愿履行义务,后又以诉讼时效期间届满为由抗辩的,人民法院不予支持。

7. 诉讼时效抗辩的提出

(1)当事人未提出诉讼时效抗辩,人民法院不应对诉讼时效问题进行释明及主动适用诉讼时效的规定进行裁判。

(2)当事人在一审期间未提出诉讼时效抗辩,在二审期间提出的,人民法院不予支持(基于"新的证据"除外)。

(3)当事人未按照规定提出诉讼时效抗辩,却以诉讼时效期间届满为由申请再审或者提出再审抗辩的,人民法院不予支持。

8. 诉讼时效法定

诉讼时效的期间、计算方法以及中止、中断的事由由法律规定,当事人约定无效。当事人对诉讼时效利益的预先放弃无效。(诉讼时效期间法定,约定无效)

【例题25·单选题】☆根据民事法律制度的规定,下列关于诉讼时效期间届满法律效力的表述中,不正确的是( )。

A. 诉讼时效期间届满后,实体权利本身归于消灭

B. 诉讼时效期间届满后,债务人获得抗辩权

C. 诉讼时效期间届满后,权利人起诉的,人民法院应当受理

D. 诉讼时效期间届满后,当事人自愿履行义务的,不受诉讼时效限制

解析 选项A,诉讼时效期间届满,权利人的实体权利不消灭。 **答案** A

【例题26·单选题】☆根据诉讼时效法律制度的规定,下列关于诉讼时效制度适用的表述中,不正确的是( )。

A. 当事人不可以约定延长或缩短诉讼时效期间

B. 诉讼时效期间届满后,当事人自愿履行义务的,不受诉讼时效限制

C. 当事人未按照规定提出诉讼时效抗辩,却以诉讼时效期间届满为由申请再审,人民法院不予支持

D. 当事人未提出诉讼时效抗辩,人民法院可以主动适用诉讼时效规定进行审判

解析 选项D，当事人未提出诉讼时效抗辩，人民法院不应对诉讼时效问题进行释明及主动适用诉讼时效的规定进行裁判。

答案 D

[例题27·单选题] 2017年1月赵某从甲商场购入一台榨汁机尚未使用便因非洲援建项目外派4年。2021年1月赵某回国后在第一次使用榨汁机时发现接通电源后无法启动，便找到甲商场要求更换，甲商场以同型号产品早已停产且已过质保期为由拒绝。赵某拟起诉甲商场，则下列说法中正确的是（　）。

A. 因诉讼时效期间已过，赵某的诉讼请求人民法院不予受理

B. 因诉讼时效期间已过，甲商场可以提出不履行义务的抗辩

C. 因公外派属于不可抗力，会导致诉讼时效中止

D. 赵某就上述案由起诉甲商场未超过诉讼时效期间

解析 诉讼时效期间自当事人知道或者应当知道权利被侵害和义务人之日起计算，长度为3年，自权利受到损害之日起超过20年的，人民法院不予保护。本题中赵某因公外派未使用产品，其知道权利被侵害和义务人的时间未超过3年，榨汁机于2017年购入至2021年未超过20年，因此未超过诉讼时效期间。

答案 D

（五）诉讼参加人（2022年调整）

1. 当事人

原告、被告、共同诉讼人、诉讼中的第三人。

2. 代理人

（六）审判程序

1. 第一审程序

（1）普通程序。

①起诉和受理的法定条件。

原告与本案有直接利害关系；有明确的被告；有具体的诉讼请求和事实、理由；属于法院的受理范围和管辖范围，同时还必须办理法定手续。

②开庭并"公开"审理。

『老侯提示』人民法院对于公开审理的民事案件，应当公告当事人的姓名、案由和开庭的时间、地点。

（2）简易程序（见表1-24）。

表1-24 简易程序

程序	具体规定
适用	事实清楚、权利义务关系明确，争议不大的简单案件
开庭	(1)当事人双方可就开庭方式向人民法院提出申请，由人民法院决定是否准许 (2)经当事人双方同意，可以采用视听传输技术等方式开庭
可简易的程序	人民法院可以采取捎口信、电话、短信、传真、电子邮件等简便方式传唤双方当事人、通知证人和送达"裁判文书以外"的诉讼文书
缺席审判	以简便方式送达的开庭通知，未经当事人确认或无其他证据证明当事人已经收到的，不得缺席审判
审判制度	审判员"独任制"审理
变更	简易程序可以转为普通程序；普通程序不得转为简易程序
不适用	(1)起诉时被告下落不明 (2)发回重审 (3)当事人一方人数众多 (4)适用审判监督程序 (5)涉及国家、社会公共利益 (6)第三人起诉请求改变或撤销生效判决、裁定、调解书

(3)小额诉讼程序(2022年新增)(见表1-25)。

表1-25 小额诉讼程序

考点		具体内容
适用前提	满足适用简易程序条件且金额较小	应当适用：标的额为各省、自治区、直辖市上年度就业人员年平均工资50%以下 约定适用：标的额超过各省、自治区、直辖市上年度就业人员年平均工资50%但在2倍以下
不适用情形		(1)人身关系、财产确权案件； (2)涉外案件； (3)需要评估、鉴定或者对诉前评估、鉴定结果有异议的案件； (4)一方当事人下落不明的案件； (5)当事人提出反诉的案件
简化程度		可一次开庭审结并且当庭宣判

2. 第二审程序(上诉程序)

(1)前提。

当事人不服第一审人民法院"尚未生效"的判决和裁定。

『老侯提示1』 只有第一审案件的当事人才可以提起上诉。

『老侯提示2』 只能对法律规定的可以上诉的判决、裁定提起上诉(不是所有的判决和裁定都能上诉)。

(2)上诉期。

判决：送达之日起"15日"内。

裁定：送达之日起"10日"内。

(3)二审判决。

第二审人民法院的判决、裁定是终审的判决、裁定。

『老侯提示』 二审法院发回重审的，当事人对"重审案件"的判决、裁定可以上诉。

3. 审判监督程序

(1)前提。

有审判监督权的人员和机关，发现"已经生效"的判决裁定确有错误。

(2)谁可以提出再审。

①"各级人民法院院长"对"本院"已经发生法律效力的判决、裁定、调解书，发现确有错误，认为需要再审的，"提交审判委员会"讨论决定。

②"最高人民法院"对地方各级人民法院、"上级人民法院"对下级人民法院已经发生法律效力的判决、裁定、调解书，发现确有错误的，有权提审或"指令"下级人民法院再审。

③"当事人"对已经发生法律效力的判决、裁定，认为有错误的，可以向上一级人民法院"申请"再审；当事人一方人数众多或者当事人双方为公民的案件，也可以向原审人民法院申请再审。

④当事人对已经发生法律效力的"调解书"申请再审，应当在调解书发生法律效力后"6个月"内提出。

『老侯提示』 当事人申请再审，"不停止"已生效的判决、裁定的执行。

(3)当事人提出再审申请人民法院不予受理的情形——不走回头路。

①再审申请被驳回后再次提出申请的。

②对再审判决、裁定提出申请的。

③在人民检察院对当事人的申请作出不予提出再审检察建议或者抗诉决定后又提出申请的。

『老侯提示』 ①、②人民法院应当告知当事人可以向人民检察院申请再审检察建议或者抗诉，但因人民检察院提出再审检察建议或者抗诉而再审作出的判决、裁定除外。

【例题28·单选题】 ☆根据民事诉讼法的规定，我国采取的审判制度是( )。

A. 一审终审制度　　B. 三级二审制度

C. 两审终审制度　　D. 三审终审制度

答案　C

【例题29·多选题】根据民事诉讼法的规定，提起民事诉讼必须符合的法定条件有( )。

A. 有书面起诉状

B. 有明确的被告

C. 有具体的诉讼请求和事实、理由

D. 原告与本案有直接利害关系

解析 选项A，起诉不要求必须有书面起诉状，特殊情况下也可以口头起诉。

答案 BCD

【例题30·判断题】☆涉及商业秘密的诉讼案件，一律不公开审理。( )

解析 涉及商业秘密的案件，当事人申请不公开审理的，可以不公开审理。

答案 ×

【例题31·单选题】下列关于适用简易程序审理民事案件具体方式的表述中，不符合民事诉讼法律制度规定的是( )。

A. 双方当事人可以就开庭方式向人民法院提出申请

B. 人民法院可以电话传唤双方当事人

C. 审理案件时由审判员独任审判

D. 已经按普通程序审理的案件在开庭后可以转为简易程序审理

解析 选项D，已经按普通程序审理的案件在开庭后不可以转为简易程序审理。

答案 D

【例题32·判断题】☆张某因王某未偿还到期借款70万元，向甲人民法院起诉，此时王某下落不明已半年，甲法院可以适用简易程序审理本案。( )

解析 起诉时被告下落不明的，不适用简易程序。

答案 ×

【例题33·单选题】根据民事诉讼法律制度的规定，下列关于小额诉讼程序的说法中不正确的是( )。

A. 适用小额诉讼程序审理的案件首先应满足适用简易程序审理的条件

B. 在其他条件均满足的情况下，标的额为本省上年度就业人员年平均工资50%以下的案件，适用小额诉讼的程序审理

C. 离婚案件中如双方当事人待分割的财产全额满足小额诉讼程序的条件可以适用小额诉讼程序审理

D. 适用小额诉讼程序审理的案件可以一次开庭审结并且当庭宣判

解析 人身关系、财产确权案件，不适用小额诉讼程序。

答案 C

【例题34·单选题】☆根据民事诉讼法的规定，下列关于第二审程序的表述中，不正确的是( )。

A. 第二审人民法院的判决和裁定是终审的判决和裁定

B. 当事人应当通过原审人民法院提交上诉状

C. 只有第一审案件的当事人才可以提起上诉

D. 当事人对重审案件的判决和裁定不可以上诉

解析 当事人对重审案件的判决、裁定可以上诉。

答案 D

【例题35·单选题】☆根据民事诉讼法律制度的规定，当事人不服地方人民法院第一审裁定的，有权在裁定书送达之日起一定期限内向上一级人民法院提起上诉，该期限为( )日。

A. 10 B. 15

C. 20 D. 30

答案 A

【例题36·单选题】☆根据民事诉讼法律制度的规定，下列关于审判监督程序的表述中，不正确的是( )。

A. 最高人民法院对地方各级人民法院已经发生法律效力的判决，发现错误的，有权提审

B. 当事人对已经发生法律效力的判决，认为有错误的，只能向上一级人民法院申请再审

C. 当事人申请再审的，不停止判决的进行

D. 再审申请被驳回后，当事人再次提出申请的，人民法院不予受理

解析 选项B,当事人对已经发生法律效力的判决、裁定,认为有错误的,可以向上一级人民法院申请再审;当事人一方人数众多或者当事人双方均为公民的案件,也可以向原审人民法院申请再审。 **答案** B

(七)法院调解(2022年新增)

1. 可以调解

法院审理"民事"案件,根据当事人自愿的原则进行调解。

2. 不得调解

(1)适用"特别程序、督促程序、公示催告程序"的案件;

(2)"婚姻等身份关系确认"案件。

〖老侯提示〗区别"离婚案件"与"婚姻身份关系确认案件"。

3. 调解生效

调解书经"双方当事人签收"后,即具有法律效力。

4. 调解书的法律效力

(1)该案的诉讼法律关系消灭;

(2)当事人在诉讼中的实体权利义务争议消灭;

(3)具有给付内容的调解书具有强制执行效力;

(4)对调解书不得上诉;

(5)当事人不得以同一事实和理由再行起诉。

【例题37·判断题】人民法院对于亲子关系身份案件,不得适用调解程序。( )

解析 对于亲子关系身份案件,属于婚姻"等"身份关系确认案件,不得调解。

答案 √

(八)执行程序(2022年调整)

1. 执行

发生法律效力的判决、裁定、民事调解书和其他应由人民法院执行的法律文书,当事人必须履行。

2. 强制执行

一方拒绝履行的,"对方当事人"可以向人民法院申请执行。

3. 申请执行

申请执行的起算点和期限见表1-26。

表1-26 申请执行的起算点和期限

适用情形	起算点	期限
一般情况	法律文书规定履行期间的最后一日	2年
分期履行	最后一期履行期限届满之日	
未规定履行期间	法律文书生效之日	

〖老侯提示〗申请执行适用诉讼时效中止、中断的规定。

4. 超期申请

(1)申请执行人超过申请执行时效期间向人民法院申请强制执行的,人民法院应予受理。

(2)被执行人对申请执行时效期间提出异议,人民法院经审查异议成立的,裁定不予执行。

(3)被执行人履行全部或者部分义务后,又以不知道申请执行时效期间届满为由请求执行回转的,人民法院不予支持。

第三部分 不平等主体经济纠纷的解决途径(2022年新增)

守将一、行政复议(★★★)

(一)行政复议范围

1. 可以申请行政复议的事项(11项)

当事人"认为"行政机关的"具体"行政行为侵犯其合法权益,"符合行政复议法规定范围的",可以申请行政复议。

〖老侯提示1〗对行政机关的"抽象"行政行为不能申请行政复议,但当事人认为行政机关的具体行政行为所依据的规定不合法,在对具体行政行为申请行政复议时,可以"一并"向行政复议机关提出对该规定的"审查"申请。

〖老侯提示2〗可以"一并"申请附带审查的仅限于各种"规定",不包括国务院部委和地方人民政府"规章"。

2. 行政复议的排除事项

(1)不服行政机关作出的"抽象"行政行为。

(2)不服行政机关作出的"行政处分"或者其他"人事处理决定"。

(3)不服行政机关对民事纠纷作出的"调解"或者其他处理。

【例题1·多选题】下列纠纷中,当事人可以向行政复议机关申请行政复议的有( )。

A. 李某对公安机关作出的给予其行政拘留决定不服引起的纠纷

B. 甲公司对行政机关作出的查封其财产的行政强制措施决定不服引起的纠纷

C. 杨某对所任职的税务局作出的免除其职务的决定不服引起的纠纷

D. 乙公司对市场监督管理局作出的吊销其餐饮服务许可证决定不服引起的纠纷

解析 选项C,不服行政机关作出的行政处分或者其他人事处理决定,不能申请行政复议,可以依法提出申诉。 答案 ABD

(二)行政复议参加人和行政复议机关

1. 行政复议参加人

包括申请人、被申请人和"第三人"。

〖老侯提示〗行政复议参加人不包括行政复议机关。

2. 行政复议机关

(1)一般情况下行政复议机关的确定(见表1-27)。

表1-27 一般情况下行政复议机关的确定

分类	具体内容	复议机关	举例
一个领导	海关、金融、税务、外汇管理、政府(非省级)	上级机关	对县税务局作出的具体行政行为不服向市税务局申请行政复议
两个领导	县级以上政府部门	上级机关、本级政府	对县公安局作出的具体行政行为不服向市公安局或县人民政府申请行政复议
独立自主	省级政府、国务院各部门	本级复议(自己)	对国家税务总局作出的具体行政行为不服向国家税务总局申请行政复议
		〖老侯提示〗对本级复议决定不服的,可以向"人民法院"提起行政诉讼,也可以向"国务院"申请裁决,国务院的裁决为最终裁决	

(2)特殊情况下行政复议机关的确定(见表1-28)。

表1-28 特殊情况下行政复议机关的确定

作出具体行政行为的行政机关	行政复议机关
省、自治区人民政府依法设立的派出机关"所属的县级地方人民政府"	该派出机关
县级以上地方人民政府依法设立的"派出机关"	设立该派出机关的人民政府
政府工作部门依法设立的"派出机构"	设立该派出机构的部门、该部门的本级地方人民政府
法律、法规授权的组织	直接管理该组织的地方人民政府、地方人民政府工作部门或者国务院部门
两个以上行政机关共同作出	共同上一级行政机关
被撤销的行政机关在撤销以前所作出	继续行使其职权的行政机关的上一级行政机关

【老侯提示】 申请人向具体行政行为发生地的县级地方人民政府提交行政复议申请的,由接受申请的县级地方人民政府,自接到该行政复议申请之日起7日内,转送有关行政复议机关,并告知申请人。

【例题2·多选题】根据行政复议法律制度的规定,下列主体中,属于行政复议参加人的有( )。

A. 行政复议被申请人
B. 行政复议机关
C. 行政复议第三人
D. 行政复议申请人

解析 行政复议参加人包括申请人、被申请人和第三人。 答案 ACD

【例题3·单选题】根据行政复议法的规定,对省级人民政府的具体行政行为不服的,行政复议机关是( )。

A. 国务院
B. 国务院相关部门
C. 省级人民政府
D. 最高人民法院

解析 对国务院部门或者省、自治区、直辖市人民政府的具体行政行为不服的,向作出该具体行政行为的国务院部门或者省、自治区、直辖市人民政府申请行政复议。

答案 C

【例题4·多选题】赵某因酒后寻衅滋事被M市L县公安局所辖派出所处以罚款和行政拘留,赵某对派出所作出的处罚决定不服,欲申请行政复议。则有管辖权的复议机关有( )。

A. M市公安局   B. L县公安局
C. M市人民政府   D. L县人民政府

解析 对政府工作部门(公安局)依法设立的派出机构(派出所)依照法律、法规或者规章规定,以自己的名义作出的具体行政行为不服的,向设立该派出机构的部门(选项B)或者该部门的本级地方人民政府(选项D)申请行政复议。 答案 BD

【例题5·多选题】根据行政复议法律制度的规定,对下列税务机关作出的行政处罚不服的,向国家税务总局申请行政复议的有( )。

A. 直辖市税务局   B. 省税务局
C. 县税务局   D. 国家税务总局

解析 选项C,向市税务局申请行政复议。 答案 ABD

(三)必经复议、选择复议与只能复议

1. 必经复议(复议前置)

公民、法人或者其他组织认为行政机关的具体行政行为侵犯其已经依法取得的土地、矿藏、水流、森林、山岭、草原、荒地、滩涂、海域等自然资源的所有权或者使用权的,应当"先"申请行政复议；对行政复议决定不服的，可以依法向人民法院提起行政诉讼。

2. 只能复议（复议终局）

根据"国务院或者省、自治区、直辖市人民政府"对行政区划的勘定、调整或者征收土地的决定，省、自治区、直辖市人民政府确认土地、矿藏、水流、森林、山岭、草原、荒地、滩涂、海域等自然资源的所有权或者使用权的行政复议决定为最终裁决。

『老侯提示』上述两项规定考生只需适当注意作出具体行政行为的行政机关"依据的级别"即可，如依据的是"县、市级政府对行政区划的勘定、调整或者征收土地决定"，当事人不服即为复议前置，对复议决定不服可以起诉；如依据的是"国务院或省级政府对行政区划的勘定、调整或者征收土地决定"，当事人不服即为复议终局。因行政区划的勘定、调整本就是国务院和省级政府的职权。

3. 选择复议（了解）

【例题6·判断题】甲公司对县人民政府国土资源部门依据县政府征收土地的决定征收其土地使用权的行为不服，可以向县人民政府申请行政复议，也可以直接向县人民法院提起行政诉讼。　　　　　　（　）

解析　行政管理相对人认为行政机关的具体行政行为侵犯其已经依法取得的土地使用权的，应当"先"申请行政复议；对行政复议决定不服的，可以依法向人民法院提起行政诉讼。

答案　×

（四）行政复议的申请与受理

1. 行政复议申请

（1）申请时间。

①自"知道"该具体行政行为之日起"60日内"提出行政复议申请，但是法律规定的申请期限"超过"60日的除外。

②因不可抗力或者其他正当理由耽误法定申请期限的，申请期限自障碍消除之日起继续计算。

（2）申请方式——"书面、口头"均可。

『老侯提示』与仲裁区分，当事人申请仲裁必须有仲裁协议，仲裁协议应当以书面形式订立，口头达成仲裁的意思表示无效。

（3）公民、法人或者其他组织向人民法院提起行政诉讼，人民法院已经依法受理的，不得申请行政复议。

2. 行政复议受理

（1）受理程序（"税收征管法"）。

①行政复议机关收到行政复议申请后，应当在"5日内"进行审查决定是否受理。

②对不符合法律规定的行政复议申请，决定不予受理，并书面告知申请人；对符合法律规定，但是不属于本机关受理的行政复议申请，应当告知申请人向有关行政复议机关提出。

③行政复议机关决定不予受理或者受理以后超过行政复议期限不作答复的，申请人可以自收到不予受理决定书之日起或行政复议期满之日起"15日内"，依法向人民法院提起行政诉讼。

（2）行政复议机关受理行政复议申请，不得向申请人收取任何费用。

（3）行政复议期间具体行政行为不停止执行，但有下列情形之一的，可以停止执行：

①被申请人认为需要停止执行的；

②行政复议机关认为需要停止执行的；

③申请人申请停止执行，行政复议机关认为其要求合理，决定停止执行的；

④法律规定停止执行的。

【例题7·单选题】根据行政复议法律制度的规定，公民、法人和其他组织申请行政复议的法定期限是（　）。

A. 在行政机关作出具体行政行为之日起60日内

B. 在行政机关作出具体行政行为之日起3个月内

C. 在知道行政机关作出具体行政行为之日起3个月内

D. 在知道行政机关作出具体行政行为之日起60日内

答案 D

【例题8·判断题】申请人申请行政复议,可以书面申请,也可以口头申请。( )

答案 √

【例题9·多选题】行政复议期间具体行政行为不停止执行,但是下列情形可以停止执行的有( )。

A. 复议机关认为需要停止执行的
B. 申请人要求停止执行的
C. 被申请人认为需要停止执行的
D. 法律规定停止执行的

解析 选项B,申请人无决定权,申请人申请停止执行,行政复议机关认为其要求合理,决定停止执行的可以停止执行。

答案 ACD

【例题10·判断题】行政复议申请人申请行政复议,需要先向行政复议机关预交行政复议费。( )

解析 行政复议机关受理行政复议申请,不得向申请人收取任何费用。 **答案** ×

(五)行政复议的审查及决定

1. 行政复议的审查

(1)审查方式。

行政复议原则上采取"书面审查"方法。

〖老侯提示〗 与仲裁和诉讼不同,其既不开庭也不公开进行。

(2)举证责任:倒置。

行政复议的举证责任,由"被申请人"承担。

〖老侯提示〗 在行政复议过程中,被申请人不得自行向申请人和其他有关组织或者个人收集证据。

(3)对规定审查申请的处理。

申请人在申请行政复议时一并提出对规定的审查申请的,行政复议机关有权处理的,应当在"30日"内依法处理;无权处理的,应当在"7日"内按照法定程序逐级转送有权处理的国家机关依法处理,有权处理的行政机关应当在"60日"内依法处理。处理期间,"中止"对具体行政行为的审查。

(4)作出决定:60+30。

行政复议机关应当自"受理"申请之日起"60日内"作出行政复议决定;但是法律规定的行政复议期限"少于"60日的除外。

〖老侯提示〗 情况复杂,不能在规定期限内作出行政复议决定的,经行政复议机关的负责人批准,可以适当延长,但延长期限最多不得超过"30日"。

2. 行政复议决定

(1)行政复议决定种类(见表1-29)。

表1-29 行政复议决定种类

决定类型	适用情形	
决定维持	具体行政行为认定事实清楚、证据确凿、适用依据正确、程序合法、内容适当	
决定其在一定期限内履行	被申请人不履行法定职责	
决定撤销、变更或者确认该具体行政行为违法	①主要事实不清、证据不足的; ②适用依据错误的; ③违反法定程序的; ④超越或者滥用职权的; ⑤具体行政行为明显不当的	决定撤销或者确认违法的,可以责令被申请人在一定期限内重新作出具体行政行为 〖老侯提示〗 责令重新作出具体行政行为的,不得以同一事实和理由,作出相同或基本相同的具体行政行为

〖老侯提示〗 被申请人不按照法律规定提出书面答复,提交"当初"作出具体行政行为的证据等,视为无证据

(2)行政复议决定生效。

复议决定书一经"送达"即发生法律效力。

【链接】仲裁调解书"签收"后,发生法律效力;仲裁裁决书"作出"之日起发生法律效力;民事诉讼判决书一审"送达之日起15日"内不上诉生效。

(3)行政复议决定的履行。

被申请人不履行或者无正当理由拖延履行行政复议决定的,行政复议机关或者有关上级行政机关应当责令其限期履行。

(4)强制执行。

行政复议决定的强制执行见表1-30。

表1-30 行政复议决定的强制执行

考点		具体内容
前提		(1)申请人逾期不起诉又不履行行政复议决定; (2)不履行最终裁决的行政复议决定
执行机关	维持决定	作出具体行政行为的行政机关或人民法院
	变更决定	行政复议机关或人民法院

【例题11·单选题】根据行政复议法律制度的规定,下列关于行政复议举证责任的表述中,正确的是( )。

A. 由申请人承担举证责任
B. 由第三人承担举证责任
C. 由行政复议机关承担举证责任
D. 由被申请人承担举证责任

答案 ▶ D

【例题12·多选题】根据行政复议法律制度的规定,行政复议机关认为被审查的具体行政行为符合法定情形时,可以决定撤销、变更或者确认该具体行政行为违法。该法定情形有( )。

A. 适用依据错误的
B. 滥用职权的
C. 违反法定程序的
D. 主要事实不清,证据不足的

答案 ▶ ABCD

【例题13·单选题】根据行政复议法律制度的规定,下列关于行政复议的表述中,正确的是( )。

A. 对省人民政府作出的具体行政行为不服的,向该省级人民政府申请行政复议
B. 行政复议决定书一经作出,即发生法律效力
C. 行政复议只能书面申请
D. 行政复议应当公开进行

解析 ▶ 选项B,复议决定书一经"送达"即发生法律效力;选项C,申请人申请行政复议,可以书面申请,也可以口头申请;选项D,行政复议采用书面审查方式。

答案 ▶ A

【例题14·判断题】行政复议机关责令被申请人重新作出具体行政行为的,被申请人不得以同一事实和理由作出与原具体行政行为相同或基本相同的具体行政行为。( )

答案 ▶ √

守将二、行政诉讼(★★)

(一)行政诉讼的原则

行政诉讼的原则见表1-31。

表1-31 行政诉讼的原则

原则	具体内容
举证责任倒置	被告应当提供作出该行政行为的证据和所依据的规范性文件
行政行为合法性审查	人民法院审理行政案件,对行政行为是否合法进行审查 [老侯提示] 人民法院不审查行政行为的"适当性或称合理性"问题

续表

原则	具体内容	
不适用调解	人民法院审理行政案件,不得调解 [老侯提示] 涉及行政赔偿、补偿或者行政机关有自由裁量权的案件除外	
不停止行政行为执行	一般情况	不因当事人提起诉讼而停止执行行政行为
	特殊情形停止执行	(1)被告认为需要停止执行; (2)人民法院认为该行政行为的执行会给国家利益造成重大损害; (3)法律、法规规定停止执行

【例题1·多选题】甲公司因销售假冒伪劣商品,被 M 市 N 县市场监督管理局没收违法所得,并处以商品(包括已售出和未售出)货值3倍的罚款,甲公司认为处罚过重,双方发生争议,则可以采用的纠纷解决方式有( )。

A. 向 M 市市场监督管理局申请行政复议

B. 向 N 县人民政府申请行政复议

C. 向 N 县人民法院提起行政诉讼

D. 向 M 市人民法院提起行政诉讼

解析 选项 A、B,对县级以上政府部门的具体行政行为不服可以向上级主管部门或本级政府申请行政复议;选项 C、D,人民法院审理行政案件,对行政行为是否合法进行审查,不审查行政行为的"适当性"。本题中,甲公司的诉求是"罚款金额过高"而非"罚款行为违法",争议的焦点为行政行为的适当性而非合法性,故应当选择行政复议方式解决纠纷。

答案 AB

(二)行政诉讼的适用范围

1. 法院受理的行政诉讼

法院受理公民、法人和其他组织对符合条件的"具体"行政行为不服提起的行政诉讼。

[老侯提示] 该内容较多,共计12条,考生把握住"具体"行政行为后,掌握"不受理"的情形,通过排除法应对。

2. 法院"不受理"的行政诉讼(见表1-32)

表1-32 法院不受理的行政诉讼

来源	不受理的行政诉讼
行政诉讼法	(1)国防、外交等国家行为; (2)行政法规、规章或者行政机关制定、发布的具有普遍约束力的决定、命令; (3)行政机关对行政机关工作人员的奖惩、任免等决定; (4)法律规定由行政机关最终裁决的具体行政行为
司法解释	(1)公安、国家安全等机关依照刑事诉讼法的明确授权实施的行为; (2)调解行为以及法律规定的仲裁行为; (3)行政指导行为; (4)驳回当事人对行政行为提起申诉的重复处理行为; (5)行政机关作出的不产生外部法律效力的行为; (6)行政机关为作出行政行为而实施的准备、论证、研究、层报、咨询等过程性行为; (7)行政机关根据人民法院的生效裁判、协助执行通知书作出的执行行为,但行政机关扩大执行范围或者采取违法方式实施的除外; (8)上级行政机关基于内部层级监督关系对下级行政机关作出的听取报告、执法检查、督促履责等行为; (9)行政机关针对信访事项作出的登记、受理、交办、转送、复查、复核意见等行为; (10)对公民、法人或者其他组织权利义务不产生实际影响的行为

49

【例题2·单选题】下列纠纷中，不属于人民法院行政诉讼受理范围的是（　　）。

A. 赵某对公安机关给予其罚款的处罚决定不服引起的纠纷

B. 甲公司对市场监督管理机关拒绝向其发放营业执照的决定不服引起的纠纷

C. 钱某对所任职的财政部门给予其撤职的决定不服引起的纠纷

D. 乙公司对税务机关查封其财产的税收强制措施不服引起的纠纷

解析 选项C，不服行政机关作出的行政处分或者其他人事处理决定，不能申请行政诉讼，可以依法提出申诉。　　**答案** C

（三）行政诉讼管辖

1. 级别管辖

行政诉讼的级别管辖见表1-33。

表1-33　行政诉讼的级别管辖

一审行政案件管辖法院	适用情形
基层人民法院	一般行政案件
中级人民法院	对国务院各部门或者"县级"以上地方人民政府所作的具体行政行为提起诉讼的案件
	"海关"处理的案件
	本辖区内"重大、复杂"的案件
高级人民法院	本辖区内重大、复杂的案件
最高人民法院	全国范围内重大、复杂的案件

2. 地域管辖

行政诉讼的地域管辖见表1-34。

表1-34　行政诉讼的地域管辖

类型	具体内容
普通管辖	（1）行政案件由"最初"作出具体行政行为的行政机关所在地人民法院管辖； （2）经"行政复议的案件"，也可以由"复议机关所在地"人民法院管辖
跨区管辖	经"最高人民法院"批准，"高级人民法院"可以根据审判工作的实际情况，确定若干人民法院跨行政区域管辖行政案件
专属管辖	（1）因"不动产"提起的行政诉讼，由"不动产所在地"人民法院管辖； （2）对"限制人身自由"的行政强制措施不服提起的行政诉讼案件，由"被告所在地"或者"原告所在地"人民法院管辖

3. 裁定管辖

（1）移送管辖

①人民法院发现受理的案件不属于本院管辖的，应当移送有管辖权的人民法院，受移送的人民法院应当受理。

②受移送的人民法院认为受移送的案件按规定不属于本院管辖的，应当报请上级人民法院指定管辖，不得再自行移送。

（2）指定管辖

①有管辖权的人民法院由于特殊原因不能行使管辖权的，由上级人民法院指定管辖。

②人民法院对管辖权发生争议，由争议双方协商解决；协商不成报请共同上级人民法院指定管辖。

（3）移转管辖

①上级人民法院有权审理下级人民法院管辖的第一审行政案件。

②下级人民法院对其管辖的第一审行政案件，认为需要由上级人民法院审理或者指定管辖的，可报请上级人民法院决定。

【例题3·多选题】根据行政诉讼法的规定，下列第一审行政案件由中级人民法院管辖的有(　　)。

A．对国务院各部门所作的具体行政行为提起诉讼的案件

B．海关处理的案件

C．确认发明专利权案件

D．本辖区内重大、复杂的案件

解析 中级人民法院管辖下列第一审行政案件：对国务院部门或者县级以上地方人民政府所作的行政行为提起诉讼的案件；海关处理的案件；本辖区内重大、复杂的案件；其他法律规定由中级人民法院管辖的案件。

答案 ABD

【例题4·多选题】根据行政诉讼法律制度的规定，下列关于行政诉讼管辖的表述中，正确的有(　　)。

A．对县级人民政府所作的行政行为提起行政诉讼的案件由基层人民法院管辖

B．行政案件由最初作出行政行为的行政机关所在地人民法院管辖

C．经行政复议的行政案件可由复议机关所在地人民法院管辖

D．因不动产提起的行政诉讼，由不动产所在地人民法院管辖

解析 选项A，对国务院部门或者县级以上地方人民政府所作的行政行为提起诉讼的案件，第一审由中级人民法院管辖。

答案 BCD

(四)诉讼参加人

1．原告的确定

行政诉讼原告的确定见表1-35。

表1-35　行政诉讼原告的确定

可以作为原告	适用情形
受害人	受害人因受到损害要求主管行政机关追究加害人的法律责任时
相邻权人	当其认为相邻权受到行政行为的侵害，与行政行为产生利害关系时
债权人	债权人以行政机关对债务人所作的行政行为损害债权实现为由提起行政诉讼的，人民法院应当告知其就民事争议提起民事诉讼，但行政机关作出行政行为时依法应予保护或者应予考虑的除外
公平竞争权人	认为行政机关滥用行政权力排除或者限制竞争
投资人	认为联营、合资、合作企业的权益或者自己一方合法权益受行政行为侵害
合伙组织	合伙企业向人民法院提起诉讼的，应当以核准登记的字号为原告；其他合伙组织(个人合伙)起诉的，合伙人为共同原告
农村土地承包人	对行政机关处分其使用的农村土地的行为不服
非国有企业	被行政机关注销、撤销、合并、强令兼并、出售、分立或者改变企业隶属关系
股份制企业	认为行政机关作出的行政行为侵犯企业经营自主权
非营利法人的设立人	认为行政行为损害法人合法权益
业主委员会	行政机关作出的涉及业主共有利益的行政行为 [老侯提示] 业主委员会不起诉的，专有部分占建筑物总面积过半数或者占总户数过半数的业主可提起诉讼

2. 被告的确定

行政诉讼被告的确定见表1-36。

表1-36 行政诉讼被告的确定

适用情形			被告
直接起诉的案件			作出行政行为的行政机关
经复议的案件	复议机关决定维持原行政行为		作出原行政行为的行政机关和复议机关
	复议机关改变原行政行为		复议机关
	复议机关在限期内未作出决定	起诉原行政行为	作出行政行为的行政机关
		起诉复议机关不作为	复议机关
两个以上行政机关作出同一行政行为			共同作出行政行为的行政机关
行政机关委托的组织所作的行政行为			委托的行政机关
不服经上级行政机关批准的行政行为			对外发生法律效力的文书上署名的机关
法律、法规或者规章授权行使行政职权的行政机关内设机构、派出机构或者其他组织,超出法定授权范围实施行政行为		幅度越权	实施该行为的机构或者组织
		种类越权	该行政机关
行政机关组建并赋予行政管理职能但不具有独立承担法律责任能力的机构,自己的名义作出行政行为			组建该机构的行政机关
行政机关内设机构、派出机构在没有法律、法规或者规章授权的情况下以自己的名义作出行政行为			该行政机关
开发区	由国务院、省级人民政府批准设立的开发区	开发区管理机构作出的行政行为	该开发区管理机构
		开发区管理机构所属职能部门作出的行政行为	该职能部门
	其他开发区管理机构所属职能部门作出的行政行为		开发区管理机构
	开发区管理机构没有行政主体资格		设立该机构的地方人民政府
行政机关不作为案件			不作为的行政机关
行政机关被撤销或者职权变更	行政职权依然存在		继续行使其职权的行政机关
	行政职权不存在		作出撤销决定的行政机关

[老侯提示1] 被告不适格的处理:法院通知变更→原告不同意变更→裁定驳回起诉

[老侯提示2] 存在多名被告但原告只选择了部分被告起诉的处理:

法院通知追加→原告不同意追加
→非行政复议机关的,法院通知其以第三人的身份参加诉讼
→行政复议机关,法院依职权追加其为共同被告

【例题5·单选题】明星D某,因逃税被甲市乙税务机关追缴税款、加收滞纳金并处罚款,共计1.06亿元,D某不服向甲市税务机关申请行政复议,经复议甲市税务机关作出维持原具体行政行为的复议决定。D某不服拟提起行政诉讼,下列说法中正确的是( )。

A. D某只能向乙县人民法院提起诉讼
B. D某只能以乙县税务机关为被告
C. D某只能以甲市税务机关为被告
D. D某应当以甲市税务机关和乙县税务机关为共同被告

解析 选项A，行政案件由最初作出具体行政行为的行政机关所在地人民法院管辖，经"行政复议的案件"，也可以由复议机关所在地人民法院管辖；选项B、C、D，经复议的案件，复议机关决定维持原行政行为的，作出原行政行为的行政机关和复议机关是共同被告。 **答案** D

(五)行政诉讼的诉讼程序

1. 起诉和受理

(1)必经复议的情况下。

复议机关决定不予受理或受理后超过复议期限不作答复，申请人可以自收到不予受理决定书之日起或者行政复议期满之日起15日内起诉。

(2)选择复议的情况下。

公民、法人或其他组织直接向人民法院提起诉讼的，应当自知道或者应当知道作出行政行为之日起"6个月"内提出。

(3)行政机关不作为的情况下。

公民、法人或其他组织申请行政机关履行保护其人身权、财产权等合法权益的法定职责，行政机关在接到申请之日起2个月内不履行的，可以起诉。(紧急情况下不受该期限限制)

(4)行政诉讼最长时效期间。

因不动产提起诉讼的案件自行政行为作出之日起超过20年，其他案件自行政行为作出之日起超过5年提起诉讼的，人民法院不予受理。

(5)起诉形式。

起诉应当向法院递交起诉状，并按照被告人数提出副本。书写起诉状确有困难的，可以口头起诉。

(6)法院受理。

①法院接到起诉状，对符合条件的，应当登记立案。

②当场不能判定是否符合条件的应当接收起诉状，出具注明收到日期的书面凭证，并在7日内决定是否立案。不符合起诉条件的，作出不予立案的裁定，裁定书应当载明不予立案的理由。原告对裁定不服的，可以提起上诉。

③人民法院既不立案，又不作出不予立案的裁定，当事人可向上一级人民法院起诉。

(7)收费

人民法院审理行政案件，应当收取诉讼费用。诉讼费用由败诉方承担，双方都有责任的由双方分担。

2. 审理和判决

(1)公开，但涉及国家秘密、个人隐私和法律另有规定的除外。

『老侯提示』 涉及"商业秘密"的案件，当事人申请不公开审理的，可以不公开审理。

(2)一审判决：立案之日起6个月内作出。

(3)合议庭制。

(4)调解。

行政诉讼的调解见表1-37。

表1-37 行政诉讼的调解

是否适用	具体情形
不适用调解	一般行政案件
适用调解	①行政赔偿、补偿； ②行政机关行使法律、法规规定的自由裁量权的案件

(5)审理依据。

①可作为"依据"的：法律和行政法规、当地的地方性法规。

②可作为"参照"的：规章。

(6)"简易程序"。

行政诉讼简易程序见表1-38。

表1-38 行政诉讼简易程序

考点	具体内容
适用情形	(1)被诉行政行为是依法当场作出的； (2)案件涉及款额2 000元以下的； (3)属于政府信息公开案件的； (4)当事人各方同意适用简易程序的
不适用情形	发回重审、按照审判监督程序再审的案件
审理期限	在立案之日起45日内审结

(7) 一审上诉期。

一审判决——判决书"送达"之日起"15日"内。

一审裁定——裁定书"送达"之日起"10日"内。

(8) 二审判决：收到上诉状之日起3个月内作出。

(9) 人民检察院提出再审检察建议或抗诉的适用。

①最高人民检察院对各级人民法院已经发生法律效力的判决、裁定，上级人民检察院对下级人民法院已经发生法律效力的判决、裁定，发现有法定再审事由，或者发现调解书损害国家利益、社会公共利益的，应当提出抗诉。

②地方各级人民检察院对同级人民法院已经发生法律效为的判决、裁定，发现有法定再审事由，或者发现调解书损害国家利益、社会公共利益的，可以向同级人民法院提出检察建议，并报上级人民检察院备案；也可提请上级人民检察院向同级人民法院提出抗诉。

【例题6·多选题】北京市人民法院在审理行政性案件时，可以作为审判依据的有( )。

A. 法律
B. 行政法规
C. 北京市人大制定的地方性法规
D. 国家税务总局制定的部门规章

解析 选项D，规章在法院审理"行政案件"时仅起参照作用。 **答案** ABC

【例题7·多选题】根据行政诉讼法律制度的规定，下列关于人民法院审理行政案件是否适用调解的表述中，正确的有( )。

A. 人民法院审理行政案件，一般不适用调解
B. 人民法院审理行政赔偿的案件，可以调解
C. 人民法院审理行政补偿的案件，可以调解
D. 人民法院审理行政机关行使法律、法规规定的自由裁量权的案件，可以调解

答案 ABCD

积粮筑墙

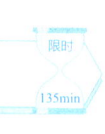 

扫我做试题

一、单项选择题

1. 下列关于法律体系的表述中，正确的是( )。

   A. 法律体系包括现行有效的国内法和国际法
   B. 法律体系包括历史上废止、已不再有效的法律
   C. 我国法律体系包括七个法律部门
   D. 法律、行政法规、地方性法规和部门

关于"扫我做试题"，你需要知道——

亲爱的读者，微信扫描对应小程序码，并输入封面防伪贴激活码，即可同步在线做题，提交后还可查看做题时间、正确率及答案解析。

微信搜索小程序"会计网题库"，选择对应科目，点击图书拓展，即可练习本书全部"扫我做试题"（首次需输入封面防伪贴激活码）。

规章构成我们法律体系不同层次的法律规范

2. 划分法律部门的主要标准是( )。
   A. 法律所调整的社会关系
   B. 实施法律制裁的方法
   C. 确定法律关系主体不同地位的方法
   D. 确定法律关系主体权利义务的方法

3. 根据民法典的规定，下列各项中，属于民事法律行为的是( )。
   A. 赵某用业余时间创作了《量子力学与广义相对论在会计培训课程中的指导与应用》一书
   B. 赵某与网校签订合同，负责讲授《量子力学与广义相对论在会计培训课程中的指导与应用》课程
   C. 赵某在上班途中捡到一部"一朵花"手机
   D. 赵某宅在家中看综艺节目

4. 侯某与赵某是莫逆之交，侯某与身患绝症的赵某约定，赵某去世后，侯某将负责把赵某的儿子小赵抚养成人。该约定的性质是( )。
   A. 附期限的民事法律行为
   B. 附条件的民事法律行为
   C. 单方民事法律行为
   D. 不属于民事法律行为

5. 根据民法典的规定，下列各项中，属于可撤销的民事法律行为的是( )。
   A. 利用对方当事人缺乏判断能力订立显失公平的合同
   B. 代理人与第三人恶意串通订立的损害被代理人利益的合同
   C. 限制民事行为能力人与他人订立的纯获利益的合同
   D. 代理人超越代理权与第三人订立的买卖合同

6. 根据民法典的规定，下列关于撤销权行使期限的说法中，正确的是( )。
   A. 显失公平当事人的撤销权自知道或者应当知道撤销事由之日起1年内行使
   B. 重大误解当事人的撤销权自知道或者应当知道撤销事由之日起1年内行使
   C. 受胁迫当事人的撤销权自知道或者应当知道撤销事由之日起1年内行使
   D. 当事人自民事法律行为发生之日起1年内没有行使撤销权的，撤销权消灭

7. 2021年6月1日，赵某与郭某签订了一份买卖合同；6月15日，赵某知道自己对合同标的产生了重大误解；6月20日，赵某向法院起诉主张撤销该买卖合同；9月25日，该买卖合同经法院判决被撤销。则该买卖合同无效的时间是( )。
   A. 2021年6月1日
   B. 2021年6月15日
   C. 2021年6月20日
   D. 2021年9月25日

8. 张某在赵某不在场的情况下，给了赵某6周岁的儿子小赵1 000元压岁钱，关于该赠与行为法律效力的说法中，正确的是( )。
   A. 无效民事法律行为
   B. 效力待定的民事法律行为
   C. 可撤销的民事法律行为
   D. 有效的民事法律行为

9. 根据民法典的规定，下列各项中，属于代理的是( )。
   A. 拍卖行受赵某的委托，拍卖其收藏的一张古画
   B. 房地产经纪公司促成了侯某和赵某的房屋买卖合同
   C. 侯某代赵某将一封情书转交给李逵
   D. 赵某委托律师代自己进行离婚诉讼

10. 下列各项中，属于仲裁法适用范围的是( )。
    A. 赵某和甲公司的劳动合同纠纷
    B. 张某与丙公司的商品房买卖纠纷
    C. 甲公司与税务机关的征纳税纠纷
    D. 孙某和李某的离婚纠纷

11. 甲、乙因买卖货物发生合同纠纷，甲向法院提起诉讼。开庭审理时，乙提出双

方签有仲裁协议,应通过仲裁方式解决。对该案件的下列处理方式中,符合法律规定的是( )。

A. 仲裁协议有效,法院驳回甲的起诉

B. 仲裁协议无效,法院继续审理

C. 由甲、乙协商确定纠纷的解决方式

D. 视为甲、乙已放弃仲裁协议,法院继续审理

12. 甲、乙签订买卖合同同时签订仲裁协议,后双方发生合同纠纷,在仲裁庭首次开庭时,甲对双方事先签订的仲裁协议效力提出异议,对该案件的下列处理方式中,符合法律规定的是( )。

A. 应由仲裁委员会首先对仲裁协议的效力作出决定

B. 甲可以请求法院对仲裁协议的效力作出裁定

C. 该仲裁协议有效,仲裁庭继续仲裁

D. 该仲裁协议自然失效

13. 甲、乙因合同纠纷申请仲裁,仲裁庭对案件裁决时两位仲裁员支持甲的请求,但首席仲裁员支持乙的请求,关于该案件仲裁裁决的下列表述中,符合法律规定的是( )。

A. 应当按照多数仲裁员的意见作出裁决

B. 应当由仲裁庭达成一致意见作出裁决

C. 按照首席仲裁员的意见作出裁决

D. 提请仲裁委员会作出裁决

14. 根据仲裁法律制度的规定,仲裁裁决书的生效时间是( )。

A. 自"作出"之日

B. 自"送达"之日

C. 自"签收"之日

D. 自"交付"之日

15. 根据仲裁法律制度的规定,下列关于仲裁机构的说法中,不正确的是( )。

A. 仲裁组织属于民间组织,不隶属于任何国家机关

B. 仲裁委员会不按行政区划层层设立

C. 仲裁委员会之间没有隶属关系

D. 人民法院不能对仲裁活动进行监督

16. 下列纠纷中,不能通过民事诉讼方式解决的是( )。

A. 赵某与高某因房屋产权纠纷提起诉讼的案件

B. 赵大与赵二因遗产继承纠纷提起诉讼的案件

C. 按照公示催告程序解决的票据丢失案件

D. 纳税人与税务机关因税收征纳争议提起诉讼的案件

17. 下列关于民事诉讼合议制度的说法中,正确的是( )。

A. 合议制度是指由 3 名以上审判员组成审判组织,代表法院行使审判权

B. 法院审理第一审民事案件由审判员一人独任审理

C. 法院审理第二审民事案件可以由审判员和陪审员组成合议庭

D. 选民资格案或者重大、疑难案件由审判员组成合议庭

18. 根据民事诉讼法律制度的规定,下列各项中,不属于专属管辖的是( )。

A. 因不动产纠纷提起的诉讼

B. 因票据纠纷提起的诉讼

C. 因继承遗产纠纷提起的诉讼

D. 因港口作业中发生纠纷提起的诉讼

19. 2021 年 3 月 15 日,赵某向侯某口头提出借款 1 万元急用,近期偿还。4 月 15 日,侯某请求赵某偿还借款,赵某未予答复。4 月 20 日侯某再次向赵某提出请求,要求赵某在 5 月 1 日前偿还借款,赵某答复称自己从未与侯某借款,并拒绝偿还。则侯某向人民法院提起诉讼的诉讼时效期间起算点是( )。

A. 2021 年 3 月 15 日

B. 2021 年 4 月 15 日

C. 2021 年 4 月 20 日

D. 2021 年 5 月 1 日

20. 根据民事诉讼法律制度的规定,下列关

于人民法院调解书生效后的法律效力说法不正确的是( )。
A. 会导致案件的诉讼法律关系消灭
B. 会导致当事人在诉讼中的实体权利义务争议消灭
C. 具有给付内容的调解书具有强制执行效力
D. 当事人对调解书不服可以在规定的期限内提出上诉

21. 对发生法律效力的判决、裁定、民事调解书和其他应由人民法院执行的法律文书，当事人必须履行。一方拒绝履行的，对方当事人可以从法律文书规定履行期间的最后一日起的一定期间内向人民法院申请执行。该期间是( )年。
A. 1　　　　B. 2
C. 3　　　　D. 5

22. 根据民事诉讼法律制度的规定，下列民事纠纷中，当事人可以约定纠纷管辖法院的是( )。
A. 收养协议纠纷　　B. 赠与合同纠纷
C. 遗产继承纠纷　　D. 专利署名权纠纷

23. 甲公司驾驶员程某酒后驾驶投保车辆发生保险事故，致使车辆毁损，甲公司要求乙保险公司理赔，但该公司认为程某属于"依照法律规定不允许驾驶被保险机动车的情况下驾车"故不予理赔。甲公司先后向乙保险公司登记注册地 H 市、投保车辆登记注册地 M 市、保险事故发生地 X 市的人民法院起诉。则下列说法中正确的是( )。
A. 若甲公司最先向 H 市人民法院起诉，则该案件的管辖法院即为 H 市人民法院
B. M 市人民法院在立案前，发现 H 市人民法院已经立案，裁定将案件移送给先立案的人民法院
C. X 市人民法院在立案后，发现 H 市人民法院已经先立案，裁定将案件移送给先立案的人民法院
D. H 市人民法院先立案，根据案情需要，可以将案件移送 M 市人民法院或 X 市人民法院

24. 根据民事诉讼法律制度的规定，当事人不服地方人民法院第一审判决的，有权在判决书送达之日起一定期限内向上一级人民法院提起上诉，该期限为( )日。
A. 10　　　　B. 15
C. 20　　　　D. 30

25. 根据民法典的规定，向人民法院请求保护民事权利的诉讼时效期间为自权利人知道或者应当知道权利受到损害以及义务人之日起的一定期限，该期限是( )年。
A. 2　　　　B. 3
C. 5　　　　D. 20

26. 根据民事诉讼法律制度的规定，下列关于诉讼时效期间的说法中正确的是( )。
A. 当事人未提出诉讼时效抗辩，人民法院应对诉讼时效问题进行释明及主动适用诉讼时效的规定进行裁判
B. 当事人在一审期间未提出诉讼时效抗辩，在二审期间基于新的证据提出的，人民法院不予支持
C. 当事人未按照规定提出诉讼时效抗辩，却以诉讼时效期间届满为由申请再审或者提出再审抗辩的，人民法院不予支持
D. 诉讼时效期间届满权利人的实体权利并不消灭，债务人自愿履行的，不受诉讼时效限制，但当事人自愿履行义务后以诉讼时效期间届满为由抗辩的，人民法院应予支持

27. 根据民事诉讼法律制度的规定，有关诉讼时效制度，下列表述不正确的是( )。
A. 无民事行为能力人对其法定代理人的请求权的诉讼时效期间，自该法定代理终止之日起算
B. 未成年人遭受性侵害的损害赔偿请求权的诉讼时效期间，自受害人知道或者应当知道受到侵害之日起计算

C. 当事人约定同一债务分期履行的，诉讼时效期间自最后一期履行期限届满之日起计算

D. 不作为义务之债的诉讼时效，自债权人得知或应当知道债务人作为之时开始计算

28. 甲、乙公司因买卖合同发生纠纷，经市场监督管理局调解，双方对合同的履行达成谅解。后甲公司感觉调解结果对自己不利，遂向省市场监督管理局申请行政复议，则下列说法中正确的是( )。

A. 省市场监督管理局应予受理
B. 省市场监督管理局应不予受理
C. 甲公司可向市人民法院提起行政诉讼
D. 甲公司只能履行调解书

29. N市M县市场监督管理局对甲企业作出罚款的处罚决定，甲企业对此不服，拟申请行政复议，则有管辖权的复议机关是( )。

A. M县人民法院
B. M县人民政府
C. M县市场监督管理局
D. N市人民政府

30. 对省、自治区人民政府依法设立的派出机关所属的县级地方人民政府的具体行政行为不服的，可以申请行政复议，有管辖权的复议机关是( )。

A. 该省、自治区人民政府
B. 该派出机关
C. 该县地方人民政府
D. 该县地方人民政府所在地法院

31. 根据行政诉讼法律制度的规定，下列情形中，公民、法人或者其他组织可以向人民法院提起行政诉讼的是( )。

A. 市民认为行政法规侵犯了他们的合法权益
B. 赵某对行政机关作出的任免决定不服的
C. 钱某认为某公安局对其罚款的处罚决定金额过高

D. 孙某对行政机关作出的限制其人身自由的决定不服的

32. 根据行政诉讼法律制度的规定，下列关于行政诉讼管辖权的说法中，不正确的是( )。

A. 人民法院发现受理的案件不属于本院管辖的，应当移送有管辖权的人民法院
B. 受移送的人民法院认为受移送的案件按规定不属于本院管辖的，可以不予受理
C. 有管辖权的人民法院由于特殊原因不能行使管辖权的，由上级人民法院指定管辖
D. 上级人民法院有权审理下级人民法院管辖的第一审行政案件

二、多项选择题

1. 下列关于我国法律部门与法律体系的说法中，不正确的有( )。

A.《中华人民共和国公司法》属于民商法法律部门
B.《中华人民共和国证券法》属于经济法法律部门
C.《中华人民共和国消费者权益保护法》属于劳动法与社会法法律部门
D.《中华人民共和国行政诉讼法》属于行政法法律部门

2. 下列各项中，属于法律明确规定必须采用一定形式或者履行一定程序才能成立的民事法律行为有( )。

A. 买卖合同 B. 融资租赁合同
C. 技术开发合同 D. 建设工程合同

3. 根据民法典的规定，下列关于自然人民事行为能力的说法中正确的有( )。

A. 8周岁以上，18周岁以下的自然人是限制民事行为能力人
B. 16周岁以上不满18周岁但以自己的劳动收入为主要生活来源的自然人是完全民事行为能力人
C. 不能辨认自己行为的成年人是无民事

行为能力人

D. 8周岁以下的自然人是无民事行为能力人

4. 甲公司与乙公司在买卖合同中约定：若乙公司的新厂房在2021年5月1日前竣工验收合格并交付使用，则将旧厂房以2 000万元的价格卖给甲公司。后因房屋价格上涨，乙公司欲将旧厂房以更高的价格转卖他方，便故意拖延新厂房的验收时间，使原本应当在2021年5月1日前竣工验收合格并交付使用的新厂房无法交付。则下列关于甲乙双方之间房屋买卖合同的说法中，正确的有(   )。

A. 该合同属于附条件的合同

B. 该合同属于附期限的合同

C. 该合同已经成立

D. 该合同已经生效

5. 赵某准备购买一批"N95"口罩，某日在某购物网站上看到："本店现有N9口罩一批，数量有限，欲购从速"的宣传，误以为是"N95"口罩便下单购买。收到货后发现，该批口罩并非"N95"口罩，只是普通的医用口罩。关于商家的上述行为，下列说法中正确的有(   )。

A. 属于欺诈的民事法律行为

B. 属于重大误解的民事法律行为

C. 属于无效的民事法律行为

D. 属于可撤销的民事法律行为

6. 根据民法典的规定，下列各项中，属于无效民事法律行为的有(   )。

A. 某鞋垫厂与9周岁的小明签订合同以5万元的价格购买其一项发明

B. 某演员为了逃避缴纳个人所得税，与某影视公司合谋签订阴阳合同

C. 有妇之夫甲委托未婚女乙代孕，约定事成后甲补偿乙50万元

D. 甲父患癌症急需用钱，乙趁机以低价收购甲收藏的1幅名画，甲无奈与乙签订了买卖合同

7. 下列各项中，构成滥用代理权的有(   )。

A. 代理人以被代理人的名义与自己订立房屋买卖合同

B. 同一代理人，代理双方签订设备采购合同

C. 代理人为拿回扣与第三人串通，采购质次价高的产品

D. 代理人在代理权终止之后依旧以被代理人的名义采购产品

8. 甲餐厅委托赵某向乙水产市场购买一批螃蟹。赵某在购买螃蟹时，得知乙水产市场正在对龙虾进行降价促销，赵某觉得夏天到了吃龙虾的人应该很多，便持盖有甲餐厅公章的空白合同，以甲餐厅名义签订合同一并购买了一部分，货到之后甲餐厅以并未委托赵某购买龙虾为由拒绝付款。根据民法典规定，下列说法中正确的有(   )。

A. 赵某的行为属于滥用代理权

B. 赵某无权代理甲餐厅采购龙虾

C. 甲餐厅有权拒绝付款

D. 甲餐厅无权拒绝付款

9. 甲公司和乙公司因合同纠纷向仲裁委员会申请仲裁，则下列说法中，正确的有(   )。

A. 仲裁应当公开进行

B. 若双方达成和解协议，甲公司撤回了仲裁申请，但乙公司拒不履行和解协议约定的义务，甲公司可以再次就同一事项向仲裁委员会申请仲裁

C. 仲裁庭在作出裁决前，可以先行调解，甲乙双方自愿调解的，仲裁庭应当调解

D. 经仲裁庭调解，双方达成调解协议的仲裁庭应当制作调解书或者根据协议的结果制作裁决书，调解书经双方当事人签收后，即发生法律效力

10. 根据仲裁法律制度的规定，下列属于无效仲裁协议的有(   )。

A. 限制民事行为能力人独立与他人订立的仲裁协议

B. 双方当事人口头达成的仲裁意思表示

C. 当事人就遗产继承订立的仲裁协议

D. 一方采取胁迫手段，迫使对方订立的仲裁协议

11. 甲、乙两公司签订一份货物买卖合同，并在合同中约定因履行本合同发生的一切纠纷，双方同意提请丙仲裁委员会仲裁。其后因不可抗力双方解除了该买卖合同，但因定金返还问题发生纠纷，则下列说法中，不正确的有（　　）。

A. 甲公司可以直接向人民法院起诉要求乙公司返还定金

B. 甲公司可以向丙仲裁委员会申请仲裁

C. 甲公司可以选择向丙仲裁委员会申请仲裁或向人民法院起诉

D. 乙公司认为合同解除，则仲裁协议无效

12. 根据仲裁法的规定，下列各项中，属于仲裁裁决的法定撤销情形的有（　　）。

A. 裁决事项不属于仲裁协议的范围

B. 仲裁程序违反法定程序

C. 裁决所根据的证据是伪造的

D. 仲裁员在仲裁该案时有索贿受贿行为

13. 下列各项中，属于仲裁协议内容的有（　　）。

A. 请求仲裁的意思表示

B. 仲裁事项

C. 选定的仲裁员

D. 选定的仲裁委员会

14. 甲公司和乙公司因买卖合同履行发生纠纷。后经仲裁裁决甲公司应当向乙公司支付货款。甲公司认为乙公司所发货物不符合同约定，且在仲裁期间曾用手机拍到了乙公司负责人和仲裁员一起吃饭的照片。甲公司拒绝履行裁决并向人民法院申请撤销裁决。乙公司则向人民法院申请强制执行，下列说法中，正确的有（　　）。

A. 甲公司应当在收到裁决书之日起6个月内，向仲裁委员会所在地的中级人民法院申请撤销裁决

B. 上述情形，人民法院应当裁定中止执行

C. 如人民法院支持了甲公司的诉求裁定撤销裁决的，应当裁定终结执行

D. 如甲公司撤销裁决的申请被人民法院裁定驳回的，人民法院应当裁定恢复执行

15. 关于民事诉讼与仲裁法律制度相关内容的下列表述中，正确的有（　　）。

A. 民事经济纠纷实行或裁或审制度

B. 民事诉讼实行一审终审制度，仲裁实行一裁终局制度

C. 民事诉讼与仲裁均应开庭进行

D. 民事诉讼实行公开审判制度，仲裁也公开进行

16. 根据民事诉讼法律制度的规定，民事诉讼中实行一审终审制的有（　　）。

A. 适用特别程序、督促程序

B. 适用公示催告程序

C. 适用简易程序

D. 最高人民法院所作的一审判决

17. 根据民事诉讼法律制度的规定，在民事诉讼活动中适用回避制度的人员有（　　）。

A. 审判员侯某　　B. 书记员唐某

C. 勘验人沙某　　D. 证人赵某

18. 根据民事诉讼法律制度的规定，下列关于公开审判制度的表述中，正确的有（　　）。

A. 涉及商业秘密的民事案件，当事人申请不公开审理的，可以不公开审理

B. 不论民事案件是否公开审理，一律公开宣告判决

C. 涉及国家秘密的民事案件应当不公开审理

D. 涉及个人隐私的民事案件应当不公开审理

19. A地甲企业与B地乙企业签订运输合同，约定由乙企业将一批海鲜由C地运输至E地，双方未在合同中约定管辖法院，乙企业在运输途经D地时因大雪造成高

速公路封路，导致未在合同约定的时间将货物运达，致使甲企业蒙受重大损失，甲企业拟对乙企业提起诉讼，其可以选择提起诉讼的法院有（　　）。

A. B地法院　　　B. C地法院
C. D地法院　　　D. E地法院

20. 甲县的赵某在乙县旅游时，通过酒店的电脑在网络散播损害丙县高某名誉的虚假信息。在丁县旅游的高某得知后，欲对赵某提起侵权之诉，下列法院中，有管辖权的有（　　）。

A. 甲县人民法院　　B. 乙县人民法院
C. 丙县人民法院　　D. 丁县人民法院

21. 位于A市的甲公司和位于B市的乙公司在C市签订一份劳务合同，约定由甲公司对乙公司位于D市的设备进行维修。其后甲公司依约对设备进行了维修，但乙公司以设备没有恢复原有生产性能为由拒绝付款，双方发生纠纷，现甲公司欲起诉乙公司要求支付报酬，则下列说法中正确的有（　　）。

A. 若双方未在合同中明确约定诉讼管辖地，则甲公司可以向B市人民法院起诉
B. 若双方未在合同中明确约定诉讼管辖地，则甲公司可以向D市人民法院起诉
C. 若双方未在合同中明确约定诉讼管辖地，则甲公司向A、B、C、D四市人民法院起诉均可
D. 若双方在合同中约定诉讼管辖地为C市人民法院，则甲公司只能向C市人民法院起诉

22. 根据民事诉讼法律制度的规定，下列各项中，可以协议约定管辖法院的有（　　）。

A. 赵某与侯某的买卖合同纠纷
B. 赵某与冯某的房屋所有权纠纷
C. 赵某与高某的著作署名权纠纷
D. 赵某与唐某的汽车所有权纠纷

23. 根据民事诉讼法律制度的规定，下列关于简易程序中的小额诉讼程序的说法中正确的有（　　）。

A. 简易程序中的小额诉讼程序执行两审终审制
B. 在满足简易程序审理的前提下，标的额为本省上年度就业人员年平均工资50%以下的案件，适用小额诉讼的程序审理
C. 涉外案件不适用简易程序中的小额诉讼程序审理
D. 适用小额诉讼程序审理的案件可以一次开庭审结并且当庭宣判

24. 下列关于诉讼管辖法院的说法中，不正确的有（　　）。

A. 因票据纠纷引起的诉讼，由被告住所地或票据出票地人民法院管辖
B. 因人身保险合同纠纷引起的诉讼，由被告住所地或受益人住所地法院管辖
C. 因不动产纠纷引起的诉讼，由不动产所在地人民法院管辖
D. 因交通事故请求损害赔偿引起的诉讼，由运输工具登记注册地人民法院管辖

25. 根据民事诉讼法律制度的有关规定，适用简易程序审理的案件，应满足的条件有（　　）。

A. 事实清楚
B. 标的额小
C. 权利义务关系明确
D. 争议不大

26. 根据民事诉讼法律制度的规定，下列关于简易程序的表述中，正确的有（　　）。

A. 可以口头起诉
B. 法院可以采取电子邮件方式送达裁判文书
C. 由审判员独任制审理
D. 已经按照普通程序审理的案件，在开庭后可以转为简易程序审理

27. 根据民事诉讼法律制度的规定，下列各项中，不适用简易程序审理的有（　　）。

A. 起诉时被告下落不明
B. 发回重审

C. 当事人一方人数众多
D. 适用审判监督程序

28. 根据民事诉讼法律制度的规定，下列关于审判监督程序的说法中不正确的有( )。
A. 各级人民法院院长对本院已经生效的判决，发现确有错误的，可以自行决定再审
B. 上级人民法院对下级人民法院已经生效的判决，发现确有错误的，有权提审
C. 当事人对已经发生法律效力的调解书申请再审，应当在调解书发生法律效力后3个月内提出
D. 当事人申请再审，已生效的判决、裁定则停止执行

29. 根据民事诉讼法律制度的规定，当事人提出再审申请人民法院不予受理的有( )。
A. 再审申请被驳回后再次提出申请
B. 对再审判决提出申请
C. 对二审法院发回重审的案件所作出的生效判决提出申请
D. 在人民检察院对当事人的申请作出不予提出再审检察建议或者抗诉决定后又提出申请

30. 根据民事诉讼法律制度的规定，下列各项中，不适用诉讼时效抗辩的有( )。
A. 赵某要求某银行支付逾期存款本金及利息
B. 钱某要求兑付逾期国债本息
C. X公司要求股东孙某缴付认缴的出资
D. 李某要求赵某支付逾期借款本金及利息

31. 根据民法典的规定，下列各项中，不适用诉讼时效抗辩的有( )。
A. 侯某要求赵某将乱停的机动车挪走，排除妨碍的请求权
B. 赵某要求侯某返还房屋的请求权
C. 赵某要求高某返还手机的请求权
D. 赵母要求赵某支付赡养费的请求权

32. 根据诉讼时效法律制度的规定，在诉讼时效期间最后6个月内发生的下列情形中，能够引起诉讼时效中止的有( )。
A. 权利人被义务人控制
B. 发生不可抗力致使权利人无法行使请求权
C. 权利人提起诉讼
D. 权利人向义务人提出履行义务的要求

33. 根据行政复议法律制度的规定，下列关于行政复议管辖的说法中正确的有( )。
A. 对国家税务总局作出的具体行政行为不服，向国务院申请行政复议
B. 对县级以上地方人民政府依法设立的派出机关的具体行政行为不服的，向设立该派出机关的人民政府申请行政复议
C. 对县公安局依法设立的派出所作出的具体行政行为不服的，向县公安局或者县政府申请行政复议
D. 对被撤销的行政机关在撤销前所作出的具体行政行为不服的，向继续行使其职权的行政机关的上一级行政机关申请行政复议

34. 下列关于行政复议申请与受理的说法中，正确的有( )。
A. 公民可以自知道行政机关作出的具体行政行为之日起60日内提出行政复议申请，但是法律规定的申请期限超过60日的除外
B. 行政复议机关应当自受理申请之日起60日内作出行政复议决定，但是法律规定的行政复议期限少于60日的除外
C. 情况复杂，不能在规定期限内作出行政复议决定的，经批准可以适当延长，但延长期限最多不得超过60日
D. 申请行政复议的由申请人负责举证

35. 根据行政复议法律制度的规定，下列情形中，属于行政复议期间具体行政行为可以停止执行的情形有( )。
A. 人民法院认为需要停止执行的
B. 法律规定停止执行的

C. 被申请人认为需要停止执行的

D. 复议机关认为需要停止执行的

36. 根据行政诉讼法律制度的规定，由中级人民法院管辖的第一审行政案件有（　）。

A. 对市政府作出的行政处罚不服的案件

B. 确认发明专利权的案件

C. 海关处理的案件

D. 对国务院税收主管部门发布的新政策有异议的案件

37. 下列关于行政诉讼案件审理的说法中，正确的有（　）。

A. 人民法院审理行政案件应当公开进行，但涉及国家秘密、个人隐私和法律另有规定的除外

B. 人民法院审理行政案件，应当收取诉讼费用

C. 人民法院审理行政案件，可以对双方当事人进行调解

D. 人民法院审理行政赔偿案件，可以对双方当事人进行调解

38. 下列关于行政诉讼起诉和立案的说法中，正确的有（　）。

A. 公民直接向人民法院提起诉讼的，应当自知道或者应当知道作出行政行为之日起6个月内提出

B. 公民申请行政机关履行保护其人身权、财产权等合法权益的法定职责，行政机关在接到申请之日起2个月内不履行的，公民可以向法院起诉

C. 因不动产提起诉讼的案件自行政行为作出之日起超过10年，人民法院不予受理

D. 当事人不服人民法院第一审判决的，有权在判决书送达之日起15日内向上一级人民法院提起上诉

39. 下列各项法律文件的生效时间，正确的有（　）。

A. 仲裁调解书自双方签收后生效

B. 仲裁裁决书自作出之日起生效

C. 民事诉讼一审判决书自送达之日起10日内没有上诉即生效

D. 行政复议决定书一经送达即发生法律效力

40. 根据行政诉讼法律制度的规定，下列对经过行政复议的行政诉讼案件被告的判定正确的有（　）。

A. 复议机关决定维持原行政行为的，作出原行政行为的行政机关和复议机关是共同被告

B. 复议机关改变原行政行为的，复议机关是被告

C. 复议机关在法定期限内未作出复议决定，公民、法人或者其他组织起诉原行政行为的，作出原行政行为的行政机关是被告

D. 起诉复议机关不作为的案件，复议机关是被告

41. 赵某晚年因患小儿麻痹致全身不遂瘫痪在床，最大的幸福就是每天能晒晒太阳。某日县城乡规划局向甲公司发放了建设用地规划许可证，准备在赵某家门前空地建造一栋100层高的大楼，赵某认为大楼工程完成后将遮挡其房屋采光，遂向县人民政府申请行政复议，县人民政府作出了维持原具体行政行为的复议决定，赵某不服拟向人民法院提起行政诉讼，下列关于行政诉讼参加人的说法中正确的有（　）。

A. 赵某作为相邻权人有权作为原告提起行政诉讼

B. 赵某应当将县城乡规划局和县人民政府列为共同被告

C. 如赵某仅将县城乡规划局作为被告，人民法院应当通知赵某追加县人民政府为共同被告

D. 如赵某仅将县城乡规划局作为被告，且不同意追加县人民政府为共同被告的，人民法院应当通知县人民政府以第三人的身份参加诉讼

三、判断题

1. 一个规范性法律文件只能属于一个法律部门。（   ）
2. 多方民事法律行为中的决议行为并不要求各方意思表示全部一致。（   ）
3. 婚姻登记可以由他人代理完成。（   ）
4. 代理人和第三人恶意串通，损害被代理人的利益的，由代理人和第三人负连带责任。（   ）
5. 甲乙签订一买卖合同并在合同中约定了仲裁条款，但未约定仲裁委员会，后因合同履行问题双方发生纠纷，乙拒绝与甲关于仲裁委员会达成补充条款，则该仲裁协议无效。（   ）
6. 对仲裁庭作出裁决不服时，仲裁裁决作出后，当事人可就同一纠纷向人民法院起诉。（   ）
7. 仲裁裁决作出后，当事人应当履行裁决，一方当事人不履行的，另一方当事人可以向仲裁委员申请执行。（   ）
8. 因公司设立、确认股东资格、分配利润、解散等纠纷提起的诉讼，由公司住所地人民法院管辖。（   ）
9. 对于连带债务人中的一人发生诉讼时效中断效力的事由，应当认定对其他连带债务人也发生诉讼时效中断的效力。（   ）
10. 出生于偏远山区的赵某，在当地娶妻张某，后赵某外出打工买彩票发迹，在某市经营建材生意，另娶妻高某，张某经同乡口中得知赵某下落前去投靠，但赵某拒不承认，张某向该市人民法院起诉，请求确认双方存在婚姻关系，对该起案件法院应当先行调解。（   ）
11. 诉讼时效，是指权利人在法定期间内不行使权利而失去诉讼保护的制度，诉讼时效期间届满，权利人实体权利消灭。（   ）
12. 甲公司与乙银行订立一份借款合同，甲公司到期未还本付息。乙银行于还本付息期限届满后2年零6个月时向有管辖权的人民法院对甲公司提起诉讼，要求甲公司偿还本金、支付利息并承担违约责任。乙银行的行为引起诉讼时效中断。（   ）
13. 甲乙双方在借款合同中约定，若乙方到期不支付借款本金和利息，甲方的诉讼时效期间为自知道或应当知道之日起5年，该约定经双方签字盖章后生效。（   ）
14. 甲公司对省人民政府国土资源部门依据省政府征收土地的决定征收其土地使用权的行为不服，应当先申请行政复议，对复议决定不服可以再向人民法院提起行政诉讼。（   ）
15. 申请人申请行政复议应当书面申请。（   ）
16. 行政复议机关受理行政复议申请，只能向申请人收取行政复议的成本费用，不得以此为手段从事营利活动。（   ）
17. 行政复议机关审查被申请人的具体行政行为时，认为其依据不合法，本机关有权处理的，应当在15日内依法处理。（   ）
18. 经高级人民法院批准，中级人民法院可以根据审判工作的实际情况，确定若干人民法院跨行政区域管辖行政案件。（   ）
19. A县的赵某去B县旅游，因抱怨当地的饭菜太难吃，被B县公安机关处以行政拘留15天的行政处罚，赵某不服，可以向B县人民法院提起行政诉讼。（   ）
20. 地方各级人民检察院对同级人民法院已经发生法律效力的判决，发现有法定再审事由，可以向同级人民法院提出抗诉。（   ）

积粮筑墙答案及解析

一、单项选择题

1. C 【解析】选项 A、B，法律体系不包括国际法和历史上废止、已不再有效的法律；选项 D，法律、行政法规、地方性法规、自治条例和单行条例构成我们法律体系三个层次的法律规范。

2. A 【解析】选项 A，法律部门划分的主要标准是调整对象，即法律所调整的社会关系；选项 B、C、D，法律部门划分的次要标准是调整方法，即实施法律制裁的方法和确定法律关系主体不同地位、权利义务的方法，包括确定权利义务的方式、方法，权利义务的确定性程度和权利主体的自主性程度、保障权利的手段和途径等。

3. B 【解析】选项 A、C，不以意思表示为要素，不属于民事法律行为。选项 D，不以达到一定的民事法律后果为目的，不属于民事法律行为。

4. A 【解析】条件或成就或不成就，期限一定会到来。本题中，赵某去世肯定会到来，属于附期限的民事法律行为。

5. A 【解析】选项 B，恶意串通，损害他人合法权益的属于无效民事法律行为。选项 C，限制民事行为能力人与他人订立的纯获利益的合同属于有效的民事法律行为。选项 D，代理人超越代理权与第三人订立的合同，构成表见代理的情况下直接有效，不构成表见代理的情况下属于效力待定的民事法律行为。

6. A 【解析】选项 B，重大误解当事人的撤销权自知道或者应当知道撤销事由之日起 90 日内行使撤销权；选项 C，受胁迫当事人自胁迫行为终止之日起 1 年内行使撤销权；选项 D，当事人自民事法律行为发生之日起 5 年内没有行使撤销权的，撤销权消灭。

7. A 【解析】可撤销民事法律行为一经撤销，其效力溯及自行为开始时无效。

8. A 【解析】无民事行为能力人实施的民事法律行为无效，即便是纯获利的也无效。

9. D 【解析】选项 A，属于行纪行为；选项 B，属于中介行为；选项 C，属于委托行为。

10. B 【解析】选项 A，劳动合同纠纷不同于一般的经济纠纷，适用专门的规定，不适用仲裁法；选项 C，甲公司与税务机关的征纳税纠纷不是平等主体之间的纠纷，不适用仲裁法；选项 D，与人身有关的婚姻、收养、监护、扶养、继承纠纷是不能进行仲裁的。

11. D 【解析】当事人达成仲裁协议，一方向人民法院起诉未声明有仲裁协议，人民法院受理后，另一方在首次开庭前未对人民法院受理该起诉提出异议的，视为放弃仲裁协议，人民法院应当继续审理。本题是开庭审理时才提出的，属于"未在首次开庭前提出"，因此视为放弃仲裁协议，法院继续审理。

12. C 【解析】对仲裁协议的效力有异议，应当在首次开庭前提出，本题是在首次开庭时才提出，视为仲裁协议有效，仲裁庭应继续仲裁。

13. A 【解析】裁决应按多数仲裁员的意见作出，少数仲裁员的不同意见可以记入笔录。仲裁庭不能形成多数意见时，裁决应当按照首席仲裁员的意见作出。

14. A 【解析】裁决书自作出之日起发生法律效力。

15. D 【解析】选项 D，虽然仲裁组织与司法机关没有隶属关系，但人民法院可依

16. D 【解析】选项 D，属于不平等主体之间的纠纷，可以采取行政复议或者行政诉讼的方式解决。

17. D 【解析】选项 A，合议制度是指由 3 名以上"审判人员"组成审判组织，而非仅由审判员组成；选项 B，适用简易程序、特别程序(选民资格案件及重大、疑难的案件除外)、督促程序、公示催告程序公示催告阶段审理的民事案件，由审判员一人独任审；选项 C，法院审理第二审民事案件由审判员组成合议庭。

18. B 【解析】选项 B，属于特殊地域管辖，由票据支付地或者被告住所地人民法院管辖。

19. C 【解析】未约定履行期限之债的诉讼时效，债务人在债权人第一次向其主张权利之时明确表示不履行义务的，诉讼时效期间从债务人明确表示不履行义务之日起计算。

20. D 【解析】选项 D，对调解书不得上诉。

21. B

22. B 【解析】合同纠纷和其他财产权益纠纷可以约定纠纷管辖法院。

23. C 【解析】选项 A，原告向两个以上有管辖权的人民法院起诉的，由最先立案的人民法院管辖；选项 B、C、D，先立案的人民法院不得将案件移送给另一个有管辖权的人民法院。人民法院在立案前发现其他有管辖权的人民法院已先立案的，不得重复立案；立案后发现其他有管辖权的人民法院已先立案的，裁定将案件移送给先立案的人民法院。

24. B

25. B

26. C 【解析】选项 A，当事人未提出诉讼时效抗辩，人民法院不对诉讼时效问题进行释明及主动适用诉讼时效的规定进行裁判；选项 B，当事人在一审期间未提出诉讼时效抗辩，在二审期间基于新的证据提出的，人民法院应予支持；选项 D，诉讼时效期间届满权利人的实体权利并不消灭，债务人自愿履行的，不受诉讼时效限制，但当事人自愿履行义务后以诉讼时效期间届满为由抗辩的，人民法院不予支持。

27. B 【解析】选项 B，未成年人遭受性侵害的损害赔偿请求权的诉讼时效期间，"自受害人年满 18 周岁之日"计算，以权利人知道或者应当知道权利受到损害以及义务人之日为前提。

28. B 【解析】"调解"，行政机关并未行使"公权力"，不服行政机关对民事纠纷作出的调解不能申请行政复议。

29. B 【解析】市场监督管理局属于县级以上地方各级人民政府工作部门，对其具体行政行为不服的，由申请人选择，可以向该部门的本级人民政府申请行政复议，也可以向上一级主管部门申请行政复议。

30. B

31. D 【解析】选项 A，抽象行政行为不可诉；选项 B，内部行政行为不可诉，只能依据公务员法提出申诉；选项 C，人民法院审理行政案件，对行政行为是否合法进行审查，不审查行政行为的"适当性"。本题中，钱某的诉求是"罚款金额过高"而非"罚款行为违法"，争议的焦点为行政行为的适当性而非合法性故应当选择行政复议方式解决纠纷。

32. B 【解析】受移送的人民法院应当受理被移送的案件，受移送的人民法院认为受移送的案件按规定不属于本院管辖的，应当报请上级人民法院指定管辖，不得再自行移送。

二、多项选择题

1. BCD 【解析】选项 B，属于民商法；选项 C，属于经济法；选项 D，属于诉讼与非诉讼程序法。

2. BCD 【解析】选项 A，买卖合同可以是要式的，也可以是不要式的。

3. BC 【解析】选项 A，8 周岁以上，不满 18 周岁的自然人是限制民事行为能力人；选项 D，不满 8 周岁的自然人是无民事行为能力人。

4. ACD 【解析】选项 A、B，乙公司的新厂房在 2021 年 5 月 1 日前可能竣工也可能不竣工，是不确定的事实，因此属于附条件的合同。选项 C，买卖合同是诺成合同，双方在合同上签字盖章，合同即成立。选项 D，当事人恶意阻止条件成就的，应当认定条件已经成就。乙公司故意拖延验收时间，应当认定条件已经成就，合同已经生效。

5. BD 【解析】网店标示的是"N9 口罩"，买受人误以为是"N95 口罩"，这是重大误解，属于可撤销的民事法律行为。

6. BC 【解析】选项 A，限制民事行为能力人独立实施的与其年龄、智力、精神状况不相适应的民事法律行为，属于效力待定的民事法律行为；选项 B，行为人与相对人以虚假的意思表示实施的民事法律行为无效；选项 C，违背公序良俗的民事法律行为无效；选项 D，乘人之危、显失公平的民事法律行为可撤销。

7. ABC 【解析】常见的滥用代理权的情形有：(1)代理人以被代理人的名义与自己进行民事活动(选项 A)；(2)同一代理人代理双方当事人进行同一项民事活动(选项 B)；(3)代理人与第三人恶意串通损害被代理人的利益(选项 C)。选项 D，属于无权代理。

8. BD 【解析】行为人没有代理权、超越代理权或者代理权终止后，仍然实施代理行为，相对人有理由相信行为人有代理权的，代理行为有效。

9. BCD 【解析】选项 A，仲裁开庭不公开。

10. ABCD 【解析】选项 A，无民事行为能力人或限制民事行为能力人订立的仲裁协议无效；选项 B，仲裁必须达成书面仲裁协议；选项 C，继承不属于仲裁范围，订立的仲裁协议无效；选项 D，一方采取胁迫手段，迫使对方订立仲裁协议的，该仲裁协议无效。

11. ACD 【解析】选项 A、C、D，仲裁协议具有独立性，合同的变更、解除、终止或无效，不影响仲裁协议的效力。有效的仲裁协议具有排除诉讼管辖权的作用。因此甲公司不可以直接向法院起诉。

12. ABCD

13. ABD 【解析】仲裁协议应具有下列内容：(1)请求仲裁的意思表示；(2)仲裁事项；(3)选定的仲裁委员会。

14. ABCD 【解析】选项 A，当事人提出证据证明裁决有依法应撤销情形的，可在收到裁决书之日起 6 个月内，向仲裁委员会所在地的中级人民法院申请撤销裁决；选项 B，当事人一方申请执行仲裁裁决，另一方申请撤销裁决的，人民法院应当裁定中止执行；选项 C，人民法院裁定撤销裁决的，应当裁定终结执行；选项 D，撤销裁决的申请被裁定驳回的，人民法院应当裁定恢复执行。

15. AC 【解析】选项 B，民事诉讼实行两审终审制度，仲裁实行一裁终局制度；选项 D，民事诉讼实行公开审判制度，仲裁一般不公开进行。

16. ABD 【解析】选项 C，简易程序中的"小额诉讼程序"审理的案件实行一审终审制。

17. ABC 【解析】选项 D，证人不适用回避制度。

18. ABCD 【解析】选项 A，离婚案件、涉及商业秘密的案件，当事人申请不公开审理的可以不公开；选项 B，不论案件是否公开审理，一律公开宣告判决；选项 C、D，涉及国家秘密、个人隐私或者法律另有规定的不公开进行。

19. ABD 【解析】因铁路、公路、水上、航空运输和联合运输合同纠纷提起的诉讼，由运输始发地（C地）、目的地（E地）或者被告住所地（B地）法院管辖。

20. ABC 【解析】因侵权行为提起的诉讼，由侵权行为地（包括侵权行为实施地、侵权结果发生地）或者被告住所地（甲县）人民法院管辖；信息网络侵权行为实施地包括实施被诉侵权行为的计算机设备所在地（乙县），侵权结果地包括被侵权人住所地（丙县）。

21. ABD 【解析】选项A、B、C，合同纠纷可以由合同履行地（D市）或被告住所地（B市）人民法院管辖；选项D，合同纠纷双方当事人可以协议约定管辖法院，协议管辖排除普通管辖和特别管辖。本题中若协议约定由合同签订地（C市）人民法院管辖，则排除了被告住所地（B市）与合同履行地（D市）法院的管辖权。

22. AD 【解析】选项A、D，合同或者其他财产权益纠纷的当事人可以书面协议选择管辖法院但不得违反民事诉讼法对级别管辖和专属管辖的规定；选项B，属于专属管辖不得协议约定；选项C，属于人身权纠纷不得协议约定。

23. BCD 【解析】简易程序中的小额诉讼程序执行一审终审制。

24. ABD 【解析】选项A，因票据纠纷提起的诉讼，由票据支付地或被告住所地人民法院管辖；选项B，因人身保险合同纠纷提起的诉讼，可以由被告住所地或被保险人住所地人民法院管辖；选项D，因铁路、公路、水上和航空事故请求损害赔偿提起的诉讼，由事故发生地或车辆、船舶最先到达地、航空器最先降落地或被告住所地人民法院管辖。

25. ACD 【解析】简易程序适用于事实清楚、权利义务关系明确、争议不大的简单案件。

26. AC 【解析】选项B，人民法院可以采取捎口信、电话、短信、传真、电子邮件等简便方式传唤双方当事人、通知证人和送达裁判文书以外的诉讼文书；选项D，已经按照普通程序审理的案件，在开庭后不得转为简易程序审理。

27. ABCD 【解析】不适用简易程序的有：起诉时被告下落不明的；发回重审的；当事人一方人数众多的；适用审判监督程序的；涉及国家利益、社会公共利益的；第三人起诉请求改变或者撤销生效判决、裁定调解书的；其他不宜适用简易程序的案件。

28. ACD 【解析】选项A，民事诉讼法律制度规定，各级人民法院院长对本院已经发生法律效力的判决、裁定、调解书，发现确有错误，认为需要再审的，提交审判委员会讨论决定；选项C，当事人对已经发生法律效力的调解书申请再审，应当在调解书发生法律效力后6个月内提出；选项D，当事人申请再审的，不停止判决、裁定的执行。

29. ABD 【解析】当事人申请再审，有下列情形之一的，人民法院不予受理：（1）再审申请被驳回后再次提出申请的；（2）对再审判决、裁定提出申请的；（3）在人民检察院对当事人的申请作出不予提出再审检察建议或者抗诉决定后又提出申请的。

30. ABC 【解析】选项A，支付存款本金及利息请求权不适用诉讼时效抗辩；选项B，兑付国债、金融债券以及向不特定对象发行的企业债券本息请求权不适用诉讼时效抗辩；选项C，基于投资关系产生的缴付出资请求权不适用诉讼时效抗辩；选项D，属于正常的债权请求权，适用诉讼时效抗辩。

31. ABD 【解析】选项A，请求停止侵害、排除妨碍、消除危险的请求权不适用诉讼时效的规定。选项B、C，不动产物权和登记的动产物权的权利人请求返还财产不适用诉讼时效的规定。本题中，手机不属于需要登记的动产，因此适用诉讼时效的规定。选项 D，请求支付抚养费、赡养费或者扶养费的请求权不适用诉讼时效的规定。

32. AB 【解析】选项 C、D，属于诉讼时效中断的情形。

33. BCD 【解析】选项 A，国家税务总局是直接隶属于国务院的直属机构。根据规定，对国务院部门的具体行政行为不服的，向作出该具体行政行为的国务院部门申请行政复议。

34. AB 【解析】选项 C，延长期限最多不得超过 30 日；选项 D，申请行政复议的由被申请人负责举证。

35. BCD 【解析】选项 A，行政复议不通过人民法院进行。

36. AC 【解析】选项 A、B、C，中级人民法院管辖下列第一审行政案件：对国务院部门或者县级以上地方人民政府所作的行政行为提起诉讼的案件；海关处理的案件；本辖区内重大、复杂的案件；其他法律规定由中级人民法院管辖的案件。选项 D，因行政法规、规章提起的行政诉讼，人民法院不予受理。

37. ABD 【解析】审理行政案件，不适用调解。但是，行政赔偿、补偿以及行政机关行使法律、法规规定的自由裁量权的案件可以调解。

38. ABD 【解析】选项 C，因不动产提起诉讼的案件自行政行为作出之日起超过 20 年，人民法院不予受理。

39. ABD 【解析】选项 C，民事诉讼一审判决书的上诉期为送达之日起 15 日。

40. ABCD

41. ABC 【解析】选项 A，相邻权人认为相邻权受到行政行为的侵害，与行政行为产生利害关系时，可以原告身份起诉；选项 B、C、D，存在多名被告，原告只选择了部分被告起诉，对于其他被告没有起诉的，人民法院通知原告应当追加被告，应当追加被告而原告不同意追加的，人民法院应当通知其以第三人的身份参加诉讼，但行政复议机关作共同被告的除外。对于复议维持遗漏被告的，人民法院应当依职权追加遗漏的行政机关为诉讼被告，不再将遗漏的被告列为诉讼第三人。

三、判断题

1. × 【解析】一个规范性法律文件可能同时包含在多个法律部门中。

2. √

3. × 【解析】应当由本人实施的民事法律行为不得代理，如订立遗嘱、婚姻登记、收养子女等。

4. √

5. √ 【解析】仲裁协议对仲裁事项或者仲裁委员会没有约定或者约定不明确的，可以补充协议；达不成补充协议的，仲裁协议无效。

6. × 【解析】对仲裁庭作出裁决不服时，仲裁裁决作出后，当事人就同一纠纷，不能再申请仲裁或向人民法院起诉。

7. × 【解析】当事人应当履行仲裁裁决，一方当事人不履行的，另一方当事人可以按照民事诉讼的有关规定向人民法院申请执行，受理申请的人民法院应当执行。

8. √

9. √

10. × 【解析】婚姻等身份关系确认案件不得调解。

11. × 【解析】诉讼时效期间届满时债务人获得抗辩权，但债权人的实体权利并不消灭。

12. √ 【解析】权利人提起诉讼属于引起诉讼时效中断的事由。

13. × 【解析】诉讼时效期间是法定的，约定无效。

14. × 【解析】根据国务院或者省人民政府对行政区划的勘定、调整或者征收土地的决定，省、自治区、直辖市人民政府确认土地、矿藏、水流、森林、山岭、草原、荒地、滩涂、海域等自然资源的所有权或者使用权的行政复议决定为最终裁决。

15. ×　【解析】申请人申请行政复议可以书面申请，也可以口头申请。

16. ×　【解析】行政复议机关受理行政复议申请，不得向申请人收取任何费用。

17. ×　【解析】行政复议机关审查被申请人的具体行政行为时，认为其依据不合法，本机关有权处理的，应当在"30日"内依法处理。

18. ×　【解析】经最高人民法院批准，高级人民法院可以根据审判工作的实际情况，确定若干人民法院跨行政区域管辖行政案件。

19. √　【解析】对限制人身自由的行政强制措施不服提起的行政诉讼案件，由被告所在地或者原告所在地人民法院管辖。

20. ×　【解析】地方各级人民检察院对同级人民法院已经发生法律效力的判决、裁定，发现有法定再审事由，或者发现调解书损害国家利益、社会公共利益的，可以向同级人民法院提出检察建议，并报上级人民检察院备案；也可提请上级人民检察院向同级人民法院提出抗诉。

第二关 "居庸关"——公司法律制度

战略分析

雄关万道,居庸极险。正所谓"居庸劲秀势幽圆,绝壁巉崖扼此关"。一如本章,作为"经济法"核心关卡,守军占比16%~18%,以"注册资本"为本关主将居中,"有限责任公司、股份有限公司"各领一军在外,成掎角之势。历年各批次主观题战场总有其一席之地。

想过此关,必须克服对数字型考点的恐惧心理,在理解的基础上,进行归纳整理,对比记忆。

最近3年题型题量

题型	2021年			2020年			2019年	
	卷3	卷2	卷1	卷3	卷2	卷1	卷2	卷1
单选题	4题4分	3题3分	3题3分	5题5分	4题4分	7题7分	5题5分	4题4分
多选题	1题2分	1题2分	2题4分	2题4分	3题6分	4题8分	3题6分	3题6分
判断题	1题1分	1题1分	1题1分	1题1分	1题1分	1题1分	1题1分	1题1分
简答题	1题6分	—	1题6分	1题6分	1题6分	—	1题6分	1题6分
综合题	—	5/6题10分	—	—	—	—	—	—
合计	7题13分	5 5/6题16分	7题14分	9题16分	9题17分	12题16分	10题18分	9题17分

【说明】2021年延考地区试卷、2019年第三套试卷因考生反馈考题并不完整,此处不予统计。

2022年本关调动

变动方向	具体内容	对考试影响
新增	"九民纪要"中关于滥用股东权利和滥用法人独立地位及股东有限责任的相关规定	★
调整	(1)根据市场主体登记管理条例调整公司登记管理的相关规定	★★
	(2)有限责任公司股东类型	★
	(3)不得用于出资的财产	★
删除	违反公司法的法律责任	—
其他	调整公司的概念和特征、新增三种公司分类的方式、调整公司法的概念和性质、新增公司设立的概念和有限责任公司设立原则、特别法关于最低注册资本的规定、调整有限责任公司设立程序、董监高的忠实勤勉义务、清算的法律责任等	—

攻城略地

第一部分 公司法律制度概述

守将一、子公司与分公司（★）（2019年单选题）

子公司与分公司见表2-1。

表2-1 子公司与分公司

考点	子公司	分公司
组织关系	母公司与子公司基于股权而存在控制与依附关系	分公司是总公司的分支机构
性质	"具有法人资格"，是一个独立的公司	"不具有法人资格"；没有独立的名称、章程、财产；"不能独立承担民事责任"，民事责任由总公司承担
经营	可以领取"企业法人营业执照"	可以领取"营业执照"，并"以公司的名义"（或自己的名义）进行经营活动

【例题·单选题】☆下列关于子公司法人资格和民事责任承担的表述中，符合公司法律制度规定的是（ ）。

A. 子公司不具有法人资格，其民事责任由母公司承担
B. 子公司不具有法人资格，其财产不足以清偿的民事责任，由母公司承担
C. 子公司具有法人资格，独立承担民事责任
D. 子公司不具有法人资格，应与母公司共同承担民事责任

解析 选项C，子公司具有法人资格，依法独立承担民事责任。   **答案** C

守将二、公司以财产提供担保（★★★）（2018年单选题；2019年简答题；2020年判断题；2021年多选题、综合题）

公司以财产提供担保见表2-2。

表2-2 公司以财产提供担保

提供担保的对象	批准	决议类型	特别要求
股东和实际控制人以外的其他单位和个人	董事会"或"股东（大）会	普通决议	—
股东和实际控制人	股东（大）会	普通决议	接受担保的股东或者受实际控制人支配的股东，不得参加上述规定事项的表决，由"出席"会议的"其他股东"所持"表决权"的"过半数"通过

【老侯提示】公司为股东或实际控制人提供担保，决策者只能是"股东（大）会"；"出席"会议非"全体"；所持"表决权"非"人数"亦非"出资比例"，过半即">50%"。

【链接】表决权的行使：有限公司股东会会议由股东按照出资比例行使表决权，公司章程另有规定的除外。股份公司股东所持每一股份有一表决权。公司持有的本公司股份没有表决权。

【例题1·判断题】☆公司为公司股东或者实际控制人提供担保的，由公司董事会作出决议。（ ）

解析 公司为公司股东或者实际控制人

提供担保的，必须经股东(大)会决议。

答案 ×

【例题2·单选题】☆李某是甲股份有限公司(简称甲公司)的实际控制人，因借款需要请求甲公司为其提供担保。甲公司遂召开股东大会对此事项进行表决。下列关于甲公司股东大会决议的表述中，正确的是( )。

A. 李某不可以参加表决，该项决议由出席会议的其他股东过半数通过

B. 李某不可以参加表决，该项决议由出席会议的其他股东所持表决权的过半数通过

C. 李某可以参加表决，该项决议由全体股东所持表决权的过半数通过

D. 李某可以参加表决，该项决议由出席会议的股东所持表决权的过半数通过

解析 公司为公司股东或者实际控制人提供担保的，必须经股东(大)会决议。接受担保的股东或者受实际控制人支配的股东，不得参加上述规定事项的表决。该项表决由出席会议的其他股东所持表决权的过半数通过。

答案 B

第二部分　公司的登记管理（2022年调整）

守将一、公司的登记管理（★★）
（2018年、2020年单选题、判断题）

(一)公司登记的管理机关

1. "国务院市场监督管理部门"主管全国公司登记管理工作。

2. "县级以上地方人民政府市场监督管理部门"主管本辖区公司登记管理工作。

(二)公司的登记和备案事项

1. 登记事项

公司名称；公司类型；经营范围；住所或者主要经营场所；注册资本；法定代表人姓名、有限责任公司股东或者股份有限公司发起人的姓名或者名称。

2. 备案事项

公司章程；经营期限；有限责任公司股东或者股份有限公司发起人认缴的出资数额；公司董事、监事、高级管理人员；公司登记联络员、外商投资企业法律文件送达接受人；公司受益所有人相关信息。

『老侯提示』"经营期限"由原登记事项调整为"备案事项"。

3. 关于公司名称

(1)公司只能登记"一个"名称，"经登记"的公司名称受法律保护。

(2)公司名称由申请人依法自主申报。

(3)公司名称应当标明"公司类型"。

(4)公司名称应当使用规范汉字，民族自治地区的企业名称可以"同时使用"本民族文字。

(5)公司名称由行政区划名称、字号、行业或者经营特点、组织形式组成。跨省、自治区、直辖市经营的企业，其名称可以不含行政区划名称；跨行业综合经营的企业，其名称可以不含行业或者经营特点。

(6)公司名称中的字号应当由两个以上汉字组成。

(7)不得作为公司名称的情形：

①损害国家尊严或者利益；

②损害社会公共利益或者妨碍社会公共秩序；

③使用或者变相使用政党、党政军机关、群团组织名称及其简称、特定称谓和部队番号；

④使用外国国家(地区)、国际组织名称及其通用简称、特定称谓；

⑤含有淫秽、色情、赌博、迷信、恐怖、暴力的内容；

⑥含有民族、种族、宗教、性别歧视的内容；

⑦违背公序良俗或者可能有其他不良影响；

⑧可能使公众受骗或者产生误解；

⑨县级以上地方行政区划名称、行业或者经营特点不得作为字号，另有含义的除外。

4. 关于公司的经营范围

经营范围中属于在登记前依法须经批准的许可经营项目，公司应当在申请登记时提交有关批准文件。

5. 关于公司的住所

（1）经公司登记机关登记的公司的住所只能有一个。

（2）公司的住所应当在其公司登记机关辖区内。

6. 关于法定代表人

（1）任职人选（先法定，后约定）。

公司法定代表人依照公司章程的规定，由"董事长、执行董事或者经理"担任。

『老侯提示』公司的法定代表人，只能三者择其一，章程不能随意规定。

（2）不得担任法定代表人的情形：

①无民事行为能力或者限制民事行为能力。

②因"贪污、贿赂、侵占财产、挪用财产或者破坏社会主义市场经济秩序"，被判处刑罚，"执行期满"未逾"5年"；或者"因犯罪被剥夺政治权利"，"执行期满"未逾"5年"。

『老侯提示1』黑五类（经济犯罪）被判刑的，5年。

『老侯提示2』只要是犯罪被剥夺政治权利的，5年。

『老侯提示3』剥夺政治权利年限自刑罚执行届满开始计算。

【举例】赵某因贪污被判处有期徒刑3年，剥夺政治权利2年，2013年12月31日有期徒刑执行届满被释放，则赵某何时可以担任公司法定代表人？

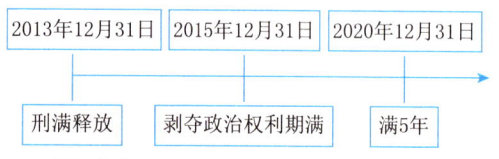

【答案】2021年1月1日起。

③担任"破产"清算的公司、非公司企业的"法定代表人、董事或者厂长、经理"，对破产负有"个人责任"的，自破产清算完结之日起未逾"3年"。

『老侯提示』经营不善导致破产，为负有个人责任的经营者，即"法定代表人、董事、厂长、经理"。

④担任因违法被"吊销"营业执照、责令关闭的公司、非公司企业的"法定代表人"，并负有"个人责任"的，自被吊销营业执照之日起未逾"3年"。

『老侯提示』因违法经营导致被关闭，为"法定代表人"。

⑤个人所负数额较大的债务"到期未清偿"。

7. 有限责任公司股东、股份有限公司发起人

（1）一人有限责任公司股东：自然人、法人

（2）其他公司股东或发起人：自然人、法人、非法人组织

【例题1·单选题】根据公司法律制度的规定，下列各项中属于公司登记时应当向登记机关办理备案的事项的是（　　）。

A. 公司名称

B. 注册资本

C. 经营期限

D. 法定代表人姓名

解析　选项A、B、D，属于登记事项，选项C，属于备案事项。　答案　C

【例题2·单选题】根据市场主体登记管理条例的规定，下列各项中，可以作为公司名称的是（　　）。

A. 乡镇地名

B. 公司名称中含有"红十字会"字样

C. 损害国家尊严或者利益的名称

D. 党政军机关名称

解析　选项A，县级以上地方行政区划名称、行业或者经营特点不得作为字号，另有含义的除外；选项B、D，使用或者变相使

用政党、党政军机关、群团组织名称及其简称、特定称谓和部队番号不得作为公司名称；选项 C，损害国家尊严或者利益不得作为公司名称。 **答案** A

【例题 3·判断题】☆公司的法定代表人依照公司章程的规定，由董事长、执行董事或者经理担任，并依法登记。（ ）。

解析 公司的法定代表人依照公司章程的规定，由董事长、执行董事或者经理担任，并依法登记。 **答案** √

【例题 4·单选题】根据公司法律制度的规定，下列人员中，符合公司法定代表人任职资格的是( )。

A. 侯某，曾为甲公司董事，甲公司因违法经营被吊销营业执照，自被吊销营业执照之日起未逾 3 年

B. 王某，曾为乙企业法定代表人，因其决策失误导致乙企业破产清算，自乙企业破产清算完结之日起未逾 3 年

C. 李某，因贷款炒股，个人负有到期债务 1 000 万元尚未偿还

D. 赵某，曾担任丁国有企业总会计师，因贪污罪被判处有期徒刑，执行期满未逾 5 年

解析 选项 A，担任因违法被吊销营业执照的公司的法定代表人，并负有个人责任的，自被吊销营业执照之日起未逾 3 年不得担任公司的法定代表人，侯某的身份为董事，不受上述条款限制；选项 B，担任破产清算的公司、非公司企业的"法定代表人、董事或者厂长、经理"，对破产负有个人责任的，自破产清算完结之日起未逾 3 年不得担任公司的法定代表人；选项 C，个人所负数额较大的债务到期未清偿，不得担任公司的法定代表人；选项 D，因贪污、贿赂、侵占财产、挪用财产或者破坏社会主义市场经济秩序，被判处刑罚，执行期满未逾 5 年，或者因犯罪被剥夺政治权利，执行期满未逾 5 年，不得担任公司的法定代表人。 **答案** A

（三）公司的登记程序

1. 设立登记

（1）登记申请人（见表 2-3）

表 2-3 登记申请人

公司类型	办理人
有限责任公司	全体股东指定的代表或共同委托的代理人
国有独资公司	本级政府国有资产监督管理机构
股份有限公司	董事会

〖老侯提示〗申请人可以委托其他自然人或者中介机构代其办理公司登记。

（2）登记时间

法律规定设立公司须经批准的，应当在"批准文件有效期内"向登记机关申请登记。

（3）登记机关义务

①形式审查义务

登记机关应当对申请材料进行"形式审查"。

②及时登记义务

对申请材料齐全、符合法定形式的予以确认并当场登记。不能当场登记的，应当在 3 个工作日内予以登记；情形复杂的，经登记机关负责人批准，可以再延长 3 个工作日。

③一次性告知义务

申请材料不齐全或者不符合法定形式的，登记机关应当"一次性告知"申请人需要补正的材料。

【注意】登记申请不符合法律、行政法规规定，或者可能危害国家安全、社会公共利益的，登记机关不予登记并说明理由。

（4）公司成立

营业执照的"签发"日期为公司的成立日期。

〖老侯提示〗"申请、受理、领取日"等说法均不正确。

2. 分公司登记

公司设立分支机构，应当向"分支机构所在地"的登记机关申请登记。

3. 变更登记

（1）变更登记事项

变更法定代表人；变更经营范围；许可证或者批准文件被吊销、撤销或者有效期届满；变更住所或者主要经营场所跨登记机关辖区。

（2）一般事项变更登记时间

公司应当自作出变更决议、决定或者法定变更事项发生之日起30日内向登记机关申请变更登记。

（3）"合并、分立、减资"变更登记时间

公司"合并、分立、减资"的，可以通过国家企业信用信息公示系统公告，公告期"45日"，应当于公告期满后办理登记。

（4）变更备案时间

公司变更备案事项的，应当自作出变更决议、决定或者法定变更事项发生之日起30日内向登记机关办理备案。

4. 歇业备案

（1）可以办理歇业的情形

因"自然灾害、事故灾难、公共卫生事件、社会安全事件"等原因造成经营困难的，公司可以"自主决定"在一定时期内歇业，法律、行政法规另有规定的除外。

（2）备案时间

公司应当在歇业前向登记机关办理备案。

（3）歇业公示

登记机关通过国家企业信用信息公示系统向社会公示歇业期限、法律文书送达地址等信息。

【注意】公司歇业期间，可以以法律文书送达地址代替住所或者主要经营场所。

（4）歇业时间

公司歇业的期限最长不得超过3年。

（5）复业情形

公司在歇业期间开展经营活动的，视为恢复营业，公司应当通过国家企业信用信息公示系统向社会公示。

5. 注销登记

（1）清算规定（见表2-4）

表2-4 清算规定

是否清算	适用情形
无需清算	因合并、分立而解散公司
应当清算	其他原因解散公司

『老侯提示』是否需要清算，看注销后债务是否有人继承。

（2）清算公示

公司注销登记前依法应当清算的，清算组应当自成立之日起10日内将清算组成员、清算组负责人名单通过国家企业信用信息公示系统公告。

（3）债权人公告

清算组可以通过国家企业信用信息公示系统发布债权人公告。

（4）注销登记时间

清算组应当自清算结束之日起30日内向登记机关申请注销登记。

【注意】公司申请注销登记前，应当依法办理分支机构注销登记。

（5）简易注销

①适用情形

公司未发生债权债务或者已将债权债务清偿完结，未发生或者已结清清偿费用、职工工资、社会保险费用、法定补偿金、应缴纳税款（滞纳金、罚款），并由全体股东书面承诺对上述情况的真实性承担法律责任。

②不适用情形

公司注销依法须经批准的，或者公司被吊销营业执照、责令关闭、撤销，或者被列入经营异常名录的。

③公示及注销

公司应当将承诺书及注销登记申请通过国家企业信用信息公示系统公示，公示期为20日。

公示期内无相关部门、债权人及其他利害关系人提出异议的，公司可以于公示期届满之日起20日内向登记机关申请注销登记。

（6）直接注销

人民法院裁定强制清算或者裁定宣告破

产的，有关清算组、破产管理人可以持人民法院终结强制清算程序的裁定或者终结破产程序的裁定，直接向登记机关申请办理注销登记。

(四)监督管理

1．证照管理

(1)营业执照正本和副本具有同等法律效力。

(2)电子营业执照与纸质营业执照具有同等法律效力。

(3)公司应当将营业执照置于主要经营场所的醒目位置。

(4)从事电子商务经营的公司应当在其首页显著位置持续公示营业执照信息或者相关链接标识。

(5)任何单位和个人不得伪造、涂改、出租、出借、转让营业执照。

(6)营业执照遗失或者毁坏的，公司应当通过国家企业信用信息公示系统声明作废，申请补领。

(7)登记机关依法作出变更登记、注销登记和撤销登记决定的，公司应当缴回营业执照，拒不缴回或者无法缴回营业执照的，由登记机关通过国家企业信用信息公示系统公告营业执照作废。

2．撤销登记管理

(1)撤销原因

登记申请人提交虚假材料或者采取其他欺诈手段隐瞒重要事实取得公司登记。

(2)撤销申请

受虚假登记影响的自然人、法人和其他组织可以向登记机关提出撤销公司登记的申请。

(3)撤销登记

登记机关受理申请后，经调查认定存在虚假登记情形的应当撤销登记。

(4)撤销公示

相关公司和人员无法联系或者拒不配合的，登记机关可以将相关公司的登记时间、登记事项等通过国家企业信用信息公示系统向社会公示，公示期为45日。

(5)反省期

因虚假登记被撤销的公司，其直接责任人自登记被撤销之日起3年内不得再次申请公司登记，登记机关应当通过国家企业信用信息公示系统对此予以公示。

(6)拨乱反正

登记机关或者其上级机关认定撤销公司登记决定错误的，可以撤销该决定、恢复原登记状态，并通过国家企业信用信息公示系统公示。

【例题5·单选题】☆张某、马某、孙某拟设立甲有限责任公司，于2019年5月9日共同制定了公司章程。并于2019年6月14日向公司登记机关提出设立申请。公司登记机关于2019年6月26日签发营业执照。张某等股东于2019年7月2日取回了营业执照，甲有限责任公司的成立日期为(   )。

A．2019年5月9日

B．2019年6月14日

C．2019年6月26日

D．2019年7月2日

解析 营业执照的"签发"日期为公司的成立日期。 **答案** C

【例题6·多选题】下列关于公司设立登记的说法中，正确的有(   )。

A．申请人必须自行办理公司登记，不能委托其他自然人或者中介机构代办

B．登记机关应当对登记申请材料进行形式审查

C．公司登记申请材料齐全、符合法定形式，登记机关应予以确认并当场办理

D．公司登记申请材料不齐全，登记机关应当一次性告知申请人需要补正的材料

解析 选项A，申请人可以委托其他自然人或者中介机构代其办理公司登记。

答案 BCD

【例题7·单选题】公司变更经营范围，属于依法须经批准的项目的，应当自批准之

日起一定期限内申请变更登记，该期限是（ ）日。

A. 10　　　　　B. 20
C. 30　　　　　D. 45

答案 C

【例题 8·多选题】根据公司法律制度的规定，下列关于公司歇业的说法中，不正确的有（ ）。

A. 因公共卫生事件造成经营困难的，公司可以向登记机关申请在一定时期内歇业
B. 公司应当在歇业前向登记机关办理登记
C. 公司歇业期间，可以以法律文书送达地址代替住所或者主要经营场所
D. 公司在歇业期间开展经营活动的，视为恢复营业

解析 选项 A，因公共卫生事件造成经营困难的，公司可以"自主决定"在一定时期内歇业；选项 B，公司应当在歇业前向登记机关办理备案。　　**答案** AB

【例题 9·单选题】根据公司法律制度的规定，下列关于公司注销的说法中，不正确的是（ ）。

A. 公司注销登记前依法应当清算的，清算组应当自清算结束之日起 30 日内向登记机关申请注销登记
B. 公司注销依法须经批准的不适用简易注销程序
C. 公司申请注销登记后，应当依法办理分支机构注销登记
D. 人民法院裁定宣告公司破产的，破产管理人可以持人民法院终结破产程序的裁定，直接向登记机关申请办理注销登记

解析 选项 C，公司申请注销登记前，应当依法办理分支机构注销登记。　　**答案** C

本关主将*、注册资本（★★★）（2016 年综合题；2017 年简答题、综合题；2018 年、2019 年单选题、多选题、简答题；2020 年多选题、简答题；2021 年单选题、多选题）

（一）注册资本的概念

1. 有限责任公司的注册资本

在登记机关登记的全体股东"认缴"的出资额。

『老侯提示』非"实缴"的出资额。

2. 股份有限公司的注册资本

（1）发起设立：在公司登记机关登记的全体发起人"认购的股本总额"。

『老侯提示』在发起人认购的股份缴足前，不得再向他人募集股份。

（2）募集设立：在登记机关登记的"实收股本总额"。

『老侯提示』从事金融业务的公司（如银行、保险公司等）有最低注册资本的要求。

（二）股东出资的类型（2022 年调整）

（1）能：货币、实物、知识产权、土地使用权等。
（2）不能："劳务"、信用、自然人姓名、商誉、特许经营权、设定担保的财产、土地所有权或者非法的财产。

【链接】合伙企业的"普通合伙人"可以用劳务出资。

【例题 1·单选题】☆根据公司法律制度的规定，下列关于股东出资方式的表述中，正确的是（ ）。

A. 企业家张某以其姓名作价出资
B. 李某以其自有的汽车作价出资
C. 赵某以特许经营权作价出资
D. 甲上市公司以其商誉作价出资

解析 选项 A、C、D，股东不得以劳务、信用、自然人姓名、商誉、特许经营权

---

* "守将二、注册资本"因地位显赫，需考生多加关注，故单列为"本关主将、注册资本"。

或者设定担保的财产等作价出资。 答案 B

(三)各类财产的具体出资规定

各类财产出资规定见表2-5。

表2-5 各类财产出资规定

出资财产		具体考点
货币性财产		足额存入为设立公司而在银行设立的账户
非货币性财产出资	转移所有权	财产权的转移手续一般在"6个月"内办理完毕
	出资时未评估	(1)法院应委托具有合法资格的评估机构对该财产"评估" (2)评估价额"显著低于"公司章程所定价额的,法院应当认定出资人未全面履行出资义务
	出资后贬值	(1)贬值原因:因市场变化或其他客观因素导致 (2)责任承担:该出资人不承担补足出资责任(当事人另有约定除外)
	以划拨或设定权利负担的土地使用权出资	(1)法院应当责令当事人在指定的合理期间内办理土地变更手续或解除权利负担 (2)逾期未办理或未解除,法院应当认定出资人未全面履行出资义务
	出资已交付公司但未办理权属变更	(1)法院应当责令当事人在指定的合理期间内办理权属变更手续 (2)前述期间内办理了权属变更手续,法院应当认定其已履行出资义务 (3)出资人可以主张其自"实际交付"财产给公司使用时享有股东权益
	出资已办理权属变更但未交付公司	该股东应当向公司交付出资财产、并在实际交付之前不享有相应股东权利
非法财产出资	财产类型	贪污、受贿、侵占、挪用等违法犯罪所得的货币
	处理方式	采取"拍卖或者变卖"的方式处置其股权(不得将出资直接抽出)

【例题2·判断题】甲、乙、丙共同投资设立一家有限责任公司,甲以房屋作价100万元出资,并自公司设立时办理了产权转移手续,但直至公司成立半年后才将房屋实际交付给公司使用,乙、丙主张甲在实际交付房屋之前不享有相应股东权利。乙、丙的主张是合法的。 ( )

解析 出资人以房屋、土地使用权或者需要办理权属登记的知识产权等财产出资,已经办理权属变更手续但未交付给公司使用,公司或者其他股东主张其向公司交付,并在实际交付之前不享有相应股东权利的,人民法院应予支持。 答案 √

【例题3·单选题】☆李某以违法犯罪所得的20万元出资并取得公司股权。对李某犯罪行为处罚时,就其股权处置的下列表述中,正确的是( )。

A. 将李某的出资从公司中抽出,补偿受害人损失

B. 将李某的出资从公司中抽出,并将公司注册资本减少20万元

C. 采取拍卖或者变卖的方式处置李某的股权

D. 将李某的出资从公司中抽出,其他股东对20万元出资承担连带责任

解析 以贪污、受贿、侵占、挪用等违法犯罪所得的货币出资后取得股权的,对违法犯罪行为予以追究、处罚时,应当采取拍卖或者变卖的方式处置其股权。 答案 C

(四)股东未尽出资义务和抽逃出资

1. 股东未尽出资义务

(1)对内(对公司和公司其他股东)(见表2-6)

表2-6 股东未尽出资义务对内责任承担等规定

考点	具体内容
责任承担	足额缴纳出资,并向已按期足额缴纳出资的股东承担"违约责任(包括未出资部分的利息)"
未尽出资义务即转让股权	"受让人对此知道或应当知道",公司可以请求该股东履行出资义务、受让人对此承担连带责任
股东权利限制	公司可以根据章程或股东会决议对其"利润分配请求权、新股优先认购权、剩余财产分配请求权"等股东权利作出相应的"合理限制"
解除股东资格	股东"未履行出资义务",经公司"催告"缴纳,在合理期间内仍未缴纳,公司可以以股东会决议"解除"该股东的股东资格 【链接】民法典规定:当事人一方延迟履行主要债务,"经催告在合理期限内仍未履行",对方当事人可以解除合同 〖老侯提示〗解除股东资格的规定仅适用于"未履行"出资义务的股东,不适用于"未全面履行"出资义务的股东

(2)对外(对债权人)(见表2-7)

表2-7 股东未尽出资义务对外责任承担等规定

考点	具体内容		
责任承担	在"未出资本息范围内",对"公司债务不能清偿的部分"承担"补充赔偿责任"		
与被告股东承担连带(相应)责任	"设立时"未尽出资义务	"发起人"与被告股东承担"连带责任"	〖老侯提示〗发起人、董事、高级管理人员承担责任后,可以向被告股东追偿
	"增资时"未尽出资义务	未尽忠实勤勉义务的"董事、高级管理人员"承担"相应的责任"	
未尽出资义务即转让股权	"受让人对此知道或应当知道",受让人与被告股东承担"连带责任" 〖老侯提示〗受让人承担责任后,可以向被告股东追偿(当事人另有约定除外)		

【举例】A、B、C三人设立甲有限责任公司,注册资本为300万元,三人各自认缴的出资额均为100万元,B、C均如实缴纳了出资,A只缴纳了10万元。公司成立一段时间后,D、E加入该公司成为新股东,至当年年底,甲公司经营状况良好。之后A将自己所持有的甲公司股权以30万元的价格卖给了F,F明知A未足额交付出资仍然受让了该股权,第二年甲公司经营亏损,公司资产只有500万元,但却欠下了乙公司700万元债务,现乙公司要求偿还,至此时A未交付的出资部分利息共计9万元。

【思考1】B、C是否可以要求A向公司补缴出资,并承担违约责任(包括未出资部分的利息)?是否可以要求F承担连带责任?

【答案】股东不按照规定缴纳出资的,该股东除应当向公司足额缴纳出资,还应向已按期足额缴纳出资的股东承担"违约责任"(包括未出资部分的利息)。F明知A未全面履行出资义务仍然受让,因此可以要求F承担连带责任。

【思考2】由于A未全面履行出资义务,

甲公司股东会决议当年甲公司盈利只分配给B、C不分配给A，A请求人民法院认定该限制无效，人民法院是否应予支持？

【答案】人民法院应予支持，A属于未全面履行出资义务，甲公司股东会决议可以对利润分配作出相应的合理限制，而不分配给A的限制显然是不合理的。

【思考3】由于A未全面履行出资义务，甲公司股东会决议解除A的股东资格，A请求人民法院确认该解除行为无效，人民法院是否应予支持？

【答案】人民法院应予支持，A并非未履行出资义务，而属于未全面履行出资义务，且甲公司股东会决议解除A的股东资格前也未履行催告缴纳的程序。

【思考4】未清偿部分的200万元债务，乙公司可以向谁追偿？

【答案】乙公司可以向A(未尽出资义务)、B、C(设立时的股东)、F(明知仍然受让)追偿。

【思考5】乙公司可以追偿的金额为多少万元？

【答案】乙公司可以在未出资本息范围内，对公司债务不能清偿的部分进行追偿，金额为99万元。

2. 股东抽逃出资
(1)法定情形。
①制作"虚假"财务会计报表虚增利润进行分配；
②通过"虚构"债权债务关系将其出资转出；
③利用"关联"交易将出资转出。
(2)对内(对公司和公司其他股东)(见表2-8)。

表2-8 股东抽逃出资对内责任承担等规定

考点	具体内容
责任承担	返还出资本息
与被告股东承担连带责任	"协助"抽逃出资的"其他股东、董事、高级管理人员或实际控制人"对此承担连带责任
股东权利限制	公司可以根据章程或股东会决议对其"利润分配请求权、新股优先认购权、剩余财产分配请求权"等股东权利作出相应的"合理限制"
解除股东资格	股东"抽逃全部出资"，经公司"催告"返还，在合理期间内仍未返还出资，公司可以以股东会决议"解除"该股东的股东资格 〔老侯提示〕解除股东资格的规定仅适用于"抽逃全部"出资的股东，不适用于"抽逃部分"出资的股东

【举例】股东侯某抽逃出资，有股东赵某协助，董事钱某协助，财务负责人孙某协助，监事李某没有及时发现并制止该行为。

【思考】谁与侯某承担连带责任？

【答案】协助抽逃出资的股东赵某、董事钱某、高级管理人员孙某与侯某承担连带责任。

(3)对外(对债权人)(见表2-9)。

表2-9 股东抽逃出资对外责任承担等规定

考点	具体内容
责任承担	在"抽逃出资本息范围内"，对"公司债务不能清偿的部分"承担"补充赔偿责任"
与被告股东承担连带责任	"协助"抽逃出资的"其他股东、董事、高级管理人员或实际控制人"对此承担连带责任

3. 诉讼时效的适用

（1）公司股东未履行或者未全面履行出资义务或者抽逃出资，"公司或者其他股东"请求其向公司全面履行出资义务或者返还出资，被告股东以诉讼时效为由进行抗辩的，人民法院不予支持。

（2）"公司债权人的债权未过诉讼时效期间"，其依法请求未履行或者未全面履行出资义务或者抽逃出资的股东承担赔偿责任，被告股东以出资义务或者返还出资义务超过诉讼时效期间为由进行抗辩的，人民法院不予支持。

【例题4·多选题】☆根据公司法律制度的规定，下列关于有限责任公司股东缴纳出资的表述中，正确的有（　　）。

A. 股东以非货币财产出资的，一般应在6个月内办理完财产权转移手续

B. 股东以货币出资的，应当将货币出资足额存入为设立有限责任公司而在银行设立的账户

C. 股东不按照规定缴纳出资的，应向公司足额缴纳，并向已按期足额缴纳出资的股东承担违约责任

D. 股东以非货币财产出资的，应当依法办理其财产权的转移手续

答案 ABCD

【例题5·单选题】☆郑某、吴某、蔡某共同出资设立甲有限责任公司。郑某在规定时间缴纳了认缴出资额的一半；吴某以房产出资，但未按章程规定办理房屋所有权转移手续；蔡某如期足额缴纳出资。下列关于郑某承担责任的表述中，正确的是（　　）。

A. 郑某应向公司足额缴纳出资，但无须向吴某、蔡某承担违约责任

B. 郑某可将出资抽回，退出公司，但应向吴某、蔡某承担违约责任

C. 郑某应向公司足额缴纳出资，并向蔡某承担违约责任

D. 郑某应向公司足额缴纳出资，并向吴某、蔡某承担违约责任

解析 对于股东不按照规定缴纳出资的，该股东除应当向公司足额缴纳出资外，还应当向已按期足额缴纳出资的股东承担违约责任。在本题中，只有蔡某如期足额缴纳出资，所以，郑某应向公司足额缴纳出资，并向蔡某承担违约责任。 **答案** C

【例题6·单选题】☆2018年1月，孙某、张某、赵某共同出资设立一有限责任公司。孙某以房屋作价出资100万元。2018年5月，李某入股该公司。后查明，孙某出资的房屋价值仅为70万元。对孙某出资不足责任承担的下列表述中，正确的是（　　）。

A. 应当由孙某补缴出资差额，张某、赵某与李某承担连带责任

B. 应当由孙某补缴出资差额，张某与赵某承担连带责任

C. 应当由孙某补缴出资差额，无法补足的，减少相应的公司注册资本

D. 应当由孙某补缴出资差额，张某与赵某承担补充责任

解析 有限责任公司成立后，发现作为设立公司出资的非货币财产的实际价额显著低于公司章程所定价额的，应当由交付该出资的股东补足其差额；公司"设立时的其他股东"承担连带责任。本题中，李某是设立后才加入公司，不承担连带责任。 **答案** B

第三部分　有限责任公司

守将一、有限责任公司设立的条件（★★）（2017年、2020年多选题）

（一）股东

1. 人数

"1-50"人。

2. 身份(见表2-10)——自然人、法人或非法人组织均可,除发起人外不要求具有民事行为能力。

表2-10 股东的身份

特定群体	是否可以作为公司股东	
国家公务员	一般公司	不能作为股东
	上市公司	可以作为股东
国家机关	一般公司	不能作为股东
	国有公司	可以作为股东
公司	本公司	不能作为股东
	其他公司	可以作为股东
外国人	禁止投资领域	不能作为股东
	其他	可以作为股东

【例题1·多选题】根据公司法律制度的规定,下列主体中,可以成为有限责任公司股东的有( )。

A. 甲个人独资企业
B. 乙税务局局长赵某
C. 不满8周岁的小学生钱某
D. 丙公立中学在编教师孙某

解析 选项A、C、D,公司的股东可以是自然人,也可以是法人或非法人组织,除发起人外不要求民事行为能力;选项B,国家公务员不得作为非上市公司股东。

答案 ACD

(二)章程

1. 制定

设立有限责任公司必须由"股东共同"依法制定公司章程,股东应当在公司章程上签名、盖章。

2. 约束对象

公司章程对"公司、股东、董事、监事、高级管理人员"具有约束力。

[老侯提示] 高级管理人员包括"经理、副经理、财务负责人、上市公司董事会秘书"。

3. 载明事项

(1)公司名称和住所;

(2)公司经营范围;

(3)公司注册资本;

(4)股东的姓名或者名称;

(5)股东的出资方式、出资额和出资时间;

(6)公司的机构及其产生办法、职权、议事规则;

(7)公司法定代表人。

【例题2·多选题】☆根据公司法律制度的规定,下列各项中,属于有限责任公司章程应当载明的事项有( )。

A. 股东的出资方式
B. 公司名称和住所
C. 公司法定代表人
D. 公司注册资本

答案 ABCD

【例题3·多选题】☆下列关于有限责任公司章程的表述中,符合公司法律制度规定的有( )。

A. 公司经营范围属于公司章程的必备事项

B. 公司章程必须由全体股东共同制定并签名、盖章

C. 制定公司章程是设立有限责任公司的必经程序

D. 公司章程对股东没有约束力

解析 选项A，公司的经营范围由公司章程规定，并应依法登记；选项B，股东共同制定公司章程，股东应当在公司章程上签名、盖章；选项C，设立公司必须依法制定公司章程；选项D，公司章程对公司、股东、董事、监事、高级管理人员具有约束力。

答案 ABC

【例题4·多选题】根据公司法的规定，公司章程对特定的人员或机构具有约束力。下列各项中，属于该特定人员或机构的有( )。

A. 公司财务负责人
B. 公司股东
C. 上市公司董事会秘书
D. 公司实际控制人

解析 公司章程对公司、股东、董事、监事、高级管理人员具有约束力。高级管理人员包括经理、副经理、财务负责人、上市公司董事会秘书。公司实际控制人不属于股东，不受公司章程约束。

答案 ABC

【例题5·多选题】根据公司法的规定，下列属于上市公司高级管理人员的有( )。

A. 副经理
B. 监事会主席
C. 董事
D. 董事会秘书

解析 高级管理人员，是指公司的经理、副经理、财务负责人，上市公司董事会秘书和公司章程规定的其他人员。

答案 AD

守将二、有限责任公司的组织机构(★★★)(2017年单选题、综合题；2018年单选题、简答题；2019年单选题、简答题；2020年单选题、多选题；2021年单选题、判断题、简答题、综合题)

有限责任公司组织机构基本结构见图2-1。

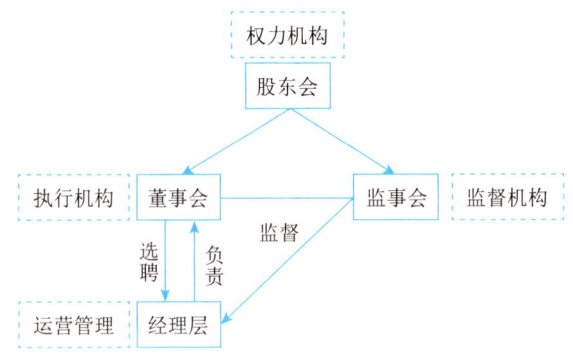

图2-1 有限责任公司组织机构基本结构

『老侯提示1』小公司可以设置"1名"执行董事，不设置董事会，执行董事"可以兼任"公司经理。

『老侯提示2』小公司可以设置"1至2名"监事，不设置监事会，监事"不能兼任"董事、高管。

【例题1·单选题】王某、刘某共同出资设立了甲有限责任公司，注册资本为10万元，下列关于甲公司组织机构设置的表述中，不符合公司法律制度规定的是( )。

A. 甲公司决定不设董事会，由王某担任执行董事
B. 甲公司决定不设监事会，由刘某担任监事
C. 甲公司决定由执行董事王某兼任经理
D. 甲公司决定由执行董事王某兼任监事

解析 选项A，股东人数较少或规模较小的有限责任公司，可以设1名执行董事，不设董事会；选项B，股东人数较少或者规模较小的有限责任公司，可以设1至2名监事，不设立监事会；选项C，执行董事可以兼任公司经理；选项D，董事、高级管理人员不得兼任监事。

答案 D

(一)股东会、董事会、经理和监事会的职权

1. 股东会、董事会、经理的职权(见表2-11)

表2-11 股东会、董事会、经理的职权

股东会	董事会	经理
决定公司的"经营方针"和"投资计划"(战略)	决定公司的"经营计划"和"投资方案"(战术)	组织实施公司年度经营计划和投资方案
—	决定公司"内部管理机构"的设置	拟订公司内部管理机构设置方案
选举和更换由"非职工代表"担任的董事、监事,决定有关董事、监事的报酬	决定聘任或解聘"经理"及其报酬事项;根据经理的提名,决定聘任或解聘"副经理、财务负责人"及其报酬事项	提请聘任或解聘公司"副经理、财务负责人"
		决定聘任或解聘"除应由董事会决定以外的负责管理人员"
修改"公司章程"	制定公司的"基本管理制度"	拟订公司的基本管理制度
		制定公司的"具体规章"
审议批准公司的年度财务预算方案、决算方案;利润分配和弥补亏损方案	制订公司的年度财务预算方案、决算方案;利润分配和弥补亏损方案;增减注册资本及发行公司债券方案;合并、分立、变更公司形式、解散的方案	—
对增减注册资本及发行公司债券、合并、分立、变更公司形式、解散和清算作出决议		
审议批准董事会、监事会或监事的报告	召集股东会会议,并向股东会报告工作	组织实施"董事会决议"
	执行"股东会决议"	

〖老侯提示〗三方职权主要从"事务管理"和"人事任免"上体现,股东会是公司权力机构,其主要职责为"审议批准、决定";董事会是公司的执行机构,其主要职责为"制订";经理负责公司具体的运营管理,并列席董事会会议

2. 董事会和监事会中的职工代表(见表2-12)

表2-12 董事会和监事会中的职工代表

考点	职工代表	要求
董事会(国有)	"国有独资公司""由两个以上的国有企业或者其他两个以上的国有投资主体投资设立的有限责任公司",董事会必须包括职工代表	无比例限制
监事会(所有)	"所有"的监事会均应包括职工代表	比例不得低于监事会人数的1/3

3. 监事会的职权

(1)"检查"公司财务。

(2)对董事、高级管理人员执行公司职务的行为进行"监督",对违反法律、行政法规、公司章程或者股东会决议的董事、高级管理人员提出罢免的"建议"。

〖老侯提示〗只有建议权不能直接罢免。

(3)当董事、高级管理人员的行为损害公司的利益时,"要求"董事、高级管理人员予以纠正。

(4)"提议"召开临时股东会会议,在董事会不履行召集和主持股东会会议职责时召集和主持股东会会议。

(5)向"股东会会议""提出"提案。

(6)对董事、高级管理人员提起诉讼。

(7)监事可以"列席"董事会会议,并对董事会决议事项提出质询或者"建议"。

『老侯提示』 监事可以对股东会会议提出提案,但只能列席董事会会议,不能提出提案。

(8)发现公司经营情况异常,可以进行"调查",费用由公司承担。

【例题2·单选题】☆根据公司法律制度的规定,下列各项中,属于股东会职权的是( )。

A. 选举职工代表担任董事
B. 制订公司年度财务预算方案
C. 决定公司经理的报酬
D. 修改公司章程

解析 选项A,属于职工代表大会的职权;选项B、C,属于董事会职权。 答案 D

【例题3·单选题】☆根据公司法律制度的规定,下列各项中属于有限责任公司董事会职权的是( )。

A. 对发行公司债券作出决议
B. 对公司增加或减少注册资本作出决议
C. 审议批准公司的利润分配方案和弥补亏损方案
D. 决定公司内部管理机构的设置

解析 选项ABC,属于股东会职权。 答案 D

【例题4·单选题】 根据公司法的规定,下列各项中,不属于有限责任公司监事会职权的是( )。

A. 检查公司财务
B. 解聘公司财务负责人
C. 提议召开临时股东会会议
D. 建议罢免违反公司章程的经理

解析 选项B,属于董事会职权。 答案 B

【例题5·单选题】☆甲公司聘请张某担任经理,公司章程未对经理职权作特别规定,董事会未作特别授权。下列关于张某职权的表述中,正确的是( )。

A. 有权制定甲公司的基本管理制度
B. 有权制订甲公司的年度财务预算方案
C. 有权组织实施甲公司的年度经营计划和投资方案
D. 有权决定聘任其好友李某担任甲公司的财务负责人

解析 选项A、B、D,属于董事会的职权。 答案 C

(二)股东会会议

1. 定期会议

(1)首次会议:"出资最多"的股东召集主持。

(2)以后的会议(见表2-13)。

表2-13 股东会会议的相关规定

适用情形	召集	主持	
设置董事会	董事会召集	一般情况	董事长
		董事长不能履行职务	副董事长
		副董事长不能履行职务	半数以上董事共同推举1名董事
不设置董事会	执行董事		
董事会(执行董事)不履行职责	监事会(或不设监事会的公司的监事)		
监事会(监事)不履行职责	代表1/10以上表决权的股东		

(3)通知(先约定,后法定)。

召开股东会会议,应当于会议召开"15日"前通知全体股东,但公司章程另有规定或者全体股东另有约定的除外。

(4)决议成立。

①表决权:股东按照"出资比例"行使,章程另有规定除外(先约定,后法定)。

②普通决议:由章程决定(约定)。

③特别决议:修改公司章程;增、减注册资本;变更公司形式;合并、分立、解散;必须经代表"2/3以上表决权"的股东通过(法定)。

④签名:出席会议的"股东"应当在会议记录上签名。

2. 临时会议

(1)代表1/10以上表决权的股东;

(2)1/3以上董事;

(3)监事会(或不设监事会的公司的监事)。

【例题6·多选题】☆张某、王某与李某共同出资设立甲有限责任公司,三人的出资比例为20%、31%、49%。公司章程对于股东表决权行使以及股东会议事方式、表决程序未作特别规定,下列表决事项中,股东会表决通过的有(　　)。

A. 张某与李某同意修改公司章程,王某不同意

B. 王某与李某同意增加公司注册资本,张某弃权

C. 张某与王某同意把公司变更为股份有限公司,李某不同意

D. 张某、王某、李某一致同意公司的利润分配方案

解析 选项A、B、C,修改公司章程、增减注册资本、变更公司形式为有限责任公司股东会的特别决议事项,应当经代表2/3以上(≥66.67%)表决权的股东同意。其中选项A,张某与李某同意,占到表决权69%;选项B,王某与李某同意,占到表决权80%,均可以通过;选项C,张某与王某同意,占到表决权51%不能通过;选项D,属于有限责任公司股东会的普通决议事项,表决通过比例由公司章程约定,本题中无论章程约定比例为多少。张某、王某与李某均同意,占到表决权100%,可以通过。

答案 ABD

【例题7·单选题】☆张某、王某、李某、赵某出资设立甲有限责任公司(以下简称"甲公司"),出资比例分别为5%、15%、36%和44%,公司章程对股东会召开及表决的事项无特别规定。下列关于甲公司股东会召开和表决的表述中,符合公司法律制度规定的是(　　)。

A. 张某、王某和李某行使表决权赞成即可通过修改公司章程的决议

B. 张某有权提议召开股东会临时会议

C. 王某和李某行使表决权赞成即可通过解散公司的决议

D. 首次股东会会议的召开由赵某召集和主持

解析 选项A、C,修改公司章程、公司解散为有限责任公司股东会的特别决议事项,应当经代表2/3以上(≥66.67%)表决权的股东同意。其中选项A,张某、王某与李某同意,占到表决权56%,选项C,王某与李某同意,占到表决权51%,不能通过;选项B,有限责任公司代表1/10以上(≥10%)表决权的股东有权提议召开股东会临时会议;选项D,首次股东会会议由出资最多的股东召集和主持。

答案 D

【例题8·多选题】甲有限责任公司注册资本为120万元,股东人数为9人,董事会成员为5人,监事会成员为5人。股东一次缴清出资,该公司章程对股东表决权行使事项未作特别规定。根据公司法的规定,该公司出现的下列情形中,属于应当召开临时股东会的有(　　)。

A. 出资20万元的某股东提议召开

B. 公司未弥补的亏损达到40万元

C. 2名董事提议召开

D. 2 名监事提议召开

解析 选项 A，有限责任公司代表 1/10 以上（≥10%）表决权的股东提议召开股东会临时会议的，应当召开。出资 20 万元的股东占注册资本的比例为 1/6，达到规定标准。选项 B，累计未弥补亏损达到实收股本总额 1/3 是股份有限公司召开临时股东大会的条件。选项 C，有限责任公司 1/3 以上的董事提议召开股东会临时会议的，应当召开。甲公司董事人数为 5 人，2 人提议达到规定标准。选项 D，有限责任公司监事会或者不设监事会的公司的监事提议召开股东会临时会议的，应当召开，甲公司设置监事会，则必须由监事会提议。 **答案** AC

【例题 9·简答题】☆2017 年 7 月 1 日，赵某、钱某、孙某、李某四人拟设立甲有限责任公司（以下简称"甲公司"）。公司章程记载，四名股东分别认缴出资 400 万元、300 万元、200 万元和 50 万元，公司股东会会议按照股东认缴出资比例行使表决权。7 月 5 日，因孙某组织能力强，由孙某召集和主持甲公司首次股东会会议。

2020 年 7 月，甲公司召开股东会会议，决定公司不设董事会，由赵某担任执行董事；公司不设监事会，由李某担任监事。根据公司章程规定，赵某任命钱某担任经理、孙某担任财务负责人。

2021 年 3 月，因公司出现重大亏损，李某提议召开股东会临时会议。执行董事赵某认为李某持股比例未达十分之一，无权提议召开股东会临时会议，故予以拒绝。

2021 年 5 月，在公司年度股东会会议上，李某认为四名股东的出资均未实缴，使公司资金周转困难，故提议修改公司章程，提高股东实缴出资比例。钱某和孙某表示同意，赵某表示反对。

要求：根据上述资料和公司法律制度的规定，不考虑其他因素，回答下列问题。

（1）2017 年 7 月 5 日，甲公司首次股东会会议由孙某召集和主持是否符合法律规定？简要说明理由。

（2）2021 年 3 月，李某提议召开股东会临时会议是否符合法律规定？简要说明理由。

（3）2021 年 5 月，甲公司股东会修改公司章程的决议是否通过？简要说明理由。

答案

（1）2017 年 7 月 5 日，甲公司首次股东会会议由孙某召集和主持不符合法律规定。

根据规定，有限责任公司首次股东会会议由出资最多的股东召集和主持，依法行使职权。

本题中，赵某认缴出资额为 400 万元，是出资最多的股东，首次股东会议应当由赵某召集和主持。

（2）2021 年 3 月，李某提议召开股东会临时会议符合法律规定。

根据规定，有限责任公司监事会或不设监事会的公司的监事可以提议召开股东会临时会议。

本题中，甲公司未设监事会，李某是监事，可以提议召开股东会临时会议。

（3）2021 年 5 月，甲公司股东会修改公司章程的决议不能通过。

根据规定，股东会会议作出修改公司章程的决议，必须经代表 2/3 以上表决权的股东通过。有限责任公司股东会会议由股东按照出资比例行使表决权；但是，公司章程另有规定的除外。

本题中，因赵某出资 400 万元且对该事项投反对票，致使同意该事项的表决权无法达到公司法规定的标准，该决议不成立。

(三)董事会的组成和董事会会议

1. 董事会组成(见表2-14)

表2-14 董事会组成

考点	具体内容
人数	3~13人
职工代表(国有)	(1)两个以上的国有企业或者其他两个以上的国有投资主体投资设立的有限责任公司,其董事会成员中"应当"有公司职工代表 (2)其他有限责任公司董事会成员中"可以"有公司职工代表
董事长	(1)董事长1人,"可以"设副董事长 (2)董事长、副董事长的产生办法由"公司章程"规定
任期	每届任期≤3年,可以连任

2. 董事会会议

(1)召集和主持:董事长→副董事长→半数以上董事推举一名董事。

(2)议事方式和表决程序、决议成立:由章程决定(约定)。

(3)表决方式:一人一票。

(4)签名:出席会议的"董事"应当在会议记录上签名。

【例题10·多选题】 下列关于有限责任公司董事会的表述不符合公司法规定的有( )。

A. 董事会成员中应当有公司职工代表

B. 董事任期由公司章程规定,但每届任期不得超过3年

C. 董事长和副董事长依法由公司董事会选举产生

D. 董事长和副董事长不召集和主持董事会的,必须由全体董事共同推举一名董事召集和主持

解析 选项A,一般的有限责任公司(非国有或两个以上国有投资主体投资设立)董事会成员中"可以"有职工代表。选项C,董事长、副董事长的产生办法由公司"章程"规定。选项D,董事长和副董事长不召集和主持董事会的,由"半数以上"(≥50%)董事共同推举1名董事召集和主持。

答案 ACD

(四)监事会的组成和监事会会议

1. 监事会组成(见表2-15)

表2-15 监事会组成

考点	具体内容
人数	≥3人
职工代表	监事会"应当"包括股东代表和职工代表,职工代表的比例不得低于"1/3"
主席	设主席1人,由全体监事"过半数选举"产生
任期	每届任期3年,可以连任 【老侯提示】监事任期届满未及时改选,或者监事在任期内辞职导致监事会成员低于法定人数的,在改选出的监事就任前,原监事仍应当依照法律、行政法规和公司章程的规定,履行监事职务
限制	董事、高级管理人员不得兼任监事

2. 监事会会议

(1)召集和主持:主席→半数以上(≥50%)监事推举一名监事。

(2) 召开次数：每年至少召开 1 次。
(3) 议事方式和表决程序：由章程决定（约定）。
(4) 决议成立："半数以上"（≥50%）监事通过。
(5) 签名：出席会议的"监事"应当在会议记录上签名。

【例题 11·单选题】 ☆根据公司法律制度的规定，下列关于有限责任公司监事会及监事的表述中，正确的是（ ）。
A. 规模较小的公司可以不设监事会
B. 监事会主席由股东会选举产生
C. 高级管理人员可以兼任监事
D. 公司章程可以规定监事的任期为每届 5 年

解析 选项 A，股东人数较少或者规模较小的有限责任公司，可以设 1-2 名监事，不设立监事会；选项 B，监事会主席由全体监事过半数选举产生；选项 C，董事、高级管理人员不得兼任监事；选项 D，监事的任期每届为 3 年。
答案 A

【例题 12·单选题】 甲、乙两个国有企业出资设立丙有限责任公司。下列关于丙有限责任公司组织机构的表述中，不符合公司法律制度规定的是（ ）。
A. 丙公司监事会成员中应当有公司股东代表
B. 丙公司董事会成员中应当有公司职工代表
C. 丙公司董事长须由国有资产监督管理机构从董事会成员中指定
D. 丙公司监事会主席由全体监事过半数选举产生

解析 选项 A，监事会应当包括股东代表和适当比例的职工代表；选项 B，两个以上的国有企业投资设立的有限责任公司，其董事会成员中"应当"有公司职工代表；选项 C，有限责任公司董事长的产生办法由公司章程规定；选项 D，有限责任公司的监事会主席由全体监事过半数选举产生。本题中丙公司是一个由两个国有投资主体投资设立的有限责任公司，而非国有独资公司。
答案 C

（五）公司决议效力

1. 公司决议无效、可撤销和不成立的情形

（1）决议无效与可撤销（见表 2-16）。

表 2-16 决议无效与可撤销

考点	违反法律、行政法规	违反公司章程
决议内容	无效	可撤销
召集程序、表决方式	可撤销	可撤销
	『老侯提示』仅有轻微瑕疵，且对决议未产生实质影响的，不得撤销	

（2）决议不成立。
① 公司"未召开"会议；

『老侯提示』 对股东会行使职权事项，股东以书面形式一致表示同意的，可不召开股东会会议，直接作出决定，并由全体股东在决定文件上签名、盖章或者法律或公司章程规定可以不召开而直接作出决定，并由全体股东在决定文件上签名、盖章的除外。

② 会议"未对决议事项进行表决"；

③ "出席会议的人数或股东所持表决权"不符合公司法或者公司章程规定；

④ 会议的"表决结果"未达到公司法或公司章程规定的通过比例。

2. 起诉时间

股东（大）会、董事会决议存在可撤销情形的，股东可以自决议作出之日起"60 日"内向人民法院起诉。

3. 诉讼列置（见 2-17）

表 2-17 诉讼列置

当事人	身份	
原告	请求确认决议无效或者不成立	股东、董事、监事
	请求撤销决议	在"起诉时"具有公司"股东资格"
	【老侯提示】"一审法庭辩论终结前",其他有原告资格的人以相同的诉讼请求申请参加,可列为共同原告	
被告	公司	
第三人	决议涉及的其他利害关系人	

4. 决议被确认无效或撤销的,公司依据该决议与善意相对人形成的民事法律关系不受影响

【例题13·单选题】☆甲有限责任公司股东王某认为公司董事会作出的一项决议内容违反公司章程,向人民法院提起诉讼请求撤销该项决议。王某提起诉讼的被告应当是( )。

A. 总经理
B. 董事长
C. 董事会
D. 甲有限责任公司

解析 原告请求确认股东(大)会、董事会决议不成立、无效或者撤销决议的案件,应当列公司为被告。 **答案** D

【例题14·单选题】赵某、钱某、孙某、李某、甲公司共同出资设立一家有限责任公司。出资协议约定赵某以现金150万元和专利技术作价50万元出资,赵某如期缴纳了150万元现金,但专利技术因与乙公司有独占许可一直未转移给公司。某次公司股东会会议上,赵某提出请求免除其以专利技术作价50万元的出资义务。其他三名股东鉴于赵某的难处均表示同意,投反对票的股东甲公司向法院起诉,请求确认该股东会决议无效。针对上述情形,下列表述中正确的是( )。

A. 该决议有效,赵某的出资义务已经免除
B. 该决议无效,赵某的出资义务未免除
C. 该决议需经全体股东同意才能有效
D. 该决议属于可撤销,除赵某以外的任一股东均享有撤销权

解析 (1)公司法规定,股东应当按期足额缴纳公司章程中规定的各自所认缴的出资额。(2)公司股东会的决议内容违反法律、行政法规的无效。本题中,赵某应当足额缴纳出资是公司法的规定,股东会决议内容违反法律规定,属于无效决议。 **答案** B

【例题15·多选题】下列各项中,会导致股东会或董事会决议不成立的有( )。

A. 甲有限责任公司减少注册资本的决议经代表3/5表决权的股东同意
B. 乙有限责任公司股东赵某对外转让股权,已书面征得其他股东同意,但未经股东会表决
C. 丙有限责任公司违反公司章程规定,在股东会召开的前一天通知全体股东,以致多数股东无法到场,后经股东会表决通过了增选王某为董事的决议
D. 丁股份有限公司有9名董事,董事会会议有4名董事出席,并一致同意通过了增加经理报酬的决议

解析 选项A,减少注册资本属于有限责任公司股东会特别决议事项,必须经代表2/3以上表决权的股东通过,选项A通过比例不符合规定,属于决议不成立事项。选项D,股份有限公司董事会会议应有过半数的董事出席方可举行,选项D董事出席人数不符合规定,属于决议不成立事项。选项B,有限公司股权转让,无须召开股东会决议。选项C是决议可撤销。 **答案** AD

守将三、有限责任公司股东权利及股权转让（★★★）（2016年、2017年判断题；2018年多选题、简答题；2019年判断题、简答题；2020年单选题；2021年单选题、简答题、综合题）

（一）名义股东与实际出资人

名义股东与实际出资人见表2-18。

表2-18 名义股东与实际出资人

考点		主要内容
股份代持协议	效力	实际出资人与名义出资人订立合同，约定由实际出资人出资并享有投资权益，以名义出资人为名义股东，该合同有效
	投资权益归属争议	(1)实际出资人可以以其实际履行了出资义务为由向名义股东主张权利 (2)名义股东不得以公司股东名册记载、公司登记机关登记为由否认实际出资人权利
实际出资人终止代持协议转为股东	性质	属于公司股东对"股东以外的人"转让股权
	条件	如果实际出资人未经公司其他股东"半数以上"同意，请求公司变更股东、签发出资证明书、记载于股东名册、记载于公司章程并办理公司登记机关登记的，人民法院不予支持 【链接】股东向股东以外的人转让股权，应当经其他股东"过半数"（>50%）同意
名义股东擅自处分股权	股权归属	如果受让方"符合善意取得的条件，受让方取得股权"
	损失	造成实际出资人损失，实际出资人可以请求名义股东承担赔偿责任
未履行出资义务	债权人	可以以登记于公司登记机关的股东（名义股东）未履行出资义务为由，请求其对公司债务不能清偿的部分在未出资本息范围内承担"补充赔偿责任"
	名义股东	(1)不得以其仅为名义股东而非实际出资人为由进行抗辩 (2)在承担相应的赔偿责任后，可以向实际出资人追偿
『老侯提示』根据合同的相对性原则，实际出资人与名义股东签订的股份代持协议仅在双方之间有效		

（二）冒名股东与被冒名股东

1. 冒用他人名义出资并将该他人作为股东在公司登记机关登记的，冒名登记行为人应当承担相应责任

2. 公司、其他股东或公司债权人以未履行出资义务为由，请求被冒名登记为股东的承担补足出资责任或者对公司债务不能清偿部分的赔偿责任的，法院不予支持

『老侯提示』"被冒名股东"不知自己被冒名，而"名义股东"知道自己为名义股东的身份。

【例题1·判断题】公司债权人可以以登记于公司登记机关的股东未履行出资义务为由，请求该股东对公司债务不能清偿的部分在未出资本息范围内承担连带赔偿责任。（　）

解析 公司债权人以登记于公司登记机关的股东未履行出资义务为由，请求其对公司债务不能清偿的部分在未出资本息范围内承担"补充赔偿责任"，股东以其仅为名义股东而非实际出资人为由进行抗辩的，人民法院不予支持。**答案** ×

【例题2·单选题】☆孟某与孙某订立合同，约定孟某作为实际出资人向甲有限责任公司（以下简称"甲公司"）出资并享有投资权益，孙某作为名义出资人。后来孟某与孙某发生争议，孟某请求甲公司将自己变更为公司股东。该请求应当经（　）。

A. 甲公司监事会表决通过

B. 甲公司股东会表决通过

C. 甲公司其他股东半数以上同意

D. 甲公司董事会表决通过

解析 实际出资人(孟某)未经公司其他股东"半数以上"同意,请求公司变更股东、签发出资证明书、记载于股东名册、记载于公司章程并办理公司登记机关登记的,人民法院不予支持。

答案 C

【例题3·多选题】刘备、关羽、张飞三人共同出资设立了一家有限责任公司。刘备与赵云签订股权代持协议,双方约定由刘备出资并享有股东权利,以赵云为名义股东;张飞冒用捡到的李逵的身份证件进行公司登记注册,将李逵登记为公司股东。根据公司法律制度的规定,下列表述错误的有( )。

A. 刘备请求变更自己为公司股东,应当经其他股东一致同意

B. 公司债权人有权以未履行出资义务为由,请求赵云对公司债务不能清偿部分承担相应的责任

C. 公司有权以未履行出资义务为由,请求李逵承担补足出资责任

D. 公司债权人有权以未履行出资义务为由,请求李逵对公司债务不能清偿部分承担相应的责任

解析 (1)本题中,刘备为实际出资人,赵云为名义股东;张飞为冒名登记行为人,李逵为被冒名登记的股东。(2)选项A,如果实际出资人未经公司其他股东半数以上同意,请求公司变更股东的,人民法院不予支持;选项B,公司债权人以名义股东未履行出资义务为由,请求其对公司债务不能清偿的部分在未出资本息范围内承担补充赔偿责任,股东以其仅为名义股东而非实际出资人为由进行抗辩的,人民法院不予支持;选项C、D,公司、其他股东或公司债权人以未履行出资义务为由,请求被冒名登记为股东的承担补足出资责任或者对公司债务不能清偿部分的赔偿责任的,法院不予支持。

答案 ACD

(三)股东权利

1. 股东权利的分类(见表2-19)

表2-19 股东权利的分类

标准	类型	内容
行使目的	共益权	股东(大)会参加权、提案权、质询权、表决权、累积投票权、召集请求权、自行召集权;知情权;起诉权
	自益权	股利分配请求权、剩余财产分配权、新股认购优先权、股份质押权、股份转让权
行使条件	单独股东权	自益权、表决权等
	少数股东权	股东(大)会召集请求权等

2. 知情权

(1)知情权的内容(了解)(见表2-20)。

表2-20 知情权的内容

文件	有限责任公司	股份有限公司
股东名册	—	查阅
公司债券存根	—	查阅
公司章程	查阅、复制	查阅
"三会"会议记录	查阅、复制	查阅

续表

文件	有限责任公司	股份有限公司
财务会计报告	查阅、复制	查阅
会计账簿	查阅	—

(2) 知情权的行使——查阅会计账簿。

①股东应提出书面请求，说明目的。

②公司有根据认为股东有"不正当目的"，可能损害公司合法利益，可以拒绝，并自股东提出书面请求之日起 15 日内书面答复并说明理由。

③"不正当目的"。

自营或为他人经营与公司主营业务有实质性竞争关系业务（章程或全体股东另有约定除外）；为向他人通报或 3 年内曾向他人通报有关信息损害公司合法利益。

(3) 知情权保护。

①股东起诉请求查阅或者复制公司特定文件材料的，人民法院应当依法予以受理。

②公司有证据证明原告在起诉时不具有公司股东资格的，人民法院应当驳回起诉，但原告有初步证据证明在持股期间其合法权益受到损害，请求依法查阅或者复制其持股期间的公司特定文件材料的除外。

③公司章程、股东之间的协议等实质性剥夺股东查阅或复制公司文件材料的权利，公司以此为由拒绝股东查阅或者复制的，人民法院不予支持。

(4) 原告胜诉。

人民法院应当在判决中明确查阅或者复制公司特定文件材料的时间、地点和特定文件材料的名录。

(5) 执行。

股东依据法院生效判决查阅公司文件材料的，在该股东在场的情况下，可以由会计师、律师等依法或者依据执业行为规范负有保密义务的中介机构执业人员辅助进行。

(6) 泄密责任。

①股东行使知情权后泄露公司商业秘密导致公司合法利益受到损害，公司请求该股东赔偿相关损失的，人民法院应予支持。

②辅助股东查阅公司文件材料的会计师、律师等泄露公司商业秘密导致公司合法利益受到损害，公司请求其赔偿相关损失的，人民法院应予支持。

【例题 4·判断题】☆查阅公司账簿的权利属于股东的共益权。（　　）

解析　查阅公司账簿属于知情权，知情权属于共益权。　　答案　√

3. 利润分配请求权

(1) 诉讼列置。

①原告——股东。

②被告——公司。

『老侯提示』"一审法庭辩论终结前"，其他股东基于同一分配方案请求分配利润并申请参加诉讼的，应当列为共同原告。

(2) 案件审理。

①股东"提交"载明具体分配方案的股东（大）会决议，请求公司分配利润。

公司拒绝分配利润且其关于无法执行决议的抗辩理由不成立的，人民法院应当判决公司按照决议载明的具体分配方案向股东分配利润。

②股东"未提交"载明具体分配方案的股东（大）会决议，请求公司分配利润。

人民法院应当驳回其诉讼请求，但违反法律规定滥用股东权利导致公司不分配利润，给其他股东造成损失的除外。

4. 滥用股东权利

(1) 行为判定及法律责任（见表 2-21）。

表 2-21 滥用股东权利

考点	滥用股东权利	滥用法人独立地位和股东有限责任(下称"滥用行为")
采用手段	大股东通过"关联交易"低卖高买转移公司利润	股东通过"转移公司财产以逃避债务"
法律责任	给"公司或其他股东"造成损失的，应依法承担"赔偿"责任	严重损害公司"债权人"利益的，应当对公司债务承担"连带"责任
抗辩切断	"控股股东"通过关联交易损害公司利益，公司向人民法院起诉，请求其赔偿所造成的损失，被告仅以该交易已经履行了信息披露、经股东(大)会同意为由抗辩的，人民法院不予支持 〖老侯提示1〗上述情形适用"股东代表诉讼的规定" 〖老侯提示2〗上述规定同时适用"实际控制人、董事、监事、高级管理人员"通过关联交易损害公司利益的情形	

(2)"九民纪要"关于"滥用行为"的释义(2022年新增)(见表2-22)。

表 2-22 "九民纪要"关于"滥用行为"的释义

考点		具体内容
把握要点		(1)股东实施的"滥用行为"必须"严重损害公司债权人利益(致使公司财产不足清偿)" (2)只针对实施了"滥用行为"的股东 (3)并非全面、彻底、永久地否定公司的法人资格，只针对具体案件特事特判 (4)滥用行为常见情形：人格混同、过度支配与控制、资本显著不足
人格混同	根本判定标准	公司是否具有独立意思和独立财产
	最主要表现	公司的财产与股东的财产是否混同且无法区分
	考虑因素	(1)股东无偿使用公司资金或者财产，不作财务记载； (2)股东用公司的资金偿还股东的债务，或将公司资金供关联公司无偿使用，不作财务记载； (3)公司账簿与股东账簿不分，致使公司财产与股东财产无法区分； (4)股东自身收益与公司盈利不加区分，致使双方利益不清； (5)公司的财产记载于股东名下，由股东占有、使用 〖老侯提示〗"业务混同、员工混同、住所混同"并非人格混同考虑的因素，只是人格混同的补强
过度支配与控制	常见情形	(1)母子公司之间或者子公司之间进行利益输送； (2)母子公司或者子公司之间进行交易，收益归一方，损失却由另一方承担； (3)先从原公司抽走资金，然后再成立经营目的相同或者类似的公司，逃避原公司的债务； (4)先解散公司，再以原公司场所、设备、人员及相同或者相似的经营目的另设公司，逃避原公司债务
	对控股股东和实际控制人的追责原则	控制股东或实际控制人控制多个子公司或者关联公司，滥用控制权使多个子公司或者关联公司财产边界不清、财务混同、利益相互输送，丧失人格独立性，沦为控股股东逃避债务、非法经营，甚至违法犯罪工具的，可以综合案件事实，否认子公司或者关联公司法人人格，判令承担连带责任

考点	具体内容
资本显著不足	公司设立后在经营过程中，股东实际投入公司的资本数额与公司经营所隐含的风险相比明显不匹配

【例题 5·判断题】 ☆公司股东滥用公司法人独立地位和股东有限责任，逃避债务，严重损害公司债权人利益的，应当对公司债务承担连带责任。（ ）

答案 ▶ √

（四）有限责任公司股东转让股权

1. 对内转让

有限责任公司的股东之间相互转让其全部或者部分股权"无任何限制"。

2. 对外转让（先约定后法定）

公司章程对股权转让另有规定的，从其规定。没有约定的按公司法规定执行。

（1）数人头。

经其他股东"过半数"（>50%）同意。

『老侯提示』此处为股东"人数"过半数，而非表决权和出资比例等。

（2）发通知。

"书面"通知其他股东征求同意。

『老侯提示1』书面通知包括"书面或其他能够确认收悉的合理方式"。

『老侯提示2』股东向股东以外的人转让股权"无须召开股东会进行表决"。

（3）同意转让和视为同意转让的情形。

①明确答复"同意"转让；

②"自接到"书面通知之日起满"30日"未答复，视为同意；

③其他股东半数以上（≥50%）不同意转让的，不同意的股东应当购买该转让的股权；"不购买"，视为同意。

（4）优先购买权。

①"同等条件下"其他股东有优先购买权。

『老侯提示1』转让股东应"书面"告知其他股东转让股权的"同等条件"。

『老侯提示2』同等条件应考虑转让股权的"数量、价格、支付方式及期限"等因素。

『老侯提示3』有限责任公司的自然人股东因继承发生变化时，其他股东主张行使优先购买权的，人民法院不予支持。公司章程另有规定或全体股东另有约定的除外。

②优先购买权的行使期限。

"章程规定"行使期间→章程没有规定或规定不明确，以"通知确定"的期间为准→通知确定的期间短于30日或未明确的，行使期间为"30日"。

③多人行使优先购买权。

协商→按"转让时"各自的出资比例。

④转让股东反悔（见表2-23）。

表 2-23 转让股东反悔的相关规定

考点		具体内容
前提		转让股东在其他股东主张优先购买后又不同意转让股权
其他股东请求	主张优先购买	不支持（章程或者全体股东另有约定除外）
	主张转让股东赔偿其合理损失	支持

⑤损害其他股东优先购买权(见表 2-24)。

表 2-24 损害其他股东优先购买权的相关规定

考点	具体内容	
前提	转让股东未就其股权转让事项征求其他股东意见，或者欺诈、恶意串通	
其他股东请求	按照同等条件购买该转让股权 『老侯提示』 自知道或应当知道行使优先购买权的同等条件之日起30日内没有主张，或自股权变更登记之日起超过1年，不得主张优先购买	支持
	仅提出确认股权转让合同及股权变动效力等请求，未同时主张按照同等条件购买转让股权	不支持
股东以外的受让人	因股东行使优先购买权而不能实现合同目的的，可以依法请求转让股东承担相应民事责任	

3. 强制转让
(1)发通知。
法院应当通知公司及全体股东。
(2)优先购买权。
①"同等条件下"其他股东有优先购买权；
②其他股东自人民法院通知之日起满"20日"不行使优先购买权的，视为放弃。

4. 如何对待新股东
(1)注销原股东出资证明书，向新股东签发出资证明书；
(2)修改公司章程和股东名册。

『老侯提示』 此处修改公司章程"无须召开股东会进行表决"。

【例题 6·单选题】 ☆甲有限责任公司的股东赵某拟向股东钱某转让其持有的该公司股权。下列关于赵某转让股权的表述中，正确的是( )。
A. 赵某将股权转让给钱某，须事先通知其他股东
B. 赵某将股权转让给钱某，须经其他股东一致同意
C. 赵某将股权转让给钱某，无须经其他股东同意
D. 赵某将股权转让给钱某，须经其他股东过半数同意

解析 有限责任公司的股东之间可以相互转让其全部或者部分股权，公司章程另有规定除外。本题中，甲公司股东赵某向股东钱某转让股权，属于股东之间的股权转让行为，甲公司章程对此无特殊规定，因此无须其他股东同意，也无须通知其他股东。

答案 C

【例题 7·判断题】 ☆张某、王某、李某三人共同出资设立了甲有限责任公司，公司章程对股权转让没有特别规定。李某拟将其拥有的股权全部转让给赵某，张某和王某均不愿购买，则李某可以将股权转让给赵某。
( )

解析 股东向股东以外的人转让股权，应当经其他股东过半数同意。股东应就其股权转让事项书面通知其他股东征求同意。其他股东半数以上不同意转让的，不同意的股东应当购买该转让的股权；不购买的，视为同意转让。

答案 √

【例题 8·单选题】 根据公司法的规定，有限责任公司的股东转让股权后，公司不必履行的程序是( )。
A. 注销原股东的出资证明书
B. 向新股东签发出资证明书
C. 召开股东会作出修改公司章程中有关股东及其出资额记载的决议
D. 相应修改公司股东名册中有关股东及其出资额的记载

解析 有限责任公司股东转让股权后，公司应当注销原股东的出资证明书，向新股

97

东签发出资证明书,并相应修改公司章程和股东名册中有关股东及其出资额的记载。对公司章程的该项修改不需要再由股东会表决。

答案 C

(五)异议股东回购请求权

1. 法定条件

有下列情形之一的,对股东会该项决议"投反对票"的股东可以请求公司按照合理的价格收购其股权:

(1)公司"连续5年"不向股东分配利润,而公司该"5年连续盈利",并且符合法律规定的分配利润条件的;

(2)公司"合并、分立、转让主要财产"的;

(3)公司章程规定的营业期限届满或者章程规定的其他解散事由出现,股东会会议通过决议修改章程使公司存续的。

2. 法定程序

自股东会会议决议通过之日起"60日内",股东与公司不能达成股权收购协议的,股东可以自股东会会议决议通过之日起"90日内"向人民法院提起诉讼。

[例题9·多选题] ☆根据公司法律制度的规定,股东会在对某些事项决议时投反对票的股东,可以请求公司按照合理的价格收购其股权,退出公司。该事项有( )。

A. 公司章程规定的营业期限届满,股东会会议通过决议修改章程使公司存续的

B. 公司连续3年不向股东分配利润,而公司该3年连续盈利,并且符合公司法规定的分配利润条件的

C. 公司合并、分立的

D. 公司转让主要财产的

解析 选项B,公司连续5年不向股东分配利润,而公司该5年连续盈利,并且符合公司法规定的分配利润条件的,投反对票的股东,可以请求公司按照合理的价格收购其股权,退出公司。

答案 ACD

[例题10·简答题] ☆赵某、钱某等5位股东设立甲有限责任公司(以下简称"甲公司"),赵某持有该公司1.7%的股权。鉴于甲公司连续7年盈利且符合法定利润分配条件,但均未向股东分配利润,赵某书面提出查阅公司账簿的请求,甲公司拒绝,理由是赵某的持股比例太低,无权查阅公司账簿。

2020年5月,股东钱某意欲退出公司并与非股东孙某就股权转让事宜进行磋商,确认按价格120万元、现金支付方式转让其全部股权。钱某将上述详情书面通知赵某和其他股东征求同意。其他股东均同意,赵某要求行使优先购买权,并提出以市场价格为120万元的名下房产换取钱某的股权。钱某予以拒绝,并将股权转让给了孙某。

2020年6月,甲公司股东会会议决定,虽然2019年度公司盈利且符合利润分配条件,但是为了扩大再生产,2019年度的利润不作分配。赵某在该次股东会会议上投票反对,并于7月初请求甲公司收购其股权。

要求:根据上述资料和公司法律制度的规定,不考虑其他因素,回答下列问题。

(1)甲公司拒绝赵某查阅公司账簿,是否符合法律规定?简要说明理由。

(2)钱某将股权转让给孙某而非赵某,是否符合法律规定?简要说明理由。

(3)赵某是否有权请求甲公司收购其股权?简要说明理由。

答案

(1)不符合规定。根据规定,有限责任公司的股东有权要求查阅公司会计账簿。股东要求查阅公司会计账簿的,应当向公司提出书面请求,说明目的。公司有合理根据认为股东查阅会计账簿有不正当目的,可能损害公司合法利益的,可以拒绝提供查阅,并应当自股东提出书面请求之日起15日内书面答复股东并说明理由。本题中甲公司不得以赵某持股比例太低为由拒绝赵某查阅公司账簿。

(2)符合规定。根据规定,经股东同意转让的股权,在同等条件下,其他股东有权

主张优先购买。这里所称的"同等条件"应当考虑转让股权的数量、价格、支付方式及期限等因素。本题中,孙某以现金 120 万元支付,而赵某以市场价格为 120 万元的房产换取股权,支付方式不同,因此,赵某不属于在同等条件下主张购买股权,不享有优先购买权。因此,钱某将股权转让给孙某而非赵某符合法律规定。

(3) 有权。根据规定,有限责任公司连续 5 年不向股东分配利润,而公司该 5 年连续盈利,并且符合公司法规定的分配利润条件的,对股东会该项决议投反对票的股东可以请求公司按照合理的价格收购其股权。本题中甲公司连续 7 年盈利且符合法定利润分配条件但未向股东分配利润,因此,在股东会上对该决议投反对票的股东赵某可以请求公司按照合理的价格收购其股权。

【例题 11·综合题】 ☆2019 年 1 月 10 日,甲有限责任公司(以下简称"甲公司")与赵某、钱某、孙某、李某分别认缴出资 300 万元、350 万元、280 万元、100 万元和 20 万元成立乙有限责任公司(以下简称"乙公司")。乙公司章程规定公司设立董事会,不设立监事会;对股东会会议的议事方式、表决程序和对外担保等事项均未作特别规定。赵某、钱某和孙某担任董事,李某担任监事。董事会选举赵某为董事长。

2021 年 2 月 1 日,甲公司因办公室装修需以一张票面金额为 20 万元的商业承兑汇票支付装修款。该汇票的出票人为丙公司,承兑人为丁公司,持票人为甲公司。应装修公司的要求,甲公司请求乙公司为其所持上述汇票提供担保。乙公司为此召开股东会会议,在表决时,赵某、钱某和孙某同意,李某未参加会议也未表决。乙公司随后在甲公司提供的上述汇票上以保证人的身份签章,但未记载被保证人。

2021 年 2 月 10 日,李某得知上述担保决议后认为乙公司提供担保有损乙公司利益,遂提议召开股东会临时会议审议乙公司提供担保的合法性。董事长赵某认为李某持股比例尚未达到十分之一,无权提议召开股东会临时会议,遂拒绝了李某的提议。李某转而要求乙公司提供资产负债表、现金流量表等财务报表进行检查。赵某认为其无权查阅,亦予以拒绝。

2021 年 5 月,李某认为其在乙公司的权益无法得到保护,遂将股权转让给股东孙某,同时向乙公司提出辞去监事职务。赵某认为李某转让股权无效,并要求其继续履行监事职务,理由是李某转让股权给孙某既未通知其他股东,也未经其同意。

要求:根据上述资料和公司法律制度、票据法律制度的规定,不考虑其他因素,回答下列问题。

(1) 乙公司股东会为甲公司提供担保的决议程序是否符合法律规定?说明理由。

(2) 乙公司在甲公司提供的汇票上签章保证,该票据上的被保证人是谁?说明理由。

(3) 赵某拒绝李某召开股东会临时会议的提议是否符合法律规定?说明理由。

(4) 李某要求乙公司提供财务报表是否符合法律规定?说明理由。

(5) 李某未经其他股东同意便将乙公司股权转让给孙某是否符合法律规定?说明理由。

(6) 赵某要求李某继续履行监事职务是否符合法律规定?说明理由。

答

(1) 符合法律规定。根据规定,有限责任公司为公司股东提供担保的,必须经股东会决议。接受担保的股东,不得参加该事项的表决。该项表决由出席会议的其他股东所持表决权的过半数通过。本题中,该事项由出席会议的其他股东赵某、钱某和孙某一致同意,因此乙公司股东会为甲公司提供担保的决议程序符合法律规定。

(2) 该票据上的被保证人是丁公司。根据规定,保证人在汇票或者粘单上未记载被保证人名称的,已承兑的汇票,承兑人为被保证人；未承兑的汇票，出票人为被保证人。

（3）不符合法律规定。根据规定，对于有限责任公司，代表1/10以上表决权的股东、1/3以上的董事、监事会或者不设监事会的公司的监事提议召开股东会临时会议的，应当召开临时会议。股东会会议由股东按照出资比例行使表决权；但是，公司章程另有规定的除外。本题中在乙公司章程未作特别规定的情况下，李某持股比例虽不足1/10，但李某作为乙公司监事则符合条件，因此赵某拒绝李某召开股东会临时会议的提议不符合法律规定。

（4）符合法律规定。根据规定，有限责任公司股东有权查阅、复制公司财务会计报告，而且不设监事会的公司的监事有权检查公司财务。因此，监事李某要求乙公司提供财务报表符合法律规定。

（5）符合法律规定。根据规定，有限责任公司的股东之间可以相互转让其全部或者部分股权。公司章程对股权转让另有规定的，从其规定。本题中，公司章程未作特别规定，因此，李某将乙公司股权转让给股东孙某不需要征得其他股东同意，因此李某未经其他股东同意便将乙公司股权转让给孙某符合法律规定。

（6）符合法律规定。根据规定，有限责任公司监事任期届满未及时改选，或者监事在任期内辞职导致监事会成员低于法定人数的，在改选出的监事就任前，原监事仍应当依照法律、行政法规和公司章程的规定，履行监事职务。本题中乙公司仅李某一名监事，因此在改选出的监事就任前，李某仍应当依照法律、行政法规和公司章程的规定，履行监事职务。

守将四、一人有限责任公司（★）（2019年多选题；2020年单选题；2021年多选题）

（一）股东身份

可以是一个自然人也可以是一个法人。

『老侯提示1』一人有限责任公司的股东不能是非法人组织。

『老侯提示2』一个自然人"只能"投资设立一个一人有限责任公司，该一人有限责任公司"不能"投资设立新的一人有限责任公司。

（二）执照载明

一人有限责任公司应当在公司登记中注明法人独资或自然人独资，并在公司营业执照中载明。

（三）组织机构

一人有限责任公司"不设股东会"，股东会职权由股东行使，股东作出决定时，应当采用"书面形式"，并由股东签字后置备于公司。

（四）强制年报审计

一人有限责任公司应当在每一会计年度终了时编制财务会计报告，并经会计师事务所审计。

（五）法人人格否定

一人有限责任公司的股东不能证明公司财产独立于股东自己财产的，应当对公司债务承担"连带责任"。

【链接】有限责任公司股东滥用公司法人独立地位和股东有限责任，逃避债务，严重损害公司债权人利益的，股东应当对公司债务承担"连带责任"。

【例题1·多选题】☆根据公司法律制度的规定，下列关于公司法人财产权行使的表述中，正确的有（ ）。

A. 公司成立后，股东不得抽逃出资

B. 上市公司可以出资设立一人有限责任公司

C. 公司不得为其实际控制人提供担保

D. 公司为本公司股东提供担保的，被担保的股东不得参加该事项的表决

解析 选项A，有限责任公司成立后，股东不得抽逃出资；选项B，一人有限责任公司，是指只有一个自然人股东或者一个法人股东的有限责任公司，上市公司属于法人股东可以出资设立一人有限责任公司；选项CD，公司为公司股东或者实际控制人提供担保的，必须经股东(大)会决议。接受担保的股东或者受实际控制人支配的股东，不得参加上述规定事项的表决。 **答案** ABD

[例题2·单选题] 赵某出资设立了某一人有限责任公司(下称"一人公司")。一人公司的下列事项中，符合公司法律制度规定的是( )。

A. 该一人公司可以投资设立新的一人有限责任公司

B. 一人公司不设立股东会

C. 赵某行使股东会职权作出决定时可以采用口头形式

D. 一人公司会计年度终了时可以不编制财务会计报告

解析 选项B、C，一人有限责任公司不设股东会；法律规定的股东会职权由股东行使，当股东行使相应职权作出决定时，应当采用书面形式，并由股东签字后置备于公司；选项A，一个自然人投资设立的一人有限责任公司，不得投资设立新的一人有限责任公司；选项D，一人有限责任公司应当在每一会计年度终了时编制财务会计报告，并经会计师事务所审计。 **答案** B

守将五、国有独资公司(★★)(2016年、2017年、2018年单选题；2019年多选题；2020年单选题、多选题；2021年单选题)

(一)章程

国有独资公司章程由国有资产监督管理机构制定，或者由董事会制定报国有资产监督管理机构批准。

(二)股东会

1. 国有独资公司不设股东会，由"国有资产监督管理机构"行使股东会职权。

2. 股东会职权的行使。

(1)一般职权：国有资产监督管理机构可以授权董事会行使。

(2)"合并、分立、解散；增、减注册资本；发行公司债券"：由国有资产监督管理机构决定。

(3)"重要"的国有独资公司"合并、分立、解散、申请破产"：由国有资产监督管理机构审核后，报"本级"人民政府批准。

(三)董事会

1. 董事会中应当有职工代表(国有)。

2. "除职工代表以外"的董事会成员由国有资产监督管理机构委派。职工代表由公司职工代表大会选举产生。

3. 董事任期≤3年。

4. 设董事长1人，可以设副董事长。

5. 董事长、副董事长由国有资产监督管理机构从董事会成员中指定。

【链接】 有限责任公司董事长、副董事长根据公司章程规定产生。

6. 对董事会成员的限制。

(1)"经国有资产监督管理机构同意"，董事会成员可以兼任经理。

(2)国有独资公司的"董事长、副董事长、董事、高级管理人员"，未经国有资产监督管理机构同意，不得在其他公司或机构兼职。

(四)监事会

1. 成员"≥5人"，其中职工代表≥1/3。

【链接】 有限责任公司监事会成员不得少于3人。

2. "除职工代表以外"的监事会成员由国有资产监督管理机构委派。职工代表由公司职工代表大会选举产生。

3. 监事会主席由国有资产监督管理机构从监事会成员中指定。

【链接】 有限责任公司监事会主席由全

体监事"过半数选举"产生。

(五)经理

国有独资公司设经理,由"董事会"聘任或解聘。

【例题1·单选题】☆根据公司法律制度的规定,下列关于国有独资公司的表述中,正确的是( )。

A. 董事会成员中可以无职工代表

B. 监事会成员可以为3人

C. 应当设立股东会

D. 未经国有资产监督管理机构同意,经理不得在其他公司兼职

解析 选项A,国有独资公司的董事会成员中应当有公司职工代表;选项B,国有独资公司监事会成员不得少于5人;选项C,国有独资公司不设股东会,由国有资产监督管理机构行使股东会职权。 **答案** D

【例题2·单选题】☆根据公司法律制度的规定,国有独资公司发生的下列事项中,不需经国有资产监督管理机构决定或者同意的是( )。

A. 选举董事会成员中的职工代表

B. 由董事会成员兼任本公司经理

C. 经理兼任其他有限责任公司董事长

D. 发行公司债券

解析 选项A,由职工代表大会选举产生。 **答案** A

【例题3·单选题】☆根据公司法律制度的规定,国有独资公司经理的聘任和解聘方式是( )。

A. 由董事会聘任或解聘

B. 由国有资产监督管理机构聘任,由监事会解聘

C. 由监事会聘任或解聘

D. 由国有资产监督管理机构聘任或解聘

解析 国有独资公司设经理,由董事会聘任或者解聘。 **答案** A

【例题4·单选题】☆下列关于国有独资公司监事会组成的表述中,不符合公司法律制度规定的是( )。

A. 监事会主席由全体监事过半数选举产生

B. 监事会成员不得少于5人

C. 公司董事不得兼任监事

D. 监事会成员中职工代表的比例不得低于1/3

解析 监事会主席由国有资产监督管理机构从监事会成员中指定。 **答案** A

第四部分 股份有限公司

守将一、股份有限公司的设立(★★)(2017年单选题;2018年单选题、判断题;2019年多选题;2020年多选题;2021年单选题)

(一)设立方式

1. 发起设立

由发起人认购公司应发行的全部股份而设立公司。

2. 募集设立

由发起人认购公司应发行股份的一部分,其余股份向社会公开募集或者向特定对象募集而设立公司。

『老侯提示』发起人认购的股份不得少于公司股份总数的"35%"。

(二)发起人

2人-200人,其中须有"半数以上"(≥50%)的发起人在"中国境内有住所"。

【链接】有限责任公司股东人数为50人以下,可以为1人。

『老侯提示』股份有限公司对发起人的人数有限制,对股东人数无限制。

(三)募集设立程序

1. 发起人认购股份(≥35%)

2. 公开募集股份

（1）必须公告招股说明书，并制作认股书；

（2）应当由依法设立的证券公司承销，签订承销协议；

（3）应当同银行签订代收股款协议。

3. 认股人缴纳股款

认股人未按期缴纳所认股份的股款，经公司发起人"催缴"后在合理期间内仍未缴纳，公司发起人可以对该股份另行募集。

4. 召开创立大会

（1）发起人应当自股款缴足之日起30日内主持召开公司创立大会。

（2）发起人应当在创立大会召开15日前将会议日期通知各认股人或者予以公告。

（3）创立大会应有"代表股份总数""过半数"的发起人、认股人出席，方可举行。

（4）创立大会作出决议，必须经"出席会议"的"认股人"所持表决权"过半数"通过。

5. 申请登记

董事会应于创立大会结束后30日内，依法向公司登记机关申请设立登记。

6. 认股人合法抽回股本

（1）未按期募足股份；

（2）发起人在30日内未召开创立大会；

（3）创立大会决议不设立公司。

上述情形认股人可以按照所缴股款+银行同期存款利息，要求发起人返还。

【例题1·多选题】✩根据公司法律制度的规定，下列关于股份有限公司发起人的表述中，正确的有( )。

A. 发起人只能是自然人

B. 发起人不得超过200人

C. 发起人半数以上应当在中国境内有住所

D. 发起人只能是中国公民

解析 选项A，股份有限公司发起人既可以是自然人，也可以是法人；选项B、C，设立股份有限公司，应当有2人以上200人以下为发起人，其中，须有半数以上的发起人在中国境内有住所；选项D，股份有限公司发起人既可以是中国公民，也可以是外国公民。 答案 BC

【例题2·单选题】✩根据公司法律制度的规定，下列关于股份有限公司创立大会的说法中，正确的是( )。

A. 创立大会应有过半数的发起人出席，方可举行

B. 创立大会仅由发起人组成

C. 发起人应当在创立大会召开10日前，将会议日期通知各认股人或予以公告

D. 发起人应当在股款缴足之日起30日内主持召开创立大会

解析 选项A，创立大会应有代表股份总数过半数的发起人、认股人出席，方可举行；选项B，创立大会由发起人、认股人组成；选项C，发起人应当在创立大会召开15日前将会议日期通知各认股人或者予以公告；选项D，发起人应当在股款缴足之日起30日内主持召开公司创立大会。 答案 D

【例题3·判断题】✩甲股份有限公司在设立期间，发起人向社会公开募集股份。认股人蒋某在填写了认股书后并未如期缴纳股款，为保证公司顺利设立，发起人未经催缴即对蒋某认购的股份另行募集，该募集行为有效。 ( )

解析 股份有限公司的认股人未按期缴纳所认股份的股款，经公司发起人"催缴后"在合理期间内仍未缴纳，公司发起人对该股份另行募集的，人民法院应当认定该募集行为有效。 答案 ×

(四) 发起人责任

1. 股份公司设立失败

（1）退还股款。

公司不能成立时，发起人对认股人已缴纳的股款，负返还"股款+银行同期存款利息"的"连带责任"。

（2）设立费用和债务承担（见表2-25）。

表 2-25 设立费用和债务承担

分类		责任承担
对外		全体发起人承担"连带责任"
对内	无责任人	约定的责任承担比例→约定的出资比例→均担
	有责任人	其他发起人可主张由责任人承担设立行为所产生的费用和债务

(3) 发起人因履行公司设立职责导致的侵权赔偿(见表2-26)。

表 2-26 发起人因履行公司设立职责导致的侵权赔偿

分类		责任承担
对外	公司成立	公司承担责任
	公司未成立	全体发起人承担连带责任
对内		无过错的发起人可以向有过错的发起人追偿

2. 公司设立阶段的合同责任(见表2-27)

表 2-27 公司设立阶段的合同责任

分类		责任承担	
发起人为设立公司以"自己的名义"对外签订合同		谁签的合同找谁:"该发起人"承担	
		公司成立后:可以请求"公司"承担	
发起人以设立中的"公司名义"对外签订合同		为公司利益	公司承担责任
		为该发起人自己的利益	相对人善意:公司承担
			相对人恶意:公司不承担

【例题4·单选题】☆王某等多名自然人拟通过发起设立的方式设立股份有限公司。下列关于该公司设立的表述中,正确的是( )。

A. 半数以上的发起人应具有中国国籍

B. 在选举董事会和监事会后,发起人应向公司登记机关报送验资证明

C. 王某等发起人可以认购公司股份总数的25%,其余部分由非发起人股东认购

D. 王某为设立公司以自己名义对外签订合同的,合同相对人有权请求王某承担合同责任

解析 选项A,半数以上的发起人在中国境内有住所(并不要求具有中国国籍);选项B,股份有限公司由董事会向公司登记机关报送公司章程以及法律、行政法规规定的其他文件,申请设立登记;选项C,发起设立的股份有限公司,发起人书面认足公司章程规定其认购的股份;募集设立的股份有限公司,发起人认购的股份不得少于公司股份总数的35%。 答案 D

【例题5·多选题】张某在与他人共同发起设立甲股份有限公司的过程中,以自己的名义与赵某签订一份买卖合同,赊购打印机两台作为甲公司的办公设备并投入公司使用。其后张某又以甲公司的名义与自己的小舅子李某签订一份空调购买合同,并从中收取好处费2万元,李某虽明知甲公司尚未设立但仍然接受。公司成立后,赵某和李某均要求甲公司履行合同,则下列说法中正确的有( )。

A. 与赵某签订的买卖合同仅由张某承担合同责任

B. 与赵某签订的买卖合同可由甲公司承

担合同责任

C. 与李某签订的买卖合同应由甲公司承担合同责任

D. 与李某签订的买卖合同甲公司不承担合同责任

解析 选项A、B,发起人为设立公司以自己名义对外签订合同,合同相对人请求该发起人承担合同责任的,人民法院应予支持;公司成立后合同相对人请求公司承担合同责任的,人民法院应予支持。选项C、D,发起人以设立中公司名义对外签订合同,公司成立后合同相对人请求公司承担合同责任的,人民法院应予支持;公司成立后有证据证明发起人利用设立中公司的名义为自己的利益与相对人签订合同,公司以此为由主张不承担合同责任的,人民法院应予支持,但相对人为善意的除外。题目中李某非善意,因此公司不承担合同责任。 **答案** BD

守将二、股份有限公司的组织机构(★★★)(2016年多选题;2018年单选题;2019年多选题;2020年、2021年单选题)

(一)股东大会

1. 职权

与有限责任公司股东会基本相同,本书不再赘述。

2. 形式

(1)年会(定期会议)。

每年召开1次。

〖老侯提示〗 一般的股份有限公司,股东大会的具体召开时间无限制。

(2)应当在"2个月内"召开临时股东大会的情形。

①董事人数不足"公司法规定人数"(<5人)或者"公司章程所定人数的2/3"时。

【链接】 股份有限公司董事会人数为5人-19人。

【举例1】某股份有限公司章程规定公司董事会人数为9人,现有4人因个人原因辞去董事职务,是否需要召开临时股东大会?

【答案】需要,董事会人数不足公司章程所定人数的2/3。

【举例2】某股份有限公司章程规定公司董事会人数为5人,现有1人因病辞去董事职务,是否需要召开临时股东大会?

【答案】需要,董事会人数虽然大于公司章程所定人数的2/3;但是,已不足法定人数。

②公司未弥补的亏损达实收股本总额的"1/3"(≥1/3)时。

③单独或者合计持有公司"10%以上"股份的股东请求时。

④"董事会"认为必要时。

⑤"监事会"提议召开时。

〖老侯提示〗 董事长、副董事长、董事、监事会主席、监事均无权要求召开临时股东大会。

3. 开会

(1)召集程序(见表2-28)。

表2-28 召集程序

适用情形	召集	主持	
一般情况	董事会召集	一般情况	董事长
		董事长不能履行职务	副董事长
		副董事长不能履行职务	半数以上董事共同推举1名董事
董事会不履行职责	监事会		
监事会不履行职责	"连续90日以上",单独或合计持有公司1/10以上股份的股东		

(2)通知(见表2-29)。

表2-29 通知

会议	通知时间
年会	会议召开"20日前"
临时股东大会	会议召开"15日前"
发行无记名股票的	会议召开"30日前"

(3)临时提案。

①单独或者合计持有公司"3%以上"股份的股东,可以在股东大会召开10日前提出临时提案并书面提交董事会;

②董事会应当在收到提案后两日内通知其他股东,并将该临时提案提交股东大会审议;

③股东大会不得对通知中未列明的事项作出决议。

(4)委托代理人出席。

必须"书面"委托,代理人应在委托范围内行使表决权。

【老侯提示】股东大会对受托人的身份没有限制。

4.决议

(1)普通决议。

"出席"会议股东,所持"表决权""过半数"(>50%)通过。

【链接】有限责任公司股东会普通决议由章程约定。

(2)特别决议。

修改公司章程、增减注册资本、变更公司形式、合并、分立、解散。

必须经"出席"会议股东,所持"表决权""2/3以上"(≥2/3)通过。

【老侯提示】股份有限公司的特别决议与有限责任公司完全一样,区别在于通过要求上,股份有限公司要求的是"出席会议的股东",而有限责任公司要求的是"全体股东"。

5.累积投票制——"伤其十指不如断其一指"

(1)适用范围。

选举"董事、监事"时适用。

(2)累积规则。

股东大会选举董事或监事时,每一股份拥有与应选董事或监事人数相同的表决权,股东拥有的表决权可以集中使用。

【举例】甲公司是发起设立的股份有限公司,共拥有股份100万股,最大股东赵某持有60万股,侯某持有30万股,高某持有10万股,本次公司拟选举5名董事。

股东	拥有股份数	选举董事数	拥有表决权股份数
赵某	60万	5名	300万
侯某	30万		150万
高某	10万		50万

在选举前四名董事时,侯某和高某可以不投票。在选举最后一名董事时,侯某和高某可以将其合计200万表决权全部投给最后一名董事,以保证公司至少有一名董事是代表侯某和高某的利益。

6.签名

会议记录由"主持人、出席会议的董事"签名。

【例题1·单选题】☆根据公司法律制度的规定,下列关于股东大会的表述中,正确的是( )。

A.股东大会可以依照公司章程的规定以累积投票制的方式选举董事

B.股东人数较少的股份有限公司,股东大会会议可以每两年召开一次

C.股东大会作出决议,必须经全体股东所持表决权过半数通过

D.股东大会可以对会议通知中未列明的事项作出决议

解析 选项B,股东大会应当每年召开

1次；选项C，股东大会作出(普通)决议，必须经"出席会议"的股东所持表决权过半数通过；选项D，股东大会不得对会议通知中未列明的事项作出决议。

答案 A

【例题2·多选题】根据公司法律制度的规定，在公司章程对临时股东大会召开未作特别规定时，股份有限公司发生的下列情形中，应当在2个月内召开临时股东大会的有( )。

A. 甲股份有限公司章程规定董事人数为5人，现实有董事4人

B. 乙股份有限公司实收股本总额为3 500万元，目前未弥补的亏损为1 000万元

C. 连续180日持有丙股份有限公司1%股份的股东提议召开临时股东大会

D. 丁股份有限公司监事会提议召开临时股东大会

解析 选项A，董事人数不足5人或者不足公司章程规定人数的2/3时，应当在2个月内召开临时股东大会；选项B，公司未弥补的亏损达实收股本总额的1/3时，应当在2个月内召开临时股东大会；选项C，单独或者合计持有公司有表决权股份总数10%以上的股东请求时，应当在2个月内召开临时股东大会；选项D，监事会提议召开时，应当在2个月内召开临时股东大会。

答案 AD

【例题3·多选题】☆根据公司法律制度的规定，股份有限公司股东大会所作的下列决议中，必须经出席会议的股东所持表决权的2/3以上通过的有( )。

A. 批准公司年度预算方案的决议

B. 变更公司形式的决议

C. 增加或者减少注册资本的决议

D. 公司合并、分立、解散的决议

解析 选项A，属于股份有限公司股东大会的普通决议，应当经出席会议的股东所持表决权的过半数通过。

答案 BCD

(二)董事会

1. 董事会组成(见表2-30)

表2-30 董事会组成

考点	具体内容
人数	5人–19人 【链接】有限责任公司董事会3人–13人
董事长	设董事长1人，可以设副董事长 董事长和副董事长由"全体董事的过半数选举"产生 【链接1】国有独资公司董事长、副董事长由国有资产监督管理机构从董事会成员中指定 【链接2】有限责任公司董事长、副董事长的产生办法由公司章程规定
职工代表	"可以"有职工代表
任期	每届任期≤3年，可以连任
兼职	董事可以兼任经理

2. 职权

与有限责任公司基本相同。

3. 开会

(1)定期会议。

每年度"至少召开2次"，每次会议应当于会议召开"10日"前通知全体"董事和监事"。

(2)可以提议召开临时董事会的情形。

①代表1/10以上表决权的股东；

②1/3以上董事；

③监事会。

『老侯提示』 股份有限公司临时董事会的召开条件与有限责任公司临时股东会的召开条件基本相同。

4. 决议成立

(1) 董事会会议应有"过半数"(>50%)董事出席方可举行。

(2) 必须经"全体"董事的"过半数"(>50%)通过。

【举例】 某股份有限公司有董事9人，出席会议5人，在表决时4人同意，1人不同意。

【思考1】 能开会吗？

【答案】 可以，过半数董事出席就能开会。

【思考2】 表决能通过吗？

【答案】 不可以，决议必须经"全体"董事过半数而非"出席会议"董事过半数通过。

5. 委托出席

董事因故不能出席会议的，可以"书面"委托其他"董事"代为出席。

『老侯提示』 委托必须书面，不能口头；受托人必须为其他董事，不能是非董事。

6. 签名

出席会议的董事应当在会议记录上签名。

7. 责任承担

(1) 董事会的决议"违反法律、行政法规或者公司章程、股东大会决议"，致使公司遭受"严重损失"的，"参与决议"的董事对公司负赔偿责任。

(2) 在表决时曾"表明异议"并"记载于会议记录"的董事可以免除责任。

【例题4·单选题】 ☆根据公司法律制度的规定，股份有限公司董事长和副董事长的产生方式是( )。

A. 董事长由董事会全体董事的一致同意选举产生，副董事长由董事会全体董事的2/3以上选举产生

B. 董事长由董事会全体董事的2/3以上选举产生，副董事长由董事会全体董事的过半数选举产生

C. 董事长和副董事长均由董事会全体董事的过半数选举产生

D. 董事长和副董事长均由董事会全体董事的2/3以上选举产生

解析 股份有限公司的董事长和副董事长由董事会以全体董事的过半数选举产生。

答案 C

【例题5·单选题】 某股份有限公司董事会成员共9名，监事会成员共3名。下列关于该公司董事会召开的情形中，符合公司法律制度规定的是( )。

A. 经2名董事提议可召开董事会临时会议

B. 公司董事长、副董事长不能履行职务时，可由4名董事共同推举1名董事履行职务

C. 经2名监事提议可召开董事会临时会议

D. 董事会每年召开2次会议，并在会议召开10日前通知全体董事和监事

解析 选项A，1/3以上的董事提议可召开股份有限公司的董事会临时会议，该公司9名董事中2名提议未达到规定比例；选项B，公司董事长、副董事长不能履行职务时，半数以上董事共同推举1名董事履行职务，该公司9名董事中4名推举未达到规定比例；选项C，监事会(非个别监事)提议可召开股份有限公司董事会临时会议。

答案 D

【例题6·单选题】 某股份有限公司召开董事会会议，该董事会会议符合公司法规定的是( )。

A. 董事长因故不能出席会议，会议由半数以上董事共同推举一名董事主持

B. 通过了增选赵某为董事的事项

C. 根据经理的提名通过了免除钱某财务负责人职务，聘任副董事长孙某担任财务负责人的决议

D. 董事会的决议违反法律，致使公司遭受严重损失的，参与决议的全体董事一律负赔偿责任

解析 选项A，董事长因故不能出席会议，会议由副董事长主持；选项B，属于股东大会的职权；选项D，对决议持相反意见

并记载于会议记录的董事，不对公司负赔偿责任。　　　　　　　　　　答案 C

(三)监事会

1. 与有限责任公司监事会的相同点

成员、职工代表、监事任期、职权、会议召开程序等，此处不再赘述。

2. 与有限责任公司监事会的不同点

(1)每6个月至少召开1次。

(2)股份有限公司必须设立监事会，而规模较小的有限责任公司可以不设置监事会，只设置1到2名监事。

〖老侯提示〗 有监事会就必须有职工代表，没有监事会可以没有职工代表。

【例题7·多选题】☆根据公司法律制度的规定，下列关于股份有限公司监事会的表述中，正确的有( )。

A. 职工代表的比例不得少于监事会成员的1/3

B. 总经理可以兼任监事

C. 监事会成员不少于3人

D. 监事会设主席1名

解析 选项A、C，股份有限公司监事会成员不得少于3人，其中职工代表的比例不得低于1/3；选项B，董事、高级管理人员不得兼任监事；选项D，监事会设主席1人，可以设副主席。　　　　　答案 ACD

守将三、上市公司组织机构的特别规定(★★★)(2016年简答题；2020年单选题、多选题；2021年单选题)

(一)上市公司股东大会召开

上市公司股东大会应于上一会计年度结束后的"6个月内"举行。

(二)上市公司股东大会特殊职权

上市公司股东大会特殊职权见表2-31。

表2-31　上市公司股东大会特殊职权

决议类型		决议事项
特别决议 (出席+表决权2/3以上)		上市公司在1年内购买、出售重大资产或者担保金额超过公司"资产总额30%"
一般决议 (出席+表决权过半数)	担保	(1)单笔担保额超过最近一期经审计"净资产10%"的担保 (2)上市公司及其控股子公司的对外担保总额，达到或超过最近一期经审计"净资产50%"以后提供的"任何"担保 (3)为"资产负债率超过70%"的担保对象提供的担保 (4)对"股东、实际控制人、关联方"提供的担保 〖老侯提示〗 对内提供担保：该股东或实际控制人支配的股东不得参与，经出席会议的"其他"股东所持表决权过半数通过
	其他事项	(1)决定聘用、解聘会计师事务所 (2)审批变更募集资金用途事项 (3)由董事会决议事项，但出席董事会的无关联关系董事人数不足3人

【例题1·多选题】根据公司法律制度的规定，下列事项中，属于上市公司股东大会决议应经出席会议的股东所持表决权2/3以上通过的有( )。

A. 修改公司章程

B. 增加公司注册资本

C. 公司的内部管理机构设置

D. 公司在1年内担保金额超过公司资产总额30%的事项

解析 选项A、B，属于股份有限公司股东大会的特别决议事项；选项D，属于上市公司股东大会的特别决议事项；选项C，属于董事会职权。　　　答案 ABD

(三)独立董事

1. 基本条件

(1)具备担任上市公司董事的资格;

(2)具有独立性;

(3)具备上市公司运作的基本知识,熟悉相关法律制度;

(4)具有"5年以上"法律、经济或者其他履行独立董事职责所必需的工作经验。

2. 下列人员不得担任独立董事(不独立)(见图2-2)

(1)"上市公司或者其附属企业"的"任职人员"及其"直系亲属"和"主要社会关系"。

①直系亲属：配偶、父母、子女。

②主要社会关系：其他亲戚关系。

(2)直接或间接持有上市公司已发行股份"1%以上"或者是上市公司"前10名"股东中的"自然人股东及其直系亲属"。

(3)在直接或间接持有上市公司已发行股份"5%以上的股东单位"或者在上市公司"前5名股东单位"中的"任职人员及其直系亲属"。

(4)最近"1年内"曾经具有前三项所列举情形的人员。

(5)为"上市公司或者其附属企业"提供财务、法律、咨询等服务的人员。

(6)公司章程规定的其他人员。

(7)中国证监会认定的其他人员。

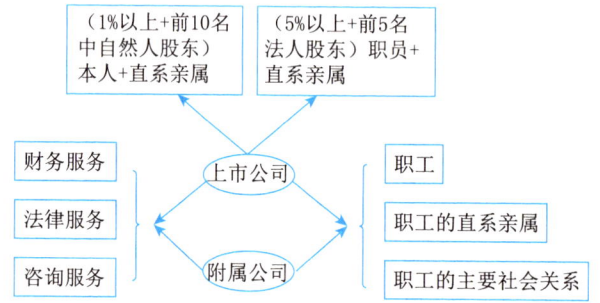

图2-2 不得担任独立董事

3. 独立董事的特别职权

(1)对公司关联交易、聘用或解聘会计师事务所等重大事项进行审核并发表独立意见;

(2)就上市公司董事、高级管理人员的提名、任免、报酬、考核事项以及其认为可能损害中小股东权益的事项发表独立意见。

【例题2·多选题】根据公司法律制度的规定,下列人员中,不得担任上市公司独立董事的有( )。

A. 持有上市公司1%股份的自然人股东

B. 在上市公司前5名股东单位任职的人员

C. 在上市公司任职的人员

D. 为上市公司提供财务服务的人员

解析 选项A,持有上市公司1%股份的自然人股东,不得担任上市公司独立董事;选项B,在上市公司前5名股东单位任职的人员,不得担任上市公司独立董事;选项C,在上市公司任职的人员,不得担任上市公司独立董事;选项D,为上市公司或者其附属企业提供财务、法律、咨询等服务的人员,不得担任上市公司的独立董事。

答案 ABCD

【例题3·多选题】某上市公司拟聘请独立董事。根据公司法律制度的规定,下列人员中,不得担任该上市公司独立董事的有( )。

A. 该上市公司的分公司的经理

B. 该上市公司董事会秘书配偶的弟弟

C. 持有该上市公司已发行股份2%的股东郑某的岳父

D. 持有该上市公司已发行股份10%的甲公司的某董事的配偶

解析 选项A、B，在上市公司或者其附属企业任职的人员(选项A)及其直系亲属、主要社会关系(选项B)，不得担任独立董事；选项C，持有上市公司已发行股份1%以上的自然人股东及其直系亲属，不得担任上市公司独立董事，直系亲属包括配偶、父母、子女，本题中，岳父属于主要社会关系，不属于直系亲属；选项D，在持有上市公司已发行股份5%以上的股东单位任职的人员及其直系亲属，不得担任独立董事。

答案 ABD

(四)董事会秘书

1. 董事会秘书是董事会设置的服务席位，既不能代表董事会，也不能代表董事长。

2. 上市公司设立董事会秘书，负责公司股东大会和董事会会议的筹备、文件保管以及公司股东资料的管理，办理信息披露事务等事宜。

【例题4·单选题】☆根据公司法律制度的规定，下列关于上市公司董事会秘书的表述中，正确的是( )。

A. 董事会秘书是董事会设置的服务席位
B. 董事会秘书不属于公司的高级管理人员
C. 董事会秘书可以代表董事长
D. 董事会秘书可以代表董事会

解析 选项B，上市公司董事会秘书是公司的高级管理人员，承担法律、行政法规以及公司章程对公司高级管理人员所要求的义务，享有相应的工作职权，获得相应的报酬；选项A、C、D，董事会秘书是董事会设置的服务席位，既不能代表董事会，也不能代表董事长。

答案 A

(五)关联关系董事的表决权排除制度

1. 回避制度

上市公司董事与董事会会议决议事项所涉及的企业有关联关系的，不得对该项决议行使表决权，也不得代理其他董事行使表决权。

2. 召开条件

由过半数的无关联关系董事出席即可举行。

〖老侯提示〗 出席董事会的无关联关系董事人数不足3人的，应将该事项提交上市公司股东大会审议。

3. 表决通过

经无关联关系董事过半数通过。

【例题5·单选题】☆甲上市公司董事会召开会议审议资产购买方案。董事会共11名董事，8名董事出席会议参与投票。未出席会议的董事中，1名未委托其他董事代为出席或投票，2名与审议事项有关联关系。通过该资产购买方案的决议至少应获得的赞成票票数为( )票。

A. 5 　　　　　　B. 6
C. 8 　　　　　　D. 4

解析 (1)董事因故不能出席，可以书面委托其他董事代为出席，委托书中应载明授权范围。本题中1名董事未出席也未委托其他董事代为出席或投票，故不计算其出席及投票数；(2)上市公司董事与董事会会议决议事项所涉及的企业有关联关系的，不得对该项决议行使表决权，也不得代理其他董事行使表决权。该董事会会议由过半数的无关联关系董事出席即可举行，董事会会议所作决议须经无关联关系董事过半数通过。本题中，甲上市公司董事会共有11名董事，其中2名董事与审议事项有关联关系，无关联关系董事人数为9人，因此通过该方案应当至少有5名无关联关系董事投赞成票。

答案 A

第五部分 公司董事、监事、高级管理人员的资格和义务

守将一、董事、监事、高级管理人员（★★★）（2016年单选题；2017年、2019年简答题；2020年单选题）

（一）公司董、监、高的任职资格

不得担任董、监、高的情形：

1. 无民事行为能力或者限制民事行为能力。

2. 因"贪污、贿赂、侵占财产、挪用财产或者破坏社会主义市场经济秩序"，被判处刑罚，"执行期满"未逾"5年"；或者"因犯罪被剥夺政治权利"，"执行期满"未逾"5年"。

3. 担任"破产"清算的公司、企业的"董事或者厂长、经理"，对该公司、企业的破产负有"个人责任"的，自该公司、企业破产清算完结之日起未逾"3年"。

【链接】担任破产清算的公司、非公司企业的"法定代表人"、董事或者厂长、经理，对破产负有个人责任的，自破产清算完结之日起未逾3年不得担任公司法定代表人。

『老侯提示』两者看似有区别，其实无区别，皆因法定代表人依照公司章程的规定，由"董事长、执行董事或者经理"担任。

4. 担任因违法被"吊销"营业执照、责令关闭的公司、企业的"法定代表人"，并负有"个人责任"的，自该公司、企业被吊销营业执照之日起未逾"3年"。

『老侯提示』因违法经营导致被关闭，为"法定代表人"。

5. 个人所负数额较大的债务"到期未清偿"。

【例题1·单选题】☆根据公司法律制度的规定，下列人员中，符合公司董事、监事、高级管理人员任职资格的是（　　）。

A. 张某，曾为甲大学教授，现已退休

B. 王某，曾为乙企业董事长，因其决策失误导致乙企业破产清算，自乙企业清算完结之日起未逾3年

C. 李某，曾为丙公司董事，因贷款炒股，个人负有到期债务1 000万元尚未偿还

D. 赵某，曾担任丁国有企业总会计师，因贪污罪被判处有期徒刑，执行期满未逾5年

解析 选项B，担任破产清算的公司、企业的董事或者厂长、经理，对该公司、企业的破产负有个人责任的，自该公司、企业破产清算完结之日起未逾3年不得担任公司董事、监事、高级管理人员；选项C，个人所负数额较大的债务到期未清偿，不得担任公司的董事、监事、高级管理人员；选项D，因贪污、贿赂、侵占财产、挪用财产或者破坏社会主义市场经济秩序，被判处刑罚，执行期满未逾五年，或者因犯罪被剥夺政治权利，执行期满未逾5年，不得担任公司的董事、监事、高级管理人员。 **答案** A

【例题2·多选题】甲上市公司拟聘请独立董事。根据公司法律制度的规定，下列候选人中，没有资格担任该公司独立董事的有（　　）。

A. 王某，因侵占财产被判刑，3年前刑满释放

B. 张某，甲上市公司投资的某全资子公司的法律顾问

C. 赵某，个人负债1 000万元到期未清偿

D. 李某，甲上市公司某监事的弟弟

解析 独立董事属于董事，因此担任独立董事既要满足董事的任职资格也要满足独立董事对独立性的要求，本题中，选项A，因侵占财产被判处刑罚，执行期满未逾5年，不满足董事的任职条件；选项B，为上市公司或其附属企业提供法律咨询的人员不满足担任独立董事的独立性；选项C，个人所负数额较大的债务到期未清偿，不满足董事的任职条件；选项D，在上市公司任职的人员

及其直系亲属、主要社会关系,不满足担任独立董事的独立性。

答案 ABCD

(二)董事、监事、高级管理人员的忠实勤勉义务

1. 董事、高级管理人员不得违反忠实义务

(1)违反公司章程的规定,未经"股东(大)会或董事会"同意,将公司资金借贷给他人或者以公司财产为他人提供担保;

(2)违反公司章程的规定或者未经"股东(大)会"同意,与本公司订立合同或者进行交易;

(3)未经"股东(大)会"同意,利用职务便利为自己或者他人谋取属于公司的商业机会,自营或者为他人经营与所任职公司同类的业务。

『老侯提示 1』与公司进行交易可以按章程或经股东大会批准,而自营与本公司同业竞争业务,必须经股东(大)会批准。

『老侯提示 2』其他不应有行为如泄露商业秘密、收受贿赂、侵占公司财产等考生可通过常识判断,本书不再赘述。

2. 行为结果

(1)董事、高级管理人员违反忠实义务所得的收入"归公司所有";

(2)董事、监事、高级管理人员执行公司职务时违反法律、行政法规、公司章程规定,给公司"造成损失"的,应当承担赔偿责任。

【例题3·单选题】☆根据公司法律制度的规定,甲股份有限公司(以下简称"甲公司")董事长王某的下列行为中,不违反公司董事义务规定的是( )。

A. 向其好友刘某透露甲公司的重要客户信息

B. 接受甲公司原料供应商乙公司支付的2万元佣金据为己有

C. 未经公司股东大会同意,以甲公司财产为本公司股东陈某提供担保

D. 经股东大会同意与甲公司订立原料供应合同

解析 选项A,属于擅自披露公司秘密;选项B,属于接受他人与公司交易的佣金归为己有;选项C,属于违反公司章程的规定,未经股东会、股东大会或者董事会同意,以公司财产为公司股东或实际控制人提供担保,上述行为均违反公司董事义务。

答案 D

【例题4·单选题】甲有限责任公司董事张某拟自营与所任职公司同类的业务。根据公司法律制度的规定,张某自营该类业务须满足的条件是( )。

A. 经股东会同意
B. 经董事会同意
C. 经监事会同意
D. 经总经理同意

解析 公司董事、高级管理人员不得未经股东(大)会同意,利用职务便利为自己或者他人谋取属于公司的商业机会,自营或者为他人经营与所任职公司同类的业务。

答案 A

【例题5·单选题】甲有限责任公司董事陈某拟出售一辆轿车给本公司,公司章程对董事、高级管理人员与本公司交易事项未作规定,根据公司法的规定,陈某与本公司进行交易须满足的条件是( )。

A. 经股东会同意
B. 经董事会同意
C. 经监事会同意
D. 经经理同意

解析 公司董事、高级管理人员不得违反公司章程或者未经股东会、股东大会同意,与本公司订立合同或者进行交易。 **答案** A

守将二、股东诉讼(★★★)(2017年单选题;2020年单选题、多选题)

(一)股东代表诉讼(股东间接诉讼)——公司利益受损

股东代表诉讼见表2-32。

表 2-32 股东代表诉讼

程序	考点	
谁损害公司利益	董事、高级管理人员	书面请求"监事会(监事)"向法院起诉
	监事	书面请求"董事会(执行董事)"向法院起诉
	董、监、高以外的其他人员	书面请求"董事会(执行董事)、监事会(监事)"向法院起诉
请求后	(1)董事会(执行董事)或监事会(监事)拒绝提起诉讼 (2)自收到请求之日起 30 日内未提起诉讼 (3)情况紧急、不立即提起诉讼将会使公司利益受到难以弥补的损害	
股东资格	有限责任公司	股东
	股份有限公司	连续 180 日以上单独或者合计持有公司 1%以上股份的股东
诉讼列置	原告	股东(以自己的名义起诉)
	被告	损害公司利益的董事、监事、高级管理人员或其他人员
	第三人	公司
胜诉利益	归属于公司 【老侯提示】股东请求被告直接向其承担民事责任的,人民法院不予支持	
费用承担	若诉讼请求部分或全部得到人民法院支持,"公司"应当承担股东因参加诉讼支付的合理费用	

(二)股东直接诉讼——股东自己的利益受损

公司董事、高级管理人员违反法律、行政法规或者公司章程的规定,损害"股东"利益的,"股东"可以依法向人民法院提起诉讼。

【例题 1·单选题】2020 年 10 月,甲股份有限公司(以下简称"甲公司")董事长赵某违反公司章程规定将公司 2 000 万元资金借与乙公司。2021 年 12 月因受"疫情"影响,债务人乙公司破产,甲公司遭受重大损失。股东请求监事会起诉赵某追究其责任,监事会明确表示拒绝。部分股东拟以自己的名义提起股东代表诉讼,下列股东中,拥有提起股东代表诉讼资格的是( )。

A. 连续 90 日持有甲公司 10%股份的股东侯某

B. 连续 180 日持有甲公司 0.5%股份的股东李某

C. 连续 270 日持有甲公司 3%股份的股东高某

D. 连续 360 日持有甲公司 0.1%股份的股东郭某

解析 股份有限公司连续 180 日以上单独或合计持有公司 1%以上股份的股东,可以书面请求监事会向人民法院提起诉讼,监事会收到书面请求后拒绝提起诉讼的,股东有权为了公司的利益以自己的名义直接向人民法院提起诉讼。 **答案** C

【例题 2·单选题】☆根据公司法律制度的规定,董事、监事、高级管理人员违反公司章程的行为给公司造成损失,股东依法直接对董事、监事、高级管理人员提起诉讼的,应当列公司为( )。

A. 共同原告 B. 第三人
C. 案外人   D. 共同被告

答案 B

【例题 3·单选题】☆甲有限责任公司设股东会、董事会、监事会。该公司经理王某违反法律规定,拖延向股东张某分配利润,张某拟通过诉讼维护自己的权利。下列关于张某诉讼权利的表述中,符合公司法律制度规定的是( )。

A. 张某有权书面请求监事会起诉王某

B. 张某有权书面请求董事会起诉王某
C. 张某有权直接向人民法院起诉王某
D. 张某有权书面请求股东会起诉王某

行政法规或者公司章程的规定，损害股东利益的，股东可以向人民法院提起诉讼。

答案 ▶ C

解析 ▶ 董事、高级管理人员违反法律、

第六部分　公司股票和公司债券

守将一、股份发行（★★★）（2016年单选题、多选题；2017年简答题；2018年单选题；2019年单选题、判断题；2020年单选题、多选题、简答题；2021年单选题、多选题）

(一) 分类

1. 普通股与优先股（见图2-3）

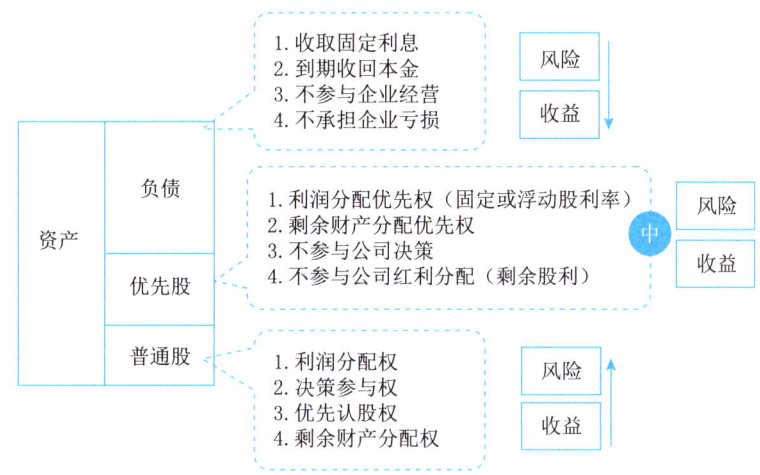

图2-3　普通股与优先股

(1)发行限制。

①不允许：发行在"股息分配"和"剩余财产分配"上具有不同优先顺序的优先股。

②允许：发行在其他条款上具有不同设置的优先股。

『老侯提示』同一公司既发行强制分红优先股，又发行不含强制分红条款优先股的，不属于发行在股息分配上具有不同优先顺序的优先股。

(2)同股同价、同股同权。

(3)发行方式。

上市公司可以采取公开或非公开方式发行优先股，非上市公众公司可以非公开发行优先股。

(4)优先股发行数额限制。

公司已发行的优先股"不得超过普通股股份总数的50%"，且筹资金额"不得超过发行前净资产的50%"，已回购、转换的优先股不纳入计算。

(5)优先股股东可以参与股东大会表决的情形。

①修改公司章程中"与优先股相关"的内容；

②"一次或累计""减少"公司注册资本"超过10%"；

③公司合并、分立、解散或变更公司形式；

④发行优先股。

『老侯提示』上述事项的决议，除须经出席会议的普通股股东(含表决权恢复的优先股股东)所持表决权的2/3以上通过之外，还须经出席会议的优先股股东(不含表决权

115

恢复的优先股股东)所持表决权的2/3以上通过。

(6)股息支付。

股东大会可授权董事会按公司章程的约定向优先股支付股息。

(7)优先股股东表决权恢复制度。

公司"累计3"个会计年度或"连续2"个会计年度未按约定支付优先股股息的，股东大会批准当年不按约定分配利润的方案次日起，优先股股东有权出席股东大会与普通股股东共同表决，每股优先股股份享有公司章程规定的一定比例表决权。

可累积优先股：表决权恢复直至公司全额支付所欠股息。

不可累积优先股：表决权恢复直至公司全额支付当年股息。

〖老侯提示〗公司章程可规定优先股表决权恢复的其他情形。

【例题1·多选题】☆甲股份有限公司于2020年1月依法发行优先股。下列各项中，属于甲股份有限公司优先股股东享有的权利有(　　)。

A. 清算时先于普通股股东取得公司剩余财产

B. 参与股东大会对公司投资计划进行决策

C. 获得公司按约定股利率支付的股利

D. 参与股东大会审议公司董事会的工作报告

解析　选项A、C，公司对优先股的股利须按约定的股利率支付，在公司进行清算时，优先股股东先于普通股股东取得公司剩余财产；选项B、D，优先股股东不参与公司决策。　　**答案**　AC

【例题2·判断题】☆股份有限公司发行股票时，对于同一种类的股票可以针对不同投资主体规定不同的发行条件和发行价格。(　　)

解析　同次发行的同种类股票，每股的发行条件和价格应当相同。　　**答案**　×

【例题3·多选题】某公司至2018年12月31日资产总额15亿元，负债总额5亿元，已发行在外的普通股股数为5 000万股，本次拟发行一批优先股，则下列说法正确的有(　　)。

A. 发行量2 000万股，每股发行价22元

B. 发行量2 500万股，每股发行价22元

C. 发行量2 500万股，每股发行价20元

D. 发行量3 000万股，每股发行价20元

解析　公司已发行的优先股"不得超过普通股股份总数的50%"(即不得超过5 000×50%＝2 500万股)，且筹资金额"不得超过发行前净资产的50%"[即不得超过(15-5)×50%＝5亿元]，已回购、转换的优先股不纳入计算。　　**答案**　AC

【例题4·单选题】☆张某持有甲上市公司(以下简称"甲公司")于2020年1月首次发行的优先股。甲公司章程对优先股股东行使表决权的情形未作特别规定。甲公司的下列事项中，张某有权行使优先股表决权的是(　　)。

A. 首次减资5%　　B. 公司分立

C. 对外大额担保　　D. 增发普通股

解析　选项A，一次或累计减少公司注册资本超过10%，优先股股东可以参与表决，本题中因减资比例未达到标准，优先股股东不参与表决；选项B，公司合并、分立、解散或变更公司形式，优先股股东可以参与表决；选项C，属于经营性问题，优先股股东不参与公司决策；选项D，发行优先股，优先股股东可以参与表决，增发普通股，优先股股东不参与表决。　　**答案**　B

2. 记名股票与无记名股票

(1)公司向"发起人、法人"发行的股票，应当为记名股票。

(2)记名股应当记载发起人、法人的名称或者姓名，不得另立户名或者以代表人姓名记名。

〖老侯提示〗法人股东必须记载法人名称，不能记载该法人的"法定代表人"姓名。

(二)股票发行价格

可以平价发行、可以溢价发行,但不能折价发行。

【例题5·单选题】 ☆根据公司法律制度的规定,下列关于股票发行价格的表述中,正确的是( )。

A. 股票发行价格只能与票面金额相同

B. 股票发行价格可以与票面金额相同,也可以低于票面金额,但不得超过票面金额

C. 股票发行价格可以与票面金额相同,也可以超过票面金额,但不得低于票面金额

D. 股票发行价格必须超过票面金额

解析 股票发行价格可以平价发行、可以溢价发行,但不能折价发行。 **答案** C

【例题6·单选题】 下列关于股份有限公司股票发行的表述中,不符合公司法规定的是( )。

A. 同次发行的股票必须同股同价

B. 股票发行价格可以低于票面金额

C. 向发起人发行的股票,应当为记名股票

D. 向法人发行的股票,应当为记名股票

解析 选项B,股票发行价格可以平价发行、可以溢价发行,但不能折价发行。

答案 B

(三)股份转让

1. 股份转让方式

(1)记名股:"背书"方式转让。

(2)无记名股:股东将该股票"交付"给受让人后即发生转让的效力。

2. 股份转让限制

(1)对发起人的限制。

①发起人持有的本公司股份,自公司成立之日起"1年内"不得转让;

②公开发行股份前已发行的股份,自公司股票在证券交易所上市交易之日起"1年内"不得转让。

(2)对董、监、高的限制(见表2-33)。

表2-33 对董、监、高的限制

类型	具体内容
申报要求	应当向公司申报所持有的本公司的股份及其变动情况
"转让"限制	(1)自公司股票上市交易之日起"1年内"不得转让 (2)在任职期间每年转让的股份不得超过其所持有本公司股份总数的"25%" 『老侯提示』 上市公司"董监高"所持股份"不超过1 000股的",可以一次性全部转让 (3)"离职后6个月内",不得转让其所持有的本公司股份 『老侯提示』 因司法强制执行、继承、遗赠、依法分割财产等导致股份变动的除外
"买卖"限制 (防内幕交易)	(1)上市公司定期报告公告前30日内 (2)上市公司业绩预告、业绩快报公告前10日内 (3)自可能对本公司股票交易价格产生重大影响的重大事项发生之日或在决策过程中,至依法披露后2个交易日内

(3)对公司回购本公司股份的限制。

①除下列情形外,公司不得收购本公司股票(见表2-34)。

表2-34 对公司回购本公司股份的限制

公司可以收购本公司股票的情形	作出决议	其他要求
减资	股东大会决议	收购日起"10日内"注销
与持本公司股份的其他公司"合并"	股东大会决议	"6个月"内转让或者注销

117

续表

公司可以收购本公司股票的情形	作出决议	其他要求
"异议股东"要求回购股份 【老侯提示】股份有限公司仅限"合并、分立"异议	—	"6个月"内转让或者注销
将股份用于员工持股计划或者股权激励	(1)一般情况下由股东大会决议 (2)依章程或经股东大会授权,经2/3以上董事出席的董事会会议决议	(1)上市公司应当通过公开的集中交易方式进行 (2)公司"合计"持有的本公司股份≤本公司已发行股份总额的"10%" (3)"3年内"转让或者注销
将股份用于转换上市公司发行的可转换为股票的公司债券		
上市公司为维护公司价值及股东权益所必需		

②公司持有的本公司股份没有表决权。

③公司"不得接受"本公司的股票作为质押权的标的。

【例题7·单选题】 ☆根据公司法律制度的规定,下列关于股份有限公司股份转让限制的表述中,正确的是( )。

A. 公司收购本公司股份用于股权激励的,所收购的股份应当在2年内转让给职工

B. 发起人持有的本公司股份,自公司成立之日起1年内不得转让

C. 公司监事在任职期间每年转让的股份,不得超过其持有的本公司股份总数的20%

D. 公司董事所持有的本公司股份,自公司股票上市交易之日起3年内不得转让

解析 选项A,公司收购自身股份用于股权激励的,所收购的股份应当在3年内转让给职工;选项C,公司董事、监事、高级管理人员在任职期间每年转让的股份不得超过其所持有本公司股份总数的25%;选项D,公司董事、监事、高级管理人员所持本公司股份,自公司股票上市交易之日起1年内不得转让。 **答案** B

【例题8·单选题】 ☆某股份有限公司于2013年8月在上海证券交易所上市,公司章程对股份转让的限制未作特别规定,该公司有关人员的下列股份转让行为中,符合法律制度规定的是( )。

A. 发起人王某于2014年4月转让了其所持本公司公开发行股份前已发行的股份总数的25%

B. 董事郑某于2014年9月将其所持本公司全部股份800股一次性转让

C. 董事张某共持有本公司股份10 000股,2014年9月通过协议转让了其中的2 600股

D. 总经理李某于2015年1月离职,2015年3月转让了其所持甲公司股份总数的25%

解析 选项A,公司公开发行股份前已发行的股份,自公司股票在证券交易所上市交易之日起1年内不得转让;选项B,上市公司董事所持股份不超过1 000股的,可一次全部转让,不受25%比例的限制;选项C,公司董事在任职期间每年转让的股份不得超过其所持有本公司股份总数的25%;选项D,公司高级管理人员离职后半年内,不得转让其所持有的本公司股份。 **答案** B

【例题9·多选题】 根据公司法律制度的规定,下列关于股份有限公司股份转让的表述中,正确的有( )。

A. 公司不得接受本公司股票作为质押权的标的

B. 除减资外公司不得收购本公司股票

C. 股东将无记名股票交付给受让人后即发生转让的效力

D. 上市公司财务负责人不得买卖本公司股票

解析 选项A,公司不得接受本公司的股票作为质押权的标的;选项B,符合法定情形的(不仅仅减资一项),公司可以收购本

公司股份；选项C，无记名股票的转让，由股东将该股票交付给受让人后即发生转让的效力；选项D，上市公司财务负责人属于高管，高管可以买卖本公司股票，只是特定期限内不得转让。　　**答案**　AC

【例题10·多选题】☆根据公司法律制度的规定，下列情形中，上市公司可以收购本公司股份的有（　）。

A. 减少公司注册资本
B. 与持有本公司股份的其他公司合并
C. 上市公司为维护公司价值及股东权益所必需
D. 将股份用于转换上市公司发行的可转换为股票的公司债券　　**答案**　ABCD

【例题11·单选题】☆2021年5月，甲上市公司拟收购本公司股份用于实施员工持股计划。下列关于该公司股份收购的表述中，正确的是（　）。

A. 该公司在此次收购后合计持有的本公司股份数可以达到本公司已发行股份总额的20%
B. 该收购计划可以由董事会授权董事长决定
C. 该公司应当通过公开的集中交易方式进行此次收购
D. 该公司收购的股份可以在收购后第5年转让给公司员工

解析　选项A，上述情形回购的本公司股份数额不得超过已发行股份总额的10%；选项B，上述情形应当经股东大会决议或者依照公司章程的规定或者股东大会的授权，经2/3以上董事出席的董事会会议决议；选项D，上述情形回购的本公司股份，应当在3年内转让或者注销。　　**答案**　C

守将二、公司债券（★）（2017年多选题；2021年单选题）

（一）记名和无记名公司债券

1. 记名债券的转让：背书方式。
2. 无记名债券的转让：转让人交付债券即发生转让的法律效力。

（二）可转换和不可转换公司债券

可转换公司债券是指可以转换成公司股票的公司债券，在发行时规定了转换为公司股票的条件与办法，当条件具备时，债券持有人拥有将公司债券转换为公司股票的选择权。

『老侯提示』可转换公司债券应当在债券上标明"可转换公司债券"字样，且在发行时必须规定转换办法。

（三）公司债券的转让

1. 公司债券可以转让，转让价格由转让人与受让人约定。
2. 公司债券在证券交易所上市交易的，按照证券交易所的交易规则转让。

【例题1·单选题】☆根据公司法律制度的规定，下列关于公司债券的表述中，正确的是（　）。

A. 可转换公司债券的发行人享有是否将债券转换成股票的选择权
B. 公司清算的，公司债券持有人获得清偿的权利应劣后于股票持有人
C. 无记名公司债券转让的，由债券持有人将该债券交付给受让人即发生转让的效力
D. 公司债券的转让价格由转让人与证券公司协商确定

解析　选项A，当条件具备时，债券持有人拥有将公司债券转换为公司股票的选择权；选项B，公司债券的持有人享有优先于股票持有人获得清偿的权利；选项D，公司债券可以转让，转让价格由转让人与受让人约定。公司债券在证券交易所上市交易的，按照证券交易所的交易规则转让。　　**答案**　C

【例题2·多选题】☆根据公司法律制度的规定，下列关于可转换公司债券的表述中，正确的有（　）。

A. 可转换公司债券可以转换为公司股票
B. 可转换公司债券的持有人在转换条件

具备时必须行使转换权

C. 可转换公司债券在发行时必须规定转换办法

D. 可转换公司债券应当在债券上标明可转换公司债券字样

解析 发行可转换为股票的公司债券的，公司应当按照其转换办法向债券持有人换发股票，但债券持有人对转换股票或者不转换股票有选择权。

答案 ACD

第七部分 公司财务、会计

守将、利润分配（★★）（2017 单选题、判断题；2018 年单选题、多选题；2019 年单选题；2020 年单选题、判断题）

（一）分配顺序

分配顺序见图 2-4。

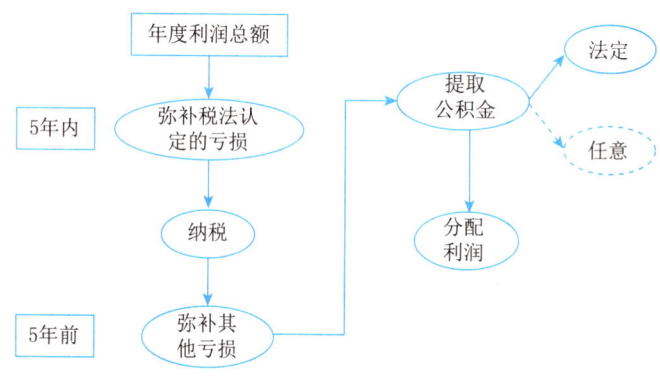

图 2-4 分配顺序

（二）利润分配依据——先约定后法定

利润分配依据见表 2-35。

表 2-35 利润分配依据

公司类型	分配依据
有限责任公司	除全体股东另有约定外，按"实缴的出资比例"分配
股份有限公司	除章程另有约定外，按"持股比例"分配

『老侯提示』公司持有本公司股份不得分配利润。

（三）利润分配时间

1. 分配利润的股东（大）会决议作出后，公司应当在决议载明的时间内完成利润分配。

2. 决议没有载明时间的，以公司章程规定的为准。

3. 决议、章程中均未规定时间或者时间超过 1 年的，公司应当自决议作出之日起 1 年内完成利润分配。

4. 决议中载明的利润分配完成时间超过公司章程规定时间的，股东可请求法院撤销决议中关于该时间的规定。

（四）公积金

1. 法定盈余公积的提取标准

按照公司"税后利润的10%"提取，达到公司注册资本的"50%"以上时"可以"不再提取。

『老侯提示』 达到公司注册资本的50%以上时，可以不提，但提就必须按照10%提。

【举例】 某公司注册资本100万元，已计提盈余公积45万元，本年度税后利润100万元，应当如何计提法定盈余公积？

【答案】 由于已计提的法定盈余公积没有达到注册资本的50%，所以必须按照税后利润的10%计提法定盈余公积，100×10% = 10(万元)。

2. 资本公积

股份有限公司以超过股票票面金额的发行价格发行股份所得的<u>溢价款</u>，应当列为公司资本公积金。

3. 公积金的用途(见表2-36)

表2-36 公积金的用途

考点	盈余公积	资本公积
弥补亏损	√	×
扩大生产经营	√	√
转增资本	√	√

『老侯提示』 法定盈余公积转增资本，转增后所留存的该项公积金不得少于"转增前"公司注册资本的"25%"。

【举例】 某公司注册资本100万元，资本公积50万元，已计提法定盈余公积40万元，任意盈余公积30万元，现该公司拟用公积金转增资本50万元，如何使用公积金才符合法律规定？

【答案】 转增前注册资本的25% = 100×25% = 25(万元)，可以使用的法定盈余公积的最高限额为 = 40-25 = 15(万元)，其他部分使用任意盈余公积和资本公积。

【例题1·单选题】 ☆根据公司法律制度的规定，下列关于公司利润分配的表述中，正确的是( )。

A. 公司股东大会可以决议在弥补亏损前向股东分配利润

B. 有限责任公司股东可以约定不按出资比例分配利润

C. 公司持有的本公司股份可以分配利润

D. 股份有限公司章程不得规定不按持股比例分配利润

解析 选项A，公司股东会、股东大会或者董事会违反规定，在公司弥补亏损和提取法定公积金之前向股东分配利润的，股东必须将违反规定分配的利润退还公司。选项B、D，公司弥补亏损和提取公积金后所余税后利润，有限责任公司按照股东实缴的出资比例分配，但全体股东约定不按照出资比例分配的除外；股份有限公司按照股东持有的股份比例分配，但股份有限公司章程规定不按持股比例分配的除外。选项C，公司持有的本公司股份不得分配利润。 答案 B

【例题2·单选题】 ☆根据公司法律制度的规定，股份有限公司股票发行所得溢价款应当计入( )。

A. 法定公积金　　B. 任意公积金
C. 利润总额　　　D. 资本公积金

答案 D

【例题3·多选题】 根据公司法律制度的规定，下列关于公积金的表述中，正确的有( )。

A. 资本公积金可以用于弥补公司亏损

B. 公积金分为盈余公积金和资本公积金

C. 法定盈余公积金可以用于扩大公司生产经营

D. 资本公积金转为资本时，所留存的该项公积金不得少于转增前公司注册资本的25%

解析 选项A，资本公积金不得用于弥补公司的亏损；选项D，法定盈余公积金转为资本时，所留存的该项公积金不得少于转增前公司注册资本的25%，资本公积金转增资本没有比例限制。 答案 BC

【例题4·判断题】☆公司法定公积金转为资本时，所留存的该项公积金不得少于转增前公司注册资本的25%。（ ）

答案 √

【例题5·单选题】☆某有限责任公司的下列财务会计事项中，符合公司法律制度规定的是( )。

A. 依照公司章程的规定，由董事会决定聘用承办公司审计业务的会计师事务所

B. 将公司部分货币资产以个人名义开立账户存储

C. 公司财务会计报告只提供给持有表决权10%以上的股东查阅

D. 在法定会计账簿外另立会计账簿

解析 选项A，公司聘用、解聘承办公司审计业务的会计师事务所，依照公司章程的规定，由股东会、股东大会或者董事会决定；选项B，对公司资产，不得以任何个人名义开立账户存储；选项C，查阅财务会计报告属于知情权，知情权属于单独股东权利而非少数股东权利；选项D，公司除法定的会计账簿外，不得另立会计账簿。 **答案** A

第八部分　公司合并、分立、增资、减资

守将一、合并(★)

(一)公告

公司合并(包括分立、减资)的，可以通过国家企业信用信息公示系统公告，公告期"45日"，应当于公告期满后办理登记。

(二)债权债务承担(关键词：继承)

公司合并时，合并各方的债权、债务，应当由合并后继续存续的公司或者新设立的公司承继。

【链接】因合并、分立而解散的公司，其债权债务由合并、分立后继续存续的公司承继，不需要进行清算。

守将二、分立(★)

债务承担(关键词：连带)

公司分立前的债务由分立后的公司承担"连带责任"。但是，公司在分立前"与债权人"就债务清偿达成的书面协议另有约定的除外。

【例题1·单选题】甲公司欠乙公司300万元货款。后甲公司将部分优良资产分离出去另成立丙公司，甲、丙公司在分立协议中约定，该笔债务由甲、丙公司按3:7的比例分担，但甲、丙公司未与乙公司达成债务清偿协议。债务到期后，乙公司要求甲公司清偿300万元，遭到拒绝。根据公司法律制度的规定，下列关于该笔债务如何清偿的表述中，正确的是( )。

A. 乙公司只能向甲公司主张清偿

B. 乙公司只能向丙公司主张清偿

C. 应当由甲、丙公司按连带责任方式向乙公司清偿

D. 应当由甲、丙公司按分立协议约定的比例向乙公司清偿

解析 公司分立前的债务由分立后的公司承担连带责任。但是，公司在分立前与债权人就债务清偿达成的书面协议另有约定的除外。本题中甲公司分立前并未与乙公司达成协议，所以甲、丙之间的协议对债权人无效，仍然由分立后的甲、丙公司对债权人承担连带责任。选项C正确。 **答案** C

【例题2·单选题】下列关于公司减少注册资本的表述中，不符合公司法律制度规定的是( )。

A. 公司需要减少注册资本时，必须编制资产负债表和财产清单

B. 公司减少注册资本时，应当自作出减少注册资本决议之日起10日内通知债权人，并于30日内在报纸上公告

C. 公司减少注册资本的，应当自作出减少注册资本决议之日起45日后申请变更登记

D. 股份公司在此情形下可收购本公司股份

解析 选项C，公司减少注册资本的，

应当自公告之日起 45 日后申请变更登记。

答案 ▶ C

第九部分 公司解散和清算

守将一、解散（★）（2017 年多选题；2020 年单选题）

(一)解散原因

1. 公司章程规定的营业期限届满或者公司章程规定的其他解散事由出现；
2. 股东(大)会决议解散；
3. 因公司合并、分立需要解散；
4. 依法被吊销营业执照、责令关闭或者被撤销；
5. 人民法院依法予以解散。

(二)股东提请法院解散公司

1. 股东资格

单独或合计持有公司全部股东"表决权 10% 以上"的股东。

2. 人民法院应当受理的情形

(1)两年开不了会：公司持续 2 年以上无法召开股东(大)会，公司"经营管理发生严重困难"；

(2)两年无有效表决：股东表决时无法达到法定或公司章程规定的比例，持续 2 年以上不能作出有效的股东(大)会决议，公司"经营管理发生严重困难"；

(3)董事互相扯鞋：公司董事长期冲突，且无法通过股东(大)会解决，公司"经营管理发生严重困难"。

3. 法院不予受理的情形

(1)以"知情权、利润分配请求权"等权益受到损害为由；

(2)以"公司亏损、财产不足以偿还全部债务"为由；

(3)以"公司被吊销企业法人营业执照未进行清算"为由。

『老侯提示』提起解散公司的诉讼应以"公司"作为被告。

4. 注重调解

人民法院审理涉及有限责任公司股东重大分歧案件时，应当注重调解。当事人协商一致以下列方式解决分歧，且不违反法律、行政法规的强制性规定的，人民法院应予支持：

(1)公司回购部分股东股权；
(2)其他股东受让部分股东股权；
(3)他人受让部分股东股权；
(4)公司减资；
(5)公司分立。

『老侯提示』经人民法院调解公司收购原告股份的，公司应当自"调解书生效之日起 6 个月内"将股份转让或者注销。股份转让或者注销之前，原告不得以公司收购其股份为由对抗公司债权人。

【例题·单选题】 ☆宋某持有甲公司全部股东表决权的 12%。下列情形中，宋某可以依法提起解散公司诉讼的是（　）。

A. 甲公司连续 3 年无法召开股东会，公司经营管理发生严重困难

B. 甲公司出现亏损，财产不足以偿还全部债务

C. 甲公司被吊销企业法人营业执照未进行清算

D. 宋某的知情权受到损害

解析 ▶ 选项 A，公司持续 2 年以上无法召开股东(大)会，公司经营管理发生严重困难的；单独或者合计持有公司全部股东表决权 10% 以上的股东，提起解散公司诉讼，并符合公司法有关规定的，人民法院应予受理。选项 B、C、D，股东以知情权、利润分配请求权等权益受到损害，或者公司亏损、财产不足以偿还全部债务，以及公司被吊销企业法人营业执照未进行清算等为由，提起解散公司诉讼的，人民法院不予受理。 答案 ▶ A

守将二、清算(★)(2017年多选题；2020年单选题；2021年多选题、判断题)

(一)清算组

清算组见表2-37。

表2-37　清算组

考点	清算事由及时间规定	清算组组成
自行清算	解散事由出现之日起"15日内"	有限责任公司：股东
		股份有限公司：董事或股东大会确定的人员
强制清算	可以由"债权人、股东、董事或其他利害关系人"向法院提出： (1)公司解散逾期不成立清算组进行清算的 (2)虽然成立清算组但故意拖延清算的 (3)违法清算可能严重损害债权人或股东利益	(1)股东、董、监、高 (2)社会中介机构 (3)中介机构中具备相关专业知识并取得执业资格的人员

(二)清算程序

1. 登记债权

清算组应当自"成立之日起10日内"通知债权人，并于"60日内"在报纸上公告。债权人自接到通知书之日起"30日内"，未接到通知书的自公告之日起"45日内"，向清算组申报债权。

〖老侯提示1〗债权人在规定的期限内未申报债权，在公司清算程序终结前补充申报的，清算组应予登记。债权人补充申报的债权，可以在公司"尚未分配"的财产中依法清偿。

〖老侯提示2〗清算组未按照规定履行通知和公告义务，导致债权人未及时申报债权而未获清偿，清算组成员对因此造成的损失承担赔偿责任。

2. 清理公司财产并制订清算方案(见表2-38)

表2-38　制订清算方案

考点		具体内容
报批	公司自行清算	报股东(大)会决议确认
	人民法院组织清算	报人民法院确认
	〖老侯提示〗未经确认的清算方案，清算组不得执行	
清算财产	包括公司解散时，股东"尚未缴纳的出资"	
公司财产不足清偿债务	破产清算	清算组依法向人民法院申请"宣告破产"
	公司清算	(1)清算组可以与债权人协商制订有关债务清偿方案。债务清偿方案"经全体债权人确认"且不损害其他利害关系人利益 (2)法院依清算组的申请裁定予以认可

3. 清偿债务

(1)清偿顺序。

清算费用→职工工资、社保、补偿金→税款→债务

(2)剩余财产的分配。

①有限责任公司：出资比例。
②股份有限公司：股份比例。
4. 公告公司终止
5. 清算义务人在清算中的法律责任
(1)清算义务人。
有限责任公司的股东、股份有限公司的董事和控股股东；公司的实际控制人。
(2)法律责任(2022年调整)(见表2-39)。

表2-39 清算义务人在清算中的法律责任

行为界定		责任承担	
未在法定期限内成立清算组	导致公司财产贬值、流失、毁损或者灭失	在造成损失范围内对公司债务承担赔偿责任	实际控制人原因造成，实际控制人对公司债务承担相应民事责任
	怠于履行义务，导致公司主要财产、账册、重要文件等灭失，无法进行清算	对公司债务承担连带清偿责任	
清算组成员	因故意或者重大过失给公司或者债权人造成损失的	承担赔偿责任	
公司	在清算期间开展与清算无关的经营活动	由公司登记机关予以警告，没收违法所得	
公司解散后，恶意处置公司财产		对公司债务承担相应赔偿、清偿责任	
未经依法清算，以虚假的清算报告骗取公司登记机关办理法人注销登记			
未经清算即办理注销登记	导致公司无法进行清算		
	股东或者第三人在公司登记机关办理注销登记时承诺对公司债务承担责任		

【例题1·判断题】☆股份有限公司解散时，其清算组制订的清算方案应当报董事会确认。（　）

解析 股份有限公司解散时，其清算组制订的清算方案应当报股东大会或者人民法院确认。　　**答案** ×

【例题2·单选题】☆甲有限责任公司（以下简称"甲公司"）于2018年7月注册成立，由于经营不善，于2019年9月解散并依法清算。下列财产中，不属于清算财产的是(　)。

A. 股东陈某从甲公司借用但尚未归还的资金8万元
B. 股东赵某出租给甲公司价值20万元的设备
C. 股东李某分期缴纳但尚未到期的出资12万元
D. 股东王某到期未缴纳的出资10万元

解析 公司解散时，股东尚未缴纳的出资均应作为清算财产。股东尚未缴纳的出资，包括到期应缴未缴的出资，以及分期缴纳尚未届满缴纳期限的出资。　　**答案** B

【例题3·多选题】☆根据公司法律制度的规定，因股份有限公司的相关责任人怠于履行义务，导致公司主要财产、账册、重要文件灭失，无法进行清算的，公司债权人有权主张相关责任人对公司债务承担连带清偿责任。上述情形的责任人包括(　)。

A. 公司监事
B. 公司董事
C. 公司的控股股东
D. 公司的中小股东

解析 有限责任公司的股东、股份有限公司的董事和控股股东因怠于履行义务，导致公司主要财产、账册、重要文件等灭失,无法进行清算,债权人主张其对公司债务承担连带清偿责任的,人民法院应依法予以支持。

答案 ➡ BC

积粮筑墙

限时 200min

扫我做试题

一、单项选择题

1. A公司是由甲出资20万元、乙出资50万元、丙出资30万元、丁出资80万元、戊出资100万元,共同设立的有限责任公司,丁申请A公司为其银行贷款作担保,为此A公司召开股东会,甲乙丙丁均出席会议,戊因故未出席,乙明确表示不同意。已知A公司章程未对股东表决权和公司担保事项作出特殊规定,根据公司法的规定,下列关于会议决议的表述正确的是( )。

A. 必须经甲、乙、丙、丁全部通过,因乙不同意而不能通过

B. 必须经甲、乙、丙全部通过,因乙不同意而不能通过

C. 必须经全体股东所持表决权的过半数通过,因甲、丙、丁所持表决权占46%,因此不通过

D. 必须经甲、乙、丙所持表决权的过半数通过,因甲、丙所持表决权仅占50%,因此不通过

2. 根据公司法律制度的规定,下列关于公司歇业的说法中,不正确的是( )。

A. 因自然灾害造成经营困难的,公司可以自主决定在一定时期内歇业

B. 公司应当在歇业前向登记机关办理备案

C. 公司歇业期间,可以以法律文书送达地址代替住所或者主要经营场所

D. 公司歇业的期限最长不得超过1年

3. 赵某、钱某、孙某拟共同出资设立甲有限责任公司,其草拟的公司章程记载的下列事项中,符合公司法律制度规定的是( )。

A. 公司不设股东会,公司法定代表人由副经理赵某担任

B. 公司不设董事会,由钱某担任执行董事,任期4年

C. 公司不设监事会,由孙某担任监事,任期2年

D. 公司经理由执行董事钱某兼任

4. 甲、乙两家公司与杨某、张某拟共同出资设立一注册资本为400万元的有限责任公司。四个股东的下列非货币财产出资中,符合公司法律制度规定的是( )。

A. 甲公司以其商誉作价50万元出资

B. 乙公司以其特许经营权作价100万元出资

C. 张某以其非专利技术作价100万元出资

D. 杨某以其劳务作价50万元出资

5. 根据公司法律制度的规定,下列有关公司变更登记的表述中,符合规定的是( )。

A. 有限责任公司变更股东的,应当自变更之日起60日内申请变更登记

B. 公司变更名称的,应当在作出变更决议或者决定之日起30日内申请变更登记

C. 公司减少注册资本,应当自作出减少注册资本决议之日起45日后申请变更登记

D. 公司分立的,应当自公告之日起60日后申请变更登记

6. 根据公司法律制度的规定,设立股份有限

公司时应当向公司登记机关申请设立登记的是( )。
   A. 全体股东指定的代表
   B. 全体股东共同委托的代理人
   C. 董事会
   D. 经理

7. 甲公司股东侯某认缴的出资额为100万元,已全部缴足。2021年4月,由于周转资金不足,通过虚构债权债务关系将其出资从甲公司转出50万元,该行为有股东赵某协助,董事钱某协助,财务负责人孙某协助,监事李某没有及时发现并制止该行为,根据公司法的规定,下列说法中正确的是( )。
   A. 公司要求侯某返还抽逃的出资,人民法院应予支持
   B. 公司要求钱某、孙某、李某与侯某承担连带责任,人民法院应予支持
   C. 经其他股东一致同意,在侯某返还抽逃的出资之前,甲公司可以不向侯某分配利润
   D. 若经公司催告返还,在合理期间内侯某仍未返还,经其他股东一致同意,甲公司可以解除侯某的股东资格

8. 根据公司法的规定,下列各项中,不属于有限责任公司监事会职权的是( )。
   A. 对董事提起诉讼
   B. 列席董事会会议
   C. 提议召开临时股东会会议
   D. 向董事会会议提出提案

9. 甲公司为国有独资公司,其董事会作出的下列决议中,符合公司法规定的是( )。
   A. 聘任赵某为公司经理
   B. 增选钱某为公司监事
   C. 决定与另一家国有独资公司合并
   D. 决定发行公司债券2 000万元

10. 根据公司法律制度的规定,下列各项中,会导致会议决议不成立的是( )。
    A. 甲有限责任公司修改公司章程的决议经代表3/5表决权的股东同意
    B. 乙有限责任公司股东赵某对外转让股权,已书面征得其他股东同意,但未经股东会表决
    C. 丙有限责任公司股东高某请求公司为其贷款提供担保,高某未回避,后经出席会议的股东所持表决权过半数同意通过了该项决议
    D. 丁股份有限公司有9名董事,董事会会议有5名董事出席,并一致同意通过了增加董事报酬的决议

11. 根据九民纪要的规定,公司股东滥用公司法人独立地位和股东有限责任,实践中常见的情形有人格混同、过度支配与控制、资本显著不足等。在认定是否构成人格混同时,应当综合考虑的因素是( )。
    A. 公司业务和股东业务混同
    B. 公司员工与股东员工混同,特别是财务人员混同
    C. 公司住所与股东住所混同
    D. 股东无偿使用公司资金或者财产,不作财务记载的

12. 赵某与朋友侯某签订了一份股份代持协议,约定由赵某实际出资并享有甲公司的投资权益,而以侯某为甲公司名义股东,记载于股东名册。该协议无民法典规定的无效情形。其后因投资权益的归属双方发生纠纷诉至法院,则下列说法中不正确的是( )。
    A. 赵某以其实际履行了出资义务为由向侯某主张权利,人民法院应予支持
    B. 侯某以公司股东名册记载、公司登记机关登记为由否认赵某权利,人民法院应予支持
    C. 赵某请求甲公司变更股东侯某为赵某,应当经过其他股东半数以上同意
    D. 若侯某擅自处置持有的甲公司股权,给赵某造成损失应当承担赔偿责任

13. 根据公司法律制度的规定,下列各项中,可以出资设立一人有限责任公司的

是( )。

A. 甲个人独资企业

B. 市场监督管理局局长赵某

C. 丙合伙企业

D. 丁上市公司

14. 甲有限责任公司股东赵某拟查阅公司会计账簿,已知公司章程或全体股东对此没有约定,甲公司有证据认为赵某存在下述情形的可以拒绝其查阅,属于该情形的是( )。

A. 赵某目前自营乙一人有限责任公司从事与甲公司主营业务有实质性竞争关系业务

B. 赵某准备将自己的一套经营性房产租赁给甲公司作为办公用房

C. 赵某在四年前曾经向他人通报有关信息损害甲公司合法利益

D. 赵某在股东会讨论与丙公司的合并事项时投反对票,并正在要求公司回购其股份

15. 赵某是甲公司的优先股股东,则赵某有权出席股东大会会议,并就该事项与普通股股东分类表决的是( )。

A. 发行普通股

B. 一次或累计增加公司注册资本超过10%

C. 修改公司章程中与普通股相关的内容

D. 公司合并、分立、解散或变更公司形式

16. 甲公司是钱某出资55%、孙某出资15%、李某出资10%、郭某出资5%、高某出资5%、侯某出资10%,共同设立的有限责任公司,现在侯某准备将持有的甲公司股权转让给赵某,已知甲公司章程对股东转让股权没有约定,则下列说法正确的是( )。

A. 侯某只需书面通知其他股东即可转让,无须征得同意

B. 只要钱某同意,则侯某可以向赵某转让股权

C. 只要钱某、孙某同意,则侯某可以向赵某转让股权

D. 只要李某、郭某、高某同意,则侯某可以向赵某转让股权

17. 股东赵某拟将自己持有的甲有限责任公司股权对外转让,甲公司章程对股东转让股权及其他股东行使优先购买权未作特别约定,则下列说法中不正确的是( )。

A. 赵某应以书面或其他确认收悉的合理方式告知其他股东转让股权的同等条件

B. 其他股东在30日内未予答复的,视为同意转让

C. 其他股东半数以上不同意转让又不购买的,视为同意转让

D. 若赵某书面通知其他股东行使优先购买权的期限为15天,则以通知为准

18. 根据公司法的规定,关于股份有限公司股份发行的下列表述中,正确的是( )。

A. 股份有限公司向法人、公司发起人发行的股票,只能是记名股票

B. 股份有限公司向社会公众发行的股票,只能是无记名股票

C. 向法人发行的股票可以记载法人名称也可以记载法定代表人姓名

D. 股份有限公司的股票发行价格可以低于票面金额

19. 下列关于股份公司回购本公司股份的说法中不正确的是( )。

A. 因减少注册资本而回购本公司股份的,应自收购日起10日内注销

B. 因与持有本公司股份的其他公司合并而持有本公司股份的,应在6个月内转让或注销

C. 因股东对股东大会作出的公司合并决议而提出异议要求公司收购其股份的,公司应当在1年内转让或注销

D. 因上市公司为维护公司价值及股东权益所必需而回购本公司股份的,应当在3年内转让或注销

20. 赵某是甲有限责任公司的采购部经理，在任职期间，多次利用职务之便采购自己亲戚公司质次价高的货物，使甲公司遭受一定损失。由于赵某是甲公司董事长的小舅子，所以公司对其行为一直没有加以制止。持甲公司 0.5% 股权的股东罗某认为赵某的行为损害了甲公司的利益拟提起股东代表诉讼，则下列说法中正确的是( )。

    A. 罗某持有甲公司股权不足 1%，不具有提起股东代表诉讼的资格
    B. 罗某不能直接提起诉讼，只能先向监事会提出请求
    C. 若监事会对罗某的请求明确表示拒绝，则罗某可以以甲公司的名义起诉
    D. 若监事会受理罗某的请求后 30 天内没有提起诉讼，则罗某可以以自己的名义起诉

21. 甲公司注册资本为 100 万元。2021 年，甲公司提取的法定公积金累计额为 60 万元，提取的任意公积金累计额为 40 万元。当年，甲公司拟用公积金转增公司资本 50 万元。下列有关公司拟用公积金转增资本的方案中，不符合公司法律制度规定的是( )。

    A. 用法定公积金 10 万元、任意公积金 40 万元转增资本
    B. 用法定公积金 20 万元、任意公积金 30 万元转增资本
    C. 用法定公积金 30 万元、任意公积金 20 万元转增资本
    D. 用法定公积金 40 万元、任意公积金 10 万元转增资本

22. 下列关于股份有限公司利润分配的表述中，不符合公司法律制度的是( )。

    A. 公司持有的本公司股份不得分配利润
    B. 公司发生重大亏损，税后利润不足弥补的，可用公司的资本公积金弥补
    C. 公司的任意公积金可转增为公司资本
    D. 公司章程可以规定股东对公司可分配利润的分配比例

23. 甲有限责任公司章程规定，若公司当年有盈余，应当自股东会作出分配利润决议之日起 5 个月内，向股东分配利润。2020 年 4 月 1 日，甲公司召开股东会，并作出决定，在 2020 年 12 月 31 日前完成向股东分配利润。则下列说法中正确的是( )。

    A. 甲公司应当在 2020 年 12 月 31 日前完成利润分配
    B. 甲公司应当在 2020 年 5 月 1 日前完成利润分配
    C. 甲公司应当在 2021 年 4 月 1 日前完成利润分配
    D. 甲公司股东可请求法院撤销决议中关于向股东分配利润时间的规定

24. 赵某投资设立一人有限责任公司，下列说法中符合公司法规定的是( )。

    A. 由赵某投资设立的一人有限责任公司，可以再投资设立新的一人公司
    B. 该一人有限公司可以设置股东会
    C. 赵某对该一人公司债务承担连带责任
    D. 该一人公司的年度财务报表须经会计师事务所审计

25. 甲股份有限公司控股股东曹某因怠于履行义务导致公司的主要财产、账册、重要文件等灭失，公司无法进行清算，公司债权人主张曹某对公司债务承担责任。下列关于曹某对公司债务承担责任的表述中，正确的是( )。

    A. 曹某与公司对公司债务承担连带清偿责任
    B. 曹某以出资额为限对公司债务承担有限责任
    C. 曹某与公司对公司债务平均承担清偿责任
    D. 曹某与其他股东对公司债务承担连带清偿责任

二、多项选择题

1. 根据公司法律制度的规定，下列关于分公

司法律地位的表述中，正确的有（　　）。
A. 分公司不具有独立的法人资格
B. 分公司不能领取营业执照
C. 分公司不能独立承担民事责任
D. 分公司不能依法独立从事生产经营活动

2. 根据公司法律制度的规定，下列各项中属于公司登记时应当向登记机关办理登记的事项的有（　　）。
A. 公司名称
B. 经营范围
C. 经营期限
D. 股份有限公司的股东姓名或名称

3. 根据市场主体登记管理条例的规定，下列各项中，不得作为公司名称的有（　　）。
A. 某公司以生产和销售丝绸面料为主营业务，拟申请以"杭州"为公司名称
B. 某公司以生产和销售医疗用品为主营业务，拟申请以"红十字"为公司名称
C. 某公司以加工银饰为主营业务，拟申请以"卖银"为公司名称
D. 某公司位于我国南部，以销售本地大米为主营业务，拟申请以"东北大米"为公司名称

4. 根据公司法律制度的规定，下列人员中，可以担任甲公司法定代表人的有（　　）。
A. 赵某，8周岁正在上小学3年级
B. 钱某，贷款数千万购买数十套房产，目前正在按月偿还贷款
C. 孙某，曾为乙公司董事，2年前乙公司因违法经营被吊销营业执照
D. 李某，曾为丙公司法定代表人，4年前因其决策失误导致丙公司破产清算

5. 2018年4月，赵某、钱某、孙某共同投资设立甲有限责任公司（以下简称"甲公司"），注册资本为300万元，其中赵某以货币出资40万元、生产设备作价60万元出资，但未依法评估；钱某以一批商品作价50万元出资，后因替代品出现致其市场价仅为10万元；孙某以设定抵押的土地使用权作价150万元出资。2019年6月，孙某还清欠款解除了该土地使用权的抵押。2021年6月，甲公司经营不善无力清偿欠乙公司的债务，乙公司诉至法院，要求甲公司各股东承担补足出资责任。根据公司法的规定，下列说法中正确的有（　　）。
A. 法院应当认定赵某未全面履行出资义务
B. 请求钱某承担补足出资责任，人民法院不予支持
C. 请求孙某承担补足出资责任，人民法院不予支持
D. 赵某以超过诉讼时效期间为由提出抗辩的，人民法院应予支持

6. 赵某、钱某、侯某共同投资设立甲有限责任公司（以下简称"甲公司"），注册资本为300万元，其中赵某以房屋作价150万元出资，已交付公司使用，但并未办理产权变更手续；钱某以汽车作价100万元出资，已办理产权变更手续，但一直自己使用，侯某以货币出资50万元。一段时间后，侯某向法院起诉，要求赵某将出资房屋登记到公司名下，钱某将出资汽车交付公司。根据公司法的规定，下列说法中正确的有（　　）。
A. 股东以非货币财产出资，一般应当在6个月内办理财产权转移手续
B. 赵某在法院指定的期间内办理了权属变更手续，法院应当认定赵某已经履行了出资义务
C. 赵某办理权属变更手续后，主张自房屋实际交付甲公司使用时享有股东权利，人民法院应予支持
D. 钱某交付汽车后，主张自办理产权变更手续时享有股东权利，人民法院应予支持

7. 甲上市公司拟为非关联关系的乙公司向丙银行贷款提供担保，担保金额超过了甲公司最近一期经审计的公司资产总额的

30%。则下列说法中，符合公司法律制度规定的有( )。

A. 该事项可由董事会审议决定

B. 该事项应由股东大会审议决定

C. 该事项须经出席会议的股东所持表决权过半数同意方能通过

D. 该事项须经出席会议的股东所持表决权2/3以上同意方能通过

8. 根据公司法的规定，公司章程对特定的人员或机构具有约束力。下列各项中，属于该特定人员或机构的有( )。

A. 公司副经理

B. 监事会主席

C. 公司副董事长

D. 公司实际控制人

9. A、B、C三人设立甲公司，注册资本为300万元，三人各自认缴的出资额均为100万元，B、C均如实缴纳了出资，A只缴纳了10万元，至当年年底，甲公司经营状况良好。之后A将自己所持有的甲公司股份以30万元的价格卖给了D，D明知A未足额交付出资仍受让了该股份，三年后甲公司经营亏损，公司资产只有500万元，但却欠下了乙公司700万元债务，根据公司法的规定，下列说法中正确的有( )。

A. 甲公司可要求A履行出资义务

B. 乙公司可要求A对甲公司债务不能清偿部分承担连带责任

C. 乙公司可要求股东B、C与A承担连带责任

D. 乙公司可要求D与A承担连带责任

10. 下列关于股份有限公司设立条件的表述中，正确的有( )。

A. 发起人可以是自然人，也可以是法人，其中半数以上为中国人

B. 采取募集设立方式的，发起人认购的股份不得少于公司股份总数的35%

C. 发起设立股份公司的，发起人认足公司章程规定的出资后，应当选举董事会和监事会

D. 采取发起设立方式设立的，须依法召开创立大会，并通过创立大会选举董事会成员

11. 下列关于创立大会的表述中，符合公司法规定的有( )。

A. 发起人应当在股款缴足之日起30日内主持召开公司创立大会

B. 认股人未按期缴纳所认股份的股款，经公司发起人催缴后在合理期间内仍未缴纳，公司发起人可以对该股份另行募集

C. 创立大会应有代表股份总数过半数的发起人、认股人出席，方可举行

D. 创立大会作出决议，必须经出席会议的发起人、认股人所持表决权过半数通过

12. 某股份有限公司的董事会由11人组成，其中董事长1人，副董事长1人。该董事会某次会议的下列行为符合公司法规定的有( )。

A. 若董事长不能出席会议，可以由副董事长主持该次会议

B. 若董事长和副董事长均不能出席会议，可以由半数以上董事共同推举一名董事主持该次会议

C. 通过了解聘公司现任经理的决议

D. 该次董事会会议有6名以上董事出席方可举行

13. 根据公司法的规定，下列属于有限责任公司股东会职权的有( )。

A. 决定公司的经营计划和投资方案

B. 选举和更换公司由非职工代表担任的董事、监事，决定有关董事、监事的报酬

C. 修改公司章程

D. 决定公司内部管理机构的设置

14. 某有限责任公司股东甲、乙、丙、丁分别持有公司10%、25%、30%和35%的股权，该公司章程未对股东行使表决权及

股东会决议方式作出规定。下列关于该公司股东会会议召开及决议作出的表述中，不符合公司法规定的有( )。

A. 甲可以提议召开股东会临时会议

B. 只有丁可以提议召开股东会临时会议

C. 只要乙和丁表示同意，股东会即可作出与A公司合并的决议

D. 只要丙和丁表示同意，股东会即可作出解散公司的决议

15. 根据公司法的规定，重要的国有独资公司下列事项中，由国有资产监督管理机构审核后，报本级人民政府批准的有( )。

    A. 与另一国有独资公司合并

    B. 分立成两个新的国有独资公司

    C. 决定解散

    D. 决定发行公司债券5 000万元

16. 根据公司法的规定，下列有关有限责任公司董事会的说法中，正确的有( )。

    A. 股东人数较少或者规模较小的有限责任公司，可以设1名执行董事，不设董事会

    B. 董事任期由公司章程规定，但每届任期不得超过3年

    C. 董事可以兼任监事

    D. 董事长的产生办法由公司章程规定

17. 根据公司法的规定，下列有关股份有限公司董事会的说法中，正确的有( )。

    A. 董事人数最多为13人

    B. 董事长由全体董事过半数选举产生

    C. 董事会会议每年度至少召开2次

    D. 董事会中应当有职工代表

18. 某股份有限公司(上市公司)董事会由13名董事组成，2021年8月，该公司召开董事会对如下问题进行讨论，与会当天8名董事出席，则下列说法中正确的有( )。

    A. 会议审议了提高董事报酬的事项，出席会议的董事均投了赞成票，该事项可以通过

    B. 会议审议了为非关联乙公司提供担保的事项，其中6名董事表示同意，2名董事表示反对，该事项可以通过

    C. 会议审议了解聘高某公司经理职务的事项，其中7名董事表示同意，1名董事表示反对，该事项可以通过

    D. 会议审议了借款给关联关系丙公司的事项，2名出席会议的关联方董事予以回避，另外6名董事表示同意，该事项可以通过

19. 甲股份有限公司董事赵某因故不能出席董事会会议，委托自己的好朋友侯某代为出席，则下列说法中正确的有( )。

    A. 侯某必须具备甲公司股东资格方有权接受委托

    B. 侯某必须具备甲公司董事资格方有权接受委托

    C. 赵某与侯某必须签订书面委托协议

    D. 侯某必须在委托授权范围内代赵某行使表决权

20. 根据公司法律制度的规定，下列关于公司监事会的说法中不正确的有( )。

    A. 甲有限责任公司监事会设监事3人，其中职工代表1人

    B. 乙国有独资公司监事会设监事4人，其中职工代表2人

    C. 丙有限责任公司的监事会主席由全体股东过半数选举产生

    D. 丁股份有限公司在2021年上半年没有召开监事会会议，分别在下半年的7月和11月召开了两次监事会会议

21. 某股份有限公司董事会成员共9名，监事会成员共3名。下列情形应当召开董事会临时会议的有( )。

    A. 经3名董事提议

    B. 经2名监事提议

    C. 经持有10%表决权的股东提议

    D. 累计未弥补亏损达实收股本1/3时

22. 甲股份有限公司注册资本为人民币9 000万元。董事会成员9名，监事会成

员3名，最大股东赵某持有公司9%的股份。根据公司法律制度的规定，下列各项中，属于甲公司应当在两个月内召开临时股东大会的情形有（　　）。

A. 董事人数减至5人

B. 两名监事提议召开

C. 最大股东赵某请求召开

D. 公司未弥补亏损达人民币3 200万元

23. 某国有企业总经理赵某，与钱某、孙某共同出资设立甲公司。赵某碍于身份限制，遂与好友侯某商定，由赵某出资享有投资权益并将侯某的名字记载于甲公司股东名册，但赵某并未履行其出资义务。后公司经营不善，不能清偿全部到期债务，甲公司的债权人要求侯某在未出资的本息范围内承担补充赔偿责任，则下列说法中正确的有（　　）。

A. 侯某是甲公司的名义股东

B. 侯某是被冒名的股东

C. 侯某以其非实际出资人为由进行抗辩的，人民法院应予支持

D. 侯某在承担相应的赔偿责任后，向赵某追偿的，人民法院应予支持

24. 赵某与钱某、孙某共同出资设立甲公司。赵某利用办理信用卡而取得好友侯某的身份证，将其作为股东向公司登记机关办理了登记，但赵某并未履行其出资义务。后公司经营不善，不能清偿全部到期债务，甲公司的债权人要求侯某在未出资的本息范围内承担补充赔偿责任，则下列说法中正确的有（　　）。

A. 侯某是甲公司的名义股东

B. 侯某是被冒名的股东

C. 债权人的请求人民法院应予支持

D. 赵某应承担对公司债务不能清偿部分的赔偿责任

25. 甲有限责任公司拒绝股东赵某因合法权益受损查阅其持股期间公司账簿，赵某向法院起诉，要求查阅甲公司账簿，则下列说法中不正确的有（　　）。

A. 若赵某起诉时甲公司已回购其股份则人民法院应驳回起诉

B. 若甲公司以公司章程规定股东无权查阅公司账簿为由提出抗辩，人民法院应予支持

C. 若赵某胜诉，但因工作较忙无法到场可以委托会计师高某代为查阅

D. 若赵某查阅账簿后泄露甲公司商业秘密导致甲公司合法利益受到损害，公司可要求赵某赔偿相关损失

26. 下列关于优先股的说法中，不正确的有（　　）。

A. 赵某是甲公司的优先股股东，他认为自己在利润分配、剩余财产分配、红利分配上享受优先权

B. 钱某是乙公司的优先股股东，乙公司累计2个会计年度未按约定支付优先股股息，钱某认为自己有权出席股东大会

C. 丙公司股东大会讨论发行优先股的事项，优先股股东可以参与表决

D. 丁上市公司，已发行普通股5亿股，最近一期期末经审计的净资产为10亿元。本次拟首次公开发行优先股2亿股，筹资6亿元

27. 甲有限责任公司股东赵某在未通知其他股东征得同意的情况下，将自己所持股权的15%对外转让给高某，则下列说法中正确的有（　　）。

A. 股东钱某向法院起诉主张按照同等条件购买该转让股权，人民法院应予支持

B. 股东钱某应自知道或应当知道行使优先购买权的同等条件之日起1年内主张

C. 股东钱某行使了优先购买权的，高某可以请求赵某赔偿自己的损失

D. 股东钱某仅提出确认股权转让合同及股权变动无效的请求，但自己又不购买，人民法院不予支持

28. 赵某是甲有限责任公司的小股东，该公司连续5年盈利且符合分红条件，但由于受到大股东的控制，一直未向股东分

配利润。本次股东会依旧决定不分配利润,赵某虽投了反对票但无奈人微言轻,则下列说法中符合公司法规定的有( )。

A. 赵某可以请求公司收购其股权,退出公司

B. 甲公司与赵某应自股东会会议决议通过之日起60日内达成股权收购协议

C. 若甲公司与赵某达成股权收购协议而收购本公司的股权应在规定时间内转让或者注销

D. 若甲公司与赵某未达成股权收购协议,自股东会会议决议通过之日起90日内,赵某可以向法院提起解散公司的诉讼

29. 赵某是甲有限责任公司的股东,出资比例为40%,在连续2年的股东会上,赵某与公司其他股东在公司经营方针和投资计划上均有重大分歧,股东会无法作出有效表决。后赵某诉至法院,要求解散甲公司。人民法院对该案件调解时,在不违反法律、行政法规的强制性规定的前提下,当事人协商一致的下列解决分歧的方式,人民法院应予支持的有( )。

A. 由甲公司回购赵某的股权

B. 由甲公司股东高某受让赵某的股权

C. 甲公司减资

D. 由侯某受让赵某的股权

30. 甲股份有限公司是上市公司,拟收购本公司部分股份用于员工股权激励计划,已知公司章程对上述事项没有约定,下列表述中,符合规定的有( )。

A. 该决议可以依据股东大会的授权,经2/3以上董事出席的董事会会议决议通过

B. 应当通过公开的集中交易方式进行

C. 若该公司现有已发行股份总额为5 000万股,则本次收购的股份数额不得超过500万股

D. 上述股份应在1年内转让给职工

31. 下列有关股份有限公司股份转让的行为中,符合公司法规定的有( )。

A. 2020年3月,甲公司上市成功,该公司董事长于2021年1月将自己持有的本公司股份的10%卖出

B. 乙公司副经理在任职期间一年内转让其持有本公司股份总数的20%

C. 丙公司财务负责人在离职后第8个月出售所持本公司股份

D. 丁公司成立3年后,某发起人将其持有的本公司股份卖给另一发起人

32. 下列有关股份有限公司股份转让的行为中,符合公司法规定的有( )。

A. 甲上市公司董事由于个人负巨额债务到期未清偿,法院启动强制执行程序,将其持有的30%甲公司股份一次性拍卖

B. 乙上市公司监事李某将持有的甲公司全部股份800股一次性转让

C. 持有丙上市公司3%股份的股东赵某,于2021年3月买入丙公司股票100万股,1个月后卖出,获利300万元

D. 丁上市公司董事罗某在该公司年度财务报告公告前15日买入该公司300万股股票

33. 下列当事人可以担任甲股份有限公司董事、监事、高级管理人员的有( )。

A. 赵某,年满16周岁,辍学打工,目前担任甲公司保安

B. 钱某因贪污被判处有期徒刑3年,刑满释放至今已4年

C. 孙某与他人共同投资设立一家有限责任公司,该公司由于经营不善刚刚破产

D. 李某向银行贷款数千万元投资房地产市场,持有房屋数十套,目前正在按月偿还银行贷款

34. 某上市公司拟聘请独立董事。根据公司法律制度的规定,下列人员中,不得担任该上市公司独立董事的有( )。

A. 该上市公司分公司的财务负责人

B. 该上市公司董事会秘书配偶的弟弟

C. 持有该上市公司已发行股份2%的股

东郑某的岳父

D. 持有该上市公司已发行股份10%的甲公司的某董事的配偶

35. 赵某为甲公司董事兼总经理，其拥有一项非职务发明专利，能够应用于甲公司新开发的产品之上，赵某拟将该专利在本地区的实施权转让给甲公司。关于该笔交易的下列表述中，正确的有（　　）。

　A. 如甲公司章程中规定允许此类交易，该交易可以进行

　B. 该交易在获得甲公司董事会批准后可以进行

　C. 该交易在获得甲公司股东会批准后可以进行

　D. 若赵某擅自进行该笔交易给甲公司造成损失应当承担赔偿责任

36. 公司解散逾期不成立清算组进行清算，根据公司法的规定，相关人员可以申请人民法院指定清算组对公司进行清算。下列各项中，属于该相关人员的有（　　）。

　A. 公司股东　　　B. 公司董事
　C. 公司监事　　　D. 公司债权人

37. 根据规定，单独或者合计持有公司全部股东表决权10%以上的股东，有一定事由时，公司继续存续会使股东利益受到损失，通过其他途径不能解决，提起解散公司诉讼，人民法院应予以受理。该事由包括（　　）。

　A. 公司持续2年以上无法召开股东（大）会，公司经营管理发生严重困难的

　B. 股东表决时无法达到法定或者公司章程规定的比例，持续2年以上不能作出有效的股东（大）会决议，公司经营管理发生严重困难的

　C. 公司亏损、财产不足以偿还全部债务

　D. 公司被吊销营业执照未进行清算

38. 根据公司法律制度的规定，下列各项中，属于公司解散应当清算的有（　　）。

　A. 公司章程规定的营业期限届满

　B. 公司被分立为两个新的公司

　C. 被人民法院依法予以解散

　D. 公司与其他公司合并而解散

39. 甲有限责任公司经股东会决议分立为A、B两个公司，分立时约定甲公司的原债务除欠乙公司的债务由己与乙公司达成协议，由A公司负责偿还外，其余债务由B公司继承，则下列说法正确的有（　　）。

　A. 甲公司欠乙公司的债务，乙公司只能向A公司主张债权

　B. 甲公司欠丙公司的债务，丙公司只能向B公司主张债权

　C. 甲公司欠丙公司的债务，丙公司有权要求A、B两公司承担连带责任

　D. 若A公司偿还了欠丙公司的债务，则有权向B公司追偿

40. 根据公司法律制度的规定，下列关于公司债券的表述中，正确的有（　　）。

　A. 记名公司债券的转让，转让人须在债券上背书

　B. 可转换公司债券在发行时应当规定转换为公司股票的条件与办法

　C. 可转换公司债券当条件具备时，债券持有人必须将公司债券转换为公司股票

　D. 公司债券在证券交易所上市交易的，转让价格由转让人与受让人约定

三、判断题

1. 公司申请注销登记后，应当依法办理分支机构注销登记。（　　）

2. 赵某、钱某等拟共同出资设立甲有限责任公司，公司章程规定，甲公司股东共计52人，设置董事会成员12人，设置监事会成员5人，包括2名职工代表，上述内容符合公司法的规定。（　　）

3. 甲股份有限公司董事会经全体董事过半数同意，作出决定聘任赵某为甲公司财务负责人，该决定符合公司法律制度的规定。（　　）

4. 有限责任公司的首次股东会会议由董事会

召集，董事长主持。( )
5. 国有独资公司董事会成员可以兼任经理，无须经国有资产监督管理机构同意。( )
6. 有限责任公司股东会会议召集程序及表决方式仅有轻微瑕疵，且对决议未产生实质影响的，股东向人民法院起诉主张撤销该决议的，人民法院不予支持。( )
7. 股东向法院起诉请求公司分配利润，但未提交载明具体分配方案的股东会决议，人民法院应当驳回其诉讼请求，但违反法律规定滥用股东权利导致公司不分配利润，给其他股东造成损失的除外。( )
8. 股东赵某将自己持有的甲有限责任公司股权对外转让，股东高某拟行使优先购买权，因手头资金不足，以自有房产抵押向银行贷款100万元，其后赵某反悔决定不再转让，高某主张继续行使优先购买权的，人民法院应予支持。( )
9. 赵某因个人负巨额债务到期未能清偿，人民法院启动强制执行程序转让其所持有的甲有限责任公司股权。法院应当通知甲公司全体股东，其他股东自法院通知之日起30日内可以行使优先购买权，逾期视为放弃。( )
10. 因甲有限责任公司董事损害公司利益，情况紧急，甲公司股东赵某向法院起诉，其诉讼请求得到了法院的支持，股东赵某可以请求被告董事直接向其承担民事责任。( )
11. 甲有限责任公司由于董事长期冲突，无法通过股东会解决，经营管理发生严重困难，现股东拟提起解散公司之诉，由于甲公司是有限责任公司，则只要是甲公司的股东均可以以此为由提起解散公司之诉。( )
12. 公司解散，成立清算组，清算组应当自成立之日起10日内通知债权人，并于30日内在报纸上公告。债权人自接到通知书之日起30日内，未接到通知书的自公告之日起45日内，向清算组申报债权。( )

13. 公司自行清算的，清算方案应当报股东（大）会决议确认；人民法院组织清算的，清算方案应当报人民法院确认；未经确认的清算方案，清算组不得执行。( )
14. 公司在清算期间可以开展与清算无关的经营活动。( )

四、主观题

(一)历年试题

1. ☆(简答题)2019年4月，赵某、张某、李某三人设立甲有限责任公司(以下简称"甲公司")。公司章程规定：赵某以现金100万元出资，在公司成立时一次足额缴纳；张某以专利技术作价100万元出资，在公司成立时转移专利技术；李某以现金100万元出资，在公司成立半年和一年时分两次等额缴纳。公司章程对股东出资事项未作其他规定。

赵某、张某在甲公司成立时按时履行了出资义务；甲公司成立半年时，李某以家庭出现经济困难为由，未按时缴纳出资。

2019年12月，赵某、张某要求李某按照公司章程规定履行出资义务并承担违约责任，李某拒绝。李某同时主张，张某用于出资的专利技术，虽然出资时经评估价值100万元，但目前因市场因素贬值为50万元，张某应当补足差额。

2020年1月，甲公司按照公司章程规定召开股东会，决议李某在未按照公司章程规定履行出资义务前，不得行使利润分配请求权。

要求：根据上述资料和公司法律制度的规定，不考虑其他因素，回答下列问题。

(1)赵某、张某要求李某按照公司章程规定履行出资义务并承担违约责任，是否符合法律规定？简要说明理由。

(2)李某要求张某补足出资差额，是否符合法律规定？简要说明理由。

(3)甲公司股东会作出的决议是否符合法律规定？简要说明理由。

2. ☆(简答题)2019年1月,甲股份有限公司(以下简称"甲公司")首次公开发行股份并在证券交易所上市交易。公司董事赵某未持有甲公司股份。公司监事孙某持有甲公司10万股股份。公司总经理李某持有甲公司5万股股份。公司章程对公司董事、监事、高级管理人员转让其所持有的本公司股份未作特别规定。

2019年5月,为了增加员工对公司的信心,赵某买入甲公司10万股股份。赵某认为,只有转让股份才需要向公司报告,买入股份不需要报告,故未向甲公司报告其买入股份的行为。

2019年8月,孙某转让其持有的甲公司2万股股份。

2019年12月,公司总经理李某辞职。因担心公司股价下跌,李某于2020年3月将其持有的甲公司5万股股份全部转让。

要求:根据上述资料和公司法律制度的规定,不考虑其他因素,回答下列问题。

(1)赵某不向甲公司报告其买入甲公司股份的行为是否符合法律规定?简要说明理由。

(2)孙某转让其持有的甲公司2万股股份的行为是否符合法律规定?简要说明理由。

(3)李某全部转让其持有的甲公司5万股股份的行为是否符合法律规定?简要说明理由。

3. ☆(简答题)2014年1月,周某、吴某、蔡某和其他10人共同出资设立甲有限责任公司(以下简称"甲公司")。根据公司章程的记载,周某为第一大股东,出资550万元,占注册资本的55%,股东认缴的出资应在公司成立后的6个月内缴足。公司章程对股权转让和议事规则未作特别规定。

2018年3月,蔡某认缴的出资经催告仍未足额缴纳,甲公司遂向人民法院提起诉讼,请求蔡某补足出资,并承担相应的责任,蔡某以甲公司的请求已过诉讼时效期间为由拒绝。

2018年4月,吴某拟将其持有的甲公司股权转让给股东以外的人李某,并书面通知其他股东。周某同意,其他股东反对。吴某认为周某代表的表决权已过半数,所以自己可以将股权转让给李某。吴某遂与李某签订股权转让合同。

2018年5月,为提高市场竞争力,甲公司拟与乙公司合并,并召开股东会会议进行表决,股东钱某投了反对票,其他人赞成,决议通过。钱某提出退出甲公司,要求甲公司以合理价格收购其持有的本公司股权,遭到拒绝。

要求:根据上述资料和公司法律制度的规定,不考虑其他因素,回答下列问题。

(1)蔡某拒绝甲公司诉讼请求的理由是否符合法律规定?简要说明理由。

(2)吴某认为可以将股权转让给李某的理由是否符合法律规定?简要说明理由。

(3)甲公司是否有权拒绝收购钱某股权?简要说明理由。

4. ☆(简答题)2016年,甲公司、乙公司与张某在A市共同出资设立丙卫浴有限责任公司(以下简称"丙公司"),注册资本为1 000万元。甲公司、乙公司、张某的出资比例为5:4:1。丙公司章程对股东表决权行使及股东会议事规则未作特别规定。股东会未授权董事行使股东会的职权。2018年,丙公司发生如下事项:

(1)5月,张某申请丙公司为其个人住房贷款提供担保。为此丙公司召开股东会会议。甲公司、乙公司参加该事项的表决,甲公司同意,乙公司不同意,股东会遂通过张某个人住房贷款提供担保的决议。

(2)下半年,产品销售额持续下降,丙公司调查发现:非职工代表担任的公司董事田某于2017年与朋友共同出资设立丁卫浴有限责任公司(以下简称"丁公司"),并负责丁公司的生产经营;由于丁公司的

卫浴产品在款式、功能等方面与丙公司产品相差无几,致使丙公司产品销售额下降,丙公司董事会遂作出决议:

①将田某从丁公司所得的收入归丙公司所有;

②撤销田某公司董事职务。

要求:根据上述资料和公司法律制度的规定,不考虑其他因素,回答下列问题。

(1)丙公司股东会通过为张某贷款提供担保的决议是否符合法律规定?简要说明理由。

(2)丙公司董事会的决议①是否符合法律规定?简要说明理由。

(3)丙公司董事会的决议②是否符合法律规定?简要说明理由。

5. ☆(简答题)2015年9月,赵某、钱某、孙某、李某、周某五人共同出资设立甲有限责任公司(以下简称"甲公司")。公司章程规定:

(1)公司注册资本500万元。

(2)赵某、钱某、孙某各以现金90万元出资;李某以自有房屋作价100万元出资;周某以专利权作价130万元出资。股东的货币出资在6个月内缴足,非货币出资财产转移手续在6个月内办理完毕。

(3)股东享有均等表决权。

公司成立后,李某按期办理了出资房屋所有权转移手续,但一直未将房屋交付公司。

2016年10月,甲公司召开临时股东会修改公司章程。赵某、钱某、孙某赞成,李某和周某反对。赵某认为,李某未将出资房屋交付公司,不得行使表决权。

要求:根据上述资料和公司法律制度的规定,不考虑其他因素,回答下列问题。

(1)甲公司章程规定股东均等行使表决权是否符合法律规定?简要说明理由。

(2)赵某主张李某不得行使表决权是否符合法律规定?简要说明理由。

(3)甲公司修改公司章程的决议能否通过?简要说明理由。

6. ☆(简答题)张某拟与王某、赵某共同投资设立甲有限责任公司(以下简称"甲公司"),因张某不愿以自己名义投资,遂与李某约定,李某为名义股东,张某实际出资并享有投资收益。后李某按照约定,认缴出资100万元,设立了甲公司。李某被记载于甲公司股东名册,并在公司登记机关登记。王某、赵某认缴的出资全部缴足,李某认缴的出资张某仅实际缴纳60万元。

甲公司经营期间,李某未经张某同意将其在甲公司的股权进行质押,并造成了损失。张某得知后,要求李某赔偿损失,遭到拒绝。

为防止李某继续损害自己的利益,张某要求甲公司将其变更为股东并记载于股东名册,遭到王某、赵某反对,双方发生争议。

在变更股东的争议未解决前,甲公司因资不抵债,破产清算。债权人郑某以李某未完全履行出资义务为由,要求李某承担补充赔偿责任,李某以其仅为名义股东为由抗辩。

要求:根据上述资料和公司法律制度的规定,不考虑其他因素,回答下列问题。

(1)李某是否有权拒绝张某的赔偿请求?简要说明理由。

(2)张某未经王某、赵某同意能否变更为甲公司股东?简要说明理由。

(3)李某是否有权拒绝承担补充赔偿责任?简要说明理由。

7. ☆(简答题)甲股份有限公司(以下简称"甲公司")于2009年1月成立,专门从事药品生产。张某为其发起人之一,持有甲公司股票1 000 000股,系公司第十大股东。王某担任总经理,未持有甲公司股票。2013年11月,甲公司公开发行股票并上市。

2015年5月,甲公司股东刘某在查阅公司

2014年年度报告时发现：

(1)2014年9月，王某买入甲公司股票20 000股；2014年12月，王某将其中的5 000股卖出。

(2)2014年10月，张某转让了其持有的甲公司股票200 000股。

2015年6月，刘某向甲公司董事会提出：王某无权取得转让股票的收益；张某转让其持有的甲公司股票不合法。董事会未予理睬。

2015年8月，刘某向法院提起诉讼。经查：该公司章程对股份转让未作特别规定；王某12月转让股票取得收益3万元归其个人所有；张某因急需资金不得已转让其持有的甲公司股票200 000股。

要求：根据上述资料和公司、证券法律制度的规定，回答下列问题。

(1)王某是否有权将3万元收益归其个人所有？简要说明理由。

(2)张某转让股票的行为是否合法？简要说明理由。

8. ☆(简答题)2014年4月，张某、王某、李某三人投资设立了甲有限责任公司(以下简称"甲公司")。张某担任公司董事长，王某担任公司董事。2017年5月，乙投资公司拟收购甲公司。经查，甲公司存在下列情况：

(1)张某将其已转入甲公司账户的200万元出资转出100万元；

(2)王某曾于2010年因行贿罪被判有期徒刑3年，2013年刑满释放；

(3)李某出资的办公用房，虽已办理权属变更手续，但经其他股东催促，至今仍未交付甲公司使用。为此，其他股东主张李某不得享有相应的股东权利。

要求：根据上述资料和公司法律制度的规定，回答下列问题。

(1)张某转出100万元出资是什么行为？张某应向甲公司承担什么民事责任？

(2)王某担任甲公司董事是否合法？简要说明理由。

(3)其他股东主张李某不享有相应的股东权利是否合法？简要说明理由。

9. ☆(简答题)2015年6月，甲公司、乙公司、丙公司和陈某共同投资设立丁有限责任公司(以下简称"丁公司")，丁公司章程规定：

(1)公司注册资本500万元。

(2)甲公司以房屋作价120万元出资；乙公司以机器设备作价100万元出资；陈某以货币100万元出资；丙公司出资180万元，首期以原材料作价100万元出资，余额以知识产权出资，2015年12月前缴足。

(3)公司设股东会，1名执行董事和1名监事。

(4)股东按照1：1：1：1行使表决权。公司章程对出资及表决事项未作其他特别规定。

公司设立后，甲公司、乙公司和陈某按照公司章程的规定实际缴纳了出资，并办理了相关手续。丙公司按公司章程规定缴纳首期出资后，于2015年11月以特许经营权作价80万元缴足出资。

2017年6月，因股东之间经营理念存在诸多冲突且无法达成一致，陈某提议解散丁公司。丁公司召开股东会就该事项进行表决，甲公司、乙公司和陈某赞成，丙公司反对。于是股东会作出了解散丁公司的决议。丁公司进入清算程序。

清算期间，清算组发现如下情况：

(1)由于市场行情变化，甲公司出资的房屋贬值10万元；

(2)乙公司出资时机器设备的实际价额为70万元，明显低于公司章程所定价额100万元。清算组要求甲公司补足房屋贬值10万元，甲公司拒绝；要求乙公司和其他股东对乙公司实际出资价额的不足承担相应的民事责任。

要求：根据上述资料和公司法律制度的规定，回答下列问题。

(1)指出丁公司股东出资方式中的不合法之处。

(2)丁公司设1名执行董事和1名监事是否合法？说明理由。

(3)丁公司股东会作出解散公司的决议是否合法？说明理由。

(4)甲公司拒绝补足房屋贬值10万元是否合法？说明理由。

(5)对乙公司实际出资额的不足，乙公司和其他股东分别应承担什么民事责任？

10. ☆(简答题)甲股份有限公司(以下简称"甲公司")于2014年3月上市，董事会成员为7人。

2015年甲公司召开的3次董事会分别讨论事项如下：

(1)讨论通过了为其子公司一次性提供融资担保4 000万元的决议，其时甲公司总资产1亿元；

(2)拟提请股东大会聘任乙公司的总经理刘某担任甲公司独立董事，乙公司为甲公司最大的股东；

(3)讨论向丙公司投资的方案。参加会议的6名董事会成员中，有4人同时为丙公司董事，经参会董事一致同意，通过了向丙公司投资的方案。

要求：根据上述资料和公司法律制度的规定，回答下列问题。

(1)甲公司董事会是否有权作出融资担保决议？简要说明理由。

(2)甲公司能否聘任刘某担任本公司独立董事？简要说明理由。

(3)甲公司董事会通过向丙公司投资的方案是否合法？简要说明理由。

(二)练习题

(综合题)甲股份有限公司于2020年8月在上海证交所上市，设有董事5人，监事7人。至2020年底甲公司发行在外的普通股为8 000万股，资产总额86亿元，负债总额46亿元。

2021年上半年该公司发生如下事项：

(1)董事赵某因病辞去董事职务。

(2)董事钱某拟将自己所持有甲公司股份的20%转让给监事李某，双方达成书面转让协议。

(3)甲公司召开董事会讨论发行优先股的方案，拟于2021年初发行优先股4 000万股，每股定价60元。

(4)为丙公司的疫苗项目提供30亿元的担保。

(5)甲公司董事高某，长期以高于市场价50%的价格向自己妻子投资控股的丁公司采购原材料，甲公司监事会明确表示不会就该事件向法院起诉追究高某的责任。持有甲公司2%股份的发起人股东侯某以自己的名义向法院起诉，要求高某向自己进行赔偿。

庭审时，高某提出抗辩理由：

甲公司与丁公司交易已经过甲公司股东大会讨论同意并履行了信息披露义务，自己不应当承担赔偿责任。

要求：根据上述资料和公司法律制度、证券法律制度的规定，回答下列问题。

(1)董事赵某因病辞职，甲公司是否应当召开临时股东大会？请说明理由。

(2)董事钱某是否可以向监事李某转让股份？请说明理由。

(3)甲公司是否可以按此方案发行优先股？请说明理由。

(4)为丙公司提供担保的事项，应当如何表决？请说明理由。

(5)高某的抗辩理由是否成立？请说明理由。

(6)侯某的诉求能否得到人民法院的支持？请说明理由。

积粮筑墙答案及解析

一、单项选择题

1. D 【解析】选项 D，根据公司法的规定，公司为公司股东提供担保，必须<u>经股东(大)会决议，接受担保的股东不得参加该</u>事项的表决，该项表决由出席会议的其他股东所持表决权的过半数通过。本题中，A公司为股东丁作担保的决议必须经出席会议的甲乙丙三个股东所持表决权的过半数通过，因乙不同意，而甲丙所持表决权仅占50%，未过半数，因此决议不通过。

2. D 【解析】选项 D，公司歇业的期限最长不得超过3年。

3. D 【解析】选项 A，有限责任公司的股东会是必设的，公司法定代表人由董事长、执行董事或者经理担任，不能由副经理担任；选项 B，股东人数较少或规模较小的有限责任公司，可以不设董事会，只设1名执行董事，但董事的<u>任期不得超过3年</u>；选项 C，股东人数较少或规模较小的有限责任公司，可以不设监事会，只设1-2名监事，监事的任期是3年；选项 D，执行董事可以兼任公司经理。

4. C 【解析】选项 A、B、D，股东不得以劳务、信用、自然人姓名、商誉、特许经营权或者设定担保的财产等作价出资。

5. B 【解析】选项 A，有限责任公司变更股东的，应当自变更之日起30日内申请变更登记；选项 B，公司变更名称的，应当在作出变更决议或者决定之日起30日内申请变更登记；选项 C、D，公司减少注册资本、合并、分立，自"公告之日"起45日后申请。

6. C

7. A 【解析】选项 A、B，股东抽逃出资，公司或者其他股东请求其向公司返还出资本息，"协助"抽逃出资的其他股东、董事、高级管理人员或者实际控制人(不包括监事)承担"连带责任"；选项 C，股东抽逃出资，公司可以根据公司章程或者股东会决议对其利润分配请求权等股东权利作出相应的合理限制，而"完全不分配利润"的限制显然是不合理的；选项 D，股东"抽逃全部出资"，经公司催告返还，其在合理期间内仍未返还出资，公司可以以股东会决议解除该股东的股东资格。

8. D 【解析】选项 D，监事会可以向"股东会"会议提出提案，但<u>只能列席董事会</u>会议，并对董事会会议决议提出质询和建议。

9. A 【解析】选项 A，国有独资公司设经理，由董事会聘任或者解聘；选项 B，监事会成员由国有资产监督管理机构委派；但是，监事会成员中的职工代表由公司职工代表大会选举产生；选项 C、D，公司的合并、分立、解散、增加或者减少注册资本和发行公司债券，必须由国有资产监督管理机构决定。

10. A 【解析】选项 A，有限责任公司修改公司章程必须经代表2/3以上表决权的股东通过，本题同意比例为3/5未达标；选项 B，有限责任公司股东对外转让股权，应当书面通知其他股东征得同意，不需要通过股东会会议形式来表决；选项 C，公司为公司股东提供担保的，必须经股东(大)会决议，接受担保的股东不得参加担保规定事项的表决。股东(大)会的会议召集程序、表决方式违反法律、行政法规或者公司章程的，决议内容可撤销；选项 D，股份有限公司的董事报酬由股东大会决议。公司董事会的决议内容违反法律、行政法规的，决议内容无效。

11. D 【解析】选项A、B、C，业务混同、员工混同、住所混同非人格混同考虑的因素，只是人格混同的补强。

12. B 【解析】选项A、B，实际出资人与名义股东因投资权益的归属发生争议，实际出资人以其实际履行了出资义务为由向名义股东主张权利的，人民法院应予支持。名义股东以公司股东名册记载、公司登记机关登记为由否认实际出资人权利的，人民法院不予支持。

13. D 【解析】选项A、C，非法人企业不能设立一人有限责任公司；选项B，国家公务员不能成为有限责任公司股东。

14. A 【解析】选项A，股东自营或为他人经营与本公司主营业务有实质性竞争关系业务，公司可以拒绝其查阅，但公司章程另有规定或者全体股东另有约定的除外。

15. D 【解析】选项A，发行"优先股"，优先股股东有权出席股东大会会议；选项B，一次或累计"减少"公司注册资本超过10%，优先股股东有权出席股东大会会议；选项C，修改公司章程中与"优先股"相关的内容，优先股股东有权出席股东大会会议。

16. D 【解析】股东向股东以外的人转让股权，应当经其他股东过半数（人数）同意。公司章程对股权转让另有规定的，从其规定。

17. D 【解析】选项D，书面通知其他股东行使优先购买权的期限短于30天，以30天为准。

18. A 【解析】选项A、B，公司向发起人、法人发行的股票，应当为记名股票；对社会公众发行的股票，可以为记名股票，也可以为不记名股票；选项C，公司向法人发行的股票应当记载该法人的名称，不得以代表人姓名记名；选项D，股票发行价格可以按票面金额，也可以超过票面金额，但不得低于票面金额。

19. C 【解析】选项C，因股东对股东大会作出的公司合并决议而提出异议要求公司收购其股份的，公司应当在6个月内转让或注销。

20. D 【解析】选项A，有限责任公司的股东可以提起股东代表诉讼，无持股比例的限制；选项B，公司董事、监事或者高级管理人员以外的人员损害公司利益，股东可以向监事会或者董事会提出请求，或以自己的名义直接向人民法院提起诉讼；选项C、D，监事会收到书面请求后拒绝提起诉讼，或者自收到请求之日起30日内未提起诉讼，股东有权为了公司的利益以"自己"的名义直接向人民法院提起诉讼。

21. D 【解析】用法定公积金转增资本时，转增后所留存的数额不得少于转增前公司注册资本的25%，本题中，法定公积金最多可以转增35万元（60-100×25%＝35万元）。

22. B 【解析】选项B，资本公积金不得用于弥补公司的亏损。

23. D 【解析】决议中载明的利润分配完成时间超过公司章程规定时间的，股东可请求法院撤销决议中关于该时间的规定。

24. D 【解析】选项A，一个自然人只能投资设立一个一人有限责任公司，该一人有限责任公司不能投资设立新的一人有限责任公司；选项B，一人有限责任公司不设股东会；选项C，一人有限责任公司的股东不能证明公司财产独立于股东自己财产的，应当对公司债务承担连带责任。

25. A 【解析】有限责任公司的股东、股份有限公司的董事和控股股东因怠于履行义务，导致公司主要财产、账册、重要文件等灭失，无法进行清算，债权人主张其对公司债务承担连带清偿责任的，人民法院应依法予以支持。

二、多项选择题

1. AC 【解析】分公司没有独立的公司名称、章程，没有独立的财产，不具有法人资格，但可领取营业执照，进行经营活动，其民事责任由总公司承担。

2. AB 【解析】选项C，属于备案事项；选项D，有限责任公司股东、股份有限公司"发起人"姓名或名称属于登记事项。

3. ABCD 【解析】选项A，县级以上地方行政区划名称、行业或者经营特点不得作为字号，另有含义的除外；选项B，政党、党政军机关、群团组织名称及其简称、特定称谓和部队番号不得作为公司名称；选项C，含有淫秽、色情、赌博、迷信、恐怖、暴力的内容不得作为公司名称；选项D，可能使公众受骗或者产生误解的不得作为公司名称。

4. BCD 【解析】选项A，无民事行为能力或者限制民事行为能力人不得担任法定代表人；选项B，个人所负数额较大的债务到期未清偿，不得担任公司的法定代表人，本题中钱某虽然负数额较大债务但无到期未清偿的情形；选项C，担任因违法被吊销营业执照的公司的法定代表人，并负有个人责任的，自被吊销营业执照之日起未逾3年不得担任公司的法定代表人，孙某的身份为董事，不受上述条款限制；选项D，担任破产清算的公司、非公司企业的"法定代表人、董事或者厂长、经理"，对破产负有个人责任的，自破产清算完结之日起未逾3年不得担任公司的法定代表人，本题中，丙公司破产于4年前，李某"反省期"已满。

5. BC 【解析】选项A，出资人以非货币财产出资，未依法评估作价，法院不能直接认定出资人未履行出资义务，必须先委托评估(补正程序)；选项B，出资人以符合法定条件的非货币财产出资后，因市场变化或者其他客观因素导致出资财产贬值，公司、其他股东或者公司债权人请求该出资人承担补足出资责任的，人民法院不予支持。但是，当事人另有约定的除外；选项C，出资人以设定权利负担的土地使用权出资，公司、其他股东或者公司债权人主张认定出资人未履行出资义务的，人民法院应当责令当事人在指定的合理期间解除权利负担；逾期未办理或者未解除的，人民法院应当认定出资人未依法全面履行出资义务。孙某已经解除了该土地使用权的权利负担，不能认定孙某未依法全面履行出资义务；选项D，公司股东未尽出资义务，公司、其他股东、债权人(债权未过诉讼时效期间)请求其向公司全面履行出资义务或承担赔偿责任，被告股东以诉讼时效为由进行抗辩的，人民法院不予支持。

6. ABC 【解析】选项B、C，股东以非货币财产出资已经交付公司使用，但未办理权属变更手续，公司、其他股东或公司债权人主张认定出资人未履行出资义务，法院应当责令当事人在指定的合理期间内办理权属变更手续；在前述期间内办理了权属变更手续，法院应当认定其已经履行了出资义务；出资人主张自其"实际交付"财产给公司使用时享有相应股东权利，人民法院应予支持；选项D，出资人已经办理权属变更手续但未交付给公司使用，公司或者其他股东主张其向公司交付、并在实际交付之前不享有相应股东权利的，人民法院应予支持。

7. BD 【解析】上市公司在一年内购买、出售重大资产或者担保金额超过公司资产总额30%的，应当由股东大会作出决议并经出席会议的股东所持表决权的2/3以上通过。

8. ABC 【解析】公司章程对公司、股东、董事、监事、高级管理人员具有约束力。选项A，属于高级管理人员；选项B，属于监事；选项 C，属于董事。

9. ACD 【解析】选项 A，股东未履行或者未全面履行出资义务，公司或者其他股东请求其向公司依法全面履行出资义务的，人民法院应予支持；选项 B，公司债权人请求未履行或者未全面履行出资义务的股东在未出资本息范围内对公司债务不能清偿的部分承担补充赔偿责任的，人民法院应予支持；选项 C，股东在公司设立时未履行或者未全面履行出资义务，发起人与被告股东承担连带责任；选项 D，公司的股东未履行或者未全面履行出资义务即转让股权，受让人对此知道或者应当知道，公司请求该股东履行出资义务、受让人对此承担连带责任的，人民法院应予支持。

10. BC 【解析】选项 A，设立股份有限公司，须有半数以上的发起人在中国境内有住所；选项 D，采取募集设立方式设立的，须依法召开创立大会，并通过创立大会选举董事会成员。

11. ABC 【解析】选项 D，创立大会作出决议，必须经出席会议的认股人所持表决权过半数通过。

12. ABCD 【解析】选项 D，董事会会议应有过半数的董事出席方可举行。本题董事会由 11 人组成，6 名以上董事出席即可举行董事会。

13. BC 【解析】选项 A、D，属于董事会职权。

14. BCD 【解析】选项 A、B，代表 1/10 以上表决权的股东即可提议召开股东会临时会议；选项 C、D，股东会会议作出公司合并、分立、解散的决议，必须经代表 2/3 以上表决权的股东通过。

15. ABC 【解析】重要的国有独资公司合并、分立、解散、申请破产的，应当由国有资产监督管理机构审核后，报本级人民政府批准。选项 D，应当由国有资产监督管理机构决定，无需报本级人民政府批准。

16. ABD 【解析】选项 C，董事和高级管理人员不得兼任监事。

17. BC 【解析】选项 A，股份有限公司董事会成员人数为 5~19 人；选项 D，董事会成员中可以有公司职工代表，并不是应当有职工代表。

18. CD 【解析】选项 A，属于股东大会职权；选项 BC，董事会会议必须经全体董事过半数通过，共有 13 名董事，至少要 7 名董事同意才可以，选项 B，只有 6 名董事同意，该决议不通过；选项 D，上市公司董事与董事会会议决议事项所涉及的企业有关联关系的应当回避，董事会由过半数的无关联关系董事出席即可举行，董事会决议应当经无关联关系董事过半数通过。

19. BCD 【解析】董事因故不能出席，可以书面委托其他董事代为出席，委托书中应载明授权范围。

20. BCD 【解析】选项 B，国有独资公司设监事会，其成员不得少于 5 人，其中，职工代表的比例不得低于 1/3；选项 C，有限责任公司监事会主席由全体监事过半数选举产生；选项 D，股份有限公司的监事会每 6 个月至少召开 1 次会议。

21. AC 【解析】选项 A，股份有限公司经 1/3 以上董事提议可以召开临时董事会；选项 B，应当由监事会提议，而非个别监事；选项 D，属于股份有限公司召开临时股东大会的情形。

22. AD 【解析】选项 A，股份有限公司董事人数低于法定人数或公司章程规定人数的 2/3，应当在 2 个月内召开临时股东大会；选项 B，应当由监事会提议，而非个别监事；选项 C，股份有限公司单独或者合计持有公司 10% 以上股份的股东请求时应当在 2 个月内召开临时股东大会；选项 D，股份有限公司累计未弥补亏损达到实收股本总额 1/3 时应当在 2 个月内召开临时股东大会。

23. AD 【解析】选项A、B，侯某对此事知情，属于名义股东而非被冒名的股东；选项C、D，公司债权人以登记于公司登记机关的股东未履行出资义务为由，请求其对公司债务不能清偿的部分在未出资本息范围内承担补充赔偿责任，股东以其仅为名义股东而非实际出资人为由进行抗辩的，人民法院不予支持。名义股东根据上述规定承担赔偿责任后，向实际出资人追偿的，人民法院应予支持。

24. BD 【解析】选项A、B，侯某在不知情的情况下被登记为股东，属于被冒名的股东，不属于名义股东；选项C，公司、其他股东或者公司债权人以未履行出资义务为由，请求被冒名登记为股东的承担补足出资责任或者对公司债务不能清偿部分的赔偿责任的，人民法院不予支持；选项D，冒用他人名义出资并将该他人作为股东在公司登记机关登记的，冒名登记行为人应当承担相应责任。

25. ABC 【解析】选项A，股东起诉请求查阅或者复制公司特定文件材料的，公司有证据证明上述原告在**起诉时不具有公司股东资格的，人民法院应当驳回起诉**，但原告有初步证据证明在持股期间其合法权益受到损害，请求依法查阅或者复制其持股期间的公司特定文件材料的除外。本题中，赵某起诉要求查阅的是其持股期间公司账簿，即使甲公司已回购其股份，人民法院仍然应当予以受理；选项B，公司章程、股东之间的协议等实质性剥夺股东查阅或者复制公司文件材料的权利，公司以此为由拒绝股东查阅或者复制的，人民法院不予支持；选项C，股东依据人民法院生效判决查阅公司文件材料的，在该股东在场的情况下，可以由会计师、律师等辅助进行。

26. ABD 【解析】选项A，优先股股东不参与公司决策，不参与公司红利分配；选项B，公司累计3个会计年度或连续2个会计年度未按约定支付优先股股息的，优先股股东有权出席股东大会；选项D，公司**已发行的优先股不得超过公司普通股股份总数的50%且筹资金额不得超过发行前净资产的50%**。

27. ACD 【解析】选项B，股东钱某应自知道或应当知道行使优先购买权的同等条件之日起30天内主张。

28. ABC 【解析】选项D，自股东会会议决议通过之日起60日内，股东与公司不能达成股权收购协议的，股东可以自股东会会议决议通过之日起90日内向人民法院提起诉讼。这里应当是提起回购股权的诉讼，而非解散公司的诉讼。

29. ABCD 【解析】人民法院审理涉及有限责任公司股东重大分歧案件时，应当注重调解。当事人协商一致以下列方式解决分歧，且不违反法律、行政法规的强制性规定的，人民法院应予支持：(1)公司回购部分股东股权(选项A)；(2)其他股东受让部分股东股权(选项B)；(3)他人受让部分股东股权(选项D)；(4)公司减资(选项C)；(5)公司分立；(6)其他能够解决分歧，恢复公司正常经营，避免公司解散的方式。

30. ABC 【解析】将股份用于员工持股计划或股权激励，公司合计持有的本公司股份数不得超过本公司已发行股份总额的10%，并应当在3年内转让或者注销。

31. BCD 【解析】选项A，公司董事、监事、高级管理人员所持本公司股份自公司股票上市交易之日起1年内不得转让。选项BC，公司董事、监事、高级管理人员应当向公司申报所持有的本公司的股份及其变动情况，在任职期间每年转让的股份不得超过其所持有本公司股份总数的25%，所持本公司股份自公司股票上市交易之日起1年内不得转让。上述人员离职后半年内，不得转让其所持有的本公司股份。选项D，发起人持有的本公司股份，自公司成立之日起1年内不得转让。

32. ABC 【解析】选项A、B，上市公司董事、监事和高级管理人员在任职期间，每年转让的股份不得超过其所持本公司股份总数的25%，因司法强制执行、继承、遗赠、依法分割财产等导致股份变动的除外；上市公司董事、监事和高级管理人员所持股份不超过1 000股的可一次全部转让，不受25%转让比例的限制；选项C，上市公司持有5%以上股份的股东，将其持有的该公司的股票在买入后6个月内卖出，或者在卖出后6个月内又买入，由此所得收益归该公司所有，公司董事会应当收回其所得收益；选项D，上市公司董事、监事和高级管理人员在上市公司定期报告公告前30日内不得买卖本公司股票。

33. ACD 【解析】选项A，无民事行为能力人和限制民事行为能力人不能担任公司董事、监事和高级管理人员。16周岁以上的未成年人，以自己的劳动收入为主要生活来源的，视为完全民事行为能力人；选项B，因"贪污"被判处刑罚，执行期满未逾5年，不得担任公司董事、监事、高级管理人员；选项C，担任破产清算的公司的"董事或者厂长、经理"，对该公司的破产负有个人责任的，自该公司破产清算完结之日起未逾3年的，不得担任公司董事、监事、高级管理人员；选项D，个人所负数额较大的债务"到期未清偿"的，不得担任公司董事、监事、高级管理人员。

34. ABD 【解析】选项A、B，在上市公司或者其附属企业任职的人员及其直系亲属、主要社会关系（直系亲属是指配偶、父母、子女等；主要社会关系是指兄弟姐妹、岳父母、儿媳女婿、兄弟姐妹的配偶、配偶的兄弟姐妹等）不得担任独立董事。选项C，直接或间接持有上市公司

已发行股份1%以上或者是上市公司前十名股东中的自然人股东及其直系亲属不得担任独立董事，岳父属于主要社会关系，不受上述限制。选项D，在直接或间接持有上市公司已发行股份5%以上的股东单位或者在上市公司前五名股东单位任职的人员及其直系亲属不得担任独立董事。

35. ACD 【解析】除公司章程规定或者股东（大）会同意外，董事、高级管理人员不得同本公司订立合同或者进行交易。

36. ABD 【解析】公司解散时，逾期不成立清算组进行清算，债权人、公司股东、董事或其他利害关系人申请人民法院指定清算组进行清算的，人民法院应予受理。

37. AB 【解析】选项C、D，股东以知情权、利润分配请求权等权益受到损害，或者公司亏损、财产不足以偿还全部债务，以及公司被吊销企业法人营业执照未进行清算等为由，提起解散公司诉讼的，人民法院不予受理。

38. AC 【解析】选项B、D，因"合并、分立"而解散公司的不需要清算。

39. ACD 【解析】公司分立前的债务由分立后的公司承担连带责任。但是，公司在分立前与债权人就债务清偿达成的书面协议另有约定的除外。

40. AB 【解析】选项C，可转换公司债券当条件具备时，债券持有人拥有将公司债券转换为公司股票的选择权；选项D，公司债券可以转让，转让价格由转让人与受让人约定。公司债券在证券交易所上市交易的，按照证券交易所的交易规则转让。

三、判断题

1. × 【解析】公司申请注销登记前，应当依法办理分支机构注销登记。

2. × 【解析】有限责任公司股东为50人

以下。

3. √ 【解析】（1）根据经理的提名聘任或者解聘副经理和财务负责人是董事会的职权；（2）董事会会议决议经全体董事过半数同意方可通过。

4. × 【解析】首次股东会会议由出资最多的股东召集和主持。

5. × 【解析】国有独资公司董事会成员可以兼任经理，必须经国有资产监督管理机构同意。

6. √

7. √

8. × 【解析】有限责任公司的转让股东，在其他股东主张优先购买后又不同意转让股权的，对其他股东优先购买的主张，人民法院不予支持，但公司章程另有规定或者全体股东另有约定的除外。

9. × 【解析】人民法院依照法律规定的强制执行程序转让股东的股权时，应当通知公司及全体股东，其他股东在同等条件下有优先购买权。其他股东自人民法院通知之日起满20日不行使优先购买权的，视为放弃优先购买权。

10. × 【解析】股东直接提起诉讼的案件，胜诉利益归属于公司，股东请求被告直接向其承担民事责任的，人民法院不予支持。

11. × 【解析】公司经营管理发生严重困难，继续存续会使股东利益受到重大损失，通过其他途径不能解决的，持有公司全部股东表决权10%以上的股东，可以请求人民法院解散公司。

12. × 【解析】清算组应当自成立之日起10日内通知债权人，并于60日内在报纸上公告。

13. √

14. × 【解析】公司在清算期间开展与清算无关的经营活动由公司登记机关予以警告，没收违法所得。

四、主观题

（一）历年试题

历年主观题考点提要

考点			年份
分公司的责任承担			2011年
公司为股东提供担保			2021年、2019年、2015年
出资	出资方式		2017年
	非货币性财产出资的司法解释	市场因素导致贬值	2020年、2017年
		变更未交付	2018年、2017年
	股东未尽出资义务的法律责任	还本付息	2020年、2017年、2012年
		发起连带	2017年、2012年
		合理限制	2020年
	抽逃出资的行为界定及法律责任	返还本息	2017年
		补充赔偿	2016年
	不适用诉讼时效		2019年
名义股东	名义股东擅自处置股权		2018年
	实际出资人转正		2018年
	名义股东未履行出资义务		2018年

续表

考点			年份
股东（大）会	职权		2019年、2016年
	有限责任公司首次股东会的召集		2021年
	股东表决权的行使		2018年、2017年
	有限责任公司特别决议		2021年、2018年、2017年、2015年
	有限责任公司临时股东会的召开		2021年、2015年
	上市公司特别决议		2016年、2010年
董事会	小公司可以不设置董事会		2017年
	董事任期		2008年
	职权		2019年、2011年
	异议董事免责规定		2011年、2007年
	关联董事表决权排除		2016年、2009年、2007年
监事会	小公司可以不设置监事会		2017年
	职工代表		2008年
	监事会的组成(监事任期内辞职)		2021年
董监高	董监高的任职资格		2017年
	独立董事的任职资格		2016年
	行为限制(同业竞争)		2019年
股东权利	知情权		2021年
	有限责任公司股东转让股权	股东之间	2021年
		对外转让	2021年、2019年、2008年
	异议股东回购请求权		2021年、2019年
股份转让	发起人转让限制		2018年、2007年
	董监高	报告义务	2020年
		转让限制	2020年、2010年、2009年
	董监高买卖限制		2018年、2009年
	股东代表诉讼		2009年、2007年
利润分配	有限责任公司股东按实缴出资分配		2012年

1. **【答案】**

(1) 赵某、张某要求李某按照公司章程规定履行出资义务并承担违约责任符合法律规定。

根据规定，股东不按照规定缴纳出资的，除应当向公司足额缴纳出资外，还应当向已按期足额缴纳出资的股东承担违约责任。

(2) 李某要求张某补足出资差额不符合法律规定。

根据规定，出资人以符合法定条件的非货币财产出资后，因市场变化或者其他客观因素导致出资财产贬值，公司、其他股东或者公司债权人请求该出资人承担补足出资责任的，人民法院不予支持，但当事人另有约定的除外。

(3)甲公司股东会作出的决议符合法律规定。

根据规定,股东未尽出资义务,公司可以根据公司章程或者股东会决议对其利润分配请求权、新股优先认购权、剩余财产分配请求权等股东权利作出相应的合理限制。

2.【答案】
(1)赵某不向甲公司报告其买入甲公司股份的行为不符合法律规定。

根据规定,公司董事、监事、高级管理人员应当向公司申报所持有的本公司的股份及其变动情况。

(2)孙某转让其持有的甲公司2万股股份的行为不符合法律规定。

根据规定,董事、监事、高级管理人员所持本公司股份,自公司股票上市交易之日起1年内不得转让。

(3)李某全部转让其持有的甲公司5万股股份的行为不符合法律规定。

根据规定,董事、监事、高级管理人员离职后6个月内,不得转让其所持有的本公司股份。本题中,总经理李某2019年12月辞职至2020年3月转让股份的时间不足6个月。

3.【答案】
(1)蔡某拒绝甲公司诉讼请求理由不符合法律规定。

根据规定,公司股东未履行或未全面履行出资义务,公司或者其他股东请求其向公司全面履行出资义务,被告股东以诉讼时效为由进行抗辩的,人民法院不予支持。

(2)吴某认为可以将股权转给李某的理由不合法。

根据规定,股东向股东以外的人转让股权,应当经其他股东过半数同意。这里是"股东人数"过半数,而非"表决权过半数"。

本题中,周某一人同意,其他人均反对,不符合"其他股东过半数"的要求。

(3)甲公司无权拒绝收购钱某股权。

根据规定,公司合并、分立、转让主要财产的,对股东会该项决议投反对票的股东可以请求公司按照合理的价格收购其股权。

本题中,钱某对公司合并决议投反对票,可以要求公司按照合理的价格收购其股权。

4.【答案】
(1)丙公司股东会通过为张某贷款提供担保的决议符合规定。

根据规定,公司为公司股东或者实际控制人提供担保的,必须经股东(大)会决议。接受担保的股东或者受实际控制人支配的股东不得参加表决,该项表决由出席会议的其他股东所持表决权的过半数通过。股东会会议由股东按照出资比例行使表决权;但是,公司章程另有规定的除外。

本题中,甲公司、乙公司出席会议,公司章程规定中甲公司、乙公司出资比例是5:4,而且公司章程对表决权行使没有规定,所以甲公司、乙公司的表决权比例是5:4,甲公司同意,乙公司反对,符合"出席会议的其他股东所持表决权的过半数通过"。

(2)董事会决议①符合规定。

根据规定,未经股东(大)会同意,董事、高级管理人员不得自营或者为他人经营与所任职公司同类的业务。董事、高级管理人员违反前述规定所得的收入应当归公司所有。

本题中,董事擅自与他人合作经营与所任职公司同类的业务,所得收入应当归公司所有。

(3)董事会决议②不符合规定。

根据规定,选举和更换非由职工代表担任的董事、监事,是股东会的职权。题目中董事会无权撤销董事。

5.【答案】
(1)甲公司章程规定股东均等行使表决权符合法律规定。

根据规定，有限责任公司的股东按照出资比例行使表决权，但公司章程另有规定的除外。本题中，公司章程对表决权的行使有特别规定，各股东可以均等行使表决权。

(2) 赵某主张李某不得行使表决权符合法律规定。

根据规定，出资人以房屋、土地使用权或者需要办理权属登记的知识产权等财产出资，出资人已经就前述财产出资，办理权属变更手续但未交付给公司使用，公司或者其他股东主张其向公司交付，并在实际交付之前不享有相应股东权利的，人民法院应予支持。

本题中，李某未将出资房屋交付公司，赵某可以主张李某不得行使股东权利。

(3) 甲公司修改公司章程的决议能够通过。

根据规定，股东会会议作出修改公司章程的决议，必须经代表2/3以上表决权的股东通过。

本题中，李某不享有表决权，享有表决权的4人中有3人同意，每个股东均等行使表决权，3/4超过2/3，故该决议能够通过。

6.【答案】

(1) 李某无权拒绝张某的赔偿请求。

根据规定，名义股东将登记于其名下的股权转让、质押或者以其他方式处分，造成实际出资人损失，实际出资人请求名义股东承担赔偿责任的，人民法院应与支持。

本题中，李某未经张某同意将其在甲公司的股权进行质押，给张某造成了实际损失，张某有权请求李某承担赔偿责任。

(2) 张某未经王某、赵某同意不能变更为甲公司股东。

根据规定，如果实际出资人未经公司其他股东半数以上同意，请求公司变更股东、签发出资证明书、记载于股东名册、记载于公司章程并办理公司登记机关登记的，人民法院不予支持。

本题中，张某要求甲公司将其变更为股东并记载于股东名册，遭到王某、赵某反对，没有得到其他股东半数以上同意，因此张某不能变更为甲公司股东。

(3) 李某无权拒绝承担补充赔偿责任。

根据规定，公司债权人以登记于公司登记机关的股东未履行出资义务为由，请求其对公司债务不能清偿的部分在未出资本息范围内承担补充赔偿责任，股东以其仅为名义股东而非实际股东为由进行抗辩的，人民法院不予支持。

本题中，李某作为名义股东，不得以其仅为名义股东而非实际股东为由进行抗辩。故李某无权拒绝承担补充赔偿责任。

7.【答案】

(1) 王某无权将3万元收益收归个人所有。

根据规定，上市公司董事、监事、高级管理人员、持有上市公司股份5%以上的股东，将其持有的该公司的股票在买入后6个月内卖出，或者在卖出后6个月内又买入，由此所得收益归该公司所有，公司董事会应当收回其所得收益。

本题中，王某是总经理，属于高级管理人员，因此不能实施上述短线交易行为，其收益应归该公司所有。

(2) 张某转让股票的行为不合法。

根据规定，公司发起人持有的公司公开发行股份前已发行的股份，自公司股票在证券交易所上市交易之日起一年内不得转让。

本题中，发起人张某在2014年10月转让股份，在上市后1年内，不符合规定。

8.【答案】

(1) 张某转出100万元出资属于抽逃出资。张某应当向公司返还抽逃出资的本息。

(2) 王某担任甲公司董事不合法。

根据规定，因贪污、贿赂、侵占财产、挪用财产或者破坏社会主义市场经济秩序，被判处刑罚，执行期满未逾5年，不得担任公司的董事、监事、高级管理人员。

本题中，王某2010年因行贿罪被判处刑罚，2013年执行期满，到公司设立时2014年未逾5年，因此王某不能担任公司董事。

（3）其他股东主张李某不享有相应的股东权利合法。

根据规定，出资人以房屋出资，已经办理权属变更手续但未交付给公司使用，公司或者其他股东主张其向公司交付，并在实际交付之前不享有相应股东权利的，人民法院应予支持。

9. 【答案】

（1）丙公司以特许经营权出资不符合规定。

根据规定，股东不得以劳务、信用、自然人姓名、商誉、特许经营权或者设定担保的财产等作价出资。

（2）丁公司设1名执行董事和1名监事合法。

根据规定，股东人数较少或者规模较小的有限责任公司，可以设1名执行董事，不设董事会。股东人数较少或者规模较小的有限责任公司，可以设1至2名监事，不设监事会。

（3）股东会作出解散公司的决议合法。

根据规定，股东会会议作出修改公司章程、增加或者减少注册资本的决议，以及公司合并、分立、解散或者变更公司形式的决议，必须经代表2/3以上表决权的股东通过。股东会会议由股东按照出资比例行使表决权；但是，公司章程另有规定的除外。

本题中，公司章程规定"股东按照1∶1∶1∶1行使表决权"，则按照公司章程规定行使表决权，甲公司、乙公司、陈某赞成，丙公司反对，赞成的比例为75%，满足"代表2/3以上表决权的股东通过"的要求，因此决议合法。

（4）甲公司拒绝补足房屋贬值10万元，合法。

根据规定，出资人以符合法定条件的非货币财产出资后，因市场变化或者其他客观因素导致出资财产贬值，公司、其他股东或者公司债权人请求该出资人承担补足出资责任的，人民法院不予支持。但是，当事人另有约定的除外。

本题中，当事人没有约定，因此甲公司无须补足贬值部分。

（5）乙应当补足出资30万元，其他股东对此承担连带责任。

根据规定，有限责任公司成立后，发现作为设立公司出资的非货币财产的实际价额显著低于公司章程所定价额的，应当由交付该出资的股东补足其差额；公司设立时的其他股东承担连带责任。

10. 【答案】

（1）董事会无权作出融资担保决议。

根据规定，上市公司在一年内担保金额超过公司资产总额30%的，应当由股东大会作出决议，并经出席会议的股东所持表决权的2/3以上通过。

本题中，担保金额4 000万元，超过总资产1亿元的30%，应当是股东大会特别决议。

（2）不能聘任刘某担任本公司独立董事。

根据规定，在直接或间接持有上市公司已发行股份5%以上的股东单位或者在上市公司前五名股东单位任职的人员及其直系亲属不得担任上市公司独立董事。

本题中，乙公司是甲上市公司最大股东，而刘某在乙公司任职，属于"在上市公司前五名股东单位任职的人员"，不得担任上市公司独立董事。

（3）董事会通过向丙公司投资的方案不合法。

根据规定，上市公司董事与董事会会议决议事项所涉及的企业有关联关系的，不得对该项决议行使表决权，也不得代理其他董事行使表决权。该董事会会议由过半数的无关联关系董事出席即可举行，董事会会议所作决议须经无关联系董事过半数通过。出席董事会的无关联关系董事人数不足3人的,应将该事项提交上市公司股东大会审议。

本题中,出席会议的6个董事中有4个是关联董事,无关联董事不足3人,应当提交股东大会审议。

(二)练习题

【答案】

(1)董事赵某因病辞职,甲公司应当在2个月内召开临时股东大会。

根据规定,股份有限公司董事会成员最少为5人,董事人数不足公司法规定人数或者公司章程所定人数的2/3时,应当在2个月内召开临时股东大会。

(2)董事钱某不能向监事李某转让股份。

根据规定,上市公司董事持有的本公司股份,自公司股票上市交易之日起1年内不得转让。

(3)甲公司不能按此方案发行优先股。

根据规定,公司已发行的优先股不得超过普通股股份总数的50%,且筹资金额不得超过发行前净资产的50%。

本题中,普通股股数8 000万股,发行前净资产为40亿元。本次发行优先股数量4 000万股,未超过普通股股份总数的50%,但按60元/股的价格发行将筹集资金24亿元,超过了公司发行前净资产的50%。

(4)为丙公司提供担保的事项应当作为甲公司股东大会的特别决议事项进行表决。

根据规定,上市公司在一年内购买、出售重大资产或者担保金额超过公司资产总额30%的,应当由股东大会作出决议,并经出席会议的股东所持表决权的2/3以上通过。

(5)高某的抗辩理由不成立。

根据规定,公司控股股东、实际控制人、董事、监事、高级管理人员通过关联交易损害公司利益,公司向人民法院起诉,请求其赔偿所造成的损失,被告仅以该交易已经履行了信息披露、经股东大会同意为由抗辩的,人民法院不予支持。

(6)侯某的诉求不能得到人民法院的支持。

根据规定,公司董事执行公司职务时违反法律、行政法规或者公司章程的规定,给公司造成损失的,股份有限公司连续180日以上单独或者合计持有公司1%以上股份的股东,可以书面请求监事会向人民法院提起诉讼。监事会收到股东的书面请求后,拒绝提起诉讼,股东有权为了公司的利益,以自己的名义直接向人民法院提起诉讼。股东直接提起诉讼的案件,胜诉利益归属于公司。

第三关 "紫荆关"——合伙企业法律制度

战略分析

雄关万道,紫荆必争,正所谓"汉家锁钥惟玄塞,隘地旌旗见紫荆"。一如本章,作为企业组织法的收官章节,讲述的是"梁山好汉"的故事,难度较公司法低,学习中以"两类合伙人"为主线对比理解更加容易掌握。

本关守军会被随时抽调,当镇守"主观题"战场时,会在12%~14%左右,否则仅为8%~10%,处于各关之末。2022年是本关主观题战场的轮值之年,在本关主将"合伙企业事务执行"的带领下,必将惊艳绽放。

最近3年题型题量

题型	2021年			2020年			2019年	
	卷3	卷2	卷1	卷3	卷2	卷1	卷2	卷1
单选题	1题1分	2题2分	1题1分	4题4分	3题3分	1题1分	4题4分	4题4分
多选题	2题4分	2题4分	2题4分	2题4分	1题2分	1题2分	1题2分	2题4分
判断题	1题1分	1题1分	1题1分	1题1分	1题2分	1题1分	1题1分	1题1分
简答题	—	—	—	—	—	1题6分	—	—
综合题	—	—	—	—	0.5题6分	—	—	—
合计	4题6分	5题7分	4题6分	7题9分	5.5题12分	4题10分	6题7分	7题9分

【说明】2021年延考地区试卷、2019年第三套试卷因考生反馈考题并不完整,此处不予统计。2019年第三套试卷考核了1道涉及本章的简答题。

2022年本关调动

除删除了违反合伙企业法的法律责任、普通合伙人丧失民事行为能力对退伙的影响外,无实质性调整。

攻城略地

守将一、合伙企业的设立(★)(2016年、2018年多选题;2019年判断题;2020年单选题;2021年多选题)

(一)合伙人

合伙人见表3-1。

表 3-1　合伙人

考点		普通合伙企业	有限合伙企业
人数		2人以上	2人以上 50人以下
组成		普通合伙人	至少有 1 个普通合伙人和 1 个有限合伙人 『老侯提示』仅剩有限合伙人的,应当"解散";仅剩普通合伙人的,转为普通合伙企业
自然人	完全民事行为能力人	√	√
	"无"民事行为能力人 "限制"民事行为能力人	×	√
组织	一般的法人和非法人组织	√	√
	国有独资公司、国有企业、上市公司以及公益性的事业单位、社会团体	×	√

(二)书面协议

1. 合伙协议依法由"全体"合伙人协商一致,以书面形式订立,经全体合伙人签名、盖章后生效。(法定一致同意)

2. 修改或者补充合伙协议,应当经全体合伙人一致同意;但是,合伙协议另有约定的除外。(约定→一致同意)

3. 合伙协议应当载明的事项

合伙企业的名称和主要经营场所的地点;合伙目的和合伙经营范围;合伙人的姓名或者名称、住所;合伙人的出资方式、数额和缴付期限;利润分配、亏损分担方式;合伙事务的执行;入伙与退伙;争议解决办法;合伙企业的解散与清算;违约责任。

『老侯提示』合伙协议应当载明的事项中不包括"经营期限"。

(三)企业名称

1. 普通合伙企业:应当标明"普通合伙"字样。

2. 特殊的普通合伙企业:应当标明"特殊普通合伙"字样。

3. 有限合伙企业:应当标明"有限合伙"字样。

(四)出资方式

1. 以货币和非货币资产出资的规定与有限责任公司基本相同。

2. "普通合伙人"可以用"劳务"出资。

3. "有限合伙人"不得以劳务出资。

『老侯提示 1』合伙人以实物、知识产权、土地使用权或者其他财产权利出资,需要评估作价的,可以由全体合伙人协商确定,也可以由全体合伙人委托法定评估机构评估;合伙人以劳务出资的,其评估办法由全体合伙人协商确定,并在合伙协议中载明。

『老侯提示 2』"有限合伙人"未按期足额缴纳出资的,应当承担补缴义务,并对其他合伙人承担违约责任。

【例题 1·多选题】☆根据合伙企业法律制度的规定,下列关于普通合伙企业合伙人出资的表述中,正确的有( )。

A. 出资必须一次性实缴

B. 可以土地使用权出资

C. 以劳务出资的,其评估办法由全体合伙人协商确定

D. 以实物出资需要评估作价的,可由全体合伙人协商确定

解析　选项 A,设立合伙企业,应当有合伙人认缴或者实际缴付的出资。合伙人应当按照合伙协议约定的出资方式、数额和缴

付期限，履行出资义务。 **答案** BCD

【例题2·多选题】☆陈某、郑某与甲有限责任公司拟共同设立一家普通合伙企业，下列关于该合伙企业设立的表述中，正确的有（ ）。

A. 陈某、郑某均应当具有完全民事行为能力

B. 名称中必须包含"普通合伙"字样

C. 甲有限责任公司可以是国有企业

D. 应当有生产经营场所

解析 选项C，国有独资公司、国有企业、上市公司以及公益性的事业单位、社会团体不得成为普通合伙人，但可以成为有限合伙人。 **答案** ABD

【例题3·多选题】☆根据合伙企业法律制度的规定，关于有限合伙人未按期足额缴纳出资的法律后果的下列表述中，正确的有（ ）。

A. 普通合伙人应当承担连带出资责任

B. 该有限合伙人应当承担补缴义务

C. 其他有限合伙人应当承担连带出资责任

D. 该有限合伙人应当对其他合伙人承担违约责任

解析 有限合伙人应当按照合伙协议的约定按期足额缴纳出资；未按期足额缴纳的，应当承担补缴义务，并对其他合伙人承担违约责任。 **答案** BD

守将二、合伙企业财产与合伙人的财产份额（★★★）（2017年单选题；2018年判断题；2019年单选题、多选题、简答题；2020年、2021年单选题）

（一）合伙企业财产构成

1. 合伙人的出资。
2. 以合伙企业名义取得的收益。
3. 依法取得的其他财产。

『老侯提示』合伙人在合伙企业清算前私自转移或者处分合伙企业财产的，合伙企业"不得以此对抗善意第三人"。

（二）合伙人财产份额的出质

合伙人财产份额的出质见表3-2。

表3-2 合伙人财产份额的出质

考点	普通合伙人	有限合伙人
行为生效	须经其他合伙人"一致同意"（法定一致同意）	"可以"将其在有限合伙企业中的财产额出质，"合伙协议另有约定的除外"（约定→√）
行为无效的法律责任	未经其他合伙人一致同意，其行为无效，由此给善意第三人造成损失的，由行为人依法承担赔偿责任	—

（三）合伙人财产份额的转让

合伙人财产份额的转让见表3-3。

表3-3 合伙人财产份额的转让

考点	普通合伙人	有限合伙人
合伙人之间转让（对内转让）	"通知"其他合伙人	

续表

考点		普通合伙人	有限合伙人
向合伙人以外的人转让（对外转让）	行为生效	除合伙协议另有约定外，须经其他合伙人"一致同意"	"提前30日通知"其他合伙人
	优先购买权	在同等条件下，其他合伙人有优先购买权；但是合伙协议另有约定的除外	
	身份认定	合伙人以外的人依法受让合伙人在合伙企业中的财产份额的，经"修改合伙协议"即成为合伙企业的合伙人	

【链接】有限责任公司的股东向股东以外的人转让股权，应当经其他股东过半数同意，其他股东在同等条件下有优先购买权。公司章程另有规定的除外。

【例题1·单选题】☆根据合伙企业法律制度的规定，下列不属于甲合伙企业财产的是（　　）。

A. 合伙人黄某出资的房屋
B. 甲合伙企业接受丙公司捐赠的原材料
C. 甲合伙企业对乙公司的应收账款
D. 合伙人李某对王某的货款债权

解析 选项A，属于合伙人的出资；选项B，属于合伙企业依法取得的其他财产；选项C，属于以合伙企业名义取得的收益；上述内容均属于合伙企业财产；选项D，是合伙人李某的个人财产。 答案 D

【例题2·判断题】☆有限合伙人可以将其在有限合伙企业中的财产份额出质，合伙协议另有约定的除外。（　　）
答案 √

【例题3·单选题】☆2019年7月1日，郑某、丁某、马某分别出资20 000元设立了普通合伙企业。11月1日，郑某拟将自己在合伙企业的财产份额的50%按10 000元转让，郑某通知丁某、马某后，丁某表示愿意以8 000元买下，马某未表态。11月3日，郑某的好友齐某知道后，愿意以10 000元购买该份额；马某得知后，随即表示愿以10 000元购买该份额。该合伙企业的合伙协议对合伙人转让财产份额未作特别约定。下列关于郑某财产份额转让的表述中，正确的是（　　）。

A. 郑某的财产份额不可以转让
B. 郑某应将其财产份额转让给齐某
C. 郑某应将其财产份额转让给丁某
D. 郑某应将其财产份额转让给马某

解析 合伙人向合伙人以外的人转让其在合伙企业中的财产份额的，在同等条件下，其他合伙人有优先购买权；但是，合伙协议另有约定的除外。本题中合伙协议对合伙人转让财产份额未作特别约定，在同等条件下（付款金额均为10 000元），其他合伙人马某有优先购买权。 答案 D

【例题4·多选题】☆下列关于普通合伙企业合伙人转让其在合伙企业中的财产份额的表述中，符合合伙企业法律制度规定的有（　　）。

A. 合伙人之间转让其在合伙企业中的全部或者部分财产份额的，应当通知其他合伙人
B. 合伙人向合伙人以外的人转让其在合伙企业中的财产份额的，同等条件下，其他合伙人有优先购买权，但是合伙协议另有约定的除外
C. 除合伙协议另有约定外，合伙人向合伙人以外的人转让其在合伙企业中的财产份额的，须经其他合伙人一致同意
D. 合伙人向合伙人以外的人转让其在合伙企业中的财产份额，其他合伙人既不同意转让也不行使优先购买权的，视为同意转让

解析 普通合伙人对外转让财产份额时，除非合伙协议另有约定，否则必须取得其他合伙人的一致同意，不能获得一致同意的，只能为该合伙人办理退伙或削减财产份

额的结算。 **答案** ABC

【例题 5·单选题】 ☆甲普通合伙企业的合伙人孙某将其在合伙企业中的财产份额转让给非合伙人赵某。下列关于赵某取得合伙人资格的时间的表述中，正确的是( )。

A. 企业登记机关变更登记之日
B. 修改合伙协议，将赵某列为合伙人之日
C. 与合伙人孙某签订财产份额转让合同之日
D. 与合伙人孙某签订财产份额转让合同且支付相应价款之日

解析 合伙人以外的人依法受让合伙人在合伙企业中的财产份额的，经修改合伙协议即成为合伙企业的合伙人。 **答案** B

本关主将*、合伙企业的事务执行（★★★）（2016 年简答题；2017 年多选题；2018 年单选题、判断题；2019 年单选题、多选题、判断题、简答题；2020 年单选题、多选题、判断题、综合题；2021 年单选题、多选题、判断题）

(一)执行人

1. 普通合伙人执行合伙事务，"有限合伙人不执行合伙事务"，不得对外代表合伙企业。

2. 有限合伙人的下列行为，"不视为"执行合伙事务：

(1)参与决定普通合伙人"入伙、退伙"；
(2)对企业的经营管理提出"建议"；
(3)参与选择承办有限合伙企业审计业务的"会计师事务所"；
(4)获取经审计的有限合伙企业"财务会计报告"；
(5)对涉及自身利益的情况，查阅有限合伙企业财务会计"账簿"等财务资料；
(6)在有限合伙企业中的利益受到侵害时，向有责任的合伙人"主张权利或者提起诉讼"；
(7)执行事务合伙人怠于行使权利时，督促其行使权利或者为了本企业的利益以自己的名义提起"诉讼"；
(8)依法为本企业提供"担保"。

【例题 1·判断题】 ☆有限合伙人参与选择承办有限合伙企业审计业务的会计师事务所，视为执行合伙事务。 ( )

解析 有限合伙人参与选择承办有限合伙企业审计业务的会计师事务所，不视为执行合伙事务。 **答案** ×

(二)合伙人的权利和义务

1. 权利

(1)(普通)合伙人对执行合伙事务享有"同等"的权利。

(2)按照合伙协议的约定或者经全体合伙人决定，可以委托一个或者数个合伙人对外代表合伙企业，执行合伙事务。执行合伙事务的合伙人"对外代表"合伙企业。

(3)合伙人分别执行合伙事务的，执行事务合伙人可以对其他合伙人执行的事务提出"异议"。提出异议时，应当暂停该项事务的执行。

(4)不执行合伙事务的合伙人有权"监督"执行事务合伙人执行合伙事务的情况。

(5)受委托执行合伙事务的合伙人不按照合伙协议或者全体合伙人的决定执行合伙事务的，其他合伙人可以决定"撤销"该委托。

(6)全体合伙人均有权"查阅"合伙企业会计账簿等财务资料。

『老侯提示』合伙企业对合伙人执行合伙事务以及对外代表合伙企业权利的限制，"不得对抗善意第三人"。

2. 义务

(1)执行事务合伙人应当定期向其他合伙人报告事务执行情况以及合伙企业的经营和财务状况，其执行合伙事务所产生的收益

---

* "守将三、合伙企业的事务执行"因地位显赫，需考生多加关注，故单列为"本关主将、合伙企业的事务执行"。

归合伙企业，所产生的费用和亏损由合伙企业承担。

(2) 同业竞争与关联交易(见表3-4)

表3-4　同业竞争与关联交易

考点	普通合伙人	有限合伙人
同业竞争	"不得"自营或者同他人合作经营与本合伙企业相竞争的业务(绝对禁止)	"可以"自营或者同他人合作经营与本有限合伙企业相竞争的业务；但是，合伙协议另有约定的除外(约定→√)
关联交易	除合伙协议另有"约定"或者经全体合伙人"一致同意"外，合伙人"不得"同本合伙企业进行交易(约定/一致同意→×)	"可以"同本有限合伙企业进行交易；但是，合伙协议另有约定的除外(约定→√)

【例题2·判断题】☆合伙企业应当根据合伙人出资比例分配合伙企业事务的执行权利。( )

解析　合伙人对执行合伙事务享有同等的权利。　　答案　×

【例题3·判断题】☆合伙事务执行受到其他执行事务合伙人异议时，不停止该项事务的执行。( )

解析　合伙人分别执行合伙事务的，执行事务合伙人可以对其他合伙人执行的事务提出异议。提出异议时，应当暂停该项事务的执行。　　答案　×

【例题4·单选题】☆李某为甲有限合伙企业的有限合伙人，合伙协议未就合伙人权利义务作特别约定。下列关于李某权利义务的表述中，正确的是( )。

A. 可以执行甲有限合伙企业的合伙事务

B. 可以同甲有限合伙企业进行交易

C. 不可以自营与甲有限合伙企业相竞争的业务

D. 可以对外代表甲有限合伙企业

解析　选项A、D，有限合伙人不执行合伙事务，不得对外代表合伙企业；选项B，有限合伙人可以与本有限合伙企业进行交易，但是，合伙协议另有约定的除外；选项C，有限合伙人可以自营或者同他人合作经营与本有限合伙企业相竞争的业务，但是，合伙协议另有约定的除外。　　答案　B

【例题5·多选题】☆张某、李某和王某三人成立了一家普通合伙企业。合伙协议约定：由张某对外代表合伙企业，执行合伙事务；张某代表合伙企业签订标的额超过50万元的合同时，应当经过李某和王某的同意。关于该合伙企业执行合伙事务的表述中，正确的有( )。

A. 张某执行合伙事务所产生的收益直接归属于合伙人

B. 张某应当定期向李某和王某报告执行合伙事务的情况

C. 李某有权监督张某执行合伙事务的情况

D. 该合伙企业对张某对外签订合同金额的限制条款不得对抗善意第三人

解析　选项A，由一个或者数个合伙人执行合伙事务的，其执行合伙事务所产生的收益归合伙企业，所产生的费用和亏损由合伙企业承担。　　答案　BCD

(三) 合伙事务执行的决议办法

合伙事务执行的决议办法见表3-5。

表 3-5 合伙事务执行的决议办法

决议办法		事项
法定	一致同意	(1)订立合伙协议； (2)普通合伙人以其财产份额出质； (3)将普通合伙人除名； (4)普通合伙人死亡，继承人为"无、限人"的，决定其是否可以转为有限合伙人； (5)普通合伙人被认定为"无、限人"，决定其是否可以转为有限合伙人
	过半数同意	合伙企业解散时指定一个或者数个合伙人，或委托第三人担任清算人
	绝对禁止	(1)普通合伙人从事同本企业相竞争的业务； (2)普通合伙企业将全部利润分配给部分合伙人或由部分合伙人承担全部亏损； (3)有限合伙企业由部分合伙人承担全部亏损
除合伙协议另有约定外需全体合伙人一致同意		(1)改变合伙企业的名称、经营范围、主要经营地点； (2)处分合伙企业的不动产、知识产权和其他财产权利； (3)以合伙企业名义为他人提供担保； (4)聘任合伙人以外的人担任合伙企业的经营管理人员； (5)普通合伙人对外转让其在合伙企业中的财产份额； (6)新合伙人入伙； (7)普通合伙人死亡或被依法宣告死亡，继承人具备完全民事行为能力的，取得普通合伙人资格； (8)普通合伙人转变为有限合伙人，或者有限合伙人转变为普通合伙人； (9)修改或者补充合伙协议； (10)普通合伙人同本企业交易

【例题6·单选题】☆甲普通合伙企业全体合伙人张某、李某、赵某决定，委托张某和李某负责执行合伙事务。合伙协议对合伙事务执行的决议办法未作特别规定。关于合伙事务执行的下列表述中，正确的是(　　)。

A. 赵某有权监督合伙事务的执行情况

B. 执行合伙事务产生的费用和亏损由张某和李某承担

C. 张某和李某可以共同决定处分合伙企业的不动产

D. 张某不可以对李某执行的事务提出异议

解析　选项A，不执行合伙事务的合伙人有权监督执行事务合伙人执行合伙事务的情况；选项B，执行合伙事务的合伙人的行为所产生的亏损和费用由合伙企业承担；选项C，处分合伙企业的不动产除了合伙协议另有约定以外，应当经全体合伙人一致同意；选项D，合伙人分别执行合伙事务的，执行事务合伙人可以对其他合伙人执行的事务提出异议。　答案　A

【例题7·单选题】☆根据合伙企业法律制度的规定，普通合伙企业的合伙协议没有约定的，下列事项中无须经全体合伙人一致同意的是(　　)。

A. 改变合伙企业的名称

B. 修改或者补充合伙协议

C. 合伙人之间转让其在合伙企业中的财产份额

D. 以合伙企业的名义为他人提供担保

解析　选项C，合伙人之间转让在合伙企业中的全部或者部分财产份额时，应当通知其他合伙人。　答案　C

【例题8·判断题】甲、乙等6人设立了一普通合伙企业，并委托甲和乙执行合伙企业事务，甲对乙执行的事务提出异议，其他合伙人对如何解决此问题也产生了争议，由于合伙协议未约定争议解决的表决办法，合

159

伙人实行了一人一票的表决办法,后经全体合伙人过半数表决通过了同意甲意见的决定。上述解决争议的做法不符合法律规定。( )

解析 合伙人对合伙企业有关事项作出决议,按照合伙协议约定的表决办法办理。合伙协议未约定或者约定不明确的,实行合伙人一人一票并经全体合伙人过半数通过的表决办法。本题表述为解决争议的做法不符合法律规定是错误的。 **答案** ×

(四)损益分配

1. 顺序:协议→协商→实缴出资→平均

合伙企业的利润分配、亏损分担,按照合伙协议的"约定"办理;合伙协议未约定或者约定不明确的,由合伙人"协商"决定;协商不成的,由合伙人按照"实缴"的出资比例分配、分担;无法确定出资比例的,由合伙人"平均"分配、分担。

2. "欺负人"与"坑爹"(见表3-6)

表3-6 "欺负人"与"坑爹"

考点	普通合伙企业	有限合伙企业
欺负人	合伙协议"不得约定"将全部利润分配给部分合伙人(×)	不得将全部利润分配给部分合伙人;但是,合伙协议另有约定除外(约定→×)
坑爹	合伙协议"不得约定"由部分合伙人承担全部亏损(×)	

【例题9·多选题】 ☆根据合伙企业法律制度的规定,下列关于普通合伙企业的损益分配的表述中,正确的有( )。

A. 平均分配利润
B. 按照出资比例分配利润
C. 部分合伙人承担全部亏损
D. 将全部利润分配给部分合伙人

解析 选项A、B,合伙企业的利润分配、亏损分担,按照合伙协议的约定办理;合伙协议未约定或者约定不明确的,由合伙人协商确定;协商不成的,由合伙人按照实缴出资比例分配、分担;无法确定出资比例的,由合伙人平均分配、分担;选项C、D,普通合伙企业的合伙协议不得约定将全部利润分配给部分合伙人或者由部分合伙人承担全部亏损。 **答案** AB

【例题10·多选题】 某有限合伙企业合伙协议的下列约定中,符合合伙企业法律制度规定的有( )。

A. 合伙企业成立后前三年的利润全部分配给普通合伙人
B. 合伙企业的亏损全部由普通合伙人承担
C. 有限合伙人不得经营与本企业相竞争的业务
D. 有限合伙人不得与本企业进行交易

解析 有限合伙企业可以约定将全部利润分配给部分合伙人,但不能约定由部分合伙人承担全部亏损。 **答案** ACD

(五)非合伙人参与经营管理

1. 除合伙协议另有约定外,经全体合伙人一致同意,可以聘任合伙人以外的人担任合伙企业的经营管理人员。(约定→一致同意)

2. 被聘任的经营管理人员"不是合伙企业的合伙人",不承担无限连带责任。

【例题11·单选题】 下列有关普通合伙企业合伙事务执行的表述中,符合合伙企业法规定的是( )。

A. 合伙人执行合伙企业事务享有同等的权利
B. 合伙人可以自营与合伙企业相竞争的业务
C. 不执行合伙企业事务的合伙人无权查阅合伙企业会计账簿
D. 聘用非合伙人担任经营管理人员的,其在被聘用期间具有合伙人资格

解析 选项B，普通合伙人不得自营或者同他人合作经营与本合伙企业相竞争的业务；选项C，不执行合伙企业事务的合伙人有监督权，有权查阅合伙企业会计账簿；选项D，合伙企业聘用的经营管理人员不是企业的合伙人。 **答案** A

守将四、合伙企业与合伙人的债务清偿（★★★）(2016年判断题、简答题；2017年单选题；2018年多选题；2019年单选题；2020年多选题；2021年多选题、判断题）

(一)合伙企业的债务

1. 普通合伙企业

(1)先企业后个人。

合伙企业对其债务，应先以其全部财产进行清偿。

(2)对外连带。

合伙企业不能清偿到期债务的，普通合伙人承担无限连带责任。

(3)对内按份。

合伙人由于承担无限连带责任，清偿数额超过规定的其亏损分担比例的，有权向其他合伙人追偿。

2. 特殊的普通合伙企业(见表3-7)

【课外阅读】 特殊的普通合伙企业是指以"专业知识和专门技能"为客户提供有偿服务的专业服务机构(会计师事务所、律师事务所等)，由于其专业性和业务的特殊性易导致某些"无良"合伙人违背职业良知，因此其"债务责任承担"上体现"No zuo no die"原则。

表3-7 特殊的普通合伙企业

债务	考点		
特定债务	判定		一个或数个合伙人在执业活动中因"故意或重大过失"造成合伙企业债务
	责任	对外	引起特定债务的合伙人应当承担无限责任或无限连带责任，其他合伙人以其在合伙企业中的财产份额为限承担责任
		对内	引起特定债务的合伙人应当按照合伙协议的约定对给合伙企业造成的损失承担赔偿责任
普通债务	判定		合伙人在执业活动中"非因故意或重大过失"造成的合伙企业债务
	责任		全体合伙人承担无限连带责任

3. 有限合伙企业

(1)普通合伙人：对合伙企业债务承担无限连带责任；

(2)有限合伙人：

①一般情况：对合伙企业债务以认缴的出资额为限承担责任；

②违反法律规定对外代表合伙企业：

a. 第三人"有理由相信"有限合伙人为普通合伙人并与其交易的，该有限合伙人对"该笔交易"承担与普通合伙人同样的责任。

b. 有限合伙人未经授权以有限合伙企业名义与他人进行交易，给有限合伙企业或者其他合伙人造成损失的，该有限合伙人应当承担赔偿责任。

【例题1·多选题】 甲、乙、丙设立一普通合伙企业，约定损益的分配和分担比例为4∶3∶3，该企业欠丁5万元，无力清偿。债权人丁的下列做法中正确的有（ ）。

A. 要求甲、乙、丙分别清偿2万元、1.5万元、1.5万元

B. 要求甲、乙、丙分别清偿2万元、2万元、1万元

C. 要求甲、乙分别清偿2万元、3万元

D. 要求甲清偿5万元

解析 合伙企业不能清偿到期债务的，

普通合伙人承担无限连带责任。

答案 ABCD

【例题2·多选题】☆根据合伙企业法律制度的规定，特殊的普通合伙企业的合伙人在执业活动中因故意造成合伙企业债务的，应承担责任。下列关于责任承担的表述中，正确的有( )。

A. 该合伙人应当承担无限责任或无限连带责任

B. 应当由全体合伙人对该债务承担无限连带责任

C. 其他合伙人以其在合伙企业中的财产份额为限承担责任

D. 该合伙人应当按照合伙协议的约定，对给合伙企业造成的损失承担赔偿责任

解析 选项B，特殊的普通合伙企业的合伙人非故意或重大过失造成的合伙企业债务，全体合伙人承担无限连带责任。

答案 ACD

【例题3·多选题】某社会团体与某私立学校共同出资设立一合伙企业，经营文具用品。两年后，因经营亏损，该合伙企业财产不足以清偿全部债务。下列关于各合伙人承担责任的表述中，符合合伙企业法规定的有( )。

A. 该社会团体以其认缴的出资额为限对合伙企业债务承担责任

B. 该私立学校以其认缴的出资额为限对合伙企业债务承担责任

C. 该社会团体对合伙企业债务承担无限责任

D. 该私立学校对合伙企业债务承担无限责任

解析 选项A、C，社会团体不得成为普通合伙人，因此，该社会团体的身份为有限合伙人。有限合伙人以认缴的出资额为限对合伙企业债务承担责任。选项B、D，有限合伙企业至少要有一个普通合伙人，因此该私立学校的身份为普通合伙人。普通合伙人对合伙企业债务承担无限(连带)责任。

答案 AD

【例题4·判断题】☆第三人有理由相信有限合伙人为普通合伙人并与其交易的，该有限合伙人对该笔交易承担与普通合伙人同样的责任。( )

答案 √

(二)合伙人的债务清偿

1. 债务性质界定

合伙人发生与合伙企业"无关"的债务。

2. 债务清偿

(1)不可以。

①债权人不得以其债权"抵销"其对合伙企业的债务；

②债权人不得"代位"行使该合伙人在合伙企业中的权利。

(2)可以。

①以该合伙人的自有财产清偿；

②以该合伙人从合伙企业中分取的"收益"清偿；

③债权人可以依法"请求人民法院强制执行"该合伙人在合伙企业中的财产份额用于清偿。

3. 强制执行程序

(1)人民法院强制执行合伙人的财产份额时，应当"通知"全体合伙人，其他合伙人有"优先购买权"；

(2)其他合伙人未购买，又不同意将该财产份额转让给他人的，依照合伙企业法的规定为该合伙人办理退伙结算，或者办理削减该合伙人相应财产份额的结算。

【例题5·多选题】☆甲普通合伙企业(下称"甲企业")的合伙人赵某由于个人原因对李某负有到期债务20万元，其自有财产不足以清偿该债务。同时李某对甲企业负有到期债务50万元，下列关于李某债权实现方式的表述中，正确的有( )。

A. 李某可以代位行使赵某在甲企业中的权利

B. 李某可以请求人民法院强制执行赵某在甲企业中的财产份额用以清偿债务

C. 赵某可以以其从甲企业分取的收益清偿对李某所负的债务

D. 李某可以以其对赵某的债权抵销其对甲企业的债务

解析 选项A、D，合伙人发生与合伙企业无关的债务，相关债权人不得以其债权抵销其对合伙企业的债务；也不得代位行使合伙人在合伙企业中的权利。选项B、C，合伙人的自有财产不足清偿其与合伙企业无关的债务的，该合伙人可以以其从合伙企业中分取的收益用于清偿；债权人也可以依法请求人民法院强制执行该合伙人在合伙企业中的财产份额用于清偿。 **答案** BC

守将五、入伙、退伙与性质转变（★★★）（2016年单选题、判断题；2017年单选题、多选题、判断题；2018年单选题；2019年单选题、简答题；2020年单选题、判断题、简答题、综合题；2021年多选题、判断题）

（一）入伙

1. 入伙程序

新合伙人入伙，除合伙协议另有约定外，应当经全体合伙人一致同意。（约定→一致同意）

『老侯提示』未经全体合伙人一致同意，当事人擅自以合伙企业名义对外从事经营活动，造成损失的，自行承担责任。

2. 对入伙前债务的责任承担

(1) 普通合伙人。

新入伙的"普通合伙人"对入伙前合伙企业的债务承担无限连带责任。（法定）

(2) 有限合伙人。

新入伙的"有限合伙人"对入伙前有限合伙企业的债务，以其"认缴"的出资额为限承担责任。

3. 新合伙人的权利

入伙的新合伙人与原合伙人享有同等权利，承担同等责任。入伙协议另有约定的，从其约定。（约定→同等）

『老侯提示』对内，合伙人之间的权利义务约定属于内部约定；对外，新入伙的普通合伙人对入伙前的债务承担无限连带责任是法定内容。

【例题1·单选题】 甲、乙、丙、丁四人设立普通合伙企业经营长途运输，后甲介绍其弟戊加入合伙企业，甲、乙、丙同意，丁不同意。戊以多数人同意为由在合伙企业开车从事运输。2019年8月，戊因超速驾驶发生交通事故，造成经济损失5万元，戊主张每人承担1万元。关于该笔损失的承担，下列表述中正确的是（ ）。

A. 应由甲、乙、丙、丁、戊每人承担1万元损失

B. 应由甲、乙、丙、戊每人承担1.25万元损失

C. 应由甲和戊每人承担2.5万元损失

D. 应由戊自行承担5万元损失

解析 新合伙人入伙，除合伙协议另有约定外，应当经全体合伙人一致同意，并依法订立书面入伙协议。本题中，丁不同意戊入伙，因此，戊不是合伙企业的合伙人。对于戊造成的损失，应由戊自行承担，其他合伙人不承担。 **答案** D

【例题2·判断题】 ☆2021年5月10日，赵某加入甲普通合伙企业成为新合伙人，其对入伙前该合伙企业的债务不承担责任。（ ）

解析 新入伙的普通合伙人对入伙前合伙企业的债务承担无限连带责任。 **答案** ×

【例题3·单选题】 ☆2018年10月，李某、王某共同投资设立了甲有限合伙企业（下称"甲企业"），李某为普通合伙人，出资10万元；王某为有限合伙人，出资15万元。2019年6月，张某、孟某加入甲企业，其中张某为普通合伙人，孟某为有限合伙人，二人各出资30万元。同年12月，甲企业无力清偿欠乙银行的60万元债务。下列关于该债务承担的表述中，正确的是（ ）。

A. 乙银行可以要求王某承担全部60万

163

元债务

B. 乙银行可以要求孟某承担全部 60 万元债务

C. 乙银行可以要求张某承担全部 60 万元债务

D. 李某以出资额 10 万元为限对该债务承担责任

解析 选项 A，有限合伙人以认缴的出资额为限对合伙企业债务承担责任。本题中，王某以出资额 15 万元为限对该债务承担责任。选项 B，新入伙的有限合伙人对入伙前的合伙企业债务以认缴的出资额为限承担责任。本题中，孟某以出资额 30 万元为限对该债务承担责任。选项 C，新入伙的普通合伙人对入伙前的合伙企业债务承担无限连带责任。本题中，乙银行可以要求张某承担全部 60 万元债务。选项 D，普通合伙人对合伙企业债务承担无限连带责任。本题中，乙银行可以要求李某承担全部 60 万元债务。

答案 C

【例题 4·判断题】☆普通合伙企业新入伙的合伙人，可以通过入伙协议约定比原合伙人享有较大的权利、承担较少的责任。( )

解析 入伙的新合伙人与原合伙人享有同等权利，承担同等责任。入伙协议另有约定的，从其约定。

答案 √

(二)退伙

1. 退伙的分类(见表 3-8)

表 3-8 退伙的分类

退伙		条件	
自愿退伙	协议退伙	(1)合伙协议约定的"退伙事由"出现； (2)经全体合伙人一致同意； (3)发生合伙人难以继续参加合伙的事由； (4)"其他合伙人"严重违反合伙协议约定的义务	约定了合伙期限
	通知退伙	提前"30 日"通知其他合伙人，且不给合伙企业事务执行造成不利影响	未约定合伙期限
法定退伙	当然退伙	(1)作为合伙人的自然人死亡或者被依法宣告死亡； (2)个人丧失偿债能力(仅限普通合伙人)； (3)作为合伙人的法人或者其他组织依法被吊销营业执照、责令关闭、撤销，或者被宣告破产； (4)法律规定或者合伙协议约定合伙人必须具有相关资格而丧失该资格； (5)合伙人在合伙企业中的全部财产份额被人民法院强制执行 [老侯提示]"退伙事由实际发生之日"为生效日	
	除名	(1)未履行出资义务； (2)因故意或者重大过失给合伙企业造成损失； (3)执行合伙事务时有不正当行为； (4)发生合伙协议约定的(除名)事由 [老侯提示] 被除名人"接到除名通知"之日为生效日	

2. 有限合伙人与普通合伙人当然退伙的适用(见表 3-9)

表 3-9 有限合伙人与普通合伙人当然退伙的适用

考点	普通合伙人	有限合伙人
合伙人"驾鹤西游"	√	√
在合伙企业中的全部财产份额被法院强制执行	√	√

续表

考点	普通合伙人	有限合伙人
丧失特定资格	√	√
丧失偿债能力	√	×
丧失民事行为能力	经其他合伙人一致同意，可以依法转为有限合伙人，普通合伙企业依法转为有限合伙企业；非一致同意则退伙	×

3. 退伙后的责任承担

（1）普通合伙人退伙。

退伙人对退伙前发生的合伙企业债务，承担"无限连带责任"。

（2）有限合伙人退伙。

退伙人对退伙前合伙企业的债务，以其退伙时从有限合伙企业"取回"的财产承担责任。

【例题5·多选题】☆赵某、钱某、孙某、李某等10人为甲普通合伙企业的合伙人。合伙协议约定赵某以货币20万元出资，企业成立一个月内存入企业的银行账户；赵某和钱某负责采购，孙某和李某负责销售。该合伙协议对除名事项未作特别约定。下列合伙人中，可以经其他合伙人一致决议而被除名的有（　）。

A. 名下部分房产被人民法院查封的李某

B. 企业成立后未按约定履行出资义务的赵某

C. 利用执行合伙事务之便侵占销售货款的孙某

D. 因重大过失导致合伙企业损失100多万元的钱某

解析 选项B，属于未履行出资义务；选项C，属于执行合伙事务时有不正当行为；选项D，属于因故意或者重大过失给合伙企业造成损失；上述情形，可以经其他合伙人一致决议而被除名。 答案 BCD

【例题6·单选题】根据合伙企业法的规定，有限合伙人出现一定情形时当然退伙，下列不属于有限合伙人当然退伙情形的是（　）。

A. 有限合伙人丧失民事行为能力

B. 有限合伙人死亡

C. 有限合伙人被宣告破产

D. 有限合伙人在合伙企业中的全部财产份额被人民法院强制执行

解析 有限合伙人不要求民事行为能力，无民事行为能力人和限制民事行为能力人均可以继续担任有限合伙人。 答案 A

【例题7·单选题】☆根据合伙企业法律制度的规定，下列情形中，经普通合伙企业其他合伙人一致同意，可以决议将合伙人除名的是（　）。

A. 合伙人未履行出资义务

B. 合伙人死亡

C. 合伙人个人丧失偿债能力

D. 合伙人在合伙企业中的全部财产份额被人民法院强制执行

解析 选项B、C、D，是当然退伙的情形。 答案 A

【例题8·单选题】☆杨某入伙时甲普通合伙企业（下称"甲企业"）负债30万元，杨某退伙时甲企业已负债80万元。后甲企业解散，尚欠100万元不能清偿。关于杨某对甲企业债务承担责任的下列表述中，正确的是（　）。

A. 杨某对其退伙前的80万元债务承担无限连带责任

B. 杨某对其入伙前的30万元债务不承担无限连带责任

C. 杨某已退伙，不再对甲企业债务承担责任

D. 杨某对甲企业解散时的100万元债务承担无限连带责任

解析 选项B，新普通合伙人对入伙前

合伙企业的债务承担无限连带责任；选项A、C、D，普通合伙人对基于其退伙前的原因发生的合伙企业债务，承担无限连带责任。

答案 A

【例题9·多选题】☆下列关于有限合伙人入伙和退伙责任的表述中，符合合伙企业法律制度规定的有（ ）。

A. 新入伙的有限合伙人对入伙前合伙企业的债务承担无限连带责任

B. 有限合伙人对基于其退伙前的原因发生的合伙企业债务，以其退伙时从合伙企业中取回的财产承担责任

C. 新入伙的有限合伙人对入伙前合伙企业的债务，以其认缴的出资额为限承担责任

D. 有限合伙人对基于其退伙前的原因发生的合伙企业债务，以其实缴的出资额为限承担责任

解析 选项A，新入伙的有限合伙人对入伙前有限合伙企业的债务，以其认缴的出资额为限承担责任；选项D，有限合伙人退伙后，对基于其退伙前的原因发生的有限合伙企业债务，以其退伙时从有限合伙企业中取回的财产承担责任。

答案 BC

（三）合伙人性质的转变

合伙人性质的转变见图3-1。

1. 有限合伙人转变为普通合伙人

对其作为有限合伙人期间有限合伙企业发生的债务承担<u>无限连带责任</u>。

2. 普通合伙人转变为有限合伙人

对其作为普通合伙人期间合伙企业发生的债务承担<u>无限连带责任</u>。

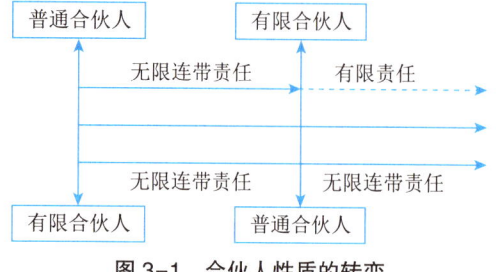

图3-1 合伙人性质的转变

【例题10·多选题】☆2011年5月，赵某、钱某、孙某共同出资设立甲有限合伙企业（下称"甲企业"），赵某为普通合伙人，出资20万元，钱某、孙某为有限合伙人，各出资15万元。2012年，甲企业向银行借款50万元，该借款于2015年到期。2014年，经全体合伙人同意赵某转变为有限合伙人，孙某转变为普通合伙人。2015年，甲企业无力偿还50万元到期借款，合伙人就如何偿还该借款发生争议。下列关于赵某、钱某、孙某承担偿还50万元借款责任的表述中，符合合伙企业法律制度规定的有（ ）。

A. 赵某、孙某应承担无限连带责任

B. 孙某以15万元为限承担有限责任

C. 赵某以20万元为限承担有限责任

D. 钱某以15万元为限承担有限责任

解析 选项A、C，赵某由普通合伙人转为有限合伙人，对其作为普通合伙人期间合伙企业发生的债务承担无限连带责任；选项B，孙某由有限合伙人转变为普通合伙人，对其作为有限合伙人期间有限合伙企业发生的债务承担无限连带责任；选项D，钱某为有限合伙人，以认缴的出资额为限对合伙企业债务承担责任。

答案 AD

守将六、合伙人死亡后的财产继承（★）（2018年单选题）

（一）普通合伙人

1. 继承人不想干

继承人不愿意成为合伙人或者不能成为合伙人的，合伙企业应当向其退还被继承合伙人的财产份额。

2. 继承人想干

（1）继承人具备"完全民事行为能力"（<u>约定→一致同意</u>）

按照合伙协议的约定或者经"全体合伙人一致同意"，可以取得普通合伙人资格。

（2）继承人为"无民事行为能力人或者限制民事行为能力人"（<u>法定一致同意</u>）

①经"全体合伙人一致同意"，可以依法

成为"有限合伙人",普通合伙企业依法转为"有限合伙企业"。

②全体合伙人未能一致同意的,合伙企业应当将被继承合伙人的财产份额退还该继承人。

(二)有限合伙人

其继承人或者权利承受人可以"依法取得"该有限合伙人在有限合伙企业中的资格。

『老侯提示』 直接取得,无须任何人同意,不看继承人行为能力。

【例题·单选题】 ☆普通合伙企业中的合伙人死亡,合伙协议对合伙人的资格取得或者丧失无特殊约定。关于该合伙人财产份额继承的表述中,不正确的是( )。

A. 继承人当然取得合伙人资格

B. 经全体合伙人一致同意,自继承开始之日起取得合伙人资格

C. 继承人为无民事行为能力人的,经全体合伙人一致同意,可以转为有限合伙人,普通合伙企业依法转为有限合伙企业

D. 继承人不愿意成为合伙人的,合伙企业应当向合伙人的继承人退还被继承合伙人的财产份额

解析 选项A、B,普通合伙人死亡或者被依法宣告死亡的,对该合伙人在合伙企业中的财产份额享有合法继承权的继承人,按照合伙协议约定或者经全体合伙人一致同意,从继承开始之日起,取得合伙企业的合伙人资格;选项C,合伙人的继承人为无民事行为能力人或者限制民事行为能力人的,经全体合伙人一致同意,可以依法成为有限合伙人,普通合伙企业依法转为有限合伙企业;选项D,继承人不愿意成为合伙人的,合伙企业应当向合伙人的继承人退还被继承合伙人的财产份额。 答案 A

守将七、合伙企业的解散和清算(★)
(2017年单选题;2020年单选题、多选题;2021年单选题)

(一)解散情形

1. 合伙期限届满,合伙人决定不再经营;

2. 合伙协议约定的解散事由出现;

3. "全体合伙人"决定解散;

4. 合伙人已"不具备法定人数满30日";

『老侯提示』 不具备法定人数的两种情形:(1)普通合伙企业合伙人<2人;(2)有限合伙企业仅剩有限合伙人。

5. 合伙协议约定的合伙目的已经实现或者无法实现;

6. 依法被吊销营业执照、责令关闭或者被撤销。

(二)清算

1. 确定清算人

(1)清算人由"全体"合伙人担任。

(2)经全体合伙人"过半数"同意,可以自合伙企业解散事由出现后15日内指定一个或者数个合伙人,或者委托第三人,担任清算人。

(3)自合伙企业解散事由出现之日起15日内未确定清算人的,"合伙人或者其他利害关系人"可以申请人民法院指定清算人。

2. 清算人职责

(1)清理合伙企业财产,分别编制资产负债表和财产清单;

(2)处理与清算有关的合伙企业未了结事务;

(3)清缴所欠税款;

(4)清理债权、债务;

(5)处理合伙企业清偿债务后的剩余财产;

(6)代表合伙企业参加诉讼或者仲裁活动。

3. 债权申报期限(同公司清算)

(1)清算人自被确定之日起10日内将合伙企业解散事项通知债权人,并于60日内在报纸上公告。

(2)债权人应当自接到通知书之日起30日内,未接到通知书的自公告之日起45日内,向清算人申报债权。

4. 财产清偿顺序（同公司清算）

清算费用→职工工资、社保、补偿金→税款→债务

5. 清偿责任

合伙企业注销后，原"普通合伙人"对合伙企业存续期间的债务仍应承担无限连带责任。

【例题1·多选题】★根据合伙企业法律制度的规定，下列各项中，属于合伙企业应当解散的情形有（ ）。

A. 合伙企业被责令停业整顿

B. 合伙期限届满，合伙人决定不再经营

C. 合伙协议约定的解散事由出现

D. 合伙人已不具备法定人数满30天

解析 选项A，合伙企业依法被吊销营业执照、责令关闭或者被撤销的应当解散，责令停业整顿只是暂时停止经营，无须解散。

答案 BCD

【例题2·单选题】★根据合伙企业法律制度的规定，下列关于合伙企业清算人确定的表述中，正确的是（ ）。

A. 自合伙企业解散事由出现之日起15日内未确定清算人的，合伙人可以申请人民法院指定清算人

B. 合伙企业不可以委托合伙人以外的第三人担任清算人

C. 合伙人担任清算人必须经全体合伙人一致同意

D. 清算人只能在执行合伙企业事务的合伙人中选任

解析 选项B、C、D，经全体合伙人过半数同意，可以自合伙企业解散事由出现后15日内指定一个或者数个合伙人，或者委托第三人，担任清算人。

答案 A

【例题3·多选题】★根据合伙企业法律制度的规定，下列各项中，属于清算人职责的有（ ）。

A. 清理合伙企业财产

B. 处理与清算有关的合伙企业未了事务

C. 处理合伙企业清偿债务后的剩余财产

D. 代表合伙企业参加诉讼

答案 ABCD

【例题4·单选题】★根据合伙企业法律制度的规定，下列关于合伙企业财产的表述中，正确的是（ ）。

A. 合伙人在合伙企业清算前私自转移合伙企业财产的，合伙企业不得以此对抗善意第三人

B. 合伙人以土地使用权出资需要评估作价的，不得由合伙人自行协商确定

C. 合伙企业的原始财产是全体合伙人实际缴纳的财产

D. 合伙企业清算时，其财产首先用于缴纳所欠税款

解析 选项B：合伙人以实物、知识产权、土地使用权或者其他财产权利出资，需要评估作价的，可以由全体合伙人协商确定，也可以由全体合伙人委托法定评估机构评估。选项C：合伙企业的原始财产是全体合伙人认缴的财产。选项D：合伙企业的财产首先用于支付合伙企业的清算费用。

答案 A

【例题5·单选题】★张某、李某、刘某共同出资设立的甲普通合伙企业（下称甲企业），经全体合伙人一致同意决定解散。清算过程中，甲企业的财产及其合伙人的财产不足以清偿合伙企业的债务。清算结束后，下列关于甲企业可否注销及其剩余债务解决方法的表述中，符合合伙企业法律制度规定的是（ ）。

A. 可以注销甲企业，剩余债务由张某、李某、刘某承担无限连带责任

B. 不能注销甲企业，债权人在清算结束后连续5年内，享有继续请求清偿的权利

C. 不能注销甲企业，剩余债务由张某、李某、刘某承担无限连带责任

D. 可以注销甲企业，剩余债务不再清偿

解析 合伙企业注销后，原普通合伙人对合伙企业存续期间的债务仍应承担无限连带责任。

答案 A

积粮筑墙

扫我做试题

一、单项选择题

1. 根据合伙企业法律制度的规定，关于普通合伙企业设立的下列表述中，正确的是（　　）。
   A. 合伙协议可以采取口头形式
   B. 合伙人只能为自然人
   C. 合伙企业名称应当标有"普通合伙"字样
   D. 合伙人以实物出资，需要评估作价的，必须由全体合伙人协商确定

2. M普通合伙企业成立时，下列各项中，能成为合伙人的是（　　）。
   A. 上市公司甲
   B. 年满16周岁的高中生赵某
   C. 国有企业乙
   D. 3个月前刑满释放的孙某

3. 赵某、钱某、孙某、侯某四人共同出资设立了一家有限合伙企业经营餐厅，其中赵某是普通合伙人，其他三人为有限合伙人。四人在合伙协议中未对下列事项作特别约定，则下列行为中不符合法律规定的是（　　）。
   A. 赵某以合伙企业的名义向某物业租赁一层房屋作为餐厅的店面
   B. 钱某将自家一辆二手面包车以3万元的价格出售给该有限合伙企业
   C. 孙某设立一家个人独资企业经营火锅店
   D. 侯某代表合伙企业与B公司签订了一份餐具采购合同

4. 赵某、钱某、孙某、李某共同出资设立一有限合伙企业，赵某、钱某、孙某为普通合伙人，李某为有限合伙人。执行事务合伙人赵某提议接收侯某为新合伙人，钱某、孙某同意，李某反对。该合伙企业的合伙协议对新合伙人入伙的表决办法未作约定。则下列表述中，正确的是（　　）。
   A. 赵某作为执行合伙事务的合伙人有权自行决定接收新合伙人侯某入伙
   B. 经全体合伙人过半数同意侯某可以入伙
   C. 经普通合伙人一致同意侯某可以入伙
   D. 未经全体合伙人一致同意侯某不得入伙

5. 赵某是某普通合伙企业的合伙人，该合伙企业的合伙协议未约定合伙期限，现赵某希望退伙，在不给合伙企业事务执行造成不利影响的情况下，下列说法中正确的是（　　）。
   A. 赵某退伙需经其他合伙人一致同意
   B. 赵某退伙需经其他合伙人过半数同意
   C. 赵某退伙应提前30天通知其他合伙人
   D. 赵某退伙应提前15天通知其他合伙人

6. 根据合伙企业法律制度的规定，新入伙的有限合伙人对入伙前合伙企业的债务责任承担的下列说法中，正确的是（　　）。
   A. 不承担责任
   B. 以认缴的出资额承担责任
   C. 以实缴的出资额承担责任
   D. 以取回的财产为限承担责任

7. 赵某是甲合伙企业执行合伙事务的合伙人，甲企业经营不善，几位合伙人决定解散该合伙企业并成立了清算组，在处置合伙企业财产时，清算组登记在册的一台摄像机不见了，经查是前几日赵某私下以5 000元的价格将其出售给了侯某。侯某对此并不知情，双方签订了合同，该摄像

169

机已经交付给了侯某。则下列说法中正确的是( )。

A. 赵某与侯某的合同有效，合伙企业的损失可以向侯某追偿

B. 赵某与侯某的合同无效，合伙企业的损失应当向赵某追偿

C. 赵某与侯某的合同无效，合伙企业可以向侯某追回该摄像机，侯某的损失由赵某承担

D. 赵某与侯某的合同有效，合伙企业的损失应当向赵某追偿

二、多项选择题

1. 赵某、侯某、甲国有独资公司拟成立一合伙企业，则下列说法中正确的有( )。

   A. 该合伙企业最多可以有50个合伙人

   B. 赵某或侯某至少要有一人为普通合伙人

   C. 若侯某选择成为有限合伙人则其可以以劳务出资

   D. 甲国有独资公司有权查阅该合伙企业的财务会计报告

2. 赵某、钱某、孙某、侯某四人共同出资设立了一家普通合伙企业，四人约定由赵某和侯某执行的合伙事务，钱某和孙某不执行合伙事务，则钱某和孙某行使的下列权利中符合法律规定的有( )。

   A. 钱某有权对外代表该合伙企业

   B. 孙某有权对赵某和侯某执行的合伙事务进行监督

   C. 钱某有权对赵某执行的合伙事务提出异议

   D. 赵某不按照合伙协议约定执行合伙事务，其他合伙人有权决定撤销对其执行合伙事务的委托

3. 赵某是某有限合伙企业的有限合伙人，赵某的下列行为不视为执行合伙事务的有( )。

   A. 建议该合伙企业投资房地产市场

   B. 参与决定普通合伙人侯某的入伙事宜

   C. 参与选择审计该合伙企业的会计师事务所

   D. 为该合伙企业向银行贷款提供担保

4. 赵某、钱某是甲有限合伙企业的普通合伙人，孙某、李某是有限合伙人，四人认缴的出资额均为10万元，均已足额缴纳。2020年3月10日，赵某转为有限合伙人，李某转为普通合伙人。2021年10月，该合伙企业经营不善，在清算时发现，合伙企业无力偿还的欠款包括：(1)欠乙企业80万元，是2020年2月的购货款；(2)欠丙银行100万元，是2020年6月的贷款，则下列说法中正确的有( )。

   A. 乙企业可以要求赵某、钱某、李某承担无限连带责任

   B. 孙某应以在合伙企业的财产份额为限对乙企业的债务承担责任

   C. 丙银行可以要求赵某、钱某、李某承担无限连带责任

   D. 赵某、孙某对丙银行的债务以在合伙企业中的财产份额为限承担责任

5. 赵某、钱某是甲有限合伙企业的普通合伙人，孙某、李某是有限合伙人，四人认缴的出资额均为10万元，均已足额缴纳。2020年3月10日，钱某、孙某退伙，各从合伙企业分得20万元。2021年10月，该合伙企业经营不善，在清算时发现，合伙企业无力偿还的欠款包括：(1)欠乙企业80万元，是2020年2月的购货款；(2)欠丙银行100万元，是2020年6月的贷款，则下列说法中正确的有( )。

   A. 乙企业只能要求赵某承担无限连带责任

   B. 孙某以退伙时从合伙企业取回的财产为限对乙企业的债务承担责任

   C. 丙银行可以要求赵某、钱某承担无限连带责任

   D. 钱某、孙某对丙银行的债务不承担责任

6. 赵某是甲有限合伙企业的普通合伙人，钱

某是有限合伙人,二人认缴的出资额均为10万元,均已足额缴纳。2020年3月10日,孙某入伙成为普通合伙人,李某入伙成为有限合伙人,认缴的出资额均为10万元。2021年10月,该合伙企业经营不善,在清算时发现,合伙企业无力偿还的欠款包括:(1)欠乙企业80万元,是2020年2月的购货款;(2)欠丙银行100万元,是2020年6月的贷款,则下列说法中正确的有( )。

A. 乙企业可以要求赵某、孙某承担无限连带责任

B. 孙某、李某对乙企业的债务不承担责任

C. 丙银行可以要求赵某、孙某承担无限连带责任

D. 李某对丙银行的债务以认缴的出资额为限承担责任

7. 赵某、钱某、孙某共同出资设立甲普通合伙企业,赵某因其子小赵出国留学,向朋友侯某借款20万元,侯某要求其提供担保,赵某拟以其在合伙企业中的财产份额出质。下列说法中正确的有( )。

A. 赵某在合伙企业中的财产份额是其个人财产,可以直接出质,无须经钱某、孙某二人同意

B. 赵某以在合伙企业中的财产份额出质必须经钱某、孙某二人同意

C. 未经钱某、孙某二人同意,赵某的出质行为无效

D. 未经钱某、孙某二人同意,赵某的出质行为给善意第三人造成损失应当承担赔偿责任

8. 有限合伙企业中作为自然人的有限合伙人发生下列情形时,当然退伙的有( )。

A. 死亡

B. 丧失偿债能力

C. 丧失民事行为能力

D. 在合伙企业中的全部财产份额被人民法院强制执行

9. 某普通合伙企业的下列事项中,除合伙协议另有约定外,需要经全体合伙人一致同意的有( )。

A. 合伙人赵某提议,重新装修办公场所

B. 合伙人钱某提议,以合伙企业的厂房为其他企业提供抵押担保

C. 合伙人孙某提议,转让合伙企业的某项专利技术

D. 合伙人侯某提议,聘任合伙人以外的罗某担任合伙企业的经营管理人员

10. 甲、乙、丙、丁为某普通合伙企业的合伙人。除合伙协议另有约定外,该合伙企业发生的下列事项中,需要经全体合伙人一致同意的有( )。

A. 甲向乙转让其在合伙企业的财产份额

B. 丙向赵某转让其在合伙企业的财产份额

C. 丁死亡,其子小丁为完全民事行为能力人,希望继承丁在合伙企业中的份额,成为普通合伙人

D. 丁死亡,其子小丁为限制民事行为能力人,希望继承丁在合伙企业中的份额,成为有限合伙人

11. 赵某、钱某和孙某共同出资设立一普通合伙企业,赵某认缴的出资额为5万元,但其并未履行出资义务,钱某和孙某决定将赵某除名,则下列说法中正确的有( )。

A. 将赵某除名必须经钱某和孙某一致同意

B. 除名决议自作出之日起生效

C. 除名决议应当以书面形式通知赵某

D. 赵某被除名的,对退伙前的合伙企业债务以退伙时从合伙企业取回的财产为限承担责任

12. 赵某、钱某、孙某、侯某四位注册会计师共同出资设立特殊普通合伙制的会计师事务所,在执业过程中,赵某、侯某因重大过失给事务所造成债务10万元,钱某、孙某因轻微过失给事务所造成债

务 20 万元，则以上债务的责任承担符合法律规定的有( )。

A. 赵某、侯某造成的债务由二人承担无限连带责任，钱某、孙某不承担责任

B. 赵某、侯某造成的债务由二人承担无限连带责任，钱某、孙某以其在合伙企业中的财产份额为限承担有限责任

C. 钱某、孙某造成的债务由二人承担无限连带责任，赵某、侯某以其在合伙企业中的财产份额为限承担有限责任

D. 钱某、孙某造成的债务由全体合伙人承担无限连带责任

13. 甲、乙、丙、丁、戊共同出资设立 M 有限合伙企业，甲、乙、丙为普通合伙人，丁、戊为有限合伙人。丁未经授权以合伙企业的名义与善意的 N 公司进行交易，对该笔交易的下列表述中正确的有( )。

A. N 公司可以要求 M 企业承担合同责任

B. 若 M 企业的全部财产不足以清偿合同债务，则 N 公司可以要求全体合伙人承担无限连带责任

C. 若 M 企业的全部财产不足以清偿合同债务，则 N 公司可以要求丁承担无限连带责任

D. 该笔交易对 M 企业造成的损失应当由丁承担赔偿责任

14. 发生下列情形，有限合伙企业应予解散的有( )。

A. 仅剩有限合伙人

B. 仅剩普通合伙人

C. 依法被吊销营业执照

D. 全体合伙人决定解散

15. 赵某、钱某、孙某、侯某为普通合伙企业的合伙人，现全体合伙人一致同意解散该合伙企业，下列关于合伙企业清算的说法中，正确的有( )。

A. 清算人可以由四位合伙人共同担任

B. 指定赵某和侯某为清算人，必须经全体合伙人一致同意

C. 若自全体合伙人一致同意解散之日起 15 日内未确定清算人，任一合伙人均可申请人民法院指定清算人

D. 清算组成立后，应通知债权人并予以公告，债权人如未接到通知书，应自公告之日起 60 日内，向清算人申报债权

三、判断题

1. 赵某、钱某、孙某设立甲普通合伙企业，约定损益的分配和分担比例为 4∶3∶3。该企业欠侯某 5 万元，无力清偿。债权人侯某要求赵某清偿 5 万元欠款，根据约定的损益分担比例，赵某可以拒绝该请求而只承担 2 万元的清偿责任。( )

2. 有限合伙企业合伙协议可以约定合伙企业成立后第一年的利润全部分给普通合伙人，不分给有限合伙人。( )

3. 有限合伙企业合伙协议可以约定由全体普通合伙人承担合伙企业的亏损，有限合伙人不承担合伙企业的亏损。( )

4. 普通合伙企业合伙协议可以约定普通合伙人可以从事与本企业相竞争的业务。( )

四、主观题

(一)历年试题

1. ☆(简答题)2019 年 4 月，陈某、王某、李某、黄某共同出资设立甲有限合伙企业(以下简称"甲企业")。其中，陈某、王某为普通合伙人，李某、黄某为有限合伙人。

2019 年 5 月，为扩大经营规模，甲企业向乙公司借款 50 万元。借款合同约定：借款期限为 1 年；年利率为 18%。

2020 年 1 月，经其他合伙人一致同意，李某退伙，从甲企业取回财产 5 万元。

2020 年 3 月，经其他合伙人一致同意，王某转变为有限合伙人，黄某转变为普通合伙人。

2020 年 5 月，借款期限届满，甲企业无力清偿借款本息。乙公司请求陈某、王某、李某、黄某对该债务承担无限连带责任。

王某抗辩称：自己已转变为有限合伙人，只需以自己在甲企业的财产份额为限承担责任；

李某抗辩称：自己已经退伙，对该债务无须承担责任；

黄某抗辩称：借款债务发生在自己作为有限合伙人期间，自己仅需以当时的出资额为限承担责任。

要求：根据上述资料和合伙企业法律制度的规定，不考虑其他因素，回答下列问题。

(1)王某的抗辩是否成立？简要说明理由。

(2)李某主张自己无须对借款债务承担责任是否符合法律规定？简要说明理由。

(3)黄某的抗辩是否成立？简要说明理由。

2. ☆(简答题)李某、王某、林某、郑某于2017年12月共同出资设立甲有限合伙企业(以下简称"甲企业")，合伙协议约定：李某为普通合伙人；王某、林某、郑某为有限合伙人；李某执行合伙企业事务。合伙协议对有限合伙人的权利未作限制性约定。

2019年甲企业发生下列事项：

(1)1月，王某未经其他合伙人同意，将其在甲企业中的财产份额出质给乙商业银行，借款20万元。

(2)3月，李某发现林某投资设立了一个一人有限责任公司，从事与甲企业同类的业务，挤占了甲企业的市场份额。李某要求林某不得从事与甲企业相竞争的业务，遭到林某拒绝。

(3)4月，郑某因个人原因退伙，从甲企业取得退伙结算财产5万元。8月，丙公司要求甲企业偿还2018年12月所欠的到期货款30万元。因无力清偿，甲企业要求郑某承担其中5万元的债务。郑某以其已经退伙为由拒绝。

要求：根据上述资料和合伙企业法律制度的规定，不考虑其他因素，回答下列问题。

(1)王某将其在甲企业中的财产份额出质给乙商业银行是否合法？简要说明理由。

(2)李某要求林某不得从事与甲企业相竞争的业务是否合法？简要说明理由。

(3)郑某拒绝承担5万元债务是否合法？简要说明理由。

3. ☆(简答题)2013年5月，张某、王某、李某共同出资设立了甲普通合伙企业(以下简称"甲企业")，合伙协议约定由张某执行合伙企业事务，且约定超过10万元的支出张某无权自行决定。合伙协议就执行合伙事务其他事项未作特别约定。

2014年3月，张某的朋友刘某拟从银行借款8万元，请求张某为其提供担保。张某自行决定以甲企业的名义为刘某提供了担保。

2015年4月，张某以甲企业的名义与赵某签订一份买卖合同，价款为15万元。合同签订后，甲企业认为该合同是张某超越权限订立的合同，合同无效。赵某向法院起诉，经查：赵某知悉张某超越合伙协议对其权限的限制，签订了该合同。

王某、李某认为张某签订买卖合同的行为不妥，决定撤销张某对外签订合同的资格。

要求：根据上述资料和合伙企业法律制度的规定，回答下列问题。

(1)张某是否有权自行决定以合伙企业的名义为刘某提供担保？简要说明理由。

(2)甲企业主张买卖合同无效是否成立？简要说明理由。

(3)王某、李某是否有权撤销张某对外签订合同的资格？简要说明理由。

(二)练习题

(综合题)中国公民田某、张某、宫某和朱某四人，于2020年11月11日投资设立A有限合伙企业，合伙协议约定：朱某为有限合伙人，其余三人均为普通合伙人，合伙企业事务由田某、张某和宫某共同执行，朱某不执行合伙企业事务，也不对外代表合伙企业。除此之外,合伙协议就执行合伙事务其他事项未作特别约定。

A企业主要经营咖啡店,随着业务的扩大,A企业又分别设立了2家分店,田某和宫某分别负责分店经营。A企业经营过程中,陆续出现下列问题:

(1)甲分店店长宫某设立了另外一家从事贸易的个人独资企业,宫某在张某、田某和朱某均不知情的情况下,以自己的名义与分店签订了一年的咖啡豆供应合同。

(2)乙分店店长田某擅自与亲戚合开了一家咖啡店,并任经理,主要工作精力转移。乙分店经营状况不佳。

(3)朱某另外经营一家从事工艺品生产的个人独资企业。某日,A企业因急需更新餐具,张某与朱某协商,代表A企业与朱某个人签订了购买工艺品餐具的合同,田某和宫某对此交易均不知情。

(4)朱某、田某分别以个人在A企业中的财产份额为自己向银行的贷款提供质押担保,由于忙于经营,张某和宫某对两笔担保事项均不知情。

2021年底,因合伙企业经营不善,拟引入新的投资,经协商,赵某同意以普通合伙人的身份入伙,并在合伙协议中与田某等四人约定,对入伙前的债务不承担责任。

要求:根据以上资料及有关规定,回答下列问题。

(1)甲分店店长宫某的行为是否违反法律规定?简要说明理由。

(2)乙分店店长田某是否可以另外设立一家咖啡店?简要说明理由。

(3)朱某与A企业进行交易是否合法?简要说明理由。

(4)朱某以个人在A企业中的财产份额为自己向银行的贷款提供质押担保的行为是否有效?简要说明理由。

(5)田某以个人在A企业中的财产份额为自己向银行的贷款提供质押担保的行为是否有效?简要说明理由。

(6)赵某入伙时与田某等四人在合伙协议中的约定是否符合法律规定?简要说明理由?

积粮筑墙答案及解析

一、单项选择题

1. C 【解析】选项A,合伙协议依法由全体合伙人协商一致,以书面形式订立;选项B,合伙人可以是自然人,也可以是法人或者其他组织;选项D,合伙人以实物出资,需要评估作价的,可以由全体合伙人协商确定,也可以由全体合伙人委托法定评估机构评估。

2. D 【解析】选项A、C,国有独资公司、国有企业、上市公司以及公益性的事业单位、社会团体不得成为普通合伙人;选项B,无民事行为能力人和限制民事行为能力人不得成为普通合伙人。

3. D 【解析】选项D,侯某属于有限合伙人,不执行合伙事务,不得对外代表有限合伙企业。

4. D 【解析】根据规定,新合伙人入伙,除合伙协议有约定外,应当经全体合伙人一致同意,并依法订立书面入伙协议。

5. C 【解析】合伙协议未约定合伙期限的,合伙人在不给合伙企业事务执行造成不利影响的情况下,可以退伙,但应当提前30日通知其他合伙人。

6. B 【解析】新入伙的有限合伙人对入伙前有限合伙企业的债务,以其认缴的出资额为限承担责任。

7. D 【解析】合伙人在合伙企业清算前私

自转移或者处分合伙企业财产的，合伙企业不得以此对抗善意第三人。

二、多项选择题

1. ABD 【解析】选项 C，有限合伙人不得以劳务出资。
2. BD 【解析】选项 A，执行事务的合伙人对外代表合伙企业；选项 C，对执行事务提出异议的应当是共同执行合伙事务的其他合伙人。
3. ABCD 【解析】选项 A、B、C、D 均不视为执行合伙事务。
4. ABD 【解析】选项 C，丙银行的债务是发生在赵某转为有限合伙人之后，因此赵某承担有限责任。
5. BD 【解析】选项 A，乙企业的债务是在钱某、孙某退伙之前发生的，赵某、钱某应对乙企业的债务承担无限连带责任；选项 C，丙银行的债务是在钱某、孙某退伙之后发生的，故钱某和孙某对丙银行的债务不承担责任。
6. ACD 【解析】新入伙的普通合伙人对入伙前合伙企业的债务承担无限连带责任。新入伙的有限合伙人，对其入伙前合伙企业发生的债务，以其认缴的出资额为限承担责任。
7. BCD 【解析】普通合伙人以其在合伙企业中的财产份额出质的，须经其他合伙人一致同意；未经其他合伙人一致同意的，其行为无效，由此给善意第三人造成的损失，由行为人依法承担赔偿责任。
8. AD 【解析】选项 B、C，不会导致有限合伙人的退伙。
9. BCD 【解析】选项 A，改变合伙企业的经营范围、主要经营场所的地点，须经全体合伙人一致同意。
10. BC 【解析】选项 A，合伙人之间转让财产份额的，应当通知其他合伙人，无须经其他合伙人同意；选项 D，属于法定的必须一致同意的事项，不能由合伙协议进行约定。
11. AC 【解析】选项 B，除名决议应当书面通知被除名人，被除名人接到除名通知之日，除名生效，被除名人退伙；选项 D，赵某是普通合伙人，其应对其退伙之前合伙企业发生的债务承担无限连带责任。
12. BD 【解析】选项 A，特殊的普通合伙企业中一个合伙人或者数个合伙人在执业活动中因故意或者重大过失造成合伙企业债务的，应当承担无限责任或者无限连带责任，其他合伙人以其在合伙企业中的财产份额为限承担责任；选项 C，合伙人在执业活动中非因故意或者重大过失造成的合伙企业债务以及合伙企业的其他债务，由全体合伙人承担无限连带责任。
13. ACD 【解析】选项 B，戊属于有限合伙人，并且没有违反规定，所以不需要承担无限连带责任。
14. ACD 【解析】选项 B，应当转为普通合伙企业。
15. AC 【解析】选项 B，经全体合伙人过半数同意，可以自合伙企业解散事由出现后 15 日内指定一个或者数个合伙人，或者委托第三人，担任清算人；选项 D，债权人应当自接到通知书 30 日内，未接到通知书的自公告之日起 45 日内，向清算人申报债权。

三、判断题

1. × 【解析】合伙人之间约定的损益分配的比例属于内部约定，不得对抗外部的债权人。
2. √
3. × 【解析】有限合伙企业合伙人可以约定将全部利润分配给部分合伙人，但不得约定由部分合伙人承担合伙企业的全部亏损。
4. × 【解析】合伙人不得自营或者与他人合作经营与合伙企业相竞争的业务。

四、主观题

(一) 历年试题

历年主观题考点提要

考点			年份
合伙企业事务执行	合伙事务执行人		2010年
	执行事务合伙人的权利限制		2020年、2016年
	决议办法	以合伙企业的名义对外提供担保	2016年
		聘请非合伙人担任经营管理人员	2006年
		新合伙人入伙	2006年
	不执行合伙事务合伙人的权利		2016年、2006年
	有限合伙人不视为执行合伙事务的情形		2010年
同业竞争	有限合伙人		2019年
份额出质	有限合伙人		2019年、2014年
损益分配	有限合伙企业约定将全部利润分配给部分合伙人		2010年
入伙责任	普通合伙人		2020年
退伙责任	普通合伙人		2020年、2014年
	有限合伙人		2020年、2019年
身份转换	有限合伙人转为普通合伙人后的责任承担		2020年、2014年
	普通合伙人转为有限合伙人后的责任承担		2020年
债务清偿	合伙人个人债务的清偿		2006年、2005年

1. 【答案】

(1) 王某的抗辩不成立。

根据规定，普通合伙人转变为有限合伙人的，对其作为普通合伙人期间合伙企业发生的债务承担无限连带责任。

本题中，王某于2020年3月转为有限合伙人，甲企业欠乙公司的债务发生于2019年5月王某为普通合伙人期间，王某应当承担无限连带责任。

(2) 李某主张自己无须对借款债务承担责任不符合法律规定。

根据规定，有限合伙人退伙后，对基于其退伙前的原因发生的有限合伙企业债务，以其退伙时从有限合伙企业中取回的财产承担责任。

本题中，李某于2020年1月退伙，甲企业欠乙公司的债务发生于2019年5月，属于退伙前的债务。

(3) 黄某的抗辩不成立。

根据规定，有限合伙人转变为普通合伙人的，对其作为有限合伙人期间有限合伙企业发生的债务承担无限连带责任。

本题中，黄某在债务发生时虽然是有限合伙人，但其后来转变成普通合伙人，所以对其作为有限合伙人期间有限合伙企业发生的债务也应承担无限连带责任。

2. 【答案】

(1) 王某将其在甲企业中的财产份额出质给乙商业银行合法。

根据规定，有限合伙人可以将其在有限合伙企业中的财产份额出质；但是，合伙协议另有约定的除外。

本题中，合伙协议对有限合伙人的权利未作限制性约定，所以有限合伙人可以将其在有限合伙企业中的财产份额出质。

（2）李某要求林某不得从事与甲企业相竞争的业务不合法。

根据规定，有限合伙人可以自营或者同他人合作经营与本有限合伙企业相竞争的业务；但是，合伙协议另有约定的除外。

本题中，合伙协议对有限合伙人的权利未作限制性约定，所以有限合伙人可以从事与合伙企业相竞争的业务。

（3）郑某拒绝承担5万元债务不合法。

根据规定，有限合伙人退伙后，对基于其退伙前的原因发生的有限合伙企业债务，以其退伙时从有限合伙企业中取回的财产承担责任。

3.【答案】

（1）张某无权自行决定以合伙企业名义为刘某提供担保。

根据规定，以合伙企业名义为他人提供担保，应当经全体合伙人一致同意，合伙协议另有约定除外。

本题中，合伙协议对此没有约定，那么应当经全体合伙人一致同意才能以合伙企业名义为刘某提供担保。

（2）甲企业主张买卖合同无效成立。

根据规定，合伙企业对合伙人执行合伙事务以及对外代表合伙企业权利的限制，不得对抗善意第三人。

本题中，合同对方当事人赵某是知情人，不是善意第三人，所以合伙企业可以主张合同无效。

（3）王某、李某有权撤销张某对外签订合同的资格。

根据规定，受委托执行合伙事务的合伙人不按照合伙协议或者全体合伙人的决定执行事务的，其他合伙人可以决定撤销该委托。

（二）练习题

【答案】

（1）甲分店店长宫某的行为不符合规定。

根据规定，除合伙协议另有约定或者经全体合伙人一致同意外，普通合伙人不得同本合伙企业进行交易。

本题中，宫某为普通合伙人，在合伙协议未约定，并在未经全体合伙人一致同意的情况下，不能与A企业签订合同进行交易。

（2）乙分店店长田某不得另外再设立咖啡店。

根据规定，普通合伙人不得自营或者同他人合作经营与本合伙企业相竞争的业务。

本题中，田某为普通合伙人，不能开展与A企业相竞争的经营业务。

（3）朱某与A企业进行交易合法。

根据规定，有限合伙人可以同本有限合伙企业进行交易；但是，合伙协议另有约定的除外。

本题中，合伙协议中并未对此类业务进行约定，朱某作为有限合伙人是可以与本企业进行交易的。

（4）朱某以个人在A企业中的财产份额为自己向银行的贷款提供质押担保的行为有效。

根据规定，有限合伙人可以将其在有限合伙企业中的财产份额出质；但是，合伙协议另有约定的除外。

本题中，A企业的合伙协议中未约定，作为有限合伙人的朱某可以用自己在合伙企业中的财产份额进行出质。

（5）田某以个人在A企业中的财产份额为自己向银行的贷款提供质押担保的行为无效。

根据规定，普通合伙人以其合伙企业中的财产份额出质的，须经其他合伙人一致同意；未经其他合伙人一致同意，其行为无效，由此给善意第三人造成损失的，由行为人依法承担赔偿责任。

本题中，作为普通合伙人的田某在未经其他合伙人一致同意情况下提供的质押无效。

（6）赵某入伙时与田某等四人在合伙协议中的约定符合法律规定。

根据规定，入伙的新合伙人与原合伙人享有同等权利，承担同等责任；入伙协议另有约定的，从其约定。

第四关 "偏头关"——物权法律制度

战略分析

雄关万道，偏关为屏。正所谓"隘口明墙曾入梦，偏关厚土总关情"。一如本关，作为"经济法"考生魂牵梦绕的一关，终于2022年凤鸣九天。

本关虽然是新设关隘，但守军占比可能达12%~15%，本关守将可谓人才济济，"物权公示、善意取得、共有"等皆有争位之能，常年征战于主观题战场的"抵押权"亦是实至名归的本关主将。偏关主将（物权）与雁门镇守（合同）为"通家之好"，在主观题战场上"孟不离焦，焦不离孟"，与合同相比物权的法条更加晦涩，理解难度更大，想克此关需多思多练。

最近3年题型题量

题型	2021年			2020年			2019年	
	卷3	卷2	卷1	卷3	卷2	卷1	卷2	卷1
单选题	—	—	1题1分	1题1分	—	—	—	—
多选题	—	—	—	—	—	—	1题2分	—
判断题	1题1分	—	—	1题1分	—	—	—	—
简答题	—	—	—	—	1/6题2分	—	—	—
综合题	—	—	—	—	—	—	—	0.5题6分
合计	1题1分	—	1题1分	2题2分	1/6题2分	—	1题2分	0.5题6分

【说明】本章分值为从原合同法中分拆而来，因2021年以前不独立成章，故无太多参考价值。

2022年本关调动

1. 非"担保物权"部分

本关为新增章节，除"担保物权"外的其他内容，包括"物权法通则、所有权、用益物权、占有"均为新增内容。

2. "担保物权"部分根据担保司法解释新增、调整多项内容

变动方向		具体内容	对考试影响
新增	概述	担保物权的特性、担保合同无效的情形	★
	抵押	不得设立抵押的财产中，关于善意取得抵押权，和以查封、扣押、监管财产设定抵押的相关规定	★
		建筑物、建设用地使用权抵押的相关规定	★★
		抵押权效力是否及于从物的相关规定	★★

续表

变动方向		具体内容	对考试影响
新增	抵押	抵押权人能否请求给付义务人向其给付代位物的规定	★
		租赁合同对未登记抵押权的效力	★★★
		抵押人违反约定转让抵押物的相关规定	★★★
		动产抵押登记对抗的具体规定	★★
		动产抵押正常买受人规则的具体规定	★★★
		价款债权抵押权在浮动抵押中的适用	★★★
		抵押权实现中，担保物权人自行拍卖担保物的相关规定	★
		主债权诉讼时效在抵押权中的适用	★
	质押	动产质权在质物于第三方监管下的效力	★
		以汇票、仓单、应收账款质押的具体规定	★★★
	留置	留置第三人动产的具体适用	★
		企业间留置非同一法律关系动产的具体适用	★
调整		流押条款	★

攻城略地

第一部分　物权基础

守将一、物权（★★）

（一）物权的概念

物权是权利人依法对"特定的""物"享有"直接支配"和"排他"的权利，包括"所有权、用益物权和担保物权"。

（二）物权的客体——"物"

1. 物权客体的特征

（1）物应当具有客观物质性（有体性）

『老侯提示1』　行为、智力成果不属于物权客体，权利通常不属于物权客体（如股权）。

『老侯提示2』　在法律特别规定情形中，权利可成为物权的客体（如在股权上设定质权）。

（2）物可为人们支配和使用（可支配性）

『老侯提示』　不能被人类所支配的（如日月星辰）对人类无使用价值的（如废气、废水等污染物）均不属于物权客体。

（3）活人的身体并不属于物（非人格性）

『老侯提示』　活人的身体包括未脱离人体的器官、血液等均不属于物权客体；遗体，脱离人体后的毛发、血液、器官等可以成为物权客体。

2. 物的分类

（1）动产与不动产——能否移动且是否因移动而损害其价值

动产与不动产见表4-1。

表 4-1　动产与不动产

类别		具体内容
动产	普通动产	桌子、手机、书本
	特殊动产	汽车、船舶、航空器 『老侯提示』特殊动产的抵押权具有"公示对抗"的属性
不动产		土地、建筑物、构筑物、在建房屋、纪念碑、林木、矿藏、海域、水库、停车位、停车库等

(2) 主物与从物——主从关系

①构成主物与从物关系的判定。

"同属一人所有"的两个"独立"存在的物，结合起来才能发挥效用。

【举例】机器与维修工具、电视机与遥控器构成主物与从物关系；电视机与显示屏、老赵的电视机与老侯的遥控器均不构成主从物关系。

②主物与从物的区分。

主物：独立存在，与他物结合使用中有主要效用的物。

从物：两个独立物结合使用中处于附属地位、起辅助和配合作用的物。

『老侯提示』主物脱离从物而使用通常不受太大影响，从物脱离主物几乎失去使用价值。

③区分主物、从物的意义。

除非法律有特别规定或当事人另有约定，对于主物的处分，及于从物。

(3) 原物与孳息——产生、新物、并存

①孳息的判定。

【举例】母鸡→鸡蛋→小鸡：

母鸡肚子中的鸡蛋与母鸡之间属于整体和部分的关系，此时的鸡蛋并非独立存在的新物，不属于孳息；

母鸡下的鸡蛋，是母鸡产出的、独立存在的新物，与原物母鸡并存，与母鸡之间构成原物与孳息关系；

鸡蛋孵出小鸡后消灭，二者不能并存，鸡蛋与小鸡不属于原物和孳息的关系。

②孳息的分类及意义。

孳息的分类及意义见表 4-2。

表 4-2　孳息的分类及意义

分类		考点
天然孳息	判定	果实、动物的出产物及其他按照物的使用方法所获得的出产物
	举例	香蕉、鸡蛋等
	归属	约定→所有权人→既有所有权人又有用益物权人的，由"用益物权人"取得
法定孳息	判定	原物依法律关系所获得的物
	举例	利息、股利、租金等
	归属	约定→交易习惯

【例题1·单选题】根据物权法律制度的规定，下列各项中，属于物权的客体的是(　　)。

A. 太阳　　　　B. 星星
C. 月亮　　　　D. 海域

解析　作为物权客体的物，是指人们能够支配和利用的物质实体和自然力，选项 A、B、C 不能为人力所支配。　答案　D

【例题2·单选题】根据物权法律制度的规定，下列各项中，属于动产的是(　　)。

A. 房屋　　　　B. 林木
C. 矿藏　　　　D. 船舶

解析　选项 A、B、C 属于不动产。

答案　D

【例题3·多选题】根据物权法律制度的规定,下列各项中属于主物与从物的有( )。

A. 机器及其维修工具
B. 母牛及其腹中的幼崽
C. 树木及刚摘下的果实
D. 汽车及其备胎

解析 选项A、D,依据两个独立存在的物在用途上客观存在的主从关系,可分为主物和从物。选项B,幼崽还没有出生只是一个物;选项C,摘下的果实,这是原物与孳息的关系。 答案 AD

【例题4·单选题】下列各项中,属于天然孳息的是( )。

A. 鸽子产下的鸽子蛋
B. 出租房屋所得租金
C. 破壳而出的丑小鸭
D. 山楂树树上的山楂

解析 选项B,法定孳息。选项C,鸭蛋本身不复存在,不符合原物出产新物的关系,所以丑小鸭不是鸭蛋的孳息。选项D,山楂未与山楂树分离,属于山楂树的一部分。 答案 A

(三)物权的特征(即与债权的区别)

物权的特征见表4-3。

表4-3 物权的特征

	物权		债权
支配权	物权人对于标的物的支配,"无须他人意思或行为介入"即可实现	请求权	需要债务人的履行行为予以配合
排他性(一物一权)	同一标的物上不得存在两个或两个以上"不相容"的物权,尤其是两个或两个上的"所有权"	兼容性	当事人可以就同一标的物签订多重买卖合同,合同均可以有效
客体具有特定性	物权只存在于特定的一物之上	客体不特定	债权的客体为给付行为,并非特定于一物
对世权(绝对性)	物权的义务人是物权人之外不特定的所有其他人,其他人需承担尊重、不侵害物权人对物支配的消极不作为义务	对人权(相对性)	只能对抗债务人

【思考1】赵某夫妇婚后购买一栋房屋,不动产权证书登记的所有权人为夫妻二人姓名,是否说明同一标的物上可以存在两个所有权?

【答案】不是。注意区别"所有权"和"所有权人",同一标的物只能存在一个所有权,但可以存在多个所有权人,上述行为房屋物权为夫妻二人共同共有。

【思考2】赵某夫妇将自己所有的一栋价值500万元的房屋,抵押给甲银行贷款100万元,后又因生意需要,将该房屋抵押给乙银行贷款200万元。上述情形是否属于物权排他性的例外?

【答案】"所有权"与"抵押权""抵押权"与"抵押权"均不属于"不相容"的物权,可以同时存在于一物之上。

(1)赵某作为房屋所有权人处分该房屋时,并不影响房屋之上已经设立的抵押权。

(2)赵某到期不能偿还债务,抵押财产被依法拍卖、变卖的,各抵押权人(甲、乙银行)应当按照公示(登记)顺序受偿。

【思考3】赵某拥有一祖传名画"诸葛亮借东风",高某垂涎已久几经恳求赵某终于同意转让,双方签订了买卖合同,高某向赵某转账支付300万元,并约定隔日取画。当晚,赵某整理画卷时,恰有朋友郭某上门,一眼相中该画,愿以500万元购得,赵某遂与之签订买卖合同,并将该画交付郭某。上述案例中,两份买卖合同是否有效?谁拥有名画的所有权?权利受侵害的一方如何维权?

答案 (1)债权具有兼容性,因此赵某与高某、赵某与郭某签订的买卖合同均有效。

(2)物权具有特定性,一个标的物只能设定一个所有权,根据物权公示原则,动产(名画)公示(交付)于郭某,则郭某取得该画卷的所有权。

(3)债权具有相对性是对人权,因此权利受到侵害的高某,只能向赵某主张其违约责任。

【例题 5·单选题】下列关于物权的表述中,符合规定的是( )。

A. 物权是指物的所有权

B. 物权的权利主体是特定的,义务主体也是特定

C. 物权是指权利人依法对特定的物享有直接支配权和排他的权利

D. 物权的客体可以是不特定的

解析 选项A,物权包括所有权、用益物权和担保物权。选项B,物权的义务主体是不特定的。选项D,物权的客体具有特定性。 **答案** C

【例题 6·单选题】根据物权法律制度的规定,关于物权的排他性,下列表述正确的是( )。

A. 一物之上只能成立一个物权

B. 禁止在同一物上同时设立两个以上的抵押权

C. 同一物上不得同时并存所有权和他物权

D. 不得在同一物上同时设立两个以上内容相冲突的物权

解析 一个物上不允许有"互不相容"的两个以上的物权同时存在。 **答案** D

(四)物权的分类

1. 自物权与他物权

自物权与他物权见表4-4。

表4-4 自物权与他物权

分类	具体内容		权利范围
自物权(完全物权)	所有权	国家所有、集体所有、私人所有	占有、使用、收益、处分
他物权(限制物权)	用益物权(支配其使用价值)	建设用地使用权、宅基地使用权、土地承包经营权、地役权、居住权	某些方面的、特定的支配力
	担保物权(支配其交换价值)	如抵押权、质权、留置权	

2. 动产物权与不动产物权

(1)原则上动产"占有"为公示方法,以"交付"为变动要件。

『老侯提示』"动产抵押权"因抵押不转移抵押物占有,因此退而求其次以抵押合同生效为动产抵押权变动要件。

(2)不动产以"登记"为公示方法与变动要件。

【例题 7·单选题】物权分为所有权、用益物权和担保物权。担保物权是指以担保债务的履行为目的的物权,下列不属于担保物权的是( )。

A. 土地承包经营权

B. 抵押权

C. 质权

D. 留置权

解析 用益物权主要包括建设用地使用权、宅基地使用权、土地承包经营权、居住权、地役权;担保物权主要包括抵押权、质权、留置权等。 **答案** A

(五)物权法定原则

物权法定原则见表4-5。

表 4-5　物权法定原则

种类	内容	举例	与债权的区别
类型法定	当事人不得创设民法或其他法律所不承认的物权类型	不得在动产上设定用益物权	遵循意思自治原则，除法律规定的有名合同外还有大量无名合同
内容法定	当事人不得创设与物权法定内容相异的内容	不得设定不转移占用的动产质权	双方当事人可以对合同内容进行约定

(六) 物权的效力

1. 物权的优先效力

(1) 物权之间的优先效力 (见表 4-6)。

表 4-6　物权之间的优先效力

原则	举例
时间在先，权利在先	登记在先的抵押权优先于登记在后的抵押权
限制物权优先于所有权	债务人到期不能清偿债务抵押权人依法实现抵押权时，可以对抵押物依法拍卖、变卖，并优先受偿
法律规定优先级别	(1) 抵押权已经登记的先于未登记的受偿 (2) 同一动产上已经设立抵押权或者质权，该动产又被留置的，留置权人优先受偿

(2) 物权与债权之间的优先效力 (见表 4-7)。

表 4-7　物权与债权之间的优先效力

原则	举例
一般情况	物权优先	房屋借用期间所有权发生转移的，取得所有权的当事人可以主张终止借用合同
特殊情况	时间在先权利在先	买卖不破租赁、抵押不破租赁、已经预告登记的债权

2. 物权的追及效力

抵押期间，抵押人可以转让抵押财产。当事人另有约定的，按照其约定。抵押财产转让的，抵押权不受影响。

3. 物权的妨碍排除效力——通过"物权请求权"

[例题 8·多选题] 关于物权效力的表述，下列说法中正确的有(　　)。

A. 同一物上设立数个登记的抵押权，先登记的抵押权优先于后登记的抵押权
B. 同一标的物上既有物权，又有债权时，物权均优先于债权
C. 在某人享有所有权的物上，不得同时成立其他人的所有权
D. 限制物权优先于所有权

解析　选项 B，物权优先于债权只是一般原则，在法律有特别规定的情况下，也存在例外，例如"买卖不破除租赁"。

答案　ACD

守将二、物权变动的基本规定(★★★)

(一)物权变动的方式——取得、变更、消灭

1. 物权的取得

物权的取得见表4-8。

表4-8 物权的取得

分类	判定	主要取得方式	
原始取得	非依据他人既存的权利而独立取得物权	先占、拾得遗失物、添附、善意取得等 『老侯提示』拾得遗失物超过招领公告期,无人认领的,归国家所有时,属于原始取得	
继受取得	基于他人既存的权利而取得物权	移转继受	买卖、赠与等
		创设继受	在所有权上设定抵押权

2. 物权的消灭

物权的消灭见表4-9。

表4-9 物权的消灭

分类	判定	举例
绝对消灭	因标的物灭失而物权自身不存在	赵某的汽车因发生交通事故而报废
相对消灭	物权被转让	赵某将汽车卖与侯某

【例题1·单选题】下列物权取得方式中,属于继受取得的是( )。

A. 乙取得其从海中垂钓所得石斑鱼的所有权
B. 丁基于添附而取得添附物的所有权
C. 甲因建造而取得自建房屋所有权
D. 丙自土地承包经营权人处受让土地经营权

解析 原始取得,是指权利人不依赖他人既有的权利和意志,而是取得物权。例如,基于添附而取得添附物的所有权,因先占而取得无主物的所有权,基于建造而取得不动产的所有权等。继受取得,是指基于他人既有的权利而取得物权。例如,基于合同而设定用益物权或者担保物权。所以选项D正确。

答案 D

(二)物权变动的原因

1. 基于法律行为的物权变动
(1)类型

基于买卖、互易、赠与、遗赠,以及设定、变更、终止他物权的各种法律行为而发生的物权变动。

『老侯提示』债权行为只能引起"债权变动",需要进一步"完成公示"才能导致物权变动。

【举例】赵某与侯某于2021年10月10日签订了二手房买卖合同,2021年10月25日双方到不动产登记机关办理房屋过户登记(公示)手续。

①合同签订属于债权行为:2021年10月10日赵某与侯某的房屋买卖合同生效,赵某取得请求侯某给付购房款的权利,侯某取得请求赵某办理房屋登记过户的权利,是否办理房屋登记手续,并不影响合同效力。

②公示属于物权行为:2021年10月25日,双方办理房屋登记,侯某取得房屋的所有权。

(2)物权变动的"公示公信"原则
①物权公示原则(见表4-10)。

表 4-10 物权公示原则

考点			具体内容
公示方式	不动产		登记
	动产		交付
公示原则	不动产	一般情况	登记生效：所有权、抵押权、部分用益物权
		特殊情况	合同生效时生效，同时登记对抗：土地承包经营权、地役权
	动产	一般情况	交付生效：所有权(包括特殊动产)、质权
		特殊情况	合同生效时生效：动产抵押权
			登记对抗：特殊动产所有权、动产抵押权

②物权公信原则——善意取得制度的基础。

【举例】赵某与妻子婚后购入一套房产，此为夫妻共同财产，但因办理贷款问题，不动产权证书中登记的权利人为赵某。清偿贷款后赵某与侯某以市场价格签订了房屋买卖合同，并办理了房屋过户登记。赵妻以房屋为双方共同共有，赵某无权处分为由向侯某主张返还房屋，至此侯某才知晓实情。本案中，侯某在购房时为善意，以市场价格达成交易，物权已公示。则侯某可依"善意取得制度"取得房屋所有权，赵妻不得主张返还。

【例题 2·单选题】关于物权变动的公示公信原则，下列说法不正确的是( )。

A. 动产交付，产生物权公示效力

B. 动产交付加登记，产生物权公示效力

C. 不动产登记，产生物权公示效力

D. 公示所产生的法律效力受法律保护

解析 选项 A、B，动产物权的设立和转让，自交付时发生效力，但法律另有规定的除外。选项 C，不动产物权的变动以完成登记为生效要件。选项 D，公信，是公示方法所表征的物权变动效力的可信赖性，旨在保护基于信赖公示方式进行物权交易的善意第三人。

答案 B

2. 非基于法律行为的物权变动

(1) 物权生效时间——"不以公示为前提"

物权生效时间见表 4-11。

表 4-11 物权生效时间

变动方式	物权生效时间
人民法院、仲裁机构的"法律文书"	法律文书生效时
人民政府征收决定	政府的征收决定生效时
继承	继承开始时
事实行为(如合法建造、拆除房屋等)	事实行为成就时

『老侯提示』"法律文书"包括：法院、仲裁在分割共有不动产或者动产等案件中作出并生效的改变原有物权关系的"判决书、裁决书、调解书"，以及人民法院在执行程序中作出的"拍卖成交裁定书、变卖成交裁定书、以物抵债裁定书"。

(2) 再处分——"两次登记"

"非基于法律行为"而享有的不动产物权，"再处分"物权时，依照法律规定需要办理登记的，未经登记，不发生物权效力。

【举例】2021 年 4 月 4 日，赵某不幸"驾鹤西游"，其名下房产由独子小赵继承，2022 年 10 月，小赵与侯某签订买卖合同，将该房产转让给侯某。本例中，2021 年 4 月

185

4日，小赵因继承取得该房屋的所有权，无需公示。2022年10月，小赵将该房屋转让给侯某前应当先到不动产权登记机关将房屋权利人登记为小赵自己，再与侯某办理房屋登记手续。

【例题3·单选题】 下列关于物权变动的表述中，不正确的是( )。

A. 动产物权设立和转让前，权利人已经占有该动产的，物权自法律行为生效时发生效力

B. 因人民政府的征收决定，导致物权设立、变更、转让或者消灭的，自征收行为完成时发生效力

C. 因继承取得物权的，自继承开始时发生效力

D. 因合法建造、拆除房屋等事实行为设立或者消灭物权的，自事实行为成就时发生效力

解析 选项B，因人民法院、仲裁机构的法律文书或者人民政府的征收决定等，导致物权设立、变更、转让或者消灭的，自法律文书或者人民政府的征收决定等生效时发生效力。

答案 B

守将三、不动产物权变动(★★★)

(一)不动产物权变动的公示方法——登记

1. 不动产物权变动的基本规则

不动产物权变动的基本规则见表4-12。

表4-12 不动产物权变动的基本规则

变动规则	具体规定
登记生效	不动产物权的设立、变更、转让和消灭，经依法登记，发生效力；未经登记，不发生效力，但是法律另有规定的除外
合同生效时生效，登记对抗	(1)"土地承包经营权"自土地承包经营权合同生效时设立。土地承包经营权互换、转让的，当事人可以向登记机构申请登记；未经登记，不得对抗善意第三人
	(2)"地役权"自地役权合同生效时设立，当事人要求登记的，可以向登记机构申请地役权登记；未经登记，不得对抗善意第三人

2. 不动产登记机构的职责

(1)查验申请人提供的权属证明和其他必要材料；

(2)就有关登记事项询问申请人；

(3)如实、及时登记有关事项；

(4)申请登记的不动产的有关情况需要进一步证明的，登记机构可以要求申请人补充材料，"必要时"可以实地查看。

『老侯提示』 不动产登记机构的职责以形式审查为主、尽职调查为辅。

3. 不动产登记簿与不动产权属证书

不动产权属证书记载的事项，应当与不动产登记簿一致；记载不一致的，除有证据证明不动产登记簿确有错误外，以不动产登记簿为准。

【例题1·单选题】 甲将自己的一间私有房产作价2万元转让给乙，乙略加修缮后，居住1年后以4万元的价格转让给丙，丙居住1年后以5万元的价格转让给丁。以上几次转让都签订了买卖合同，但均未办理过户手续。在丁居住期间，该房屋价格涨至20万元，甲、乙、丙、丁就房屋所有权发生争议。该房屋所有权应属于( )。

A. 甲 B. 乙
C. 丙 D. 丁

解析 房屋所有权的转移以登记为生效要件。本题中历次转让均未办理房产过户手续，所以房屋所有权并未发生转移。

答案 A

(二)不动产物权登记的类型

总登记、首次登记、转移登记、变更登

记、更正登记、异议登记、预告登记、注销登记等。

『老侯提示』考生应当重点区分转移登记与变更登记、异议登记与更正登记；掌握预告登记的运用。

1. 总登记

登记机构对特定行政管辖区域内所有不动产进行的全部登记，包括土地总登记和建筑物所有权的第一次登记。

2. 首次登记

除法律、行政法规另有规定外，未办理不动产首次登记的，不得办理不动产其他类型登记。

3. 转移登记与变更登记

（1）转移登记（过户登记）——不动产"**物权移转**"的生效要件。

不动产物权从转让人转移至受让人所办理的登记。

（2）变更登记——不涉及权利转移的变动。

不动产物权的分割、合并、设立和增减时所为的登记。

【举例1】赵某夫妻二人拥有一个小院共计8间房屋，后二人离婚，对该小院进行分割，此为涉及权利转移的变动（由共同共有变为各自独有），应当办理转移登记。

【举例2】赵某拥有一个小院共计4间房屋，后赵某在院子中央砌墙将之一分为二，此为不涉及权利转移的变动（同一权利人分割不动产），应当办理变更登记。

4. 更正登记与异议登记

（1）区别更正登记与异议登记。

【举例】2016年赵二因公外派非洲援建5年，期间父母去世。2021年赵二回国，发现原属父母名下的一套房产，已登记在哥哥赵大名下，遂向不动产权登记机关申请"更正登记"，登记机构通知赵大，赵大以赵二常年生活在国外对其父母未尽孝为由不同意办理"更正登记"，此时赵二可以提出"异议登记"，并在15日内向法院起诉。

（2）更正登记。

①申请更正登记的前提条件。

权利人、利害关系人认为不动产登记簿"**记载的事项错误**"。

②登记机构的处理。

不动产登记簿记载的权利人"书面同意更正"或者"有证据证明登记确有错误"的，登记机构应当予以更正。

③主动更正。

不动产登记机构发现不动产登记簿记载的事项错误，应当通知当事人在30个工作日内办理更正登记。当事人逾期不办理的，不动产登记机构应当在公告15个工作日后，依法予以更正；但在错误登记之后已经办理了涉及不动产权利处分的登记、预告登记和查封登记的除外。

（3）异议登记。

①申请异议登记的前提条件。

不动产登记簿记载的权利人不同意更正的，利害关系人可申请异议登记。

②后续处理。

登记机构予以异议登记，申请人自异议登记之日起15日内不提起诉讼的，异议登记失效。

③责任承担。

异议登记不当，造成权利人损害的，权利人可以向申请人请求损害赔偿。

『老侯提示』异议期间"不阻止物权变动"，但第三人"不得主张善意取得"不动产物权。

【举例】赵二申请异议登记之后续：

a. 当日晚间，公司外派其援建非洲50年并要求其立即前往，赵二15日内未向法院起诉，异议登记失效。

b. 异议期间赵大将房屋卖与高某，在与高某办理不动产变更登记时，登记机构书面告知其该房屋已被异议登记，高某于是拒绝购买。后赵二向人民法院起诉，经法院审理赵二败诉，赵大在向登记机构申请注销异议登记的同时，可以向赵二主张赔偿。

187

c. 异议期间赵大将房屋卖与高某，在与高某办理不动产变更登记时登记机构书面告知其该房屋已被异议登记，但因价格诱人高某最终仍决定购买，并办理了不动产转移登记。后赵二向人民法院起诉，经法院审理赵二胜诉，向高某主张返还房产，高某主张自己善意取得该房产的，人民法院不予支持。

5. 预告登记——阻止物权变动

(1) 预告登记的前提。

当事人签订买卖房屋的协议或者签订其他不动产物权的协议，为保障"将来"实现物权，按照约定可以向登记机构申请预告登记。

(2) 预告登记的作用。

预告登记后，未经预告登记的权利人"同意"、"处分"该不动产的，"不发生物权效力"。

『老侯提示』处分不动产：转让不动产所有权等物权，或者设立建设用地使用权、居住权、地役权、抵押权等其他物权。

(3) 预告登记的失效。

预告登记后，"债权消灭"或自能够进行不动产登记之日起"90日"内未申请登记的，预告登记失效。

『老侯提示』债权消灭：预告登记的买卖不动产物权的协议被认定无效、被撤销，或者预告登记的权利人放弃债权等情形。

6. 注销登记

(1) 不动产灭失的；

(2) 权利人放弃不动产权利的；

(3) 不动产被依法没收、征收或者收回的；

(4) 人民法院、仲裁委员会的生效法律文书导致不动产权利消灭的。

【例题2·单选题】根据物权法律制度的规定，下列关于更正登记与异议登记的表述中，正确的是（　）。

A. 提起更正登记之前，须先提起异议登记

B. 更正登记的申请人可以是权利人，也可以是利害关系人

C. 异议登记之日起10日内申请人不起诉的，异议登记失效

D. 异议登记不当造成权利人损害的，登记机关应承担损害赔偿责任

解析 选项A，不动产登记簿记载的权利人不同意更正的，利害关系人可以申请异议登记；因此一般是先更正登记，得不到实现的才异议登记。选项B，权利人、利害关系人认为不动产登记簿记载的事项错误的，可以申请更正登记。选项C，登记机构予以异议登记的，申请人在异议登记之日起15日内不起诉的，异议登记失效。选项D，异议登记不当，造成权利人损害的，权利人可以向申请人请求损害赔偿。 答案 B

【例题3·单选题】甲与乙公司订立房屋买卖合同，并对房屋买卖进行了预告登记。后乙公司未经甲同意，又将该房屋卖给丙。下列说法正确的是（　）。

A. 甲可以主张丙的所有权无效

B. 甲无权主张丙的所有权无效

C. 甲和乙之间的预告登记失效

D. 丙取得该房屋的所有权

解析 预告登记后，未经预告登记的权利人同意，处分该不动产的，不发生物权效力。 答案 A

守将四、动产物权变动（★★★）

(一) 动产物权变动的公示方法——交付

1. 生效规则

动产物权变动生效规则见表4-13。

表4-13 动产物权变动生效规则

生效规则	具体规定
交付生效	动产物权的设立和转让，自"交付时"发生效力，但法律另有规定的除外
合同生效时生效	以"动产抵押"的，抵押权自抵押合同生效时设立

2. 对抗规则

动产物权变动对抗规则见表4-14。

表4-14 动产物权变动对抗规则

对抗规则	具体规定
登记对抗	(1)以"**动产抵押**"的,抵押权未经登记,不得对抗善意第三人 〖老侯提示〗同不动产"土地承包经营权、地役权"
	(2)"**船舶、航空器和机动车**"等物权的设立、变更、转让和消灭,未经登记,不得对抗善意第三人
占有对抗	除上述情形外,其他动产物权以"占有"动产为对抗要件

【例题1·单选题】下列物权变动中,以登记作为对抗要件的是( )。

A. 设立建设用地使用权
B. 以正在建设的建筑物设定抵押权
C. 转让汽车所有权
D. 以建设用地使用权设定抵押权

解析 ▶ 船舶、航空器和机动车等物权的设立、变更、转让和消灭,未经登记,不得对抗善意第三人;因此选项C是登记对抗要件。选项A、B、D是登记生效要件。

答案 ▶ C

(二)交付的种类

1. 现实交付

出让人将标的物实际交由受让人占有。

2. 观念交付

(1)简易交付。

动产物权设立和转让前,权利人已经占有该动产的,物权自民事法律行为生效时发生效力。

(2)指示交付。

动产物权设立和转让前,第三人占有该动产的,负有交付义务的人可通过转让请求第三人返还原物的权利代替交付。

〖老侯提示〗"转让人与受让人之间有关转让返还原物请求权的协议生效时"为动产交付之时。

(3)占有改定。

动产物权转让时,当事人又约定由出让人继续占有该动产的,物权自该约定生效时发生效力。

(4)观念交付的判定(见表4-15)。

表4-15 观念交付的判定

种类	适用情形	物权转移
简易交付	先借后买或先租后买	买卖合同生效时
占有改定	先卖后借或先卖后租	借用合同或租赁合同生效时
指示交付	交易前标的物被第三方占有	交易双方原物返还请求权转让协议生效时

【例题2·单选题】甲公司将一幢办公楼出售给乙公司,双方签订了买卖合同。乙公司支付了全部价款,但是双方未办理过户登记。因甲公司业务调整,提出将办公楼内办公桌椅、电脑等办公设备一并低价卖给乙公司。乙公司称其资金周转问题,只能在1个月内付清价款,甲公司同意。其后,乙公司员工入住该办公楼办公。下列关于办公楼与办公设备所有权的表述中,正确的是( )。

A. 乙公司已经取得办公楼和办公设备的所有权
B. 乙公司已经取得办公楼的所有权,但是尚未取得办公设备的所有权
C. 乙公司已经取得办公设备的所有权,但是尚未取得办公楼的所有权
D. 乙公司尚未取得办公楼和办公设备的

所有权

解析 本题中，买卖合同的标的物分别为办公楼和办公设备。办公楼属于不动产，其所有权的转移以登记为公示方式，甲公司与乙公司尚未办理房屋产权移转登记，所以，乙公司尚未取得房屋的所有权。办公设备属于动产，其所有权的转移以交付为公示方式，乙公司入住办公楼，视为已经接受甲公司交付的办公设备并对其占有，因此，办公设备所有权已经归属乙公司。 **答案** C

【例题3·单选题】某婚庆公司为在5月21日承办某婚庆活动，于5月20日向甲公司租赁一台高清摄像机。5月21日结婚典礼中，婚庆公司工作人员不慎摔坏该摄像机，婚庆公司决定将其买下，于5月22日与甲公司达成买卖该摄像机的合意。5月23日，婚庆公司依约向甲公司支付了价款。摄像机所有权的转移时间是(　　)。

A. 5月20日　　B. 5月21日
C. 5月22日　　D. 5月23日

解析 题中婚庆公司和甲公司就摄像机先租后买。在婚庆公司就摄像机买卖与甲公司达成合意时，婚庆公司作为买受人已经占有摄像机，所以，摄像机的交付构成简易交付。简易交付的完成以合同生效为准，本题中，双方形成摄像机买卖合意是在5月22日，所以，选项C正确。 **答案** C

守将五、物权保护(★★)

(一)标的物返还请求权

"无权占有"不动产或者动产的，权利人可以"请求返还原物"。

[老侯提示1] 造成不动产或者动产毁损的，权利人可以依法请求修理、重作、更换或者恢复原状。

[老侯提示2] 如果标的物已灭失或者物权已消灭，则不能再请求返还。

[老侯提示3] 侵害物权，造成权利人损害的，权利人可以依法请求损害赔偿，也可依法请求承担其他民事责任。

(二)妨害排除请求权

1. 妨害物权的，权利人可请求排除妨害
2. 妨害行为的表现形式
(1)妨害他人所有权的行使；
(2)可量物或不可量物的侵入；
(3)未经授权使用他人之物；
(4)对物之实体的侵害等。
3. 妨害排除请求权的行使
妨害排除请求权不以妨害人的故意或过失为要件。
4. 区别于损害赔偿请求权
物权人只能请求除去妨害的因素，如未造成损失则不能请求赔偿。

(三)消除危险请求权

可能妨害物权的，权利人可请求消除危险。

[老侯提示] 消除危险请求权，以危险的客观存在为前提。

【例题1·单选题】赵某在自家院子紧挨邻居侯某房屋的一角开挖地窖，因地窖很深，极可能危及侯某房屋的安全。对此，侯某可行使的物权保护方法是(　　)。

A. 确认物权　　B. 赔偿损失
C. 消除危险　　D. 排除妨害

解析 本题中，赵某开挖地窖存在使侯某房屋受到损害的客观危险，但实际损害并未发生，因此，选项C正确。 **答案** C

【例题2·多选题】下列情形中，当事人可以主张标的物返还请求权的有(　　)。

A. 赵某侵占了侯某的电动车，因电动车老化电池爆炸，电动车毁损，侯某请求赵某返还电动车

B. 小王偷了高某的高档手表，高某请求小王返还高档手表

C. 孙某借给李某一台单反相机，借期过后，李某谎称丢失，孙某请求李某返还单反相机

D. 赵某向侯某购买钢材一吨，赵某取得钢材后即将钢材转卖给高某，并已交付，但

赵某一直未向侯某交付价款，侯某请求赵某返还钢材

解析 选项A，虽赵某对于电动车属于无权占有，但因电动车已经毁损，侯某无法再主张所有物返还请求权。选项B、C，小王与李某均构成无权占有，且被占有物都还存在，所以，所有权人可以请求返还所有物。选项D，侯某基于买卖合同把钢材交付给赵某，赵某即取得钢材所有权，其后，赵某又将钢材所有权转移给高某，所以，侯某已经丧失钢材所有权，无法主张所有物返还请求权。

答案 BC

第二部分 所有权

守将一、所有权概述（★）

（一）所有权的概念

所有权人对自己的不动产或动产，依法享有占有、使用、收益、"处分"的权利。

『老侯提示』所有权是物权制度的核心，而处分权是所有权的核心。

（二）所有权的特征

1. 全面支配性
区别于限制物权对标的物支配的范围性。
2. 统一性（整体性）
区别于限制物权将部分权能分离出去为他人设定的物权。
3. 恒久性
区别于限制物权只在法定或约定的期限内有效。
4. 弹力性
权利范围会因设定限制物权而缩小，也会因限制物权消灭而恢复。

（三）所有权的权能

1. 积极权能
（1）占有：对标的物的实际控制。
（2）使用：只针对"非消耗物"。
（3）收益：获取"孳息"的权利。
（4）处分：
①事实处分：导致所有权的绝对消灭。
②法律处分：导致所有权全部或部分权能转移。
2. 消极权能：物权请求权

【例题·多选题】下列属于所有权的特征的有（ ）。

A. 全面支配性　B. 统一性
C. 恒久性　　　D. 弹力性

解析 所有权的特征：全面支配性、统一性（整体性）、恒久性、弹力性。

答案 ABCD

守将二、善意取得制度（★★★）

（一）构成善意取得的要件

1. 让与人无权处分
2. 物权已公示：不动产已登记，动产已交付受让人

『老侯提示』物权编解释规定：转让人将船舶、航空器和机动车等交付给受让人的，应当认定符合善意取得的条件，即动产均以"交付"为善意取得要件。

3. 受让人以合理的价格有偿受让
（1）"有偿且合理"即可，无需实际支付。
（2）合理价格：根据转让标的物的性质、数量以及付款方式等具体情况，参考"转让时交易地"市场价格及交易习惯等因素综合认定。
4. 受让人善意
（1）是否善意的判定标准：受让人受让不动产或者动产时，"不知道转让人无处分权，且无重大过失"。
（2）举证责任："权利人"应承担主张受让人不构成善意的举证责任。
（3）是否善意的判断时点：动产依法完成交付时、不动产依法完成登记时。

『老侯提示』转让行为完成后受让人知晓转让人无处分权，不影响善意的界定。

(二)善意取得的法律后果

1. 受让人取得动产或不动产的所有权
2. 原所有权人可向让与人主张损害赔偿

(三)善意取得适用

1. 适用于占有委托物,一般不适用于占有脱离物
   (1)委托物:租赁、借用物、保管物
   (2)脱离物:遗失物、遗忘物、赃物
2. 适用于所有权也适用于其他物权

当事人善意取得其他物权的,参照适用有关所有权善意取得的规定。

【举例】一条狗的回家路:侯某拥有一条二哈,因春节回老家探亲不方便携带,便放在赵某家寄养。赵某的女友达某非常喜欢小动物,赵某为讨其欢心,便将二哈送与达某。因二哈拆家,达某遂与自己常去的甲狗肉馆达成协议以1 000元将二哈卖与甲狗肉馆,双方约定下午甲狗肉馆来拉狗。当日中午,李某来达某家串门,爱狗如命的李某听说了二哈即将面对的悲惨命运,决定以5 000元的价格买下,与达某达成约定,并将狗牵走。其后因李某家养的猫生病需要手术,手术费5 000元,李某一时拿不出,便将二哈质押给乙宠物医院,宠物医院将二哈牵走。当夜晚间因宠物医院管理人员疏忽忘记锁笼门,二哈从宠物医院跑出,被晚间出门遛弯的高某捡到。最终高某将二哈以5 000元的价格卖与侯某,并由侯某将二哈牵走。

【思考】谁拥有二哈的物权?

【答案】李某拥有所有权,乙宠物医院拥有质权。

【例题·单选题】甲擅自将乙借给他的摩托车以合理价格转让给不知情的丙并且已经交付,对此,下列表述中错误的是( )。

A. 如果甲以自己的名义转让乙的摩托车,甲、丙之间的合同属于有效的合同

B. 如果甲以乙的名义出让给丙,甲的行为属于无权代理行为

C. 丙可以因善意而取得该摩托车的所有权

D. 丙只能因乙的追认才能取得该摩托车的所有权

解析 根据规定,无处分权人将不动产或者动产转让给受让人的,所有权人有权追回;但是除法律另有规定外,符合下列情形的,受让人取得该不动产或者动产的所有权:受让人受让该不动产或者动产时是善意的;以合理的价格转让;转让的不动产或者动产依照法律规定应当登记的已经登记,不需要登记的已经交付给受让人。本题中,丙属于善意取得,其所有权无需乙追认。**答案** D

考点三、拾得遗失物(★★)

(一)区别遗失物与抛弃物

【举例】赵某家装修,赵妻将家中的旧沙发弃置在垃圾站,旧沙发中尚有赵某藏的私房钱10 000元,被拾荒的郭某捡到。其中旧沙发属于抛弃物适用先占取得的规定,由郭某取得所有权。10 000元属于遗失物,按遗失物处理。

(二)拾得遗失物的处理

拾得遗失物的处理见表4-16。

表4-16 拾得遗失物的处理

情形	具体内容		
返还	处理方式	及时通知权利人	
		送交公安等有关部门	知道权利人:及时通知其领取
			不知道权利人:及时发布招领公告,公告期自发布之日起1年 『老侯提示』超期无人认领归国家所有

续表

情形		具体内容
返还	拾得人和有关部门责任	(1)应当妥善保管 (2)因故意或重大过失致使毁损、灭失的,应当承担民事责任
	权利人责任	(1)向拾得人或有关部门支付保管遗失物等支出的必要费用 (2)悬赏寻找遗失物的,应当按照承诺履行义务
不返还		拾得人无权请求保管遗失物等支出的费用,也无权请求权利人按照承诺履行义务

(三)遗失物的追回

遗失物追回的前提——遗失物通过转让被他人占有:
(1)找拾得人要钱

权利人有权向"无处分权人(拾得人)"请求"损害赔偿"。
(2)找受让人要物
①行权时间:自知道或者应当"知道受让人"之日起"2年内"向受让人请求"返还原物"。
②公开交易的补偿(见表4-17)。

表4-17 公开交易的补偿

考点	具体内容
适用情形	受让人通过"拍卖或者向具有经营资格的经营者购得"该遗失物
支付费用	权利人请求返还原物时应当"支付受让人所付的费用"
损失处理	权利人向受让人支付所付费用后,有权"向无处分权人(拾得人)追偿"

『老侯提示』 上述规定只适用于受让人通过"公开交易"方式取得遗失物,如受让人通过"私下交易"取得遗失物的权利人可以无偿请求其返还,受让人返还后可以要求"无处分权人(拾得人)"承担违约责任或赔偿责任。

【举例】 赵某祖传名画"桃园三结义",在搬家时遗失,被高某捡到,经鉴定是诸葛亮的真迹,高某遂将其以100万元的价格卖与李某。李某带其参加鉴宝节目时被赵某获知。赵某请求李某返还名画时,无需向其支付购买价款100万元,李某应当要求高某承担违约责任。上述案例中,如高某通过拍卖行将其以200万元的价格卖给郭某。郭某带其参加鉴宝节目时被赵某获知。赵某请求郭某返还名画时,应当向其支付购买价款200万元。上述款项由赵某向高某追偿。

【例题1·多选题】 付某将一价值10万元的项链托其朋友马某保管。保管期间,马某因急需用钱,擅自将该项链以9.5万元卖给不知情的陈某。陈某取得项链后不慎丢失,项链被赵某拾得,赵某将该项链以9万元卖给其邻居侯某。3个月后陈某获知项链在侯某处,与侯某就项链所有权归属产生纠纷。下列说法正确的有( )。

A. 马某将朋友付某托其保管的项链卖给陈某,属于无权处分

B. 陈某可依善意取得制度取得项链的所有权

C. 侯某购买的是陈某的遗失物,陈某可以自知道侯某为买受人之日起2年内要求侯某返还项链

D. 陈某需向侯某支付9万元后可取回项链

解析 选项A、B,马某将朋友付某托其保管的项链卖给陈某,属于无权处分,但

陈某对此并不知情，属于善意买受人，陈某支付了合理的价款且已经取得项链的占有，所以，陈某可依善意取得制度取得项链的所有权。选项C，侯某购买的是陈某的遗失物，陈某可以自知道侯某为买受人之日起2年内要求侯某返还项链。选项D，遗失物通过转让被他人占有的，权利人有权向无处分权人请求损害赔偿，或者自知道或者应当知道受让人之日起2年内向受让人请求返还原物；但是，受让人通过拍卖或者向具有经营资格的经营者购得该遗失物的，权利人请求返还原物时应当支付受让人所付的费用。本题中，侯某并非"通过拍卖或者向具有经营资格的经营者购得"故陈某无需向侯某支付受让人所付费用。　　　　　　　　**答案** ABC

【例题2·单选题】下列有关拾得遗失物的说法中，不正确的是（　　）。

A. 拾得人拾得遗失物后，如果无人来认领，所有权归拾得人

B. 拾得人拾得遗失物后，不能享有拾得物的所有权，但可享有费用偿还请求权

C. 遗失物自发布招领公告之日起1年内无人认领的，归国家所有

D. 如果遗失物发出悬赏广告，归还遗失物的拾得人还享有悬赏广告所允诺的报酬请求权

解析 所谓拾得遗失物，是指发现他人遗失之物而实施占有。拾得行为不足以令拾得人取得遗失物的所有权，而负有归还权利人的义务。因此选项A错误。　　**答案** A

四、添附（★）

（一）概念

不同所有权人之物因结合或加工而成为不可分割的新物。

（二）种类

1. 附合

（1）概念

不同所有权人之物因"密切结合"而形成难以分割的新物，若分割会毁损该物或花费较大。

【举例】赵某的油漆被侯某用来刷了自己家的房子。

（2）种类

动产与动产附合、动产与不动产附合。

2. 混合

不同所有权人的动产"相互混杂合并"，不能识别或识别所需费用过大。

【举例】侯某的红豆和赵某的绿豆混合成"红绿豆"。

3. 加工

在他人的物上进行劳作或改造，从而使其具有更高价值。

【举例】侯某仓库中的"麻袋"，被服装设计师高某加工成"时尚男装"。

（三）所有权归属原则

（1）有约定的，按照约定。

（2）没有约定或者约定不明确的，依照法律规定。

（3）法律没有规定的，按照充分发挥物的效用以及保护无过错当事人的原则确定。

（4）因一方当事人的过错或者确定物的归属造成另一方当事人损害的，应当给予赔偿或者补偿。

【例题1·多选题】根据物权法律制度的规定，下列构成添附的有（　　）。

A. 用别人的钢筋盖房子

B. 将粉灰刷在他人墙上

C. 螃蟹被大雨冲到其他人家的螃蟹池塘

D. 将他人木头加工成门

解析 添附是附合、混合与加工的总称。选项A、B是附合，选项C是混合，选项D是加工。　　**答案** ABCD

【例题2·多选题】根据物权法律制度的规定，关于添附的法律后果，下列表述正确的有（　　）。

A. 因加工、附合、混合而产生的物的归属，有约定的，按照约定

B. 没有约定或者约定不明确的，依照法律规定

C. 法律没有规定的，按照充分发挥物的效用以及保护无过错当事人的原则确定

D. 因一方当事人的过错或者确定物的归属造成另一方当事人损害的，应当给予赔偿或者补偿

解析 因加工、附合、混合而产生的物的归属，有约定的，按照约定；没有约定或者约定不明确的，依照法律规定；法律没有规定的，按照充分发挥物的效用以及保护无过错当事人的原则确定。因一方当事人的过错或者确定物的归属造成另一方当事人损害的，应当给予赔偿或者补偿。 **答案** ABCD

守将五、共有(★★★)

(一)共有的概念和种类

1. 共有的概念

一物之上成立一所有权，该所有权由多个人共同享有。

2. 共有的产生

(1)基于法律规定。

(2)基于双方当事人约定。

3. 共有的种类

按份共有、共同共有、区分所有。

[老侯提示] 共有人对共有的不动产或者动产没有约定为按份共有或者共同共有，或者约定不明确的，除共有人具有家庭关系等外，视为按份共有。

(二)按份共有

1. 份额确定

自共有关系确立时起，各共有人即已确定自己的共有权利份额。

2. 共有物的管理

(1)管理权：约定→各共有人都有管理的权利和义务

(2)管理费用：约定→按照其份额负担

(3)对共有物进行"处分、重大修缮、变更性质或者用途"：约定→≥占"份额2/3以上"的按份共有人同意

3. 债权债务的承担

(1)对外责任

共有人享有连带债权、承担"连带"债务，但法律另有规定或者第三人知道共有人不具有连带债权债务关系的除外。

(2)对内责任

约定→按照"份额"享有债权、承担债务

4. 处分共有份额

(1)处分规则。

①按份共有人可以转让其享有的共有的不动产或者动产份额。

②转让方应当将转让条件及时通知其他共有人，其他共有人在"同等条件下"享有优先购买权。

③其他共有人应当在"合理期限内"行使优先购买权。

(2)优先购买权的行使(见表4-18)。

表4-18 优先购买权的行使

考点		具体内容
适用情形	对外转让	适用
	非交易方式	约定→共有份额的权利主体因"继承、遗赠"等原因发生变化时，其他按份共有人不得主张优先购买
	内部转让	约定→"按份共有人之间"转让共有份额，其他按份共有人不得主张优先购买
同等条件		综合转让价格、价款履行方式及期限等因素确定

续表

考点	具体内容
行使期限	约定→通知中载明行使期间→通知未载明或载明时间过短，为通知送达之日起15日 ↳ 转让人未通知，为知道或应当知道最终确定的同等条件之日起15日→无法确定知道或应当知道最终确定的同等条件的，为共有份额权属转移之日起6个月
多人行使	协商→转让时各自的共有份额比例
损害优先购买权	仅请求撤销共有份额转让合同或者认定该合同无效，不属于行使优先购买权，不予支持

【例题1·单选题】甲、乙、丙按3∶2∶1的出资比例共同购买1头耕牛，约定3人共同饲养管理，轮流使用。在乙使用耕牛期间，耕牛将同村村民丁承包地中的庄稼践踏损毁。下列关于丁向甲、乙、丙请求赔偿的说法中，正确的是（ ）。

A. 丁可以请求甲、乙、丙承担连带赔偿责任

B. 丁应当请求甲、乙、丙按各自份额比例承担赔偿责任

C. 丁只能请求乙承担全部赔偿责任

D. 丁只能请求乙承担1/3的赔偿责任

解析 因共有的不动产或者动产产生的债权债务，在对外关系上，共有人享有连带债权、承担连带债务，但是法律另有规定或者第三人知道共有人不具有连带债权债务关系的除外。选项A正确。 **答案** A

【例题2·单选题】甲、乙、丙、丁四个公司分别出资50万元、20万元、20万元、10万元建造一栋楼房，约定建成后按投资比例使用，但对楼房管理和所有权归属未作约定。对此，下列说法错误的是（ ）。

A. 该楼发生的管理费用应按投资比例承担

B. 该楼所有权为按份共有

C. 甲公司投资占50%，有权决定该楼的重大修缮事宜

D. 丁公司对其享有的份额有权转让

解析 共有人对共有的不动产或者动产没有约定为按份共有或者共同共有，或者约定不明确的，除共有人具有家庭关系等外，视为按份共有；选项B正确。对共有物的管理费用以及其他负担，有约定的，按照约定；没有约定或者约定不明确的，按份共有人按照其份额负担，共同共有人共同负担；选项A正确。丁只是转让的其享有的份额，而非整个共有物，按份共有人可以转让其享有的共有的不动产或者动产份额；选项D正确。处分共有的不动产或者动产以及对共有的不动产或者动产作重大修缮、变更性质或者用途的，应当经占份额2/3以上的按份共有人或者全体共同共有人同意，但共有人之间另有约定的除外；选项C错误。 **答案** C

【例题3·单选题】唐某、孙某、朱某、沙某以10%、20%、30%、40%的份额共有一套房屋。现唐某拟将自己的份额以50万元转让给第三人李某，孙某、朱某均主张自己享有同等条件下的优先购买权，因协商不成产生纠纷。下列关于孙某、朱某享有优先购买权的表述中，正确的是（ ）。

A. 孙某、朱某均不享有优先购买权

B. 只有朱某享有优先购买权，因为朱某共有份额较大

C. 孙某、朱某均享有优先购买权，应均等行使优先购买权

D. 孙某、朱某均享有优先购买权，应按照各自的共有份额比例行使优先购买权

解析 本题中，按份共有人唐某拟转让自己的共有份额给第三人，其他按份共有人享有同等条件下的优先购买权。两个以上其他共有人主张行使优先购买权的，应协商确定各自的购买比例；协商不成的，按照转让时各自的共有份额比例行使优先购买权。 **答案** D

(三)共同共有

1. 常见类型

夫妻共有财产、家庭共有财产、共同继承的财产。

2. 共有物的管理与处分

(1)共同共有人的权利,及于共有物"全部"。

(2)对于共有物的使用与管理与处分,除法律另有规定或合同另有约定外,应经"全体共有人同意"。

3. 共有物的分割

各共有人仅在"共有的基础丧失或者有重大理由"需要分割时可请求分割。

4. 债权债务

共同共有人享有连带债权、承担"连带"债务,但法律另有规定或者第三人知道共有人不具有连带债权债务关系的除外。

【例题4·单选题】下列各项关于共同共有表述,不正确的是( )。

A. 共同共有因共有关系存在而存在,因其消灭而消灭

B. 夫妻共有财产、共同继承的财产属于共同共有

C. 除法律另有规定或合同另有约定外,对共有物的使用与管理,应经全体共有人同意

D. 共同共有人可以自由转让共有物

解析 选项D,各共有人仅在共有的基础丧失或者有重大理由需要分割时可以请求分割,各共有人亦无转让权,但共有人另有约定的除外。 答案 D

(四)建筑物区分所有权

1. 建筑物区分所有权的概念

由区分所有建筑物的专有部分所有权(专有权)、共有部分共有权(共有权)以及因区分所有建筑物共同关系所生的成员权(共同管理权)共同构成的特别所有权。

2. 属于业主共有

(1)建筑区划内的道路,属于业主共有,但是属于城镇公共道路的除外。

(2)建筑区划内的绿地,属于业主共有,但是属于城镇公共绿地或者明示属于个人的除外。

(3)建筑区划内的其他公共场所、公用设施和物业服务用房,属于业主共有。

(4)占用业主共有的道路或者其他场地用于停放汽车的车位,属于业主共有。

3. 收益分配和费用分摊

约定→业主"专有部分"面积所占比例

【例题5·单选题】下列关于建筑物区分所有权的说法正确的是( )。

A. 建筑区划内的绿地,均属于业主共有

B. 业主对建筑物内的住宅、经营性用房等专有部分享有所有权,对专有部分以外的共有部分没有权利

C. 建筑物及其附属设施的费用分摊、收益分配等事项,有约定的,按照约定;没有约定或者约定不明确的,按照业主人数所占比例确定

D. 建筑区划内的其他公共场所、公用设施和物业服务用房,属于业主共有

解析 选项A,建筑区划内的绿地,属于业主共有,但是属于城镇公共绿地或者明示属于个人的除外。选项B,业主对建筑物内的住宅、经营性用房等专有部分享有所有权,对专有部分以外的共有部分享有共有和共同管理的权利。选项C,建筑物及其附属设施的费用分摊、收益分配等事项,有约定的,按照约定;没有约定或者约定不明确的,按照业主专有部分面积所占比例确定。 答案 D

【例题6·单选题】下列选项中,关于建筑物区分所有权,说法正确的是( )。

A. 建筑区划内的物业服务用房,属于物业公司和业主共有

B. 占用业主共有的道路用于停放汽车的车位,属于业主共有

C. 建筑区划内的公共道路,属于业主

共有

D. 建筑区划内的公共绿地，属于业主共有

解析 选项A，建筑区划内的其他公共场所、公用设施和物业服务用房，属于业主共有。选项B，占用业主共有的道路或者其他场地用于停放汽车的车位，属于业主共有。选项CD，建筑区划内的道路，属于业主共有，但是属于城镇公共道路的除外。建筑区划内的绿地，属于业主共有，但是属于城镇公共绿地或者明示属于个人的除外。

答案 B

守将六、相邻关系

"一纸书来只为墙，让他三尺又何妨？长城万里今犹在，不见当年秦始皇。"

——张英

（一）相邻关系的概念

相邻各方在对各自所有或使用的不动产行使所有权或使用权时，因相互间依法应当给予对方方便或接受限制而发生的权利义务关系。

【举例】 不动产权利人因建造、修缮建筑物及铺设电线、电缆、水管、暖气和燃气管线等必须利用相邻土地、建筑物的，该土地、建筑物的权利人应当提供必要的便利。

（二）相邻关系的种类

（1）避免邻地地基动摇或其他危险的相邻关系。

（2）相邻用水与排水关系。

（3）相邻必要通行关系。

（4）相邻管线铺设关系。

（5）因建造建筑物利用邻地的关系，不得影响相邻方通风、采光、日照的关系。

（6）固体污染物、不可量物不得侵入的相邻关系。

【例题·多选题】 在下列客观事实所引起的纠纷中，应按照相邻关系的法律规定予以处理的有（　　）。

A. 甲在邻居乙的房屋后挖菜窖，造成乙的房屋基础下沉，墙体裂缝

B. 甲村为了取水浇地，在必经的邻村土地上修建引水渠

C. 甲新建的房屋滴水，滴在邻居乙的房屋上

D. 甲村在河流上修建拦河坝，导致下游的乙村用水量骤减

答案 ABCD

第三部分　用益物权

守将一、土地承包经营权（★）

（一）土地承包经营权三权分置

1. 土地所有权

我国的土地由"**国家**"所有或"**集体经济组织**"所有。

2. 土地承包经营权——一般只能由"**本集体组织成员**"获得（四荒除外）

以种植、养殖、畜牧等农业目的，对集体经济组织所有或国家所有由农民集体使用的农用土地依法享有的占有、使用、收益的权利。农业集体经济组织作为发包方，集体经济组织内的农户作为承包方，双方订立书面合同，合同生效时，承包人即取得土地承包经营权。

3. 土地经营权——"**不限于**"本集体经济组织成员获得

在不改变土地所有权性质（国有或集体所有）和土地农业用途的前提下，原承包方依法从土地承包经营权中分离出的一项权能。

（二）土地承包经营权的特征

1. 主体：农业经营者。

2. 客体：耕地、林地、山岭、草原、荒地、滩涂、水面等不动产。

3. 内容：权利人在他人土地上为农业性

质的耕作、养殖、畜牧等用益。

（三）土地承包经营权的期限

1. 耕地：30 年
2. 草地：30 年至 50 年
3. 林地：30 年至 70 年

〖老侯提示〗承包期限届满，土地承包经营权人可依法继续承包。

【例题 1·单选题】下列关于土地承包经营权的表述，错误的是（　）。

A. 土地承包经营权主体只能是农业经营者

B. 土地承包经营权存续有具体期限

C. 承包期限届满，土地承包经营权人可以依照农村土地承包的法律规定继续承包

D. 土地承包经营权人可以将其依法承包经营的耕地、林地、草地等用于建造住宅及其附属设施建设，享有占有、使用和收益的权利

解析　土地承包经营权，是指以种植、养殖、畜牧等农业目的，对集体经济组织所有或国家所有由农民集体使用的农用土地依法享有的占有、使用、收益的权利。故不得用于"建造住宅及其附属设施建设"。

答案　D

（四）土地承包经营权的取得

土地承包经营权的取得见表 4-19。

表 4-19　土地承包经营权的取得

取得方式		具体内容
总原则		合同生效时生效，登记对抗
根据合同设定取得	土地承包经营权设立	土地承包经营权合同生效时
	发放证书	登记机构"应当"向土地承包经营权人发放土地承包经营权证、林权证等证书，并登记造册，确认土地承包经营权
通过互换、转让取得	适用对象	只能是本集体经济组织成员
	互换要求	进行"备案"
	转让要求	"发包方"的同意
	登记对抗	土地承包经营权互换、转让的，当事人"可以"向登记机构申请登记；"未经登记，不得对抗善意第三人"
通过招标、拍卖、公开协商取得	适用客体	四荒：荒山、荒沟、荒丘、荒滩
	承包人	不限于本集体经济组织成员
	流转土地经营权的前提	经依法登记取得权属证书的，可以依法采取出租、入股、抵押或其他方式流转土地经营权

【例题 2·单选题】村民甲承包村集体的林地，甲与村集体于 2017 年 5 月达成口头协议，7 月签订书面承包合同，8 月办理登记，9 月取得土地承包经营权证书。则甲取得土地承包经营权的时间是（　）。

A. 2017 年 5 月　　B. 2017 年 7 月
C. 2017 年 8 月　　D. 2017 年 9 月

解析　土地承包经营权自土地承包经营权合同生效时设立，登记是对抗要件，非经登记不得对抗善意第三人。

答案　B

（五）土地经营权的流转

1. 流转的原则

(1) 遵循平等自愿原则。

(2) 不得改变土地所有权性质和农业用途。

(3)流转的期限不得超过承包期的剩余期限。

(4)受让方须有农业经营能力,但不限于本集体经济组织成员。

2. 流转要求

(1)土地承包经营权人可自主决定依法采取出租、入股或者其他方式向他人流转土地经营权。

(2)流转期限为"5年"以上的土地经营权,自流转"合同生效时设立"。

(3)当事人可以向登记机构申请土地经营权登记;"未经登记,不得对抗善意第三人"。

【例题3·多选题】王某与陈某为同一个村的村民。2019年,双方订立书面协议,王某将自己承包的A耕地与陈某承包的B耕地互换耕种,协议约定的互换期限为5年,但互换协议未经村委会批准。2021年春,王某要求换回耕地,陈某拒绝,王某遂强行在A耕地上种植葡萄,被陈某毁掉,双方因此产生冲突。对此,下列说法正确的有( )。

A. 王某向法院提起诉讼,主张自己与陈某互换耕地的行为未经村委会同意,是无效的

B. 依照法律规定,土地承包经营权人有权将属于同一集体经济组织的土地承包经营权互换

C. 王某与陈某自愿互换了各自承包的耕地,签订了书面合同,属于有效的法律行为

D. 在陈某不同意的情况下,王某不得强行要求换回自己承包的耕地

解析 选项D,王某与陈某自愿互换了各自承包的耕地,签订了书面合同,属于有效的法律行为,双方均应依照诚实信用原则履行。 答案 ABC

守将二、建设用地使用权(★)

(一)建设用地使用权的取得

1. 通过划拨方式取得

(1)公益目的性。

主要是国家机关、国防等公益事业用地。

『老侯提示』用于商业开发的建设用地使用权,不能以划拨方式取得。

(2)无偿性。

无须向土地所有人支付租金及其他费用。

(3)转让受限性。

只有依法办理相关手续并缴足土地出让金后,才可转让。

(4)无期限性。

(5)行政性。

经严格的行政审批程序,才可划拨。

2. 通过出让方式取得

(1)方式。

工业、商业、旅游、娱乐和商品住宅等"经营性用地"以及同一土地有两个以上意向用地者的,应当采取招标、拍卖等"公开竞价"的方式出让。

(2)建设用地使用权的期限(见表4-20)。

表4-20 建设用地使用权的期限

用地方向	期限	续期
居住用地	70年	(1)住宅建设用地使用权期限届满的,自动续期 (2)续期费用的缴纳或者减免,依照法律、行政法规的规定办理
商业、旅游、娱乐用地	40年	(1)非住宅建设用地使用权期限届满后的续期,依照法律规定办理 (2)该土地上的房屋以及其他不动产的归属,有约定的,按照约定;没有约定或者约定不明确的,依照法律、行政法规的规定办理
工业用地和教育、科技、文化、卫生、体育用地、综合用地	50年	

3. 通过转让方式取得

(二)物权设立

1. 建设用地使用权自登记时设立
2. 建设用地使用权抵押的，抵押权自登记时设立

(三)建设用地使用权的效力

1. 建设用地使用权人的权利
(1)占有使用土地。
(2)权利处分(见表4-21)。

表4-21 权利处分

处分	具体内容	
转让	①建设用地使用权转让、互换、出资或者赠与的，附着于该土地上的建筑物、构筑物及其附属设施一并处分 ②建筑物、构筑物及其附属设施转让、互换、出资或者赠与的，该建筑物、构筑物及其附属设施占用范围内的建设用地使用权一并处分	【老侯提示】 房地一体，比翼齐飞
抵押	①建设用地使用权抵押时其地上建筑物、构筑物及其附属设施随之抵押 ②以地上建筑物、构筑物及其附属设施抵押时，其占用范围内的建设用地使用权也随之抵押	
出租	①建设用地使用权人可作为出租人，将其建设用地使用权随同地上建筑物、构筑物及其附属设施租赁给他人使用并收取租金 ②出租后，建设用地使用权人(出租人)仍须向土地所有人履行义务(如修缮义务)	
其他方式	互换、赠与、出资	

(3)附属行为。
建设用地使用权人可以在其土地使用范围内进行非保存建筑物或其他工作物的附属行为。

2. 建设用地使用权人义务
(1)支付土地使用费。
(2)合理使用土地。
(3)归还土地、恢复土地的原状。

(四)建设用地使用权的回收补偿

在建设用地使用权期限届满前，因公共利益需要提前收回土地的，出让人"应当"依法对该土地上的房屋以及其他不动产给予"补偿"，并"退还相应的出让金"。

【例题·单选题】关于建设用地使用权，下列说法不正确的是(　　)。

A. 设立建设用地使用权，可以采取出让或划拨等方式

B. 建设用地使用权自登记时设立

C. 建设用地使用权自建设用地使用权合同签订时设立

D. 建设用地使用权转让、互换、出资或者赠与的，附着于该土地上的建筑物、构筑物及其附属设施一并处分

解析 ▶ 建设用地使用权自登记时设立。

答案 ▶ C

守将三、宅基地使用权(★)

(一)宅基地使用权的特点

1. 农村宅基地使用权是无偿取得的、永久性的权利
2. 宅基地使用权的分配，坚持"一户一宅"原则

(二)宅基地使用权的流转

1. 原则上禁止流转：不得买卖、赠与、投资入股、抵押等
2. 两类可以流转的特殊情形
(1)宅基地使用权可以继承。
(2)宅基地使用权可以随宅基地上的房屋所有权的转让而流转。
①受让人只能是本集体经济组织的成员；
②农村村民出卖住房后，再申请宅基地的，不予批准；
③受让人的宅基地面积不得超过省、自治区、直辖市规定的标准，否则不得受让。

【例题·多选题】农民王某获得一块宅基地使用权，遂在该宅基地上自建平房三间。关于该宅基地使用权和三间平房所有权的说法中，正确的有( )。

A. 该宅基地使用权没有存续期限的限制
B. 该宅基地使用权可以抵押
C. 该宅基地使用权属于限制物权
D. 该三间平房建成之日王某取得所有权

解析 宅基地使用权基于法律的直接规定无偿取得，且宅基地使用权的存续无期限限制，宅基地使用权原则上禁止流转，即不得买卖、赠与、投资入股、抵押等；选项A正确，选项B错误。宅基地使用权属于用益物权，用益物权属于限制物权；选项C正确。房屋建造属于事实行为，建成之日即享有所有权，无须登记；选项D正确。答案 ACD

守将四、居住权(★)

1. 居住权的设立方式
(1)采用书面形式订立居住权合同。
(2)以遗嘱方式设立。
2. 居住权的特点
(1)居住权无偿设立，但是当事人另有约定的除外。
(2)设立居住权的住宅不得出租，但是当事人另有约定的除外。
(3)居住权不得转让、继承。
3. 居住权的消灭

(1)居住权期限届满。
(2)居住权人死亡。
4. 居住权的登记
(1)设立居住权的，应当向登记机构申请居住权登记。居住权自登记时设立。
(2)居住权消灭的，应当及时办理注销登记。

【例题·单选题】根据物权法律制度的规定，下列有关居住权的表述说法正确的是( )。

A. 当事人可以口头形式设立居住权
B. 居住权均为无偿设立
C. 居住权不得转让和继承
D. 居住权自合同成立时设立

解析 选项A，设立居住权，当事人应当采用书面形式订立居住权合同。选项B，居住权无偿设立，但是当事人另有约定的除外。选项C，居住权不得转让、继承。选项D，设立居住权的，应当向登记机构申请居住权登记。居住权自登记时设立。

答案 C

守将五、地役权(★)

(一)地役权的概念

为实现自己土地的利益而使用他人土地的权利。

(二)供役地与需役地

1. 供役地：供他人土地便利而使用的土地
2. 需役地：为自身便利而使用他人土地的土地

(三)地役权的设立

地役权自地役权合同生效时设立，未经登记不得对抗善意第三人。

(四)地役权的期限

由当事人约定，但不得超过土地承包经营权、建设用地使用权的剩余期限。

(五)地役权的使用

1. 地役权人有权在合同约定的目的范围内使用供役地

2. 对供役地的使用应当选择损害最小的地点及方法为之

3. 不得违反法律规定或者合同约定,滥用地役权,否则供役地权利人可以解除地役权合同

【例题1·单选题】甲、乙两工厂相邻,甲工厂为解决本厂职工上下班通行方便的问题,与乙工厂订立合同,约定甲工厂每年向乙工厂支付一定费用,在乙工厂的土地上设立通行地役权,并进行了地役权登记。对此下列说法中正确的是( )。

A. 甲工厂的土地为供役地,乙工厂的土地为需役地

B. 甲、乙两工厂的地役权合同须为书面合同

C. 地役权自地役权登记时设立

D. 地役权是提高供役地的使用价值根据合同约定设定的物权

解析 甲工厂的土地为需役地,乙工厂的土地为供役地。所以选项A错误。设立地役权需要订立书面的地役权合同,地役权自地役权合同生效时设立,登记为对抗要件而非生效要件。所以选项B正确,选项C错误。地役权是为提高需役地的使用价值根据合同约定设定的物权。所以选项D错误。 **答案** B

【例题2·单选题】根据物权法律制度的规定,关于物权设立的时间,下列说法中不正确的是( )。

A. 土地承包经营权自土地承包经营权合同生效时设立

B. 地役权自地役权合同生效时设立

C. 设立建设用地使用权,自建设用地使用权出让合同生效时设立

D. 居住权自登记时设立

解析 设立建设用地使用权的,应当向登记机构申请建设用地使用权登记。建设用地使用权自登记时设立。所以选项C错误。

答案 C

第四部分 担保物权

守将一、担保物权概述(★)

(一)担保方式

1. 人保:保证
2. 物保:抵押、质押、留置
3. 钱保:定金

(二)反担保的担保方式——给担保人提供的担保

1. 反担保人是债务人:抵押、质押
2. 反担保人是债务人之外的其他人:保证、抵押、质押

(三)担保合同无效的法律责任

担保合同无效的法律责任见表4-22。

表4-22 担保合同无效的法律责任

主合同	第三人提供的担保合同	债权人	担保人	责任承担
有效	无效	有过错	有过错	担保人承担不超过债务人"不能清偿部分的1/2"
		无过错	有过错	担保人与债务人"连带"赔偿责任
		有过错	无过错	担保人"不承担"责任
无效	无效		无过错	担保人"不承担"责任
			有过错	担保人承担不超过债务人"不能清偿部分的1/3"

本关主将*、抵押权（★★★）（2016 年综合题；2017 年单选题、判断题；2018 年单选题、简答题；2019 年简答题、综合题；2020 年单选题、综合题；2021 年单选题）

（一）抵押的概念

1. 概念

抵押权是指为担保债务的履行，债务人或者第三人"不转移财产的占有"，将该财产抵押给债权人的，债务人不履行到期债务或者发生当事人约定的实现抵押权的情形，债权人有权就该财产优先受偿。

2. 流押条款（2022 年调整）

抵押权人在债务履行期限届满"前"，与抵押人约定债务人不履行到期债务时抵押财产归债权人所有的，只能依法就抵押财产优先受偿。

『老侯提示』 抵押中的"流押条款"，质押中的"流质条款"，均属于流氓条款。

【例题1·判断题】甲向乙借款，将自己的房屋抵押给乙，甲、乙在抵押合同中约定：若甲到期不返还借款本息，该房屋所有权归乙。若甲到期无力偿还借款，乙只能依法就抵押财产优先受偿。（ ）

解析 ▶ 抵押权人在债务履行期限届满前，与抵押人约定债务人不履行到期债务时抵押财产归债权人所有的，只能依法就抵押财产优先受偿。 答案 ▶ √

（二）抵押财产

1. 可以设立抵押与不得设立抵押的财产

（1）可以设立抵押的财产

①建筑物和其他土地附着物。
②建设用地使用权。
③海域使用权。
④生产设备、原材料、半成品、产品。
⑤正在建造的建筑物、船舶、航空器。
⑥交通运输工具。

（2）不得设立抵押权的财产

①土地"所有权"。
②宅基地、自留地、自留山等"集体所有的土地使用权"，法律规定可以抵押的除外。
③学校、幼儿园、医院等以公益为目的成立的非营利法人的教育设施、医疗卫生设施和其他公益设施。
④所有权、使用权不明或者有争议的财产。

『老侯提示』 当事人以所有权、使用权不明或者有争议的财产抵押，经审查构成无权处分的，法院应当依照善意取得的规定处理。（2022 年新增）

⑤依法被查封、扣押、监管的财产。

『老侯提示1』 当事人以依法被查封或者扣押的财产抵押，抵押权人请求行使抵押权，经审查查封或者扣押措施已经解除的，人民法院应予支持。抵押人以抵押权设立时财产被查封或者扣押为由主张抵押合同无效的，人民法院不予支持。以依法被监管的财产抵押的，适用上述规定。（2022 年新增）

『老侯提示2』 除"土地使用权"外，如股权、应收账款等权利只能质押，不能抵押。

2. 不动产抵押的特殊规定（2022 年新增）

（1）以建筑物抵押的，该建筑物占用范围内的建设用地使用权一并抵押。以建设用地使用权抵押的，该土地上的建筑物一并抵押。

（2）抵押人将建设用地使用权、土地上的建筑物或者正在建造的建筑物分别抵押给不同债权人的，人民法院应当根据抵押登记的时间先后确定清偿顺序。

（3）以违法的建筑物抵押的，抵押合同无效，但是一审法庭辩论终结前已经办理合法手续的除外。

（4）当事人以建设用地使用权依法设立抵押，抵押人不得以土地上存在违法的建筑物为由主张抵押合同无效。

---

* "守将二、抵押权"因地位显赫，需考生多加关注，故单列为"本关主将、抵押权"。

(5)抵押人以划拨建设用地上的建筑物抵押,当事人不得以该建设用地使用权不能抵押或者未办理批准手续为由主张抵押合同无效或者不生效。抵押权依法实现时,拍卖、变卖建筑物所得的价款,应当优先用于补缴建设用地使用权出让金。

(6)当事人以划拨方式取得的建设用地使用权抵押,抵押人不得以未办理批准手续为由主张抵押合同无效或者不生效。已经依法办理抵押登记,抵押权人可以主张行使抵押权,抵押权依法实现时所得的价款,应当优先用于补缴建设用地使用权出让金。

(7)乡镇、村企业的建设用地使用权不得单独抵押。以乡镇、村企业的厂房等建筑物抵押的,其占用范围内的建设用地使用权一并抵押。

(8)以集体所有土地的使用权依法抵押的,实现抵押权后,未经法定程序,不得改变土地所有权的性质和土地用途。

【例题2·单选题】☆根据物权法律制度的规定,下列财产中,可用于设立抵押权的是( )。

A. 所有权有争议的房屋
B. 被法院查封的车辆
C. 土地所有权
D. 正在建造的船舶

解析 选项ABC,所有权、使用权不明或者有争议的财产,依法被查封、扣押、监管的财产,土地所有权不得用于设立抵押权;选项D,正在建造的建筑物、船舶、航空器,属于可以设立抵押权的财产。 **答案** D

【例题3·多选题】根据物权法律制度的规定,债务人有权处分的下列权利中,可以抵押的有( )。

A. 应收账款
B. 海域使用权
C. 依法可以转让的股权
D. 建设用地使用权

解析 选项AC,应收账款、依法可以转让的股权均可以设定权利质押,但不能设定抵押。 **答案** BD

(三)抵押登记

1. 登记"设立"与登记"对抗"(见表4-23)

表4-23 登记"设立"与登记"对抗"

抵押物		抵押合同	抵押权
不动产	建筑物和其他土地附着物、建设用地使用权、海域使用权、正在建造的建筑物	当事人签名、盖章或按指印时	"登记时"设立
动产	生产设备、原材料、半成品、产品、交通运输工具和正在建造的船舶、航空器、其他动产		"抵押合同生效时"设立,未登记不得对抗善意第三人

2. 抵押登记与抵押合同内容不一致:以"登记"为准

【例题4·单选题】☆根据物权法律制度的规定,以下列财产设定抵押的,抵押权自登记时设立的是( )。

A. 挖掘机
B. 远洋运输船
C. 未加工的钢管
D. 正在建造的厂房

解析 以建筑物和其他土地附着物、建设用地使用权、海域使用权、正在建造的建筑物设定抵押的;应当办理抵押物登记。抵押权自登记之日设立。 **答案** D

【例题5·多选题】甲向乙借款4万元办加工厂,乙要求甲以其新购置的一辆吉普车作为抵押,甲同意了,双方遂签订了借款合同和抵押合同,约定:如果甲到期无法偿还,乙可将其吉普车变卖后受偿。合同签订后,双方并未办理抵押物登记。后甲因加工厂倒闭,无力偿还乙的借款,又恐乙廉价变卖吉普车使其遭受更大损失,遂将其吉普车卖给了不知情的丙。乙得知后,向法院起诉,要求法院从丙处追回吉普车变卖受偿。则下列说法中正确的有( )。

A. 甲、乙双方签订的抵押合同已生效
B. 乙的抵押权已设立
C. 乙的请求法院应予支持
D. 乙的请求法院不予支持

解析 选项A，抵押合同自签订时成立并生效。选项BCD，动产抵押自抵押合同生效时设立，未经登记，不得对抗善意第三人。

答案 ABD

(四)抵押权的效力

1. 抵押权担保的范围

约定→主债权、利息、违约金、损害赔偿金、实现抵押权的费用

2. 抵押权的效力范围

(1)抵押物的孳息

①孳息的收取。

债务人不履行到期债务或者发生当事人约定的实现抵押权的情形，致使抵押财产被人民法院依法扣押的，"自扣押之日起"抵押权人有权"收取"该抵押财产的天然孳息或者法定孳息，但抵押权人未通知应当清偿"法定孳息"的义务人的除外。

〖老侯提示〗抵押权人仅"收取"孳息，并不当然取得孳息的所有权，孳息并入抵押财产共同担保主债权的实现，清偿后如有剩余应返还给抵押人。

②孳息的清偿顺序。

收取孳息的费用→主债权的利息→主债权

(2)抵押物的从物(2022年调整)

①从物产生于抵押权依法设立前：约定→抵押权的效力及于从物

②从物产生于抵押权依法设立后：抵押权的效力不及于从物，但是在抵押权实现时可以一并处分

(3)抵押权依法设立后，抵押财产被添附(2022年调整)

①添附物归第三人所有，抵押权效力及于补偿金。

②抵押人对添附物享有所有权，抵押权的效力及于添附物，但是添附导致抵押财产价值增加的，抵押权的效力不及于增加的价值部分。

③抵押人与第三人因添附成为添附物的共有人，抵押权的效力及于抵押人对共有物享有的份额。

(4)物上代位性(2022年调整)

①抵押权依法设立后，抵押财产毁损、灭失或者被征收等，抵押权人可以请求按照原抵押权的顺位就保险金、赔偿金或者补偿金等优先受偿。

②给付义务人已经向抵押人给付了保险金、赔偿金或者补偿金，抵押权人不得请求给付义务人向其给付保险金、赔偿金或者补偿金，但是给付义务人接到抵押权人要求向其给付的通知后仍然向抵押人给付的除外。

(5)抵押权设立后新增的建筑物(2022年调整)

①当事人仅以建设用地使用权抵押，抵押权的效力及于土地上"已有的建筑物"以及正在建造的建筑物"已完成部分"，不及于正在建造的建筑物的"续建部分"以及"新增建筑物"。

②当事人以正在建造的建筑物抵押，抵押权的效力范围限于已办理抵押登记的部分。当事人按照担保合同的约定，主张抵押权的效力及于续建部分、新增建筑物以及规划中尚未建造的建筑物的，人民法院不予支持。

【例题6·多选题】陈某用自己的轿车作抵押向银行借款40万元，并办理了抵押登记手续。陈某驾驶该轿车出行时，不慎发生交通事故。经鉴定，该轿车的价值损失了30%，保险公司赔偿了该轿车损失，下列关于该抵押担保的表述中，正确的有(　　)。

A. 该轿车不再担保银行债权
B. 该轿车应担保银行债权
C. 保险赔款不应担保银行债权
D. 保险赔款应担保银行债权

解析 在抵押物灭失、毁损或者被征收的情况下，抵押权人可以就该抵押物的保险金、赔偿金或者补偿金优先受偿。该轿车应担保银行债权，同时保险赔款也应担保银行

债权。**答案** BD

3. 抵押物的出租(2022年调整)

(1) 先租后抵

抵押权设立前，抵押财产已经出租并转移占有的，原租赁关系不受该抵押权的影响。

〖老侯提示〗 出租在先，抵押不破租赁。

(2) 先抵后租

①抵押权已登记的，该租赁关系不得对抗"已登记"的抵押权。

因租赁关系的存在致使抵押权实现时无人购买抵押物，或售价降低导致不足以清偿抵押债权，抵押权人有权主张租赁终止。

②动产抵押合同订立后"未办理抵押登记"的，抵押人将抵押财产出租给他人并移转占有，抵押权人行使抵押权的，租赁关系不受影响，但是抵押权人能够举证证明承租人知道或者应当知道已经订立抵押合同的除外。

〖老侯提示〗 抵押在先且登记，抵押权优先，抵押在先未登记，适用善意取得制度。

【例题7·判断题】☆抵押权设立后抵押财产出租的，该租赁关系不得对抗已登记的抵押权。（　）

答案 √

4. 抵押期间抵押物的转让——对抵押权的影响(2022年调整)

①正常经营活动(见表4-24)。

表4-24　正常经营活动

考点	具体内容
基本规则	以动产抵押，不得对抗正常经营活动中已经支付合理价款并取得抵押财产的买受人 〖老侯提示〗无论动产抵押是否登记，均不得对抗上述买受人
属于正常经营	出卖人的经营活动属于其营业执照明确记载的经营范围，且出卖人持续销售同类商品
不属于正常经营	a. 购买商品的数量明显超过一般买受人； b. 购买出卖人的生产设备； c. 订立买卖合同的目的在于担保出卖人或者第三人履行债务； d. 买受人与出卖人存在直接或者间接的控制关系； e. 买受人应当查询抵押登记而未查询的其他情形

②非正常经营活动(见表4-25)。

表4-25　非正常经营活动

考点		具体内容
已登记	未约定禁止或限制转让	a. 抵押期间，抵押人可以转让抵押财产； b. 抵押财产转让的，抵押权不受影响； c. 抵押人转让抵押财产的，应当及时通知抵押权人； d. 抵押权人能够证明抵押财产转让可能损害抵押权的，可以请求抵押人将转让所得的价款向抵押权人提前清偿债务或者提存； e. 转让价款超过债权数额的部分归抵押人所有，不足部分由债务人清偿
	约定禁止或限制转让 未将约定登记	a. 抵押人违反约定转让抵押财产，转让合同有效，抵押财产已经交付或者登记，转让发生物权效力，但是抵押权人有证据证明受让人知道的除外； b. 抵押权人可以请求抵押人承担违约责任
	已将约定登记	抵押人违反约定转让抵押财产，转让合同有效，但即使抵押财产已经交付或者登记，转让也不发生物权效力，但是因受让人代替债务人清偿债务导致抵押权消灭的除外
未登记		动产抵押权未经登记，不得对抗善意第三人

5. 抵押权的顺位

（1）同一财产向两个以上债权人抵押的顺序排位

①已登记的先于未登记；

②均登记的，按"登记的时间先后"确定清偿顺序；

③均未登记，按照"债权比例"。

『老侯提示』均未登记，无法依据登记来确定抵押的先后顺序(不看合同)，直接按债权比例。

（2）顺序变更

①抵押权人可以放弃抵押权或者抵押权的顺位。抵押权人与抵押人可以协议变更抵押权顺位以及被担保的债权数额等内容，但抵押权的变更，"未经其他抵押权人书面同意，不得对其他抵押权人产生不利影响"。

②债务人以自己的财产设定抵押，抵押权人放弃该抵押权、抵押权顺位或者变更抵押权的，其他担保人在抵押权人丧失优先受偿权益的范围内免除担保责任，但其他人承诺仍然提供担保的除外。

【链接】共同担保：债务人自己提供物的担保，债权人应当先就该物的担保实现债权。

【例题8·单选题】同一财产向两人以上债权人抵押的，拍卖、变卖抵押财产所得价款应当依照物权法律制度的规定清偿。下列各项中，不符合规定的是（　）。

A．抵押权已登记的，按照登记的时间先后确定清偿顺序

B．抵押权未登记的，按照债权比例清偿

C．抵押权已登记的先于未登记的受偿

D．抵押权未登记的，按照抵押合同生效时间的先后顺序清偿

解析　选项D，抵押权未登记的，按债权比例清偿。　答案　D

6. 价款债权抵押权——卖方超级优先权

（1）价款债权抵押权的一般规则

动产抵押担保的主债权是抵押物的价款，标的物交付后10日内办理抵押登记的，该抵押权人优先于抵押物买受人的其他担保物权人受偿，但是留置权人除外。

（2）价款债权抵押权在浮动抵押和融资租赁中的适用（2022年新增）（见表4-26）

表4-26　价款债权抵押权在浮动抵押和融资租赁中的适用

考点	具体内容
前提	①担保人在设立动产浮动抵押并办理抵押登记后又购入或者以融资租赁方式承租新的动产；②买受人取得动产但未付清价款或者承租人以融资租赁方式占有租赁物但是未付清全部租金，又以标的物为他人设立担保物权
适用对象	①在该动产上设立抵押权或者保留所有权的出卖人；②为价款支付提供融资而在该动产上设立抵押权的债权人；③以融资租赁方式出租该动产的出租人
满足条件	为担保价款债权或者租金的实现而订立担保合同并在该动产交付后10日内办理登记
后果	上述出卖人、债权人、出租人可以主张价款债权抵押权的超级优先效力

7. 抵押权与质权并存的受偿顺位

同一财产既设立抵押权又设立质权的，拍卖、变卖该财产所得的价款按照登记、交付的时间先后确定清偿顺序。

8. 抵押权的处分

债权转让的，担保该债权的抵押权一并转让，但法律另有规定或者当事人另有约定的除外。

9. 抵押权的保全

抵押人的行为足以使抵押财产价值减少的，抵押权人有权要求抵押人停止其行为；抵押财产价值减少的，抵押权人有权要求恢复抵押财产的价值，或者提供与减少的价值相应的担保。抵押人不恢复抵押财产的价值，

也不提供担保的，抵押权人有权要求债务人提前清偿债务。

【例题 9·单选题】 赵某以自己的游艇作抵押，获得甲银行贷款 20 万元，办理了抵押登记。由于赵某的游艇价值 80 万元，所以赵某又将该游艇抵押给侯某，获得侯某的借款 10 万元，但未办理抵押登记。后赵某又将其抵押给乙银行，获得贷款 20 万元，办理了抵押登记。后因赵某炒股亏本，导致无法偿还甲银行、乙银行的贷款和侯某的借款。于是三个债权人同时要求实现其抵押权。但抵押物拍卖后仅获得 45 万元，不足以清偿赵某的全部债务。下列关于甲银行、乙银行、侯某的债权受偿顺序的表述正确的是(　　)。

A. 甲银行的抵押权先于侯某的抵押权先于乙银行的抵押权

B. 甲、乙银行的抵押权先于侯某的抵押权

C. 甲银行的抵押权先于乙银行的抵押权先于侯某的抵押权

D. 甲、乙银行和侯某的抵押权，按债权比例清偿

解析 由于甲银行和乙银行的抵押权都经过了登记，而侯某的抵押权没有登记，所以，甲银行和乙银行的债权先于侯某的债权受偿。同时，甲银行的抵押权先于乙银行的抵押权登记，因此，甲银行先受偿，接着是乙银行，最后是侯某。　　**答案** C

(五)抵押权的实现

1. 实现的条件、方式、程序

(1)两种实现方式

债务人不履行到期债务或发生当事人约定的实现抵押权的情形，抵押权人可以与抵押人协议"以抵押财产折价"或者以"拍卖、变卖该抵押财产"所得的价款优先受偿。

(2)担保物权人自行处置担保物(2022 年新增)

①当事人"可以约定"当债务人不履行到期债务或者发生当事人约定的实现担保物权的情形担保物权人有权将担保财产"自行拍卖、变卖"并就所得的价款优先受偿。

②因担保人的原因导致担保物权人无法自行对担保财产进行拍卖、变卖，由担保人承担因此增加的费用。

『老侯提示』抵押人与抵押权人的协议损害其他债权人利益的，其他债权人可以请求人民法院撤销该协议。

2. 抵押权的行使期间(2022 年新增)

(1)抵押权人应当在"主债权诉讼时效期间"行使抵押权，未行使的，人民法院不予保护。

(2)主债权诉讼时效期间届满后，抵押权人主张行使抵押权的，人民法院不予支持；

(3)抵押人以主债权诉讼时效期间届满为由，主张不承担担保责任的，人民法院应予支持。

(4)主债权诉讼时效期间届满前，债权人仅对债务人提起诉讼，经人民法院判决或者调解后未在民事诉讼法规定的申请执行时效期间内对债务人申请强制执行，其向抵押人主张行使抵押权的，人民法院不予支持。

3. 抵押物拍卖价款的清偿顺序

实现抵押权的费用→主债权的利息→主债权

(六)最高额抵押

1. 概念

为担保债务的履行，债务人或者第三人对"一定期间"内将要连续发生的债权提供担保财产的，债务人不履行到期债务或者发生当事人约定的实现抵押权的情形，抵押权人有权在"最高债权额限度内"就该担保财产优先受偿。

2. 最高额抵押所担保的债权确定

(1)约定的债权确定期间届满；

(2)没有约定债权确定期间或者约定不明确，抵押权人或者抵押人自最高额抵押权设立之日起"满 2 年后"请求确定债权；

(3)新的债权不可能发生；

(4)抵押权人知道或者应当知道抵押财产被查封、扣押;

(5)债务人、抵押人被宣告破产或者被解散。

3. 部分债权转让

最高额抵押担保的债权确定前,部分债权转让的,"最高额抵押权不得转让",但当事人另有约定的除外。

【链接】一般情况下,主债权转让的,担保该债权的抵押权一并转让,但法律另有规定或者当事人另有约定的除外。

(七)"动产"浮动抵押

1. 概念

企业、个体工商户、农业生产经营者可以将"现有的以及将有"的生产设备、原材料、半成品、产品抵押,债务人不履行到期债务或者发生当事人约定的实现抵押权的情形,债权人有权就抵押财产确定时的动产优先受偿。

2. 抵押财产确定(结晶)

(1)债务履行期届满,债权未实现;

(2)抵押人被宣告破产或被解散;

(3)当事人约定的实现抵押权的情形;

(4)严重影响债权实现的其他情形,如抵押人经营状况恶化或严重亏损,为逃避债务隐匿、转移财产。

3. 抵押权的行使

(1)抵押权自抵押合同生效时设立;未经登记,不得对抗善意第三人。

(2)无论是否办理抵押登记,该抵押权均"不得对抗正常经营活动中已支付合理价款并取得抵押财产"的买受人。

【例题10·单选题】 ☆甲企业将其现有的以及将有的生产设备、原材料、半成品、产品一并抵押给乙银行,但未办理抵押登记。抵押期间,甲企业以合理价格将一批产品出售给知情的丙公司,并已交付。后甲企业不能向乙银行履行到期债务,乙银行拟行使抵押权。下列关于该抵押权效力的表述中,正确的是( )。

A. 该抵押权已成立且可以对抗知情的丙公司

B. 该抵押权因未办理抵押登记而不能成立

C. 该抵押权因抵押物不特定而不能成立

D. 该抵押权已成立但不得对抗丙公司

解析 动产浮动抵押,抵押权自抵押合同生效时设立;动产浮动抵押无论是否办理抵押登记,均不得对抗正常经营活动中已支付合理对价并取得抵押财产的买受人。

答案 D

考点三、质权(★★)(2016年多选题;2018年单选题、多选题;2019年多选题;2020年判断题)

(一)动产质权

1. 概念

为担保债务的履行,债务人或者第三人将其动产"出质给债权人占有"的,债务人不履行到期债务或者发生当事人约定的实现质权的情形,债权人有权就该动产优先受偿。

2. 动产质权的设立

(1)质押合同(民法典合同编规定)自成立时生效,质权(民法典物权编规定)自出质人"交付"质押财产时设立。

【链接】动产抵押,抵押权自抵押合同生效时设立,未登记不得对抗善意第三人。

(2)质物由第三方监管的质权设立与责任承担(2022年新增)(见表4-27)。

表 4-27　质物由第三方监管的质权设立与责任承担

质权		具体内容
设立	适用情形	债权人、出质人与监管人订立三方协议，出质人通过一定数量、品种等概括描述能够确定范围的货物为债务的履行提供担保，当事人有证据证明监管人系"受债权人的委托"监管并实际控制该货物
	设立时间	质权于"监管人实际控制货物之日"起设立
	监管人责任	监管人违反约定向出质人或者其他人放货、因保管不善导致货物毁损灭失，债权人有权请求监管人承担"违约责任"
未设立	适用情形	当事人有证据证明监管人系"受出质人委托"监管该货物，或者虽然受债权人委托但是未实际履行监管职责，导致货物仍由"出质人实际控制"
	出质人责任	债权人可以基于质押合同的约定请求出质人承担违约责任，但是不得超过质权有效设立时出质人应当承担的责任范围
	监管人责任	监管人未履行监管职责，债权人有权请求监管人承担责任

3. 质权人对质物的权利和责任

(1) 权利

①质权人有权"收取"质押财产的孳息，但合同另有约定的除外。收取的孳息应当先充抵收取孳息的费用。

『老侯提示』 质权人仅有权"收取"，并不当然取得孳息所有权，而是就孳息取得质权。

②因不能归责于质权人的事由可能使质押财产毁损或者价值明显减少，足以危害质权人权利的，质权人有权要求出质人提供相应的担保；出质人不提供的，质权人可以拍卖、变卖质押财产，并与出质人通过协议将拍卖、变卖所得的价款提前清偿债务或者提存。

(2) 责任

①质权人在质权存续期间，未经出质人同意，擅自使用、处分质押财产，造成出质人损害的，应当承担赔偿责任。

②质权人在质权存续期间，未经出质人同意转质，造成质押财产毁损、灭失的，应当向出质人承担赔偿责任。

③质权人负有妥善保管质押财产的义务；因保管不善致使质押财产毁损、灭失的，应当承担赔偿责任。

『老侯提示』 质权人的行为可能使质押财产毁损、灭失的，出质人可以要求质权人将质押财产提存，或者要求提前清偿债务并返还质押财产。

【例题 1·单选题】 甲从乙银行贷款 200 万元，双方于 8 月 1 日签订贷款合同，丙以保证人身份在贷款合同上签字，因担心丙的资信状况，乙银行又要求甲提供担保，为此双方于 8 月 3 日签订书面质押合同，质物为甲的一辆轿车，但甲未将轿车交付给乙银行。甲到期无力偿还贷款。根据物权法律制度的规定，下列关于乙银行主张担保权利的表述中，正确的是(　　)。

A. 乙银行只能主张保证债权，因为甲未将该轿车交付给乙银行，质权未设立

B. 乙银行只能主张质权，因为丙与乙银行未签订保证合同，保证债权不成立

C. 乙银行应先主张保证债权，因为保证债权先于质权成立

D. 乙银行应先主张质权，因为质押担保是债务人甲自己提供的

解析　选项 B，保证合同可以是单独订立的书面合同，也可以是主债权债务合同中的保证条款；选项 A、C、D，质押合同自成立时生效，质权自出质人交付质押财产时设

立。本题中轿车没有交付，因此质权没有设立。

答案 ▶ A

【例题 2 · 单选题】甲与乙签订借款合同，并约定由乙将自己的钻戒出质给甲。但其后乙并未将钻戒如约交付给甲，而是把该钻戒卖给了不知情的丙。丙取得钻戒后，与甲因该钻戒的权利归属发生纠纷。根据规定，下列关于该钻戒权利归属的表述中，正确的是( )。

A. 丙不能取得该钻戒的所有权，因为该钻戒已质押给甲

B. 丙能取得该钻戒的所有权，但甲可依其质权向丙追偿

C. 丙能取得该钻戒的所有权，甲不能向丙要求返还该钻戒

D. 丙能否取得该钻戒的所有权，取决于甲同意与否

解析 ▶ 质权自出质人交付质押财产时设立，本题中钻戒没有交付，因此甲的质权没有设立。

答案 ▶ C

4. 质权的实现

(1) 返还质物。

债务人履行债务或者出质人提前清偿所担保的债权的，质权人应当返还质押财产。

(2) 实现质权的两种方式。

债务人不履行到期债务或者发生当事人约定的实现质权的情形，质权人可以与出质人协议以质押财产折价，也可以就拍卖、变卖质押财产所得的价款优先受偿。

『老侯提示』 质押财产折价或者变卖的，应当参照市场价格。

(3) 及时行权要求。

①出质人可以请求质权人在债务履行期届满后"及时"行使质权；

②质权人不行使的，出质人可以人民法院拍卖、变卖质押财产。

『老侯提示』 因质权人怠于行使权利造成损害的，由质权人承担赔偿责任。

(二) 权利质权

1. 权利质权的种类及质权设立方式

权利质权见表 4-28。

表 4-28 权利质权

权利种类		质权设立
汇票、支票、本票、债券、存款单、仓单、提单	有权利凭证	交付设立
	没有权利凭证	登记设立
可以转让的基金份额、股权、注册商标专用权、专利权、著作权(知识产权中的财产权)、应收账款		登记设立

『老侯提示』 有凭证交付设立，没凭证登记设立。

2. 重复质押的顺位(2022 年新增)

(1) 出质人既以仓单出质，又以仓储物设立担保，按照"公示的先后"确定清偿顺序；难以确定先后的，按照债权比例清偿。

(2) 保管人为"同一货物签发多份仓单"，出质人在多份仓单上设立多个质权，按照公示的先后确定清偿顺序；难以确定先后的，按照债权比例受偿。

『老侯提示』 上述情形，债权人举证证明其损失系由出质人与保管人的"共同行为"所致，可以请求出质人与保管人承担"连带赔偿责任"。

3. 应收账款出质的特殊规定(2022 年新增)

应收账款出质的特殊规定见表 4-29。

表 4-29 应收账款出质的特殊规定

考点		具体内容	
以"现有"应收账款出质,真实性存疑的处理	应收账款债务人向质权人"确认"应收账款的真实性	应收账款债务人不得以应收账款不存在或者已经消灭为由主张不承担责任	
	应收账款债务人"未确认"应收账款的真实性	质权人能够举证证明办理出质登记时应收账款真实存在	质权人可以以应收账款债务人为被告,请求就应收账款优先受偿
		质权人不能举证证明办理出质登记时应收账款真实存在	不得仅以已经办理出质登记为由,请求就应收账款优先受偿
应收账款债务已向应收账款债权人履行	一般情况	质权人"不得请求"应收账款债务人履行债务的	
	除外情形	应收账款债务人接到质权人要求向其履行的通知后,仍然向应收账款债权人履行	
以"将有"的应收账款出质	将有应收账款种类	基础设施和公用事业项目收益权、提供服务或者劳务产生的债权以及其他将有的应收账款	
	当事人为应收账款设立特定账户	发生法定或者约定的质权实现事由时,质权人可以请求就该特定账户内的款项优先受偿	
	特定账户内的款项不足以清偿债务或者未设立特定账户	质权人可以请求折价或者拍卖、变卖项目收益权等将有的应收账款,并以所得的价款优先受偿	

【例题 3·多选题】☆根据物权法律制度的规定,债务人有权处分的下列权利中,可用于设立权利质押的有( )。

A. 建设用地使用权
B. 仓单
C. 动产所有权
D. 应收账款

解析 选项 A,只能用于抵押不能用于质押;选项 C,可以用于动产质押,不属于权利质押。**答案** BD

【例题 4·判断题】☆以应收账款出质的,质权自办理出质登记时设立。( )
答案 √

【例题 5·判断题】李某于 5 月 12 日向银行借款 1 万元,以其在该银行的 1.1 万元 1 年期定期存单出质。8 月 20 日,1 万元借款到期,李某无力偿还,银行为行使质权可以支取存单金额 1.1 万元及利息 300 元。( )

解析 如果质押合同中没有特别约定,定期存单应就全部债务承担质押保证责任,包括主债务及利息、违约金、损害赔偿金、质物保管费用和实现质权的费用。银行支取的 1.1 万元本金和 300 元利息,应扣除银行的 1 万元借款及其利息、违约金,如有剩余应返还给李某。**答案** ×

守将四、留置(★★★)(2016 年单选题;2018 年、2019 年综合题;2021 年判断题)

(一)留置权

1. 留置权的概念

留置权是指债务人不履行到期债务,债权人可以留置"已经合法占有的债务人的动产",并有权就该动产优先受偿。

『老侯提示1』留置仅限于动产，房屋建筑物等不动产不能留置。

『老侯提示2』留置物必须是合法占有的，非法侵占的财产无留置权。

2.对"第三人"的动产的留置（2022年新增）

债务人不履行到期债务，债权人因"<u>同一法律关系</u>"留置合法占有的"<u>第三人的动产</u>"，可以主张就该留置财产优先受偿。第三人不得以该留置财产并非债务人的财产为由请求返还。

3.留置权的成立要件

（1）债权人占有债务人的动产。

『老侯提示1』留置物为可分物的，留置财产的价值应当"相当于债务的金额"。

『老侯提示2』法律规定或者当事人约定不得留置的动产，不得留置。

（2）留置的动产是否要求"<u>同一法律关系</u>"（2022年调整）（见表4-30）。

表4-30 留置的动产是否要求"同一法律关系"

考点	适用情形		是否可以留置
非企业间	同一法律关系		√
	非同一法律关系		×
企业间	同一法律关系		√
	非同一法律关系	一般情况	√
		该债权不属于企业持续经营中发生的债权	×

（3）债务人未按规定期限履行对到期债权的清偿义务。

【例题1·判断题】甲企业向乙企业购买了一批总价款100万元的建筑材料。甲企业支付了60万元，约定其余的40万元在3个月内付清。后甲企业将一台价值30万元的施工设备交由乙企业代为保管。3个月后，几经催告，甲企业仍未支付乙企业40万元货款。则甲企业要求提取该设备时，乙企业可以将设备留置以担保货款债权的实现。（ ）

解析 留置权是指债务人不履行到期债务，债权人可以留置已经合法占有的债务人的动产，并有权就该动产优先受偿。债权人留置的动产应当与债权属于同一法律关系，但企业之间留置的除外。 答案 √

（二）留置权的实现

1.孳息

留置权人有权"<u>收取</u>"留置财产的孳息，所收取的孳息应当首先充抵收取孳息的费用。

『老侯提示』与质权和抵押物被扣押后"收取孳息"的情形相同。

2.债务履行期间

留置权人与债务人应当约定留置财产后的债务履行期限；没有约定或者约定不明确的，留置权人应当给债务人"<u>60日以上</u>"履行债务的期限，但"<u>鲜活易腐等不易保管的动产除外</u>"。

3.受偿顺序

同一动产上已设立抵押权或者质权，该动产又被留置的，"<u>留置权人优先受偿</u>"。

【例题2·判断题】☆留置权人无权收取留置财产的孳息。（ ）

解析 留置权人有权收取留置财产的孳息。 答案 ×

【例题3·单选题】☆李某向陈某借款10万元，将一辆卡车抵押给陈某。抵押期间，卡车因车祸严重受损，李某将卡车送到某修理厂大修，后李某无力支付2万元修理费，修理厂遂将卡车留置。经催告，李某在约定的合理期间内仍未支付修理费。此时，李某亦无法偿还欠陈某的到期借款，陈某要求修理厂将卡车交给自己依法进行拍卖，修理厂拒绝。下列关于该争议如何处理的表述中，符合物权法律制度规定的是（　　）。

A. 修理厂应将卡车交给陈某依法拍卖，修理费只能向李某主张

B. 陈某应当向修理厂支付修理费，其后修理厂应向陈某交付卡车

C. 修理厂应将卡车交给陈某依法拍卖，拍卖所得资金优先偿付借款，剩余部分修理厂有优先受偿权

D. 修理厂可将卡车依法拍卖，所得资金先偿付修理费，剩余部分陈某有优先受偿权

解析 同一动产上已设立抵押权或者质权，该动产又被留置的，留置权人优先受偿。

答案 D

【例题4·多选题】陈某租住王某的房屋，租期至2020年8月。王某欠陈某10万元货款，应于2020年7月偿付。至2020年8月，王某尚未清偿货款，但要求收回房屋并请求陈某支付1万元租金。根据物权法律制度的规定，下列关于陈某的权利的表述中，不正确的有（　　）。

A. 陈某可以留置该房屋作为担保

B. 陈某可以出售该房屋并优先受偿

C. 陈某可以以应付租金抵销1万元货款

D. 陈某可以行使同时履行抗辩权而不交还房屋

解析 选项A，不动产不能留置；选项B，陈某作为承租人，对房屋没有优先受偿权；选项D，同时履行抗辩权，是存在于同一双务合同中，本题中是两个不同的合同。

答案 ABD

第五部分 占 有

守将、占有（★）

（一）占有的分类

占有的分类见表4-31。

表4-31 占有的分类

分类标准	类别		具体规定
占有是否具有法律上的原因	有权占有	基于物权、债权等而占有	受法律保护
	无权占有	占有赃物或承租人在租赁关系消灭后占有租赁物	（1）无权拒绝合法权利人要求交还占有物的请求；（2）无权主张留置权
无权占有人是否误信为有占有的权源	善意占有	继承误以为是遗产的财产而占有	不动产或动产被占有人占有的，权利人可请求返还原物及其孳息；但应当支付善意占有人因维护所支出的必要费用
	恶意占有	明知或疑仍然占有	（1）占有人因使用占有物，致使该物受到损害的，恶意占有人应当承担赔偿责任；（2）占有物毁损、灭失，该物的权利人请求赔偿的，占有人应当将取得的保险金、赔偿金或补偿金等返还；权利人的损害未得到足够弥补的，恶意占有人应当赔偿损失
占有人对物的占有是否具有所有的意思	自主占有	买卖中对动产标的物的移转占有、盗窃者对所盗赃物的占有	
	他主占有	承租人、借用人、保管人、质权人等对标的物的占有	

215

续表

分类标准	类别	具体规定
占有人在事实上是否直接占有其物	直接占有	质权人、保管人、承租人等对物的占有
	间接占有	出质人、出租人等基于一定法律关系对物的占有
其他分类		公然占有与隐秘占有、和平占有与强暴占有、无过失占有与有过失占有、无瑕疵占有与瑕疵占有、单独占有与共同占有、部分占有与全部占有

(二)占有的保护

1. 占有保护的请求权种类

(1)占有物返还请求权

占有的不动产或者动产被侵占的，占有人有权请求返还原物。

(2)占有妨害排除请求权和占有妨害防止请求权

对妨害占有的行为，占有人有权请求排除妨害或者消除危险。

(3)占有损害赔偿请求权

因侵占或者妨害造成损害的，占有人有权依法请求损害赔偿

2. 占有人返还原物的请求权，自侵占发生之日起1年内未行使的，该请求权消灭

【例题·多选题】 董某在办公区洗手间遗失一枚钻戒，刘某拾得后将其放在办公桌，并张贴了招领公告。王某盗走该钻戒，卖给了不知情的孟某，孟某取得该钻戒后将其出质于赵某。下列关于占有类型的表述中，正确的有( )。

A. 刘某对钻戒的占有属于无权占有

B. 王某对钻戒的占有属于他主占有

C. 孟某对钻戒的占有属于自主占有

D. 赵某对钻戒的占有属于直接占有

解析 选项B，王某盗窃钻戒的目的是取得该钻戒的所有权，其系以所有的意思为占有，故属于自主占有，非他主占有。

答案 ACD

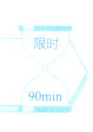

积粮筑墙

扫我做试题

一、单项选择题

1. 根据物权法律制度的规定，下列关于物权的属性的表述正确的是( )。
   A. 物权是请求权
   B. 物权是相对性权利
   C. 物权客体具有不特定性
   D. 物权具有对世权性质

2. 下列各项中，属于物权客体的物的是( )。
   A. 火星　　　　　B. 汽车尾气
   C. 活人的身体　　D. 天宫空间站

3. 下列各项中，属于不动产的是( )。
   A. 汽车　　　　　B. 船舶
   C. 海域　　　　　D. 潜艇

4. 根据物权法律制度的规定，下列关于物的分类的表述中，不正确的是( )。
   A. 机器与维修工具属于主物与从物
   B. 电视机与遥控器属于主物与从物
   C. 母牛腹中的小牛属于天然孳息
   D. 存款利息属于法定孳息

5. 根据物权法律制度的规定，物权相互间的

优先效力原则上应以物权成立时间的先后为标准，但也有例外，下列说法中不正确的是（　　）。

A. 同一动产上已经设立抵押权或者质权，该动产又被留置的，留置权人优先受偿

B. 限制物权优先于所有权

C. 先成立的动产抵押权没有登记，先于成立在后但已登记的抵押权

D. 同一房屋之上，先登记设立的抵押权效力优先于后登记设立的抵押权

6. 根据规定，如果不动产登记簿记载的权利人不同意更正，利害关系人可以申请异议登记。法律要求异议登记申请人在异议登记之日起一定时间内起诉，不起诉的，异议登记失效。该一定时间是（　　）日。

A. 5　　　　　　B. 10
C. 15　　　　　 D. 20

7. 刘某借用张某的名义购买房屋后，将房屋登记在张某名下。双方约定该房屋归刘某所有，房屋由刘某使用，产权证由刘某保存。后刘某、张某因房屋所有权归属发生争议。关于刘某的权利主张，下列选项中错误的是（　　）。

A. 可直接向登记机构申请办理更正登记

B. 可向登记机构申请异议登记

C. 可向法院请求确认其为所有权人

D. 可依据法院确认其为所有权人的判决请求登记机关更正登记

8. 2021年5月10日，甲借用乙的自行车，双方约定借期1个月。5月19日，甲决定买下该自行车，于是发微信告知乙。5月20日，乙回复同意。5月25日，甲将自行车款通过微信支付给乙。根据规定，甲取得该自行车所有权的时间是（　　）。

A. 5月10日　　　B. 5月19日
C. 5月20日　　　D. 5月25日

9. 下列选项中不属于善意取得必须具备的要件的是（　　）。

A. 受让人受让财产时主观上为善意

B. 无偿受让

C. 依法律规定应登记的已经登记

D. 依法律规定不需要登记的已经交付给受让人

10. 一日清晨，甲发现一只名贵牧羊犬趴在自家门前，左右观瞧后未发现其主人，甲便将其领回屋里，甲多天打探失主未果。不久，名犬因水土不服得病，甲花费3 000元将其治好。两年后，该名犬的主人乙寻狗来到甲处，要求甲返还，关于该情形，下列说法中正确的是（　　）。

A. 甲应返还名犬，但有权要求乙支付3 000元

B. 甲应返还名犬，且无权要求乙支付3 000元

C. 甲不应返还名犬，但乙有权要求甲赔偿损失

D. 甲不应返还名犬，无权要求乙支付3 000元

11. 土地承包经营权的设立时间是（　　）。

A. 土地承包经营权合同成立时

B. 土地承包经营权合同生效时

C. 土地承包经营权登记时

D. 取得土地承包经营权证时

12. 根据物权法律制度的规定，下列关于住宅建设用地使用权期间届满后续期问题的表述中，正确的是（　　）。

A. 自动续期

B. 建设用地使用权收归国有，不得续期

C. 经县级以上人民政府批准，可以续期

D. 经不动产登记机构批准，可以续期

13. 甲欲环游世界，3月1日，跟乙签订房屋买卖和设定居住权的合同，合同约定甲的房屋以市场价80%的价格转让给乙，并约定乙以该房屋给甲设定居住权，期限为甲的余生。5月3日，甲和乙办理了房屋所有权过户登记和居住权登记。下列关于房屋的物权变动及占有性质的说法中，正确的是（　　）。

A. 3月1日，乙取得对房屋的间接占有

B. 3月1日，甲丧失对房屋所有权

C. 5月3日，甲取得对房屋的居住权

D. 5月3日，乙取得对房屋的直接占有

14. 下列有关地役权与居住权的表述中，正确的是（　　）。

A. 地役权可以口头设立

B. 地役权为需役地的便利而设定

C. 居住权是合同签订之后设立，登记后对抗第三人

D. 居住权存在于他人动产之上

15. 甲向乙借款10万元，丙将自己的一辆捷达牌汽车抵押给乙担保甲到期付款，此时乙（　　）。

A. 可以转让其债权而自己保留抵押权

B. 可以转让其抵押权而自己保留债权

C. 可以在转让债权时抵押权随之转让

D. 可以将债权和抵押权分别转让给两个人

16. 根据物权法律制度的规定，债务人可以用于抵押担保的财产是（　　）。

A. 建设用地使用权

B. 银行承兑汇票

C. 应收账款

D. 依法可以转让的股权

17. 某造船厂以正在建造中的大型客轮设定抵押向银行贷款，但未办理抵押登记。下列说法符合物权法律制度规定的是（　　）。

A. 建造中的大型客轮不得设定抵押

B. 因未办理抵押登记，银行的抵押权未设立

C. 因未办理抵押登记，抵押合同无效

D. 因未办理抵押登记，银行不得对抗善意第三人

18. 赵某向侯某借款10万元，约定以赵某的桑塔纳作抵押。但是办理抵押登记的时候误将赵某的奔驰登记为抵押物。赵某到期无法清偿借款，则下列说法正确的是（　　）。

A. 侯某对赵某的桑塔纳享有抵押权

B. 侯某对赵某的奔驰享有抵押权

C. 侯某对赵某的奔驰和桑塔纳均享有抵押权

D. 由于登记有误，侯某不享有抵押权

19. 10月25日，甲向乙借款10万元，并用自己的一辆汽车抵押，但没有办理抵押登记。11月3日和11月5日，甲分别向丙、丁借款10万元，同样以该汽车抵押，并分别于11月7日和11月8日办理了抵押登记。11月15日，甲向戊借款10万元，也用该汽车抵押，但没有办理登记。关于甲的汽车上各抵押权的先后顺序，下列说法中正确的是（　　）。

A. ①乙、②丙、③丁、④戊

B. ①丙、②丁、③戊、④乙

C. ①丁、②戊、③丙、④乙

D. ①丙、②丁、③乙和戊

20. 2020年8月6日，赵某以分期付款方式从乙公司（4S店）购入一辆汽车，双方约定赵某首付20%，剩余部分在1年内分四期付清，同时赵某与乙公司签订了抵押合同，以该车担保赵某能够按期付款。同年8月15日赵某支付了首付款后乙公司将车辆交付给赵某。同年8月18日，赵某因经营周转需要，与丙银行贷款50万元，期限9个月，并以该车办理了抵押登记。同年8月23日，赵某以该车与乙公司办理了价款债权的抵押登记。2021年4月赵某驾车发生事故，车辆送修发生修理费5万元无力支付，该车被丁修理厂留置。2021年5月赵某对到期借款和车辆尾款均无力支付。则下列说法中正确的是（　　）。

A. 乙公司的抵押权顺序在先，因其为价款债权抵押权

B. 丙银行的抵押权顺序在先，因其先于乙公司办理了登记

C. 丁公司的留置权顺序在先，其次是乙公司的抵押权

D. 丁公司的留置权顺序在先，其次是丙银行的抵押权

21. 黄河公司以其房屋作抵押，先后向甲银行借款100万元，乙银行借款300万元，丙银行借款500万元，并依次办理了抵押登记。后丙银行与甲银行商定交换各自抵押权的顺位，并办理了变更登记，但乙银行并不知情。因黄河公司无力偿还三家银行的到期债务，银行拍卖其房屋，仅得价款600万元。关于三家银行对该价款的分配，下列说法中正确的是（　　）。

   A. 甲银行100万元、乙银行300万元、丙银行200万元

   B. 甲银行得不到清偿、乙银行100万元、丙银行500万元

   C. 甲银行得不到清偿、乙银行300万元、丙银行300万元

   D. 甲银行100万元、乙银行200万元、丙银行300万元

22. 根据物权法律制度的规定，下列不能设定质押的是（　　）。

   A. 甲公司的一项可以转让的专利权中的财产权

   B. 乙公司的机械设备

   C. 丙公司持有丁上市公司可以转让的股权

   D. 丁公司自有的办公用房

23. 8月1日，赵某将一辆汽车借给朋友侯某使用1个月，8月10日因与甲银行借款，将该车质押给甲银行，并签订了质押合同，合同约定侯某借用到期后甲银行可以要求侯某向自己交付汽车。8月12日赵某通知侯某该车已质押，借用到期后直接将车辆交付给甲银行即可，9月1日，侯某将车辆交付给甲银行。则甲银行质权设立的时间是（　　）。

   A. 8月1日　　　B. 8月10日
   C. 8月12日　　D. 9月1日

24. 甲、乙双方签订运输合同，由乙负责运送400吨原煤，运费3 850元/车，共计10车。货物运抵后，甲拒不支付运费，已知原煤市场价格为550元/吨，则下列说法中正确的是（　　）。

   A. 乙应先交付原煤，再追究甲的违约责任

   B. 乙可将全部原煤留置

   C. 乙应留置70吨左右的原煤

   D. 乙留置原煤后，如未与甲约定债务履行期限，应当给甲1个月以上履行债务的期间

25. 根据民法典的规定，下列情形中，甲享有留置权的是（　　）。

   A. 甲受乙的委托加工一批西服，加工完成后乙拒绝支付加工费

   B. 赵某欠甲20万元货款到期无力偿还，甲强行将赵某的汽车开走

   C. 赵某欠甲1万元一直未还，其后赵某的电脑中毒送到甲处让其帮忙处理，甲帮忙杀毒后将电脑扣留要求赵某偿还欠款

   D. 甲为了确保对丙的一项未到期债权能够顺利实现，对其租用的丙的房屋行使留置权

26. 甲公司向乙公司借款10万元，以其存放于丙仓库的一套精密仪器抵押并办理了抵押登记。借款到期，甲公司无力偿还，乙公司要求对该精密仪器行使抵押权，但丙仓库以甲公司所欠仓储费未支付，该精密仪器已被留置为由拒绝，双方发生争议。根据规定，下列关于如何处理该争议的表述中，正确的是（　　）。

   A. 丙仓库应同意乙公司对该精密仪器行使抵押权，所欠仓储费只能向甲公司要求清偿

   B. 乙公司应向丙仓库支付仓储费，之后丙仓库向乙公司交付该精密仪器

   C. 如果经丙仓库催告，甲公司60日后仍不支付仓储费，丙仓库有权行使留置权，所得价款偿付仓储费后，剩余部分乙公司有优先受偿权

   D. 丙仓库应将该精密仪器交给乙公司行

使抵押权，所得价款偿付借款后，剩余部分丙仓库有优先受偿权
27. 关于善意占有的表述，符合物权法律基本理论的是( )。
   A. 属于无权占有
   B. 是指具有法律上原因而为的占有
   C. 是指明知无占有的权源而占有
   D. 只适用于动产

二、多项选择题

1. 甲公司依法取得某块土地建设用地使用权并办理报建审批手续后，开始了房屋建设并已经完成了装修。对此，下列说法不正确的有( )。
   A. 甲公司因为享有建设用地使用权而取得了房屋所有权
   B. 甲公司因为事实行为而取得了房屋所有权
   C. 甲公司因为法律行为而取得了房屋所有权
   D. 甲公司尚未进行房屋登记，因此未取得房屋所有权

2. 2021年7月3日，甲父去世，留有房屋一套，甲是唯一的继承人。次月1日，甲将房屋登记于自己名下。随后，甲将房屋出卖给丙，未办理过户；后来甲又将房屋出卖给丁，并办理了过户。下列说法正确的有( )。
   A. 甲于2021年7月3日获得房屋的所有权
   B. 甲于2021年8月1日获得房屋的所有权
   C. 丙是房屋的所有权人
   D. 丁是房屋的所有权人

3. 甲公司开发写字楼一栋，将其中一层卖给了乙公司，约定半年后交房，乙公司办理了预告登记。后来甲公司急需用钱，将该层楼抵押给银行，下列说法正确的有( )。
   A. 抵押权设立
   B. 抵押权不设立
   C. 若甲公司将写字楼直接卖给银行，则银行取得写字楼所有权
   D. 若甲公司将写字楼直接卖给银行，则银行未取得写字楼所有权

4. 下列财产，属于共同共有财产的有( )。
   A. 夫妻共有财产
   B. 家庭共有财产
   C. 共同继承的财产
   D. 同学两人各出资二分之一所共同购买的汽车

5. 根据物权法律制度的规定，下列选项中属于添附的有( )。
   A. 先占   B. 加工
   C. 附合   D. 混合

6. 根据物权法律制度的规定，下列关于物权的表述正确的有( )。
   A. 居住权是自物权
   B. 抵押权属于担保物权
   C. 动产质权与留置权均属于动产物权
   D. 建设用地使用权属于用益物权

7. 甲公司拍得一宗建设用地使用权，准备在上面建造厂房，于是以该建设用地使用权作为抵押向银行贷款8 000万元，银行放款后甲公司即着手在该地建造了一现代化办公大厦，其后甲公司经营不善，无力偿还银行贷款，银行行使抵押权，法院拟对该地进行拍卖，则下列说法中正确的有( )。
   A. 法院只能拍卖被抵押的建设用地使用权
   B. 法院应当将建设用地使用权和办公大楼一并处置
   C. 银行只能就建设用地使用权的拍卖所得优先受偿
   D. 银行可以就拍卖所得的全部价款优先受偿

8. 根据物权法律制度的规定，下列关于担保合同无效的表述正确的有( )。
   A. 机关法人提供的担保合同无效

B. 除特殊情形外,居民委员会提供的担保合同无效

C. 以公益为目的的非营利性医疗机构以医疗卫生设施提供的担保,原则上担保合同无效

D. 登记为营利法人的学校、幼儿园、医疗机构、养老机构等提供担保,担保合同有效

9. 2020年1月1日甲将自有的一栋房屋租给了丙,租期2年,每月租金15 000元。2020年3月3日,甲向乙借款400万元,以该房屋抵押,并于2020年3月15日办理了抵押登记。2021年3月3日,借款到期甲无力偿还,乙诉至法院主张行使抵押权,法院于2021年3月25日扣押了该房屋。则下列说法中,正确的有( )。

　　A. 乙的抵押权自2020年3月15日时设立

　　B. 甲丙之间的租赁合同不受乙的抵押权的影响

　　C. 自2021年3月25日起乙有权请求丙支付到期租金

　　D. 在对该房屋拍卖时,因租赁合同的存在导致无人应买,乙有权主张租赁终止

10. 根据物权法律制度的规定,在最高额抵押权中,下列属于抵押权人的债权确定的情形的有( )。

　　A. 约定的债权确定期间届满

　　B. 没有约定债权确定期间或者约定不明确,抵押权人或者抵押人自最高额抵押权设立之日起满2年后未请求确定债权

　　C. 新的债权可能发生

　　D. 抵押权人知道或者应当知道抵押财产被查封、扣押

11. 某农村养鸡场场主赵某为向银行借款,以其财产设立浮动抵押,并办理了抵押登记。抵押期间,赵某将作为抵押财产的一批存栏养殖物出售给了高某。债务履行期限届满,赵某无力偿还债务,银行向人民法院起诉主张实现抵押权。则下列说法中正确的有( )。

A. 赵某可将养鸡场厂房作为浮动抵押的抵押财产

B. 赵某与高某的买卖合同,不受抵押关系的影响

C. 若债务履行期限届满,赵某无力偿还债务,则抵押财产确定

D. 赵某可以将养鸡场将来生产的鸡蛋作为浮动抵押的抵押财产

12. 下列关于动产质权效力说法中,正确的有( )。

A. 质押合同是诺成合同,质物的转移不是合同的生效要件

B. 动产质权设立后,在主债务清偿以前,质权人有权占有质物,但不能收取质物所生的孳息

C. 质权人在债务履行期限届满前,与出质人约定债务人不履行到期债务时质押财产归债权人所有的,只能依法就质押财产优先受偿

D. 质权人在质权存续期间,未经出质人同意,擅自使用处分质押财产,给出质人造成损害的,应当承担赔偿责任

13. 李某向侯某借款10万元,双方签订了书面的借款合同,赵某与侯某签订质押合同,以自己的一块名表为李某的债务提供质押担保,并交付给侯某。高某以汽车为李某的借款提供抵押担保,与侯某签订了抵押合同,但未办理登记。后侯某因支付购货款将对李某的10万元债权转让给了郭某,并通知了李某,但未通知赵某及高某,也未将该名表交付给郭某。已知侯某与李某、赵某、高某对债权转让均未做其他约定。根据规定,下列说法中正确的有( )。

A. 侯某将债权转让给郭某,对赵某的质权一并转让给郭某

B. 侯某虽然将债权转让给郭某,但因未将名表交付给郭某,郭某不享有对赵某的质权

C. 侯某将债权转让给郭某,对高某的抵

押权一并转让给郭某

D. 侯某虽然将债权转让给郭某，但因为抵押权未登记，郭某不享有对高某的抵押权

14. 根据物权法律制度的规定，关于应收账款的出质，下列说法正确的有（　　）。

    A. 以现有的应收账款出质，应收账款债务人向质权人确认应收账款的真实性后，不能又以应收账款不存在或者已经消灭为由主张不承担责任

    B. 以现有的应收账款出质，应收账款债务人未确认应收账款的真实性，质权人以应收账款债务人为被告，请求就应收账款优先受偿，能够举证证明办理出质登记时应收账款真实存在的，人民法院应予支持

    C. 以现有的应收账款出质，质权人不能举证证明办理出质登记时应收账款真实存在，可以仅以已经办理出质登记为由，请求就应收账款优先受偿

    D. 将有的应收账款出质，当事人为应收账款设立特定账户，发生法定或者约定的质权实现事由时，质权人有权请求就该特定账户内的款项优先受偿

15. 根据物权法律制度的规定，以下列权利出质的，质权自办理出质登记时设立的有（　　）。

    A. 存款单　　B. 署名权
    C. 应收账款　　D. 基金份额

16. 下列属于留置权成立条件的有（　　）。

    A. 债权人合法占有债务人的动产
    B. 除企业之间留置的以外，占有的动产与债权属于同一法律关系
    C. 债务已届清偿期且债务人未按规定期限履行义务
    D. 留置的财产须为可分物

三、判断题

1. 他物权仅具某些方面的、特定的支配力，须受设定他物权的合同或具体法律规定的限制，所以他物权又称"不完全物权""限制物权""定限物权"。（　　）

2. 抵押期间，抵押人可以转让抵押财产。抵押财产转让的，抵押权不受影响。体现了物权的妨害排除效力。（　　）

3. 甲向乙借款，丙与乙约定以自有房屋担保该笔借款。丙仅将房本交给乙，未按约定办理抵押登记。借款到期后甲无力清偿，乙有权要求就房屋主张优先受偿。（　　）

4. 甲企业向乙银行借款50万元，丙企业以自己的一辆汽车为该笔借款提供抵押担保并办理了登记。抵押期间，丙公司的汽车出现交通事故毁损，取得保险赔款40万元，若甲企业到期无法偿还欠款，乙银行可就该笔保险赔款优先受偿。（　　）

5. 最高额抵押只需首次登记即可设立。（　　）

6. 在购入或者以融资租赁方式承租教育设施、医疗卫生设施、养老服务设施和其他公益设施时，出卖人、出租人为担保价款或者租金实现而在该公益设施上保留所有权的担保无效。（　　）

7. 当事人以正在建造的建筑物抵押，抵押权的效力范围及于续建部分、规划中尚未建造的建筑物。（　　）

8. 债务人以自己的财产设定抵押，抵押权人放弃该抵押权、抵押权顺位或者变更抵押权的，一般情况下，其他担保人在抵押权人丧失优先受偿权益的范围内免除担保责任。（　　）

9. 债权人以诉讼方式行使担保物权的，应当以债务人和担保人作为共同被告。（　　）

10. 占有人返还原物的请求权，自侵占发生之日起一年内未行使的，该请求权消灭。（　　）

四、主观题

（一）历年试题

【说明】本章为新增章节，原历年试题中涉及本章的内容，在第五章合同法律制度中予以体现。

(二)练习题

1. (简答题)2020年,甲、乙、丙、丁各出资2万元、3万元、5万元、4万元,购买一台大型柴油机。四人约定按照出资比例享有权利和承担义务。

2021年,甲由于经营的超市亏损倒闭,准备将自己手中柴油机的份额以1.5万元的价格出售给戊,甲通知了乙和丙,唯独忘记通知丁。甲在通知中载明"我欲1.5万元出售份额给戊,请知晓",除此之外便无其他说明。丙提出出价1.5万元优先购买甲财产份额的请求,但提出延长付款期限半年再予以支付,被甲拒绝。甲其后顺利将财产份额出售给戊。丁1个月后与丙聊天喝茶时才听说此事,但对于转让价格和条件问题,丙却闭口不谈。丁认为甲未通知其转让财产份额的事宜,侵害了自己的优先购买权,于是主张甲与戊的转让财产份额合同无效。

要求:根据上述资料和物权法律制度的规定,分析回答下列问题。

(1)2021年甲转让财产份额时,乙、丙、丁行使各自优先购买权的期间如何确定?

(2)2021年甲转让财产份额时,丙提出行使优先购买权的请求能否成立?并说明理由。

(3)2021年甲转让财产份额时,丁主张合同无效的请求是否能获得人民法院支持?并说明理由。

2. (综合题)甲企业拥有三幢房产,分别为厂房A、厂房B和一幢办公楼,其中厂房A为甲、乙、丙三个企业共同共有,2021年有关甲企业房产的事项如下:

(1)乙企业准备将厂房A进行重大修缮,经查,甲、乙、丙三个企业事先均没有约定处理方式,乙企业与甲企业和丙企业交涉后,甲企业表示同意,但是丙企业认为现有厂房已经完全可以满足三个企业生产的需要,不用再浪费资金进行装修和加装设施。

(2)2020年12月,甲企业曾为添置一套新的生产设备而向工商银行贷款1000万元,同时向建设银行贷款500万元,均以厂房B提供抵押,该厂房评估价值为2000万元,甲企业与工商银行于2021年2月10日签订了借款合同和抵押合同,与建设银行于2月11日签订了借款合同和抵押合同,后于2月14日向房产管理部门同时办理了工商银行和建设银行的抵押物登记手续。

(3)2月1日,甲企业为弥补流动资金不足,向中国银行申请流动资金贷款,借款期限为6个月,由于资金使用量不确定,因此以办公楼提供最高额抵押,办公楼评估价值800万元,双方约定担保的最高债权额为500万元,债权确定时间为6月1日。此后甲企业借入的贷款情况如下:

①3月1日借入100万元;

②4月12日借入200万元;

③5月10日借入360万元。

6月1日时,甲企业只清偿了3月1日借入的100万元,剩余贷款本金及利息578万元无法清偿,经与中国银行协商将甲企业的办公楼拍卖用于清偿,拍卖价款为900万元,中国银行要求以全部的欠款578万元优先清偿。

2021年3月1日,甲企业与某加工厂签订委托加工合同,甲企业提供特定原材料,加工厂为其提供热处理加工,该厂加工完成后发现A企业急需一批与其所加工材料相同的原材料,于是将甲企业剩余的原材料以市场价格转让给了A企业,A企业不知该原材料是甲企业委托加工厂加工的,购回后立即投入了生产,甲企业得知情况后要求A企业立即返还剩余的原材料并给予其赔偿,双方发生了纠纷。

要求:根据上述资料和物权法律制度的规定,分析回答下列问题。

(1)厂房A是否可以进行重大修缮?并说明理由。

(2)甲企业与工商银行和建设银行签订的抵押合同在何时生效？并说明理由。
(3)工商银行和建设银行的抵押权何时设立？并说明理由。
(4)中国银行的债权清偿请求是否符合法律规定？并说明理由。
(5)甲企业与A企业的纠纷中，谁享有原材料的所有权？并说明理由。
(6)甲企业是否可以要求加工厂返还原材料？并说明理由。

积粮筑墙答案及解析

一、单项选择题

1. D 【解析】选项A，物权是主体直接支配标的物的权利，合同债权是请求权；选项B，物权是排他性的财产权，合同债权是相对性权利；选项C，物权客体具有特定性；选项D，因物权人对物的支配可自主实现，无须他人以积极行为予以协助，但其他人需承担尊重、不侵害物权人对物支配的消极不作为义务，所以，物权被称为对世权，区别于债权原则上只能对抗债务人的对人权性质。

2. D 【解析】物须具有客观物质性，系属有体物，且可为人们支配和使用，选项AB不属于物。选项C，基于人性尊严的考量，活人的身体并不属于物。

3. C 【解析】选项A、B、D属于动产，选项C属于不动产。

4. C 【解析】选项C，母牛腹中的小牛没有与母牛分离，属于母牛的一部分，不构成孳息。

5. C 【解析】先成立的动产抵押权若未登记，其效力劣后于成立在后但已登记的抵押权。

6. C 【解析】根据规定，如果不动产登记簿记载的权利人不同意更正，利害关系人可以申请异议登记。登记机构予以异议登记，申请人自异议登记之日起15日内不提起诉讼的，异议登记失效。

7. A 【解析】根据规定，权利人、利害关系人认为不动产登记簿记载的事项错误的，可以申请更正登记。不动产登记簿记载的权利人书面同意更正或者有证据证明登记确有错误的，登记机构应当予以更正。不动产登记簿记载的权利人不同意更正的，利害关系人可以申请异议登记。本题中，刘某与张某约定房屋登记在张某名下，由刘某使用房屋并保存产权证，约定本身并不违反法律和行政法规的强制性规定，因此合法有效。但刘某无权直接要求登记机构进行更正登记，可依据法院确认其为所有权人的判决请求登记机关更正登记。

8. C 【解析】动产物权设立和转让前，权利人已经占有该动产的，物权自民事法律行为生效时发生效力。题目中5月20日双方意思表示达成一致，买卖合同成立且生效，此时视为交付，所有权转移。

9. B 【解析】善意取得必须具备以下要件：受让人受让财产时主观上为善意；以合理的价格有偿受让；依照法律规定应当登记的已经登记，不需要登记的已经交付给受让人。

10. A 【解析】根据规定，对于遗失物，拾得人应当返还。权利人领取遗失物时，应当向拾得人支付保管遗失物等支出的必要费用。

11. B 【解析】土地承包经营权自土地承包经营权合同生效时设立。

12. A 【解析】根据规定，住宅建设用地使用权期限届满的，自动续期。

13. C 【解析】选项A、B，不动产物权的设立、变更、转让和消灭，经依法登记，发生效力；未经登记，不发生效力，但是法律另有规定的除外。3月1日仅订立房屋买卖合同，甲仍是房屋的所有权人，乙也无权占有房屋。选项C，设立居住权的，应当向登记机构申请居住权登记。居住权自登记时设立。选项D，5月3日甲取得居住权，乙并未实际占有房屋。

14. B 【解析】选项A，设立地役权，当事人应当采用书面形式订立地役权合同。选项C，居住权自登记时设立。选项D，居住权是存在于他人不动产上的物权。

15. C 【解析】担保物权具有从属性，从属于主债权，所以本题中，如果乙要转让债权，则抵押权随之转让。

16. A 【解析】选项B、C、D，属于可以质押的财产。

17. D 【解析】选项D，动产抵押权自抵押合同生效时设立；未经登记，不得对抗善意第三人。

18. B 【解析】选项B，抵押登记记载的内容与抵押合同约定的内容不一致的，以登记记载的内容为准。

19. D 【解析】选项D，抵押权已登记的，按照登记的先后顺序清偿；已登记的，优先于未登记的受偿；未登记的，按照债权比例清偿。

20. C 【解析】动产抵押担保的主债权是抵押物的价款，标的物交付后10日内办理抵押登记的，该抵押权人优先于抵押物买受人的其他担保物权人受偿，但是留置权人除外。

21. C 【解析】抵押权人可以放弃抵押权或者抵押权的顺位。抵押权人与抵押权人可以协议变更抵押权顺位以及被担保的债权数额等内容，但抵押权的变更，未经其他抵押权人书面同意，不得对其他抵押权人产生不利影响。

22. D 【解析】选项D，可以用于抵押。

23. B 【解析】动产物权设立和转让前，第三人占有该动产的，负有交付义务的人可以通过转让请求第三人返还原物的权利代替交付。转让人与受让人之间有关"转让返还原物请求权的协议生效时"为动产交付之时。

24. C 【解析】留置的财产为可分物的，留置物的价值应当相当于债务的金额。乙留置原煤后，如未与甲约定债务履行期限或约定不明确的，应当给甲60日以上履行债务的期间。

25. A 【解析】留置权是指债务人不履行到期债务，债权人可以留置已经合法占有的债务人的动产，并有权就该动产优先受偿。债权人留置的动产，应当与债权属于同一法律关系，但是企业之间留置的除外。

26. C 【解析】同一动产上已设立抵押权或者质权，该动产又被留置的，留置权人优先受偿。留置权人与债务人应当约定留置财产后的债务履行期间；没有约定或者约定不明确的，留置权人应当给债务人60日以上履行债务的期间，但鲜活易腐等不易保管的动产除外。

27. A 【解析】选项ABC，善意占有，指占有人不知无占有的权源，而误信有正当权源且无怀疑地占有。无权占有，是指欠缺法律上原因的占有，善意占有属于无权占有。选项D，善意占有适用于动产和不动产。

二、多项选择题

1. ACD 【解析】选项A、B，本题甲公司是由于合法建造的事实行为而获得的房屋所有权，而不是因为享有土地使用权而获得了房屋的所有权；选项C，甲公司在此过程中并不存在买卖、赠与、互易等法律行为；选项D，非基于法律行为的物权变动无须公示，动产不用交付，不动产不用登记。

2. AD 【解析】选项A、B，根据规定，因继承取得物权的，自继承开始时发生效力；选项C、D，不动产物权的设立、变更、转让和消灭，经依法登记发生效力。

3. BD 【解析】当事人签订买卖房屋或者其他不动产物权的协议，为保障将来实现物权，按照约定可以向登记机构申请预告登记。预告登记后，未经预告登记的权利人同意，处分该不动产的，不发生物权效力。乙公司办理了预告登记，未经其同意，抵押权不设立，所有权不发生变动。

4. ABC 【解析】常见的共同共有的形态主要有：夫妻共有财产（选项A）、家庭共有财产（选项B）、共同继承的财产（选项C）。共有人对共有的不动产或者动产没有约定为按份共有或者共同共有，或者约定不明确的，除共有人具有家庭关系等外，视为按份共有。选项D当事人之间不具有家庭关系，属于按份共有。

5. BCD 【解析】添附是附合、混合与加工的总称。

6. BCD 【解析】选项A，居住权是用益物权、他物权，是为满足生活居住需要而占有、使用他人住宅的权利。

7. BC 【解析】建设用地使用权抵押后，该土地上新增的建筑物不属于抵押财产。该建设用地使用权实现抵押权时，应当将该土地上新增的建筑物与建设用地使用权一并处分，但新增建筑物所得的价款，抵押权人无权优先受偿。

8. BCD 【解析】选项A，机关法人提供担保的，担保合同无效，但是经国务院批准为使用外国政府或者国际经济组织贷款进行转贷的除外。

9. ABC 【解析】选项A，以房屋设定抵押应当办理抵押登记，抵押权自登记之日起设立；选项B、D，抵押权设立前，抵押财产已出租并转移占有的，原租赁关系不受该抵押权的影响；选项C，债务人不履行到期债务或发生当事人约定的实现抵押权的情形，致使抵押财产被人民法院依法扣押的，自扣押之日起抵押权人有权收取该抵押财产的天然孳息或者法定孳息，但抵押权人未通知应当清偿法定孳息的义务人的除外。

10. AD 【解析】有下列情形之一的，抵押权人的债权确定：(1)约定的债权确定期间届满；(2)没有约定债权确定期间或者约定不明确，抵押权人或者抵押人自最高额抵押权设立之日起满2年后请求确定债权；（3）新的债权不可能发生；(4)抵押权人知道或者应当知道抵押财产被查封、扣押；(5)债务人、抵押人被宣告破产或者被撤销；(6)法律规定债权确定的其他情形。

11. BCD 【解析】选项A，只有动产可以设立浮动抵押，养鸡场厂房是不动产，不得作为浮动抵押的抵押财产；选项B，以动产抵押的，不得对抗正常经营活动中已经支付合理价款并取得抵押财产的买受人；选项C，债务履行期届满，债权未实现，抵押财产确定；选项D，浮动抵押是指企业、个体工商户、农业生产经营者将现有的以及将有的生产设备、原材料、半成品、产品抵押。

12. ACD 【解析】选项B，动产质押设立后，在主债务清偿以前，质权人有权占有质物，并有权收取质物所生的孳息。

13. AC 【解析】选项A、C，债权人转让主权利时，附属于主权利的从权利也一并转让，受让人在取得债权时，也取得与债权有关的从权利，但该从权利专属于债权人自身的除外；选项B、D，受让人取得从权利不因该从权利未办理转移登记手续或者未转移占有而受到影响。

14. ABD 【解析】选项C，以现有的应收账款出质，应收账款债务人未确认应收账款的真实性，质权人以应收账款债务人为被告，请求就应收账款优先受偿，能够举证证明办理出质登记时应收账款真实存在的，人民法院应予支持；质权人不能举证证明办理出质登记时应收账款真实存在,仅以已经办理出质登记为由,请求就应收账款优先受偿的,人民法院不予支持。

15. CD 【解析】以基金份额、应收账款出质的,质权自办理出质登记时设立。

16. ABC 【解析】留置的财产为可分物的,留置权的价值应当相当于债务的余额。留置物为不可分物的,留置权人可以就其留置物的全部行使留置权。

三、判断题

1. √ 【解析】本题表述正确。
2. × 【解析】抵押期间,抵押人可以转让抵押财产。抵押财产转让的,抵押权不受影响。体现了物权的追及效力。
3. × 【解析】丙仅将房本交给乙,未按约定办理抵押登记。抵押合同是有效的,但抵押权未设立。乙无权要求就房屋主张优先受偿。
4. √ 【解析】抵押权依法设立后,抵押财产毁损、灭失或者被征收等,抵押权人请求按照原抵押权的顺位就保险金、赔偿金或者补偿金等优先受偿的,人民法院应予支持。
5. √ 【解析】本题表述正确。
6. × 【解析】以公益为目的的非营利性学校、幼儿园、医疗机构、养老机构等提供担保的,担保合同无效,但是有下列情形之一的除外:(1)在购入或者以融资租赁方式承租教育设施、医疗卫生设施、养老服务设施和其他公益设施时,出卖人、出租人为担保价款或者租金实现而在该公益设施上保留所有权。规定此例外的原因在于,这些非营利机构之所以能获得公益设施的占有、使用、收益,条件就是公益设施作为出卖人、出租人提供信用的担保。(2)以教育设施、医疗卫生设施、养老服务设施和其他公益设施以外的不动产、动产或者财产权利设立担保物权。
7. × 【解析】当事人以正在建造的建筑物抵押,抵押权的效力范围限于已办理抵押登记的部分。当事人按照担保合同的约定,主张抵押权的效力及于续建部分、新增建筑物以及规划中尚未建造的建筑物的,人民法院不予支持。
8. √ 【解析】债务人以自己的财产设定抵押,抵押权人放弃该抵押权、抵押权顺位或者变更抵押权的,其他担保人在抵押权人丧失优先受偿权益的范围内免除担保责任,但是其他担保人承诺仍然提供担保的除外。
9. √ 【解析】本题表述正确。
10. √ 【解析】本题表述正确。

四、主观题

(一)历年试题

【说明】本章为新增章节,原历年试题中涉及本章的内容,在第五章合同法律制度中予以体现。

(二)练习题

1.【答案】

(1)①乙和丙的优先购买权行使期间为甲的通知送达之日起15日内。
②丁的优先购买权行使期间为甲与戊共有份额权属转移之日起6个月内。
(2)丙提出行使优先购买权的请求不能成立。根据规定,优先购买权需要在同等条件下行使,如果按份共有人主张优先购买权时,提出减少价款、增加转让人负担等实质性变更要求,均不符合同等条件的要求,其优先购买权不能得到支持。
(3)丁主张合同无效的请求不能成立。根据规定,其他按份共有人以其优先购买权受到侵害为由,仅请求撤销共有份额转让合同或者认定该合同无效,不属于行使优先购买权,不予支持。

2.【答案】

(1)厂房 A 不能进行重大修缮。根据规定,当事人对共同共有的不动产作重大修缮、变更性质或者用途的,应当经全体共同共有人同意,但共有人之间另有约定的除外。本题中,乙企业决定的重大修缮没有经过丙的同意，且当事人之间之前也没有任何的约定，因此乙企业不能进行重大修缮。

(2) 甲企业与工商银行签订的抵押合同在2021年2月10日生效，与建设银行签订的抵押合同在2月11日生效。根据规定，抵押合同自签订之日起生效。

(3) 工商银行和建设银行的抵押权均在2021年2月14日设立。根据规定，以建筑物设定抵押的，应当办理抵押物登记，抵押权自登记之日起设立。

(4) 中国银行的债权清偿请求不符合规定。根据规定，抵押权人实现最高额抵押时，如果实际发生的债权余额高于最高限额的，以最高限额为限，超过部分不具有优先受偿的效力。本题中，甲企业实际发生的债权余额为578万元，最高限额为500万元，因此中国银行只能以500万元的变卖价款要求优先清偿。

(5) A企业享有原材料的所有权。根据规定，无处分权人将不动产或者动产转让给受让人的，所有权人有权追回；除法律另有规定外，符合下列情形的，受让人取得该不动产或者动产的所有权：①受让人受让该不动产或者动产时是善意的；②以合理的价格转让；③转让的不动产或者动产依照法律规定应当登记的已经登记，不需要登记的已经交付给受让人。本题中，加工厂无权处分，A企业不知道该原材料是甲企业的，而且以合理的价格受让了材料，是善意取得人，并且材料已经交付，因此A企业享有该原材料的所有权。

(6) 甲企业不可以要求加工厂返还原材料。根据善意取得制度，受让人取得动产的所有权，原所有权人可向让与人主张损害赔偿，不得要求让与人返还动产。本题中，A企业取得原材料的所有权，甲企业有权向加工厂主张损害赔偿，但不得要求加工厂返还原材料。

中级经济法

应试指南 下册

2022年度 全国会计专业技术资格考试

■ 侯永斌 主编
■ 正保会计网校 编

感恩22年相伴 助你梦想成真

中国商业出版社

下 册

第五关 "雁门关"——合同法律制度 ················· 229

    战略分析 ··· 229

    攻城略地 ··· 230

        第一部分　民法典合同编通则 ····················· 230

        第二部分　民法典合同编分则 ····················· 255

    积粮筑墙 ··· 279

        第一部分　民法典合同编通则 ····················· 279

        第二部分　民法典合同编分则 ····················· 285

    积粮筑墙答案及解析 ···································· 296

        第一部分　民法典合同编通则 ····················· 296

        第二部分　民法典合同编分则 ····················· 299

第六关 "嘉峪关"——金融法律制度 ················· 309

    战略分析 ··· 309

    攻城略地 ··· 310

        第一部分　票据法律制度 ··························· 310

        第二部分　证券法律制度 ··························· 329

        第三部分　保险法律制度 ··························· 355

        第四部分　信托法律制度（2022年新增） ········ 377

    积粮筑墙 ··· 385

        第一部分　票据法律制度 ··························· 385

        第二部分　证券法律制度 ··························· 392

　　　　第三部分　保险法律制度 …………………………………… 396
　　　　第四部分　信托法律制度 …………………………………… 402
　　积粮筑墙答案及解析 …………………………………………… 403
　　　　第一部分　票据法律制度 …………………………………… 403
　　　　第二部分　证券法律制度 …………………………………… 408
　　　　第三部分　保险法律制度 …………………………………… 409
　　　　第四部分　信托法律制度 …………………………………… 413

第七关　"玉门关"——财政法律制度 …………………… 414

　　战略分析 ………………………………………………………… 414
　　攻城略地 ………………………………………………………… 415
　　　　第一部分　预算法律制度 …………………………………… 415
　　　　第二部分　国有资产管理法律制度 ………………………… 424
　　　　第三部分　政府采购法律制度 ……………………………… 428
　　积粮筑墙 ………………………………………………………… 434
　　　　第一部分　预算法律制度 …………………………………… 434
　　　　第二部分　国有资产管理法律制度 ………………………… 436
　　　　第三部分　政府采购法律制度 ……………………………… 438
　　积粮筑墙答案及解析 …………………………………………… 440
　　　　第一部分　预算法律制度 …………………………………… 440
　　　　第二部分　国有资产管理法律制度 ………………………… 441
　　　　第三部分　政府采购法律制度 ……………………………… 442

第三篇　"定鼎中原"——考前模拟

考前模拟2套卷 …………………………………………………… 445
　　模拟试卷(一) …………………………………………………… 445
　　模拟试卷(二) …………………………………………………… 453

考前模拟2套卷参考答案及解析 ………………………………… 462
　　模拟试卷(一)参考答案及解析 ………………………………… 462
　　模拟试卷(二)参考答案及解析 ………………………………… 467

第五关 "雁门关"——合同法律制度

战略分析

雄关万道,雁门为首。正所谓"黑云压城城欲摧,甲光向日金鳞开"。一如本关,作为"经济法"最重要的一关,是考生能否顺利通过本门考试的关键。

本关守军占比15%~18%,常年镇守主观题战场。本关主将"保证合同"可以和其他各有名合同以及担保物权组成集团军,务必重点关注。本关进攻角度多,方式灵活,多以案例形式出现,充分诠释了"兵者,诡道也",对"理解"的要求远大于对"记忆"的要求,准确把握历年考题是攻克本关的关键。

最近3年题型题量

题型	2021年			2020年			2019年	
	卷3	卷2	卷1	卷3	卷2	卷1	卷2	卷1
单选题	4题4分	4题4分	4题4分	4题4分	4题4分	5题5分	4题4分	2题2分
多选题	3题6分	2题4分	3题6分	2题4分	2题4分	2题4分	1题2分	1题2分
判断题	1题1分	1题1分	1题1分	—	1题1分	1题1分	1题1分	1题1分
简答题	—	1题6分	1题6分	1题6分	—	1题6分	1题6分	—
综合题	—	—	—	—	1/3题4分	—	—	0.5题6分
合计	8题11分	8题15分	9题17分	7题14分	7$\frac{1}{3}$题13分	9题16分	7题13分	4.5题11分

【说明】2021年以前,担保物权在本章介绍,2022年调整至物权法律制度,故从本章历年考核分值中剔除。

2022年本关调动

变动方向		具体内容	对考试影响
新增	生效	合同中履行报批义务条款的效力独立性	★
	履行	合同的提前履行与部分履行	★★
		同时履行抗辩权在部分履行中的适用	★★
	保全	撤销权的诉讼列置	★
	转移	合同义务转移的条件	★
	终止	法定抵销的效力及对诉讼时效的影响	★
		提存的功能、主体、标的	★
		债务免除的要件、债务免除在连带债务中的适用	★

续表

变动方向		具体内容	对考试影响
新增	责任	违约责任中不能强制履行的费用承担	★★
		免责事由中关于受害人过错的具体规定	★
	买卖合同	买卖合同标的物检验中关于合理期限的认定、检验期限过短的具体规定、出卖人的抗辩	★★
		出卖人的排他义务	★
		所有权保留的部分条款如适用对象、支付总价款75%以上不得主张取回等	★
	保证合同	保证合同成立的特殊形式	★★★
		主张一般保证责任的程序性规定	★
		连带责任保证的界定	★★★
		保证期间约定不明	★★
		保证期间的效力规定	★★
	租赁合同	承租人导致租赁物损耗的责任	★★★
		次承租人代履行	★★
	融资租赁合同	承租人擅自处分租赁物，出租人的解除权	★
		承租人可以请求出租人承担赔偿责任的情形	★
		承租人未按约定支付租金的具体规定	★★
调整		将合同消灭中"债务已按约定履行"调整为"清偿"补充部分规定	★
		保证人的资格	★
删除		承揽合同、建设工程合同、商品房买卖合同中被拆迁人的优先权、商品房买卖合同中解除权行使的部分内容	——
其他		如合同的分类新增的个别分类方式、合同订立中新增的个别订立形式等	——

攻城略地

第一部分 民法典合同编通则

守将一、民法典合同编概述（★）（2019年单选题；2021年多选题）

（一）合同的分类

合同的分类见表5-1。

表5-1 合同的分类

分类	标准类型	具体内容
按法律、法规是否赋予其名称并作出明确规定	有名合同	法律设有规范，赋予名称（如分则介绍的六类合同）
	无名合同	适用民法典合同编通则规定，并参照合同编分则或其他法律最相类似合同的规定

续表

分类	标准类型	具体内容
按是否尚需交付标的物才能成立	诺成合同	买卖合同、租赁合同等
	实践合同	自然人之间的借贷合同、定金合同等
按法律、法规或当事人约定是否要求合同具有特定形式和手续	要式合同	融资租赁合同、建设工程合同、技术开发合同等
	不要式合同	一般的买卖合同、承揽合同等
按双方是否互负给付义务	单务合同	赠与合同
	双务合同	买卖、租赁、承揽合同等
按合同相互间的主从关系	主合同	买卖、租赁合同等
	从合同	保证合同、质押合同、定金合同等
按是否以订立另一合同为内容	预约合同	认购书、订购书、预订书等
	本约合同	略

【例题 1·单选题】 下列各项中,属于实践合同的是( )。

A. 租赁合同　　B. 借款合同
C. 买卖合同　　D. 定金合同

解析 实践合同(又称要物合同),是指除当事人的意思表示一致外,尚须交付标的物或完成其他给付才能成立的合同,如自然人之间的借贷合同、定金合同。**答案** D

【例题 2·多选题】 ☆根据民法典的规定,下列合同中,应当采用书面形式订立的有( )。

A. 技术开发合同
B. 建设工程合同
C. 融资租赁合同
D. 自然人之间的借款合同

解析 选项 D,借款合同应当采用书面形式,但自然人之间借款另有约定的除外。

答案 ABC

(二)民法典合同编的调整范围

1. 属于民法典合同编调整范围
平等主体之间的"经济合同"关系。

『老侯提示』 政府机关作为平等的主体与对方签订合同时,适用民法典合同编的规定。

2. 不属于民法典合同编调整范围
(1)婚姻、收养、监护等有关身份关系的协议。

『老侯提示』 没有该身份关系的法律规定的,可以根据其性质参照适用民法典合同编规定。

(2)劳动合同。

【例题 3·单选题】 ☆下列各项中,直接属于民法典合同编调整范围的是( )。

A. 甲公司与李某签订的劳动合同
B. 陈某与张某签订的收养协议
C. 赵某与乙公司签订的租赁合同
D. 王某与钱某签订的子女监护权协议

解析 选项 A,适用《中华人民共和国劳动合同法》;选项 BD,婚姻、收养、监护等有关身份关系的协议,适用有关该身份关系的法律规定;没有规定的,可以根据其性质参照适用民法典合同编规定。**答案** C

(三)民法典合同编的基本原则

自愿原则、诚信原则、平等原则、公平原则、不违反法律或公序良俗原则。

守将二、合同订立的方式(★★★)
(2016 年、2017 年、2018 年单选题;2020 年单选题、多选题;2021 年单选题)

(一)订立形式

1. 书面形式:合同书、信件和数据电文

(包括电报、电传、传真、电子数据交换和电子邮件)等

2. 口头形式

3. 其他形式(推定形式，默示形式)

【例题 1·判断题】王某与吴某通过电子邮件签订的化妆品买卖合同属于书面形式的合同。( )

解析 书面形式是指合同书、信件和数据电文(包括电报、电传、传真、电子数据交换和电子邮件)等可以有形地表现所载内容的形式。 **答案** √

(二)订立方式——当事人可以采取要约、承诺方式订立合同

1. 要约与要约邀请(见表 5-2)

表 5-2 要约与要约邀请

考点	定义	特征
要约邀请	希望他人向自己发出要约的表示	内容不明确(不产生法律效力) 『老侯提示』即使承诺，合同也不成立，"对方不负法律责任"
要约	希望与他人订立合同的意思表示	内容具体确定(产生法律效力) 表明经受要约人承诺，要约人即受该意思表示约束

(1)要约应具备的条件

①要约须由要约人向特定相对人作出意思表示。

『老侯提示』特殊情况下，相对人也"可以是不特定人"。

②要约的内容确定、完整，即必须具有足以使合同成立的必要条款。

『老侯提示』主要条款：如标的、数量、质量、价款或者报酬等。

③要约须表明经受要约人承诺，要约人即受该意思表示约束。

(2)区别于要约邀请

要约邀请是希望他人向自己发出要约的表示，处于合同的准备阶段，"没有法律约束力"。

『老侯提示 1』"拍卖公告、招标公告、招股说明书、债券募集办法、基金招募说明书、寄送的价目表"属于要约邀请。

『老侯提示 2』"商业广告和宣传"一般为要约邀请，但其内容符合要约条件的，构成要约。

【链接】"商品房广告"中出卖人就商品房开发规划范围内的房屋及相关设施所作的说明和许诺"具体确定"，并对商品房买卖合同的订立以及房屋价格的确定有"重大影响"，构成要约。

【例题 2·单选题】☆梁某在路上遇见同村的丁某，询问丁某是否愿意购买其某辆摩托车，价格 2 000 元，丁某当场未答复。次日，丁某找到梁某表示同意以 2 000 元的价格购买该摩托车，梁某告知丁某该摩托车已卖给邻村的林某。丁某表示同意以 2 000 元的价格购买摩托车的意思表示是( )。

A. 承诺   B. 要约
C. 单方法律行为 D. 要约邀请

解析 (1)要约邀请是希望他人向自己发出要约的表示；(2)要约是希望与他人订立合同的意思表示；(3)承诺是受要约人同意要约的意思表示；(4)本题中，梁某问丁某是否愿意购买其某辆摩托车属于梁某向丁某发出的要约，丁某未回复则要约失效；丁某次日欲以 2 000 元购买摩托车的行为属于丁某向梁某发出的要约。 **答案** B

【例题 3·单选题】要约邀请是希望他人向自己发出要约的表示。根据民法典的规定，下列情形中，不属于发出要约邀请的是( )。

A. 甲公司向数家贸易公司寄送价目表

B. 乙公司通过报刊发布招标公告

C. 丙公司在其运营中的咖啡自动售货机

上载明"每杯一元"

D. 丁公司向社会公众发布招股说明书

解析 拍卖公告、招标公告、招股说明书、债券募集办法、基金招募说明书、商业广告和宣传、寄送的价目表属于要约邀请。

答案 C

(3)要约生效

①要约生效的时间(见表5-3)。

表5-3　要约生效的时间

发出要约的方式			生效时间
对话方式			相对人知道其内容时
非对话方式		一般情况	"到达"受要约人时
	采用数据电文形式的意思表示	指定特定系统接收	进入该特定系统时
		未指定特定系统接收	相对人知道或应当知道该数据电文进入其系统时
		当事人有约定	从其约定

②到达≠看到。

送达受要约人能够控制的"物理空间":包括"地址、住所"等。

送达受要约人能够控制的"虚拟空间":包括"电子邮箱"等。

【举例1】8月1日赵某找到甲公司销售人员钱某,告知其欲购买甲公司A型号电脑10台,钱某获知了赵某的具体需求。本例中,赵某是以对话方式做出的意思表示,自钱某知道其内容时,要约生效(8月1日)。

【举例2】8月1日赵某电话咨询甲公司销售人员钱某,欲购买电脑多台。钱某要求赵某把自己的具体需求写成文字并快递到公司,赵某于8月2日发出购买电脑的要约,8月3日,快递送至甲公司前台,当日钱某外出谈业务并未在公司,8月4日,前台将快递转交给钱某,钱某随即电话告知赵某,快递已收到。

【思考】赵某发出的要约生效时间为何时?

【答案】8月3日。

【解析】以非对话方式作出的要约,一般自到达受要约人时生效。

【举例3】8月1日赵某电话咨询甲公司销售人员钱某,欲购买电脑多台。钱某要求赵某把具体需求以电子邮件方式发送到自己的"北极熊邮箱"。赵某于8月2日向钱某的"北极熊邮箱"发出购买电脑的要约,邮件同时进入邮箱。由于钱某此时在海上出差手机信号较差,8月3日才收到App的提示,得知赵某已向自己发出邮件但由于业务繁忙并未查看。8月4日钱某出差结束回到公司,查阅邮件后随即电话告知赵某,邮件已收到。

【思考】赵某发出的要约生效时间为何时?

【答案】8月2日。

【解析】以非对话方式作出的采用数据电文形式的意思表示,相对人指定特定系统接收数据电文的,该数据电文进入该特定系统时生效。

【举例4】8月1日赵某电话咨询甲公司销售人员钱某,欲购买电脑多台。钱某要求赵某把具体需求以电子邮件方式发送到自己的邮箱。赵某于8月2日向钱某的三个电子邮箱发出购买电脑的要约,邮件同时进入邮箱,由于钱某此时在海上出差手机信号较差,8月3日才收到App的提示,得知赵某已向自己发出邮件但由于业务繁忙并未查看,8月4日钱某出差结束回到公司,查阅邮件后随即电话告知赵某,邮件已收到。

【思考】赵某发出的要约生效时间为何时?

【答案】8月3日。

【解析】以非对话方式作出的采用数据电文形式的意思表示,相对人未指定特定系统的,相对人知道或者应当知道该数据电文进入其系统时生效。

【例题4·判断题】 以非对话方式作出的采用数据电文形式的意思表示，相对人未指定特定系统的，进入收件人的任何系统的首次时间，为该意思表示的生效时间。（ ）

解析 以非对话方式作出的采用数据电文形式的意思表示，相对人指定特定系统接收数据电文的，该数据电文进入该特定系统时生效；未指定特定系统的，相对人知道或者应当知道该数据电文进入其系统时生效。当事人对采用数据电文形式的意思表示的生效时间另有约定的，按照其约定。 **答案** ×

【例题5·单选题】 ☆3月1日，甲公司经理赵某在产品洽谈会上遇到乙公司钱某，钱某告知赵某，乙公司现有钢材一批，价格合理。3月2日，钱某以快递方式向甲公司发出要约，收件人为赵某。3月3日，快递被甲公司传达室签收。3月5日，赵某出差归来，传达室将快递送给赵某，因事务繁忙，赵某未能及时拆阅。3月6日，赵某拆阅快递内容，该要约生效时间是（ ）。

A. 3月2日　　B. 3月3日
C. 3月5日　　D. 3月6日

解析 非对话方式作出的要约自到达受要约人时生效。要约到达受要约人，是指要约送达受要约人能够控制的"物理空间"：包括"地址、住所"等；或"虚拟空间"：包括"电子邮箱"等。 **答案** B

(4) 要约的撤回、撤销与失效（见表5-4）

表5-4　要约的撤回、撤销与失效

考点		具体内容
撤回	时间	要约在"发出后、生效前"
	通知	应当在要约到达受要约人之"前"或者与要约"同时"到达受要约人
撤销	时间	在要约生效后、受要约人"承诺前"
	通知	对话方式：在受要约人作出承诺之前为受要约人所知道
		非对话方式：在受要约人作出承诺之前到达受要约人
	不得撤销	(1) 要约人以"确定了承诺期限"或其他形式明示要约不可撤销； (2) 受要约人"有理由"认为要约是不可撤销的，"并已经为履行合同做了合理准备工作"
失效	情形	(1) 要约被"拒绝"； (2) 要约被依法"撤销"； (3) 承诺"期限届满"，受要约人未作出承诺； (4) 受要约人对要约的内容作出"实质性变更"（新要约或反要约）

【例题6·单选题】 ☆根据合同法律制度的规定，下列关于要约撤销的表述中，不正确的是（ ）。

A. 要约人以确定承诺期限的形式明示要约不可撤销的，要约不得撤销

B. 受要约人有理由认为要约不可撤销，并已为履行合同做了合理准备工作的，要约不得撤销

C. 要约人不得以对话方式作出撤销要约的意思表示

D. 撤销要约的意思表示以非对话方式作出的，应当在受要约人作出承诺前到达受要约人

解析 选项C，撤销要约的意思表示以对话方式作出的，该意思表示的内容应当在受要约人作出承诺之前为受要约人所知道。 **答案** C

【例题7·单选题】 ☆根据合同法律制度的规定，下列情形中，不属于要约失效原因的是（ ）。

A. 在受要约人作出承诺后，要约人表示撤销要约

B. 承诺期限届满，受要约人未作出承诺

C. 受要约人对要约的内容作出实质性变更

D. 受要约人拒绝要约的通知到达要约人

解析 选项A，要约撤销是指要约人在要约生效后、受要约人承诺前，使要约丧失法律效力的意思表示。 **答案** A

【例题8·单选题】☆甲公司因生产需要，准备购入一套大型生产设备。4月1日，甲公司向乙设备厂发出了一份详细的书面要约，并在要约中注明：请贵公司于4月20日前答复，否则该要约将失效。该要约到达乙设备厂后，甲公司拟撤销该要约。根据合同法律制度的规定，下列关于该要约能否撤销的表述中，正确的是( )。

A. 该要约可以撤销，只要乙设备厂尚未发出承诺

B. 该要约可以撤销，只要乙设备厂的承诺尚未到达甲公司

C. 该要约可以撤销，只要乙设备厂尚未为履行合同做准备工作

D. 该要约不得撤销，因为要约人在要约中确定了承诺期限

解析 要约人确定了承诺期限，即明示要约不可撤销。 **答案** D

【例题9·单选题】甲公司于4月1日向乙公司发出订购一批实木沙发的要约，要求乙公司于4月8日前答复。4月2日乙公司收到该要约。4月3日，甲公司欲改向丙公司订购实木沙发，遂向乙公司发出撤销要约的信件，该信件于4月4日到达乙公司。4月5日，甲公司收到乙公司的回复，乙公司表示暂无实木沙发，问甲公司是否愿意选购布艺沙发。甲公司要约失效的时间是( )。

A. 4月3日　　B. 4月4日
C. 4月5日　　D. 4月8日

解析 题目中，甲公司的要约中确定了"承诺期限"，因此不能撤销。而乙公司4月5日的回复对要约进行了实质性变更，是新的要约，导致原要约失效。 **答案** C

2. 承诺与新要约(见表5-5)

表5-5　承诺与新要约

考点	定义	特征
新要约	受要约人对要约的内容作出实质性变更	对价格、数量、履行期限、履行方式等作出变更
承诺	受要约人同意要约的意思表示	

(1)承诺应当具备的条件

①必须由受要约人作出。

『老侯提示』 在有合法的委托手续的前提下承诺可以由代理人作出。

②必须向要约人作出。

③内容必须与要约的内容一致，不得对要约的内容作出"实质性"变更。

④必须在承诺期限内作出并到达要约人。

(2)承诺期限的起算点(见表5-6)

表5-6　承诺期限的起算点

要约的方式		承诺期限的起算点
信件	一般情况	信件"载明的日期"
	信件未载明	投寄该信件的邮戳日期(寄出的邮戳日期)
电话、传真、电子邮件等快速通信方式		要约"到达"受要约人时

235

(3)承诺的"迟延"与"迟到"

①"迟延"是受要约人"主观故意"。

受要约人超过承诺期限发出承诺，或在承诺期限内发出承诺，按照通常情形不能及时到达要约人的，除要约人及时通知受要约人该承诺有效的以外，为"新要约"。

②"迟到"是"客观原因"导致。

受要约人在承诺期限内发出承诺，按照通常情形能够及时到达要约人，但因其他原因承诺到达要约人时超过承诺期限的，除要约人及时通知受要约人因承诺超过期限不接受该承诺以外，该"承诺有效"。

(4)承诺的生效

以"通知"方式作出的承诺，与要约的生效时间完全相同。

『老侯提示』承诺不需要通知的，根据交易习惯或者要约的要求作出承诺的行为时生效。

(5)承诺的撤回

撤回承诺的通知应当在承诺通知到达要约人之"前"或者与承诺通知"同时"到达要约人。

『老侯提示』因承诺到达合同即成立，因此承诺只能撤回不能撤销。

(6)承诺内容的变更

①受要约人对要约的内容作出"实质性变更"的，为新要约。

『老侯提示』有关合同标的、数量、质量、价款或者报酬、履行期限、履行地点和方式、违约责任和解决争议方法等内容的变更，是对要约内容的实质性变更。

②受要约人对要约的内容作出"非实质性变更"的，除要约人及时表示反对（事后）或者要约表明承诺不得对要约的内容作出任何变更（事前）外，该承诺有效，合同的内容以承诺的内容为准。

【例题10·多选题】☆根据民法典的规定，下列关于承诺应当具备条件的表述中，正确的有（　）。

A．承诺必须由受要约人或其代理人作出

B．承诺必须向要约人或其代理人作出

C．承诺的内容必须与要约的内容完全一致，承诺不得对要约的内容作出任何变更

D．承诺必须在要约存续期间内作出并到达要约人

解析　选项A，承诺必须由受要约人作出，如由代理人作出承诺，则代理人须有合法的委托手续；选项B，承诺必须向要约人作出，代理行为同选项A；选项C，承诺的内容必须与要约的内容一致，承诺不得对要约的内容作出"实质性"变更（非任何变更）；选项D，承诺必须在承诺期限（即要约存续期间）内作出并到达要约人。

答案　ABD

【例题11·单选题】☆赵某以信件形式向钱某发出要约，信件未载明承诺开始日期，仅规定承诺期限为15天。7月4日，赵某将信件交付邮局，邮局将信件加盖7月5日邮戳发出；7月7日，信件送达受要约人钱某的信箱；钱某因出差，直至7月15日才阅读信件内容。该承诺期限的起算日为（　）。

A．7月4日

B．7月5日

C．7月7日

D．7月15日

解析　要约以信件或者电报作出的，承诺期限自信件载明的日期或者电报交发之日开始计算。信件未载明日期的，自投寄该信件的邮戳日期开始计算。

答案　B

【例题12·单选题】☆陈某在8月1日向李某发出一份传真：出售房屋一套，面积90平方米，价款260万元，合同订立后7日内一次性付清，如拟购买请在3日内回复。李某当日传真回复，表示同意购买，但要求分期付款，陈某未回复。8月3日李某再次给陈某发传真，表示同意按照陈某传真的条件购买。陈某仍未回复。下列关于陈某、李某之间合同成立与否的表述中，符合合同法

律制度规定的是( )。

A. 李某的第一次传真回复为承诺,合同成立

B. 李某的第二次传真回复为承诺,合同成立

C. 李某的第二次传真回复为新要约,陈某未表示反对,合同成立

D. 李某的两次传真回复,均为新要约,合同不成立

解析 受要约人对要约的内容作出实质性变更的,为新要约。有关合同标的、数量、质量、价款或者报酬、履行期限、履行地点和方式、违约责任和解决争议方法等的变更,是对要约内容的实质性变更。李某当日的传真回复要求分期付款属于实质性变更,是新要约。陈某未回复,即未作出承诺。8月3日李某再次发出的传真,又是新的要约。

答案 D

守将三、合同订立的其他考点(★★)
(2017年多选题;2019年、2020年单选题;2021年单选题、多选题)

(一)格式条款

1. 提供格式条款一方的义务——"提请注意"

(1)提供格式条款的一方应采取"合理的方式"提请对方注意免除或者减轻其责任等与对方有重大利害关系的条款,按照对方的要求,对该条款予以说明。

(2)合理方式包括足以引起对方注意的文字、符号、字体等特别标识。

(3)提供格式条款一方对已尽合理提示及说明义务承担举证责任。

(4)提供格式条款的一方未履行提示或者说明义务,致使对方没有注意或理解与其有重大利害关系的条款的,对方可以主张该条款不成为合同的内容。

2. 格式条款无效的情形(见表5-7)

表5-7 格式条款无效的情形

类型	具体条款
所有格式条款	(1)提供格式条款的一方"不合理地"免除或减轻其责任,加重对方责任,限制对方主要权利; (2)提供格式条款一方排除对方主要权利的 【老侯提示】其他内容见第一章"无效民事法律行为"
免责格式条款	(1)造成对方人身损害的; (2)因"故意或者重大过失"造成对方财产损失的

3. 对格式条款的解释

(1)理解有争议,按通常理解予以解释。

(2)(按通常理解)对格式条款有两种以上解释的,应当作出"不利于提供方"的解释。

(3)格式条款和非格式条款不一致的,应当采用"非格式条款"。

[例题1·多选题] ☆根据合同法律制度的规定,下列关于格式条款的表述中,正确的有( )。

A. 格式条款和非格式条款不一致的,应当采用格式条款

B. 提供格式条款一方免除或者限制其责任的内容,应举证其已尽合理提示及说明义务

C. 对格式条款有两种以上解释的,应当作出有利于提供格式条款一方的解释

D. 提供格式条款一方排除合同对方当事人主要权利的,格式条款无效

解析 选项A,格式条款和非格式条款不一致的,应当采用非格式条款;选项C,对格式条款有两种以上解释的,应当作出不利于提供格式条款一方的解释。

答案 BD

[例题2·多选题] ☆根据合同法律制度

的规定,下列情形中,致使格式条款无效的有( )。

A. 提供格式条款的一方不合理地减轻自己的责任

B. 提供格式条款的一方排除对方当事人的主要权利

C. 格式条款包含造成对方人身损害的免责格式条款

D. 格式条款包含因故意或重大过失造成对方财产损失的免责格式条款

解析 选项A,提供格式条款的一方不合理地免除或减轻其责任,加重对方责任,限制对方主要权利的,该条款无效;选项B,提供格式条款的一方排除对方主要权利的,该条款无效;选项C,造成对方人身损害的免责格式条款无效;选项D,因故意或重大过失造成对方财产损失的免责格式条款无效。

答案 ABCD

(二)合同成立的时间和地点

1. 合同成立的时间

(1)一般合同

①采用合同书形式订立:

双方当事人签名、盖章或按指印时合同成立。

②采用信件、数据电文等形式订立要求签订确认书的:

"签订确认书"时合同成立。

③当事人一方通过"互联网"等信息网络发布的商品或服务信息符合要约条件的:

对方选择该商品或服务并提交订单成功时合同成立,但是当事人另有约定的除外。

④当事人以直接对话方式订立的合同:

承诺人的承诺生效时合同成立。

⑤实际履行原则:

采用合同书形式订立合同,在签名、盖章或按指印之前,当事人"一方已经履行主要义务并且对方接受"的,该合同成立。

采用书面形式订立合同,当事人未采用书面形式但"一方已经履行主要义务并且对方接受"的,该合同成立。

(2)特殊合同

要式合同,自"要式完成"时合同成立。

2. 合同成立的地点

(1)一般情况

承诺生效的地点为合同的成立地点。

(2)具体规定

①采用数据电文形式订立合同:

约定→收件人的主营业地→收件人的住所地

②采用合同书、确认书形式订立合同:

约定→"最后一方"签名、盖章或按指印的地点

(3)特殊合同

要式合同,"完成要式的地点"为合同成立的地点。

【例题3·单选题】 ☆根据合同法律制度的规定,下列关于采用数据电文形式订立合同的表述中,不正确的是( )。

A. 当事人采用数据电文形式订立合同,在合同成立前要求签订确认书的,签订确认书时合同成立

B. 对通过电子邮件发出的要约,当事人未约定生效时间的,该要约自电子邮件发出时生效

C. 以电子邮件等数据电文形式订立的合同,属于采用书面形式的合同

D. 采用数据电文形式订立合同,收件人没有主营业地的,收件人的住所地为合同成立的地点

解析 以非对话方式作出的采用数据电文形式的意思表示,相对人指定特定系统接收数据电文的,该数据电文进入该特定系统时生效;未指定特定系统的,相对人知道或者应当知道该数据电文进入其系统时生效。当事人对采用数据电文形式的意思表示的生效时间另有约定的,按照其约定。 **答案** B

【例题4·单选题】 ☆甲公司与乙公司签订一份仓库租赁合同。5月18日,甲公司在租赁合同上签字盖章,5月20日,甲公司将

合同约定的仓库钥匙交付乙公司，乙公司当天将货物存入仓库。5月25日，甲公司将签字盖章后的合同邮寄给乙公司，5月27日，乙公司收到合同后即在其上签字盖章。该租赁合同的成立时间为(　　)。

A. 5月27日　　B. 5月20日
C. 5月25日　　D. 5月18日

解析 当事人采用合同书形式订立合同的，自双方当事人签名、盖章或按指印时合同成立，但是在签名、盖章或按指印之前，当事人一方已经履行主要义务并且对方接受的，该合同成立。本题中，5月27日是双方当事人最后一方(乙公司)签字盖章的时间，但在5月20日甲公司已经履行主要义务(交付仓库钥匙)，乙公司也已经接受(当天将货物存入)，因此该合同的成立日期为5月20日。**答案** B

【例题5·单选题】 甲公司与乙公司就一批货物的买卖进行磋商，甲公司在传真中表示，如达成协议则以最终签订售货确认书为准。乙公司在接到甲公司的最后一份传真时认为，双方已就该笔买卖的价格、期限等主要问题达成一致，遂向甲公司开出信用证，但甲公司以信用证上注明的价格条件不能接受为由拒绝发货。下列有关该案的表述中，符合法律规定的是(　　)。

A. 合同不成立，甲公司有权拒绝发货
B. 合同不成立，甲公司有权拒绝发货，但应补偿乙公司相应的损失
C. 买卖合同已成立，甲公司应履行合同
D. 买卖合同已成立，但因未发生实际损失，甲公司不承担法律责任

解析 民法典合同编规定，当事人采用信件、数据电文等形式订立合同要求签订确认书的，签订确认书时合同成立。本案中，当事人没有签订确认书，乙公司实际履行了合同义务，但是甲公司没有接受，合同未成立。**答案** A

【例题6·单选题】 郑某和张某拟订一份书面合同。双方在甲地谈妥合同的主要条款，郑某于乙地在合同上签名，其后，张某于丙地在合同上盖章，合同的履行地为丁地。该合同成立的地点是(　　)。

A. 甲地　　B. 乙地
C. 丙地　　D. 丁地

解析 当事人采用合同书形式订立合同的，最后签名、盖章或者按指印的地点为合同成立的地点，但是当事人另有约定的除外。**答案** C

【例题7·单选题】 ☆广州的甲公司与深圳的乙公司在北京协商订立一份书面合同，双方约定合同成立地点在上海，但实际情况是，甲公司在广州签字盖章后将合同邮寄到深圳给乙公司签字盖章，该合同的成立地点是(　　)。

A. 上海　　B. 北京
C. 深圳　　D. 广州

解析 当事人采用合同书形式订立合同的，最后签名、盖章或者按指印的地点为合同成立的地点，但是当事人另有约定的除外。本案中，当事人对合同成立地点另有约定，则约定的地点，为合同成立地点。**答案** A

(三)缔约过失责任

1. 定义

当事人在"订立"合同过程中，因故意或过失致使合同未成立、未生效、被撤销或无效，给他人造成损失应承担的损害赔偿责任。

2. 承担缔约过失责任的情形

(1)假借订立合同，恶意进行磋商；
(2)故意隐瞒与订立合同有关的重要事实或者提供虚假情况；
(3)当事人泄露或不正当地使用在订立合同过程中知悉的商业秘密或其他应当保密的信息；
(4)有其他违背诚实信用原则的行为。

3. 区别违约责任(见表5-8)

表 5-8 区别违约责任

考点	缔约过失责任	违约责任
产生	合同成立之前	合同生效之后
适用	合同未成立、未生效、被撤销、无效等	生效合同
赔偿	信赖利益的损失	履行利益的损失

『老侯提示』信赖利益的赔偿不得超过合同有效时相对人所可能得到的履行利益。

【课外阅读】信赖利益的损失是当事人实施某种行为后，另一方当事人对此产生信赖，并为此发生了费用，后因前者违反诚实信用原则导致合同未成立或者无效，该费用未得到补偿而受到的损失。履行利益的损失是当事人期望在合同生效后从该笔交易中获得各种利益，因对方当事人违约而无法获得所产生的损害。

【举例1】赵某下岗后准备加盟某品牌服装，开一间属于自己的服装店。苦于手头资金不太充裕，便与该公司谈判，希望第一批货物可以赊欠，一年后支付第一批货物的货款。该公司招商部经理为吸引赵某加盟，遂满口答应。双方谈妥只要赵某选好了店址，公司经调查符合要求，即可签合同进行装修、铺货。赵某选好店址，并交纳了1万元的房租押金，经该公司审查符合要求，但签订合同时，该公司提出，第一批服装费不能拖欠。赵某认为这与当初谈妥的条件不符，因此难以接受，要求该公司赔偿损失。——缔约过失责任。

【举例2】赵某加盟某品牌服装，双方在合同中约定，由该公司提供满足质量要求的新款服装。合同履行过程中，赵某发现该公司提供的产品质量极差，且均为多年以前的过时款式，遂要求该公司赔偿损失。——违约责任。

（四）**报批义务条款的独立性**（2022年新增）

1. 依照法律、行政法规的规定，合同应当办理批准等手续的，未办理批准等手续影响合同生效的，"不影响"合同中"履行报批等义务条款以及相关条款"的效力。

2. 应当办理申请批准等手续的当事人未履行义务的，对方可以请求其承担违反该义务的责任。

守将四、合同履行（★★★）（2017年单选题、判断题、简答题；2018年、2019年单选题；2020年、2021年单选题、多选题）

（一）**全面履行原则**

1. 债权人可以拒绝债务人提前（部分）履行债务，但是提前（部分）履行不损害债权人利益的除外。

2. 债务人提前（部分）履行债务给债权人增加的费用，由债务人负担。

（二）**合同内容约定不明时的履行规则**

合同内容约定不明时的履行规则见图5-1、表5-9。

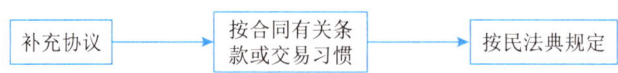

图 5-1 合同内容约定不明时的履行规则

表 5-9 合同内容约定不明时的履行规则

约定不明事项	履行规则
质量要求	强制性国家标准→推荐性国家标准→行业标准→通常标准或符合合同目的的特定标准
价款、报酬	"订立"合同时"履行地"的市场价格

续表

约定不明事项		履行规则	
履行地点	给付货币	"接受"货币一方所在地	
	交付不动产	不动产所在地	
	其他标的	"履行义务"一方所在地	
履行期限	债务人	可随时履行	给对方必要的准备时间
	债权人	可随时要求履行	
履行方式	有利于实现合同目的的方式		
履行费用	"履行义务"一方负担		
	〖老侯提示〗因债权人原因增加的履行费用，由债权人负担		

【例题1·单选题】★根据合同法律制度的规定，当事人就有关合同内容约定不明确的，可以协议补充，不能达成补充协议的，按照合同有关条款或者交易习惯确定，仍不能确定的，适用法定规则。下列关于该法定规则的表述中，正确的是( )。

A. 履行费用的负担不明确的，由接受履行一方承担

B. 履行方式不明确的，按照有利于实现合同目的的方式履行

C. 履行地点不明确，给付货币的，在支付货币一方所在地履行

D. 价款或者报酬不明确的，按照履行合同时履行地的市场价格履行

解析 选项A，履行费用的负担不明确的，由履行义务一方负担；选项C，履行地点不明确，给付货币的，在接受货币一方所在地履行；选项D，价款或者报酬不明确，按照订立合同时履行地的市场价格履行。 **答案** B

【例题2·单选题】★地处江南甲地的陈某向地处江北乙地的王某购买五吨苹果，约定江边交货。后双方就交货地点应在甲地的江边还是在乙地的江边发生了争议，无法达成一致意见，且按合同有关条款或者交易习惯仍无法确定。根据合同法律制度的规定，苹果的交付地点应是( )。

A. 乙地的江边

B. 甲地的江边

C. 由王某选择甲地或者乙地的江边

D. 由陈某选择甲地或者乙地的江边

解析 履行地点不明确，给付货币的，在接受货币一方所在地履行；交付不动产的，在不动产所在地履行；其他标的，在履行义务一方所在地履行。本题是交付苹果，为其他标的物，在履行义务一方（王某）所在地（乙地）履行。 **答案** A

【例题3·单选题】★根据合同法律制度的规定，当事人在合同中对履行方式没有约定或约定不明确，不能达成补充协议，且无法按照合同有关条款或者交易习惯确定的，应按照法律规定的方式履行。该方式是( )。

A. 有利于实现合同目的的方式

B. 有利于债权人的方式

C. 有利于债务人的方式

D. 有利于总体经济效益的方式

解析 履行方式不明确的，按照有利于实现合同目的的方式履行。 **答案** A

(三)涉及第三人的合同履行

1. "向"第三人履行——利他合同

(1)法律规定或当事人约定第三人可以直接请求债务人向其履行债务，第三人未在合理期限内明确拒绝，债务人未向第三人履行债务或履行债务不符合约定的，"第三人可以请求债务人承担违约责任"。

(2)债务人对债权人的抗辩，可以向第

三人主张。

(3) 因向第三人履行债务(债权人原因)增加的费用,除双方当事人另有约定外,由债权人承担。

『老侯提示』向第三人履行的合同,通过法定或合同双方当事人的约定方式赋予了第三人向债务人追责的权利。

2."由"第三人履行

(1) 双方当事人约定债务由第三人履行的合同,"必须"征得第三人同意。

(2) 第三人不履行或履行不符合约定时,债务人应当向"债权人"承担违约责任。

『老侯提示』由第三人履行的合同,第三人并非合同当事人,违约时应当由债务人向债权人承担责任。

【例题4·判断题】☆甲公司与乙公司签订买卖合同时,经丙公司同意,约定由丙公司向买受人甲公司交付货物。后丙公司交付的货物质量不符合约定。甲公司可以请求丙公司承担违约责任。 ( )

解析▶ 当事人约定由第三人向债权人履行债务的,第三人不履行债务或者履行债务有瑕疵的,应当由债务人向债权人承担违约责任。在本题中,应由债务人乙公司向债权人甲公司承担违约责任。 答案▶ ×

(四) 合同履行的抗辩(2022年调整)

合同履行的抗辩见表5-10。

表5-10 合同履行的抗辩

抗辩权	适用情形	权利	
同时履行抗辩权	双方互负债务,无先后履行顺序	一方不履行,另一方有权拒绝履行,一方履行不符合约定时,另一方有权拒绝其相应的履行请求	
		对方部分履行	对另一方无意义	另一方可以全部抗辩
			不损害债权	仅对未履行部分抗辩
后履行抗辩权	双方互负债务,有先后履行顺序	先履行义务的一方不履行,后履行义务的一方有权拒绝履行	
不安抗辩权		先履行义务的一方有确切的证据证明后履行义务的一方有丧失或者可能丧失履行债务能力的情形,先履行义务的一方可以:(1)"中止"履行合同并"通知"对方,要求对方证明有履行能力或提供相应的担保;(2)在"合理期限内",对方未恢复履行能力且未提供相应担保,视为以自己的行为表明不履行主要债务,中止履行合同的一方可以"解除"合同,并可以请求对方承担违约责任	
		『老侯提示1』后履行一方不能履行合同的情形:(1)经营状况严重恶化;(2)有转移财产、抽逃资金,以逃避债务的情形;(3)丧失商业信誉。	
		『老侯提示2』先履行的当事人应当有证据证明对方不能或者有不能履行合同的可能性,否则行使不安抗辩权造成对方损失的,应当承担违约责任	

【例题5·多选题】☆根据合同法律制度的规定,应当先履行债务的当事人有确切证据证明对方当事人发生了特定情形的,可以行使不安抗辩权。该特定情形包括( )。

A. 转移财产以逃避债务
B. 丧失商业信誉
C. 变更经营方式
D. 经营状况严重恶化

解析▶ 应当先履行债务的当事人,有确切证据证明对方有下列情况之一的,可以行使不安抗辩权,中止履行:(1)经营状况严重恶化;(2)转移财产、抽逃资金,以逃避债务;(3)丧失商业信誉;(4)有丧失或者可能丧失履行债务能力的其他情形。 答案▶ ABD

【例题6·单选题】☆甲公司与乙公司签

订买卖合同,约定甲公司先交货。交货前夕,甲公司有确切证据证明乙公司负债严重,不能按时支付货款。甲公司遂决定中止交货,并及时通知乙公司。甲公司的行为是( )。

A. 违约行为
B. 行使先诉抗辩权的行为
C. 行使同时履行抗辩权的行为
D. 行使不安抗辩权的行为

解析 应当先履行债务的当事人,有确切证据证明对方有下列情况之一的,可以行使不安抗辩权,中止合同履行:(1)经营状况严重恶化;(2)转移财产、抽逃资金,以逃避债务;(3)丧失商业信誉;(4)有丧失或者可能丧失履行债务能力的其他情形。

答案 D

【例题7·单选题】☆甲公司与乙公司签订买卖合同,约定甲公司先向乙公司支付货款,乙公司再向甲公司交付货物。后来乙公司经营状况严重恶化,对于乙公司提出的给付请求权,甲公司拟行使不安抗辩权。下列关于不安抗辩权行使的表述中,不正确的是( )。

A. 甲公司行使不安抗辩权,必须有确切证据证明乙公司经营状况严重恶化
B. 乙公司提供相应担保的,甲公司应当恢复合同的履行
C. 甲公司可以通过行使不安抗辩权直接解除合同
D. 甲公司行使不安抗辩权而中止履行的,应当及时通知乙公司

解析 应当先履行债务的当事人,有确切证据证明对方经营状况严重恶化,可以行使不安抗辩权中止履行(选项A)。行使中止权时,应当及时通知对方(选项D)。如果对方当事人恢复了履行能力或提供了相应担保后,应当恢复合同的履行(选项B)。中止履行合同后,如果对方在合理期限内未恢复履行能力并且未提供适当担保的,视为以自己的行为表明不履行主要债务,中止履行合同

的一方可以"解除"合同,并可以请求对方承担违约责任(选项C表述错误,当选)。

答案 C

(五)合同的保全

1. 代位权

(1)概念

因债务人怠于行使其债权或者与该债权有关的从权利,影响债权人的到期债权实现的,债权人可以向人民法院请求以"自己的名义"代位行使债务人对相对人的权利,但是该权利专属于债务人自身的除外。

(2)代位权的构成要件

①债务人对次债务人享有"合法"债权或与该债权有关的从权利。

②债务人"怠于"行使其债权。

『老侯提示』"不以诉讼方式或者仲裁方式"主张权利即为怠于行使。

③因债务人怠于行使权利,影响债权人的到期债权实现。

『老侯提示』怠于行使的权利必须"具有金钱给付内容"。

④债务人的债务已"到期"。

『老侯提示』债权人的债权到期前,债务人的债权或与该债权有关的从权利存在诉讼时效期间即将届满或未及时申报破产债权等情形,影响债权人的债权实现的,债权人可以代位向债务人的相对人请求其向债务人履行、向破产管理人申报或作出其他必要的行为。

⑤债务人的债权不是专属于债务人自身的债权。

『老侯提示』"专属于债务人自身的债权"指:因扶养、抚养、赡养、继承关系产生的给付请求权;劳动报酬;退休金、养老金、抚恤金、安置费;人寿保险、人身伤害赔偿请求权。

(3)代位权诉讼(见表5-11)

243

表 5-11 代位权诉讼

考点	具体内容	
身份	原告	债权人
	被告	债务人的债务人（次债务人）
	第三人	债务人
代位范围	以债权人的"到期债权为限"，对超出部分人民法院不予支持	
抗辩权	次债务人对债务人的抗辩，可以向债权人主张	
费用承担	诉讼费用	"次债务人"负担，从实现的债权中优先支付
	行使代位权的必要费用	"债务人"负担

【例题 8·单选题】 ☆根据民法典的规定，债务人享有的下列权利中，可以被代位行使的是（ ）。

A. 抚恤金请求权
B. 养老金请求权
C. 劳动报酬请求权
D. 房屋租金请求权

解析 选项 A、B、C，属于专属于债务人自身的债权，债权人不得行使代位权。

答案 D

【例题 9·单选题】 ☆2019 年，甲公司向乙银行借款 20 万元，借款期限为 2 年。借款期满后，甲公司无力偿还借款本息。此时甲公司对丙公司享有到期债权 10 万元，却不积极主张。乙银行拟使代位权。下列关于乙银行行使代位权的表述中，符合合同法律制度规定的是（ ）。

A. 乙银行可以直接以甲公司的名义行使对丙公司的债权
B. 乙银行行使代位权应取得甲公司的同意
C. 乙银行应自行承担行使代位权所支出的必要费用
D. 乙银行必须通过诉讼方式行使代位权

解析 选项 A，债权人应当以自己的名义行使代位权；选项 B，债权人行使代位权无须债务人同意；选项 C，债权人行使代位权的必要费用，由债务人负担。

答案 D

【例题 10·多选题】 甲对乙享有 50 000 元债权，已到清偿期限，但乙一直宣称无能力清偿欠款。甲调查发现，乙对丁享有 3 个月后到期的 7 000 元债权，戊因赌博欠乙 8 000 元；另外，乙在半年前发生交通事故，因事故中的人身伤害对丙享有 10 000 元债权，因事故中的财产损失对丙享有 5 000 元债权。乙无其他可供执行的财产，乙对其享有的债权都怠于行使。根据民法典的规定，下列各项中，甲不可以代位行使的债权有（ ）。

A. 乙对丁的 7 000 元债权
B. 乙对戊的 8 000 元债权
C. 乙对丙的 10 000 元债权
D. 乙对丙的 5 000 元债权

解析 选项 A，未到期债权不能代位行使；选项 B，不属于合法债权，不能代位行使；选项 C，专属于债务人自身的债权不能代位行使。

答案 ABC

2. 撤销权

(1) 概念

债务人实施了"减少财产"或"增加财产负担"的行为并影响债权人的债权实现的，债权人为了保障自己的债权，请求人民法院撤销债务人行为的权利。

(2) 可撤销行为（见表 5-12）

表 5-12　可撤销行为

行为分类	具体行为	结果
放弃行为	放弃债权(放弃到期、未到期债权;放弃债权担保;恶意延长到期债权履行期)	不看第三人性质,均可撤销
无偿行为	无偿转让财产	
不合理的有偿行为	以明显不合理的低价转让财产(<70%) 以明显不合理的高价受让他人财产(>130%)	第三人为恶意,可以撤销
恶意担保行为	为他人的债务提供担保	

(3)撤销权诉讼(见表 5-13)

表 5-13　撤销权诉讼

考点	具体内容	
身份	原告	债权人
	被告	债务人
	第三人	受益人或受让人
撤销范围	以债权人的"债权为限"	
费用承担	行使撤销权的必要费用由"债务人"负担	

(4)撤销权的行使期限

自债权人"知道或者应当知道"撤销事由之日起"1年内"行使;

自债务人的"行为发生"之日起"5年内"没有行使撤销权的,该撤销权消灭。

【例题 11 · 单选题】 ☆根据合同法律制度的规定,下列关于合同保全制度中撤销权行使的表述中,不正确的是(　)。

A. 债权人应以自己的名义行使撤销权

B. 撤销权的行使范围以债权人的债权为限

C. 债权人行使撤销权的必要费用,由债权人负担

D. 自债务人的行为发生之日起5年内没有行使撤销权的,撤销权消灭

解析　选项C,债权人行使撤销权的必要费用,由债务人负担。　**答案**　C

【例题 12 · 多选题】 甲对乙享有50 000元债权,已到清偿期限,但乙一直宣称无能力清偿欠款。甲调查发现,乙对丁享有3个月后到期的7 000元债权,乙明确表示放弃;乙对戊享有已到期的8 000元债权,乙明确表示放弃;另外在半年前乙将市场价格10万元的汽车,以6.5万元的价格转让给了丙,丙觉得挺合适,于是购买了该汽车;同时乙用6万元从庚手中购入了价值只有5万元的商品,庚知道乙欠甲债务的情形和高价购买的目的。下列各项中,甲不可以请求人民法院撤销的行为有(　)。

A. 乙放弃对丁的7 000元债权

B. 乙放弃对戊的8 000元债权

C. 乙与丙之间的交易行为

D. 乙与庚之间的交易行为

解析　选项C,丙是善意的,故乙丙之间的交易行为不得撤销;选项D,乙以6万元购买庚5万元的商品,没有高于市场交易价30%,不属于不合理的高价,不得撤销。　**答案**　CD

【例题 13 · 单选题】 ☆甲公司欠乙公司30万元货款,一直无力偿付。现与甲公司有关联关系的丙公司欠甲公司20万元且已到期,但甲公司明示放弃对丙公司的债权。对

245

于甲公司放弃债权的行为，乙公司拟行使撤销权的下列表述中，正确的是（　　）。

A．乙公司可以请求人民法院判令丙公司偿还乙公司20万元

B．乙公司可以请求人民法撤销甲公司放弃债权的行为

C．乙公司行使撤销权的必要费用应由乙公司承担

D．乙公司应在知道或应当知道甲公司放弃债权的2年行使撤销权

解析 ▶ 选项A、B，题目中"债务人放弃债权"的行为，适用撤销权而非代位权；选项C，行使撤销权的必要费用由债务人承担；选项D，撤销权自债权人"知道或者应当知道"撤销事由之日起1年内行使。　**答案** ▶ B

守将五、合同的转让（★★）（2017年、2018年单选题；2021年单选题、判断题）

（一）合同权利转让

1. 债权人转让权利无需经债务人同意，但应当"通知"债务人。未经通知，该转让对债务人不发生效力。

2. 债权人不得转让合同权利的情形。
（1）根据合同性质不得转让。
（2）根据当事人约定不得转让。
①当事人约定"非金钱债权"不得转让的，不得对抗"善意第三人"；
②当事人约定"金钱债权"不得转让的，不得对抗"第三人"。

『老侯提示』当事人约定"金钱债权"不得转让的，该约定对"受让人"实际上没有任何约束力。

（3）根据法律规定不得转让。

3. 合同权利转让的效力。
（1）合同权利全部转让。
原债权人脱离合同关系，受让人成为新债权人，债务人应当向新债权人履行债务。
（2）合同权利部分转让。
受让人成为新债权人，与原债权人共同享有债权。

（3）从权利的归属。
债权人转让债权的，受让人取得与债权有关的从权利，但是该从权利专属于债权人自身的除外。

『老侯提示』受让人取得从权利不因该从权利未办理转移登记手续或者未转移占有而受到影响。

4. 债权转让后的抵销与抗辩。
（1）抵销权。
①债务人接到债权转让通知时，债务人对让与人享有债权，并且其债权"先于转让的债权到期或者同时到期"的，债务人可以向受让人主张抵销。
②债务人的债权与转让的债权是基于同一合同产生，债务人可以向受让人主张抵销。（减价请求权）
（2）抗辩权。
债务人接到债权转让通知后，债务人对让与人的抗辩，可以向受让人主张。

5. 费用承担。
因债权转让增加的履行费用，由"让与人"负担。

（二）合同义务转移

1. 债务人将债务的全部或者部分转移给第三人的，应当经"债权人同意"。

2. 债务人或者第三人可以催告债权人在合理期限内予以同意，债权人未作表示的，视为不同意。

3. 第三人与债务人约定加入债务并通知债权人，或者第三人向债权人表示愿意加入债务，债权人未在合理期限内明确拒绝的，债权人可以请求第三人在其愿意承担的债务范围内和债务人承担连带债务。

『老侯提示』有利即为"默认"，不利即为"默拒"。

4. 合同义务不得转移的情形（2022年新增）。
（1）根据合同性质不可移转的合同义务。
（2）当事人约定不可移转的合同义务。

(3)法律规定不可移转的合同义务。

5.合同义务转移的法律后果。

(1)合同义务全部转移时,原债务人脱离合同关系,受让人成为新债务人。如受让人不履行合同义务或履行不符合约定的,债权人可以要求其履行债务或承担违约责任。

(2)合同义务部分移转的,第三人加入合同关系,与原债务人共同承担合同义务。

(3)债务人转移义务的,新债务人可以主张原债务人对债权人的抗辩;原债务人对债权人享有债权的,新债务人不得向债权人主张抵销。

(4)债务人转移债务的,新债务人应当承担与主债务有关的从债务,但是该从债务专属于原债务人自身的除外。

(5)第三人向债权人提供的担保,若担保人未明确表示继续承担担保责任,则担保责任因债务转移而消灭。

【例题1·单选题】☆陈某向李某购买一批水泥,价款为10万元。合同履行前,李某未经陈某的同意,将价款债权转让给王某,并通知陈某直接向王某付款。陈某与李某未约定合同权利不得转让。下列关于李某的转让行为效力的表述中,符合合同法律制度规定的是( )。

A.李某的转让行为无效,陈某仍应向李某付款

B.李某的转让行为有效,但如陈某仍向李某付款,可发生清偿效力

C.李某的转让行为有效,陈某应向王某付款

D.李某的转让行为效力待定,取决于陈某是否表示同意

解析 债权人转让权利的,应当通知债务人。未经通知,该转让对债务人不发生效力。这里无须债务人同意。本题中债权转让通知了债务人陈某,如陈某向李某付款,不发生清偿效力。 **答案** C

【例题2·单选题】☆根据合同法律制度的规定,下列关于合同权利转让的表述中,正确的是( )。

A.受让人取得债权时,一并取得与债权相关的专属于让与人的从权利

B.因债权转让增加的履行费用,由受让人负担

C.债务人接到债权转让通知后,不得向受让人主张债务人对让与人的抗辩

D.当事人约定金钱债权不得转让的,不得对抗第三人

解析 选项A,债权人转让债权的,受让人取得与债权有关的从权利,但是该从权利专属于债权人自身的除外;选项B,因债权转让增加的履行费用,由让与人(原债权人)负担;选项C,债务人接到债权转让通知后,债务人对让与人的抗辩可以向受让人主张。 **答案** D

【例题3·单选题】☆甲公司向乙公司订购车床一台,价款50万元。甲公司与丙公司约定,由丙公司承担甲公司对乙公司的50万元的债务,乙公司表示同意。丙公司未清偿50万元欠款,下列关于乙公司主张债权的表述中正确的是( )。

A.乙公司可以要求甲公司和丙公司共同偿还50万元价款

B.乙公司可以选择向甲公司或者丙公司主张清偿50万元价款

C.乙公司应当向丙公司主张清偿50万元价款

D.乙公司应当向甲公司主张清偿50万元价款

解析 甲公司将自己对乙公司的付款义务转移给了丙公司,且经过了债权人乙公司的同意,故新债务人(丙公司)成为合同一方当事人,如不履行或不适当履行合同义务,债权人可以向其(丙公司)请求履行债务或承担违约责任。因此,乙公司应当向新债务人丙公司主张清偿50万元价款。 **答案** C

【例题4·单选题】☆王某向张某购买一台电脑,与张某约定一个月后由李某支付电脑价款。一个月后,李某未支付电脑价款。

247

下列关于张某请求承担违约责任的表述中,正确的是( )。

A. 请求王某或李某承担
B. 请求李某承担
C. 请求王某承担
D. 请求王某和李某共同承担

解析 当事人约定由第三人向债权人履行债务的,第三人不履行债务或者履行债务不符合约定,债务人应当向债权人承担违约责任。 **答案** C

【总结】债务转移 VS 由第三人履行(见表5-14)

表5-14 债务转移 VS 由第三人履行

考点	债务转移	由第三人履行
法条原文	《中华人民共和国民法典》第五百五十一条:债务人将债务的全部或者部分转移给第三人的,应当经债权人同意	《中华人民共和国民法典》第五百二十三条:当事人约定由第三人向债权人履行债务,第三人不履行债务或者履行债务不符合约定的,债务人应当向债权人承担违约责任
本质区别	债务完全转移的情况下,原债务人"退出"合同关系	第三人只是履行主体而非债务人。债权人只能将第三人作为债务履行的辅助人,不能将其作为合同当事人,债务人"并未退出"合同关系
判定方法	因原债务人退出会增加债权人的行权风险,因此应当征得"债权人"同意	因原债务人未退出合同关系,不会增加债权人的行权风险,因此应当征得"第三人"同意
完善题目表述避免歧义	前述例题3表述为:甲公司与丙公司约定,由丙公司承担甲公司对乙公司的50万元的债务,(甲公司不再承担),乙公司表示同意	前述例题4表述为:王某向张某购买一台电脑,与张某约定一个月后由李某(代为)支付电脑价款,(李某表示同意)

守将六、合同的消灭(★★★)(2016年多选题;2017年判断题;2019年单选题;2020年单选题、判断题;2021年单选题)

(一)清偿

1. 第三人代履行

(1)债务人不履行债务,第三人对履行该债务具有合法利益的,第三人有权向债权人代为履行;但是,根据债务性质、按照当事人约定或者依照法律规定只能由债务人履行的除外。

(2)债权人接受第三人履行后,其对债务人的债权转让给第三人,但是债务人和第三人另有约定的除外。

2. 清偿冲抵

(1)债务人对同一债权人负担的数项债务种类相同,债务人的给付不足以清偿全部债务时的履行顺序:

按照当事人的约定履行→由债务人在清偿时指定其履行的债务→优先履行已经到期的债务→优先履行对债权人缺乏担保或者担保最少的债务→优先履行债务人负担较重的债务→按照债务到期的先后顺序履行→按照债务比例履行

(2)涉及利息和费用,债务人给付不足以清偿全部债务的履行顺序,除当事人有约定:

实现债权的有关费用→利息→主债务

(二)债务抵销

1. 法定抵销

(1)法定抵销情形

当事人互负债务,该债务的标的物种类、品质相同的,任何一方可以将自己的债务与"对方的到期债务"抵销。

(2)不得抵销的情形

①由债务性质决定,无法抵销;

②存在涉及向第三人给付的债务;

③当事人约定不得抵销;
④因故意实施侵权行为产生的债务。

(3)法定抵销程序

当事人主张抵销的,应当通知对方,通知自"到达"对方时生效。

〖老侯提示〗 抵销不得附条件或者附期限。

(4)法定抵销对诉讼时效的影响

抵销后剩余的债权的诉讼时效期间,重新起算。

2. 约定抵销

当事人互负债务,标的物"种类、品质不相同"的,经双方"协商一致",也可以抵销。

【例题1·单选题】 ☆周某与李某互负到期债务,李某对周某所负债务是支付利息。周某对李某负有的下列债务中,可以适用法定抵销的是( )。

A. 不开展竞争性营业活动
B. 支付人身损害赔偿金
C. 提供劳务
D. 支付租金

解析 当事人互负债务,该债务的标的物种类、品质相同的,任何一方可以将自己的债务与对方的到期债务抵销,但根据债务性质、按照当事人约定或依照法律规定不得抵销的除外。选项ABC,均属于按债务性质(不作为债务、提供劳务的债务、与人身不可分离的债务,如抚恤金、退休金、最低生活保险金等)不能抵销的情形。 答案 D

【例题2·判断题】 ☆张某向杨某借款3万元到期未还。双方因债务清偿问题发生纠纷,张某被杨某打伤,住院治疗共支出医疗费4.5万元。杨某有权主张在3万元内抵销,只向张某支付1.5万元医疗费。( )

解析 因故意实施侵权行为产生的债务,不能抵销。 答案 ×

【例题3·多选题】 ☆根据合同法律制度的规定,下列关于法定抵销的表述中,正确的有( )。

A. 双方抵销的债务,对方的债务应已届清偿期
B. 双方抵销的债务,标的物种类、品质应相同
C. 故意侵权产生的债务,债务人不得主张抵销
D. 抵销可以附条件或者附期限

解析 选项AB,当事人互负债务,该债务的标的物种类、品质相同的,任何一方可以将自己的债务与"对方的到期债务"抵销;选项C,因故意实施侵权行为产生的债务不得主张抵销;选项D,抵销不得附条件或者附期限。 答案 ABC

(三)提存

1. 债务人难以履行债务时可以将标的物提存的情形

(1)债权人"没有正当理由"拒绝受领;
(2)债权人"下落不明";
(3)债权人死亡"未确定"继承人、遗产管理人或者丧失民事行为能力"未确定"监护人。

2. 提存机关:公证机关

3. 提存标的:动产

(1)标的物不适于提存或者提存费用过高的,债务人依法可以拍卖或者变卖标的物,提存所得的价款。

(2)提存人应就需清偿的全部债务进行提存,原则上不允许部分提存。

4. 债务人应履行通知义务

标的物提存后,债务人应当及时通知债权人或者债权人的继承人、遗产管理人、监护人、财产代管人。

5. 提存的法律效力

(1)毁损、灭失的风险由"债权人"承担;
(2)标的物的孳息归"债权人"所有;
(3)提存费用由"债权人"负担。

6. 提存期限

债权人领取提存物的权利,自提存之日起"5年内"不行使而消灭,提存物扣除提存

费用后归国家所有。

『老侯提示』5年期间为不变期间，不适用中止、中断或延长。

7. 债务人取回提存物的特殊情形

债权人未履行对债务人的到期债务，或者债权人向提存部门书面表示放弃领取提存物权利的，债务人负担提存费用后有权取回提存物。

【例题4·单选题】☆债权人胡某下落不明，债务人陈某难以履行债务，遂依法将标的物提存。后该标的物意外灭失。该标的物意外灭失风险的承担人是（ ）。

A. 胡某　　　　B. 胡某与陈某
C. 陈某　　　　D. 提存机关

解析　标的物提存后，毁损、灭失的风险由债权人承担。

答案　A

【例题5·单选题】☆根据合同法律制度的规定，债权人领取提存物的权利，自提存之日起特定期间不行使而消灭。该期间为（ ）。

A. 6个月　　　　B. 5年
C. 3年　　　　　D. 1年

解析　债权人领取提存物的权利，自提存之日起5年内不行使而消灭，提存物扣除提存费用后归国家所有。

答案　B

（四）债务免除

1. 债务免除的要件

（1）债权人或其代理人应向债务人或其代理人作出抛弃债权的意思表示。

（2）免除人须具备民事行为能力。

（3）免除不得损害第三人的利益。

2. 免除的法律效力

（1）债权人免除债务人部分或者全部债务的，合同的权利义务部分或者全部终止，但是债务人在合理期限内拒绝的除外。

（2）免除债务，债权的从权利也随之消灭。

（3）债权人免除连带债务人之一的债务的，其余连带债务人在扣除该连带债务人应分担的份额后，仍应就剩余债务承担连带责任。

（五）混同——债权债务同归于一人

1. 混同的法律效力

（1）债权和债务同归于一人的，债权债务终止，但是损害第三人利益的除外；

（2）附属于主债务的从权利和从债务一并消灭。

2. 混同不导致债之关系消灭的例外情形

（1）债权为他人权利质押的标的。

（2）"法律另有规定的"，债权债务不因混同而消灭。

【例题6·单选题】☆甲公司和乙公司签订买卖合同，合同尚未履行时，合同权利义务因甲、乙公司合并为丙公司而终止。该终止情形属于（ ）。

A. 免除　　　　B. 抵销
C. 法定解除　　D. 混同

解析　混同，即债权债务同归于一人。本题中由于甲、乙两公司合并，甲、乙公司之间原先订立的合同中的权利义务同归于合并后的公司，债权债务关系自然终止。

答案　D

守将七、合同解除（★★★）

（一）约定解除

1. 协商解除：事后协商
2. 约定解除权：事前约定

（二）法定解除

1. 不可抗力

因"不可抗力"致使不能实现合同目的。

2. 预期违约

在"履行期限届满前"，当事人一方明确表示或以自己的行为表明不履行主要债务。

3. 延迟履行

（1）当事人一方迟延履行主要债务，"经催告"后在合理期限内仍未履行；

（2）当事人一方迟延履行债务或有其他

违约行为"致使不能实现合同目的"。

[老侯提示]（1）（2）的区别在于一方延迟履行债务在"致使不能实现合同目的"的情况下无需催告即可解除合同。

4. 不定期合同

以持续履行的债务为内容的不定期合同，当事人可以随时解除合同，但是应当在合理期限之前通知对方。

5. 法律规定的其他情形（见表5-15）

表5-15 法律规定的其他情形

位置		具体内容
抗辩权		当事人行使不安抗辩权，在中止履行合同后，在合理期限内，对方未恢复履行能力且未提供相应担保，中止履行合同的一方可以解除合同
租赁合同	出租人解除权	承租人未经出租人同意转租
	承租人解除权	（1）租赁物危及承租人的安全或者健康的。 [老侯提示] 即使承租人订立合同时明知该租赁物质量不合格，仍然可以。 （2）因租赁物部分或全部毁损、灭失，致使不能实现合同目的
	双方解除权	不定期租赁

（三）解除权的行使

1. 法律规定或者当事人约定解除权行使期限，期限届满当事人不行使的，该权利消灭。

2. 法律没有规定或者当事人没有约定解除权行使期限，自解除权人知道或者应当知道解除事由之日起1年内不行使，或者经对方催告后在合理期限内不行使的，该权利消灭。

（四）解除权行使的效力

1. 尚未履行的，终止履行。

2. 已经履行的，根据履行情况和合同性质，当事人可以要求恢复原状、采取其他补救措施，并有权要求赔偿损失。

3. 主合同解除后，担保人对债务人应当承担的民事责任仍应当承担担保责任，但是担保合同另有约定的除外。

【举例】甲、乙公司签订买卖合同，丙为甲公司的保证人。后甲公司违约不想再继续履行合同，经与乙公司协商承担10万元的违约金后解除合同，乙公司同意。此种情况下，保证人丙要对10万元的违约金承担保证责任。

（五）合同中的独立条款

1. 合同的权利义务"终止"，不影响合同中"结算和清理条款"的效力；

2. 合同"不生效、无效、被撤销或者终止"的，不影响合同中有关"解决争议方法的条款"的效力。

[老侯提示] 独立性：仲裁条款 VS 结算和清理条款（见表5-16）。

表5-16 仲裁条款 VS 结算和清理条款

考点	仲裁条款	结算、清理条款
性质	程序性规定条款	实体义务条款
举例	因履行本合同发生的一切争议，双方当事人协商解决，协商不成的由北京仲裁委员会仲裁	任何一方违反上述约定，给对方造成损失的，应当向对方支付合同标的金额30%的违约金
独立性适用	合同不生效、无效、被撤销、终止	合同的终止

续表

考点	仲裁条款	结算、清理条款	
法律后果	当事人仍然可以依据上述仲裁条款申请仲裁	解除、终止	可以依据上述条款追究对方的"违约责任"
		无效、被撤销	要求对方承担"损害赔偿责任"

【例题1·多选题】下列情形中，属于合同解除法定事由的有( )。

A. 合同当事人一方的法定代表人变更

B. 作为合同当事人一方的法人分立

C. 由于不可抗力致使合同目的不能实现

D. 合同当事人一方迟延履行债务致使合同目的不能实现

解析 选项CD，属于合同解除的法定情形。 **答案** CD

【例题2·单选题】甲小学为了"六一"儿童节学生表演节目的需要，向乙服装厂订购了100套童装。5月28日，甲小学向乙服装厂催要童装，却被告知，因布匹供应问题6月3日才能交付童装，甲小学因此欲解除合同。下列关于该合同解除的表述中，正确的是( )。

A. 甲小学应先催告乙服装厂履行，乙服装厂在合理期限内未履行的，甲小学才可以解除合同

B. 甲小学可以解除合同，无须催告

C. 甲小学无权解除合同，只能要求乙服装厂承担违约责任

D. 甲小学无权自行解除合同，但可以请求法院解除合同

解析 当事人一方迟延履行债务或有其他违约行为"致使不能实现合同目的"，对方当事人无须催告即可解除合同。 **答案** B

【例题3·多选题】下列关于合同解除的表述中，正确的有( )。

A. 租赁物危及承租人安全的，无论承租人订立合同时是否知道租赁物质量不合格，承租人都可以随时解除合同

B. 承租人未经出租人同意转租的，出租人可以解除合同

C. 不定期租赁的出租方可以随时解除租赁合同，但应合理期限之前通知对方

D. 不定期租赁的承租方可以随时解除租赁合同，但应合理期限之前通知对方

解析 选项ABCD表述均正确。 **答案** ABCD

【例题4·判断题】☆合同终止的，不影响合同中有关解决争议方法条款的效力。
( )

解析 本题表述正确。 **答案** √

守将八、违约责任(★★★)(2017年单选题；2018年多选题；2020年单选题、简答题；2021年多选题、简答题)

(一)承担违约责任的形式

1. 继续履行(强制履行)

当事人一方不履行债务或者履行债务不符合约定，根据债务的性质不得强制履行的，守约方可以请求违约方负担由第三人替代履行的费用。

2. 采取补救措施

当事人一方履行合同义务不符合约定的，应当按照当事人的约定承担违约责任。对违约责任没有约定或者约定不明确，依据民法典相关规定仍不能确定的，受损害方根据标的的性质以及损失的大小，可以合理选择请求对方承担修理、重作、更换、退货、减少价款或者报酬等违约责任。

3. 赔偿损失

(1)在可预见利益范围内赔偿。

损失赔偿额应当相当于因违约造成的损失，包括"合同履行后可以获得的利益"，但是，不得超过违反合同一方订立合同时预见到或者应当预见到的因违反合同可能造成的

损失。

（2）止损原则。

当事人一方违约后，对方应当采取适当措施防止损失的扩大；没有采取适当措施致使损失扩大的，不得就"扩大的损失"要求赔偿。当事人因防止损失扩大而支出的"合理费用"由违约方承担。

4. 支付违约金

（1）调整违约金。

①约定的违约金低于损失的，人民法院或者仲裁机构可以根据当事人的请求予以增加；

②约定的违约金"过分高于"损失的，人民法院或者仲裁机构可以根据当事人的请求予以适当减少。

（2）当事人就迟延履行约定违约金的，违约方支付违约金后，"还应当履行债务"。

5. 定金责任

（1）定金≠订金。

①定金：当事人可以约定一方向对方给付定金作为债权的担保。债务人履行债务的定金应当抵作价款或者收回。给付定金的一方不履行债务或者履行债务不符合约定，致使不能实现合同目的的，无权请求返还定金；收受定金的一方不履行债务或者履行债务不符合约定，致使不能实现合同目的的，应当双倍返还定金。

②订金（预付款）：无担保作用，合同未履行时，不论哪一方责任，接受订金的一方都只须原数退还订金。

（2）定金合同的成立。

定金合同是"实践性合同"，从"实际交付"定金时成立。

【思考】质押合同是否为实践性合同？

【答案】质押合同为诺成合同，自双方签字时成立，只是未交付质物质权不设立。

（3）对定金数额的限制。

①定金的数额由当事人约定，但不得超过主合同标的额的20%，超过部分不产生定金的效力。

『老侯提示』 超过20%的部分，不属于"定金"，而属于"订金"。

②实际交付的定金数额多于或者少于约定数额的，视为变更约定的定金数额。收受定金一方提出异议并拒绝接受定金的，定金合同不成立。

（4）定金、违约金、赔偿金的同时适用。

①当事人既约定违约金，又约定定金的，一方违约时，对方可以"选择适用"违约金"或者"定金条款。

②定金不足以弥补一方违约造成的损失的，对方可以请求赔偿超过定金数额的损失。

『老侯提示1』 定金罚则和"违约金"不得同时适用：鱼与熊掌不可兼得。

『老侯提示2』 定金罚则和"赔偿金"可同时适用：二者之和不得超过损失金额。

【例题1·单选题】☆根据合同法律制度的规定，违约方承担违约责任的形式不包括（　　）。

A. 继续履行　　B. 赔偿损失

C. 支付违约金　　D. 行使撤销权

解析 选项A、B、C，承担违约责任的形式包括继续履行、采取补救措施、赔偿损失、支付违约金；选项D，属于合同权利的保全措施。 **答案** D

【例题2·多选题】☆根据合同法律制度的规定，下列关于定金的表述中，正确的有（　　）。

A. 定金数额不得超过主合同标的额的25%

B. 收受定金的一方不履行债务，使合同目的不能实现的，应当双倍返还定金

C. 定金合同从实际交付定金时成立

D. 债务人履行债务的，定金应当抵作价款或者收回

解析 选项A，定金的数额由当事人约定，但不得超过主合同标的额的20%，超过部分不产生定金的效力。 **答案** BCD

【例题3·判断题】甲、乙签订一买卖合同。合同约定：甲将100吨大米卖给乙，合

253

同签订后3天内交货,交货后10天内付款;合同签订后乙应向甲交付5万元定金,合同在交付定金时生效。合同订立后,乙未交付定金,甲按期向乙交付了货物,乙收货后无异议。付款期限届满后,乙以定金未交付合同不生效为由拒绝付款。乙不付款的理由成立。（　　）

解析 当事人约定以交付定金作为主合同成立或者生效要件的,给付定金的一方未支付定金,但主合同已经履行或者已经履行主要部分的,不影响主合同的成立或者生效。题目中,主合同已经履行,因此主合同生效,乙不能以定金未交付合同不生效为由拒绝付款。

答案 ×

【例题4·多选题】根据民法典的规定,下列关于不同种类违约责任相互关系的表述中,正确的有(　　)。

A. 当事人就迟延履行约定违约金的,违约方支付违约金后,还应当履行债务

B. 约定的违约金低于损失的,人民法院或者仲裁机构可以根据当事人的请求予以增加

C. 当事人既约定违约金,又约定定金的,一方违约时,对方可以同时适用违约金和定金条款

D. 当事人执行定金条款后不足以弥补所受损害的,仍可以请求赔偿损失

解析 选项C,当事人既约定违约金,又约定定金的,一方违约时,对方可以选择适用违约金或者定金条款。

答案 ABD

【例题5·单选题】2021年3月,甲科研所与乙企业签订一份设备改造的技术服务合同,约定自2021年7月1日至2021年12月1日,甲科研所负责对乙企业的自动生产线进行技术改造。合同签订后,乙企业为履行合同做了相关准备工作。5月,甲科研所通知乙企业,因负责该项目的技术人员辞职,不能履行合同,根据合同法律制度的规定,下列关于乙企业权利的表述中,正确的是(　　)。

A. 乙企业有权解除合同,并要求甲科研所赔偿损失

B. 乙企业有权主张合同无效,并要求甲科研所承担缔约过失责任

C. 乙企业有权撤销合同,并要求甲科研所承担缔约过失责任

D. 乙企业至7月1日方有权要求甲科研所承担违约责任

解析 在履行期限届满之前,当事人一方明确表示或者以自己的行为表明不履行主要债务,另一方有权解除合同并请求赔偿损失。在本题中,甲科研所与乙企业的技术服务合同,在2021年3月签订时生效,甲科研所在5月份明确表示不能履行合同,乙有权解除合同并要求甲科研所赔偿损失。

答案 A

(二)法定免责事由

1. 不可抗力

(1)因不可抗力不能履行合同的,根据不可抗力的影响,部分或者全部免除责任,但法律另有规定的除外。

(2)因不可抗力不能履行合同的,应当及时通知对方,以减轻可能给对方造成的损失,并应当在合理期限内提供证明。

(3)当事人"延迟履行后"发生不可抗力的,不能免除责任。

2. 受害人过错(2022年新增)

当事人一方违约造成对方损失,对方对损失的发生有过错的,可以减少相应的损失赔偿额。

第二部分　民法典合同编分则

守将一、买卖合同（★★★）（2017年单选题；2018年、2019年多选题；2020年单选题、简答题；2021年单选题、综合题）

（一）买卖合同的效力

1. 性质

诺成、双务、有偿，可以是要式的，也可以是不要式的。

2. 无权处分

因出卖人未取得处分权致使标的物所有权不能转移的，买受人可以解除合同并请求出卖人承担违约责任。

『老侯提示』无权处分：合同有效，物权待定。

（二）买卖合同的标的物

1. 所有权的转移

（1）标的物为动产的，所有权一般自标的物"交付"时起转移。

（2）标的物为不动产的，所有权一般自标的物"登记"时起转移。

『老侯提示』出卖具有知识产权的标的物的（如计算机软件），除法律另有规定或者当事人另有约定的以外，该标的物的"知识产权"不属于买受人。

2. 解除合同（见表5-17）

表5-17　解除合同

适用情形		解除方式
主从物		因标的物的主物不符合约定而解除合同，解除合同的效力及于从物。因标的物的从物不符合约定被解除的，解除的效力不及于主物
数物		标的物为数物，其中一物不符合约定的，买受人"可以"就该物解除，但该物与他物分离使标的物的价值显受损害的，当事人"可以"就数物解除合同
分批交付标的物	单独解除	一批标的物不交付或不符合约定，致使不能实现合同目的，就该批解除
	以后解除	不交付其中一批或交付不符合约定，致使今后其他各批交付不能实现合同目的，可以就该批以及今后各批标的物解除
	全部解除	该批标的物与其他各批标的物相互依存，可就已交付和未交付的各批解除

【例题1·单选题】甲、乙签订一买卖合同，甲向乙购买机器5台及附带的维修工具，机器编号分别为E、F、G、X、Y，拟分别用于不同厂区。乙向甲如期交付5台机器及附带的维修工具。经验收，E机器存在重大质量瑕疵而无法使用，F机器附带的维修工具亦属不合格品，其他机器及维修工具不存在质量问题。根据民法典的规定，下列关于甲如何解除合同的表述中，正确的是（　）。

A. 甲可以解除5台机器及维修工具的买卖合同

B. 甲只能就买卖合同中E机器的部分解除

C. 甲可以就买卖合同中E机器与F机器的部分解除

D. 甲可以就买卖合同中F机器的维修工具与E机器的部分解除

解析　标的物为数物，其中一物不符合约定的，买受人可以就该物解除。本题中，由于标的物是数物，因此其中一物不符合约定的，甲可以就不符合约定的E机器解除合同。因标的物的从物不符合约定被解除的，解除的效力不及于主物。因此可以就F机器附带的维修工具解除合同。　**答案**　D

3. 标的物的交付

（1）标的物为无须以有形载体交付的电子信息产品

当事人对交付方式约定不明确，且依照

法律规定仍不能确定的，买受人"收到"约定的电子信息产品或者权利凭证即为交付。

（2）多交付标的物

①买受人拒绝接收多交部分标的物的，可以代为保管多交部分标的物。买受人主张"出卖人负担代为保管期间的合理费用"的，人民法院应予支持。

②买受人主张出卖人承担代为保管期间"非因买受人故意或者重大过失"造成的损失的，人民法院应予支持。

（3）发票交付及发票付款

①出卖人仅以增值税专用发票及税款抵扣资料证明其已履行交付标的物义务，买受人不认可的，出卖人应当提供"其他证据"证明交付标的物的事实。

②"合同约定或者当事人之间习惯"以普通发票作为付款凭证，买受人以普通发票证明已经履行付款义务的，人民法院应予支持，但有相反证据足以推翻的除外。

4."多重买卖合同"标的物所有权的取得

（1）买卖合同的效力

买卖合同原则上均有效。

（2）标的物的所有权（见表5-18）

表5-18　标的物的所有权

标的	顺序	具体内容
普通动产	交付	先行受领"交付"的买受人可以请求确认所有权已经转移
	付款	均未受领交付，先行"支付价款"的买受人可以请求出卖人交付标的物
	合同成立	均未受领交付，也未支付价款，依法"成立在先"合同的买受人可以请求出卖人交付标的物
特殊动产	交付	先行受领"交付"的买受人可以请求出卖人办理所有权转移登记手续
	登记	均未受领交付，先行办理所有权转移"登记"手续的买受人可以请求出卖人交付标的物
	合同成立	均未受领交付，也未办理所有权转移登记手续，依法"成立在先"合同的买受人可以请求出卖人交付标的物和办理所有权转移登记手续

> 【老侯提示】出卖人将标的物交付给买受人之一，又为其他买受人办理所有权转移登记，已受领交付的买受人请求将标的物所有权登记在自己名下，人民法院应予支持。

【例题2·单选题】☆张某有一件画作拟出售，于2019年5月10日与王某签订买卖合同，约定四日后交货付款。5月11日，丁某愿以更高的价格购买该画作，张某遂与丁某签订合同，约定三日后交货付款。5月12日，张某又与林某签订合同，将该画作卖给林某，林某当即支付了价款，约定两日后交货。后因张某未交付画作，王某、丁某、林某均要求张某履行合同，诉至人民法院。下列关于该画作交付和所有权归属的表述中，正确的是（　　）。

A. 应认定王某、丁某、林某共同取得该画作的所有权

B. 应支持林某对张某交付该画作的请求

C. 应支持丁某对张某交付该画作的请求

D. 应支持王某对张某交付该画作的请求

解析　出卖人就同一普通动产订立多重买卖合同，在买卖合同均有效的情况下，买受人均要求实际履行合同的，各买受人均未受领交付，先行支付价款的买受人（林某）请求出卖人履行交付标的物等合同义务的，人民法院应予支持。**答案**　B

【例题3·单选题】☆2019年9月8日，赵某与孙某签订某货车买卖合同，赵某为孙某办理了该货车所有权转移登记，但尚未将该货车交付孙某，孙某已支付合同价款。2019年9月14日，赵某又与钱某签订该货车买卖合同，赵某将该货车交付钱某，钱某尚未支付合同价款。后孙某、钱某均向法院起诉，请求确认取得货车所有权。下列关于该

货车归属的表述中,正确的是( )。

A. 归属赵某,因涉及多重买卖,合同均无效

B. 归属孙某,因赵某为孙某办理了货车所有权转移登记

C. 归属钱某,因为货车已交付给钱某

D. 归属孙某,因为孙某已经支付了合同价款

解析 出卖人就同一船舶、航空器、机动车等特殊动产订立多重买卖合同,在买卖合同均有效的情况下,买受人均要求实际履行合同的,出卖人将标的物交付给买受人之一,又为其他买受人办理所有权转移登记,已受领交付的买受人请求将标的物所有权登记在自己名下的,人民法院应予支持。

答案 C

5. 标的物的交付地点(见图5-2)

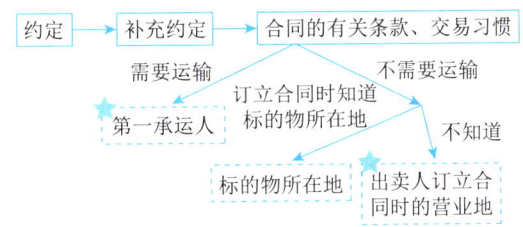

图5-2 标的物的交付地点

6. 标的物风险承担

(1)一般情况——除法律另有规定或当事人另有约定外

交付前:出卖人承担

交付后:买受人承担

[老侯提示] 出卖人按照约定未交付有关标的物的单证和资料的,不影响标的物毁损、灭失风险的转移。

(2)标的物风险由"买受人"承担的情形

①出卖人根据合同约定将标的物运送至"买受人指定地点并交付给承运人"后,标的物毁损、灭失的风险由买受人负担,但当事人另有约定的除外。——约定了交付地点

②当事人没有约定交付地点或者约定不明确,标的物需要运输的,出卖人将标的物交付给第一承运人后,标的物毁损、灭失的风险由买受人承担。——未约定交付地点

③因买受人原因致使标的物不能按照约定期限交付的,买受人自"违反约定时"起承担。

【举例】赵某家装修,定制了一批家具,双方约定3月18日前提货,并开具提货单,至3月18日赵某房屋装修未完工,没有提货,3月20日家具厂发生火灾,赵某定制的家具烧毁,损失赵某负责。

④因买受人原因致使合同标的物无法交付,出卖人将标的物提存后,毁损、灭失的风险由买受人承担。

⑤出卖人按照约定或者依据民法典相关规定将标的物置于交付地点,买受人违反约定没有收取的,标的物毁损、灭失的风险自"违反约定时"起由买受人承担。

[老侯提示] 标的物毁损、灭失的风险由买受人承担的,不影响因出卖人履行债务不符合约定,买受人要求其承担违约责任的权利。

(3)标的物风险由"出卖人"承担的情形

①出卖人出卖交由承运人运输的在途标的物,在合同成立时知道或者应当知道标的物已经毁损、灭失却未告知买受人,买受人主张出卖人负担标的物毁损、灭失的风险的,人民法院应予支持。

【举例】北京的赵某在南京订购了一批产品,正在发往北京的途中。之后北京的高某与赵某签订合同购买该批产品,该产品在运输途中因车祸毁损。如赵某应当知道车祸在前,与高某签订合同在后,毁损风险赵某承担;如赵某与高某签订合同在前,应当知

道车祸在后，毁损风险高某承担。

②因标的物质量不符合要求，致使不能实现合同目的的，买受人可以拒绝接受标的物或者解除合同。买受人拒绝接受标的物或者解除合同的，标的物毁损、灭失的风险由出卖人承担。

③当事人对风险负担没有约定，标的物为种类物，出卖人未以装运单据、加盖标记、通知买受人等可识别的方式清楚地将标的物"特定于买卖合同"，买受人主张不负担标的物毁损、灭失的风险的，人民法院应予支持。

【举例】 种类物：大米、啤酒等；特定物：长城、古玩等。

【例题4·单选题】 ☆2021年3月1日，出卖人甲公司与买受人乙公司订立电脑买卖合同，未约定交付地点和风险转移时间。甲公司分别委托独立承运人丙公司和丁公司负责海上运输和公路运输。3月15日，甲公司将电脑交给丙公司。3月30日，丙公司将电脑交给丁公司。4月10日，丁公司按照约定将电脑运送至乙公司，因乙公司未做好收货准备而未能交付。4月15日，丁公司将电脑交给乙公司。该批电脑毁损、灭失的风险转移给乙公司的时间为（ ）。

A. 3月30日　　B. 4月10日
C. 3月15日　　D. 4月15日

解析 在标的物由出卖人负责办理托运，承运人系独立于买卖合同当事人之外的运输业者的情况下，如买卖双方当事人没有约定交付地点或者约定不明确，出卖人将标的物交付给第一承运人后，标的物毁损、灭失的风险由买受人承担。当事人另有约定的除外。

答案 C

【例题5·多选题】 ☆根据合同法律制度的规定，当事人未作特别约定的情况下，下列关于买卖合同标的物毁损、灭失风险承担的表述中，正确的有（ ）。

A. 出卖人根据合同约定将标的物运送至买受人指定地点并交付给承运人后，标的物毁损、灭失的风险由买受人承担

B. 出卖人按照约定将标的物置于交付地点，买受人违反约定没有收取的，标的物毁损、灭失的风险自违反约定时起由买受人承担

C. 出卖人按照约定未交付有关标的物的单证和资料的，不影响标的物毁损、灭失风险的转移

D. 因买受人的原因致使标的物不能按照约定的期限交付的，买受人应当自违反约定时起承担标的物毁损、灭失的风险

答案 ABCD

【例题6·单选题】 ☆甲公司购买乙公司一批特定货物，约定甲公司于5月6日到乙公司仓库提货。由于甲公司疏忽，当日未安排车辆提货，次日凌晨乙公司仓库遭雷击起火，该批特定货物全部被烧毁，下列关于该批特定货物损失承担的表述中，符合合同法律制度规定的是（ ）。

A. 甲公司承担货物损失，因其未按约定时间提货

B. 乙公司承担货物损失，因为货物仍在其控制之下

C. 甲公司和乙公司分担货物损失，因为双方都没有过错

D. 乙公司承担货物损失，因为货物所有权没有转移

解析 出卖人按照约定或者将标的物置于交付地点，买受人违反约定没有收取的，标的物毁损、灭失的风险自违反约定时起由买受人承担。

答案 A

【例题7·单选题】 2020年8月10日，甲公司与乙公司签订一份货物买卖合同。合同约定，乙公司于8月20日到甲公司的库房提取所购全部特定货物。乙公司由于自身原因至8月30日才去提取该批特定货物，但8月25日甲公司的库房因雷击发生火灾，致使乙公司应提取的部分货物毁损。根据民法典的规定，乙公司承担该批特定货物毁损、灭失风险的起始时间是（ ）。

A. 8月10日　　B. 8月20日

C. 8月25日   D. 8月30日

解析 出卖人按照约定或者将标的物置于交付地点的，买受人违反约定没有收取的，标的物毁损、灭失的风险自违反约定之日起由买受人承担。本题由于乙公司自身的原因在约定之日8月20日没有提取标的物，那么根据该规定，应该在8月20日起，对货物毁损、灭失的风险承担责任。 **答案** B

7. 标的物的检验（2022年调整）

（1）当事人约定检验期

买受人应当在检验期间内将标的物的数量或者质量不符合约定的情形通知出卖人。买受人"怠于通知"的，视为标的物的数量或者质量符合约定。

（2）当事人未约定检验期

①当事人没有约定检验期间的，买受人应当在发现或者应当发现标的物的数量或者质量不符合约定的"合理期限"内通知出卖人；买受人在合理期限内未通知或者自标的物"收到之日起2年内"未通知出卖人的，视为标的物的数量或者质量符合约定。

〖老侯提示1〗"合理期限"的认定：应当综合当事人之间的交易性质、交易目的、交易方式、交易习惯、标的物的种类、数量、性质、安装和使用情况、瑕疵的性质、买受人应尽的合理注意义务、检验方法和难易程度、买受人或者检验人所处的具体环境、自身技能以及其他合理因素，依据诚实信用原则进行判断。

〖老侯提示2〗"2年"为不变期间，不适用中止、中断或者延长。

〖老侯提示3〗出卖人知道或者应当知道提供的标的物不符合约定的，买受人不受上述有关"检验期间、合理期限、2年期间"的通知时间的限制。

〖老侯提示4〗标的物有质量保证期的，适用质量保证期，不适用质量检验2年的规定。

②约定的检验期限或者质量保证期短于法律、行政法规规定期限的，应当以法律、行政法规规定的期限为准。

③当事人"约定的检验期限过短"，根据标的物的性质和交易习惯，买受人在检验期限内难以完成全面检验的，该期限仅视为买受人对标的物的"外观瑕疵"提出异议的期限。

④当事人对标的物的检验期间未作约定，买受人"签收"的送货单、确认单等"载明"标的物数量、型号、规格的，推定买受人已对"数量和外观瑕疵"进行了检验，但有相反证据足以推翻的除外。

⑤买受人在合理期限内提出异议，出卖人以买受人已经支付价款、确认欠款数额、使用标的物等为由，主张买受人放弃异议的，人民法院不予支持，但当事人另有约定的除外。

⑥在上述"检验期间、合理期间、2年期间"经过后，买受人主张标的物的数量或者质量不符合约定的，人民法院不予支持。

⑦出卖人自愿承担违约责任后，又以上述期间经过为由反悔的，人民法院不予支持。

（3）检验标准

出卖人依照买受人的指示向第三人交付标的物，出卖人和买受人之间约定的检验标准与买受人和第三人之间约定的检验标准不一致的，应当"以出卖人和买受人之间约定的检验标准为准"。

【例题8·多选题】甲公司向乙公司订购了一套生产设备，双方签订的买卖合同中对设备的型号、规格、质量等做了明确约定，但未约定质量检验期间。甲公司收到设备后，因故一直未使用，亦未支付剩余货款。收到货物两年后，甲公司才开始使用该设备，却发现该设备的质量与合同约定不符。当乙公司要求甲公司支付剩余货款时，甲公司以设备质量不合格为由拒绝，并要求乙公司承担违约责任。下列关于甲公司权利义务的表达中，符合合同法律制度规定的有（ ）。

A. 因未在法定期间内提出质量异议，甲公司应当向乙公司支付剩余货款

B. 虽未在法定期间内提出质量异议，但因设备存在质量问题，甲公司有权拒付剩余货款

C. 因设备质量不合格，甲公司有权要求乙公司承担违约责任

D. 因未在法定期间内提出质量异议，甲公司无权要求乙公司承担违约责任

解析 当事人没有约定检验期间的，买受人应当在发现或者应当发现标的物的数量或者质量不符合约定的合理期间内通知出卖人。买受人在合理期间内未通知或者自标的物收到之日起两年内未通知出卖人的，视为标的物的数量或者质量符合约定。在上述"检验期间、合理期间、两年期间"经过后，买受人主张标的物的数量或者质量不符合约定的，人民法院不予支持。本题中，甲在两年期间过后才提出质量不符合约定，人民法院不予支持。　　**答案** AD

【例题9·多选题】甲公司向乙公司购买一台大型设备，由于疏忽未在合同中约定检验期。该设备运回后，甲公司即组织人员进行检验，未发现质量问题，于是投入使用。至第3年，该设备出现故障，经反复查找，发现该设备关键部位存在隐蔽瑕疵。该设备说明书标明质量保证期为4年。根据民法典的规定，下列关于乙公司是否承担责任的表述中，不正确的有（　　）。

A. 乙公司在合理期限内未收到甲公司有关设备质量不合格的通知，故该设备质量应视为合格，乙公司不承担责任

B. 乙公司在2年内未收到甲公司有关设备存在瑕疵的通知，故该设备质量应视为合格，乙公司不承担责任

C. 该设备说明书标明质量保证期为4年，故乙公司应承担责任

D. 甲公司与乙公司双方未约定质量检验期限，都有过错，应分担责任

解析 出卖人交付标的物后，买受人应当对收到的标的物及时进行检验。买受人在合理期间内未通知或自标的物收到之日起两年内未通知出卖人的，视为标的物的数量或者质量符合约定；但对标的物有质量保证期的，适用质量保证期，不适用该两年的规定。本题中，该设备说明书标明质量保证期为4年，乙公司应承担责任。　　**答案** ABD

（三）买卖双方当事人的权责

1. 出卖人权责——交付标的物、按期交付、按地交付、符合质量要求、包装合格

（1）质保金

买受人依约保留部分价款作为质量保证金，出卖人在质量保证期间未及时解决质量问题而影响标的物的价值或者使用效果，出卖人主张支付该部分价款的，人民法院不予支持。

（2）修理费

买受人在检验期间、质量保证期间、合理期间内提出质量异议，出卖人未按要求予以修理或者因情况紧急，买受人自行或者通过第三人修理标的物后，主张出卖人负担因此发生的合理费用的，人民法院应予支持。

（3）从给付义务

出卖人没有履行或者不当履行从给付义务，致使买受人不能实现合同目的，买受人可以主张解除合同。

【举例】买手机，赠话费：交付手机——给付义务；赠话费——从给付义务。买卖合同约定买手机赠话费，出卖人只交付手机不赠话费，买受人可以主张解除合同。

（4）排他义务（2022年新增）

出卖人就交付的标的物，负有保证第三人不得向买受人主张任何权利的义务，但买受人订立合同时知道或者应当知道第三人对买卖的标的物享有权利的，出卖人不承担该义务。

（5）瑕疵担保责任

①当事人约定减轻或者免除出卖人对标的物瑕疵承担的责任，因出卖人故意或者重大过失不告知买受人标的物瑕疵的，出卖人无权主张减轻或者免除责任。

②买受人在缔约时知道或应当知道标的物质量存在瑕疵，主张出卖人承担瑕疵担保责任，法院不予支持，但买受人在缔约时不知道该瑕疵会导致标的物的基本效用显著降低的除外。

2. 买受人责任——按约定数额付款、按约定地点付款、按约定时间付款

（1）孳息归属——当事人另有约定除外

产生于标的物交付之"前"：归出卖人

产生于标的物交付之"后"：归买受人

（2）分期付款

①分期付款的买受人未支付"到期"价款的金额达到全部价款的"1/5"的，经催告后在合理期限内仍未支付到期价款的，出卖人可以请求买受人支付全部价款或者解除合同。

②出卖人解除合同的，可以向买受人请求支付该标的物的"使用费"。

（3）对质量不合格标的物的处理

①未付款的情况下：

标的物质量不符合约定，买受人请求"减少价款"，人民法院应予支持。

当事人主张以符合约定的标的物和实际交付的标的物按交付时的市场价值"计算差价"，人民法院应予支持。

②价款已经支付情况下：

买受人主张"返还"减价后多出部分价款的，人民法院应予支持。

【例题10·判断题】2021年5月1日，甲到某商场购买一台价值为20 000元的冰箱，双方约定采取分期付款的方式：5月1日由甲先支付6 000元并提货，6月1日再付6 000元，其余8 000元在7月10日前付清。6月1日，甲未按期支付6 000元价款，经商场催告后合理期限仍未支付。此时，该商场有权要求解除合同，并可以要求甲支付使用费。（　　）

解析　分期付款的买受人未支付"到期"价款的金额达到全部价款的"1/5"的，经催告后在合理期限内仍未支付到期价款的，出卖人可以请求买受人支付全部价款或者解除合同。

答案　√

（四）所有权保留（2022年调整）

1. 所有权保留的定义

当事人可以在买卖合同中约定买受人未履行支付价款或者其他义务的，标的物的所有权属于出卖人。

『老侯提示』 所有权保留仅适用于"动产"。

2. 所有权保留的登记对抗

出卖人对标的物保留的所有权，未经登记，不得对抗善意第三人。

3. 所有权保留下的出卖人取回权

（1）取回权的适用情形——当事人另有约定的除外

①买受人未按约定支付价款，经催告后在合理期限内仍未支付；

②买受人未按约定完成特定条件的；

③买受人将标的物出卖、出质或者作出其他不当处分的。

（2）取回权行使的排除事项

①买受人已经支付标的物总价款的"75%以上"，出卖人主张取回标的物的，人民法院不予支持。

②第三人依据民法典的规定"已经善意取得"标的物所有权或者其他物权，出卖人主张取回标的物的，人民法院不予支持。

4. 买受人的回赎权

（1）出卖人依法取回标的物后，买受人在双方约定的或者出卖人指定的合理回赎期限内，消除出卖人取回标的物的事由，可以请求回赎标的物。

（2）买受人在回赎期限内没有回赎标的物，出卖人可以以合理价格将标的物出卖给第三人，出卖所得价款扣除买受人未支付的价款以及必要费用后仍有剩余的，应当返还买受人；不足部分由买受人清偿。

【例题11·单选题】甲、乙双方于2021年1月7日订立买卖1 000台彩电的合同，价款200万元，双方约定：甲支付全部

261

价款后，彩电的所有权才转移给甲。乙于2月4日交付了1 000台彩电，甲于3月5日支付了100万元，5月6日支付了剩余的100万元。下列关于彩电所有权转移的表述中，符合民法典规定的是(   )。

A. 2月4日1 000台彩电所有权转移
B. 3月5日1 000台彩电所有权转移
C. 3月5日500台彩电所有权转移
D. 5月6日1 000台彩电所有权转移

解析　在移转财产所有权的交易中，根据当事人的约定，财产所有人将标的物移转给对方当事人占有，但仍保留其对该财产的所有权，待对方当事人支付合同价款或完成特定条件时，该财产的所有权才发生移转。

答案　D

(五)试用买卖

1. 试用费

试用买卖的当事人"没有约定使用费或者约定不明确"，出卖人不能主张买受人支付使用费。

2. 风险承担

标的物在试用期内毁损、灭失的风险由"出卖人"承担。

3. 视为购买

(1)试用期限届满，买受人对是否购买标的物未作表示的；
(2)买受人在试用期内已经"支付部分价款"；
(3)买受人在试用期内对标的物实施了出卖、出租、设定担保物权等行为。

4. 不属于试用买卖

(1)约定标的物经过试用或者检验"符合一定要求时"，买受人应当购买标的物；
(2)约定"第三人经试验对标的物认可"时，买受人应当购买标的物；
(3)约定买受人在"一定期间内"可以调换标的物；
(4)约定买受人在"一定期间内"可以退还标的物。

【例题12·单选题】☆某商场为促销健身器材，贴出告示，跑步机试用一个月，满意再付款。王某遂选定一款跑步机试用。试用期满退回时，该商场要求王某支付使用费200元。下列关于王某应否支付使用费的表述中，符合合同法律制度规定的是(   )。

A. 王某应当支付部分使用费，因为跑步机的磨损应当由王某和商场共同负担
B. 王某应当支付使用费，因其行为构成不当得利
C. 王某应当支付使用费，因其使用跑步机造成磨损
D. 王某不应当支付使用费，因为双方对此未作约定

解析　试用买卖的当事人没有约定使用费或者约定不明确，出卖人无权主张买受人支付使用费。

答案　D

(六)商品房买卖合同

1. 适用范围

商品房买卖合同是指房地产开发企业将尚未建成或者已竣工的房屋向社会销售并转移房屋所有权于买受人，买受人支付价款的合同。

『老侯提示』商品房买卖合同的相关规定，不适用于公房出售和二手房买卖。

2. 广告性质

(1)要约邀请：一般情况。
(2)要约：出卖人就商品房开发规划范围内的房屋及相关设施所作的说明和许诺"具体确定"，并对商品房买卖合同的订立以及房屋价格的确定有"重大影响"。

『老侯提示』符合条件的说明和许诺即使未载入合同也视为合同内容，当事人违反的应当承担违约责任。

3. 预售许可、登记备案对房屋买卖合同效力的影响(见表5-19)

表 5-19 预售许可、登记备案对房屋买卖合同效力的影响

考点	具体情况		预售合同效力
预售许可	"未取得"预售许可证明		无效
	起诉"前"取得证明		有效
房屋预售合同"未办理"登记备案手续	一般情况		有效
	约定以登记备案为合同生效条件	一般情况	未生效
		实际履行	生效

4. 解除权的行使

(1) 因房屋"主体结构质量不合格"不能交付使用，或者房屋交付使用后，房屋主体结构质量经核验确属不合格，买受人请求解除合同和赔偿损失的，应予支持。

(2) 因房屋"质量问题严重影响正常居住使用"，买受人请求解除合同和赔偿损失的，应予支持。

(3) 除当事人另有约定外，出卖人延迟交房或买受人延迟支付购房款，经催告后在"3个月"的合理期限内仍未履行，解除权人有权解除合同。

5. 贷款合同的效力(见表 5-20)

表 5-20 贷款合同的效力

考点	具体内容	
未能订立贷款合同→购房合同无法履行	一方原因	解除合同、赔偿损失
	双方均无过错	解除合同、返还购房款本金及利息或定金
购房合同被确认无效、被撤销、解除→贷款合同目的无法实现	解除贷款合同、购房贷款和购房款的本金及利息返还担保权人和买受人	

【例题 13·多选题】商品房的销售广告和宣传资料为要约邀请，但其同时满足下列( )条件的构成要约。

A. 该广告和宣传资料是就商品房开发规划范围内的房屋及相关设施所作的说明和许诺

B. 该说明和许诺具体确定

C. 对商品房买卖合同的订立以及房屋价格的确定有重大影响

D. 已载入商品房买卖合同

解析 出卖人就商品房开发规划范围内的房屋及相关设施所作的说明和许诺"具体确定"，并对商品房买卖合同的订立以及房屋价格的确定有"重大影响"，构成要约。

答案 ABC

【例题 14·判断题】赵某欲购买一套商品房，虽然明知 A 房地产公司尚未取得房屋预售许可证明，但担心房屋价格上涨，仍向 A 公司支付了 50 万元定金，双方签订了房屋预售合同。后赵某又看中了相同地段一价格更加合适的二手房，以 A 公司未取得房屋预售许可证明为由要求其返还定金，双方谈判未果，赵某诉至法院。庭审时，A 公司取得了房屋预售许可证明，则该预售合同有效。( )

解析 未取得预售许可证明，预售合同无效。起诉前取得证明，预售合同有效。本题中庭审时才取得房屋预售许可证明，因此该预售合同无效。

答案 ×

【例题 15·判断题】赵某欲购买一套商品房，经过悉心挑选，购买了铜墙铁壁小区的 4 栋 4 楼 404 房屋，房屋交付使用后，质

量问题严重,影响到正常的居住和使用,后经核验主体结构质量不合格,则赵某可以要求解除合同和赔偿损失。（ ）

答案 √

【例题16·多选题】 赵某欲购买一套商品房,向某房地产公司支付了50万元定金,双方签订了购房合同,在办理房屋贷款时,因赵某多次信用卡逾期还款信用记录较差导致未能与银行订立商品房担保贷款合同,则下列说法中正确的有（ ）。

A. 房地产公司可以要求解除合同
B. 房地产公司可以要求赔偿损失
C. 赵某可以要求返还50万元定金
D. 赵某无权要求返还50万元定金

解析 一方原因导致未能订立贷款合同并导致商品房买卖合同不能继续履行的,另一方可以要求解除合同、赔偿损失,导致未能订立贷款合同的一方无权要求返还定金。

答案 ABD

守将二、赠与合同（★★）（2016年、2021年判断题）

（一）合同性质

单务、无偿

（二）受赠人的权利

不得撤销的赠与合同,赠与人不交付赠与财产的,受赠人可以请求交付。

（三）赠与人的义务

1. 过错责任

因赠与人"故意或者重大过失",致使应当交付的赠与财产毁损、灭失的,赠与人应承担损害赔偿责任。

2. 瑕疵担保责任

（1）一般情况下赠与的财产有瑕疵的,赠与人不承担责任;

（2）附义务的赠与,赠与的财产有瑕疵的,赠与人在附义务的限度内承担与出卖人相同的责任;

（3）赠与人"故意"不告知瑕疵或者"保证"无瑕疵,造成受赠人损失的,应当承担损害赔偿责任。

（四）赠与的撤销

1. 任意撤销

赠与人在赠与财产的权利"转移之前"可以撤销赠与,但经过"公证"的赠与合同或者依法不得撤销的具有"救灾、扶贫、助残等公益、道德义务性质"的赠与合同,不得撤销。

2. 法定撤销

（1）"赠与人"的撤销权

①严重侵害赠与人或其近亲属的合法权益;

②对赠与人有"扶养"义务而不履行;

③不履行赠与合同约定的义务。

『老侯提示』 赠与在先,履行义务在后,因此在"赠与之前"赠与人不能以受赠人不履行义务为抗辩。但在"赠与后"如受赠人不履行约定的义务,赠与人可以撤销赠与。

（2）"赠与人的继承人、法定代理人"的撤销权

因受赠人的"违法行为"致使赠与人死亡或者丧失民事行为能力的,赠与人的继承人或者法定代理人可以撤销赠与。

『老侯提示』 满足法定撤销条件,无论赠与财产的权利是否已经转移,无论赠与合同是否经过公证,均可以行使撤销权,赠与财产的权利已转移的,赠与人可以向受赠者要求返还赠与的财产。

3. 撤销权的行使

"赠与人"的撤销权,自知道或者应当知道撤销原因之日起"1年内"行使;

"赠与人的继承人或者法定代理人"的撤销权,应当自知道或者应当知道撤销原因之日起"6个月内"行使。

【例题1·判断题】 ☆赠与人故意不告知赠与财产的瑕疵,造成受赠人损失的,应当承担损害赔偿责任。（ ）

答案 √

【例题 2·多选题】下列情形中，赠与人不得主张撤销赠与的有（　　）。

A. 张某将 1 辆小轿车赠与李某，且已交付

B. 甲公司与某地震灾区小学签订赠与合同，将赠与 50 万元用于修复教学楼

C. 乙公司表示将赠与某大学 3 辆校车，双方签订了赠与合同，且对该赠与合同进行了公证

D. 陈某将 1 块名表赠与王某，且已交付，但王某不履行赠与合同约定的义务

解析 赠与人在赠与财产的权利"转移之前"可以撤销赠与，但经过"公证"的赠与合同或者依法不得撤销的具有"救灾、扶贫、助残等公益、道德义务性质"的赠与合同，不得撤销。选项 A，动产已经交付，因此不得主张撤销；选项 B，属于救灾性质的赠与，不得主张撤销；选项 C，属于经过公证的赠与，不得主张撤销；选项 D，受赠人不履行赠与合同约定的义务，赠与人可以撤销赠与。

答案 ABC

【例题 3·单选题】下列关于赠与人享有撤销赠与权利的表述中，不正确的是（　　）。

A. 赠与人对经过公证的赠与合同，可以撤销赠与

B. 受赠人对赠与人有扶养义务而不履行，赠与人可以撤销赠与

C. 受赠人不履行赠与合同约定的义务，赠与人可以撤销赠与

D. 受赠人严重侵害赠与人近亲属的合法权益，赠与人可以撤销赠与

解析 赠与人在赠与财产的权利"转移之前"可以撤销赠与，但经过"公证"的赠与合同或者依法不得撤销的具有"救灾、扶贫、助残等公益、道德义务性质"的赠与合同，不得撤销。

答案 A

【例题 4·单选题】李某为资助 15 岁的王某上学，与王某订立赠与合同，赠与王某 10 万元，并就该赠与合同办理了公证。后李某无正当理由，在交付给王某 6 万元后就表示不再赠与了。根据合同法律制度的规定，下列表述中，正确的是（　　）。

A. 李某应当再给付王某 4 万元，因该赠与合同不可撤销

B. 李某可不再给付王某 4 万元，因王某属于限制行为能力人，该赠与合同效力未定

C. 李某可向王某要求返还 6 万元，因该赠与合同可撤销

D. 李某可不再给付王某 4 万元，因该赠与合同可撤销

解析 赠与人在赠与财产的权利"转移之前"可以撤销赠与，但经过"公证"的赠与合同或者依法不得撤销的具有"救灾、扶贫、助残等公益、道德义务性质"的赠与合同，不得撤销。本题经过公证，赠与合同不可撤销，因此选项 A 正确。

答案 A

守将三、借款合同（★★★）（2017 年单选题、简答题；2018 年、2019 年判断题、综合题；2020 年单选题；2021 年多选题、综合题）

（一）形式

1. 借款合同采用"书面"形式，但"自然人之间"借款另有约定的除外。

2. 自然人之间的借款合同，自贷款人提供借款时成立（实践合同）。

（二）贷款人的权利与义务

1. 贷款人的义务

贷款人未按照约定的日期、数额提供借款，造成借款人损失的，应当赔偿损失。

2. 贷款人的权利

借款人未按照约定的借款用途使用借款的，贷款人可以：①停止发放借款；②提前收回借款或者；③解除合同。

（三）利息规定

1. 禁止"砍头贷"

借款的"利息不得预先在本金中扣除"。

265

利息预先在本金中扣除的,应当按照"实际"借款数额返还借款并计算利息。

2. 对利息没有约定或约定不明的处理（见表5-21）

表5-21 对利息没有约定或约定不明的处理

借贷双方	对利息的约定	法律后果
自然人之间借贷	没有约定	视为"不支付"利息
	约定不明	当事人不能达成补充协议的,按照当地或者当事人的交易方式、交易习惯、市场利率等因素确定
非自然人之间借贷	没有约定	
	约定不明	

3. 民间借贷利率的上限

出借人请求借款人按照合同约定利率支付利息的,人民法院应予支持,但是双方约定的利率超过合同成立时一年期贷款市场利率"4倍"（下称"4倍利率"）的除外。

4. 民间借贷利滚利——复利计息

（1）前提:借贷双方对前期借款本息结算后将利息计入后期借款本金并重新出具债权凭证。

（2）利息能否计入本金

前期利率≤4倍利率:有效

前期利率>4倍利率:超过部分的利息,不认定为后期借款本金

（3）支付利息上限

最初借款本金×4倍利率×N

『老侯提示』 N为借款年限。

5. 民间借贷逾期利率

（1）双方有约定,从其约定,但以不超过"4倍利率"为限。

（2）对逾期利率"未约定或约定不明"的。

①借期利率、逾期利率均未约定:出借人可以主张借款人自逾期还款之日起"参照当时一年期贷款市场报价利率标准计算的利息"（1倍利率）承担逾期还款违约责任。

『老侯提示』 "自然人之间"的借款合同对支付利息没有约定或者约定不明确的,视为不支付利息,但自然人之间的借款到期后借款人不偿还,出借人可以要求借款人偿付逾期利息。

②约定借期利率,未约定逾期利率:法院支持与借期利率相同的逾期利率。

『老侯提示』 "②"前提是借期利率在法律允许的范围内。

（3）约定逾期利率,又约定违约金或者其他费用:

出借人可以选择主张,也可以一并主张,但总计应≤4倍利率。

6. 利息的支付期限

（1）借款人未按照约定的日期、数额收取借款的,应当按照"约定"的日期、数额支付利息。

（2）借款人提前偿还借款的,除当事人另有约定的以外,应当按照"实际"借款的期间计算利息。

（3）对支付利息的期限没有约定或者约定不明且无法达成补充协议且按照合同相关条款或者交易习惯确定仍不能确定的:

①借款期限"不满1年"的,应当在返还借款时"一并"支付;

②借款期限"1年以上"的,应当在"每届满1年时"支付,"剩余期间不满1年"的,应当在返还借款时"一并"支付。

『老侯提示』 此处的"届满1年"并不是指一个自然年,而是一个顺延年。

【例题1·多选题】 ☆根据合同法律制度的规定,下列关于借款利息的表述中,正确的有（ ）。

A. 借款利息预先在本金中扣除的,应当按照实际借款数额返还借款并计算利息

B. 借贷双方对逾期利率的约定以不超过合同成立时1年期贷款市场报价利率4倍为限

C. 借款合同约定的利率超过合同成立时1年期贷款市场报价利率4倍的，人民法院不予支持

D. 自然人借款合同对支付利息没有约定的，应按照合同成立时1年期贷款市场报价利率支付利息

解析 选项D，自然人借款合同对支付利息没有约定的，视为不支付利息。

答案 ABC

【例题2·单选题】 ☆2018年6月1日，赵某向钱某借款15万元，约定借款期限1年，未约定利息条款。还款时钱某与赵某就利息支付产生纠纷。下列关于借款利息支付的表述中，正确的是( )。

A. 赵某可以不支付借款利息

B. 赵某应当按照当地民间借贷交易习惯支付借款利息

C. 赵某应当按照同期贷款市场报价利率支付借款利息

D. 赵某应当按照当地市场利率支付借款利息

解析 自然人之间的借款合同对支付利息没有约定的，视为不支付利息。**答案** A

守将四、租赁合同（★★★）（2017年多选题；2018年判断题；2020年多选题、简答题；2021年简答题）

（一）租赁期限

1. 最长期限

租赁期限不得超过"20年"；超过20年的，"超过部分"无效。

［老侯提示］ 续租合同，自续订之日起也不得超过20年。

2. 不定期租赁

（1）判定

①租赁期限6个月以上的，合同应当采用书面形式。当事人未采用书面形式的，无法确定租赁期限的，视为不定期租赁。

②当事人对租赁期限没有约定或者约定不明确的，可以协议补充；不能达成补充协议的，按照合同有关条款或者交易习惯确定；仍不能确定的，视为不定期租赁。

③租赁期限届满，承租人继续使用租赁物，出租人未提出异议的，原租赁合同继续有效，但租赁期限为不定期。

（2）解除

不定期租赁的当事人可以随时解除合同，但是应当在合理期限之前通知对方。

【例题1·判断题】 ☆陈某与李某口头约定：陈某将房屋出租给李某，租赁期1年，月租金1 000元。若之后二人发生纠纷无法确定租赁期限，则该房屋租赁合同应视为不定期租赁合同。 ( )

解析 租赁合同中租赁期限6个月以上的，合同应当采用书面形式。当事人未采用书面形式，无法确定租赁期限的，视为不定期租赁。 **答案** √

（二）当事人的权利和义务

1. 出租人的维修义务

（1）出租人应当履行租赁物的维修义务，但当事人另有约定的除外。

（2）出租人未履行维修义务的，承租人可以自行维修，维修费用由出租人负担。因维修租赁物影响承租人使用的，应当相应"减少租金或者延长租期"。

（3）因承租人的过错致使租赁物需要维修的，出租人不承担维修义务。

2. 改建

承租人经出租人"同意"，可以对租赁物进行改善或增设他物；"未经出租人同意"的，出租人可以请求承租人恢复原状或赔偿损失。

3. 租赁物损耗（2022年新增）

（1）承租人"按照约定"的方法或者根据租赁物的性质使用租赁物，致使租赁物受到损耗的，"不承担赔偿责任"。

（2）承租人"未按照约定"的方法或者未根据租赁物的性质使用租赁物，致使租赁物受到损失的，出租人可以"解除合同并请求

赔偿损失"。

4. 所有权变动——买卖不破租赁（2022年调整）

"租赁物"在承租人按照租赁合同占有期限内发生所有权变动的，不影响租赁合同的效力。

5. 租金支付期限——与借款利息支付期限相同

6. 转租

(1)承租人经出租人同意，可以将租赁物转租给第三人，承租人与出租人的租赁合同继续有效，第三人对租赁物造成损失的，"承租人"应当赔偿损失。

『老侯提示』 出租人知道或者应当知道承租人转租，但是在6个月内未提出异议的，视为出租人同意转租。

(2)承租人未经出租人同意转租的，出租人可以解除合同。

(3)次承租人代履行(2022年新增)。

①承租人拖欠租金的，次承租人可以代承租人支付其欠付的租金和违约金，但是转租合同对出租人不具有法律约束力的除外。

②次承租人代为支付的租金和违约金，可以充抵次承租人应当向承租人支付的租金；超出其应付的租金数额的，可以向承租人追偿。

7. 合同解除权

(1)出租人的合同解除权

承租人无正当理由未支付或者迟延支付租金的，出租人可以要求承租人在合理期限内支付；承租人逾期不支付的，出租人可以解除合同。

(2)承租人解除合同权

①租赁物危及承租人的安全或者健康的，即使承租人"订立合同时明知"该租赁物质量不合格，承租人"仍然可以随时解除"合同。

②因不可归责于承租人的事由，致使租赁物部分或全部毁损、灭失的，承租人可以要求减少租金或不支付租金；因租赁物部分或全部毁损、灭失，致使不能实现合同目的的，承租人可以解除合同。

【例题2·单选题】 甲公司将一套设备租赁给乙公司使用，租赁期间，经询问确认乙公司无购买意向后，甲公司将该设备卖给丙公司。根据民法典的规定，下列关于买卖合同与租赁合同效力的表述中，正确的是( )。

A. 买卖合同无效，租赁合同继续有效

B. 买卖合同有效，租赁合同继续有效

C. 买卖合同有效，租赁合同自买卖合同生效之日起终止

D. 买卖合同有效，租赁合同须经丙公司同意后才继续有效

解析 租赁物在承租人按照租赁合同占有期限内发生所有权变动的，不影响租赁合同的效力。 答案 B

【例题3·多选题】 ☆根据合同法律制度的规定，下列关于租赁合同解除的表述中，正确的有( )。

A. 租赁物在租赁期间发生所有权变动，买受人不愿继续出租的，可以解除租赁合同

B. 承租人无正当理由未支付租金，经催告在合理期间内仍不支付的，出租人可以解除合同

C. 租赁物危及承租人的安全或健康的，承租人可以随时解除合同

D. 承租人未经出租人同意转租的，出租人可以解除合同

解析 选项A，租赁物在承租人按照租赁合同占有期限内发生所有权变动的，不影响租赁合同的效力。 答案 BCD

（三）房屋租赁合同

1. 房屋租赁合同的效力（见表 5-22）

表 5-22 房屋租赁合同的效力

法定情形	租赁合同效力	
未取得建设工程规划许可证或未按照建设工程规划许可证的规定建设的房屋 未经批准或者未按照批准内容建设的临时建筑	一般情况	无效
	一审法庭辩论终结前取得或批准	有效
租赁期超过临时建筑使用期限	一般情况	超过部分无效
	一审法庭辩论终结前主管部门批准延长使用期	有效
房屋租赁合同未按规定办理登记备案手续	不影响合同的效力	

2. 房租租赁合同无效的法律后果

房屋租赁合同无效，当事人请求"参照合同约定"的租金标准支付房屋占有使用费的，人民法院一般应予支持。

【例题 4·多选题】下列情形中，房屋租赁合同无效的有（　　）。

A. 出租人就未取得建设工程规划许可证的房屋与承租人订立的租赁合同

B. 出租人就未经批准建设的临时建筑，与承租人订立的租赁合同，承租人请求法院认定租赁合同无效，一审法庭辩论终结前该临时建筑经主管部门批准建设

C. 租赁期超过临时建筑使用期限的租赁合同

D. 出租人就未按照建设工程规划许可证的规定建设的房屋与承租人订立的租赁合同

解析　选项 B，出租人就未经批准建设的临时建筑，与承租人订立的租赁合同，一审法庭辩论终结前取得或批准的，该租赁合同有效；选项 C，租赁期超过临时建筑使用期限，超过部分无效。　答案　AD

3. 一房数租

（1）合同：均有效

（2）履行顺序：占有→登记→成立

【例题 5·多选题】★根据合同法律制度的规定，下列关于房屋租赁合同解除的表述中，正确的有（　　）。

A. 承租人未经出租人同意转租房屋的，出租人可以解除合同

B. 租赁房屋因出租人原因被司法机关查封无法使用的，承租人可以解除合同

C. 房屋租赁合同未办理登记备案手续的，承租人或出租人可以解除合同

D. 租赁房屋危及承租人健康的，承租人可以随时解除合同

解析　选项 C，当事人未依照法律、行政法规规定办理租赁合同登记备案手续的，不影响合同的效力。　答案　ABD

4. 承租人的优先租赁权

租赁期限届满，房屋承租人享有以同等条件优先承租的权利。

5. 承租人的优先购买权

（1）出租人的通知义务

出租人出卖"出租房屋"的，应当在出卖之前的合理期限内"通知"承租人，承租人享有在"同等条件下"优先购买的权利。

［老侯提示］　买卖不破所有租赁，而优先购买（租赁）权只适用房屋租赁。

（2）出租人损害承租人优先购买权

出租人未通知承租人或者有其他妨害承租人行使优先购买权情形的，承租人可以请求出租人承担"赔偿责任"。但是出租人与第

三人订立的房屋买卖合同的效力不受影响。

(3)承租人优先购买权的排除事项

①房屋按份共有人行使优先购买权；

②出租人将房屋出卖给近亲属。

『老侯提示』近亲属包括：配偶、父母、子女、兄弟姐妹、祖父母、外祖父母、孙子女、外孙子女。

(4)视为承租人放弃优先购买权的情形

①出租人履行通知义务后，承租人在"15日"内未明确表示购买；

②出租人委托拍卖人拍卖租赁房屋的，应当在拍卖5日前通知承租人，承租人未参加拍卖。

【例题6·多选题】☆根据合同法律制度的规定，出租人出卖租赁房屋时，承租人享有以同等条件优先购买的权利。但在某些特殊情形下，承租人主张优先购买房屋的，人民法院不予支持。该特殊情形包括( )。

A. 出租人履行通知义务后，承租人在15日内未明确表示购买的

B. 出租人委托拍卖人拍卖租赁房屋的，在拍卖5日前通知承租人，承租人参加了拍卖

C. 出租人将租赁房屋出售给其侄子的

D. 租赁房屋按份共有人行使优先购买权的

解析 选项A，视为承租人放弃优先购买权。选项B，出租人委托拍卖人拍卖租赁房屋的，在拍卖5日前通知承租人，承租人未参加拍卖的视为放弃优先购买权。本题中，承租人参加了拍卖，因此享有优先购买权。选项C，出租人将房屋出卖给近亲属，包括配偶、父母、子女、兄弟姐妹、祖父母、外祖父母、孙子女、外孙子女，承租人主张优先购买房屋的，人民法院不予支持。本题中，侄子不属于近亲属。选项D，租赁房屋按份共有人行使优先购买权的，承租人主张优先购买房屋的，人民法院不予支持。 答案 AD

【例题7·多选题】2017年，甲租用乙的房屋，双方签订了租赁合同，约定租赁期限为5年。2020年，该房屋年久失修，乙又无力维修，故决定出卖，乙通知甲，愿意以300万元的价格将房屋卖给甲，甲表示价格太高不买。此时丙愿意以320万元的价格购买此房，乙、丙遂签订房屋买卖合同，乙以320万元的价格将该房卖给了丙，则下列说法中正确的有( )。

A. 乙将房屋卖给丙，甲可以继续租用直至租赁合同期满

B. 乙将房屋卖给丙，应当通知甲，同等条件下甲有优先购买权

C. 若丙是乙的弟弟，则甲无优先购买权

D. 若乙通知甲后，甲在10日内未明确表示购买，则乙可以将房屋卖给丙

解析 选项A，租赁物在承租人按照租赁合同占有期限内发生所有权变动的，不影响租赁合同的效力；选项B，出租人出卖"出租房屋"的，应当在出卖之前的合理期限内"通知"承租人，承租人享有在"同等条件下"优先购买的权利；选项C，出租人将房屋出卖给近亲属的，承租人主张优先购买房屋的，人民法院不予支持；近亲属包括：配偶、父母、子女、兄弟姐妹、祖父母、外祖父母、孙子女、外孙子女；选项D，出租人履行通知义务后，承租人在"15日"内未明确表示购买，视为放弃优先购买权。 答案 ABC

【例题8·简答题】☆2021年1月10日，出租人刘某和承租人王某签订房屋租赁合同，约定租赁期限为30年，第一年租金为2万元，从第二年起租金按一定比例逐年增加。次日，王某搬入该房屋。

2021年4月，刘某将该房屋出售给张某并办理了房屋产权转移登记。张某随后要求王某搬离该房屋，王某以租赁期限尚未届满为由拒绝。

2021年5月，王某向刘某表示自己愿意购买该房屋，以刘某侵犯其承租人的优先购买权为由，主张刘某与张某之间的房屋买卖合同无效。

要求：根据上述资料和合同法律制度的

规定，不考虑其他因素，回答下列问题。

（1）刘某和王某对房屋租赁期限的约定，是否符合法律规定？简要说明理由。

（2）张某要求王某搬离该房屋，是否符合法律规定？简要说明理由。

（3）王某主张刘某与张某之间的房屋买卖合同无效，是否符合法律规定？简要说明理由。

答案

（1）刘某和王某对房屋租赁期限的约定，不符合法律规定。

根据规定，租赁期限不得超过20年。超过20年的，超过部分无效。

（2）张某要求王某搬离该房屋，不符合法律规定。

根据规定，租赁物在承租人按照租赁合同占有期限内发生所有权变动的，不影响租赁合同的效力。

（3）王某主张刘某与张某之间的房屋买卖合同无效，不符合法律规定。

根据规定，出租人未通知承租人或者有其他妨害承租人行使优先购买权情形的，承租人可以请求出租人承担赔偿责任。但是，出租人与第三人订立的房屋买卖合同的效力不受影响。

守将五、融资租赁合同（★★）（2018年判断题、综合题；2019年判断题、简答题；2020年、2021年单选题）

融资租赁合同三方关系见图5-3。

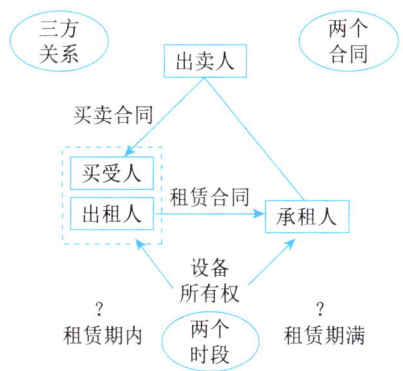

图5-3 融资租赁合同三方关系

（一）合同形式

融资租赁合同应当采用"书面"形式。

（二）当事人权利与义务

1. 租赁物质量瑕疵、维修义务与风险承担

（1）出租人根据承租人对出卖人、租赁物的选择订立的买卖合同，未经承租人同意，出租人不得变更与承租人有关的合同内容。

（2）出租人应当保证承租人对租赁物的占有和使用。租赁物不符合约定或者不符合使用目的的，"出租人不承担责任"，但是，承租人依赖出租人的技能确定租赁物或者出租人干预选择租赁物的除外。

（3）租赁期间租赁物的"维修义务"由"承租人"承担。

『老侯提示』租赁合同，维修义务由出租人承担。

（4）承租人占有租赁物期间，租赁物"造成第三人的人身损害或者财产损害"的，应由承租人赔偿损失，"出租人不承担责任"。

『老侯提示』在融资租赁合同中，标的物的"质量瑕疵、维修、风险承担"等，一般情况下与出租人无关。

（5）承租人占有租赁物期间，租赁物毁损、灭失的，出租人有权请求承租人继续支付租金，但是法律另有规定或者当事人另有约定的除外。（2022年新增）

2. 承租人的索赔权（2022年调整）

（1）出租人、出卖人、承租人可以约定，出卖人不履行买卖合同义务的，由承租人行使索赔的权利。承租人行使索赔权利的，出租人应当协助。

（2）承租人对出卖人行使索赔权利失败，有权请求出租人承担相应的责任的情形：

①明知租赁物有质量瑕疵而不告知承租人；

②承租人行使索赔权利时，未及时提供必要协助。

（3）出租人怠于行使只能由其对出卖人

行使的索赔权利，造成承租人损失的，承租人有权请求出租人承担赔偿责任。

3. 出租人的合同解除权

(1)承租人未经出租人同意，将租赁物转让、抵押、质押、投资入股或者其他方式处分的，出租人可解除融资租赁合同。(2022 年新增)

(2)承租人应按照约定支付租金，经催告后在合理期限内仍不支付租金的，出租人可以要求支付全部租金；也可以解除合同，收回租赁物。

4. 租赁物归属

(1)租赁期间

出租人享有租赁物的所有权，承租人破产的，租赁物"不属于"承租人的破产财产。

【老侯提示】 出租人对租赁物享有的所有权，未经登记，不得对抗善意第三人。

(2)租赁期满

①出租人和承租人可以约定租赁期间届满租赁物的归属。

②当事人约定租赁期间届满租赁物归承租人所有，承租人已经支付大部分租金，但无力支付剩余租金，出租人因此解除合同收回租赁物的，收回的租赁物的价值超过承租人欠付的租金以及其他费用的，承租人可以要求相应返还。

③租赁双方对租赁物的归属"没有约定或者约定不明确"的，可以协议补充，不能达成补充协议的，按照合同有关条款或者交易习惯确定，仍不能确定的，租赁物的所有权归"出租人"。

④当事人约定租赁期限届满，承租人仅需向出租人支付象征性价款的，视为约定的租金义务履行完毕后租赁物的所有权归承租人。

【例题1·单选题】 ☆根据合同法律制度的规定，下列关于融资租赁合同中租赁物的表述中，不正确的是(　　)。

A. 承租人破产的，租赁物属于破产财产

B. 承租人履行占有租赁物期间的维修义务

C. 在租赁期间出租人享有租赁物的所有权

D. 出租人和承租人可以约定租赁期间届满租赁物的归属

解析 选项A，承租人破产的，租赁物不属于破产财产。 **答案** A

【例题2·单选题】 ☆甲公司与乙公司签订大型机械设备融资租赁合同，合同约定：根据乙公司的选择，甲公司向丙公司订购一台大型机械设备，出租给乙公司使用，乙公司向甲公司支付租金。下列关于甲公司权利义务的表述中，正确的是(　　)。

A. 乙公司占有机械设备期间，该机械设备造成第三人人身伤害的，甲公司承担责任

B. 甲公司要求丙公司变更订购的机械设备型号，无须经乙公司同意

C. 乙公司占有机械设备期间，甲公司履行该机械设备的维修义务

D. 在租赁期间内，甲公司享有该机械设备的所有权

解析 选项A，在融资租赁合同中，承租人占有租赁物期间，租赁物造成第三人人身伤害或者财产损失的，应由承租人赔偿损失，出租人不承担责任；选项B，出租人根据承租人对出卖人、租赁物的选择订立的买卖合同，未经承租人同意，出租人不得变更与承租人有关的合同内容；选项C，融资租赁期间，机械设备的维修义务由承租人承担。

答案 D

本关主将*、保证(★★★)(2016 年综合题；2017 年多选题、简答题；2018 年综合题；2019 年多选题、综合题；2020 年多选题、判断题、综合题；2021 年单选题、多选题)

(一)保证人

1. 是否可以成为保证人(2022 年调

---

* "守将六、保证"因地位显赫，需考生多加关注，故单列为"本关主将、保证"

整)(见表5-23)。

表5-23 是否可以成为保证人

身份	是否可以成为保证人	
机关法人	一般情况下	×
	国务院批准为使用外国政府或者国际经济组织贷款进行转贷的情况下	√
居委会、村委会	一般情况下	×
	依法代行村集体经济组织职能的村委会,依照村委会组织法规定的讨论决定程序对外提供担保	√
非营利法人、非法人组织	以公益为目的(学校、医院、幼儿园等)	×
法人和非法人企业	具备完全民事行为能力	√
自然人	完全民事行为能力人	√
	无民事行为能力人、限制民事行为能力人	×

2. "吹牛也上税"

不具有"完全"代偿能力的法人、其他组织或者自然人,以保证人身份订立保证合同后,不得以自己没有代偿能力要求免除保证责任。

【例题1·多选题】☆根据民法典的规定,下列不得担任保证人的有( )。

A. 丁上市公司
B. 乙市消费者协会
C. 丙有限责任公司
D. 甲公立大学

解析 选项B、D,学校、幼儿园、医院等以公益为目的的非营利法人、非法人组织,不得作保证人。 答案 BD

(二)保证合同的成立

1. 一般成立形式

保证合同可以是单独订立的书面合同,也可以是主债权债务合同中的保证条款。

2. 特殊成立形式

(1)第三人单方以书面形式向债权人作出保证,债权人接收且未提出异议。

(2)第三人向债权人提供差额补足、流动性支持等类似承诺文件作为增信措施的(2022年新增):

①"具有提供担保的意思表示",债权人请求第三人承担保证责任的,人民法院应当依照"保证"的有关规定处理。

②"具有加入债务或者与债务人共同承担债务等意思表示"的,人民法院应当认定为"债务加入"。

③"难以确定"是保证还是债务加入的,人民法院应当将其认定为保证。

(三)保证方式

保证方式包括一般保证和连带责任保证。

1. 一般保证

(1)判定

当事人在保证合同中约定保证人在债务人"不能履行"债务或者"无力偿还"债务时才承担保证责任等类似内容,应当将其认定为一般保证。

『老侯提示』一般保证责任有"先后之分",只有债务人不能履行的情况下才能找保证人履行。(保证人只承担补充责任)

(2)一般保证人的"先诉抗辩权"

在主合同纠纷未经审判或者仲裁,并就债务人财产依法强制执行仍不能履行债务前,一般保证人对债权人可以拒绝承担保证责任。

(3)一般保证人不得行使先诉抗辩权的

情形

①债务人下落不明，且无财产可供执行；

②人民法院已经受理债务人破产案件；

③债权人有证据证明债务人的财产不足以履行全部债务或者丧失履行债务能力的；

④保证人以书面形式放弃先诉抗辩权的。

（4）主张一般保证责任的相关诉讼程序（2022年新增）（见表5-24）

表5-24 主张一般保证责任的相关诉讼程序

适用情形	人民法院的处理
债权人以债务人为被告起诉	应予受理
债权人以一般保证人为被告且未就主合同纠纷提起诉讼或者申请仲裁	驳回起诉
债权人一并起诉债务人和保证人	应予受理
	判决时除有不得行使先诉抗辩权情形，应当在判决书主文中明确，保证人仅对债务人财产依法强制执行后仍不能履行的部分承担保证责任
债权人未对债务人的财产申请保全，或者保全的债务人的财产足以清偿债务，又申请对一般保证人的财产进行保全	不予准许

【老侯提示】债权人取得对债务人赋予强制执行效力的"公证债权文书"后，在保证期间内向人民法院申请强制执行，一般保证人不得以债权人未在保证期间内对债务人提起诉讼或者申请仲裁为由主张不承担保证责任。

2. 连带责任保证

（1）当事人在保证合同中约定了保证人在债务人"不履行"债务或者"未偿还"债务时即承担保证责任、"无条件"承担保证责任等类似内容的，为连带责任保证。

（2）连带责任保证的债务人不履行到期债务或者发生当事人约定的情形时，债权人可以要求债务人履行债务，也可以要求保证人在其保证范围内承担保证责任。

3. 保证方式约定不明

当事人对保证方式"没有约定或者约定不明确"的，按照一般保证承担保证责任。

【例题2·多选题】陈某向李某借款10万元，并签订了借款合同。张某向李某单方面提交了签名的保证书，其中仅载明"若陈某不能清偿到期借款本息，张某将代为履行"。借款到期后，陈某未清偿借款本息。下列关于保证合同效力及张某承担保证责任的表述中，不正确的有（ ）。

A. 张某单方提交的保证书，李某接收，保证合同成立

B. 张某可以以自己未与李某签订保证合同为由主张保证合同不成立

C. 张某须向李某承担一般保证责任

D. 张某须向李某承担连带保证责任

解析 选项A、B，第三人单方以书面形式向债权人作出保证，债权人接收且未提出异议的，保证合同成立；选项C，当事人在保证合同中约定，在债务人"不能"履行债务时，由保证人承担保证责任的，为一般保证。

答案 BD

4. 共同保证

（1）按份共同保证——"与债权人约定"保证份额的，对债权人具有约束力

同一债务有两个以上保证人的，保证人应当按照保证合同约定的保证份额，承担保证责任。

（2）连带共同保证——"保证人内部约

定"对债权人无效,对外连带,对内按份

各保证人未与债权人约定保证份额的,各保证人对债权人承担连带责任。

〖老侯提示〗连带共同保证的保证人以其"相互之间约定"各自承担的份额对抗债权人的,人民法院不予支持。

5. 共同担保

(1)区别于共同保证

共同保证=人保+人保

共同担保=物保+人保

(2)担保责任——当事人有约定从其约定,无约定看物保提供方

①债务人自己提供物的担保——先物后人

债权人应当先就该物的担保实现债权。

②第三人提供物的担保——无先后顺序之分

债权人可以就物的担保实现债权,也可以要求保证人承担保证责任。提供担保的第三人承担担保责任后,有权向"债务人"追偿。

〖老侯提示〗第三人提供物保的情况下,提供担保的第三人承担担保责任后只能向债务人追偿,不能向其他担保人追偿(有约定等特殊情况下除外)。

【例题3·多选题】★2021年1月15日,赵某向钱某借款,双方签订了借款合同。赵某请李某和孙某为该笔债务提供担保。1月18日,钱某与李某签订抵押合同,以李某所有的一套房屋为抵押物,双方办理了抵押登记。1月20日,孙某为该笔借款提供连带责任保证。因赵某拒绝还款,钱某向李某提出行使抵押权,并请求孙某承担保证责任。下列关于当事人权利义务的表述中,正确的有( )。

A. 孙某享有先诉抗辩权

B. 孙某承担保证责任后,有权向赵某进行追偿

C. 李某承担担保责任后,有权向赵某进行追偿

D. 钱某必须先行使抵押权,再要求孙某承担保证责任

解析 选项A,一般保证人享有先诉抗辩权,连带责任保证人不享有先诉抗辩权;选项B、C、D,被担保的债权既有物的担保又有人的担保的,债务人不履行到期债务或者发生当事人约定的实现担保物权的情形,债权人应当按照约定实现债权;没有约定或者约定不明确,债务人自己提供物的担保的,债权人应当先就该物的担保实现债权;第三人提供物的担保的,债权人可以就物的担保实现债权,也可以要求保证人承担保证责任。提供担保的第三人承担担保责任后,有权向债务人追偿。

答案 BC

(四)保证责任

1. 保证责任的范围

主债权、利息、违约金、损害赔偿金、实现债权的费用。

〖老侯提示1〗当事人对保证担保的范围没有约定或者约定不明确的,保证人应当对"全部债务"承担责任。

〖老侯提示2〗抵押的担保责任范围与保证相同,质押和留置中,多一项"保管担保财产的费用",以下不再赘述。

2. 主合同变更与保证责任承担

(1)主体变更

①债权转让

一般情况:债权人转让全部或者部分债权,未"通知"保证人的,该转让对保证人不发生效力。

特殊情况:保证人与债权人约定禁止债权转让,债权人未经保证人"书面同意"转让债权的,保证人对受让人不再承担保证责任。

②债务转让

债权人未经保证人"书面同意",允许债务人转移全部或者部分债务,保证人对未经其同意转移的债务不再承担保证责任,但是债权人和保证人另有约定的除外。

③第三人加入

第三人加入债务的，保证人的保证责任不受影响。

【举例】甲向乙借款10万元，双方签订了书面的借款合同，赵某作为债务人甲的连带责任保证人与债权人乙签订了保证合同。债务到期前，甲的朋友高某在借款合同的"借款人"处加上了自己的名字。合同到期后，甲和高某均未还款。此时乙是否可以要求赵某承担连带保证责任？

【答案】乙可以要求赵某承担连带保证责任。第三人（高某）加入债务的，保证人（赵某）的保证责任不受影响。

（2）内容变更（见表5-25）

表5-25 内容变更

变更内容	是否经保证人书面同意	法律后果
数量、价款等	√	按变更后承担保证责任
	×	减轻债务的：按变更后；加重债务的：按变更前（避重就轻原则）
履行期限	√	按变更后承担保证责任
	×	保证期间不受影响

（3）借新贷偿还旧贷（2022年调整）（见表5-26）

表5-26 借新贷偿还旧贷

担保人	适用情形		担保责任
旧贷的担保人	——		×
新贷的担保人	新贷与旧贷的担保人相同		√
	（1）新贷与旧贷的担保人不同。（2）旧贷无担保，新贷有担保	担保人对"借新偿旧知情"	√
		担保人对"借新偿旧不知情"	×

3. 其他情形下的保证责任

（1）一般保证的保证人在主债务履行期间届满后，向债权人提供债务人可供执行财产的真实情况，债权人放弃或者怠于行使权利致使该财产不能被执行的，保证人在其提供可供执行财产的"价值范围内"不再承担保证责任。

（2）债务人对债权人享有抵销权或者撤销权的，保证人可以在相应范围内拒绝承担保证责任。

4. 债务人破产

（1）在保证期间，人民法院受理债务人破产案件的，债权人既可向人民法院申报债权，也可向保证人主张权利。——"先诉抗辩权"的排除事项。

（2）保证人对债权人申报债权后在破产程序中未受清偿的债权，仍应承担保证责任。

（3）债权人知道或应当知道债务人破产，既"未申报债权也未通知保证人"，致使保证人不能预先行使追偿权的，保证人就该债权在破产程序中可能受偿的"范围内免除"保证责任，但是保证人因自身过错未行使追偿权的除外。

【例题4·多选题】☆根据合同法律制度的规定，下列关于保证的表述中，正确的有（　　）。

A. 以公益为目的的非营利法人可以担任保证人

B. 当事人对保证担保的范围没有约定的，保证人应当对全部债务承担责任

C. 当事人对保证方式没有约定的，保证人与债务人对债务承担连带责任

D. 保证合同是保证人与债权人之间的合同关系

解析 选项A，学校、幼儿园、医院等以公益为目的的非营利法人不得作保证人；选项C，当事人对保证方式没有约定或者约定不明确的，按照一般保证承担保证责任。

答案 BD

（五）保证期间

1. 保证期间长度

（1）保证人与债权人约定保证期间的，按照"约定"执行。

（2）"未约定或约定不明"的，保证期间为"6个月"。

（3）"未约定"与"约定不明"的判定。

①"未约定"：保证合同约定的保证期间早于主债务履行期限或者与主债务履行期限同时届满的，视为没有约定。

②"约定不明"：保证合同约定保证人承担保证责任直至主债务本息还清时为止等类似内容的，视为约定不明。

2. 起算点

（1）一般情况下自"主债务履行期限届满之日"起。

（2）对主债务履行期限没有约定或约定不明，自债权人要求债务人履行义务的"宽限期届满之日"起。

3. 保证期间的效力规定（2022年调整）

（1）债权人在保证期间内未依法行使权利的，保证责任消灭。

（2）"全部请求"原则。

①同一债务有两个以上保证人，债权人以其已经在保证期间内依法向"部分保证人"行使权利为由，主张已经在保证期间内向其他保证人行使权利的，人民法院不予支持。

②同一债务有两个以上保证人，保证人之间相互有追偿权，债权人未在保证期间内依法向部分保证人行使权利，导致其他保证人在承担保证责任后丧失追偿权，其他保证人可以主张在其不能追偿的范围内免除保证责任。

（3）债权人在保证期间内提起诉讼或者申请仲裁后，又撤回起诉或者仲裁申请的（见表5-27）。

表5-27 债权人在保证期间内提起诉讼或者申请仲裁后，又撤回的法律后果

适用情形	法律后果
一般保证的债权人在保证期间届满前未再提起诉讼或者申请仲裁	保证人可以主张不再承担保证责任
连带责任保证的债权人，起诉状副本或者仲裁申请书副本已经送达保证人的	认定债权人已经在保证期间内向保证人行使了权利

（4）保证责任消灭后，债权人书面通知保证人要求承担保证责任，保证人在通知书上签字、盖章或者按指印，债权人不得请求保证人继续承担保证责任，除非有证据证明成立了新的保证合同。

【例题5·单选题】☆根据合同法律制度的规定，在保证人与债权人没有约定保证期间的情形下，保证期间为（　　）个月。

A. 3　　　　　　　B. 6
C. 9　　　　　　　D. 12

解析 保证人与债权人对保证期间未约定或约定不明的，保证期间为6个月。

答案 B

【例题6·单选题】甲企业向乙银行申请贷款，还款日期为2019年12月30日。丙企业为该债务提供了连带保证担保，但未约定保证期间。后甲企业申请展期，与乙银行就还款期限作了变更，还款期限延至2020年12月30日，但未征得丙企业的书面同意。展期到期，甲企业无力还款，乙银行遂要求丙企业承担保证责任。下列关于丙企业是否承担保证责任的表述中，正确的是（　　）。

A. 不承担，因为保证期间已过

B. 应承担,因为保证合同有效

C. 应承担,因为丙企业为连带责任保证人

D. 不承担,因为丙企业的保证责任因还款期限的变更而消灭

解析 债权人与债务人对主合同履行期限作了变更,未经保证人书面同意,保证期间不受影响;当事人未约定保证期间的,保证期间为主债务履行期届满之日起 6 个月。本题中,丙企业按照原合同约定的期间承担保证责任。保证期间为 2019 年 12 月 30 日至 2020 年 6 月 30 日。乙银行请求丙企业承担保证责任时已经超过保证期间,故丙企业不承担保证责任。 **答案** A

(六)保证合同的诉讼时效期间(2022年调整)

1. 保证合同的诉讼时效期间(见表 5-28)。

表 5-28 保证合同的诉讼时效期间

考点	起算点			期间
	债权人对保证人		保证人对债务人	
一般保证	自"保证人拒绝承担保证责任的权利(先诉抗辩权)消灭之日"起算	债权人申请强制执行	(1)法院作出终结执行程序裁定,或因作为被执行人的自然人死亡,无遗产可供执行且无义务承担人或生活困难无力偿还借款,无收入来源且丧失劳动能力而作出终结执行裁定的:裁定送达债权人之日起算 (2)法院自收到申请执行书之日起 1 年内未作出裁定的:自法院收到申请执行书满 1 年之日起开始计算,除非保证人有证据证明债务人仍有财产可供执行	自保证人向债权人"承担责任之日"起算	3 年
		一般保证的债权人在保证期间届满前对债务人提起诉讼或者申请仲裁,且举证证明存在保证人不得行使先诉抗辩权情形的:自债权人知道或者应当知道该情形之日			
连带保证	自"债权人请求保证人承担保证责任之日"起算			

2. 保证人知道或者应当知道主债权诉讼时效期间届满仍然提供保证或者承担保证责任,不得以诉讼时效期间届满为由拒绝承担保证责任或者请求返还财产;保证人承担保证责任后不得向债务人追偿,除非债务人放弃诉讼时效抗辩。

积粮筑墙

限时 210min

第一部分 民法典合同编通则

扫我做试题

一、单项选择题

1. 根据合同的订立是否以订立另一合同为内容，可以将合同分为( )。
   A. 双务合同与单务合同
   B. 要式合同与不要式合同
   C. 预约合同与本约合同
   D. 主合同与从合同

2. 关于合同形式的说法，正确的是( )。
   A. 书面形式合同是指纸质合同
   B. 当事人的特定行为间接推知其意思表示构成默示合同
   C. 自动售货机，消费者只要按要求投入货币，即可得到所想得到的商品，此为推定形式合同
   D. 合同订立的形式中，口头形式、推定形式、默示属于以其他形式订立合同

3. 赵某向甲公司发出订购一台口罩生产机械的要约，并注明"是否同意请于3月10日前答复"。3月5日，因为市场口罩需求量下降，赵某欲撤销要约，并向甲公司发出撤销要约的通知，3月6日撤销要约的通知到达甲公司。3月8日赵某收到甲公司回函，回函称本公司已无口罩生产机械，现有护目镜生产机械是否需要。则赵某发出的要约失效的时间是( )。
   A. 3月5日   B. 3月6日
   C. 3月8日   D. 3月10日

4. 赵某成立我的人生就是杯具公司，但一直生意欠佳，为扩大销售，向多家公司发函称："我公司销售的X型号真空壶，每个18元，随订随发，如有需要请与我公司联系。"甲公司回函："我司愿购买1 000个X型号真空壶作为公司年会礼品，每个18元无异议，但需要在每个真空壶上印制我公司Logo。"3天后，甲公司收到杯具公司发来的1 000个真空壶，发现上面并无本公司Logo，于是拒收。根据合同法律制度的规定，下列说法中正确的是( )。
   A. 杯具公司的发函为要约邀请
   B. 甲公司的回函为承诺
   C. 甲公司的回函为新要约
   D. 因杯具公司已经履行主要义务，则与甲公司的买卖合同已经成立

5. 甲酒店于4月10日通过快递向乙家具厂发出订购一批电脑桌的要约，4月11日甲酒店收到丙家具厂的报价单，其电脑桌价格比乙家具厂便宜20%，甲酒店遂于当日向乙家具厂发出声明要约作废的传真，乙家具厂于当日收到。4月12日乙家具厂收到了装有甲酒店要约的快递。下列说法中正确的是( )。
   A. 甲酒店发出的要约已被撤回
   B. 甲酒店发出的要约已被撤销
   C. 甲酒店发出的要约已生效
   D. 甲酒店发出的要约已失效

6. 4月1日，位于北京的甲公司和位于广西的乙公司签订买卖合同，由甲向乙购买一批榴莲。双方在合同中约定按市场价格进行交易，7月1日交货，但对履行地点未

做约定。其后双方因履行价格发生争议,未能就有关内容达成补充协议,依据合同其他条款及交易习惯也无法确定。根据合同法律制度的规定,下列关于合同履行价格中的表述中,正确的是( )。

A. 按4月1日北京的市场价格履行
B. 按4月1日广西的市场价格履行
C. 按7月1日北京的市场价格履行
D. 按7月1日广西的市场价格履行

7. 甲地的侯某向乙地的赵某购买一批口罩,双方约定由赵某将口罩发往侯某在丙地的仓库。赵某在合同上按指印后快递给侯某,侯某在合同上签字。双方未约定合同成立的地点,则下列说法中正确的是( )。

A. 因赵某未在合同上签字,该合同尚未成立
B. 该合同的成立地点为丙地
C. 该合同的成立地点为乙地
D. 该合同的成立地点为甲地

8. 下列有关缔约过失责任和违约责任区别的表述中,错误的是( )。

A. 缔约过失赔偿的是信赖利益的损失;违约责任赔偿的是履行利益的损失
B. 缔约过失责任适用于合同不成立、无效、被撤销等情况;违约责任适用于生效合同
C. 缔约过失责任赔偿的损失要大于或等于违约责任赔偿的损失
D. 缔约过失责任发生在合同成立之前;而违约责任产生于合同生效之后

9. 甲公司向乙公司订购一批口罩,价款为100万元。因丙公司欠甲公司200万元货款尚未结清,甲公司遂与丙公司约定,由丙公司承担甲公司对乙公司的100万元的货款债务,甲公司不再承担,并征得乙公司的同意。付款期限届满,丙公司未支付100万元货款,下列关于乙公司主张债权的表述中正确的是( )。

A. 乙公司可以要求甲公司和丙公司共同偿还100万元货款
B. 乙公司可以选择向甲公司或者丙公司主张清偿100万元货款
C. 乙公司应当向丙公司主张清偿100万元货款
D. 乙公司应当向甲公司主张清偿100万元货款

10. 赵某欲以3 000元的价格购买侯某的手机,但苦于现金不足,遂与侯某约定,手机先给自己使用,价款由同宿舍的高某于下周末前代赵某垫付,高某表示同意。至约定的付款期满,高某并未支付手机款。下列关于侯某请求承担违约责任的表述中,正确的是( )。

A. 请求赵某或高某承担
B. 请求高某承担
C. 请求赵某承担
D. 请求赵某和高某共同承担

11. 赵某欠侯某250万元,已到清偿期限,但赵某一直宣称无力偿还。侯某经调查发现,高某因借款购房欠赵某120万元已到清偿期限,邻居王某因生活琐事将赵某打伤欠其医药费2万元,郭某因替考中级职称考试欠赵某1万元,吴某因炒股刚刚向赵某借款50万元并约定一年后偿还。赵某无其他可供执行的财产,并对其享有的债权都怠于行使。根据民法典的规定,下列说法中正确的是( )。

A. 侯某可以对高某欠赵某的债务行使代位权
B. 侯某可以对王某欠赵某的债务行使代位权
C. 侯某可以对郭某欠赵某的债务行使代位权
D. 侯某可以对吴某欠赵某的债务行使代位权

12. 根据民法典规定,关于债务人对同一债权人负担的数项债务的履行顺序,下列说法不正确的是( )。

A. 债务人未作指定的,应当优先履行已

经到期的债务

B. 数项债务均到期的，优先履行对债权人缺乏担保或者担保最少的债务

C. 担保数额相同的，优先履行债务负担较轻的债务

D. 债务负担相同的，按照债务到期的先后顺序抵充

13. 赵某欠高某10万元已到清偿期限，赵某一直以各种借口拒不还款。高某一怒之下将赵某打伤，住院治疗共支出医疗费6万元。则下列说法中正确的是( )。

A. 高某有权主张在10万元债权内抵销应当向赵某支付的6万元医疗费

B. 高某主张抵销无须征得赵某同意

C. 高某发出的抵销通知自到达赵某时生效

D. 故意侵权产生的债务，高某不得主张抵销

14. 侯某与赵某签订买卖合同，侯某以100万元的价格购入一套机械生产线，双方约定3个月后付款，并约定若该套生产线无法完成月均1 000台/天的生产任务，赵某应当向侯某支付20万元的违约金。1个月后赵某将对侯某的货款债权转让给高某并通知了侯某，已知赵某1年前还曾向侯某借款30万元，目前已到清偿期限；该套生产线只能完成月均800台/天。当高某要求侯某履行100万元的付款义务时，根据合同法律制度的规定，下列说法中正确的是( )。

A. 侯某不得主张抵销，并向高某支付100万元

B. 侯某只能主张抵销20万元的违约金，并向高某支付80万元

C. 侯某只能主张抵销30万元的借款债权，并向高某支付70万元

D. 侯某可以主张抵销20万元的违约金和30万元的借款债权，并向高某支付50万元

15. 下列关于合同解除的说法中，正确的是( )。

A. 赠与合同的赠与人可以随时解除合同

B. 发生不可抗力，双方当事人可以解除合同

C. 租赁物危及承租人的安全或健康的，承租人可以随时解除合同

D. 先履行义务的一方有确切的证据证明后履行义务的一方不能履行合同，可以随时解除合同

16. 甲和乙订立一份价款为300万元的买卖合同，合同约定的违约金比例为合同价款的20%，合同成立后甲依照合同约定向乙支付定金40万元。后乙完全违约，根据民法典的规定，甲可以向乙主张赔偿的最佳方案是( )。

A. 60万元违约金

B. 60万元违约金并双倍返还定金80万元

C. 60万元违约金并返还定金40万元

D. 双倍返还定金80万元

17. 甲、乙约定：甲将100吨汽油卖给乙，合同签订后3天交货，交货后10天内付货款。还约定，合同签订后乙应向甲支付10万元定金，合同在支付定金时生效。合同订立后，乙未交付定金，甲按期向乙交付了货物，乙收货入库，但到期未付款。则下列说法中正确的是( )。

A. 甲可请求乙支付定金

B. 乙未支付定金买卖合同不生效

C. 甲交付汽油使得定金合同生效

D. 甲有权请求乙支付价款

二、多项选择题

1. 下列各项中，属于要约邀请的有( )。

A. 某时装店在其橱窗内展示流行服装样品

B. 超市货架上摆放各类明码标价的商品

C. 自动贩售机上印刷橙汁20元/杯，扫二维码完成交易

D. 甲拍卖行向自己的会员寄送拍卖手册

2. 赵某欲从甲公司购入一批电脑,向甲公司销售人员钱某发出要约,则下列情况中,要约于8月3日生效的有( )。

   A. 8月1日赵某当面告知钱某欲购买甲公司A型号电脑10台,钱某获知了赵某的具体需求,8月3日钱某告知赵某库房有货,可以交易

   B. 赵某于8月1日发出要约,8月3日,快递送至甲公司前台,当日钱某外出谈业务并未在公司,8月4日,钱某回到公司拆阅快递知道赵某的具体需求

   C. 赵某于8月2日以电子邮件方式向钱某指定的"北极熊邮箱"发出要约,邮件同时进入邮箱。由于钱某此时在海上出差手机信号较差,8月3日才收到APP的提示,得知赵某已向自己发出邮件但由于业务繁忙并未查看。8月4日钱某出差结束回到公司,查阅邮件后知道赵某的具体需求

   D. 赵某于8月2日以电子邮件方式向钱某三个电子邮箱发出要约,邮件同时进入邮箱。由于钱某此时在海上出差手机信号较差,8月3日才收到APP的提示,得知赵某已向自己发出邮件但由于业务繁忙并未查看。8月4日钱某出差结束回到公司,查阅邮件后知道赵某的具体需求

3. 甲于5月10日向乙发出要约,要约规定承诺期限截止至5月20日,乙于5月18日发出承诺信函,因暴雨误时,该信函5月21日到达甲,则下列说法中正确的有( )。

   A. 该承诺原则上有效
   B. 该承诺原则上无效
   C. 即使甲通知乙一旦超期就不接受,该承诺依然有效
   D. 若甲通知乙一旦超期就不接受,则该承诺无效

4. 下列格式条款中无效的有( )。

   A. 造成对方人身损害的免责条款
   B. 造成对方财产损失的免责条款
   C. 提供格式条款的一方排除对方主要权利的条款
   D. 理解有争议的格式条款

5. 甲公司与乙公司就一批货物的买卖进行磋商,甲公司在传真中表示,如达成协议则以最终签订售货确认书为准。乙公司在接到甲公司的最后一份传真时认为,双方已就该笔买卖的价格、期限等主要问题达成一致,遂向甲公司开出信用证。则下列说法中正确的有( )。

   A. 合同不成立,甲公司有权拒绝发货
   B. 合同成立,甲公司应当给乙公司发货
   C. 若甲公司接受信用证,则合同成立
   D. 即使甲公司接受信用证,合同也不成立

6. 2月28日赵某异地恋的女友冯某过生日,赵某通过网络在冯某所在地的花店订购了99朵玫瑰,双方约定由花店联系冯某确定具体的送货时间和送货地址,后花店与冯某联系,冯某要求其在生日当天将鲜花送至工作单位。下列说法中正确的有( )。

   A. 若花店在冯某生日当天上午未及时将鲜花送至,冯某可以打电话给花店要求其履行
   B. 若花店送来的鲜花是99枝康乃馨,则冯某可以要求花店向自己承担违约责任
   C. 若赵某没有支付价款,冯某打电话要求花店送花,花店可以拒绝
   D. 花店送花给冯某的费用,如未与赵某约定,则应当由花店承担

7. 乙公司与甲设备租赁公司签订合同采用融资租赁方式购入X型设备一套,甲公司根据乙公司的要求与丙公司签订了X型设备买卖合同,并与丙公司约定直接向乙公司交付,则下列说法中正确的有( )。

   A. 若丙公司交付的设备不符合约定,乙公司可以按照约定请求丙公司承担违约责任
   B. 若甲公司未向丙公司付款,乙公司要求丙公司交付X设备时,丙公司可以拒绝
   C. 因向乙公司交付X设备增加的运输费

用，除甲丙公司另有约定外，由乙公司承担

D. 若丙公司交付的设备不符合约定，只有甲公司可以请求丙公司承担违约责任

8. 甲、乙双方签订一份买卖合同，约定甲向乙购买口罩 1 000 箱，甲于 2 月 1 日向乙支付全部货款，乙于收到款项半个月后发货。1 月 29 日，甲调查发现，乙因资不抵债已将口罩生产机卖掉抵债，剩余口罩库存已不足 100 箱。甲遂决定暂不向乙付款，并于当日将暂不付款的决定及理由通知了乙。根据合同法律制度的规定，下列表述中，正确的有（　　）。

A. 甲应先通知乙提供担保，只有在乙不能提供担保时，甲方可中止履行义务

B. 甲可以行使不安抗辩权中止履行合同

C. 若在合理期限内乙提供了担保，甲应当向乙付款

D. 若在合理期限内乙未提供担保，甲有权解除合同并要求乙承担违约责任

9. 赵某欠侯某 250 万元，已到清偿期限，但赵某一直宣称无力偿还，侯某经调查发现，高某因借款购房欠赵某 120 万元已到清偿期限。赵某无其他可供执行的财产，并怠于行使其对高某享有的债权，侯某拟行使代位权。下列说法中正确的有（　　）。

A. 侯某应当通过人民法院行使代位权

B. 侯某应将赵某列为行使代位权的被告

C. 侯某应当以自己的名义代位行使赵某的债权

D. 如果侯某胜诉，赵某应当承担诉讼费用

10. 2021 年 8 月 8 日赵某欠侯某的 250 万元欠款已到清偿期限，但赵某一直宣称无力偿还。侯某经调查发现，2021 年 6 月高某欠赵某的 150 万元欠款到期，赵某明确表示放弃债权。2020 年 10 月借给罗某的 1 年期借款 100 万元，目前尚未到期，但赵某已明确表示放弃债权。2021 年 4 月赵某明确告知孙某不想还侯某的钱，并将自己的汽车以 20 万元的价格卖给朋友孙某，该车的市场价为 80 万元，2021 年 5 月赵某宣称自己要出家清修，将自己的房屋以 50 万元的价格卖给朋友吴某，该房屋的市场价为 100 万元。下列说法中正确的有（　　）。

A. 侯某可以请求人民法院撤销赵某放弃对高某债权的行为

B. 侯某可以请求人民法院撤销赵某放弃对罗某债权的行为

C. 侯某可以请求人民法院撤销赵某以不合理的低价对孙某转让汽车的行为

D. 侯某可以请求人民法院撤销赵某以不合理的低价对吴某转让房屋的行为

11. 2021 年 8 月 8 日，赵某欠侯某的 250 万元欠款已到清偿期限，但赵某一直宣称无力偿还。侯某经调查发现，2021 年 8 月赵某将自己的现金 70 万元，无偿赠送给弟弟赵二。下列说法中正确的有（　　）。

A. 侯某可以到法院起诉撤销赵某的无偿赠送行为

B. 因赵二不知情，侯某向法院起诉撤销赵某无偿赠送的行为，人民法院不予支持

C. 侯某向法院起诉应将赵二列为被告

D. 如果侯某胜诉，行使撤销权的必要费用应当由赵某承担

12. 甲公司对乙公司享有 10 万元债权尚未到期，乙公司对丙公司享有 4 万元债权已到期。甲公司将其债权转让给丙公司并通知了乙公司。对上述债权的转让下列说法中正确的有（　　）。

A. 甲公司转让债权应经乙公司同意

B. 甲公司的债权转让行为对乙公司有效

C. 乙公司可以向丙公司主张抵销 4 万元债务

D. 乙公司对甲公司的抗辩可以向丙公司主张

13. 李某向侯某借款 10 万元，双方签订了书

面的借款合同，赵某作为债务人李某的连带责任保证人与债权人侯某签订了保证合同。高某以汽车为李某的借款提供抵押担保，与侯某签订了抵押合同，但未办理登记。后侯某因支付购货款将对李某的10万元债权转让给了郭某，并通知了李某，但未通知赵某及高某。已知侯某与李某、赵某、高某对债权转让均未做其他约定。根据合同法律制度的规定，下列说法中正确的有（ ）。

A. 债务到期时，郭某可以要求李某还款

B. 债务到期时，若李某未还款侯某可以要求李某承担违约责任

C. 债务到期时，若李某未还款郭某可以要求赵某承担保证责任

D. 债务到期时，若李某未还款郭某可以要求高某承担担保责任

14. 侯某与赵某签订汽车买卖合同，双方约定一个月后交车付款，并约定双方的债权均不得转让。其后侯某将向赵某收取款项的债权转让给高某并通知了赵某，赵某将向侯某收取汽车的债权转让给郭某并通知了侯某。根据合同法律制度的规定，下列说法中不正确的有（ ）。

A. 若高某知道赵某与侯某之间有关债权不得转让的约定，其向赵某请求付款时，赵某可以拒绝履行

B. 若高某不知道赵某与侯某之间有关债权不得转让的约定，其向赵某请求付款时，赵某可以拒绝履行

C. 若郭某知道赵某与侯某之间有关债权不得转让的约定，其向侯某请求交车时，侯某可以拒绝履行

D. 若郭某不知道赵某与侯某之间有关债权不得转让的约定，其向侯某请求交车时，侯某可以拒绝履行

15. 根据民法典的规定，下列关于提存的法律效果的表述中，正确的有（ ）。

A. 债务人交付合同标的物时债权人没有正当理由拒绝领受，债务人可以将标的物提存

B. 债务人交付合同标的物时债权人下落不明，债务人可以将标的物提存

C. 标的物提存后，毁损、灭失的风险由债务人承担

D. 债权人提取提存物的权利，自提存之日起2年内不行使消灭

16. 侯某与赵某签订了一份货物买卖合同，双方约定合同签订日起10日内侯某向赵某交付货物，根据合同法律制度的规定，下列情形中，侯某负担提存费用后有权取回提存物的有（ ）。

A. 侯某向赵某交付货物时赵某无正当理由拒绝受领，侯某将标的物提存后，通知赵某时赵某下落不明

B. 侯某将标的物提存后，赵某超过5年不去领取

C. 侯某将标的物提存后，赵某向提存部门书面表示放弃领取提存物权利

D. 侯某将标的物提存后，赵某在合同约定的付款期限内未支付货款

17. 下列合同可以解除的有（ ）。

A. 甲建筑公司与乙钢厂签订合同购买200吨普通钢材，双方约定3个月后交货，1月后乙钢铁厂告知甲公司本企业转为生产特种钢，现有库存的普通钢材仅剩30吨无法履行合同

B. 甲公司与乙公司签订合同购买一批N95口罩，双方谈妥2月1日交货，由于"新冠"疫情暴发，N95口罩成为政府管控物资，乙公司无法向甲公司交货

C. 赵某定于1月14日结婚，与某酒店签订合同预订酒席30桌，并交纳定金2万元，1月10日酒店电话通知赵某，由于装修工程尚未完工，酒店于1月18日才能营业，并询问赵某是否可以改期

D. 赵某订购一批红木家具，双方谈妥4月1日交货，4月1日赵某向家具厂催要，家具厂声称家具运输过程中碰坏，需要返厂重做，并与赵某约定10日后交

付，但直至4月15日家具厂仍未交付

三、判断题

1. 承诺到达要约人后，在要约人履行之前可以撤销。（ ）
2. 赵某以信件发出要约，信件未载明承诺开始日期，仅规定承诺期限为5天。5月8日，赵某将信件投入信箱；邮局将信件加盖5月9日邮戳发出，5月11日，信件送达受要约人钱某的办公室；钱某因外出，直至5月12日才知悉信件内容。根据民法典的规定，该承诺期限的起算日为5月11日。（ ）
3. 缔约过失责任中信赖利益的赔偿不得超过合同有效时相对人所可能得到的履行利益。（ ）
4. 甲企业向银行借款150万元，乙企业为甲企业的贷款提供保证，后经银行的同意，甲企业将其中的50万元债务转让给丙企业，但是该转让行为未经乙企业的书面同意，则乙企业仅就剩余的100万元承担保证责任。（ ）
5. 合同无效、被撤销和终止的，不影响合同中结算和清理条款的效力。（ ）

第二部分　民法典合同编分则

扫我做试题

一、单项选择题

1. 侯某和赵某于6月1日签订（二手房）房屋买卖合同。6月10日，侯某与银行签订购房按揭贷款合同。6月20日，侯某和赵某去当地税务机关缴纳税款。6月21日，侯某和赵某去房屋所在地管理部门办理房屋产权转移登记。6月25日，赵某将房屋（的钥匙）交付给侯某，则房屋所有权转移的时间是（ ）。
   A. 6月1日　　B. 6月20日
   C. 6月21日　　D. 6月25日
2. 甲有件玉器欲转让，与乙签订合同约好10日后交货付款；次日丙找到甲愿以更高的价格购买该玉器，甲遂与丙签订合同，丙当即支付了全部价款，约好3天后交货；第三天，甲又与丁订立合同，将该玉器卖给丁，并当场交付给丁。后乙、丙均要求甲履行合同，诉至法院。下列说法中正确的是（ ）。
   A. 应认定丁取得了玉器的所有权
   B. 应支持丙要求甲交付玉器的请求
   C. 应支持乙要求甲交付玉器的请求
   D. 第一份合同有效，第二、第三份合同均无效
3. 甲、乙签订买卖合同，甲将自己的电脑卖给乙，并且约定在乙付清价款前所有权仍属于甲，但该约定未经登记。下列表述不正确的是（ ）。
   A. 甲对电脑保留的所有权，可以对抗善意第三人
   B. 乙在付清价款前将电脑出质给知情的丙，对甲造成损害，则甲可以取回电脑
   C. 乙在付清价款前将电脑卖给不知情的丁，丁善意取得电脑的所有权，则甲不能主张取回电脑
   D. 甲与乙在合同中约定保留对该电脑的所有权，是符合要求的
4. 甲公司向乙企业订购10辆货车，约定分两批交付，同时订购了随车维修工具。已知各辆货车均独立运营，下列说法正确的是（ ）。
   A. 如果因车辆不符合约定而解除合同，甲公司可以同时解除购买维修工具的合同

B. 如果因维修工具不符合约定而解除合同，甲公司可以同时解除购买车辆的合同

C. 如果某一辆车不符合约定，甲公司可以解除购买全部车辆的合同

D. 如果第二批交付车辆不符合约定，甲公司可以解除购买全部车辆的合同

5. 赵某欲购买一套商品房，虽然明知A房地产公司尚未取得房屋预售许可证明，但担心房屋价格上涨，仍向A公司支付了50万元定金，双方签订了房屋预售合同。后赵某又看中了相同地段一价格更加合适的二手房，以A公司未取得房屋预售许可证明为由要求其返还定金，双方谈判未果，赵某诉至法院。一审法庭辩论终结前，A公司取得了房屋预售许可证明，则下列对该预售合同效力的说法中正确的是( )。

A. 有效　　　　B. 无效
C. 未生效　　　D. 效力待定

6. 2020年2月6日，赵某将一辆汽车赠送给高某，4月15日，赵某意图非礼高某，被奋起反抗的高某用水果刀扎伤。高某报警，警察赶到现场，并通知赵妻将赵某送至医院，当晚19时，赵某经抢救无效去世。高某因正当防卫被法院宣告无罪。赵妻作为继承人拟对高某提起民事诉讼，要求撤销赵某对高某的赠与合同，则下列说法中正确的是( )。

A. 赵妻不能撤销赵某对高某的赠与合同

B. 赵妻的撤销权应在2020年10月15日前行使

C. 赵妻的撤销权应在2021年4月15日前行使

D. 即使该赠与合同经过公证，赵妻也可以撤销赠与

7. 甲企业因扩大生产需要，向乙银行借款20万元，约定期限1年，利息为5%。乙银行预先扣除利息1万元，甲企业实际得到19万元。借款到期时，甲企业应偿还的本金和利息是( )万元。

A. 19　　　　B. 19.95
C. 20　　　　D. 21

8. 侯某向赵某借款10万元，借款时双方只约定借期1年，并未约定利息。但侯某直至2年时才归还该笔借款，则下列说法中正确的是( )。

A. 赵某可以要求侯某按照合同签订时一年期贷款市场报价利率标准支付2年的利息

B. 赵某可以要求侯某按照合同签订时两年期贷款市场报价利率标准支付2年的利息

C. 赵某可以要求侯某自逾期还款之日起参照当时一年期贷款市场报价利率标准计算的利息承担逾期还款违约责任

D. 赵某无权要求侯某支付利息和承担违约责任

9. 高某向侯某借款20万元，期限一年，为其子出国留学之用，双方签订了借款合同，同时签订了一份抵押合同，约定以高某的一辆价值15万元的汽车作为抵押担保，但未进行登记，赵某为该借款合同提供保证担保，各方在担保责任承担上未做特别约定。合同到期后，高某无力偿还，则下列担保责任的承担中说法正确的是( )。

A. 侯某可以先行使对高某汽车的抵押权也可以先要求赵某承担保证责任

B. 侯某应当先行使对高某汽车的抵押权

C. 侯某应当先要求赵某承担保证责任

D. 因抵押合同未登记，侯某只能要求赵某承担保证责任

二、多项选择题

1. 10月1日，甲有一批货物正在由北京运往上海准备销售的途中，10月5日，甲与上海的乙就这批货物洽谈并签订了买卖合同，约定甲将货物卖给乙。签订合同时该标的物仍在运输途中，此时关于标的物的风险的承担表述正确的有( )。

A. 标的物的风险自合同成立时由买受人乙承担

B. 标的物的风险在实际交付买受人乙之前是出卖人甲承担

C. 如果甲在 10 月 5 日已知该批货物毁损但未告知乙，则甲承担货物毁损的风险

D. 如果甲在 10 月 5 日已知该批货物毁损但未告知乙，则乙承担货物毁损的风险

2. 2019 年 5 月 1 日，甲和乙签订了一份设备买卖合同，双方未约定质量检验期。2019 年 5 月 15 日，乙签收了送货单后没有及时对设备进行检验，因工厂手续不全也未使用该设备生产产品，2021 年 6 月 1 日，乙的工厂开工，使用该设备时发现存在质量问题。对此下列表述正确的有( )。

A. 乙签收了送货单推定已对数量和外观瑕疵进行了检验

B. 因甲交付的设备存在质量问题，应当向乙承担违约责任

C. 上述情形应视为标的物的质量符合约定，乙无权要求甲承担违约责任

D. 若甲公司自愿承担违约责任后，又以质量检验期间经过为由反悔的，人民法院不予支持

3. 赵某与甲公司签订合同以分期付款方式购买汽车一辆，双方约定总价款 20 万元，分 5 次付清，每次 4 万元，每月的第一天支付。赵某按期支付 3 次共计 12 万元后，因该款汽车大幅降价，未再支付剩余两期价款，经甲公司催告后在合理期限内赵某仍未支付到期价款。则汽车销售公司可以采取的措施有( )。

A. 要求赵某一次性付清余下的 8 万元价款

B. 通知赵某解除合同

C. 解除合同，并且收取赵某汽车使用费

D. 解除合同，且不退还赵某已经支付的 12 万元价款

4. 关于试用买卖合同，下列表述正确的有( )。

A. 如果试用买卖的当事人没有约定使用费，则出卖人可以主张买受人支付使用费

B. 在试用期内，买受人将标的物抵押给他人，此行为不视为买受人同意购买

C. 当事人约定标的物经过试用或者检验符合一定要求时，买受人应当购买标的物的，此情形不属于试用买卖

D. 当事人约定买受人在一定期间内可以调换或退还标的物的，此情形不属于试用买卖

5. 下列赠与合同中，不得撤销的有( )。

A. 赵某将一辆汽车赠送给侯某，并已交付

B. 赵某在某大型赈灾义演晚会上承诺捐赠 200 万元用于灾区重建

C. 赵某向高中母校捐赠图书 1 万册，双方签订了捐赠合同，并进行了公证

D. 赵某将一枚玉镯赠送给孙某，并请孙某辅导儿子小赵的学习，辅导中，不认真学习的小赵被气愤的孙某打伤

6. 下列情形中的租赁合同，属于不定期租赁合同的有( )。

A. 甲将一台机器租赁给乙，双方订有书面合同，租赁期限约定为 30 年

B. 甲乙签订一租赁合同，未约定租赁期限，且不能通过补充协议或根据合同条款、交易习惯确定租赁期限

C. 甲乙订立一口头租赁合同，租赁期限为 1 年；之后甲乙发生争议不能确定具体租期

D. 甲将一私房出租给乙，租赁期限为 3 年，现租期已届满，甲未收回房屋，乙继续居住并交纳房租

7. 甲将自己的一套房屋租给乙住，乙又擅自将房屋租给丙住。丙是个飞镖爱好者，因练飞镖将房屋的墙面损坏。则下列说法中正确的有( )。

A. 甲有权要求解除与乙的租赁合同

B. 甲有权要求乙赔偿墙面损坏造成的

损失

C. 甲有权要求丙赔偿墙面损坏造成的损失

D. 乙与丙签订的房屋租赁合同无效

8. 下列情形，租赁合同的出租人可以解除合同的有（　　）。

A. 租赁物部分毁损、灭失，致使不能实现合同目的

B. 租赁物危及承租人的安全或者健康的，但承租人订立合同时明知该租赁物质量不合格

C. 承租人无正当理由不支付租金，且在出租人要求的合理期限内仍不支付租金

D. 承租人未经同意转租租赁物

9. 赵某有一套房屋欲出租，与高某签订合同，约好近期腾房，10日后交付；第二天，郭某听说赵某有房出租，愿以更高的价格租下，赵某遂与郭某签订合同，约好近期腾房，5日内交付，郭某不放心，于是双方到当地房地产管理部门办理了登记备案手续；第三天，好朋友侯某听说赵某有房出租，于是要求赵某将房子租给自己，赵某碍于情面答应，双方签订了房屋租赁合同，侯某当即搬入该房屋。后高某、郭某均要求赵某履行合同，诉至法院。下列说法中正确的有（　　）。

A. 三份租赁合同均有效

B. 侯某为履行合同的承租人

C. 高某为履行合同的承租人

D. 郭某为履行合同的承租人

10. 根据合同法律制度的规定，下列情形中，承租人不能行使对租赁房屋优先购买权的有（　　）。

A. 房东赵某与妻子离婚，拟出售该共有房屋，赵妻要求购买

B. 房东赵某拟将该房屋卖给自己的弟弟赵二

C. 房东赵某拟将该房屋卖给朋友侯某，通知承租人后，承租人在10日内未表示购买

D. 房东赵某委托甲拍卖行拍卖该房屋，拍卖行于拍卖前5日通知承租人，承租人因出差未能参加拍卖

11. 甲根据乙的选择向丙购买X型机床出租给乙使用，双方约定租期5年，租赁期满该机床归乙所有。机床安装完毕后不能正常运行，后经调换可以正常使用，半年后由于工人误操作导致手指卷入机床受伤，1年后X型机床进行了第一次大修理，3年以后乙公司破产。则下列说法中不正确的有（　　）。

A. X型机床安装完毕后不能正常运行，甲公司应承担责任

B. 工人误操作导致手指卷入机床受伤，甲公司应承担责任

C. X型机床大修理支出，应由甲公司承担

D. 乙公司破产，X机床不属于乙公司的破产财产

12. 甲公司与乙设备租赁公司签订了一份融资租赁合同。双方约定甲公司每年向乙公司支付250万元的设备租金，按季度支付，四年租赁期满，甲公司可以以1 000元的价格购买该设备。合同履行至第四年初，甲公司经营亏损无力支付第四年的租金。根据合同法律制度的规定，下列说法中正确的有（　　）。

A. 甲公司与乙公司之间融资租赁合同的上述约定，视为约定的租金义务履行完毕后租赁物的所有权归甲公司所有

B. 因甲公司经营亏损无力支付剩余租金，乙公司可以主张解除合同并收回租赁物

C. 因甲公司已经支付合同价款的75%，乙公司无权主张解除合同并收回租赁物

D. 若乙公司收回租赁物，因租赁物的价值超过甲公司欠付的租金以及其他费用，甲公司可以要求相应返还

13. 下列关于保证人的说法中，正确的有（　　）。

A. 某公办学校不得成为保证人

B. 村委会原则上不得为保证人，但是依法代行村集体经济组织职能的、依照规定讨论决定程序对外提供担保的除外

C. 某消费者协会可以成为保证人

D. 经国务院批准为使用外国政府贷款进行转贷，国家机关可以作保证人

14. 2020年3月4日，马某向贾某借款10万元，李某在保证合同中注明"若马某不能清偿到期借款本息，李某将代为履行"，此外，合同还约定，马某应于2021年3月3日还款，保证期间也一直持续到该日。马某到期拒绝还款，贾某遂诉至法院要求马某还款。对此，下列说法正确的有( )。

A. 李某的保证方式是连带责任保证

B. 李某的保证方式是一般保证

C. 李某的保证期间从2021年3月4日至2021年9月4日前

D. 李某的保证期间从2021年3月4日至2023年3月4日前

15. 甲、乙两公司签订一份买卖合同，约定甲公司向乙公司购买机床一台，价格为300万元。同时，丙公司向乙公司出具一份内容为"若甲公司到期不能付款，丙公司愿意承担保证责任"的保函，并加盖了公司公章。之后，由于市场变化，甲、乙双方协商同意将机床价格变更为350万元，但未通知丙。乙公司向甲公司交付机床后，甲公司无力按期支付货款，乙公司遂要求丙公司代为清偿。根据合同法律制度的规定，下列表述中，正确的有( )。

A. 丙公司出具保函是其单方行为，因此保证不成立

B. 丙公司应在300万元范围内承担保证责任

C. 丙公司应当承担350万元的保证责任

D. 丙公司应当承担一般保证责任

16. 甲公司向乙银行借款100万元，丙以自己的房产向乙银行设定抵押，并办理了抵押登记；丁、戊与乙银行约定，若甲公司不偿还到期借款，二人各承担50%的保证责任，并出具担保函。甲到期无力偿还借款本息。下列说法中正确的有( )。

A. 乙银行可以就丙的房产行使抵押权

B. 丙承担担保责任后，可向甲公司追偿，也可以要求丁、戊清偿其应承担的份额

C. 乙银行可以要求丁承担全部保证责任

D. 乙银行可以要求丁承担50万元的保证责任

17. 陈某向李某借款10万元，双方签订了借款合同，陈某的好友郭某向李某单方面提交了签名的保证书，其中载明"若陈某不能清偿到期借款本息，郭某将代为履行"。借款到期后，陈某未清偿借款本息。下列关于郭某承担保证责任的表述中，正确的有( )。

A. 郭某可以以自己未与李某签订保证合同为由主张保证合同不成立

B. 郭某须向李某承担连带保证责任

C. 若李某未向法院起诉，并就陈某的财产依法强制执行，则不能要求郭某承担保证责任

D. 若陈某下落不明且无财产可供执行，则李某可要求郭某承担保证责任

三、判断题

1. 在买卖合同中，若当事人没有其他约定，标的物在交付之前产生的孳息归出卖人所有，交付之后产生的孳息归买受人所有。( )

2. 甲、乙签订一份设备买卖合同，双方约定由甲向乙的客户丙交付该设备，若甲、乙之间与乙、丙之间对该设备约定的检验标准不一致，则质量标准以乙、丙之间的约定为准。( )

3. 赵某拟购买一套交通较为便利的住宅，但

又苦于囊中羞涩。这时看到甲房地产开发商的广告，广告中称其开发的铜墙铁壁小区虽然位置临近郊区但地铁108号线规划在其小区外设立站点，因此价格已比一个月前上涨10%，机不可失。赵某十分心动便与甲房地产开发商签订了商品房买卖合同，但合同中并未将地铁建站这一内容写入。至交房时，因地铁公司规划调整，并未在该小区外设立站点，则赵某可以追究甲房地产开发商的违约责任。（ ）

4. 赵某与甲房地产公司签订了一份商品房买卖合同，合同约定赵某购买的房屋位于某小区8号楼301室，2020年6月6日交房，合同未对合同解除权的行使做特别约定。至交房日赵某催告甲公司向自己交付房屋，但因为建筑工期延误直至2020年10月1日甲公司仍未向赵某交付，则赵某可以主张解除合同。（ ）

5. 赵某将一枚玉镯赠送给孙某，并约定由孙某辅导儿子小赵的学习，玉镯交付后，孙某因工作较忙一直出差在外并未辅导小赵的功课，因玉镯已经交付，赵某不能撤销赠与。（ ）

6. 甲从乙租赁公司租赁汽车一辆，期限3个月，在租赁期内，汽车发生故障，需要维修，已知当事人对此没有约定，则该费用由乙承担。（ ）

7. 出租人出卖租赁房屋未在合理期限内通知承租人或存在其他侵害承租人优先购买权的情形，承租人可以请求出租人承担赔偿责任。（ ）

8. 甲公司拥有一临时建筑使用期至2018年12月31日，乙公司租用该临时建筑与甲公司签订一份租赁合同，双方约定的租赁期至2019年12月31日，双方因租赁期争议诉至法院，在一审法庭辩论终结前主管机关批准延长该临时建筑使用期至2020年12月31日，则法院应当认定租赁期间有效。（ ）

9. 李某向侯某借款10万元，双方签订了书面的借款合同，赵某作为债务人李某的连带责任保证人与债权人侯某签订了保证合同。债务到期前，李某的朋友高某在借款合同的"借款人"处加上了自己的名字。合同到期后，李某和高某均未还款。因高某加入债务关系未经赵某的同意，赵某的保证责任解除。（ ）

10. 一般保证中，债权人依据生效法律文书对债务人的财产依法申请强制执行，自人民法院作出终结本次执行程序裁定，裁定送达债权人之日起开始计算保证债务诉讼时效期间。（ ）

11. 债权人在保证期间内未依法行使权利，又书面通知保证人要求承担保证责任的，人民法院应予支持。（ ）

四、主观题

（一）历年试题

1. ☆（简答题）2019年3月1日，王某向李某购买一套二手房，双方签订买卖合同，约定房屋总价款200万元，合同签订当日，王某需向李某交付定金40万元，合同签订后15天内，王某交付购房款30万元，剩余款项在2019年3月31日前付清；任何一方违约致使合同目的不能实现，须按合同总价款的20%向对方支付违约金。

合同签订当日，王某将30万元作为定金交付给李某。2019年3月10日，王某向李某交付购房款30万元。

2019年3月20日，李某告知王某，其3日前和陈某签订该房屋买卖合同，并已将房屋转移登记给陈某。因违约赔偿纠纷，王某于2019年4月15日向法院提起诉讼，请求事项如下：（1）解除与李某签订的房屋买卖合同；（2）李某返还30万元购房款及其利息；（3）李某双倍返还定金80万元；（4）李某支付违约金40万元；（5）本纠纷应按照"商品房买卖合同司法解释"的规定解决。

李某答辩如下：（1）定金应为实际交付的

数额 30 万元，双倍返还定金数额应为 60 万元；(2) 王某不能同时主张定金和违约金责任；(3) 自己与王某的房屋买卖合同不适用"商品房买卖合同司法解释"的规定。

要求：根据上述资料和合同、担保法律制度的规定，不考虑其他因素，回答下列问题。

(1) 李某抗辩(1)是否成立？简要说明理由。

(2) 李某抗辩(2)是否成立？简要说明理由。

(3) 李某抗辩(3)是否成立？简要说明理由。

2. ☆(简答题)2019 年 1 月 1 日，陈某向李某租赁房屋，双方签订租赁合同约定：租赁期限为 3 年，月租金为 1 万元。2019 年 9 月 1 日，李某告知陈某，打算将租赁房屋以 500 万元出售给自己的舅舅高某，陈某未作回应。2019 年 9 月 18 日，李某与高某签订房屋买卖合同，并于次日办理了房屋产权转移登记。

其后，高某要求陈某搬离房屋而与陈某发生纠纷，陈某遂以李某、高某为被告，向法院提起诉讼，请求李某承担因侵犯其优先购买权的赔偿责任，并请求高某继续履行租赁合同直至原定 3 年租期届满。

李某抗辩称，陈某无权优先购买租赁房屋，理由如下：(1) 自己系将租赁房屋出售给亲戚；(2) 自告知出售房屋事宜起，陈某在 15 日内未明确表示购买。所以，自己无须承担赔偿责任。高某则坚持主张自己有权要求陈某搬离租赁房屋。

要求：根据上述资料和合同法律制度的规定，不考虑其他因素，回答下列问题。

(1) 李某主张陈某无权优先购买租赁房屋的理由(1)是否成立？简要说明理由。

(2) 李某主张陈某无权优先购买租赁房屋的理由(2)是否成立？简要说明理由。

(3) 高某是否有权要求陈某搬离租赁房屋？简要说明理由。

3. ☆(综合题)2018 年 1 月，陈某、王某、林某共同出资设立甲普通合伙企业(以下简称"甲企业")。合伙人一致决定，由陈某执行合伙企业事务；并约定：标的额超过 50 万元的交易，包括借贷，需经全体合伙人一致同意。

2018 年 10 月，为扩大合伙企业经营规模，陈某未经其他合伙人同意，代表甲企业向善意的郑某借款 100 万元，双方签订借款合同，约定借款期限为 1 年，月利率为 2%。陈某的朋友李某单方以书面形式向郑某出具保证书，郑某接受且未提出异议。陈某的另一朋友蔡某与郑某签订抵押合同，以其车辆为该借款提供抵押担保，但未办理抵押登记。

2019 年 1 月，经陈某、王某同意，林某退出合伙企业。同月，赵某加入合伙企业。

2019 年 10 月，借款期满，甲企业无力清偿借款本息，郑某以甲企业、陈某、王某、林某、赵某、李某、蔡某为被告，向法院提起诉讼，请求甲企业清偿借款本息，陈某、王某、林某、赵某对该债务承担无限连带责任，请求李某对该债务承担保证责任，请求实现在蔡某抵押车辆上设立的抵押权。

对于郑某的诉讼请求，王某抗辩称：陈某代表甲企业向郑某的借款，超出了甲企业对陈某的交易限制，该借款合同应属无效。

林某抗辩称：自己已经退出甲企业，无须对该借款承担无限连带责任。

赵某抗辩称，自己在借款合同签订之后才加入甲企业，无须对该借款承担无限连带责任。

李某抗辩称：(1) 自己未曾与郑某签订保证合同，无须承担保证责任；(2) 即使保证成立，郑某也应先实现在蔡某车辆上设立的抵押权。

蔡某抗辩称：车辆抵押未办理登记，抵

权未设立。

已知：郑某与李某、蔡某就实现担保权利的顺序未作约定。

要求：根据上述资料和合伙企业、合同、担保法律制度的规定，不考虑其他因素，回答下列问题。

(1) 借款合同是否有效？说明理由。
(2) 林某抗辩是否成立？说明理由。
(3) 赵某抗辩是否成立？说明理由。
(4) 李某抗辩(1)是否成立？说明理由。
(5) 李某抗辩(2)是否成立？说明理由。
(6) 蔡某抗辩是否成立？说明理由。

4. ☆(综合题)2016年4月1日，甲公司向乙公司借款3 000万元，双方签订借款合同约定：借款期限1年，借款年利率10%，逾期年利率15%，借款方违约，须以借款本金为基数承担日0.2‰的违约金(按365天计，折算成年违约金为7.3%)。已知合同成立时，一年期贷款市场报价利率为5.1%。

为担保借款，甲公司将其一闲置厂房抵押给乙公司，办理了抵押登记。甲公司另以其生产设备、原材料、半成品、产品为乙公司设定浮动抵押，办理了抵押登记。此外，甲公司的董事长陈某为该笔借款提供保证担保，与乙公司签订保证合同，保证合同未约定保证方式。甲公司、陈某与乙公司未约定担保权利行使的顺序。

2016年6月1日，甲公司将抵押厂房出租给丙公司，租期3年。出租前，甲公司书面告知丙公司该厂房已为他人设定抵押。

借款期满，甲公司无力清偿到期债务。乙公司调查发现，甲公司用以设定浮动抵押的一台生产设备和一批产品，抵押之后，该生产设备被丁修理厂依法留置，另一批产品被戊公司支付合理价款购买取得。

2017年8月1日，因债权实现纠纷，乙公司以甲公司、陈某、丁修理厂、戊公司为被告向人民法院起诉，主张如下：甲公司承担返还借款本息及违约金责任；就甲公司设定抵押的厂房、生产设备、产品等抵押物行使抵押权，包括被丁修理厂留置的生产设备及被戊公司购买的产品；陈某承担连带保证责任。

甲公司抗辩：乙公司不得同时主张逾期利息与违约金。

陈某抗辩如下：
(1) 乙公司应先行使抵押权；
(2) 自己只承担一般保证责任，享有先诉抗辩权，乙公司在就债务人甲公司财产依法强制执行仍不能实现债权之前，不能要求保证人承担保证责任。

丁修理厂主张：其留置权行使应优先于乙公司抵押权的行使。

戊公司主张：乙公司无权在其购买的产品上行使抵押权。

2018年4月，乙公司依法拍卖了抵押厂房，丙公司被迫搬离。

要求：根据上述资料和民法典的相关规定，不考虑其他因素，回答下列问题。

(1) 乙公司能否同时主张逾期利息和违约金？说明理由。
(2) 陈某的抗辩(1)是否成立？说明理由。
(3) 陈某是否享有先诉抗辩权？说明理由。
(4) 丁修理厂的主张是否成立？说明理由。
(5) 乙公司能否在戊公司购买的产品上行使抵押权？说明理由。
(6) 丙公司的租赁关系是否可以对抗抵押权？说明理由。

5. ☆(简答题)2018年1月，甲公司与乙公司签订融资租赁合同，甲公司根据乙公司的选择，向丙公司购买了一台大型设备，出租给乙公司使用。设备保修期过后，该设备不能正常运行，且在某次事故中造成员工李某受伤。乙公司要求甲公司履行维修义务，承担设备不符合约定的违约责任，并对李某所受损害承担赔偿责任。甲公司表示拒绝，乙公司遂以此为由拒绝支付租金。

已知：对于租赁物维修义务，以及租赁物

不符合约定及其造成第三人损害的责任承担，融资租赁合同并未作特别约定。

要求：根据上述资料和民法典的规定，不考虑其他因素，回答下列问题。

(1)甲公司是否应履行维修义务？简要说明理由。

(2)甲公司是否应承担设备不符合约定的违约责任？简要说明理由。

(3)甲公司是否应对李某所受损害承担赔偿责任？简要说明理由。

6. ☆(综合题)甲公司需要使用乙公司生产的一套精密仪器，但无力购买，遂请求丙公司购买并租给自己。甲、丙公司签订融资租赁合同，约定如下：丙公司购买乙公司精密仪器，价款500万元；甲公司租赁该仪器10年，年租金80万元。

丙公司为支付货款向丁公司借款100万元，双方约定：借款期限6个月，利息10万元，在本金中预先扣除。丁公司实际支付丙公司90万元。为担保该借款债权，丙公司以其一台价值40万元的车辆抵押，与丁公司签订了抵押合同；戊公司作为保证人与丁公司签订了保证合同，保证合同未约定保证方式；丁公司与丙、戊公司未约定行使担保权利的顺序。

丙公司和丁公司约定的借款期限届满后，丙公司未能清偿借款。丁公司拟行使抵押权，发现丙公司因拖欠辛仓储公司10万元仓储费用，抵押车辆在前往辛公司提取仓储物时，被辛公司留置。丁公司主张就被留置车辆行使抵押权，理由如下：

(1)辛公司扣留车辆，与其享有的仓储费债权不属于同一法律关系，故辛公司无权留置车辆；

(2)即使辛公司有权留置车辆，因抵押权设立在先，丁公司有权优先行使抵押权。

丁公司要求保证人戊公司承担连带保证责任，戊公司抗辩如下：

(1)该借款债权还存在抵押担保，丁公司应先实现抵押权；

(2)对于抵押担保不足清偿的部分，戊公司只承担一般保证责任，即承担丙公司财产不足以清偿借款部分的补充保证责任。

要求：根据上述资料和合同、担保法律制度的规定，不考虑其他因素，回答下列问题。

(1)融资租赁期间，该精密仪器归谁所有？说明理由。

(2)丙公司向丁公司借款的本金是多少？说明理由。

(3)丁公司主张行使抵押权的理由(1)是否符合法律规定？说明理由。

(4)丁公司主张行使抵押权的理由(2)是否符合法律规定？说明理由。

(5)戊公司的抗辩理由(1)是否成立？说明理由。

(6)戊公司的抗辩理由(2)是否成立？说明理由。

7. ☆(简答题)2016年1月，甲个人独资企业(以下简称"甲企业")向陈某借款50万元，双方签订了借款合同。合同约定：借款期限为6个月；年利率24%；利息在返还借款时一并支付。合同未约定逾期利率。王某、李某为该笔借款提供了保证担保。在王某、李某与陈某签订的保证合同中，当事人未约定保证方式。

借款期限届满，甲企业无力偿还借款本息，陈某要求保证人承担保证责任。因在保证责任承担上存在分歧，陈某以甲企业、王某、李某为被告，向法院提起了诉讼，要求甲企业偿还借款本息，包括按年利率24%计算的逾期利息；王某、李某为该债务承担连带保证责任。

庭审中，保证人王某、李某答辩如下：

(1)本案中借款年利率高达24%，明显属于不合法的高利贷，借款利息应按照银行同期贷款年利率6%计算；

(2)借款合同未约定逾期利率，逾期利息应按照银行同期贷款年利率6%计算；

(3)本案中，保证人享有先诉抗辩权，陈

某应先就甲企业财产申请法院强制执行，不足部分再请求保证人承担保证责任。

已知合同成立时一年期贷款市场报价利率为6%。

要求：根据上述资料和担保、合同法律制度的规定，回答下列问题。

(1)王某、李某的答辩(1)是否成立？简要说明理由。

(2)王某、李某的答辩(2)是否成立？简要说明理由。

(3)王某、李某的答辩(3)是否成立？简要说明理由。

8. ☆(简答题)2020年9月1日，周某向梁某借款50万元，双方签订了借款合同，借款期限1年，年利率为24%。借款期限届满后，周某无力清偿借款本息。2021年12月1日，梁某调查发现，周某于2021年1月1日将一辆价值10万元的轿车赠送给亲戚郑某。2022年1月20日，梁某提起诉讼请求撤销赠与行为，郑某抗辩：

(1)自己不知道周某无力清偿欠款，属于善意第三人，梁某无权请求撤销；

(2)自2021年1月1日赠与行为发生至梁某起诉，已经超过可以行使撤销权的1年法定期间，梁某无权请求撤销。

要求：根据上述资料和合同法律制度的规定，回答下列问题。

(1)郑某抗辩理由(1)是否成立？简要说明理由。

(2)郑某抗辩理由(2)是否成立？简要说明理由。

9. ☆(综合题)2012年1月，李某设立了甲一人有限责任公司(以下简称"甲公司")，注册资本为550万元。

2013年1月，甲公司向乙银行借款500万元，双方签订了借款合同，借款期限为2年。陈某以书面形式向乙银行作出保证，乙银行未提出异议。借款合同包含如下仲裁条款：凡是与本借款债务清偿有关的纠纷，应提交A市仲裁委员会仲裁。甲公司以其价值350万元的公司厂房为该笔借款提供了抵押。抵押合同中约定：甲公司不偿还到期借款本息，该厂房归乙银行所有。

2015年1月，借款期满，甲公司无力偿还到期借款本息。乙银行调查发现，李某在缴纳出资后，通过虚构债权债务关系等方式抽逃了100万元出资。为实现借款债权，乙银行以甲公司、李某、陈某为被告向法院提起了诉讼，要求取得甲公司厂房的所有权；要求李某在抽逃的100万元出资的本息范围内向乙银行承担清偿责任；要求陈某承担保证责任。

在庭审中，甲公司抗辩：

(1)抵押合同中约定了"甲公司不偿还到期借款本息，该厂房归乙银行所有"，该条款违反了法律的强制性规定，所以，抵押合同全部无效；

(2)借款合同约定了仲裁条款，本案应由A市仲裁委员会仲裁。

陈某抗辩：

(1)自己未与乙银行签订保证合同，不应当承担保证责任；

(2)即使自己承担保证责任，乙银行也应当先实现抵押权。

李某抗辩：借款债务人是甲公司，自己不应当向乙银行承担借款清偿责任。

经查，甲公司、陈某在首次开庭前未向法庭提交仲裁协议；甲公司、陈某与乙银行之间未对实现担保权利的顺序作出特别约定。

要求：根据上述资料和合同、物权、公司以及仲裁法律制度的规定，回答下列问题。

(1)甲公司主张抵押合同全部无效是否成立？说明理由。

(2)甲公司主张本案应由A市仲裁委员会仲裁是否成立？说明理由。

(3)陈某的抗辩(1)是否成立？说明理由。

(4)陈某的抗辩(2)是否成立？说明理由。
(5)李某的抗辩是否成立？说明理由。

(二)练习题

1. (简答题)2021年6月，甲公司与乙公司签订买卖合同，购入一台生产设备，双方约定分三期付款，付款日分别为2021年6月、12月和2022年6月，付款比例为2∶2∶6，并约定在甲公司付清全部款项前，该设备的所有权属于乙公司。同时为了保证甲公司能够履行付款义务，双方签订了书面抵押合同，双方约定甲公司将其所有的一栋厂房抵押给乙公司作为买卖合同的担保。合同签订后，公司将该厂房的所有权证书交乙公司收存，但未办理抵押登记。
2022年6月由于产品销售不佳，资金周转困难，甲公司无法按期向乙公司支付最后一期的款项。乙公司得知后，函告甲公司可于2022年12月前支付尾款。到期后，甲公司仍未付清尾款。
要求：根据上述内容和合同法律制度的有关规定分析回答下列问题。
(1)双方是否可以约定在甲公司付清全部款项前，该设备的所有权属于乙公司？说明理由。
(2)甲公司未按期支付最后一期款项，乙公司是否可以主张取回设备？说明理由。
(3)甲公司未按期支付最后一期款项，乙公司是否可以主张实现抵押权？说明理由。

2. (综合题)2021年8月1日，赵某与高某签订房屋租赁合同，双方约定租期1年，月租金1万元。使用一段时间后，承租人高某发现屋顶漏雨，遂要求赵某进行维修，赵某以自己工作较忙为由要求高某自行维修，为此高某支付维修费3 000元。
2022年3月10日，赵某因其子出国留学需要资金，决定将该房屋出售。3月15日，赵某在未通知高某的情况下，与侯某签订了房屋买卖合同，双方约定合同价款500万元，自合同签订之日起10天，侯某向赵某支付120万元定金。3月25日，侯某向赵某实际支付了100万元定金，赵某接受，未提出异议。
4月1日，侯某向赵某支付了全部购房款，4月10日，双方到房屋产权登记机关办理登记过户。
4月11日，侯某要求高某腾退房屋，遭到高某的拒绝，双方诉至法院，高某提出：
(1)赵某出售房屋未通知高某，损害了高某的优先购买，高某主张该买卖合同无效；
(2)高某可以居住至房屋租赁期满。
5月1日，该房屋屋顶再次漏雨且墙体出现大面积开裂，经有关部门鉴定，该房屋的质量问题严重属于危房，高某要求解除租赁合同。侯某知道后也要求解除与赵某的买卖合同，并要求赵某适用商品房买卖合同司法解释的规定承担相应的赔偿责任。
要求：根据上述资料和合同法律制度的有关规定，分析回答下列问题。
(1)房屋维修费应当由谁负担？说明理由。
(2)定金合同的金额为多少万元？说明理由。
(3)高某主张该买卖合同无效，是否符合法律规定？说明理由。
(4)高某要求居住至房屋租赁期满，是否符合法律规定？说明理由。
(5)高某是否可以主张解除租赁合同？说明理由。
(6)侯某是否有权要求赵某适用商品房买卖合同司法解释的规定承担相应的赔偿责任？说明理由。

积粮筑墙答案及解析

第一部分　民法典合同编通则

一、单项选择题

1. C　【解析】根据合同的订立是否以订立另一合同为内容，可以将合同区分为预约合同与本约合同。

2. C　【解析】选项A，书面形式指合同书、信件、数据电文等可以有形地表现所载内容的形式。选项B，当事人的特定行为间接推知其意思表示构成推定形式。选项D，推定形式、默示属于以其他形式订立合同。口头形式不属于其他形式订立合同。

3. C　【解析】(1)要约人依法撤销要约的，要约失效。要约人以确定承诺期限明示要约不可撤销的，该要约不得撤销。本题中，由于赵某发出要约时确定了承诺期，因此该要约不得撤销。(2)受要约人对要约的内容做出实质性变更为新要约(反要约)，新要约出现，原要约失效。本题中，3月8日赵某收到的甲公司回函，对原要约的主要内容作出了实质性变更，为新要约。

4. C　【解析】选项A，要约邀请是希望他人向自己发出要约的表示，其内容不明确。要约希望与他人订立合同的意思表示，其内容具体确定。本题中杯具公司的发函内容具体确定属于要约；选项BC，受要约人对要约的内容作出实质性变更的为新要约；选项D，采用合同书形式订立合同，在签名、盖章或按指印之前，当事人"一方已经履行主要义务并且对方接受的"，该合同成立。本题中虽然杯具公司已经履行主要义务，但甲公司未接受，合同不成立。

5. A　【解析】选项A，撤回要约的通知应当在要约到达受要约人之前或者与要约同时到达受要约人。题目中要约是被撤回，要约就没有生效，既然未生效，也就谈不上失效，因此选项C、D错误。

6. B　【解析】选项B，价款或者报酬不明确的，按照订立合同时履行地的市场价格履行。履行地点不明确，给付货币的，在接受货币一方所在地履行；交付不动产的，在不动产所在地履行；其他标的，在履行义务一方所在地履行。

7. D　【解析】选项D，当事人采用合同书、确认书形式订立合同的，双方当事人签名、盖章或者按指印的地点为合同成立的地点。双方当事人签字、盖章或者按指印不在同一地点的，最后签名、盖章或者按指印的地点为合同成立地点。

8. C　【解析】选项C，缔约过失赔偿的是信赖利益的损失；而违约责任赔偿的是履行利益的损失。履行利益的损失要大于或者等于信赖利益的损失。

9. C　【解析】选项C，合同义务全部转移的，新债务人成为合同一方当事人，如不履行或不适当履行合同义务，债权人可以向其请求履行债务或承担违约责任。

10. C　【解析】选项C，当事人约定由第三人向债权人履行债务的，第三人不履行债务或者履行债务不符合约定，债务人应当向债权人承担违约责任。

11. A　【解析】选项B，专属债权不能代位行使；选项C，违法行为取得的债权不能代位行使；选项D，未到期债权不能代位行使。

12. C　【解析】根据民法典的规定，债务人对同一债权人负担的数项债务种类相同，债务人的给付不足以清偿全部债务的，除当事人另有约定外，由债务人在清偿时指定其履行的债务。债务人未作指定的，应当优先履行已经到期的债务；数项债务均到期的，优先履行对债权人缺乏担保或者担保最少的债务；均无担保或者担保相等的，优先履行债务人负担较重的债务；负担相同的，按照债务到期的先后顺序履行；到期时间相同的，按照债务比例履行。

13. D 【解析】因故意实施侵权行为产生的债务不得主张抵销。

14. D 【解析】债务人接到债权转让通知时，债务人对让与人享有债权，并且其债权"先于转让的债权到期或者同时到期"的，债务人可以向受让人主张抵销。债务人的债权与转让的债权是基于同一合同产生，债务人可以向受让人主张抵销。

15. C 【解析】选项A，赠与合同的赠与人不可以随时解除合同；赠与人在赠与财产权利转移之前可以撤销合同。选项B，因不可抗力致使"不能实现合同目的"的，双方均可解除合同。选项D，先履行义务的一方有确切的证据证明后履行义务的一方不能履行合同，可以中止履行合同，中止履行合同后，如果对方在合理期限内未恢复履行能力并且未提供适当担保的，视为以自己的行为表明不履行主要债务，中止履行合同的一方可以解除合同，并可以请求对方承担违约责任。

16. C 【解析】违约金和定金罚则不可同时适用，但违约金可以和原数返还定金同时适用。

17. D 【解析】定金合同是实践性合同，从实际交付定金之日起成立。当事人约定以交付定金作为主合同成立或者生效要件，给付定金的一方未支付定金，但主合同已经履行或者已经履行主要部分的，不影响主合同的成立或者生效。

二、多项选择题

1. AD 【解析】要约邀请是希望他人向自己发出要约的表示。选项B、C，属于要约。

2. BD 【解析】选项A，以对话方式做出的意思表示，自钱某知道其内容时，要约生效(8月1日)；选项B，以非对话方式作出的要约，一般自到达受要约人时生效(8月3日)；选项C，以非对话方式作出的采用数据电文形式的意思表示，相对人指定特定系统接收数据电文的，该数据电文进入该特定系统时生效(8月2日)；选项D，以非对话方式作出的采用数据电文形式的意思表示，相对人未指定特定系统的，相对人知道或者应当知道该数据电文进入其系统时生效(8月3日)。

3. AD 【解析】受要约人在承诺期限内发出承诺，按照通常情形能够及时到达要约人，但因其他原因使承诺到达要约人时超过承诺期限的，为迟到承诺。除要约人及时通知受要约人因承诺超过期限不接受该承诺的以外，迟到的承诺为有效承诺。

4. AC 【解析】选项B，因故意或者重大过失造成对方财产损失的免责条款无效；选项D，应当按照通常理解予以解释。

5. AC 【解析】选项A、B，当事人采用信件、数据电文等形式订立合同要求签订确认书的，签订确认书时合同成立，本题没有签订，所以合同未成立，不需要发货。选项C、D，当事人约定采用书面形式订立合同的，当事人未采用书面形式但一方已经履行主要义务，对方接受的，该合同成立。

6. ABC 【解析】选项A、B，法律规定或者当事人约定第三人可以直接请求债务人向其履行债务，第三人未在合理期限内明确拒绝，债务人未向第三人履行债务或者履行债务不符合约定的，"第三人可以请求债务人承担违约责任"。选项C，债务人对债权人的抗辩，可以向第三人主张。选项 D，因向第三人履行债务增加的费用，除双方当事人另有约定外，由 债权人 承担。

7. AB 【解析】选项 C，因向第三人(乙公司)履行债务增加的费用，除双方当事人另有约定外，由 债权人 (甲公司)承担。选项 D，债务人未向第三人履行债务或者履行债务不符合约定的，第三人可以请求债务人承担违约责任。

8. BCD 【解析】先履行义务的一方有确切的证据证明后履行义务的一方不能履行合同或有不履行合同的可能性，先履行义务的一方可以：(1)"中止"合同并"通知"对方，要求对方证明有履行能力或提供相应的担保(选项 A、B)；(2)在"合理期限内"，对方未恢复履行能力或提供相应担保，视为以自己的行为表明不履行主要债务，中止履行合同的一方可以"解除"合同，并可以请求对方承担违约责任(选项 C、D)。

9. AC 【解析】选项 B，代位权诉讼应以次债务人(高某)为被告。选项 D，在代位权诉讼中，债权人胜诉的，诉讼费由 次债务人 (高某)承担，从实现的债权中优先支付。

10. ABC 【解析】选项 A、B，债权人放弃债权(无论是否到期)、无偿转让财产等无偿行为，不论第三人善意或恶意，债权人均得以请求撤销；选项 C、D，对于债务人有偿转让财产的行为，债权人行使撤销权须以第三人的恶意为要件；若第三人无恶意，则不能撤销其取得财产的行为。

11. AD 【解析】选项 A、B，债权人放弃到期债权、无偿转让财产等无偿行为，不论第三人善意或恶意，债权人均可以请求撤销。选项 C，撤销权诉讼应将债务人(赵某)列为被告。选项 D，债权人行使撤销权所支付的律师费、差旅费等必要费用，由 债务人 承担。

12. BCD 【解析】选项 A、B，债权人转让权利无须债务人同意，但应当通知债务人。未经通知，该转让对债务人不发生效力。选项 C，当事人互负债务，该债务的 标的物种类、品质相同的，任何一方可以将自己的债务与对方的" 到期 "债务抵销；丙的债务已经到期，乙可以主张抵销。选项 D，债务人对让与人的抗辩，可以向受让人主张。

13. AD 【解析】选项 A，债权人转让权利无需经债务人同意，但应当" 通知 "债务人。未经通知，该转让对债务人不发生效力；选项 B，合同权利全部转让，原合同关系消灭，受让人取代原债权人的地位，成为新的债权人，原债权人脱离合同关系；选项 C，债权人转让全部或者部分债权，未通知保证人的，该转让对保证人不发生效力；选项 D，主债权转让的，担保该债权的抵押权一并转让，但法律另有规定或者当事人另有约定的除外。

14. ABD 【解析】选项 A、B，当事人约定" 金钱债权 "不得转让的，不得对抗"第三人"；选项 C、D，当事人约定" 非金钱债权 "不得转让的，不得对抗" 善意第三人 "。

15. AB 【解析】选项 C，标的物提存后，毁损、灭失的风险由债权人承担。选项 D，债权人提取提存物的权利，自提存之日起 5 年 内不行使消灭。

16. CD 【解析】选项 A，债务人应当及时通知债权人或者债权人的继承人、遗产管理人、监护人、财产代管人而不得取回；选项 B，债权人领取提存物的权利，自提存之日起" 5 年内 "不行使而消灭，提存物扣除提存费用后归国家所有；选项 C、D，债权人未履行对债务人的到期债务，或者债权人向提存部门书面表示放弃领取提存物权利的，债务人负担提存费用后有权取回提存物。

17. ABCD 【解析】选项 A、C，在履行期限届满之前，当事人一方明确表示或者以自己的行为表明不履行主要债务的,对方当事人可以解除合同;选项B,因不可抗力致使合同目的不能实现,可以解除合同;选项D,当事人一方迟延履行主要债务,经催告后在合理期限内仍未履行可以解除合同。

三、判断题

1. × 【解析】承诺只能撤回不能撤销。
2. × 【解析】要约以信件或者电报作出的,承诺期限自信件载明的日期或者电报交发之日开始计算。信件未载明日期的,自投寄该信件的邮戳日期开始计算。
3. √
4. √ 【解析】债权人未经保证人书面同意,允许债务人转移全部或者部分债务,保证人对未经其同意转移的债务不再承担保证责任,但是债权人和保证人另有约定的除外。
5. × 【解析】合同中的结算和清理条款(如支付违约金)为实体义务条款,不受合同终止的影响;合同中的仲裁条款为程序性规定条款,不受合同无效、被撤销和终止的影响。

第二部分　民法典合同编分则

一、单项选择题

1. C 【解析】标的物为动产的,所有权一般自标的物交付时起转移;标的物为不动产的,所有权一般自标的物登记时起转移。
2. A 【解析】出卖人就同一普通动产订立多重买卖合同,在买卖合同均有效的情况下,买受人均要求实际履行合同的,应当按照以下情形分别处理:先行受领交付的买受人请求确认所有权已经转移的,人民法院应予支持(选项A);均未受领交付,先行支付价款的买受人请求出卖人履行交付标的物等合同义务的,人民法院应予支持;均未受领交付,也未支付价款,依法成立在先合同的买受人请求出卖人履行交付标的物等合同义务的,人民法院应予支持。
3. A 【解析】选项A,出卖人对标的物保留的所有权,未经登记,不得对抗善意第三人。选项BC,在将标的物出卖、出质或者作出其他不当处分的情形下,第三人依据民法典的规定已经善意取得标的物所有权或者其他物权,出卖人不得主张取回标的物。本题中,丙因知情,不满足善意条件。选项D,当事人可以在买卖合同中约定买受人未履行支付价款或者其他义务的,标的物的所有权属于出卖人。
4. A 【解析】因标的物的从物不符合约定被解除的,解除的效力不及于主物,选项B说法错误。由于各辆货车独立运营,不符合约定的货车不会影响其他货车合同目的的实现,因此不能解除全部车辆的合同,选项C、D说法错误。
5. B 【解析】出卖人预售商品房,必须申领商品房预售许可证明。出卖人未取得商品房预售许可证明,与买受人订立的商品房预售合同,应当认定无效,但是在起诉前取得商品房预售许可证明的,可以认定有效。
6. A 【解析】因受赠人的违法行为致使赠与人死亡或者丧失民事行为能力的,赠与人的继承人或者法定代理人可以撤销赠与。本题中高某被宣告无罪,并非因违法行为致使赠与人死亡,因此赵妻不可以撤销赠与。
7. B 【解析】借款的利息不得预先在本金中扣除。利息预先在本金中扣除的,应当按照实际借款数额返还借款并计算利息。19+19×5% = 19.95(万元)。
8. C 【解析】(1)自然人之间的借款,对利息没有约定的,视为不支付利息;(2)借期利率、逾期利率均未约定的情下,借款人逾期还款，出借人可以主张借款人自逾期还款之日起"参照当时一年期贷款市场报价利率标准计算的利息"承担逾期还款违约责任。

9. B 【解析】选项 B，动产抵押，抵押权自抵押合同生效时设立；未经登记，不得对抗善意第三人。本题中，汽车的抵押权已经设立。被担保的债权既有物的担保又有人的担保，债务人不履行到期债务或发生当事人约定的实现担保物权的情形，债权人应当按照约定实现债权；没有约定或者约定不明确，债务人自己提供物的担保的，债权人应当先就该物的担保实现债权。

二、多项选择题

1. AC 【解析】出卖人出卖交由承运人运输的在途标的物，除当事人另有约定的以外，毁损、灭失的风险自合同成立时起由买受人承担。但如果出卖人出卖交由承运人运输的在途标的物，在合同成立时知道或者应当知道标的物已经毁损、灭失却未告知买受人，买受人主张出卖人负担标的物毁损、灭失的风险的，人民法院应予支持。

2. ACD 【解析】选项 A，当事人对标的物的检验期间未作约定，买受人"签收"的送货单、确认单等"载明"标的物数量、型号、规格的，推定买受人已对"数量和外观瑕疵"进行了检验，但有相反证据足以推翻的除外；选项 B、C，当事人没有约定检验期间的，买受人应当在发现或者应当发现标的物的数量或者质量不符合约定的合理期间内通知出卖人；买受人在合理期限内未通知或者自标的物"收到之日起2年内"未通知出卖人的，视为标的物的数量或者质量符合约定；选项 D，出卖人自愿承担违约责任后，又以上述期间经过为由反悔的，人民法院不予支持。

3. ABC 【解析】分期付款的买受人未支付到期价款的金额达到全部价款的1/5的，经催告后在合理期限仍未支付到期价款的，出卖人可以请求买受人支付全部价款或者解除合同。出卖人解除合同的，可以向买受人请求支付该标的物的使用费。

4. CD 【解析】选项 A，试用买卖的当事人没有约定使用费或者约定不明确，出卖人无权主张买受人支付使用费；选项 B，试用买卖的买受人在试用期内已经支付部分价款或者对标的物实施出卖、出租、设立担保物权等行为的，视为同意购买。

5. ABC 【解析】选项 A、B、C，赠与人在赠与财产的权利转移之前可以撤销赠与。但经公证机关公证的赠与合同、赠与的财产权利已经转移受赠人的赠与、依法不得撤销的具有救灾、扶贫、助残等公益、道德义务性质的赠与合同，不得撤销。选项 D，属于严重侵害赠与人近亲属的合法权益，可以撤销赠与。

6. BCD 【解析】选项 A，租赁期限不得超过20年，超过20年的，超过部分无效，即租赁期限视为20年，属于定期租赁；选项 B，当事人对租赁期限没有约定或者约定不明确，可以协议补充，不能达成补充协议的，按照合同有关条款或者交易习惯确定，仍不能确定的，视为不定期租赁；选项 C，租赁合同中租赁期限为6个月以上的，应当采用书面形式，当事人未采用书面形式，无法确定租赁期限的，视为不定期租赁；选项 D，房屋到期未续租，继续居住并交纳房租视为不定期租赁。

7. ABC 【解析】选项 A，承租人未经出租人同意转租的，出租人可以解除合同。选项 B，第三人对租赁物造成损失的，承租人应当赔偿损失。选项 C，丙是侵权行为人，甲可以追究丙的侵权责任而要求丙赔偿损失。选项 D，乙与丙签订的房屋租赁合同是诺成合同，有效。

8. CD 【解析】选项 AB，属于承租人可以解除合同的情形。

9. AB 【解析】出租人就同一房屋订立数份租赁合同，在合同均有效的情况下，承租人均主张履行合同的，人民法院按照下列顺序确定履行合同的承租人：(1)已经合法占有租赁房屋的；(2)已经办理登记备案手续的；(3)合同成立在先的。

10. ABD 【解析】选项 A、B，出租人出卖租赁房屋的，应当在出卖之前的合理期限内通知承租人，承租人享有以同等条件优先购买的权利；但是，房屋按份共有人行使优先购买权或者出租人将房屋出卖给近亲属的除外（近亲属包括配偶、父母、子女、兄弟姐妹、祖父母、外祖父母、孙子女、外孙子女）。选项 C，出租人履行通知义务后，承租人在15日内未明确表示购买的，视为承租人放弃优先购买权。选项 D，出租人委托拍卖人拍卖租赁房屋的，应当在拍卖5日前通知承租人。承租人未参加拍卖的，视为放弃优先购买权。

11. ABC 【解析】选项 A，租赁物不符合约定或者不符合使用目的的，出租人不承担责任，但承租人依赖出租人的技能确定租赁物或者出租人干预选择租赁物的除外。选项 B，承租人租赁期间，租赁物造成第三人的人身伤害或者财产损害的，应由承租人赔偿损失，出租人不承担责任。选项 C，承租人履行租赁期间的维修义务。选项 D，乙公司破产时租赁期尚未届满，X 机床仍属于甲公司的财产。

12. ABD 【解析】选项 A，当事人约定租赁期限届满，承租人仅需向出租人支付象征性价款的，视为约定的租金义务履行完毕后租赁物的所有权归承租人；选项 B、C、D，当事人约定租赁期间届满租赁物归承租人所有，承租人已经支付大部分租金，但无力支付剩余租金，出租人因此解除合同收回租赁物的，收回的租赁物的价值超过承租人欠付的租金以及其他费用的，承租人可以要求相应返还。

13. ABD 【解析】选项 A、C，以公益为目的的非营利法人、非法人组织，不得为保证人；选项 B，居民委员会、村民委员会不得为保证人，但是依法代行村集体经济组织职能的村民委员会，依照村民委员会组织法规定的讨论决定程序对外提供担保的除外；选项 D，在经国务院批准为使用外国政府或者国际经济组织贷款进行转贷的情况下，国家机关可以作保证人。

14. BC 【解析】选项 A、B，当事人在保证合同中约定，在债务人不能履行债务时，由保证人承担保证责任的，为一般保证。选项 C、D，保证合同约定的保证期间早于主债务履行期限或者与主债务履行期限同时届满的，视为没有约定，保证期间为主债务履行期届满之日起6个月。

15. BD 【解析】选项 A，第三人单方以书面形式向债权人作出保证，债权人接收且未提出异议的，保证合同成立；选项 B、C，保证期间，债权人与债务人对主合同数量、价款等内容做了变动，应当取得保证人书面同意。未经保证人书面同意的，加重债务人的债务的，保证人对加重的部分不承担保证责任。选项 D，当事人在保证合同中约定，在债务人不能履行债务时，由保证人承担保证责任的，为一般保证。

16. AD 【解析】被担保的债权既有物的担保又有人的担保，债务人不履行到期债务或发生当事人约定的实现担保物权的情形，债权人应当按照约定实现债权；没有约定或者约定不明确，债务人自己提供物的担保的，债权人应当先就该物的担保实现债权。第三人提供物的担保的，债权人可以就物的担保实现债权，也可以请求保证人承担保证责任。提供担保的第三人承担担保责任后，有权向债务人追偿。

17. CD 【解析】选项A，第三人单方以书面形式向债权人作出保证，债权人接收且未提出异议的，保证合同成立；选项B，当事人在保证合同中约定，债务人不能履行债务时，由保证人承担保证责任的保证，为一般保证；选项C，一般保证有先诉抗辩权；选项D，债务人下落不明且无财产可供执行是保证人不得行使先诉抗辩权的情形之一。

三、判断题

1. √
2. × 【解析】出卖人依照买受人的指示向第三人交付标的物，出卖人和买受人之间约定的检验标准与买受人和第三人之间约定的检验标准不一致的，应当以出卖人和买受人之间约定的检验标准为标的物的检验标准。
3. × 【解析】商品房的销售广告和宣传资料为要约邀请，但是出卖人就商品房开发规划范围内的房屋及相关设施所作的说明和允诺具体确定，并对商品房买卖合同的订立以及房屋价格的确定有重大影响的，应当视为要约。该说明和允诺即使未载入商品房买卖合同，亦应当视为合同内容，当事人违反的，应当承担违约责任。本题地铁设立站点不属于商品房规划范围内，且未写入合同，因此不属于要约，甲房地产开发商不承担违约责任。
4. √ 【解析】出卖人迟延交付房屋或者买受人迟延支付购房款，经催告后在3个月的合理期限内仍未履行，解除权人有权解除合同，但当事人另有约定的除外。
5. × 【解析】本题是附义务的赠与，受赠人不履行赠与合同约定的义务的，赠与人可以撤销赠与。
6. √ 【解析】租赁合同中，出租人应当履行租赁物的维修义务，但当事人另有约定的除外。
7. √
8. √ 【解析】租赁期限超过临时建筑的使用期限，超过部分无效。但在一审法庭辩论终结前经主管部门批准延长使用期限的，人民法院应当认定延长使用期限内的租赁期间有效。
9. × 【解析】第三人加入债务的，保证人的保证责任不受影响。
10. √ 【解析】本题表述正确。
11. × 【解析】债权人在保证期间内未依法行使权利的，保证责任消灭。保证责任消灭后，债权人书面通知保证人要求承担保证责任，保证人在通知书上签字、盖章或者按指印，债权人请求保证人继续承担保证责任的，人民法院不予支持，但是债权人有证据证明成立了新的保证合同的除外。

四、主观题

(一)历年试题

历年主观题考点提要

考点		年份
合同订立	要约	2009年
	新要约	2009年
	不得撤销的要约	2009年
	实际履行原则	2001年
涉及第三人	由第三人履行	2008年
合同的抗辩	不安抗辩权	2004年、2001年

续表

考点			年份
合同的保全	代位权		2010年
	撤销权		2017年
保证	保证人		2017年
	保证合同的成立(保证人单方签字)		2020年、2016年
	保证方式	一般保证 一般保证责任	2006年、2002年
		一般保证 先诉抗辩权排除	2010年
		约定不明	2019年、2018年、2017年、2005年
	共同保证	连带共同保证	2010年
	对保证范围没有约定		2006年
抵押	流押条款		2016年、2010年
	动产抵押权设立		2020年
	共同担保	债务人自己提供的物保	2019年、2018年、2016年、2012年
		第三人提供的物保	2020年
	抵押物的出租	先抵押后出租	2019年(×2)、2018年
	抵押财产的转让		2004年
	法定孳息的收取		2018年
	实现抵押权		2019年
	浮动抵押	结晶前转让	2019年、2012年
留置	留置权的行使		2004年
	留置动产与债权的关系		2018年
	担保物权的受偿顺序		2019年、2018年、2012年
定金	定金合同的金额		2008年、2002年
	约定与实际交付不符		2020年、2014年
	定金与赔偿损失的同时适用		2013年
	定金与违约金的同时适用		2021年、2020年
合同转让	债权转让		2014年
合同终止	合同解除		2013年、2008年、2002年
	债务抵销		2010年
违约责任	第三人原因造成违约,违约责任的承担		2001年
	增加违约金		2002年
	继续履行		2002年

续表

考点		年份
买卖合同	商品房买卖合同的适用范围	2020 年
	商品房广告性质	2021 年（延）
	未取得预售许可证的合同效力	2021 年（延）
	未登记备案合同效力	2021 年（延）
	延期交房买受人解除权的行使期限	2021 年（延）
赠与合同	任意撤销	2014 年
借款合同	自然人借款合同的成立日期	2021 年（延）
	自然人借款合同对利息没有约定	2021 年（延）
	砍头贷	2018 年、2006 年
	利率 — 借期利率	2017 年
	利率 — 逾期利率	2017 年
	利率 — 逾期利率和违约金的同时适用	2019 年
租赁合同	最长租赁期	2021 年、2015 年
	改建租赁物	2015 年
	维修义务	2009 年
	转租	2009 年
	买卖不破租赁	2021 年、2020 年、2015 年、2009 年
	不动产租赁承租人优先购买权的排除事项	2020 年
	出租人损害承租人优先购买权	2021 年
融资租赁	融资租赁期间租赁物的归属	2018 年
仲裁协议*	仲裁协议的独立性	2013 年、2008 年
	一方直接起诉	2016 年、2008 年

1. 【答案】
(1) 李某抗辩理由(1)成立。
根据规定，实际交付的定金数额多于或者少于约定数额的，视为变更约定的定金数额。本题中，王某实际交付定金30万元，李某没有提出异议，视为变更约定的定金数额，李某的抗辩成立。
(2) 李某抗辩理由(2)成立。
根据规定，在同一合同中，当事人既约定违约金，又约定定金的，一方违约时，对方可以选择适用违约金或者定金条款，二者不能并用。

(3) 李某抗辩理由(3)成立。
根据规定，商品房买卖合同，是指房地产开发企业(出卖人)将尚未建成或者已竣工的房屋向社会销售并转移房屋所有权于买受人，买受人支付价款的合同。
本题中，王某向李某购买的是二手房，不适用商品房买卖合同的规定。

2. 【答案】
(1) 李某主张陈某无权优先购买租赁房屋的理由(1)不成立。
根据规定，出租人将房屋出卖给近亲属(包括配偶、父母、子女、兄弟姐妹、祖

---

* 因考试中，第一章总论不单独命制主观题，故涉及第一章总论中仲裁协议的历年考核情况放置此处分析。

父母、外祖父母、孙子女、外孙子女)的,承租人不享有优先购买权。本题中,舅舅不属于列举的近亲属范围。

(2)李某主张陈某无权优先购买租赁房屋的理由(2)成立。

根据规定,出租人履行通知义务后,承租人在15日内未明确表示购买的,视为放弃优先购买权。

(3)高某无权要求陈某搬出房屋。

根据规定,租赁物在承租人按照租赁合同占有期限内发生所有权变动的,不影响租赁合同的效力。

3. 【答案】

(1)借款合同有效。

根据规定,合伙企业对合伙人执行合伙事务以及对外代表合伙企业权利的限制,不得对抗善意第三人。

(2)林某抗辩不成立。

根据规定,退伙的普通合伙人对基于其退伙前的原因发生的合伙企业债务,应当承担无限连带责任。

(3)赵某抗辩不成立。

根据规定,新入伙的普通合伙人对入伙前合伙企业的债务承担无限连带责任。

(4)李某抗辩(1)不成立。

根据规定,第三人单方以书面形式向债权人作出保证,债权人接收且未提出异议的,保证合同成立。

(5)李某抗辩(2)不成立。

根据规定,被担保的债权既有物的担保又有人的担保的,债务人不履行到期债务或者发生当事人约定的实现担保物权的情形,债权人应当按照约定实现债权;没有约定或者约定不明确;第三人提供物的担保的,债权人可以就物的实现担保物权,也可以要求保证人承担保证责任。提供担保的第三人承担担保责任后,有权向债务人追偿。

(6)蔡某抗辩不成立。

根据规定,以生产设备、原材料、半成品、产品、交通运输工具或者正在建造的船舶、航空器抵押的,抵押权自抵押合同生效时设立,未经登记,不得对抗善意第三人。

4. 【答案】

(1)乙公司不得同时要求逾期利率和违约金。

根据规定,出借人与借款人既约定了逾期利率,又约定了违约金或者其他费用,出借人可以选择主张逾期利息、违约金或者其他费用,也可以一并主张,但总计超过合同成立时一年期贷款市场报价利率四倍的部分,人民法院不予支持。

本题中,逾期年利率15%,违约金折合年利率7.3%,合计超过合同成立时一年期贷款市场报价利率的4倍,不能一并主张。

(2)陈某抗辩(1)主张成立。

根据规定,被担保的债权既有物的担保又有人的担保的,债务人不履行到期债务或者发生当事人约定的实现担保物权的情形,债权人应当按照约定实现债权;没有约定或者约定不明确,债务人自己提供物的担保的,债权人应当先就该物的担保实现债权。

本题中,是债务人自己提供的抵押,因此应当先就抵押物优先受偿,不足清偿的,再找保证人承担责任。

(3)陈某享有先诉抗辩权。

根据规定,当事人对保证方式没有约定或者约定不明确的,按照一般保证承担保证责任。一般保证的保证人享有先诉抗辩权,连带责任保证的保证人不享有先诉抗辩权。

(4)丁修理厂的主张成立。

根据规定,同一动产上已设立抵押权或者质权,该动产又被留置的,留置权人优先受偿。

(5)乙公司不能在戊公司购买的产品上行使抵押权。

根据规定，动产浮动抵押无论是否办理抵押登记，均不得对抗正常经营活动中已支付合理价款并取得抵押财产的买受人。

(6)丙公司的租赁关系不能对抗抵押权。

根据规定，抵押权设立后，抵押人出租抵押物，在抵押权实现时，若抵押权未登记，抵押人将抵押财产出租给他人并移转占有，抵押权人行使抵押权的，租赁关系不受影响，但是抵押权人能够举证证明承租人知道或者应当知道已经订立抵押合同的除外。

本题中，出租时，甲书面通知丙该厂房已抵押，因此损失由承租人自己承担。

5.【答案】

(1)甲公司不应承担维修义务。

根据规定，融资租赁合同中，承租人应当履行占有租赁物期间的维修义务。

(2)甲公司不应承担违约责任。

根据规定，租赁物不符合约定或者不符合使用目的的，出租人不承担责任，但承租人依赖出租人的技能确定租赁物或者出租人干预选择租赁物的除外。题目中甲公司并未干预选择，因此不承担违约责任。

(3)甲公司不应承担赔偿责任。

根据规定，承租人占有租赁物期间，租赁物造成第三人的人身伤害或者财产损害的，应由承租人赔偿损失，出租人不承担责任。

6.【答案】

(1)融资租赁期间，该精密仪器归丙公司所有。

根据规定，在融资租赁期间，出租人享有租赁物的所有权。

(2)丙公司向丁公司的借款本金为90万元。

根据规定，借款的利息不得预先在本金中扣除。利息预先在本金中扣除的，应当按照实际借款数额返还借款并计算利息。

本题中，借款利息在本金中进行了预先扣除，实际支付给丙90万元，故借款本金按照实际借款数额确定，应是90万元。

(3)丁公司主张行使抵押权的理由(1)不符合法律规定。

根据规定，债权人留置的动产，应当与债权属于同一法律关系，但企业之间留置的除外。

(4)丁公司主张行使抵押权的理由(2)不符合法律规定。

根据规定，同一动产上已设立抵押权或者质权，该动产又被留置的，留置权人优先受偿。

(5)戊公司的抗辩理由(1)成立。

根据规定，被担保的债权既有物的担保又有人的担保，债务人不履行到期债务或发生当事人约定的实现担保物权的情形，债权人应当按照约定实现债权；没有约定或者约定不明确，债务人自己提供物的担保的，债权人应当先就该物的担保实现债权。

本题中，抵押是由债务人自己提供的，且未约定实现担保的顺序，故债权人应当先就抵押物实现债权。

(6)戊公司的抗辩理由(2)成立。

根据规定，当事人对保证方式没有约定或者约定不明确的，按照一般保证承担保证责任。

7.【答案】

(1)王某、李某的答辩(1)不成立。

根据规定，出借人请求借款人按照合同约定利率支付利息的，人民法院应予支持，但是双方约定的利率超过合同成立时一年期贷款市场报价利率四倍的除外。

(2)王某、李某的答辩(2)不成立。

根据规定，借贷双方未约定逾期利率的，如果约定了借期内的利率但未约定逾期利率，出借人主张借款人自逾期还款之日起按照借期内的利率支付资金占用期间利息的，人民法院应予支持；但以不超过合同成立时一年期贷款市场报价利率四倍为限。

本题中,当事人没有约定逾期利率,但约定借期利率24%,未超过一年期贷款市场报价利率的四倍,因此按照24%作为逾期利率。

(3)王某、李某的答辩(3)成立。

根据规定,当事人对保证方式没有约定或者约定不明确的,按照一般保证承担保证责任。

本题中,保证合同没有约定保证方式,因此视为一般保证。一般保证的保证人享有先诉抗辩权。

8.【答案】

(1)郑某抗辩理由(1)不成立。

根据规定,因债务人无偿转让财产,债权人可以请求人民法院撤销债务人的行为。

本题中,受让人未支付对价,因此无论是否知情,债权人都可以行使撤销权。

(2)郑某抗辩理由(2)不成立。

根据规定,撤销权自债权人知道或者应当知道撤销事由之日起1年内行使。自债务人的行为发生之日起5年内没有行使撤销权的,该撤销权消灭。

本题中梁某得知后是在1年内行使撤销权,且没有超过行为发生后5年,撤销权未消灭。

9.【答案】

(1)甲公司主张全部抵押合同无效不成立。

根据规定,抵押权人在债务履行期限届满前,与抵押人约定债务人不履行到期债务时抵押财产归债权人所有的,只能依法就抵押财产优先受偿。如果当事人在抵押合同中有这样的条款,该条款无效。该条款的无效不影响抵押合同其他部分内容的效力。

(2)甲公司的主张不成立。

根据规定,当事人达成仲裁协议,一方向人民法院起诉未声明有仲裁协议,人民法院受理后,另一方在首次开庭前提交仲裁协议的,人民法院应当驳回起诉,但仲裁协议无效的除外;另一方在首次开庭前未对人民法院受理该案提出异议的,视为放弃仲裁协议,人民法院应当继续审理。

本题中,甲公司在首次开庭前没有提出异议,法院应继续审理。

(3)陈某的抗辩(1)不成立。

根据规定,第三人单方以书面形式向债权人作出保证,债权人接收且未提出异议的,保证合同成立。

(4)陈某的抗辩(2)成立。

根据规定,被担保的债权既有物的担保又有人的担保的,债务人不履行到期债务或者发生当事人约定的实现担保物权的情形,债权人应当按照约定实现债权;没有约定或者约定不明确,债务人自己提供物的担保的,债权人应当先就该物的担保实现债权。

本题中,债务人甲公司以自己的财产提供抵押,所以债权人应当先就抵押物优先受偿。

(5)李某的抗辩不成立。

根据规定,公司债权人请求抽逃出资的股东在抽逃出资本息范围内对公司债务不能清偿的部分承担补充赔偿责任,人民法院应予支持。

(二)练习题

1.【答案】

(1)双方可以约定在甲公司付清全部款项前,该设备的所有权属于乙公司。

根据规定,当事人可以在买卖合同中约定买受人未履行支付价款或者其他义务的,标的物的所有权属于出卖人。

(2)甲公司未按期支付最后一期款项,乙公司可以主张取回设备。

根据规定,买受人未按照约定支付价款,经催告后在合理期限内仍未支付,除当事人另有约定外,出卖人有权取回标的物。

本题中,甲公司未按照约定支付价款,经乙公司催告,合理期限内仍未支付,因此出卖人乙公司有权取回设备。

(3)甲公司未按期支付最后一期款项,乙

公司不能主张实现抵押权。

根据规定，当事人以建筑物设定抵押时，应当办理抵押登记，抵押权自登记时起设立。

本题中，甲公司以厂房向乙公司设定抵押时，未办理抵押登记，因此，乙公司的抵押权无效。

2. 【答案】

（1）房屋维修费应当由赵某负担。

根据规定，承租人在租赁物需要维修时可以要求出租人在合理期限内维修。出租人未履行维修义务的，承租人可以自行维修，维修费用由出租人负担。

（2）定金合同的金额为 100 万元。

根据规定，当事人约定的定金数额不得超过主合同标的额的20%，超过部分不产生定金的效力；定金合同是实践性合同，从实际交付定金时成立，实际交付的定金数额多于或者少于约定数额的，视为变更约定的定金数额。

本题中，双方约定的定金数额为 120 万元，超过了主合同标的额的 20%，侯某实际支付定金 100 万元，赵某接受未提出异议，视为变更约定的定金数额。

（3）高某主张该买卖合同无效，不符合法律规定。

根据规定，出租人未通知承租人或者有其他妨害承租人行使优先购买权情形的，承租人可以请求出租人承担赔偿责任。但是，出租人与第三人订立的房屋买卖合同的效力不受影响。

本题中，虽然赵某出售住房未通知高某，损害了其优先购买权，但赵某与侯某订立的房屋买卖合同效力不受影响。

（4）高某要求居住至房屋租赁期满符合法律规定。

根据规定，租赁物在承租人按照租赁合同占有期限内发生所有权变动的，不影响租赁合同的效力。

（5）高某可以主张解除租赁合同。

根据规定，租赁物危及承租人的安全或者健康的，即使承租人订立合同时明知该租赁物质量不合格，承租人仍然可以随时解除合同。

本题中，出租房屋质量问题严重属于危房，危及承租人高某的安全，高某无论订立合同时是否知情均有权随时解除合同。

（6）侯某无权要求赵某适用商品房买卖合同司法解释的规定承担相应的赔偿责任。

根据规定，商品房买卖合同，是指房地产开发企业（出卖人）将尚未建成或者已竣工的房屋向社会销售并转移房屋所有权于买受人，买受人支付价款的合同。

本题中，双方交易的是二手房，不适用商品房买卖合同司法解释的规定。

第六关 "嘉峪关"——金融法律制度

战略分析

雄关万道，嘉峪宏浑。正所谓"除是卢龙山海险，东南谁比此关雄"。一如本关，作为"经济法"最难的一关，也是考生必须攻克的关隘。

本关由"票据法、证券法、保险法、信托法"组合，在各关主将"汇票、上市公司收购、保险合同、信托当事人的权利义务"的带领下2022年守军占比预计将达到16%~20%。其中，"票据法"是传统的主观题战场镇守者；"保险法"是主观题战场的新生力量；"证券法"依旧非核心，守军占比不高；新人"信托法"比照证券法对待。因此，欲克此关，当分清主次，抓大放小。

最近3年题型题量

题型	2021年			2020年			2019年	
	卷3	卷2	卷1	卷3	卷2	卷1	卷2	卷1
单选题	4题4分	4题4分	4题4分	6题6分	4题4分	3题3分	6题6分	3题3分
多选题	2题4分	2题4分	2题4分	3题6分	1题2分	1题2分	2题4分	1题2分
判断题	1题1分	1题1分	1题1分	1题1分	1题1分	1题1分	1题1分	1题1分
简答题	1题6分	1题6分	1题6分	—	1题6分	1题6分	—	1题6分
综合题	—	1/6题2分	—	—	—	—	—	—
合计	8题15分	$8\frac{1}{6}$题17分	8题15分	10题13分	7题13分	6题12分	9题11分	6题12分

【说明】2021年延考地区试卷、2019年第三套试卷因考生反馈考题并不完整，此处不予统计。2021年延考地区试卷、2019年第三套试卷均考核了1道涉及本关票据法的简答题。

2022年本关调动

变动方向	具体内容	对考试影响
新增	票据法中关于"涉外票据"的规定	★
	证券法中关于"要约收购免除发出要约的情形"	★★
	信托	★★
调整	公开发行公司债券的条件及程序、不得公开发行公司债券的情形、非公开发行公司债券的程序	★★
删除	证券法关于中小企业板的规定、债券合格投资者认定、保险业监管	—
其他	补充了票据追索拒绝证明的种类之一、调整保证人的范围、新增证券法中关于北交所的规定、新增保险公估人	—

攻 城 略 地

第一部分 票据法律制度

守将一、票据法律制度概述

(一)票据的概念

票据是指由出票人依法签发的,约定自己或委托付款人在见票时或指定的日期向收款人或持票人无条件支付一定金额的有价证券。

(二)票据的种类

票据的种类见图6-1。

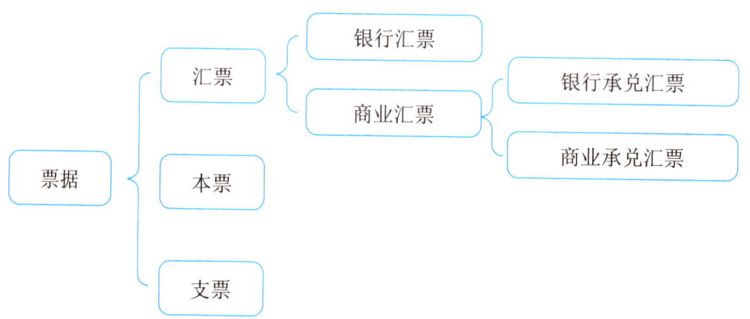

图6-1 票据的种类

(三)三类票据的主要特征

三类票据的主要特征见表6-1。

表6-1 三类票据的主要特征

考点	汇票		本票	支票
	商业汇票	银行汇票		
出票人	企业	银行	银行	企业或个人
绝对记载事项	无条件支付的"委托"	无条件支付的"承诺"	承诺	委托
期限	一般远期	即期	即期	即期
承兑	√	×	×	×

守将二、票据法上的关系和票据基础关系(★)

票据法上的关系和票据基础关系见图6-2。

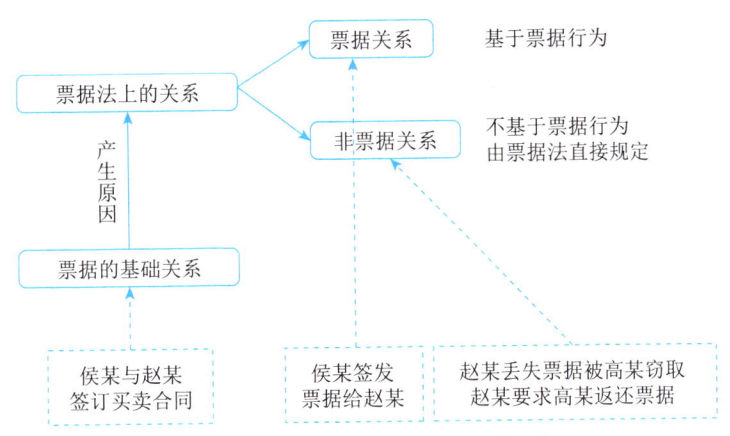

图 6-2　票据法上的关系和票据基础关系

（一）票据法上的关系

1. 票据关系

（1）概念

票据的"当事人"基于"票据行为"产生的票据上的"权利和义务"关系。

（2）理解要点

①票据当事人：出票人、付款人、收款人、承兑人、背书人、被背书人、保证人。

②票据行为：出票、承兑、背书、保证。

③票据权利：付款请求权、追索权。

④票据义务：付款义务、偿还义务。

2. 非票据关系

（1）概念

不基于票据行为发生，而"由票据法直接规定"的票据当事人之间与票据有关的法律关系。

（2）内容

①正当权利人对于因恶意而取得票据的人行使票据返还请求权而发生的关系；

②因时效届满或手续欠缺而丧失票据权利的持票人对出票人或承兑人行使利益偿还请求权的关系；

③付款人付款后请求持票人交还票据而发生的关系。

（二）票据基础关系

1. 概念

票据基础关系是票据关系产生的原因。

【举例】侯某向赵某购买一批货物，双方签订买卖合同，并签发一张票据给赵某用来支付货款。侯某与赵某签订的买卖合同即为票据基础关系，是侯某向赵某签发票据产生票据关系的前提。

2. 两类关系的独立性

（1）票据关系一经形成，就与基础关系分离，"基础关系是否存在、是否有效，对票据关系都不起影响作用"。

〖老侯提示〗如果当事人签发、取得和转让了没有真实的交易关系和债权债务关系的票据，该票据只要符合法定的形式要件，该票据关系的债务人就必须对票据债权人承担票据责任，而不得以该票据没有真实的交易关系和债权债务关系为由进行抗辩。

【举例】甲、乙双方签订买卖合同，甲向乙签发一张银行承兑汇票，乙在提示承兑后将其背书转让给了丙，后因货物质量问题甲、乙双方解除了买卖合同，丙持此票据向承兑银行提示付款时，承兑银行必须履行付款义务，不能以甲乙之间买卖合同已解除为由对抗持票人。

（2）票据关系因一定原因而失效，并不影响票据基础关系的效力。

〖老侯提示〗持票人因超过票据权利时效或者因票据记载事项欠缺而丧失票据权利的，仍享有民事权利，仍可以请求出票人或者承兑人返还其与未支付的票据金额相当的利益。

【举例】甲、乙双方签订买卖合同，甲向乙签发了一张支票，乙在提示付款时被付款人告知其支票上甲公司的签章不符合规定，该票据无效。此时甲乙双方签订的买卖合同依然有效，乙可以要求甲支付货物对价或重新签发票据。

【例题·单选题】付款人付款后请求持票人交出票据的权利义务关系，属于何种法律关系（　　）。

A. 票据关系
B. 票据法上的非票据关系
C. 民法上的票据关系
D. 民法上的非票据关系

解析　票据法上的非票据关系是指由票据法直接规定的，不基于票据行为而发生的票据当事人之间与票据有关的法律关系。

答案　B

守将三、票据行为（★★）（2016年、2017年单选题；2019年多选题；2020年单选题）

（一）概念

票据行为是指票据当事人以发生票据债务为目的、以"在票据上签名或盖章"为权利义务成立要件的法律行为。

【思考1】出票是否是票据行为？

【答案】是

【思考2】票据丢失后的挂失止付行为是否是票据行为？

【答案】否

【思考3】提示付款行为是否是票据行为？

【答案】否

（二）票据行为成立的有效要件

1. 行为人具有相应的民事（票据）行为能力

无民事行为能力或者限制民事行为能力人在票据上签章的，"其签章无效"。

［老侯提示］其签章无效会导致该项票据行为无效。

2. 意思表示要真实

以"欺诈、偷盗、胁迫"等手段取得票据的，或者"明知"有前列情形，出于"恶意"取得票据的，不得享有票据权利。

3. 票据行为不违反法律、法规的强制性规定

票据行为的合法主要是指票据行为本身必须合法，至于票据的基础关系是否合法，与此无关。

4. 票据形式符合法律规定

（1）关于签章的相关规定（见表6-2）

表6-2　关于签章的相关规定

签章者	要求
个人	个人本人的签名或盖章
单位	单位的公章或财务专用章+法定代表人或授权代理人的签名或盖章 ［老侯提示1］商业承兑汇票的承兑人和支票的出票人在票据上的签章应为其"预留银行签章" ［老侯提示2］"支票的出票人"（企业）在票据上未加盖与预留签章一致的财务专用章而加盖公章，签章人"承担"票据责任（与盖预留银行签章具有同等效力）
银行	银行汇票（本票）专用章+其法定代表人或授权代理人的签名或盖章 ［老侯提示］"银行汇票、银行本票的出票人及银行承兑汇票的承兑人"（银行）未加盖专用章而加盖该银行的公章，签章人"承担"票据责任（与盖专用章具同等效力）

①"出票人"在票据上的签章不符合规定的，"票据无效"。

［老侯提示］出票人签章是票据的"绝对记载事项"，票据缺少绝对记载事项无效。

②"承兑人、保证人"在票据上的签章不符合规定的，其签章无效，但"不影响其他

符合规定签章的效力"。

〖老侯提示〗承兑人、保证人签章是承兑和保证的绝对记载事项,缺少该签章,其承兑行为和保证行为无效(以签章为权利义务构成要件),但出票人的签章是符合规定的,则出票行为是有效的。

③"背书人"在票据上的签章不符合规定的,其签章无效,但不影响其"前手"符合规定签章的效力。

〖老侯提示〗背书人签章不符合规定,会导致背书行为无效,因此仅不影响其前手符合规定的签章,后手签章即使符合规定也无效。

(2)关于票据记载事项(见表6-3)

表6-3 关于票据记载事项

记载事项	具体要求	举例
绝对记载事项	必须记载,如无记载,票据无效(或该项票据行为无效)	出票人签章:票据的绝对记载事项 背书人签章:背书行为的绝对记载事项
相对记载事项	应该记载而未记载,适用法律的有关规定而不使票据失效	付款地;出票地
任意记载事项	由当事人任意记载的事项,一经记载即发生票据上效力	不得转让
非法定记载事项	该记载事项不具有票据上的效力,银行不负审查责任	签发票据的原因或用途;票据项下交易的合同号码

(3)关于金额和票据上不得更改的事项

①票据金额以中文大写和数码同时记载,两者必须一致,两者不一致的,票据无效。

②票据"**金额、日期、收款人名称**"不得更改,更改的票据无效。

【例题1·多选题】甲签发一张票据给乙,乙将其背书转让给赵某,后赵某因患精神疾病成为无民事行为能力人,其后赵某将该票据背书转让给不知情的丙,票据到期丙提示付款被拒绝,则下列说法中不正确的有( )。

A. 丙可以向甲追索
B. 丙可以向乙追索
C. 丙可以向赵某追索
D. 丙不享有票据权利

解析 无民事行为能力人或者限制民事行为能力人在票据上签章的,其签章无效。所以丙不享有票据权利,不具有追索权。

答案 ABC

【例题2·单选题】☆赵某收到一张支票,发现记载金额的中文大写和阿拉伯数码不一致。下列关于该支票效力的表述中,正确的是( )。

A. 支票有效,以中文大写记载为准
B. 将支票金额更改一致后支票有效
C. 支票有效,以阿拉伯数码记载为准
D. 支票无效

解析 票据金额中文大写与阿拉伯数码记载不一致的,票据无效。

答案 D

【例题3·单选题】☆根据票据法律制度的规定,下列情形中的,导致票据无效的是( )。

A. 在票据上更改收款人名称的
B. 在票据上未记载付款日期的
C. 在票据上未记载出票地的
D. 在票据上更改付款人名称的

解析 选项A,票据金额、日期、收款人名称不得更改,更改的票据无效。

答案 A

守将四、票据的权利(★★★)(2016年多选题;2017年、2018年单选题;2019年多选题、简答题;2020年简答题;2021年判断题、简答题)

(一)票据权利(付款请求权+追索权)

1. 票据权利的取得

(1)票据的取得必须给付对价；

(2)因"税收、继承、赠与"可以依法无偿取得票据的，不受给付对价之限制，但所享有的票据权利"不得优于前手"；

(3)因"欺诈、偷盗、胁迫、恶意或重大过失"而取得票据的，不得享有票据权利。

【例题1·单选题】张某因采购货物签发一张票据给王某，胡某从王某处窃取了该票据，陈某明知胡某系窃取所得但仍受让该票据，并将其赠与不知情的黄某，下列取得票据的当事人中，享有票据权利的是( )。

A. 王某　　B. 胡某
C. 陈某　　D. 黄某

解析　选项B，胡某的票据系窃取所得，不享有票据权利；选项C，陈某明知胡某无票据权利仍然受让属于恶意取得票据，不享有票据权利；选项D，黄某因未支付对价，其所享有的权利不得优于前手陈某，因陈某无票据权利，则黄某也无票据权利。

答案　A

【例题2·多选题】☆根据票据法律制度的规定，当事人合法取得票据权利的方式有( )。

A. 税收　　B. 继承
C. 赠与　　D. 背书转让

答案　ABCD

2. 票据权利补救

票据丧失后可以采取"挂失止付、公示催告、普通诉讼"三种形式进行补救。

(1)挂失止付

①概念。

挂失止付是指失票人将丧失票据的情况通知付款人或代理付款人，由接受通知的付款人或代理付款人审查后暂停支付的一种方式。

②可以挂失止付的票据种类。

已承兑的商业汇票、支票、填明"现金"字样和代理付款人的银行汇票、填明"现金"字样的银行本票。

『老侯提示』只有确定付款人或代理付款人的票据丧失时才可进行挂失止付。

③止付期。

付款人或者代理付款人自收到挂失止付通知书之日起12日内没有收到人民法院的止付通知书的，自第13日起，不再承担止付责任，持票人提示付款即依法向持票人付款。

『老侯提示』挂失止付不是丧失票据后采取的必经措施，而是一种暂时的预防措施。

(2)公示催告

①概念。

"人民法院"根据票据原持有人的申请，以公示的方法，催告不明的票据利害关系人在一定期限内向人民法院申报票据权利，逾期无人申报，人民法院即判决宣告票据无效的程序。

②可公示催告的票据。

只有可以背书转让的票据才能申请公示催告，填明"现金"字样的银行汇票、填明"现金"字样的银行本票，现金支票不得申请公示催告。

③申请公示催告。

失票人"先行挂失止付的"，应在通知付款人挂失止付后"3日"内申请公示催告。

『老侯提示』申请挂失止付并非申请公示催告的前置程序，失票人可以不经挂失止付而直接向人民法院申请公示催告。

④公示催告期。

公示期间不得少于60日，且公示催告期间届满日不得早于票据付款日后15日。

(3)普通诉讼(略)

【例题3·多选题】下列票据中，在丧失后可以挂失止付的有( )。

A. 已承兑银行承兑汇票

B. 支票

C. 未承兑商业承兑汇票

D. 未填明"现金"字样的银行本票

解析　已承兑的商业汇票、支票、填明现金字样和代理付款人的银行汇票、填明现金字样的银行本票可以挂失止付。

答案　AB

【例题4·多选题】甲向乙购买原材料，为支付货款，甲向乙出具金额为50万元的商业汇票一张，丙银行对该汇票进行了承兑。后乙不慎将该汇票丢失，被丁拾到。乙立即向付款人丙银行办理了挂失止付手续。关于本案，下列选项中，正确的有（　　）。

A. 乙因丢失票据而确定性地丧失了票据权利

B. 乙在遗失汇票后，可直接提起诉讼要求丙银行付款

C. 如果丙银行向丁支付了票据上的款项，则丙银行应向乙承担赔偿责任

D. 乙在通知挂失止付后15日内，应向法院申请公示催告

解析 选项A，票据丧失后，失票人可以进行权利救济，并非必然丧失票据权利；选项B，本案涉及票据是银行承兑汇票，承兑银行负有绝对付款责任，失票人起诉可以证明自己的票据权利，要求承兑人付款；选项C，由于失票人及时进行了挂失止付，承兑人此后支付票款，应向挂失人承担赔偿责任；选项D，在挂失后3日内申请公示催告。

答案 BC

3. 票据权利的时效（见表6-4）

表6-4　票据权利的时效

对象	票据	起算点	期限
对出票人或承兑人	商业汇票	自票据"到期日"起	2年
	银行汇票、本票	自出票日起	2年
	支票	自出票日起	6个月
追索与再追索	追索	自被拒绝承兑或者被拒绝付款之日起	6个月
	再追索	自清偿或者被提起诉讼之日起	3个月

[老侯提示1] 票据权利丧失但仍然享有民事权利。

[老侯提示2] 追索权和再追索权时效的适用对象，不包括追索"出票人、承兑人"。

【例题5·单选题】☆根据票据法律制度的规定，支票的持票人对出票人的权利，自出票日起在一定期限内不行使而消灭，该期限是（　　）。

A. 3个月　　B. 6个月

C. 12个月　　D. 2年

答案 B

【例题6·单选题】甲公司于2020年2月10日签发一张商业汇票给乙公司，付款日期为同年3月20日。乙公司将该汇票提示承兑后背书转让给丙公司，丙公司又将该汇票背书转让给丁公司。丁公司于同年3月23日向承兑人请求付款时遭到拒绝。根据票据法律制度的规定，丁公司向甲公司行使追索权的最后期限是（　　）。

A. 2022年2月10日

B. 2022年3月20日

C. 2020年9月23日

D. 2020年6月23日

解析 持票人对商业汇票的出票人和承兑人的权利，自票据到期日起2年。本题中，丁公司向甲公司行使追索权，甲公司为出票人，票据种类为商业汇票，付款期限为2020年3月20日即票据的到期日，则行使追索的期限至2022年3月20日。

答案 B

（二）票据的抗辩

1. 对物的抗辩——原子弹（关键词：任何）

（1）概念。

基于"票据本身"存在的事由而发生的抗辩，可以对"任何"持票人提出。

（2）对物抗辩的具体事由（见表6-5）。

表 6-5　对物抗辩的具体事由

分类	具体内容
票据行为不成立	(1)如应记载的内容有欠缺 (2)债务人无行为能力 (3)无权代理或超越代理权进行票据行为 (4)票据上有禁止记载的事项 (5)背书不连续 (6)持票人的票据权利有瑕疵等(直接记勿深究)
依票据记载不能提出请求	如票据未到期、付款地不符等
票据载明的权利已消灭或已失效	如票据债权因付款、抵销、提存、免除、除权判决、时效届满而消灭等
票据权利的保全手续欠缺	如应作成拒绝证书而未作等
票据上有伪造、变造情形	

2. 对人的抗辩——灭蟑灵（关键词：特定）

（1）概念

票据债务人对抗特定债权人的抗辩。

（2）对人抗辩的具体事由

票据债务人可以对不履行约定义务的与自己有"直接"债权债务关系的持票人进行抗辩。

【链接】票据权利的取得必须给付对价。

（3）不得抗辩的情形

票据债务人不得以自己与"出票人"或"持票人的前手"之间的抗辩事由对抗"持票人"，但是，持票人明知存在抗辩事由而取得票据的除外。

【例题 7·单选题】☆甲公司与乙公司签订一份买卖合同，约定采用见票即付的商业汇票支付货款。后乙公司以自己为付款人签发汇票并交付给甲公司，因甲公司欠丙公司货款，故甲公司将该汇票背书转让给丙公司。丙公司持票向乙公司行使付款请求权时，乙公司以甲公司未供货为由拒付。经查，丙公司对甲公司未供货不知情。下列关于乙公司的拒付主张是否成立的表述中，符合票据法律制度规定的是( )。

A. 不成立，因丙公司为善意持票人，乙公司不得以对抗甲公司的抗辩事由对抗丙公司

B. 成立，因甲公司未供货，乙公司当然可拒绝付款

C. 不成立，因甲公司已转让该汇票并已退出票据关系

D. 成立，因丙公司与乙公司并无合同关系

解析▶ 凡是善意的、已付对价的正当持票人可以向票据上的一切债务人请求付款，不受前手权利瑕疵和前手相互间抗辩的影响。

答案▶ A

【例题 8·多选题】☆根据票据法律制度的规定，票据债务人基于票据本身存在的一定事由发生的抗辩，可以对抗任何持票人。该类事由有( )。

A. 票据债务人为无行为能力人

B. 票据债务人的签章被他人假冒

C. 票据背书不连续

D. 票据上未记载出票地

解析▶ 出票地为汇票的相对记载事项；汇票上未记载出票地，出票人的营业场所、住所或者经常居住地为出票地。因此这不影响票据效力，不构成抗辩事由。 答案▶ ABC

【例题 9·单选题】根据票据法律制度的规定，下列各项中，汇票债务人可以对任何持票人行使抗辩权的事由是( )。

A. 汇票债务人与出票人之间存在合同纠纷

B. 汇票债务人与持票人的前手存在抵销关系

C. 背书不连续

D. 出票人存入汇票债务人的资金不够

解析 选项C，属于对物的抗辩，汇票债务人可以对任何持票人进行抗辩。

答案 C

【**例题10·多选题**】根据票据法律制度的相关规定，下列有关票据权利的表述正确的有（ ）。

A. 因税收、继承、赠与可以依法无偿取得票据，不受给付对价的限制，但所享有的票据权利不得优于其前手

B. 以欺诈、偷盗或者胁迫等手段取得票据的，不得享有票据权利

C. 持票人因重大过失取得不符合法律规定的票据的，不得享有票据权利

D. 票据债务人无论如何不得以自己与出票人或者与持票人的前手之间的抗辩事由对抗持票人

解析 票据债务人不得以自己与出票人或者与持票人的前手之间的抗辩事由对抗持票人，但是，持票人明知存在抗辩事由而取得票据的除外。

答案 ABC

（三）票据的伪造与变造

1. 票据的伪造

（1）伪造行为的界定

"伪造"是指无权人假冒他人或虚构他人名义"签章"的行为。

①伪造出票人签章：伪造票据。

②伪造其他人签章：伪造签章。

（2）伪造的责任承担

①持票人即使是善意取得，对被伪造人也不能行使票据权利。

②伪造人不承担"票据责任"，应承担"民事责任"，构成犯罪的应承担"刑事责任"。

③票据上有伪造签章的，不影响票据上其他真实签章的效力。票据债权人在依法提示承兑、提示付款或者行使追索权时，在票据上真正签章人不能以票据伪造为由进行抗辩。

2. 票据的变造

（1）变造行为的界定

"变造"是指无权更改票据内容的人，对票据上"签章以外"的记载事项加以改变的行为。

（2）变造的责任承担

①如果当事人的签章在变造之"前"，应当按照"原记载"的内容负责；如果当事人的签章在变造之"后"，则应当按照"变造后的记载"内容负责。如果无法辨别签章发生在变造之前还是之后，视同在变造之前签章。

②变造人的行为给他人造成经济损失的，应当对此承担民事责任，构成犯罪的，依法承担刑事责任。

【**例题11·单选题**】☆下列关于票据伪造及责任承担的表述中，符合票据法律制度规定的是（ ）。

A. 票据被伪造人应向持票人承担票据责任

B. 持票人行使追索权时，在票据上的真实签章人可以票据伪造为由进行抗辩

C. 出票人假冒他人名义签发票据的行为属于票据伪造

D. 票据伪造人应向持票人承担票据责任

解析 票据伪造中，伪造人与被伪造人均不承担票据责任，票据上的真实签章人应当对持票人承担票据责任。

答案 C

【**例题12·判断题**】☆在票据变造纠纷中，无法辨别当事人是在票据被变造之前或之后签章的，视同在变造之后签章。（ ）

解析 在票据变造纠纷中，无法辨别当事人是在票据被变造之前或之后签章的，视同在变造前签章。

答案 ×

本关主将*、汇票（★★★）（2017年多选题、判断题；2018年简答题；2019年多选题、简答题；2020年单选题、多选题、简答题；2021年单选题、判断题、简答题、综合题）

（一）分类

汇票的分类见表6-6。

表6-6 汇票的分类

标准	具体类别		
依出票人的不同	银行汇票	出票	出票银行签发
		使用	可用于转账，填明"现金"字样也可用于支取现金
		提示付款期	自出票日起1个月（即付）
	商业汇票	按承兑人分	银行承兑汇票：银行承兑 商业承兑汇票：银行以外的付款人承兑
		出票	银行以外的企业或组织（个人不能使用）
		付款期限	最长不得超过6个月
		提示付款期	自汇票到期日起10日（远期）
依汇票到期日的不同	即期汇票		见票即付的汇票、到期日与出票日相同的汇票、未记载付款日的汇票
	远期汇票		定日付款汇票、出票后定期付款汇票、见票后定期付款汇票

〖老侯提示〗"银行汇票"的规定考试不予涉及，本书不再赘述。

（二）出票

1. 记载事项

出票的记载事项见表6-7。

表6-7 出票的记载事项

类型	具体事项	
绝对记载事项	表明"汇票"的字样；无条件支付的"委托"（商业汇票）；确定的金额；付款人名称；收款人名称；出票日期；出票人签章 〖老侯提示〗本票无"付款人名称"，支票无"收款人名称"	
相对记载事项	付款日期	未记载的，视为见票即付 〖老侯提示〗与支票区分，支票不得另行记载付款日期，另行记载付款日期的，该记载无效
	付款地	未记载的，以付款人的营业场所、住所或经常居住地为付款地 〖老侯提示1〗与支票区分，支票的付款地为付款人营业场所 〖老侯提示2〗与本票区分，本票的付款地为出票人营业场所
	出票地	未记载的，以出票人的营业场所、住所或经常居住地为出票地 〖老侯提示〗与本票区分，本票的出票地为出票人营业场所

---

* "守将五、汇票"因地位显赫，需考生多加关注，故单列为"本关主将、汇票"。

2. 出票的效力

(1) 对出票人的效力

出票人签发汇票后，即承担保证该汇票承兑和付款的责任。汇票得不到承兑和付款，出票人应当向持票人清偿法律规定的金额和费用。

(2) 对付款人的效力

出票人出票后，"付款人并不因此而有付款义务"。

(3) 对收款人的效力

收款人取得票据权利。

【例题 1·单选题】☆根据票据法律制度的规定，下列各项中，属于汇票出票的相对记载事项的是( )。

A. 确定的金额　　B. 付款人名称
C. 收款人名称　　D. 付款日期

解析 选项 A、B、C，属于汇票出票的绝对记载事项，选项 D，属于汇票出票的相对记载事项，汇票未记载付款日期的视为见票即付。　　　　　　**答案** D

(三) 背书

1. 背书的种类（见表 6-8）

表 6-8　背书的种类

种类			具体要求
转让背书			以背书方式转让票据权利
非转让背书	委托收款背书	权利	被背书人只是代理人，而未取得票据权利，背书人仍是票据权利人
		记载	背书记载"委托收款"字样的，被背书人有权代背书人行使被委托的汇票权利
		责任	被背书人不得再以背书转让汇票权利
	质押背书	概念	持票人以票据权利"设定质权"为目的而在票据上作成的背书
		权利　背书人作成背书并交付时	背书人仍然是票据权利人，被背书人并不因此而取得票据权利
		权利　背书人不履行其债务时	被背书人可以行使票据权利，并从票据金额中按担保债权的数额优先得到偿还
		权利　背书人履行债务时	被背书人将票据"返还"给背书人 「老侯提示」质权人并非票据权利人，因此返还即可，无须再次背书
		记载事项	(1) 质押时应当以背书记载"质押"字样。如写"为担保""为设质"等，也应视为其有效 (2) 出质人在汇票上只记载了"质押"字样而未在票据上签章的，或出质人未在汇票、粘单上记载"质押"字样而另行签订"质押合同"、质押条款，不构成票据质押

2. 背书记载事项（见表 6-9）

表 6-9　背书记载事项

类别		事项
绝对记载事项	背书人签章	
	被背书人名称	背书未记载被背书人名称即将票据交付他人的，持票人在被背书人栏内记载自己的名称与背书人记载具有"同等法律效力"
相对记载事项	背书日期	背书未记载日期的，视为在票据到期日前背书

3. 粘单的使用

粘单上的"第一记载人",应当在票据和粘单的粘接处签章。

4. 背书连续

(1)以背书转让的票据,背书应当连续。持票人以背书的连续,证明其票据权利。

(2)非经背书转让,而以其他合法方式取得票据的,依法举证,证明其票据权利。

[老侯提示] 非转让背书不影响背书的连续性。

5. 背书的特别规定

(1)条件背书——条件无效

背书不得附有条件,背书附有条件的,所附条件"不具票据上的效力"。

(2)部分背书——背书无效

将票据金额的一部分转让或者将票据金额分别转让给两人以上的背书,"背书行为"无效。

(3)限制背书

出票人记载"不得转让"字样,票据不得背书转让。(丧失流通性)

背书人在汇票上记载"不得转让"字样,其后手再背书转让的,原背书人对后手的被背书人不承担保证责任,其只对直接的被背书人承担责任。

【思考】背书人记载"不得转让"是否属于背书附条件?

【答案】背书人记载"不得转让"不属于背书附条件,"条件"的特点是或能够达成或不能够达成,而"不得转让"仅仅是一种限制。

(4)期后背书

"被拒绝承兑、被拒绝付款或者超过付款提示期限",不得背书转让;背书转让的,背书人应当承担汇票责任。

6. 背书效力

背书人以背书转让票据后,即承担保证其后手所持票据承兑和付款的责任。

【例题2·多选题】☆根据票据法律制度的规定,下列情形中,不构成票据质押的有( )。

A. 出质人未在票据上记载"质押"字样,另行书面签订质押合同后,将票据背书交付给被背书人

B. 出质人在票据上背书记载"质押"字样并签章后,将票据交付给被背书人

C. 出质人在票据上只记载了"质押"字样,但未签章便将票据背书交付给被背书人

D. 出质人未在票据上记载"质押"字样,口头约定质押后,将票据背书交付给被背书人

解析 (1)质押时应当以背书记载"质押"字样;(2)出质人在汇票上只记载了"质押"字样而未在票据上签章的,或出质人未在汇票、粘单上记载"质押"字样而另行签订"质押合同"、质押条款,不构成票据质押。

答案 ACD

【例题3·判断题】以下为某汇票背面背书签章的示意图。该汇票背书连续,背书有效。( )

被背书人: 乙公司	被背书人: P银行	被背书人: 丙公司	被背书人: 丙公司开户银行
甲公司签章	乙公司签章 质押	乙公司签章	丙公司签章 委托收款

解析 判定背书是否连续的标准为看"前一手背书的被背书人是否为后一手背书的背书人",质押背书,不影响背书的连续性。

答案 √

【例题4·判断题】☆甲公司签发一张由自己承兑的商业承兑汇票交付给乙公司,乙公司在票据背面记载"不得转让"字样并签章后背书转让给丙公司,丙公司又背书转让给丁公司,丁公司在该票据到期日后5天内向甲公司请求付款时遭到拒绝。此时,丁公司

只能向丙公司行使追索权。（　　）

解析 （1）汇票的出票人、背书人、承兑人和保证人对持票人承担连带责任，此时丁可以向甲、丙追索；（2）背书人在汇票上记载"不得转让"字样，其后手再背书转让的，原背书人对后手的被背书人不承担保证责任；（3）本题中，乙记载了不得转让字样，对后手的被背书人丁不承担票据责任，此时丁可以向出票人甲公司，前手背书人丙公司行使追索权。　　　　　　　　**答案** ×

【例题5·多选题】☆根据票据法律制度的规定，下列情形中，汇票不得背书转让的有（　　）。

A. 汇票超过付款提示期限的
B. 汇票上未记载付款日期的
C. 汇票被拒绝付款的
D. 汇票被拒绝承兑的

解析 选项A、C、D，汇票被拒绝承兑、被拒绝付款或者超过付款提示期限的，不得背书转让；选项B，付款日期为汇票的相对记载事项，未记载的视为见票即付。

答案 ACD

【例题6·多选题】根据票据法律制度的规定，下列情形中，属于汇票背书行为无效的有（　　）。

A. 附有条件的背书
B. 只将汇票金额的一部分进行转让的背书
C. 将汇票金额分别转让给予二人或二人以上的背书
D. 背书人在汇票上记载"不得转让"，其后手又进行背书转让的

解析 选项A，背书附有条件的，所附条件不具票据上的效力，背书有效；选项B、C，部分背书无效；选项D，背书人在汇票上记载"不得转让"，其后手又进行背书转让的，原背书人对后手的被背书人不承担保证责任。　　　　**答案** BC

【例题7·单选题】☆根据票据法律制度的规定，下列关于汇票背书的表述中，正确的是（　　）。

A. 背书附条件的，所附条件具有汇票上的效力
B. 被拒绝承兑的汇票背书转让的，背书人不承担汇票责任
C. 出票人记载"不得转让"字样，收款人背书转让的，出票人对受让人不承担票据责任
D. 背书记载"委托收款"字样的，被背书人取得票据权利

解析 选项A，背书附条件的，所附条件不具有汇票上的效力；选项B，被拒绝承兑的汇票背书转让的，背书人应承担汇票责任；选项D，委托收款背书属于非转让背书，被背书人只是代理人，未取得票据权利，背书人仍是票据权利人。　　**答案** C

（四）承兑

1. 承兑仅适用于（远期）商业汇票

『老侯提示』 见票即付的商业汇票（如未记载付款日期、出票日与到期日相同）、银行汇票由于其"见票即付"，因此无须提示承兑。

2. 提示承兑

（1）定日付款或者出票后定期付款：汇票到期日前提示承兑。

（2）见票后定期付款的汇票：自出票日起1个月内提示承兑。

『老侯提示』 汇票未按照规定期限提示承兑的，丧失对其"前手"的追索权，但不丧失对"出票人"的权利。

3. 受理

付款人应当在自收到提示承兑的汇票之日起"3日内"承兑或拒绝承兑。

付款人自收到提示承兑的汇票之日起3日内不作出承兑与否表示的，视为"拒绝"承兑。

4. 承兑的记载事项(见表6-10)

表6-10 承兑的记载事项

类别	事项	
绝对记载事项	"承兑"字样以及签章	
相对记载事项	承兑日期	未记载,以收到提示承兑的汇票之日起的第3日为承兑日期

【老侯提示】"见票后定期付款的汇票",由承兑人在承兑时记载付款日期。

5. 附条件的承兑

承兑不得附有条件,承兑附有条件的,视为"拒绝承兑"。

【老侯提示】与背书附有条件进行区分,背书附有条件的,所附条件"不具票据上的效力"。

6. 承兑的效力

(1)承兑人是汇票的"主债务人"应当于汇票到期日向持票人无条件支付汇票上的金额,不能以与出票人之间的资金关系对抗持票人,承兑人无理拒付的,持票人有权向其行使追索权。

(2)持票人没有按照规定期限提示付款的,丧失对前手的追索权,但是在作出说明后,承兑人仍然应当承担付款责任。

【例题8·判断题】☆汇票上未记载付款日期的,为见票即付,该汇票无须提示承兑。( )

答案 √

【例题9·单选题】☆根据票据法律制度的规定,不同的票据所涉及的票据行为是不同的,有些票据行为是汇票、本票、支票共有的行为,有的只是某一种票据所独有的行为。下列票据行为中,属于汇票独有的是( )。

A. 保证   B. 出票
C. 背书   D. 承兑

解析 承兑只适用于远期商业汇票,本票、支票属于即付票据,无须承兑。 答案 D

【例题10·单选题】☆赵某持汇票在法定期限内向付款人提示承兑,付款人在3日内未作出承兑与否的表示。下列关于该汇票承兑效力的表述中,正确的是( )。

A. 应视为承兑效力待定
B. 应视为同意承兑,赵某可以在汇票到期后请求付款人付款
C. 应视为拒绝承兑,赵某可以请求付款人作出拒绝承兑证明
D. 应视为同意承兑,赵某可以请求付款人在汇票上签章

解析 付款人对向其提示承兑的汇票,应当自收到提示承兑的汇票之日起3日内承兑或者拒绝承兑。如果付款人在3日内不作承兑与否表示的,应视为拒绝承兑,持票人可以请求其作出拒绝承兑证明,向其前手行使追索权。 答案 C

【例题11·多选题】☆根据票据法律制度的规定,下列情形中,导致汇票无效的情形的有( )。

A. 李某出票时未记载付款人名称
B. 郑某出票时未记载付款日期
C. 陈某在汇票上记载"收货后付款"
D. 王某将中文大写"伍万元整"的汇票数额记载为"5 000"

解析 选项A,付款人名称是汇票的绝对记载事项,汇票上未记载付款人名称的,汇票无效;选项B,汇票的付款日期为相对记载事项,如果汇票上未记载付款日期视为见票即付,并不必然导致票据的无效;选项C,出票人在汇票上记载"收货后付款",属于出票附条件,会导致汇票无效,但承兑人在汇票上记载"收货后付款",属于承兑附条件,视为拒绝承兑而不会导致汇票无效,本题中未明确陈某的身份,不能说该行为必然导致汇票无效;选项D,票据金额以中文大写和数码同时记载,两者必须一致,两者

不一致的，票据无效。　　**答案** AD

【例题12·多选题】 根据票据法律制度的规定，下列关于汇票提示承兑的表述中，正确的有(　　)。

A. 见票后定期付款汇票的持票人应当自出票日起3个月内向付款人提示承兑

B. 汇票上没有记载付款日期的，无须提示承兑汇票

C. 付款人自收到提示承兑的汇票之日起3日内不作出承兑与否表示的，视为承兑

D. 承兑附有条件的，视为拒绝承兑

解析 选项A，见票后定期付款的汇票，自出票日起1个月内提示承兑。选项C，付款人自收到提示承兑的汇票之日起3日内不作出承兑与否表示的，视为拒绝承兑。

答案 BD

【例题13·多选题】 根据票据法律制度的规定，汇票承兑生效后，承兑人应当承担到期付款的责任。下列关于该责任的表述中，正确的有(　　)。

A. 承兑人在汇票到期日必须向持票人无条件地支付汇票上的金额

B. 承兑人必须对汇票上的付款请求权人承担责任

C. 承兑人必须对汇票上的追索权人承担责任

D. 承兑人的票据责任不因持票人未在法定期限提示承兑而解除

解析 选项D，承兑人的票据责任不因持票人未在法定期限提示"付款"而解除。选项D中是超期提示"承兑"，则付款人可以拒绝承兑，就没有付款义务，不承担票据责任。

答案 ABC

(五)保证

1. 保证的记载事项(见表6-11)

表6-11　保证的记载事项

分类		具体内容
绝对记载事项		表明"保证"的字样；保证人签章
相对记载事项	保证人的住所	未记载的，以保证人的营业场所、住所或经常居住地为保证人住所
	被保证人的名称	未记载的，已承兑的汇票"承兑人"为被保证人；未承兑的汇票"出票人"为被保证人
	保证日期	未记载的，出票日期为保证日期

『老侯提示』此处票据法表述为"保证人'必须'在票据或粘单上记载下列事项"，考试中如果以此作为题干，则上述所有事项均需选择。

2. 附条件的保证

保证不得附有条件，附有条件的，"不影响"对汇票的保证责任。

『老侯提示』与背书附有条件、承兑附有条件进行区分。

3. 保证效力

(1) 保证人应当与被保证人对持票人承担"连带责任"。

(2) 保证人为2人以上的，保证人之间承担"连带责任"。

(3) 保证人清偿汇票债务后，可以对被保证人及其前手行使"追索权"。

【补充内容】 持票人在票据到期后，根据需要，可以不向被保证人请求付款，而直接向保证人请求付款。保证人应当支付全部票据金额，不得以必须先向被保证人请求付款为由拒绝付款。

【例题14·多选题】 ☆根据票据法律制度的规定，下列各项中，属于汇票保证绝对记载事项的有(　　)。

A. "保证"字样　　B. 保证日期

C. 保证人签章　　D. 被保证人名称

解析 选项BD，属于保证的相对记载事项，保证人在汇票或者粘单上未记载被保证人

的名称的,已承兑的汇票,以承兑人为被保证人;未承兑的汇票,以出票人为被保证人。保证人在汇票或者粘单上未记载保证日期的,以出票日期为保证日期。

答案 ▶ AC

(六) 付款

1. 提示付款期限

(1) 见票即付的汇票,自出票日起 1 个月内向付款人提示付款。

(2) 定日付款、出票后定期付款、见票后定期付款的汇票,自到期日起 10 日内向承兑人提示付款。

『老侯提示』 持票人未在法定期限内提示付款的,在作出说明后,"承兑人或者付款人"仍应当继续对持票人承担付款责任。

2. 付款的效力

付款人或者代理付款人在付款时应当对票据进行"形式审查"(格式是否合法),付款人及其代理付款人以"恶意或者有重大过失"付款的,应当自行承担责任。

(七) 追索

1. 适用情形

(1) 实质要件

① 到期后追索:到期后被拒绝付款;

② 到期前追索:被拒绝承兑;承兑人或付款人死亡、逃匿;承兑人或付款人被依法宣告破产等。

(2) 形式要件

① 已在"法定期限内"提示承兑或提示付款;

② 获得"拒绝证明"。

『老侯提示』 行使追索权的前提是:能"证明"合法的"付款请求权"无法实现。

2. 被追索人的确定

(1) 票据的出票人、背书人、承兑人和保证人对持票人承担连带责任。

(2) 持票人行使追索权,可以不按照票据债务人的先后顺序,对其中任何一人、数人或者全体行使追索权。

(3) 持票人对票据债务人中的一人或者数人已经进行追索的,对其他票据债务人仍可以行使追索权。

『老侯提示』 中级考试常见九种情况下被追索人的确定,见表6-12。

表6-12 中级考试常见九种情况下被追索人的确定

九类情形		追索对象
(1) 票据无问题,程序无问题,但承兑人无理拒付		全体前手
(2) 承兑附条件、3日内未作承兑表示、拒绝承兑	最后的持票人提示承兑	除付款人外前手
	提示承兑后又背书转让	前手背书人
(3) 背书附条件、保证附条件		全体前手
(4) 背书人记载不得转让字样		除该背书人和该背书人的保证人外前手
(5) 无限人签章	直接后手	无票据权利
	非直接后手	除无限人外的其他前手
(6) 票据上有伪造的签章	后手恶意或无对价	无票据权利
	后手善意	真实签章人
(7) 背书不连续		全体前手
(8) 未按规定期限提示承兑		出票人
(9) 未按规定期限提示付款	支票、本票、银行汇票	出票人
	商业汇票	承兑人、出票人

3. 追索内容

(1) 持票人的追索内容

①被拒绝付款的汇票金额;(本金)

②汇票金额从到期日或者提示付款日起至清偿日止,按照中国人民银行规定的利率计算的利息;(利息)

③取得有关拒绝证明和发出通知书的费用。(费用)

〖老侯提示〗 追索金额不包括持票人的"间接损失"。

(2) 被追索人的再追索内容

①已经清偿的全部金额;(新本金)

②再发生的利息;(新利息)

③发出通知书的费用。(新费用)

4. 行使追索权

(1) 通知期限

得到证明之日起3日内。

(2) 未通知责任

未按照规定期限通知,"仍可以行使追索权",但应当赔偿因为迟延通知而给被追索人造成的损失,赔偿金额以汇票金额为限。

5. 清偿效力

被追索人依照规定清偿债务后,其责任解除,与持票人享有同一权利。

【例题15·多选题】 根据票据法律制度的规定,在汇票到期日前的下列情形中,持票人可以行使追索权的有( )。

A. 承兑人或付款人死亡

B. 汇票被拒绝承兑

C. 承兑人或付款人被宣告破产

D. 承兑人或付款人因违法被责令终止业务活动

答案 ABCD

【例题16·多选题】 根据票据法律制度的规定,被追索人在向持票人支付有关金额及费用后,可以向其他汇票债务人行使再追索权。下列各项中,属于被追索人可请求其他汇票债务人清偿的款项有( )。

A. 被追索人已清偿的全部金额及利息

B. 被追索人发出追索通知书的费用

C. 自清偿日起至再追索清偿日止,按照中国人民银行规定的同档次流动资金贷款利率计算的利息

D. 持票人因票据金额被拒绝支付而导致的利润损失

解析 选项D,属于间接损失,不能追索。

答案 ABC

【例题17·简答题】 ☆2021年2月10日,甲公司向乙公司签发了一张50万元的商业承兑汇票,汇票到期日为8月10日。甲公司的母公司作为承兑人在汇票上签章。

3月10日,乙公司将该汇票背书转让给丙公司,用于支付货款,并在汇票上注明"货物验收合格后生效",后丙公司的货物因存在严重质量问题未能通过验收。4月10日,丙公司将该汇票背书转让给丁公司,并在汇票上记载"不得转让"字样。5月10日,丁公司将该汇票背书转让给戊公司。

8月11日,戊公司向承兑人提示付款,承兑人以资金紧张为由拒绝付款。戊公司遂向甲公司、乙公司、丙公司及丁公司进行追索,均遭拒绝。其中,丙公司拒绝的理由是,本公司在汇票上记载有"不得转让"字样;乙公司拒绝的理由是,丙公司的货物未通过验收,不符合乙公司在汇票上注明的转让生效条件。

要求:根据上述资料和票据法律制度的规定,不考虑其他因素,回答下列问题。

(1) 乙公司所作的"货物验收合格后生效"的记载是否具有票据法上的效力?简要说明理由。

(2) 丙公司拒绝戊公司追索的理由是否成立?简要说明理由。

(3) 乙公司拒绝戊公司追索的理由是否成立?简要说明理由。

答案

(1) 不具有票据法上的效力。根据规定,背书不得附条件,背书时附有条件的,所附条件不具有汇票上的效力。

(2) 丙公司拒绝戊公司追索的理由成立。根据规定,背书人在汇票上记载"不得转让"字样,其后手再背书转让的,原背书人对其

后手的被背书人不承担保证责任。

（3）乙公司拒绝戊公司追索的理由不成立。根据规定，票据债务人不得以自己与持票人的前手之间的抗辩事由对抗持票人。但是，持票人明知存在抗辩事由而取得票据的除外。

守将六、银行本票（★）（2018年单选题；2019年判断题；2020年单选题、判断题；2021年单选题）

（一）概念、种类和适用范围

1. 概念

银行本票是银行签发的，承诺自己在见票时无条件支付确定的金额给收款人或者持票人的票据。

〖老侯提示〗 本票的基本当事人只有出票人和收款人。

2. 我国本票的种类

（1）有：银行本票、记名本票、即期本票。

（2）无：商业本票、无记名本票、远期本票。

3. 适用范围

（1）单位和个人在"同一票据交换区域"支付各种款项时，均可以使用银行本票。

（2）银行本票可以用于转账，注明"现金"字样的银行本票可以用于支取现金。

（二）记载事项

1. 绝对记载事项

表明"银行本票"的字样、无条件支付的"承诺"、确定的金额、收款人名称、出票日期、出票人签章。

〖老侯提示〗 本票的绝对记载事项为6项，无付款人名称。

2. 相对记载事项

（1）付款地

未记载，以出票人的营业场所为付款地。

（2）出票地

未记载，以出票人的营业场所为出票地。

〖老侯提示〗 同支票一样，本票的相对记载事项也没有付款日期。

（三）付款

提示付款期限：自"出票日"起最长不得超过"2个月"。

〖老侯提示1〗 本票的持票人未按规定期限提示见票的，丧失对"出票人以外的前手"的追索权。

〖老侯提示2〗 持票人超过提示付款期限不获付款的，在票据权利时效内向出票银行作出说明，并提供本人身份证件或单位证明，可持银行本票向出票银行请求付款。

【例题1·单选题】☆根据票据法律制度的规定，下列关于本票的表述中，不正确的是（　）。

A. 无条件支付的承诺是绝对记载事项之一

B. 本票自出票日起，最长付款期限为3个月

C. 本票无须承兑

D. 仅限于银行本票，且为记名本票

解析 本票自出票日起，付款期限最长不得超过2个月。 答案 B

【例题2·单选题】☆根据票据法律制度的规定，下列各项中，属于银行本票的相对记载事项的是（　）。

A. 确定的金额　　B. 收款人名称

C. 出票地　　　　D. 出票日期

解析 选项A、B、D，属于本票的绝对记载事项；选项C，属于本票的相对记载事项，本票上未记载出票地的，以出票人的营业场所为出票地。 答案 C

【例题3·判断题】☆银行本票是见票即付的票据，收款人或持票人在取得银行本票后，在提示付款期限内，随时可以向出票人请求付款。 （　）
答案 √

【例题4·多选题】甲出具一张银行本票给乙，乙将该本票背书转让给丙，丁作为乙的保证人在票据上签章。丙又将该本票背书

转让给戊，戊作为持票人未按规定期限向出票人提示本票。根据票据法的有关规定，下列选项中，戊不得行使追索权的有( )。

A. 甲　　　　　B. 乙
C. 丙　　　　　D. 丁

解析　本票的持票人未按照规定期限提示见票的，丧失对出票人以外的前手的追索权。故选项A错误。　　　　**答案**　BCD

守将七、支票(★★★)(2017年多选题；2018年简答题；2019年单选题；2021年单选题、多选题)

(一)概念

支票是出票人签发的、委托办理支票存款业务的银行在见票时无条件支付确定的金额给收款人或者持票人的票据。

(二)出票

1. 支票出票人应具备的条件

(1) 在付款人处开立银行结算账户；
(2) 账户中具备足够支付支票款项的金额；
(3) 应当在付款人处预留印鉴。

2. 记载事项

(1) 绝对记载事项

表明"支票"的字样、无条件支付的"委托"、确定的金额、付款人名称、出票日期、出票人签章。

〖老侯提示〗支票的绝对记载事项有6项，无收款人名称。

(2) 授权补记事项

①金额；
②收款人名称。

〖老侯提示1〗收款人名称，出票人既可以授权收取支票的相对人补记，也可以由相对人再授权他人补记。

〖老侯提示2〗金额未补记前，不得背书转让、提示付款。

〖老侯提示3〗出票人可以在支票上记载自己为收款人。

(3) 相对记载事项

①付款地：支票上未记载付款地的，付款地为付款人的营业场所。
②出票地：支票上未记载出票地的，出票地为出票人的营业场所、住所地或经常居住地。

〖老侯提示〗支票的相对记载事项中无付款日期，支票限于见票即付，不得另行记载付款日期，另行记载付款日期的，"该记载无效"。

(三)签发要求

支票的出票人签发支票的金额不得超过"付款时"在付款人处实有的金额。禁止签发空头支票。

〖老侯提示1〗陷阱：出票时、签发时、开具时。

〖老侯提示2〗与银行承兑汇票进行区分。

(四)付款

支票的持票人应当自出票日起"10日内"提示付款。

〖老侯提示1〗超过提示付款期限的，"付款人"可以不予付款。

〖老侯提示2〗付款人不予付款的，"出票人"仍应当对持票人承担票据责任(不丧失对出票人的追索权)。

〖例题1·单选题〗☆根据票据法律制度的规定，下列各项中，不属于单位签发支票必须具备的条件是( )。

A. 开立支票存款账户
B. 经人民银行当地分支行批准
C. 存入足够支付的款项
D. 预留印鉴

解析　出票人签发支票必须具备的条件包括：(1)开立账户；(2)存入足够支付的款项；(3)预留印鉴。　　**答案**　B

〖例题2·多选题〗☆根据票据法律制度的规定，支票的下列记载事项中，可以由出票人授权补记的有( )。

327

A. 票据金额　　B. 收款人名称
C. 出票日期　　D. 付款人名称

解析　支票上的金额和收款人名称可以由出票人授权补记。　　**答案**　AB

【**例题3·单选题**】☆根据票据法律制度的规定，下列关于支票记载事项的表述中，正确的是(　　)。

A. 支票上未记载付款日期的，该票据无效

B. 支票上未记载付款地的，出票人的营业场所为付款地

C. 支票的出票人不得记载"禁止转让"字样

D. 支票上未记载出票日期的，该票据无效

解析　选项A，支票限于见票即付，不得另行记载付款日期，另行记载的该记载无效；选项B，支票上未记载付款地的，付款人的营业场所为付款地；选项C，出票人在票据上记载"不得转让"字样，该票据不得转让；选项D，支票的出票日期属于支票的绝对记载事项，支票欠缺绝对记载事项的，票据无效。　　**答案**　D

【**例题4·多选题**】☆甲公司为支付货款，签发了一张以同城的乙银行为付款人、以丙公司为收款人的转账支票。丙公司在出票日之后的第14天向乙银行提示付款。下列关于票据付款和责任承担的表述中，正确的有(　　)。

A. 甲公司在乙银行的存款足以支付支票金额的，乙银行应当足额付款

B. 甲公司应当对丙公司承担票据责任

C. 乙银行拒绝付款的，丙公司无权对甲公司进行追索

D. 乙银行可以拒绝付款

解析　(1)支票的提示付款期限为自出票日起10日内；(2)选项A、B、D，支票的持票人超过提示付款期限提示付款的，付款人不予付款；付款人不予付款的，出票人仍应当对持票人承担票据责任；选项C，持票人超过提示付款期限的，不丧失对出票人的追索权。　　**答案**　BD

【**例题5·单选题**】☆根据票据法律制度的规定，下列关于本票和支票的表述中，正确的是(　　)。

A. 支票是见票即付的票据，本票则可以是远期票据

B. 本票和支票的出票人都只能是经批准的银行机构

C. 本票和支票出票时，都必须记载收款人名称，否则票据无效

D. 本票和支票上未记载付款地及出票地的，均不影响票据效力

解析　选项A，本票也属于见票即付的票据；选项B，支票出票人为单位和个人；选项C，支票的收款人名称不属于支票的绝对记载事项，未记载不会导致票据无效。　　**答案**　D

守将八、涉外票据(★)(2022年新增)

(一)涉外票据的概念

票据的出票、背书、承兑、保证、付款，既有发生在中国境内又有发生在中国境外(包括我国香港、澳门、台湾地区)的情形。

(二)涉外票据的法律适用

涉外票据的法律适用见表6-13。

表6-13　涉外票据的法律适用

事项	适用
票据债务人的民事行为能力，根据"完全民事行为能力年龄判定孰低原则"	本国法律或者行为地法律
票据的背书、承兑、付款和保证行为	行为地法律

续表

事项		适用
票据追索权的行使期限		出票地法律
汇票、本票出票时的记载事项		
支票出票时的记载事项	当事人未约定	
	经当事人协议	
票据的提示期限、有关拒绝证明的方式、出具拒绝证明的期限；票据丧失时，失票人请求保全票据权利的程序		付款地法律

【例题·单选题】哈尔滨乌拉有限责任公司是一家俄资企业，2021年12月1日，该公司在哈尔滨受让了一张以乌克兰某银行为付款银行的汇票，公司财务人员赵某携带该汇票赴乌克兰办理业务途中在蒙古国不慎将该汇票丢失。失票人乌拉有限责任公司请求保全票据权利适用的法律是（　　）。

A. 中国大陆　　　　B. 乌克兰　　　　C. 俄罗斯　　　　D. 蒙古

解析　涉外票据丧失时，失票人请求保全票据权利的程序，适用付款地法律。　答案　B

第二部分　证券法律制度

守将一、证券发行的分类、制度与条件（★）（2020年单选题、多选题）

（一）证券发行的分类

证券发行的分类见表6-14。

表6-14　证券发行的分类

分类标准		类型
按发行对象	公开发行	(1)面向"不特定"对象发行 (2)向累计"超过200人"的特定对象发行 ［老侯提示］ 依法实施员工持股计划的员工人数不计算在内
	非公开发行	不得采用广告、公开劝诱和变相公开方式
按发行目的	设立发行（首发）	
	增资发行（增发）	可采用"配股"方式
按发行方式	直接发行	发行人不通过证券承销机构，自行承担发行风险
	间接发行	委托证券承销机构发行证券
按发行价格与证券票面金额的关系	溢价发行	发行价格>证券票面金额
	平价发行	发行价格=证券票面金额
	折价发行	发行价格<证券票面金额

【例题1·多选题】根据证券法律制度的规定，下列属于证券公开发行情形的有（　　）。

A. 向不特定对象发行证券的

B. 向累计不超过200人的不特定对象发行证券的

C. 向累计不超过200人的特定对象发行证券的

D. 采取电视广告方式发行证券的

解析 ▶ 选项 C，属于非公开发行。

答案 ▶ ABD

(二)证券发行的审核制度

1. 注册制(面向成熟市场)

(1)概念

<u>证券发行注册制</u>是指证券发行申请人依法将与<u>证券发行</u>有关的一切信息和资料公开，制成法律文件，送交主管机构审查，主管机构只负责审查发行申请人提供的信息和资料是否履行了信息披露义务的一种制度。

(2)特点

注册制下证券发行审核机构只对注册文件进行形式审查，不进行实质判断。

『老侯提示』"科创板"实行股票发行注册制由"证券交易所"(上交所)负责发行上市审核("创业板"实行股票发行注册制由"深交所"负责发行上市审核)。

2. 核准制(面向不成熟市场)

证券监管机构依照法律的规定，对发行人提出的申请以及有关材料进行实质性审查，发行人得到批准以后，才可以发行证券。

(三)股票的发行

【说明】因《中华人民共和国证券法》要求逐步推进注册制改革，考试大纲中列示的关于主板首发以及配股和增发的核准制下的发行条件，本书不再赘述。

1. 首次公开发行股票的一般条件

(1)具备健全且运行良好的组织机构；(家庭好)

(2)具有<u>持续经营能力</u>；(工作好)

(3)最近3年财务会计报告被出具无保留意见审计报告；(为人诚实)

(4)发行人及其控股股东、实际控制人最近3年不存在贪污、贿赂、侵占财产、挪用财产或者破坏社会主义市场经济秩序的刑事犯罪。(是好人)

2. "科创板、创业板"首次公开股票发行条件

(1)符合相应版块(科创板、创业板)定位。

(2)发行人是依法设立且持续经营"3年"以上的股份有限公司，具备健全且运行良好的组织机构，相关机构和人员能够依法履行职责。

『老侯提示』有限责任公司按原账面净资产值折股整体变更为股份有限公司的，持续经营时间可以从有限责任公司成立之日起计算。

(3)财务会计制度规范，内控制度设计合理运行有效。

①财务报表由注册会计师出具无保留意见的审计报告。

②内部控制制度由注册会计师出具无保留结论的内部控制鉴证报告。

(4)资产完整、业务独立、人员稳定，具备持续经营能力。

最近"2年"内"主营业务和董事、高级管理人员、<u>核心技术人员</u>"均没有发生重大不利变化，"实际控制人"没有发生变更，不存在导致控制权可能变更的重大权属纠纷。

『老侯提示』科创板对"核心技术人员"的稳定性有硬性要求，而创业板没有。

(5)生产经营合法。

<u>发行人及其控股股东、实际控制人</u>：最近3年内不存在贪污、贿赂、侵占财产、挪用财产或者破坏社会主义市场经济秩序的刑事犯罪；不存在欺诈发行、重大信息披露违法或其他涉及国家安全、公共安全、生态安全、生产安全、公众健康安全等领域的重大违法行为。

<u>董、监、高</u>：不存在最近3年内受到中国证监会行政处罚，或因涉嫌犯罪被司法机关立案侦查或者涉嫌违法违规被中国证监会立案调查，尚未有明确结论意见等情形。

3. "科创板、创业板"上市公司向不特定的对象发行股份的条件(配股和向不特定对象增发)

(1)具备健全且运行良好的组织机构;

(2)现任董事、监事和高级管理人员符合法律、行政法规规定的任职要求;

(3)具有完整的业务体系和直接面向市场独立经营的能力,不存在对持续经营有重大不利影响的情形;

(4)会计基础工作规范,内部控制制度健全且有效执行,财务报表的编制和披露符合企业会计准则和相关信息披露规则的规定,在所有重大方面公允反映了上市公司的财务状况、经营成果和现金流量,最近3年财务会计报告被出具无保留意见审计报告;

(5)除金融类企业外,最近一期末"不存在金额较大的财务性投资"。

『老侯提示』创业板上市公司还要求最近2年盈利。其中净利润以扣除非经常性损益前后孰低者为计算依据。

4."科创板、创业板"上市公司股份发行的发行障碍(见表6-15)

表6-15 "科创板、创业板"上市公司股份发行的发行障碍

考点	向"不特定"的对象发行股份的发行障碍	向"特定"的对象发行股份的发行障碍
改变募集资金用途	擅自改变前次募集资金用途未作纠正,或者未经股东大会认可	
公司董、监、高干坏事	现任董事、监事和高级管理人员最近3年受到中国证监会行政处罚,或者最近1年受到证券交易所公开谴责,或者因涉嫌犯罪正在被司法机关立案侦查,或者涉嫌违法违规正在被中国证监会立案调查	
公司控股股东、实际控制人干坏事	上市公司及其控股股东、实际控制人最近3年存在贪污、贿赂、侵占财产、挪用财产或者破坏社会主义市场经济秩序的刑事犯罪,或者存在严重损害上市公司利益、投资者合法权益、社会公共利益的重大违法行为	控股股东、实际控制人最近3年存在严重损害上市公司利益或者投资者合法权益的重大违法行为 最近3年存在严重损害投资者合法权益或者社会公共利益的重大违法行为
公司控股股东、实际控制人吹牛	上市公司及其控股股东、实际控制人最近1年存在未履行向投资者作出的公开承诺的情形	
公司财务会计报告造假		最近1年财务报表的编制和披露在重大方面不符合企业会计准则或者相关信息披露规则的规定;被出具否定意见或者无法表示意见的审计报告;被出具保留意见的审计报告,且保留意见所涉及事项对上市公司的重大不利影响尚未消除(本次发行涉及重大资产重组的除外)

5."科创板、创业板"上市公司募集资金的使用规定

(1)符合国家产业政策和有关环境保护、土地管理等法律、行政法规规定;

(2)募集资金项目实施后,不会与控股股东、实际控制人及其控制的其他企业新增构成重大不利影响的同业竞争、显失公平的关联交易,或者严重影响公司生产经营的独立性;

(3)科创板上市公司发行股票募集资金,应当投资于科技创新领域的业务;

(4)创业板上市公司发行股票,除金融类企业外,本次募集资金使用<u>不得为持有财务性投资</u>,不得直接或者间接投资于以买卖有价证券为主要业务的公司。

【例题2·多选题】☆根据证券法律制度的规定,下列关于发行人首次公开发行股票应具备条件的表述中,正确的有( )。

A. 实际控制人不存在债务违约情形

B. 具备健全且运行良好的组织机构

C. 最近3年财务会计报告被出具无保留意见审计报告

D. 具有持续经营能力

解析 选项A，首发股票要求发行人及其控股股东、实际控制人最近3年不存在贪污、贿赂、侵占财产、挪用财产或者破坏社会主义市场经济秩序的刑事犯罪。实际控制人是否存在债务违约情形不属于首次公开发行股票应具备的条件。

答案 BCD

【例题3·多选题】根据证券法律制度的规定，下列关于在科创板首次公开发行股票应满足条件的表述中，正确的有（ ）。

A. 发行人应当是依法设立且持续经营3年以上的股份有限公司

B. 发行人最近2年内董事、高级管理人员没有发生重大不利变化

C. 控股股东最近3年内不存在贪污、贿赂、破坏社会主义市场经济秩序等的刑事犯罪

D. 发行人最近3年内实际控制人没有发生变更

解析 选项D，在科创板首次公开发行股票要求最近2年内实际控制人没有发生变更。

答案 ABC

（四）公司债券的发行（2022年调整）

1. 债券发行的一般规定

（1）决议事项。

发行人应当依照公司法或者公司章程相关规定对发行债券的金额、发行方式、债券期限、募集资金的用途等作出决议，如果对增信机制、偿债保障措施作出安排的，也应当在决议事项中载明。

（2）面向对象。

公开发行：普通投资者、专业投资者；

非公开发行：专业投资者。

（3）资金用途。

①公开发行公司债券筹集的资金，必须按照公司债券募集说明书所列资金用途使用；改变资金用途，必须<u>经债券持有人会议</u>作出决议。

②非公开发行公司债券，募集资金应当用于约定的用途；改变资金用途，应当履行募集说明书约定的程序。

『老侯提示』 公开发行公司债券筹集的资金，不得用于弥补亏损和非生产性支出。

（4）资金管理。

发行人应当指定专项账户，用于公司债券募集资金的接收、存储、划转。

2. 向专业投资者公开发行债券——由证交所受理、审核，经证监会注册

（1）发行条件。

①具备健全且运行良好的组织机构；

②"<u>最近3年平均可分配利润</u>"足以支付公司债券"1年的利息"；

③具有合理的资产负债结构和正常的现金流量。

『老侯提示』 仅满足上述条件只能向专业投资者公开发行，而不能向普通投资者公开发行。

（2）存在下列情形之一的，不得再次公开发行公司债券。

①对已公开发行的公司债券或者其他债务有违约或者延迟支付本息的事实，"仍处于继续状态"；

②违反规定，改变公开发行公司债券所募资金的用途。

【链接】 改变公开发行公司债券所募资金的用途，必须经债券持有人会议作出决议。

3. 向普通投资者公开发行债券的条件

（1）发行人"最近3年"无债务违约或者延迟支付本息的事实。

（2）发行人"最近3年的平均可分配利润"不少于债券一年利息的"1.5倍"。

（3）发行人<u>"净资产"</u>规模不少于"250亿元"。

（4）发行人"最近36个月"内累计公开发行债券不少于"3期"，发行"规模"不少于

"100亿元"。

4. 注册程序

（1）受理、审核和决定时间。

①证券交易所收到注册申请文件后，在5个工作日内作出是否受理的决定。

②证券交易所应当自受理注册申请文件之日起2个月内出具审核意见。

③中国证监会应当自证券交易所受理注册申请文件之日起3个月内作出同意注册或者不予注册的决定。

【老侯提示】发行人根据中国证监会、证券交易所要求补充、修改注册申请文件的时间不计算在内。

（2）分期发行。

①公开发行公司债券，可以申请"一次注册，分期发行"。

②中国证监会同意注册的决定自作出之日起"2年内"有效，发行人应当在注册决定有效期内发行公司债券，并"自主选择发行时点"。

③公开发行公司债券的募集说明书自"最后签署之日起6个月内"有效。

④采用分期发行方式的，发行人应当及时更新债券募集说明书等公司债券发行文件，并在每期发行"前"报"证券交易所"备案。

（3）聘请受托管理人。

公开发行公司债券的发行人应当为债券持有人聘请债券受托管理人，并订立债券受托管理协议。

5. 非公开发行

（1）对象：向专业投资者发行

（2）限制：不得采用广告、公开劝诱和变相公开方式

（3）人数：≤200人

（4）转让：仅限于专业投资者范围内转让，转让后，持有同次发行债券的专业投资者合计不得超过200人。

【例题4·单选题】☆根据证券法律制度的规定，下列关于公开发行公司债券的表述中，正确的是（　　）。

A. 公开发行公司债券筹集的资金可以用于弥补亏损

B. 公开发行公司债券的条件之一是最近3年的利润总额足以支付公司债券1年的利息

C. 公开发行公司债券应经国务院证券监督管理机构审批

D. 公开发行公司债券包括面向专业投资者公开发行和面向普通投资者公开发行两种方式

解析 选项A，公开发行公司债券筹集的资金，不得用于弥补亏损和非生产性支出；选项B，公开发行公司债券的条件之一是：最近3年"平均"可分配利润足以支付公司债券1年的利息；选项C，公开发行公司债券，应当符合证券法的相关规定，并经中国证监会注册（公开发行公司债券执行注册制而非核准制，因此审批的表述错误）。 答案 D

【例题5·多选题】☆根据证券法律制度的规定，公司出现特定情形的，不得再次公开发行公司债券。下列各项中，属于该情形的有（　　）。

A. 高级管理人员发生重大变化

B. 存在延迟支付债券本息的事实且仍处于继续状态

C. 发生重大资产转让

D. 对已公开发行的公司债券有违约事实且仍处于继续状态

解析 存在下列情形之一的，不得再次公开发行公司债券：（1）对已公开发行的公司债券或者其他债务有违约或者延迟支付本息的事实仍处于继续状态；（2）违反证券法规定，改变公开发行公司债券所募资金的用途。 答案 BD

【例题6·单选题】根据证券法律制度的规定，下列关于非公开发行公司债券的表述中，正确的是（　　）。

A. 非公开发行公司债券可以采用广告方式

B. 非公开发行公司债券转让后，持有同

次发行债券的专业投资者合计不得超过200人

C. 专业投资者可以将持有的债券转让给普通投资者

D. 非公开发行公司债券可以选择向普通投资者或者专业投资者发行

【解析】 选项A，非公开发行公司债券不得采用广告、公开劝诱和变相公开方式；选项BC，非公开发行的公司债券仅限于专业投资者范围内转让，转让后，持有同次发行债券的专业投资者合计不得超过200人；选项D，非公开发行公司债券，应当向专业投资者发行。【答案】 B

（五）证券投资基金的募集

1. 开放式基金和封闭式基金

（1）封闭式

基金份额总额在基金合同期限内固定不变，基金份额持有人不得申请赎回的基金。（总额固定，不得赎回）

（2）开放式

基金份额总额不固定，基金份额可以在基金合同约定的时间和场所申购或者赎回的基金。（总额不固定，可以赎回）

2. 公募基金和私募基金

（1）公开募集基金

①注册制。

公募基金应当经国务院证券监督管理机构"注册"。未经注册，不得公开或者变相公开募集基金。

②注册和发售程序（见表6-16、图6-3）。

表6-16 公开募集基金的注册和发售程序

程序	具体规定
申请	由"拟任基金管理人"向国务院证券监督管理机构提出申请，并提交规定文件
审查	国务院证券监督管理机构应当自受理申请之日起"6个月内"依法进行审查
决定	(1)作出注册决定，应当通知申请人； (2)作出不予注册的决定，应当通知申请人并说明理由
发售	(1)基金募集申请经注册后，方可发售基金份额； (2)基金份额的发售，由"基金管理人或者其委托的基金销售机构"办理； (3)基金管理人应当在基金份额发售的3日前公布招募说明书、基金合同及其他有关文件； (4)基金管理人应当自收到准予注册文件之日起6个月内进行基金募集； (5)超过6个月开始募集，原注册的事项未发生实质性变化的，应当报国务院证券监督管理机构备案；发生实质性变化的，应当向国务院证券监督管理机构重新提交注册申请
募集	(1)基金募集不得超过国务院证券监督管理机构准予注册的基金募集期限； (2)基金募集期限自基金份额发售之日起计算； (3)基金募集期限届满，封闭式基金募集的基金份额总额达到准予注册规模的80%以上，开放式基金募集的基金份额总额超过准予注册的最低募集份额总额，并且基金份额持有人人数符合国务院证券监督管理机构规定
验资	基金管理人应当自募集期限届满之日起10日内聘请法定验资机构验资，自收到验资报告之日起10日内，向国务院证券监督管理机构提交验资报告，办理基金备案手续，并予以公告

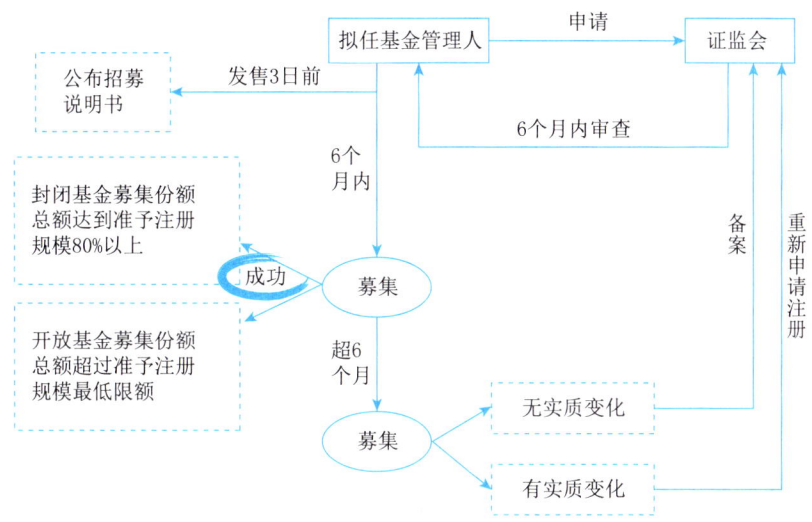

图 6-3 公开募集基金的注册和发售程序

（2）非公开募集基金

①设立原则。

设立私募基金管理机构和发行私募基金"不设行政审批"；

各类私募基金管理人均应当向基金业协会申请"登记"；

各类私募基金募集完毕，均应当向基金业协会办理"备案"手续。

②私募基金"合格投资者"标准（见表 6-17）。

表 6-17 私募基金"合格投资者"标准

身份	标准	
单位	净资产不低于人民币 1 000 万元	具备相应风险识别能力和风险承担能力；投资于单只私募基金的金额不低于 100 万元
个人	"金融资产不低于人民币 300 万元"或"最近 3 年个人年均收入不低于 50 万元"	
其他	（1）社保基金、企业年金等养老基金，慈善基金等社会公益基金； （2）依法设立并在基金协会备案的投资计划； （3）投资于所管理私募基金的私募基金管理人及其从业人员	

③募集规则（见表 6-18）。

表 6-18 非公开募集基金的募集规则

项目	具体规则
私募基金管理人	不得向合格投资者之外的单位和个人募集资金，不得以任何方式向"不特定对象"宣传推介
	不得向投资者承诺"保本"或者"最低收益"
	对投资者的风险识别和风险承担能力进行"评估"
	应当自行或委托第三方机构对私募基金进行"风险评级"
投资者	"书面"承诺符合合格投资者条件
	如实填写风险识别和风险承担能力问卷，如实承诺资产或收入情况，并对其真实、准确、完整性负责
	确保投资资金来源合法，不得非法汇集他人资金投资私募基金

④投资规则(见表6-19)。

表6-19 非公开募集基金的投资规则

项目	具体规则
托管规定	募集私募基金应当"签订合同",除合同另有约定外,应当由基金托管人"托管" [老侯提示] 合同约定不进行托管的,应当在基金合同中明确"保障私募基金财产安全的制度措施"和"纠纷解决机制"
私募基金	管理人管理不同类别私募基金的,应当坚持"专业化管理"原则
	不得将自有财产、他人财产"混同"于基金财产从事投资活动,不得"不公平"地对待其管理的不同基金财产
	"如实披露"可能影响投资者合法权益的重大信息

【例题7·单选题】✩根据金融法律制度的规定,下列关于证券投资基金公开募集的表述中,正确的是( )。

A. 基金份额的发售,由基金托管人办理

B. 基金募集期限自基金份额发售之日起计算

C. 公开募集基金,应当经国务院证券监督管理机构核准

D. 公开募集基金的设立,由拟任基金托管人向国务院证券监督管理机构提出申请

解析 选项A,基金份额的发售,由基金管理人或者其委托的基金销售机构办理;选项C,公开募集基金,应当经国务院证券监督管理机构注册;选项D,注册公开募集基金,由拟任基金管理人向国务院证券监督管理机构提出申请,并提交规定文件。 答案 B

【例题8·多选题】根据金融法律制度的规定,下列关于非公开募集基金的表述中,正确的有( )。

A. 各类私募基金管理人均应当向基金业协会申请登记

B. 私募基金管理人只能向合格的投资者募集资金

C. 私募基金管理人不得通过报刊、电视等媒体向不特定对象宣传推介

D. 私募基金管理人不得向投资者承诺最低收益但可以承诺投资本金不受损失

解析 选项D,私募基金管理人不得向投资者承诺保本或者最低收益。 答案 ABC

【例题9·多选题】根据金融法律制度的规定,下列非公开募集基金的合格投资者应满足具备相应风险识别能力和风险承担能力且投资于单只私募基金的金额不低于100万元的条件的有( )。

A. 甲公司净资产1 200万元人民币

B. 赵某名下金融资产250万元,最近3年个人年均收入60万元

C. 社保基金

D. 投资于自己所管理的甲私募基金的管理人李某

解析 合格投资者是指具备相应风险识别能力和风险承担能力,投资于单只私募基金的金额不低于100万元且符合下列相关标准的单位和个人:(1)净资产不低于1 000万元的单位;(2)金融资产不低于300万元或者最近3年个人年均收入不低于50万元的个人。选项CD,属于合格投资者,但不受投资单只私募基金不低于100万元的限制。 答案 AB

守将二、证券发行程序(★)(2019年、2021年单选题)

【说明】本部分只列示"注册制"下的发行程序。

(一)科创板、创业板股票的发行程序(注册制程序)

1. 时间性规定

(1)受理申请

保荐人保荐并向"证交所"申报,证交所收到注册申请文件后"5个工作日"内决定是否受理。

(2)审核

"证交所"应当自受理注册申请文件之日起在规定的期限内形成审核意见并报送证监会发行注册。

(3)发行注册

"证监会"应当在"20个工作日"内对发行人的注册申请作出同意注册与否的决定。

(4)报备发行与承销方案

获证监会同意注册后,发行人与主承销商应当及时向证交所报备发行与承销方案。证交所"5个工作日"内无异议的,发行人与主承销商可依法刊登招股意向书,启动发行工作。

(5)发行股票

证监会同意注册的决定自作出之日"1年"内有效,发行人应当在注册决定有效期内发行股票,发行时点由发行人自主选择。

2. 信息披露制度

(1)一般性信息披露要求。

按照证监会制定的信息披露规则,编制并披露招股说明书,保证相关信息真实、准确、完整。

『老侯提示』 证监会制定的信息披露规则(一般性信息披露)是信息披露的"最低"要求。不论上述规则是否有明确规定,凡是对投资者作出价值判断和投资决策有重大影响的信息,发行人均应予以披露,内容应当真实、准确、完整。

(2)科创板针对性信息披露要求。

①披露行业特点、业务模式、公司治理、发展战略、经营政策、会计政策,充分披露科研水平、科研人员、科研资金投入等相关信息,充分揭示可能对公司核心竞争力、经营稳定性以及未来发展产生重大不利影响的风险因素;

②发行人尚未盈利的,应当充分披露尚未盈利的成因,以及对公司现金流、业务拓展、人才吸引、团队稳定性、研发投入、战略性投入、生产经营可持续性等方面的影响;

③发行人应当披露其募集资金使用管理制度,以及募集资金重点投向科技创新领域的具体安排;

④存在特别表决权股份的境内科技创新企业申请首次公开发行股票并在科创板上市的,应当披露并特别提示差异化表决安排的主要内容、相关风险和对公司治理的影响,以及依法落实保护投资者合法权益的各项措施;

⑤发行人应当在招股说明书中披露,公开发行股份前已发行股份的锁定期安排,特别是核心技术团队股份的锁定期安排以及尚未盈利情况下发行人控股股东、实际控制人、董事、监事、高级管理人员、核心技术人员股份的锁定期安排。

(3)注册信息预披露和正式披露制度。

①证交所"受理"注册申请文件后。

发行人应当按证券交易所规定,将招股说明书、发行保荐书、上市保荐书、审计报告和法律意见书等文件在"证交所"网站预先披露。

『老侯提示』 预披露的招股说明书及其他注册申请文件"不能含有价格信息",发行人"不得据此发行股票"。

②证交所"审核同意"后,报送证监会注册时。

招股说明书、发行保荐书、上市保荐书、审计报告和法律意见书等文件应在证交所网站和证监会网站公开。

③发行人股票"发行"前。

在证交所网站和符合证监会规定条件的网站全文刊登招股说明书,同时在符合证监会规定条件的报刊刊登提示性公告,告知投资者网上刊登的地址及获取文件的途径。

『老侯提示』 发行人可以将招股说明书以及有关附件刊登于其他报刊和网站,但披露内容应当完全一致,且不得"早于"在证交所网站、符合证监会规定条件的报刊和网站的披露时间。

(二)证券的承销制度

证券的承销制度见表6-20。

表 6-20　证券的承销制度

考点	具体内容
承销方式	代销、包销
承销团	向不特定对象发行证券聘请承销团承销的，承销团应当由主承销和参与承销的证券公司组成
期限	代销、包销期限≤"90日"
对承销证券公司的限制	(1)"不得为本公司预留"所代销的证券 (2)"不得预先购入并留存"所包销的证券
承销失败	股票发行采用"代销方式"，代销期限届满，向投资者出售的股票数量未达到拟公开发行股票数量"70%"的，为发行失败；发行人应当按照发行价并加算银行同期存款利息返还股票认购人 『老侯提示』只有代销方式存在发行失败
备案	代销、包销期限届满，发行人报证监会备案

(三)控股股东、实际控制人等的归责原则

1. 国务院证券监督管理机构或国务院授权的部门对已作出的证券发行注册的决定，发现不符合法定条件或法定程序

(1)"尚未发行"证券的，应当予以撤销，停止发行。

(2)"已经发行尚未上市"的，撤销发行注册决定，"发行人"应当按照发行价并加算银行同期存款利息返还证券持有人；发行人的"控股股东、实际控制人以及保荐人"，应当与发行人承担"连带责任"，但是能够证明自己没有过错的除外。

2. 股票的发行人在招股说明书等证券发行文件中隐瞒重要事实或编造重大虚假内容

"已经发行并上市"的，国务院证券监督管理机构可以责令"发行人"回购证券，或责令"负有责任的控股股东、实际控制人"买回证券。

【例题1·单选题】☆根据证券法律制度的规定，下列关于证券发行规则的表述中，正确的是(　　)。

A. 债券发行采用代销的，期限届满，出售的债券数量未达到拟公开发行数量70%的，为发行失败

B. 证券发行采用包销或代销的，最长期限均不得超过90日

C. 证券发行由证券交易所依照法定条件负责发行申请的注册

D. 股票发行采用包销的，证券公司有权在包销期内预先购入并留存所包销的股票

解析　选项A，股票发行采用代销方式的，代销期限届满，向投资者出售的股票数量未达到拟公开发行股票数量70%的，为发行失败；选项C，国务院证券监督管理机构或者国务院授权的部门依照法定条件负责证券发行申请的注册；选项D，证券公司不得预先购入并留存所包销的证券。　答案　B

【例题2·单选题】☆根据证券法律制度的规定，下列关于证券承销的表述中，正确的是(　　)。

A. 采用包销方式销售证券的，承销人可将未售出的证券全部退还给发行人

B. 证券承销期限可以约定为60日

C. 采用代销方式销售证券的，承销人应将发行人证券全部购入

D. 代销期限届满销售股票数量达到拟公开发行股票数量60%的为发行成功

解析　选项AC，证券代销是指证券公司代发行人发售证券，在承销期结束时，将未售出的证券全部退还给发行人的承销方式。证券包销是指证券公司将发行人的证券按照协议全部购入或者在承销期结束时将售后剩余证券全部自行购入的承销方式。选项B，证券的代销、包销期限最长"不得超过90日"。选项D，股票发行采用代销方式，代销期限届满，向投资者出售的股票数量未达到

拟公开发行股票数量"70%"的,为发行失败。

答案 B

【例题3·单选题】根据证券法律制度的规定,下列关于科创板股票的发行程序的表述中,正确的是( )。

A. 国务院证券监督管理机构收到注册申请文件后应于5个工作日内作出是否受理的决定

B. 证券交易所应当在20个工作日内对发行人的注册申请作出同意注册与否的决定

C. 证券交易所受理注册申请文件后,发行人应当将招股说明书在证券交易所网站预先披露,并据此发行股票

D. 发行人股票发行前可以将招股说明书以及有关附件刊登于其他报刊和网站,但不得早于在证交所网站、符合证监会规定条件的网站的披露时间

解析 选项A,"证券交易所"收到注册申请文件后应在5个工作日内作出是否受理的决定;选项B,"证监会"应当在20个工作日内对发行人的注册申请作出同意注册与否的决定;选项C,证券交易所受理注册申请文件后,发行人应当按证券交易所规定,将招股说明书、发行保荐书、上市保荐书、审计报告和法律意见书等文件在证券交易所网站预先披露,预先披露的招股说明书及其他注册申请文件不能含有价格信息,发行人不得据此发行股票。

答案 D

守将三、证券交易的限制性规定(★★)(2017年简答题)

证券交易的限制性规定见表6-21。

表6-21 证券交易的限制性规定

类型	对象	具体规定
转让限制	发起人	(1)自公司成立之日起1年内不得转让 (2)自公司股票在证券交易所上市交易之日起1年内不得转让
	董、监、高	(1)自公司股票上市交易之日起1年内不得转让 (2)在任职期间每年转让的股份不得超过所持有本公司股份总数的25% (3)离职后半年内,不得转让其所持有的本公司股份
"买卖"限制	董、监、高	(1)上市公司定期报告公告前30日内 (2)上市公司业绩预告、业绩快报公告前10日内 (3)自可能对本公司股票交易价格产生重大影响的重大事项发生之日或在决策过程中,至依法披露后2个交易日内
	上市公司、新三板公司董、监、高及5%股东	买入后6个月内卖出或卖出后6个月内买入,收益归该公司所有(禁止短线投机交易操纵股价) 【老侯提示1】包括其配偶、父母、子女持有的及利用他人账户持有的股票或其他具有股权性质的证券 【老侯提示2】证券公司"包销"购入剩余股票而持有5%以上股份的,卖出该股票不受6个月时间限制
	证券从业人员	任期或法定限期内,不得直接或以化名、借他人名义持有、买卖,也不得收受他人赠送的股票或其他具有股权性质的证券 【老侯提示】实施股权激励或员工持股计划的证券公司从业人员,持有和卖出本公司股票除外
	出具审计报告或法律意见书的机构和人员	为证券发行 — 在该股票承销期内和期满后6个月内不得买卖该种股票 为发行人及其控股股东、实际控制人或收购人、重大资产交易方 — 自接受委托之日起至上述文件公开后5日内,不得买卖该股票
上市公司收购		【老侯提示】上市公司收购中关于股票买卖的限制见后续内容

【例题·多选题】根据证券法律制度的规定，某上市公司的下列人员中，不得将其持有的该公司的股票在买入后6个月内卖出，或者在卖出后6个月内又买入的有（　）。

A. 董事会秘书
B. 董事长
C. 财务负责人
D. 副总经理

解析 上市公司、股票在国务院批准的其他全国性证券交易场所交易的公司持有5%以上股份的股东、董事、监事、高级管理人员，将其持有的该公司的股票或者其他具有股权性质的证券在买入后6个月内卖出，或者在卖出后6个月内又买入，由此所得收益归该公司所有。选项ACD，属于高级管理人员；选项B，属于董事。　**答案** ABCD

考点四、证券上市（★）（2016年、2021年多选题）

（一）区别"发行"与"上市"

1. 发行（一级市场）

符合发行条件的发行人以筹集资金为目的，依照法律规定的程序向公众投资者出售代表一定权利的资本证券的行为。（公司→投资者）

2. 上市（二级市场）

证券在证券交易所进行交易。（投资者→投资者）

『老侯提示』名义上，我国实行股票发行与上市分离的制度，发行人完成首次股票公开发行后，向交易所提交上市申请和相应的申请文件。证券交易所审查通过后可安排公司发行的股票在证券交易所上市交易。但实际上，我国A股的股票发行与上市是一体联动的，因此要具备发行条件就必须具备上市条件。

（二）申请上市

1. 一般情况

申请证券上市交易，应当向"证交所"提出申请，由证交所依法审核同意。

2. 政府债券上市

证券交易所根据国务院授权的部门的决定安排政府债券上市交易。

（三）股票在科创板上市的条件

1. 股本总额与流通股占比

（1）一般情况，发行"后"股本总额不低于3 000万元，公开发行的股份≥公司股份总数的25%；

（2）公司股本总额>4亿元的，公开发行股份的比例≥10%。

2. 市值及财务指标标准（5+2+2套标准）（见表6-22）

表6-22　市值及财务指标标准

类型	预计市值	财务指标标准
一般企业	≥10亿元	最近"2年"净利润均为正且累计"净利润≥5 000万元"或者最近"1年"净利润为正且"营业收入≥1亿元"
	≥15亿元	最近"1年"营业收入≥2亿元，且最近"3年"研发投入合计占最近3年营业收入的比例≥15%
	≥20亿元	最近"1年"营业收入≥3亿元，且最近"3年"经营活动产生的现金流量净额累计≥1亿元
	≥30亿元	最近"1年"营业收入≥3亿元

续表

类型	预计市值	财务指标标准
一般企业	≥40亿元	主要业务或产品需经国家有关部门批准，市场空间大，目前已取得阶段性成果，并获得知名投资机构一定金额的投资 [老侯提示] 医药行业企业需取得至少一项一类新药二期临床试验批件，其他符合科创板定位的企业需具备明显的技术优势并满足相应条件
红筹企业和表决权差异企业	≥50亿元 ≥100亿元	最近一年营业收入≥5亿元

[老侯提示] 科创板上市制定多套财务指标标准，是为了让更多企业根据自身情况进行选择。

(四)公募基金的上市条件——封闭式基金

1. 基金的募集符合证券投资基金法的规定
2. 基金合同期限为"≥5年"
3. 基金募集金额"≥2亿元"
4. 基金份额持有人"≥1 000人"

【例题1·单选题】甲公司是一家符合国家战略产业要求的芯片研发和设计企业，2020年度尚未实现盈利，但营业收入已经超过2亿元人民币。2018年度至2020年度研发投入占营业收入的比例分别为18%、20%、22%，经营活动产生的现金流量净额累计超过3亿元人民币；假设甲公司满足股本总额及流通股占比等其他要求，2021年拟申请在科创板上市，则其预计市值应达到一定金额以上，该金额是(　　)。

A. 不低于人民币10亿元
B. 不低于人民币15亿元
C. 不低于人民币20亿元
D. 不低于人民币30亿元

解析 选项A，预计市值不低于10亿元，最近2年净利润均为正且累计净利润不低于5 000万元，或者预计市值不低于10亿元，最近1年净利润为正且营业收入不低于1亿元，本题中，甲公司尚未盈利不满足要求；选项B，预计市值不低于15亿元，最近1年营业收入不低于2亿元，且最近3年研发投入合计占最近3年营业收入的比例不低于15%，本题中，甲公司最近1年营业收入超过2亿元，最近3年研发投入占营业收入比例超过15%，因此只要预计市值不低于15亿元即可在科创板上市；选项C，预计市值不低于20亿元，最近1年营业收入不低于3亿元，且最近3年经营活动产生的现金流量净额累计不低于1亿元，本题中，最近1年营业收入不满足条件；选项D，预计市值不低于30亿元，且最近1年营业收入不低于3亿元，本题中，最近1年营业收入不满足条件。

答案 B

【例题2·多选题】☆根据证券法律制度的规定，下列关于公开募集基金的基金份额上市交易的表述中，正确的有(　　)。

A. 基金合同期限为1年以上
B. 基金份额持有人不超过200人
C. 基金募集金额不低于2亿元人民币
D. 基金管理人应当与证券交易所签订上市协议

解析 选项A，公开募集基金的基金份额上市交易要求之一为基金合同期限为5年以上；选项B，公开募集基金的基金份额上市交易要求之一为基金份额持有人不少于1 000人。

答案 CD

守将五、禁止交易(★★)(2018年单选题、多选题；2020年单选题)

(一)内幕交易

1. 内幕信息知情人
(1)发行人及其董事、监事、高级管理

人员；

（2）持有上市公司"5%以上"股份的股东及其董事、监事、高级管理人员，公司的实际控制人及其董事、监事、高级管理人员；

（3）发行人控股或实际控制的公司及其董事、监事、高级管理人员；

（4）由于所任公司职务或因与公司"业务往来"可以获取公司有关内幕信息的人员；

（5）上市公司收购人或者重大资产交易方及其控股股东、实际控制人、董事、监事和高级管理人员；

（6）因职务、工作可以获取内幕信息的证券交易场所、证券公司、证券登记结算机构、证券服务机构的有关人员；

（7）因职责、工作可以获取内幕信息的证券监督管理机构工作人员；

（8）因法定职责对证券的发行、交易或者对上市公司及其收购、重大资产交易进行管理可以获取内幕信息的有关主管部门、监管机构的工作人员。

内幕信息知情人见图6-4。

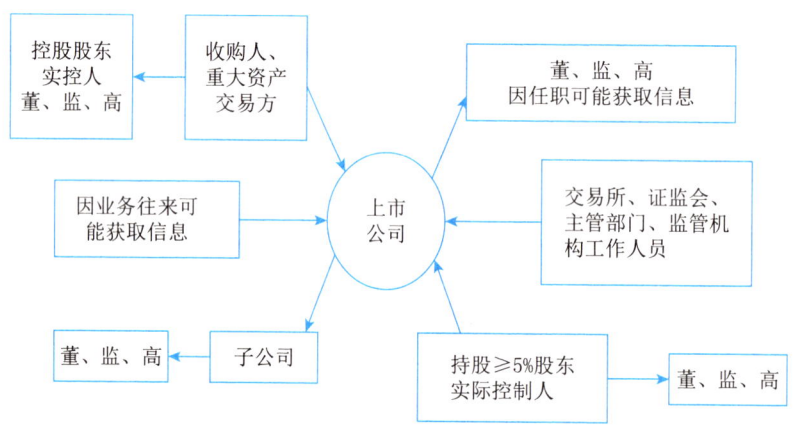

图6-4 内幕信息知情人

『老侯提示』内幕信息知情人，不包括"亲属"。

2. 内幕信息

应报送临时报告的"重大事件"。

『老侯提示』见后续内容"信息披露"。

3. 行为禁止

证券交易内幕信息的知情人和非法获取内幕信息的人，在内幕信息公开前，不得"买卖"该公司的证券，或者"泄露该信息"，或者"建议他人买卖"该证券。

4. 禁止利用内幕信息以外的其他"未公开"的信息

（1）限制人员

证券交易场所、证券公司、证券登记结算机构、证券服务机构和其他金融机构的从业人员，有关监管部门或者行业协会的工作人员。

（2）限制内容

①利用因职务便利获取的内幕信息以外的其他未公开的信息；

②违反规定，从事与该信息相关的证券交易活动；

③明示、暗示他人从事相关交易活动。

【例题1·单选题】根据证券法律制度的规定，下列人员中，不属于证券交易内幕信息的知情人员的是（ ）。

A. 上市公司的总会计师

B. 持有上市公司3%股份的股东

C. 上市公司控股的公司的董事

D. 上市公司的监事

解析 选项B，持有上市公司"5%以上"股份的股东及其董事、监事、高级管理人员，属于内幕信息知情人员。 答案 B

（二）操纵证券市场

1. 判定标准

采用非法手段影响证券"交易价格或交易量"。

2. 采用手段

（1）单独或通过合谋，集中资金优势、持股优势或利用信息优势联合或连续买卖；

（2）与他人串通，以事先约定的时间、价格和方式相互进行证券交易；

（3）在自己实际控制的账户之间进行证券交易；

（4）不以成交为目的，频繁或大量申报并撤销申报；

（5）利用虚假或不确定的重大信息，诱导投资者进行证券交易；

（6）对证券、发行人公开作出评价、预测或投资建议，并进行"反向"证券交易；

（7）利用在其他相关市场的活动操纵证券市场。

【例题2·单选题】某证券公司利用资金优势，在3个交易日内连续对某一上市公司的股票进行买卖，使该股票从每股10元上升至13元，然后在此价位大量卖出获利。根据证券法律制度的规定，下列关于该证券公司行为效力的表述中，正确的是（ ）。

A. 合法，因该行为不违反平等自愿、等价有偿的原则

B. 合法，因该行为不违反交易自由、风险自担的原则

C. 不合法，因该行为属于操纵市场的行为

D. 不合法，因该行为属于欺诈客户的行为

解析　单独或者通过合谋，集中资金优势、持股优势或者利用信息优势联合或者连续买卖，属于操纵证券市场的行为。

答案　C

（三）虚假陈述

1. 判定标准

行为人在提交和公布的信息文件中作出的"虚假记载、误导性陈述和重大遗漏"的行为。

2. 虚假陈述的主体

依法承担信息披露义务的人。

『老侯提示』信息披露义务人"以外"的机构和人员编造、传播虚假信息或误导性信息、虚假陈述，误导投资者的行为，"不构成"虚假陈述，而属于"操纵市场"。

（四）欺诈客户

1. 判定标准

"证券公司及其从业人员"违背客户真实意思，侵害客户利益。

2. 欺诈行为

（1）违背客户的委托为其买卖证券；

（2）不在规定时间内向客户提供交易的确认文件；

（3）未经客户的委托，擅自为客户买卖证券，或假借客户的名义买卖证券；

（4）为牟取佣金收入，诱使客户进行不必要的证券买卖。

（五）其他禁止交易的行为

1. 任何单位和个人不得违反规定，出借自己的证券账户或借用他人的证券账户从事证券交易

2. 禁止资金违规流入股市

3. 禁止投资者违规利用财政资金、银行信贷资金买卖证券

【例题3·单选题】☆根据证券法律制度的规定，证券公司实施的下列行为中，属于合法行为的是（ ）。

A. 甲证券公司得知某上市公司正在就重大资产重组进行谈判，在信息未公开前，大量买入该上市公司的股票

B. 乙证券公司为牟取佣金收入，诱使客

户进行不必要的证券买卖

C. 丙证券公司集中资金优势连续买入某上市公司股票，造成该股票价格大幅上涨

D. 丁证券公司购入其包销售后剩余股票

解析 选项A，属于内幕交易的违法行为；选项B，属于欺诈客户的违法行为；选项C，属于操纵市场的违法行为。 **答案** D

【例题4·单选题】☆根据证券法律制度的规定，下列各项中，属于欺诈客户行为的是( )。

A. 丙公司与戊公司串通相互交易以抬高证券价格

B. 乙上市公司在上市公告书中夸大净资产金额

C. 甲证券公司未经客户的委托，擅自为客户买卖证券

D. 丁公司董事赵某提前泄露公司增资计划以使李某获利

解析 选项A，属于操纵证券市场行为；选项B，属于虚假陈述行为；选项C，属于欺诈客户的行为；选项D，属于内幕交易行为。 **答案** C

【例题5·多选题】根据证券法律制度的规定，下列各项中，属于禁止的证券交易行为的有( )。

A. 甲证券公司在证券交易活动中传播了虚假信息，对市场交易量产生了一定影响

B. 乙证券公司不在规定的时间内向客户李某提供交易的书面确认文件

C. 丙证券公司利用其资金优势连续买入某上市公司股票，造成该股票价格大幅上涨

D. 丁证券公司在自身网站上发布对某上市公司股票价格的预测信息

解析 选项A，信息披露义务人以外的机构和人员编造、传播虚假信息或误导性信息、虚假陈述，误导投资者的行为，不构成虚假陈述，利用虚假信息诱使投资者进行证券交易的属于操纵市场行为；选项B，属于欺诈客户的行为；选项C，属于操纵证券市场的行为；选项D，并未进行反向交易，不属于操纵证券市场行为。 **答案** ABC

本关主将*、上市公司收购（★★★）（2017年单选题、2018年判断题、2019年单选题、2020年判断题、2021年单选题）

(一)概念

收购人通过在证券交易所的股份转让活动或其他合法方式，持有一个上市公司的已发行的表决权股份达到一定比例，导致其获得或可能"获得对该公司的实际控制权"的行为。

(二)控制权

1. 投资者为上市公司"持股50%以上"的控股股东

2. 投资者可实际支配上市公司股份"表决权超过30%"

3. 投资者通过实际支配上市公司股份表决权能够"决定公司董事会半数以上成员选任"

4. 投资者依其可实际支配的上市公司股份表决权足以对公司股东大会的决议产生"重大影响"

(三)收购人

1. 一致行动人——同伙(见图6-5)

(1)投资者之间有股权控制关系；

(2)投资者受同一主体控制；

(3)投资者的董事、监事或者高级管理人员中的主要成员，同时在另一个投资者担任董事、监事或者高级管理人员；

(4)投资者参股另一投资者，可以对参股公司的重大决策产生重大影响；

(5)"银行"以外的其他法人、其他组织和自然人为投资者取得相关股份提供融资安排；

(6)投资者之间存在合伙、合作、联营

---

* "守将六、上市公司收购"因地位显赫，需考生多加关注，故单列为"本关主将、上市公司收购"。

等其他经济利益关系；

(7) 持有投资者"30%"以上股份的自然人，与投资者持有同一上市公司股份；

(8) 在投资者任职的董事、监事及高级管理人员，与投资者持有同一上市公司股份；

(9) 持有投资者30%以上股份的自然人和在投资者任职的董事、监事及高级管理人员，其父母、配偶、子女及其配偶、配偶的父母、兄弟姐妹及其配偶、配偶的兄弟姐妹及其配偶等亲属，与投资者持有同一上市公司股份。

【主要近亲属】

第一波：父母、配偶、子女、兄弟姐妹

第二波：子女的配偶、兄弟姐妹的配偶

第三波：配偶的父母、配偶的兄弟姐妹、配偶兄弟姐妹的配偶

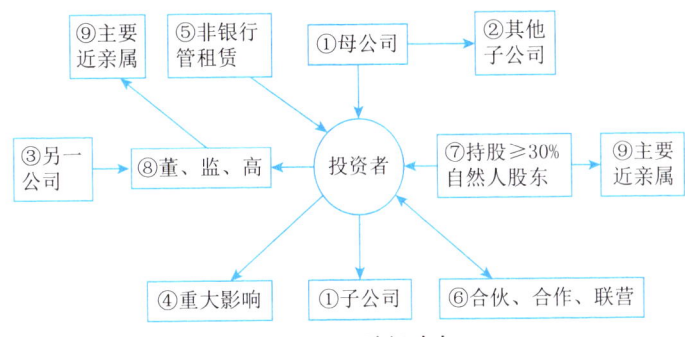

图6-5 一致行动人

『老侯提示1』投资者认为其与他人不应被视为一致行动人的，可以向国务院证券监督管理机构提供"相反证据"。

『老侯提示2』投资者及其一致行动人在一个上市公司中拥有的权益应当"合并计算"。

2. 不得成为收购人的情形

(1) 收购人负有数额较大债务，到期未清偿，且处于持续状态；

(2) 收购人最近"3年"有重大违法行为或者涉嫌有重大违法行为；

(3) 收购人最近"3年"有严重的证券市场失信行为；

(4) 收购人为自然人的，存在公司法规定的"不得担任公司董事、监事、高级管理人员"的五种情形。

【链接】五种情形：把"别人家的孩子"玩死了3年，把自己整进去了5年，无限人、大债到期未清偿。

【例题1·多选题】甲公司收购乙上市公司时，下列投资者同时也在购买乙上市公司的股票。根据证券法律制度的规定，如无相反证据，与甲公司为一致行动人的投资者有( )。

A. 甲公司董事杨某

B. 甲公司董事长张某多年未联系的同学

C. 甲公司某监事的母亲

D. 甲公司总经理的配偶

解析 在投资者任职的董事、监事及高级管理人员，其父母、配偶、子女及其配偶、配偶的父母、兄弟姐妹及其配偶、配偶的兄弟姐妹及其配偶等亲属，与投资者持有同一上市公司股份，与投资者属于一致行动人。

答案 ACD

(四) 权益披露

1. 场内交易的披露要求

(1) 达到5%

自该事实发生之日起"3日内"编制权益变动报告书，向中国证监会、证券交易所提交书面报告，通知该上市公司，并予公告。上述期限内，不得买卖该上市公司的股票，但国务院证券监督管理机构规定的情形除外。

(2) 增减5%

达到上市公司已发行有表决权股份的5%后，每增减5%，应当依照前述规定进行报告

和公告。在"事实发生之日起至公告后3日内",不得买卖该上市公司的股票,但国务院证券监督管理机构规定的情形除外。

(3) 增减1%

达到5%后,每增减1%,应当在该事实发生的"次日"通知该上市公司,并予公告。

(4) 违规后果

违规买入上市公司有表决权的股份的,在买入后"36个月"内,对该超过规定比例部分的股份不得行使表决权。

2. 报告书类型(见表6-23)

表6-23 报告书类型

收购比例	收购主体	报告书类型
5%≤X<20%	不是上市公司第一大股东或实际控制人	简式权益变动报告书
	上市公司第一大股东或实际控制人	
20%≤X≤30%	不是上市公司第一大股东或实际控制人	详式权益变动报告书
	上市公司第一大股东或实际控制人	
>30%	触发要约收购	

『老侯提示』可能影响关联交易,就需要披露详式报告。

【课外阅读】详式权益变动报告书披露内容(部分):(三)投资者、一致行动人及其控股股东、实际控制人所从事的业务与上市公司的业务是否存在同业竞争或者潜在的同业竞争,是否存在持续关联交易;存在同业竞争或者持续关联交易的,是否已做出相应的安排,确保投资者、一致行动人及其关联方与上市公司之间避免同业竞争以及保持上市公司的独立性。

【例题2·判断题】☆甲、乙两公司签署协议共同收购丙上市公司,当甲、乙两公司共同拥有权益的股份达到丙上市公司已发行股份的3%时,应当在该事实发生之日起5日内编制权益变动报告书,向中国证监会、证券交易所提交书面报告,通知丙上市公司,并予以公告。( )

解析 ▶ 投资者及其一致行动人拥有权益的股份达到一个上市公司已发行股份的5%时,应当在该事实发生之日起3日内编制权益变动报告书,向中国证监会、证券交易所提交书面报告,通知该上市公司,并予公告。

答案 ▶ ×

【例题3·单选题】投资者及其一致行动人(非上市公司第一大股东或实际控制人)拥有权益的股份达到或者超过一个上市公司已发行股份的一定比例,应当编制详式权益变动报告书。根据规定,该一定的比例是( )。

A. 达到10%,但未达到20%
B. 达到5%,但未超过30%
C. 达到10%,但未超过30%
D. 达到20%,但未超过30%

答案 ▶ D

(五)要约收购

1. 触发条件

持股比例达到30%+继续增持股份。

2. 免除发出要约的情形

"已经控制"或"不想控制"(2022年新增)(见表6-24)。

表6-24 免除发出要约的情形

记忆要点	具体情形
同一控制	收购人与出让人能够证明本次股份转让是在同一实际控制人控制的不同主体之间进行,未导致上市公司的实际控制人发生变化

续表

记忆要点	具体情形
为救命锁3年	上市公司面临严重财务困难,收购人提出的挽救公司的重组方案取得该公司股东大会批准,且收购人承诺3年内不转让其在该公司中所拥有的权益
定向增发锁3年	经上市公司股东大会非关联股东批准,投资者取得上市公司向其发行的新股,导致其在该公司拥有权益的股份超过该公司已发行股份的30%,投资者承诺3年内不转让本次向其发行的新股,且公司股东大会同意投资者免于发出要约
国资核准	经政府或者国有资产管理部门批准进行国有资产无偿划转、变更、合并,导致投资者在一个上市公司中拥有权益的股份占该公司已发行股份的比例超过30%
本公司回购	因上市公司按照股东大会批准的确定价格向特定股东回购股份而减少股本,导致投资者在该公司中拥有权益的股份超过该公司已发行股份的30%
履约购回	因履行约定购回式证券交易协议购回上市公司股份导致投资者在一个上市公司中拥有权益的股份超过该公司已发行股份的30%,并且能够证明标的股份的表决权在协议期间未发生转移
爬行增持(年增持≤2%)	在一个上市公司中拥有权益的股份达到或者超过该公司已发行股份30%的,自上述事实发生之日起1年后,每12个月内增持不超过该公司已发行的2%的股份
控股股东(≥50%)增持	在一个上市公司中拥有权益的股份达到或者超过该公司已发行股份50%的,继续增加其在该公司拥有的权益不影响该公司的上市地位
承销、贷款持有	证券公司、银行等金融机构在其经营范围内依法从事承销、贷款等业务导致其持有一个上市公司已发行股份超过30%,没有实际控制该公司的行为或者意图,并且提出在合理期限内向非关联方转让相关股份的解决方案
继承	因继承导致在一个上市公司中拥有权益的股份超过该公司已发行股份的30%
优先股表决权恢复	因所持优先股表决权依法恢复导致投资者在一个上市公司中拥有权益的股份超过该公司已发行股份的30%

3. 收购方式(见表6-25)

表6-25　收购方式

方式	特点
全面要约	向被收购公司"所有"股东发出要约收购其"全部"股份
部分要约	向被收购公司"所有"股东发出要约收购其"部分"股份

4. 公平收购

(1)持有同种股份的股东应当得到同等对待;

(2)不同种股份可提出不同的收购条件。

5. 支付方式(见表6-26)

表6-26　支付方式

支付方式	适用情形
现金	(1)收购人为终止上市公司的上市地位而发出"全面要约" (2)不符合免除发出要约规定而发出"全面要约"
依法可转让的证券	应当同时提供现金方式供被收购公司股东选择
现金与证券相结合	

6. 收购期限

30日≤收购期限≤60日。

7. 撤销要约

承诺期内，不得撤销。

8. 变更要约（见表6-27）

表6-27 变更要约

考点	具体内容
公告	变更收购要约应当及时公告，载明具体变更事项
时间限制	收购要约期限"届满前15日内"，收购人不得变更，出现竞争要约除外
内容限制	不得降低收购价格、减少预定收购股份数额、缩短收购期限

9. 维稳要求

在要约收购期间，被收购公司"董事"不得辞职。

10. 收购人的义务（见表6-28）

表6-28 收购人的义务

义务	具体内容
报告义务	（1）编制要约收购报告书，聘请财务顾问，通知被收购公司，同时对要约收购报告书摘要作出提示性公告
	（2）收购行为完成后，收购人应当在15日内将收购情况报告证监会和证券交易所，并予公告
禁售义务	"要约收购期内，不得卖出"被收购公司的股票
锁定义务	在收购行为完成后"18个月内"不得转让

【例题4·单选题】☆根据证券法律制度的规定，下列关于上市公司收购中收购要约变更的表述中，正确的是（ ）。

A. 收购人可以减少预定收购的股份数额

B. 收购人可以将原定的收购期限从30日改为40日

C. 收购人可以根据证券市场变化，降低收购价格

D. 收购要约期限届满前20日内，收购人不得变更要约

解析 选项ABC，收购要约的变更不得降低收购价格、减少预定收购股份数额、缩短收购期限，要约收购的期限不能短于30天不能超过60天，选项B延长收购期限后未超过60天，符合规定；选项D，收购要约期限届满前15日内，收购人不得变更收购要约，但是出现竞争要约的除外。 **答案** B

【例题5·单选题】☆下列关于上市公司收购要约的撤销与变更的表述中，符合证券法律制度规定的是（ ）。

A. 收购人在收购要约确定的承诺期限内，可在满足一定条件下撤销其收购要约

B. 收购人在收购要约确定的承诺期限内，除非出现竞争要约，不得变更收购要约

C. 收购人需要变更收购要约的，只需通知被收购公司

D. 收购人在收购要约确定的承诺期限内，不得撤销其收购要约

解析 在收购要约确定的承诺期限内，收购人不得撤销其收购要约。收购人需要变更收购要约的，应当及时公告，载明具体变更事项。 **答案** D

【例题6·多选题】☆根据证券法律制度的规定，下列关于要约收购的表述中，正确的有（ ）。

A. 收购人在要约收购期内不得卖出被收

购公司的股票

B. 收购人在收购要约确定的承诺期限内，不得撤销其收购要约

C. 收购人在证券交易所之外进行的收购，属于要约收购

D. 收购人应当编制要约收购报告书，并对报告书摘要作出提示性公告

解析 选项C，要约收购是通过证交所的证券交易进行。　　**答案** ABD

【例题7·判断题】☆上市公司收购中，收购人持有的被收购公司的股票，在收购行为完成后的18个月内不得转让。（　　）
答案 √

（六）协议收购

1. 概念

投资者在"**证券交易场所之外**"与**目标公司**的股东就股票价格、数量等方面进行私下协商并达成协议，受让其所持有的目标公司的股票的收购方式。

2. 披露

收购协议达成后，收购人必须在"3日内"将该收购协议向中国证监会、证券交易所作出书面报告，并予公告。

3. 达到30%时，继续进行收购的，应当转化为要约收购

【例题8·单选题】☆根据证券法律制度的规定，下列关于上市公司协议收购的表述中，不正确的是（　　）。

A. 收购协议达成后，收购人必须公告该收购协议

B. 协议收购是在证券交易所之外进行的收购

C. 收购协议达成后，收购人必须将该收购协议向国务院证券监督管理机构及证券交易所作出书面报告

D. 收购人拟通过协议方式收购上市公司30%股份的，须经国务院证券监督管理机构核准

解析 收购人拟通过协议方式收购上市公司30%股份的，无须经国务院证券监督管理机构核准。　　**答案** D

【例题9·多选题】甲公司在证券市场上陆续买入乙上市公司的表决权股票，持股达5.5%时才公告，被证券监督管理机构以信息披露违法为由实施处罚。之后甲公司欲继续购入乙公司股票，乙公司的股东赵某和钱某反对，持股3%的股东丙公司同意。对此，下列说法正确的有（　　）。

A. 甲公司的行为已违法，故无权再买入乙公司股票

B. 赵某可邀请其他公司对乙公司展开要约收购

C. 钱某可主张甲公司已违法，故应撤销其先前购买股票的行为

D. 丙公司可与甲公司签订股权转让协议，将自己所持全部股份卖给甲公司

解析 选项A、C，甲公司违反权益披露的规定买入上市公司有表决权的股份的，在买入后"36个月"内，对该超过规定比例部分的股份不得行使表决权，但不影响交易行为的有效，也不影响甲公司依法继续买入股票；选项B，赵某反对甲公司收购，可以独自或是邀请其他投资者发起收购，即竞争要约；选项D，通过证券交易所的证券交易，投资者持有或通过协议、其他安排与他人共同持有一个上市公司已发行的有表决权股份达到30%时，继续增持股份的，应当采取向被收购公司的股东发出收购要约的方式进行收购，甲公司持股未触及强制要约收购的触发点，可以与丙公司进行协议收购。　　**答案** BD

（七）其他方式收购

1. 认购股份收购
2. 集中竞价收购
3. 国有股权的行政划转或变更
4. 执行法院裁定
5. 继承
6. 赠与

（八）上市公司收购的法律后果

上市公司收购的法律后果见表6-29。

表 6-29 上市公司收购的法律后果

被收购公司	具体规定
不符合上市条件	由证交所依法"终止"上市交易
	其余仍持有被收购公司股票的股东,有权向收购人以收购要约的"同等条件"出售其股票,收购人应当收购
不再具备股份有限公司条件	依法变更企业形式

【例题 10·多选题】甲投资者收购一家在科创板上市股本总额为 4.5 亿元人民币的上市公司。下列关于该上市公司收购的法律后果的表述中,符合证券法律制度规定的有( )。

A. 收购期限届满,该上市公司公开发行的股份占公司股份总数的 8%,已不符合股票在科创板上市的条件,该上市公司的股票应由证券交易所终止上市交易

B. 收购期限届满,持有该上市公司股份 2%的股东,要求以收购要约的同等条件向甲投资者出售其股票的,甲投资者可拒绝收购

C. 甲投资者持有该上市公司股票,在收购行为完成后的 36 个月内不得转让

D. 收购行为完成后,甲投资者应当在 15 日内将收购情况报告国务院证券监督管理机构和证券交易所,并予公告

解析 选项 A,被收购公司股权分布不符合股票的科创板上市条件(股本总额超过 4 亿元的,公开发行比例应为 10%以上,这是上市条件之一),该上市公司的股票由证券交易所依法终止上市交易;选项 B,在收购行为完成前,其余仍持有被收购公司股票的股东,有权在收购报告书规定的合理期限内向收购人以收购要约的同等条件出售其股票,收购人应当收购;选项 C,在上市公司收购中,收购人持有的被收购公司的股份,在收购完成后 18 个月内不得转让;选项 D,收购行为完成后,收购人应当在 15 日内将收购情况报告国务院证券监管机构和证券交易所,并予以公告。

答案 AD

守将七、信息披露(★★★)(2017 年多选题;2019 年、2020 年、2021 年单选题)

(一)信息披露概述

1. 信息披露义务人

上市公司及其董事、监事、高级管理人员、股东、实际控制人,收购人,重大资产重组、再融资、重大交易有关各方等自然人、单位及其相关人员,破产管理人及其成员,以及法律、行政法规和中国证监会规定的其他承担信息披露义务的主体。

2. 信息披露的对象

不特定的社会公众。

3. 信息披露的原则与要求

(1)真实、准确、完整,简明清晰,通俗易懂,不得有虚假记载、误导性陈述或者重大遗漏。

(2)一致性原则。

①时间一致性:在境外披露的信息,应当在境内同时披露;信息披露义务人披露的信息应当同时向所有投资者披露,不得提前向任何单位和个人泄露。但是,法律、行政法规另有规定的除外。

②内容一致性:自愿披露的信息不得与依法披露的信息相冲突,不得误导投资者。

【例题 1·单选题】☆根据证券法律制度的规定,下列关于证券信息披露的表述中,不正确的是( )。

A. 信息披露义务人披露的信息应当通俗易懂

B. 信息披露的对象是特定的社会公众

C. 信息披露义务人披露的信息应当简明清晰

D. 信息披露义务人自愿披露的信息不得与依法披露的信息相冲突

解析 选项B，信息披露的对象是不特定的社会公众。　　**答案** B

(二)证券发行市场信息披露(首次信息披露)

1. 发行文件的预先披露制度

发行人申请首次公开发行股票的，在提交申请文件后，应当按照国务院证券监督管理机构的规定预先披露有关"申请文件"。

2. 证券发行信息披露制度

发行人应当在证券公开发行前公告"公开发行募集文件"，并将该文件置备于指定场所供公众查阅。

披露文件：招股说明书、公司债券募集办法、上市公告书等。

(三)证券交易市场信息披露(持续信息披露)

1. 定期报告

(1)年度报告：每一会计年度结束之日起"4个月内"。

(2)中期报告：每一会计年度的上半年结束之日起"2个月内"。

『老侯提示』"年度报告"中的财务会计报告应当经符合证券法规定的会计师事务所"审计"。

2. 临时报告

(1)报送前提

发生可能对股票、上市交易公司债券"交易价格产生较大影响"的重大事件，投资者尚未得知时，公司应当立即将有关该重大事件的情况向国务院证券监督管理机构和证券交易场所报送临时报告，并予公告，说明事件的起因、目前的状态和可能产生的法律后果。

(2)股票发行公司发布临时报告的重大事件

①公司的经营方针和经营范围的重大变化。

②公司订立重要合同、提供重大担保或者从事关联交易，可能对公司的资产、负债、权益和经营成果产生重要影响。

③公司发生重大债务和未能清偿到期重大债务的违约情况。

④公司发生重大亏损或者重大损失。

⑤公司生产经营的外部条件发生的重大变化。

⑥涉及公司的重大诉讼、仲裁，股东大会、董事会决议被依法撤销或者宣告无效。

⑦公司涉嫌犯罪被依法立案调查，公司的控股股东、实际控制人、董事、监事、高级管理人员涉嫌犯罪被依法采取强制措施。

⑧公司的重大投资行为，公司在一年内购买、出售重大资产超过公司资产总额"30%"，或者公司营业用主要资产的抵押、质押、出售或者报废一次超过该资产的30%。

⑨公司的"董事、1/3以上监事或者经理"发生变动，"董事长或经理"无法履行职责。

『老侯提示』董事、经理只要发生变动就属于重大事件，监事变动要达到1/3，不包括副总经理、财务负责人和董事会秘书。

⑩持有公司"5%以上"股份的股东或者实际控制人持有股份或者控制公司的情况发生较大变化，公司的实际控制人及其控制的其他企业从事与公司相同或者相似业务的情况发生较大变化。

⑪公司"分配股利、增资"的计划，公司股权结构的重要变化，公司减资、合并、分立、解散及申请破产的决定，或者依法进入破产程序、被责令关闭。

(3)公司债券上市交易公司发布临时报告的重大事件

①公司股权结构或者生产经营状况发生重大变化。

②公司债券信用评级发生变化。

③公司重大资产抵押、质押、出售、转让、报废。

④公司发生未能清偿到期债务的情况。

⑤涉及公司的重大诉讼、仲裁。

⑥公司涉嫌犯罪被依法立案调查，公司的控股股东、实际控制人、董事、监事、高级管理人员涉嫌犯罪被依法采取强制措施。

⑦公司"新增借款或者对外提供担保"超过上年末净资产的"20%"。

⑧公司"放弃债权或者财产"超过上年末净资产的"10%"。

⑨公司发生超过上年末净资产"10%"的"重大损失"。

〖老侯提示〗可能导致的财产损失，要超过净资产20%；已经导致的财产损失要超过净资产的10%。

⑩公司分配股利，作出"减资"、合并、分立、解散及申请破产的决定，或者依法进入破产程序、被责令关闭。

〖老侯提示〗增资会增强企业偿债能力，不会影响债权人利益，无须披露。

3. 临时报告的披露时间要求

(1) 一般情况下2个交易日内

①董事会或监事会就该重大事件形成决议时；

②有关各方就该重大事件签署意向书或协议时；

③董事、监事或高级管理人员知悉该重大事件发生并报告时。

(2) 紧急情况下及时(立即)披露

①该重大事件"难以保密"；

②重大事件"已经泄露"或者市场出现传闻；

③公司证券及其衍生品种出现"异常交易情况"。

【例题2·单选题】☆根据证券法律制度的规定，上市公司应当在每一会计年度的上半年结束之日起的法定期限内报送并公告中期报告。该期限为( )个月。

A. 2　　　　　B. 6

C. 1　　　　　D. 3

答案 A

【例题3·单选题】☆根据证券法律制度的规定，下列各项中，属于证券交易市场信息披露(持续信息披露)的文件是( )。

A. 中期报告　　B. 招股说明书

C. 上市公告书　D. 债券募集说明书

解析 选项A，属于证券交易市场信息披露(持续信息披露)中的定期报告；选项B、C、D，属于证券发行市场信息披露(首次信息披露)的文件。　**答案** A

【例题4·单选题】☆根据证券法律制度的规定，下列各项中，属于证券交易市场信息披露(持续信息披露)的文件是( )。

A. 招股说明书

B. 重大事件的临时报告

C. 上市公告书

D. 债券募集说明书

解析 选项B，属于证券交易市场信息披露(持续信息披露)中的临时报告；选项A、C、D，属于证券发行市场信息披露(首次信息披露)的文件。　**答案** B

【例题5·多选题】☆根据证券法律制度的规定，甲上市公司发生的下列事项中，属于内幕信息的有( )。

A. 总经理李某辞职

B. 董事长周某病重无法履行职责

C. 持有1%股份的股东王某增持股份达到4%

D. 甲上市公司在一年内出售重大资产达到公司资产总额10%

解析 重大事件属于内幕信息，选项A、B，属于重大事件；选项C，持有公司5%以上股份的股东持有股份的情况发生较大变化才属于重大事件；选项D，公司在一年内购买、出售重大资产超过公司资产总额"30%"才属于重大事件。　**答案** AB

【例题6·多选题】☆根据证券法律制度的规定，凡发生可能对上市公司股票交易价格产生较大影响的重大事件，投资者尚未得知时，上市公司应当立即报送临时报告，并予公告，下列情形中，属于重大事件的有( )。

A. 公司分配股利的计划

B. 公司对外提供担保超过上年末净资产的20%

C. 公司注册资本减少的决定

D. 公司涉嫌犯罪被依法立案调查

解析 选项B，公司"新增借款或者对外提供担保"超过上年末净资产的"20%"属于公司债券上市交易公司发布临时报告的重大事件。

答案 ACD

【例题7·多选题】根据证券法律制度的规定，发生可能对上市交易公司债券的交易价格产生较大影响的重大事件，投资者尚未得知时，公司应当立即将有关该重大事件的情况向国务院证券监督管理机构和证券交易场所报送临时报告，并予公告，下列情形中，属于重大事件的有（ ）。

A. 甲公司9名董事中有1人因病辞去董事职务

B. 乙公司增资的计划

C. 丙公司新增借款超过上年末净资产的20%

D. 丁公司发生超过上年末净资产10%的重大损失

解析 选项A、B，属于股票发行公司发布临时报告的重大事件。

答案 CD

守将八、投资者保护（★★★）（2021年单选题、多选题）

（一）证券公司

1. 依法承担投资者适当性管理义务

（1）证券公司应当充分了解投资者的相关信息，如实说明并充分揭示投资风险，销售、提供与投资者相匹配的证券、服务。

（2）投资者应当按照证券公司明示的要求提供真实信息，拒绝提供或未按照要求提供信息的，证券公司应当告知其后果，并拒绝向其销售证券、提供服务。

2. 自证清白制度

普通投资者与证券公司发生纠纷的，证券公司应当证明其行为符合规定，不存在误导、欺诈等情形。

『老侯提示』证券公司不能证明的，应当承担相应的赔偿责任。

3. 强制调解制度

普通投资者与证券公司发生证券业务纠纷，普通投资者提出调解请求的，证券公司不得拒绝。

（二）上市公司"明确现金股利分配"制度

上市公司应当在章程中明确分配现金股利的具体安排和决策程序。

『老侯提示』上市公司当年税后利润，在弥补亏损及提取法定公积金后有盈余的，应当按照公司章程的规定分配现金股利。

（三）"股权代行"征集制度

1. 谁有资格

上市公司董事会、独立董事、持有1%以上有表决权股份的股东、投资者保护机构。

『老侯提示』上述人员可以作为征集人，自行或委托证券公司、证券服务机构，公开请求上市公司股东委托其代为出席股东大会，并代为行使提案权、表决权等股东权利。

2. 禁止行为

以"有偿方式"公开征集股东权利。

『老侯提示』公开征集股东权利违反规定，导致上市公司或其股东遭受损失的，应当依法承担赔偿责任。

（四）先行赔付

1. 原因

因发行人欺诈发行、虚假陈述或其他重大违法行为给投资者造成损失。

2. 责任人

"发行人的控股股东、实际控制人、相关的证券公司"可以委托投资者保护机构，就赔偿事宜与受到损失的投资者达成协议，予以先行赔付。

『老侯提示』先行赔付后，可以依法向

发行人以及其他连带责任人追偿。

(五)债券持有人与受托管理人

1. 公司债券持有人会议制度

"公开发行"公司债券的,应当设立债券持有人会议,并应当在募集说明书中说明债券持有人会议的召集程序、会议规则和其他重要事项。

2. 受托管理人制度

(1)"公开发行"公司债券的,发行人应当为债券持有人聘请债券受托管理人,并订立债券受托管理协议。

(2)受托管理人应当由本次发行的承销机构或其他经证监会认可的机构担任。

『老侯提示』债券持有人会议可以决议变更债券受托管理人。

(3)债券发行人未能按期兑付债券本息的,债券受托管理人可以接受全部或部分债券持有人的委托,以"自己名义"代表债券持有人提起、参加民事诉讼或者清算程序。

(六)投资者保护机构代表诉讼

发行人的"董、监、高"执行公司职务时违反规定给公司造成损失,发行人的"控股股东、实际控制人"等侵犯公司合法权益给公司造成损失,"投资者保护机构持有该公司股份的",可以为公司的利益以自己的名义向人民法院提起诉讼,持股比例和持股期限不受公司法规定的限制。

【链接】公司法规定,股份有限公司连续180日单独或者合计持有公司1%以上股份的股东可以代表公司提起诉讼。

(七)代表人诉讼制度

1. 投资者代表人诉讼

投资者提起虚假陈述等证券民事赔偿诉讼时,诉讼标的是同一种类,且当事人一方人数众多的,可以依法推选代表人进行诉讼。

人民法院可以发出公告,说明该诉讼请求的案件情况,通知投资者在一定期间向人民法院登记。

人民法院作出的判决、裁定,对"参加登记的投资者"发生效力。

2. 投资者保护机构的代表人诉讼

(1)接受委托的前提。

投资者保护机构受"50名以上"投资者委托,可以作为代表人参加诉讼。

(2)"默示加入、明示退出"规则。

投资者保护机构为经证券登记结算机构确认的权利人向人民法院登记,但投资者明确表示不愿意参加该诉讼的除外。

【例题1·多选题】☆根据证券法律制度的规定,发行人因欺诈发行给投资者造成损失的,特定主体可以委托投资者保护机构,就赔偿事宜与受到损失的投资者达成协议,予以先行赔付。该特定主体有(　　)。

A. 证券交易所
B. 相关的证券公司
C. 发行人的控股股东
D. 发行人的实际控制人

解析　发行人因欺诈发行、虚假陈述或者其他重大违法行为给投资者造成损失的,发行人的控股股东、实际控制人、相关的证券公司可以委托投资者保护机构,就赔偿事宜与受到损失的投资者达成协议,予以先行赔付。

答案　BCD

【例题2·单选题】☆根据证券法律制度的规定,投资者保护机构受一定数量以上的投资者委托,可以作为代表人参加证券民事赔偿诉讼。该数量为(　　)名。

A. 20　　　　　　B. 30
C. 40　　　　　　D. 50

答案　D

【例题3·单选题】根据证券法律制度的规定,下列关于投资者保护制度的说法中正确的是(　　)。

A. 国务院证券监督管理机构应当依法承担适当性管理义务

B. 所有投资者与证券公司发生纠纷的,证券公司均应当证明其行为符合规定,不能

证明的应当承担相应的赔偿责任

C. 投资者保护机构可以有偿方式公开征集股东权利

D. 上市公司应当在章程中明确分配现金股利的具体安排和决策程序

解析 选项A，"证券公司"依法承担适当性管理义务；选项B，普通投资者与证券公司发生纠纷的，证券公司应当证明其行为符合规定，不存在误导、欺诈等情形；选项C，投资者保护机构禁止以"有偿方式"公开征集股东权利。 **答案** D

【例题4·多选题】甲公司是在上交所上市的股份有限公司，赵某是甲公司的董事，在任职期间，长期利用职务之便采购自己亲戚公司质次价高的货物，使甲公司遭受重大损失。持有甲公司0.1%股份的投资者保护机构认为赵某的行为损害了甲公司的利益，拟向人民法院提起诉讼，则下列说法中正确的有（ ）。

A. 投资者保护机构持有甲公司股份不足1%，不具有提起股东代表诉讼的资格

B. 投资者保护机构不能直接提起诉讼，应当先向监事会提出请求

C. 若监事会对投资者保护机构的请求明确表示拒绝，则投资者保护机构可以以甲公司的名义起诉

D. 若监事会受理投资者保护机构的请求后30天内没有提起诉讼，则投资者保护机构可以以自己的名义起诉

解析 选项A，发行人的董事执行公司职务时违反规定给公司造成损失，投资者保护机构持有该公司股份的，可以为公司的利益以自己的名义向人民法院提起诉讼，持股比例和持股期限不受公司法规定的限制；选项B，公司董事执行公司职务时违反法律、行政法规或者公司章程的规定的，股东通过监事会或者监事提起诉讼；选项C、D，监事会收到股东的书面请求后，拒绝提起诉讼，或者自收到请求之日起30日内未提起诉讼，股东有权为了公司的利益，以自己的名义直接向人民法院提起诉讼。 **答案** BD

第三部分 保险法律制度

守将一、保险法的基本原则（★★★）（2017年单选题、判断题；2020年单选题；2021年多选题、简答题）

（一）最大诚信原则

1. 基本规定（见表6-30）

表6-30 最大诚信原则的基本规定

要求		具体内容
告知义务	时间	订立保险合同时
	内容	与保险标的有关的"重要事实" 判定标准：影响保险人决定是否接受承保或确定保险费率
	义务	投保人的告知义务限于保险人"询问"的范围和内容 [老侯提示] 对于保险人询问之外的问题，投保人没有告知义务
	举证	当事人对询问范围及内容有争议的，"保险人"负举证责任
保证		投保人在保险合同中向保险人作出的履行某种"特定义务"的承诺，或担保某一事项的真实性（不去战乱地区、用于特定用途）

2. 最大诚信原则下保险合同的解除（见表6-31）

表6-31 最大诚信原则下保险合同的解除

是否解除	适用情形	
可以解除	（1）投保人故意不履行如实告知义务	保险人有权"解除合同"并对解除前发生的保险事故"不承担赔偿或给付保险金责任、不退还保费"
	（2）投保人重大过失不履行如实告知义务"且"对保险事故的发生有"严重影响"	保险人有权"解除合同"并对解除前发生的保险事故"不承担赔偿或给付保险金责任"但应"退还保费"
	（3）投保人未履行保证义务	保险人有权"解除合同"并对解除前发生的与保证有关的保险事故"不负赔偿责任"
不得解除	（1）保险人以投保人违反了对投保单询问表中所列概括性条款的如实告知义务为由请求解除合同 【老侯提示】该概括性条款有具体内容的除外 （2）保险人在合同订立时"已经知道"投保人未如实告知，则不得解除合同并承担赔偿责任 （3）保险人在保险合同成立后"知道或者应当知道"投保人未履行如实告知义务，仍然收取保险费 （4）保险人的解除合同权，自保险人"知道"有解除事由之日起，"超过30日"不行使而消灭（类似于普通诉讼时效期间） （5）"自合同成立之日起超过两年"，保险人不得解除合同；发生保险事故的保险人应当承担赔偿或者给付保险金的责任（类似于最长诉讼时效期间）	

【课外阅读】关于概括性条款：一般是指词义模糊、概括性极强的条款。实践中，概括性条款往往以"其他、除此以外、等"兜底条款的方式出现。

【举例】2019年5月1日，甲为儿子小甲购买了一份终身重大疾病保险，在签订保险合同时，保险代理人乙只大致询问了"小甲这几年得过什么大病"，得到甲的否定回答后，并没有逐项询问健康调查问卷上的全部内容，健康问卷是乙代为选答的，甲并没有仔细阅读，只是在投保书上签字。

2021年4月15日小甲因患脑瘤死亡，医院出具的诊断书上载明：

（1）小甲在保险合同成立的10年前曾患先天性心脏病，并接受过手术治疗。

（2）小甲自2019年10月左右头部开始出现无明显诱因的持续性胀痛……

双方因保险理赔发生争议：保险人认为投保人甲故意不履行告知义务，自己不应承担赔偿责任。投保人甲认为自己已经如实履行告知义务，保险人应按保险合同进行赔偿。

【思考1】"假设"保险人可行使解除合同权，则应于何时前行使？

【答案】（1）保险人的解除合同权，自保险人知道有解除事由之日起，超过30日不行使而消灭。（2）自合同成立之日起超过两年，保险人不得解除合同；发生保险事故的保险人应当承担赔偿或者给付保险金的责任。（3）本例中，保险人知道甲未如实履行告知义务的时间是2021年4月15日，则解除权至2021年5月15日不行使则消灭，但同时甲与保险人合同成立的时间为2019年5月1日，至2021年5月1日保险人不能够再行使合同解除权，因此保险人行使合同解除权的最后期限应为2021年5月1日。

【思考2】甲在签订保险合同时说小甲这几年没有得过什么大病，是否构成不履行如实告知义务？

【答案】合同签订日为2019年5月1日，医院病历记载头疼开始日为2019年10月，因此甲在签订合同时，回答小甲这几年没有得过什么大病，并不构成故意不履行如实告知义务。

【思考3】甲在签订保险合同时并未告知

乙小甲患有先天性心脏病的事实，是否为故意隐瞒？

【答案】 保险合同上记载的小甲的健康状况虽然不属实，但并非甲故意隐瞒。甲仅仅是在合同上签字时未对合同记载内容进行详细审查并签字，其过错属于因重大过失未履行如实告知义务。

【思考4】 保险公司是否应承担赔偿责任？

【答案】 该重大过失并非造成小甲死亡的原因（不属于对保险事故的发生有严重影响），因此保险公司应该承担赔偿责任。

【例题1·单选题】 ☆张某为其妻子李某投保时，隐瞒李某健康状况。李某真实健康状况不符合保险合同约定的投保条件。保险合同生效后60天，李某因隐瞒的疾病死亡。下列关于投保人违反告知义务后果的表述中，正确的是（ ）。

A. 保险人有权解除合同，且不退还保险费

B. 保险人有权解除合同，但应退还保险费

C. 保险人不可以解除合同，但可以要求投保人承担违约责任

D. 保险人不可以解除合同，且应当给付保险金

解析 投保人故意不履行如实告知义务的，保险人对于解除合同前发生的保险事故，不承担赔偿或给付保险金的责任，并不退还保费。

答案 A

【例题2·单选题】 ☆根据保险法律制度的规定，投保人在订立保险合同时故意或因重大过失未履行如实告知义务，足以影响保险人决定是否同意承保或提高保险费率的，保险人有权解除合同。保险人解除合同的权利，自保险人知道有解除事由之日起超过一定期限不行使而消灭。该期限为（ ）。

A. 3个月 B. 2年
C. 30日   D. 1年

解析 投保人故意或者因重大过失未履行如实告知义务，足以影响保险人决定是否同意承保或者提高保险费率的，保险人有权解除合同。该合同解除权，自保险人知道有解除事由之日起，超过30日不行使而消灭。

答案 C

（二）保险利益原则

保险利益原则见表6-32。

表6-32 保险利益原则

要点		具体内容
定义		投保人或者被保险人对保险标的具有的法律上承认的利益
利益构成要件		保险利益必须是"法律上承认"的利益
		保险利益必须具有"经济性"
		保险利益必须是"确定的"
人身保险	投保人对下列人员具有保险利益	（1）本人；（2）配偶、子女、父母；（3）上述人员以外的与投保人有抚养、赡养或者扶养关系的家庭其他成员、近亲属；（4）与投保人有劳动关系的劳动者 【老侯提示】 此外被保险人"同意"投保人为其订立合同的，视为投保人对被保险人具有保险利益
	时间限制	在"签订保险合同时"必须对保险标的具有保险利益，否则合同无效 【举例】 赵某为其妻人购买人身意外伤害保险，受益人是儿子小赵，后赵某与其妻子离婚，该保险依然有效 【老侯提示】 因不具有保险利益而致保险合同无效，投保人可主张保险人退还扣减相应手续费后的保险费

续表

要点		具体内容
财产保险	保险利益的人员范围	对财产享有法律上权利的人：所有权人、抵押权人、留置权人
		财产保管人
		合法占有财产的人：承租人、承包人
	时间限制	在"保险事故发生"时被保险人对保险标的应当具有保险利益，否则不得对保险人行使请求赔偿或给付保险金的权利 【举例】赵某为自己的汽车购买了盗抢险，后将该车卖给了侯某，侯某不慎将汽车丢失，赵某在保险事故发生时对保险标的不具保险利益

【例题3·多选题】 ☆根据保险法律制度的规定，下列关于保险利益的表述中，正确的有（   ）。

A. 保险利益必须是得到法律认可和保护的合法利益

B. 人身保险的投保人在保险合同订立时，对被保险人应当具有保险利益

C. 保险利益必须是确定的、客观存在的利益，包括现有利益和期待利益

D. 财产保险的被保险人在保险事故发生时，对保险标的应当具有保险利益

答案 ABCD

【例题4·单选题】 ☆王某为其妻子钱某投保人身险。在保险责任期间双方离婚，王某因此主张保险合同无效。下列关于保险合同效力的表述中，正确的是（   ）。

A. 保险合同有效

B. 保险合同自双方离婚之日起无效

C. 保险合同因丧失保险利益而自始无效

D. 保险合同的效力由钱某自主选择

解析 人身保险合同仅在合同订立时要求投保人对被保险人具有保险利益，并不要求保险责任期间始终存在保险利益关系。人身保险合同订立后，因投保人丧失对被保险人的保险利益，当事人主张保险合同无效的，人民法院不予支持。 **答案** A

【例题5·多选题】 根据保险法律制度的规定，人身保险的投保人在订立保险合同时，对某些人员具有保险利益。该人员包括（   ）。

A. 投保人的父亲

B. 投保人赡养的伯父

C. 投保人抚养的外甥女

D. 投保人的妻子

解析 根据规定，投保人对下列人员具有保险利益：本人；配偶、子女、父母；前项以外与投保人有抚养、赡养或者扶养关系的家庭其他成员、近亲属；与投保人有劳动关系的劳动者。 **答案** ABCD

（三）损失补偿原则

1. 被保险人获得赔偿的前提是遭受"约定"的保险危险所造成的损失

2. 补偿的金额等于"实际损失"的金额

（1）保险赔付以投保人和被保险人在投保时约定的保险金额为限。

（2）财产保险的保险金额可以等于或少于保险价值但"不得超过"保险价值。超过保险价值的，"超过部分无效"，保险人应当退还相应的保险费。

（3）保险金额"低于保险价值"的，除合同另有规定外，保险人按照保险金额与保险价值的"比例"承担赔偿保险金的责任。

（4）"止损费、查证费、诉讼费"等其他必要费用由"保险人"另行支付。

『老侯提示』保险事故发生后，被保险人请求保险人承担止损费，保险人以被保险人采取的措施未产生实际效果为由抗辩的，人民法院不予支持。

【举例】赵某拥有一辆价值250万元的汽

车,某日与老榆树"亲密接吻",发生维修费用80万元,为防止榆树倒塌砸中汽车致使损失扩大,赵某支付树木砍伐清理费及拖车费用等共计1万元。赵某为车辆购买保险及保险公司的赔付见下表(单位:万元)。

	保险价值	保险费	保险金额	法律后果
情况一	250	3	300	属于"超额保险" 保险公司应退还保费=3−3×250÷300=0.5 赔偿金额=80+1=81
情况二		2.5	250	属于足额保险 赔偿金额=80+1=81
情况三		2	200	属于不足额保险 赔偿金额=80×200÷250+1=65
抗辩切断	保险公司以即使不砍伐清理被撞断的榆树和拖走汽车,也不会导致损失扩大为由拒绝支付1万元的树木砍伐清理费及拖车费用,人民法院不予支持。			

【例题6·判断题】☆财产保险合同中,保险金额可以超过保险价值。( )

解析 保险金额不得超过保险价值,超过部分无效。 **答案** ×

【例题7·单选题】甲公司购进一台价值120万元的机器设备,向保险公司投保。保险合同约定保险金额为60万元,但未约定保险金的计算方法,后保险期间发生了保险事故,造成该设备实际损失80万元;甲公司为防止损失的扩大,花费了6万元施救费。根据保险法律制度的规定,保险公司应当支付给甲公司的保险金的数额是( )万元。

A. 46   B. 60
C. 80   D. 86

解析 (1)保险事故发生后,被保险人为防止或者减少保险标的的损失所支付的必要的、合理的费用,由"保险人"承担;保险人所承担的费用数额在保险标的损失赔偿金额以外另行计算,最高不超过保险金额的数额。(2)保险金额低于保险价值的,除合同另有约定外,保险人按照保险金额与保险价值的比例承担赔偿保险金的责任。保险公司按照50%(保险金额÷保险价值,即60万元÷120万元)的比例承担赔偿保险金的责任(80×50%=40万元),除非合同另有约定。本题中,保险公司应赔偿40+6=46(万元)。

答案 A

(四)近因原则

保险人只有在造成损失的最直接、最有效原因为承保范围内的保险事故时才承担保险责任。

【举例】甲投保人身意外伤害保险,后不幸死于癌症。

【思考】保险人是否应当承担保险赔偿责任?

【答案】甲死亡的近因是癌症,保险人不承担保险责任。

守将二、保险公司与保险中介(★)(2018年、2019年、2020年单选题)

(一)保险公司

1. 保险公司的设立

(1)注册资本

最低限额为人民币"2亿元",且必须为"实缴货币资本"。

(2)股东

①主要股东净资产不低于人民币"2亿元"。

②主要股东有持续盈利能力,信誉良好,

最近3年内无重大违法记录。

(3)分支机构

保险公司设立分支机构(无论境内境外),应当经"银保监会批准"。保险公司分支机构不具有法人资格,其民事责任由保险公司承担。

2. 保险公司的变更

(1)变更名称;

(2)变更注册资本;

(3)变更公司或者分支机构的营业场所、撤销分支机构;

(4)公司分立或者合并;

(5)修改公司章程;

(6)变更出资额占有限责任公司资本总额5%以上的股东或者变更持有股份有限公司股份"5%以上"的股东。

〖老侯提示〗保险公司的变更有上述情形之一的,应当经国务院保险监督管理机构批准。

3. 保险公司的终止

(1)终止原因

解散、被撤销、破产。

〖老侯提示〗因上述原因终止需要经过国务院保险监督管理机构批准。

(2)经营人寿保险业务公司的特殊规定

①经营有"人寿保险业务"的保险公司,除因"合并、分立或者被依法撤销"外,不得解散。

②经营有人寿保险业务的保险公司被依法撤销或者被依法宣告破产的,其持有的人寿保险合同及责任准备金,必须"转让给其他经营有人寿保险业务的保险公司";不能同其他保险公司达成转让协议的,由国务院保险监督管理机构指定经营有人寿保险业务的保险公司接受转让。

4. 保险公司的业务范围

(1)人身保险:人寿、健康、意外伤害

(2)财产保险:财产损失、责任、信用、保证

〖老侯提示1〗保险人"不得兼营"人身保险业务和财产保险业务。但是,经营财产保险业务的保险公司经国务院保险监督管理机构"批准",可以经营"短期健康保险"业务和"意外伤害保险"业务。

〖老侯提示2〗人寿保险和"长期"健康保险不得与财产保险兼营。

5. 保险公司的资金运用限制

(1)资金运用原则

保险公司的资金运用必须稳健,遵循安全性原则。

(2)保险公司的资金运用形式

①银行存款;

②买卖债券、股票、证券投资基金份额等有价证券;

③投资不动产。

【例题1·判断题】经营财产保险业务的保险公司经国务院保险监督管理机构批准,可以经营短期健康保险业务和人寿保险业务。( )

解析 经营财产保险业务的保险公司经国务院保险监督管理机构批准,可以经营短期健康保险业务和意外伤害保险业务。

答案 ×

(二)保险中介

1. 保险代理人

保险代理人是根据"保险人的委托",向保险人收取佣金,并在保险人授权的范围内代为办理保险业务的"机构或者个人"。

〖老侯提示1〗"个人"保险代理人在代为办理"人寿保险业务"时,不得同时接受"两个以上"保险人的委托。

〖老侯提示2〗保险代理人没有代理权、超越代理权或者代理权终止后以保险人的名义订立合同,使投保人有理由相信其有代理权的,该代理行为有效。(适用表见代理规定)

〖老侯提示3〗保险代理人可以是单位,也可以是个人。

2. 保险经纪人

保险经纪人是基于投保人的利益,为投

保人与保险人订立保险合同提供"中介"服务,并依法收取佣金的"机构"。

[老侯提示] 保险经纪人"不得同时"向双方收取佣金,其佣金一般由"保险人支付"。

3. 保险公估人(2022年新增)

(1)保险公估人是指接受委托,专门从事保险公估业务的"评估机构"。

(2)接受委托对保险事故进行评估和鉴定的机构和人员,应当依法、独立、客观、公正地进行评估和鉴定,任何单位和个人不得干涉。

(3)保险公估机构和人员,因故意或者过失给保险人或者被保险人造成损失的,依法承担赔偿责任。

[例题2·单选题] ☆根据保险法律制度的规定,下列关于保险经纪人的表述中,正确的是( )。

A. 保险经纪人是专门从事保险经纪活动的个人

B. 保险经纪人可以同时向投保人和保险人双方收取佣金

C. 保险经纪人以自己的名义独立实施保险经纪行为

D. 保险经纪人代表保险人的利益从事保险经纪行为

解析 选项A,保险经纪人是专门从事保险经纪活动的单位;选项B,保险经纪机构不得同时向投保人和保险人双方收取佣金;选项D,保险经纪人代表投保人的利益从事保险经纪行为。

答案 C

[例题3·多选题] 下列关于保险代理人与经纪人的说法中错误的有( )。

A. 保险代理人和保险经纪人的行为均属于代理行为

B. 保险代理人和保险经纪人可以是单位也可以是个人

C. 保险代理人代表投保人的利益,保险经纪人代表保险人的利益

D. 保险经纪人的佣金必须由保险人支付

解析 选项A,保险经纪人行为属于"中介"行为,不属于代理;选项B,保险经纪人只能是单位;选项C,保险代理人代表保险人利益,保险经纪人代表投保人利益;选项D,保险经纪人的佣金一般由保险人支付。

答案 ABCD

守将三、保险合同的特征与分类(★)
(2018年单选题、2020年多选题)

(一)保险合同的特征

1. 双务有偿合同

(1)与一般的双务合同不同:保险责任是否履行不确定。

(2)与一般的有偿合同不同:并非等价有偿。

2. 射幸合同

保险人是否承担保险责任具有偶然性。

3. 诺成合同

(1)投保人提出保险要求(要约),经保险人同意承保(承诺),保险合同成立。

(2)依法成立的保险合同,自成立时生效。

4. 格式合同

(1)保险人在订立合同时设定免责条款的,应当在投保单、保险单或者其他保险凭证上作出足以"引起投保人注意的提示",并以"书面或口头"形式向投保人作出"明确说明",否则该条款"不生效"。

(2)对合同条款有争议的,应按通常理解予以解释。有两种以上解释,应当作出"有利于被保险人和受益人"的解释。

5. 最大诚信合同(了解)

[例题1·多选题] ☆下列关于保险合同特征的表述中,正确的有( )。

A. 保险合同是最大诚信合同

B. 保险合同是射幸合同

C. 保险合同是双务有偿合同

D. 保险合同是实践合同

解析 选项D,保险合同是诺成合同。

答案 ABC

【例题2·单选题】☆根据保险法律制度的规定，采用保险人提供的格式条款订立的保险合同，保险人与投保人、被保险人或受益人对格式条款有争议的，应当适用的解释规则是( )。

A. 按照有利于投保人解释
B. 按照有利于保险人解释
C. 按照有利于被保险人或受益人解释
D. 按照通常理解解释

解析 对合同条款有争议的，应按通常理解予以解释。对合同条款有两种以上解释的，应当作出有利于被保险人和受益人的解释。

答案 D

【例题3·单选题】根据保险法律制度的规定，保险人对保险合同中的免责条款未作提示或未明确说明的，该免责条款( )。

A. 不产生效力
B. 效力待定
C. 可撤销
D. 可变更

解析 对保险人的免责条款，保险人在订立合同时应以书面或口头形式向投保人说明，未作提示或未明确说明的，该条款不产生效力。

答案 A

(二)保险合同的分类

保险合同的分类见表6-33。

表6-33 保险合同的分类

分类标准	具体类别
保险合同中的保险价值是否先予确定	定值保险合同、不定值保险合同
保险价值与保险金额的关系	足额保险合同、不足额保险合同、超额保险合同
保险标的	人身保险合同、财产保险合同
保险人所承担的危险状况	特定危险保险合同、一切险保险合同

【例题4·单选题】☆根据保险法律制度的规定，以保险标的的保险价值是否先予确定为标准，保险合同可以划分为( )。

A. 足额保险合同、不足额保险合同和超额保险合同
B. 人身保险合同和财产保险合同
C. 特定危险保险合同和一切险保险合同
D. 定值保险合同和不定值保险合同

解析 根据保险合同中的保险价值是否先予确定为标准，可将保险合同分为定值保险合同与不定值保险合同。

答案 D

守将四、保险合同的当事人及关系人(★★★)(2017年单选题；2018年多选题、判断题；2020年判断题；2021年简答题)

保险合同的当事人及关系人见表6-34。

表6-34 保险合同的当事人及关系人

分类		内容
当事人	投保人	负有支付保险费义务的人
	保险人	保险公司
关系人	被保险人	其财产或者人身受保险合同保障，享有保险金请求权的人
	受益人	"人身保险"合同中由被保险人或者投保人指定的享有保险金请求权的人

『老侯提示』投保人、被保险人、受益人可以是同一个人。

【举例1】赵妻在甲保险公司给赵某购买了一份人身意外伤害保险，双方约定如果赵某因意外不幸身亡，其儿子小赵可以获得10万元的赔偿金。保险合同的当事人及关系人如下图所示。

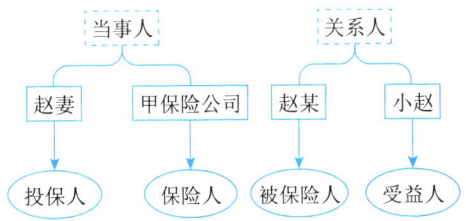

【举例2】赵某在甲保险公司给自己购买了一份重大疾病人身保险,双方约定如果赵某在保险期间身患保险范围内的重大疾病,可以获得100万元的赔偿金。保险合同的当事人及关系人如下图所示。

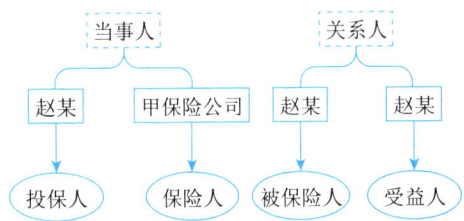

(一)保险合同的当事人(投保人和保险人)

1. 投保人可以是自然人,也可以是法人
2. 投保人需具有"相应的"民事权利能力和民事行为能力
3. 投保人对被保险人或保险标的具有保险利益

(二)保险合同的关系人(被保险人和受益人)

1. 被保险人
(1)身份
财产保险:自然人和法人均可以为被保险人。
人身保险:只能是自然人为被保险人。
(2)被保险人的权利(见表6-35)

表6-35 被保险人的权利

权利		具体内容
请求权		对保险金的给付享有独立的请求权
同意权	受益人	(1)人身保险的受益人由"被保险人或投保人指定"。若投保人指定受益人,须经被保险人"同意",否则指定行为无效 (2)投保人变更受益人经被保险人"同意" [老侯提示] 被保险人拥有受益人的最终指定权
	死亡险	(1)未经被保险人"同意"并认可保险金额,保险合同无效 [老侯提示] 投保人"不得"为无民事行为能力人投保死亡保险,但父母为其未成年子女投保的人身保险"除外" (2)保险单未经被保险人书面"同意",不得转让或质押
	同意	可采取书面、口头等形式;可在合同订立时作出,也可在合同订立后追认
	视同同意	(1)被保险人"明知"他人代其签名同意而"未表示异议"的 (2)被保险人"同意"投保人指定的受益人的

【例题1·单选题】☆李某为其母亲赵某投保人寿险,在确定具体受益人时李某与赵某发生了分歧。下列关于如何确定受益人的表述中,符合保险法律制度规定的是( )。

A. 受益人只能是李某

B. 受益人只能是赵某

C. 受益人可以由李某指定,但必须经赵某同意

D. 受益人只能由赵某指定

解析 被保险人或者投保人可以指定一人或者数人为受益人。投保人指定受益人未经被保险人同意的,法院应认定指定行为无效。

答案 C

【例题2·多选题】根据保险法律制度的有关规定,投保人投保的下列保险中有效的有( )。

A. 赵某为其6岁的儿子小赵购买了一份以死亡为给付保险金条件的合同

B. 钱某为其患有精神疾病被认定为无民事行为能力人的妻子购买了一份以死亡为给付保险金条件的合同

C. 孙某为其丈夫购买了一份以死亡为给付保险金条件的合同,未经其丈夫同意

D. 李某为自己购买了一份以死亡为给付保险金条件的合同,指定的受益人为自己的妻子

解析 选项A、B,投保人"不得"为无民事行为能力人投保死亡保险,但父母为其未成年子女投保的"除外";选项C,未经被保险人"同意"并认可保险金额,保险合同无效;选项D,人身保险的受益人由"被保险人或投保人指定",若投保人指定受益人,须经被保险人"同意"。

答案 AD

2. 受益人

(1)投保人、被保险人可以为受益人。

『老侯提示1』自然人和法人均可以成为受益人,且不要求行为能力。

『老侯提示2』胎儿可以作为受益人但娩出时为死体的除外;死者不能成受益人。

(2)被保险人或者投保人可以指定"一人或数人"为受益人。

①当事人对保险合同约定的受益人存在争议(见表6-36)。

表6-36 当事人对保险合同约定的受益人存在争议

原保险合同约定	法律后果	
约定为"法定"或"法定继承人"	以民法典继承编规定的法定继承人为受益人	
约定为身份关系	投保人、被保险人为同一主体	根据"事故发生时"与被保险人的身份关系确定受益人
	投保人、被保险人为不同主体	根据"保险合同成立时"与被保险人的身份关系确定受益人
约定包括姓名和身份关系	保险事故发生时,身份关系发生变化,认定为未指定受益人	

②受益人为数人的,被保险人或者投保人"可以确定受益顺序和受益份额";未确定受益份额的,受益人按照"相等份额"享有受益权。

(3)受益人故意造成被保险人死亡、伤残、疾病的,或者故意杀害被保险人未遂的,"该受益人"丧失受益权。

(4)被保险人死亡后保险金作为遗产继承的情形。

①没有指定受益人,或者受益人指定不明无法确定的。

②受益人先于被保险人死亡,没有其他受益人的。

『老侯提示』受益人与被保险人在同一事件中死亡,且不能确定死亡先后顺序的,推定受益人死亡在先。

③受益人依法丧失受益权或者放弃受益权,没有其他受益人的。

(5)投保人或者被保险人指定数人为受益人,部分受益人在保险事故发生前死亡、放弃受益权或者依法丧失受益权的,该受益

人应得的受益份额按照保险合同的约定处理；保险合同没有约定或者约定不明的，该受益人应得的受益份额，按照以下情形分别处理。受益人应得受益份额的处理见表6-37。

表6-37 受益人应得受益份额的处理

具体情形	处理方式
未约定受益顺序及受益份额	其他受益人平均享有
未约定受益顺序但约定受益份额	其他受益人按比例享有
约定受益顺序但未约定受益份额	由同顺序的其他受益人平均享有； 同一顺序没有其他受益人的，由后一顺序的受益人平均享有
约定受益顺序及受益份额	同顺序的其他受益人按比例享有； 同一顺序没有其他受益人的，由后一顺序的受益人按比例享有

【例题3·多选题】赵妻张某为赵某投保人身意外伤害保险，后二者离婚，赵某另娶李某为妻，次年赵某遇车祸意外身亡，当事人对保险合同约定的受益人发生争议，则下列说法中正确的有( )。

A. 若合同约定的受益人为法定继承人，则受益人为民法典继承编规定的法定继承人

B. 若合同约定的受益人为赵某的妻子，则受益人为李某

C. 若合同约定的受益人为赵某的妻子，则受益人为张某

D. 若合同约定的受益人为赵某的妻子张某，则受益人为张某

解析 选项A，受益人约定为"法定"或者"法定继承人"的，以民法典继承编规定的法定继承人为受益人；选项B、C，受益人仅约定为身份关系，投保人与被保险人为不同主体的，根据保险合同成立时与被保险人的身份关系确定受益人，本题中，投保人赵妻张某，被保险人赵某，为不同主体，保险合同成立时张某为赵某的妻子，则受益人为张某；选项D，受益人的约定包括姓名和身份关系，保险事故发生时身份关系发生变化的，认定为未指定受益人。 答案 AC

【例题4·判断题】☆受益人故意造成被保险人死亡的，该受益人丧失受益权。( )

答案 √

【例题5·多选题】☆根据保险法律制度的规定，保险金在一定情形下作为被保险人遗产。下列各项中，属于该情形的有( )。

A. 唯一受益人放弃受益权
B. 受益人指定不明无法确定
C. 唯一受益人故意造成被保险人死亡
D. 唯一受益人先于被保险人死亡

答案 ABCD

【例题6·判断题】☆受益人和被保险人在同一事件中死亡，不能确定死亡顺序，推定受益人死亡在先。( )

答案 √

【例题7·简答题】☆2018年6月，30岁的张某为其58岁的父亲购买了以死亡为给付保险金条件的人身保险。张某为投保人和受益人，张某的父亲为被保险人。2021年5月，张某的父亲去世，张某请求保险公司给付保险金。

保险公司经调查得知，张某投保时，张某的父亲因生病不能完全辨认自己的行为，属于限制民事行为能力人。保险公司认为，张某不得为限制民事行为能力人投保，因此，该保险合同无效。

保险公司经调查还得知：张某为其父亲投保时，并未征得其父亲的同意。保险公司认为，张某未经其父亲同意就为其投保，也导致保险合同无效。

张某认为虽然其投保时未征得其父亲同意，但其父亲经过治疗恢复健康并取得完全民事行为能力后，已经书面认可张某为其购买的人身保险。因此，该保险合同有效。

要求：根据上述资料和保险法律制度的规定，不考虑其他因素，回答下列问题。

（1）张某为其父亲投保人身保险时，张某对被保险人是否具有保险利益？简要说明理由。

（2）保险公司认为张某不得为限制民事行为能力人投保是否符合法律规定？简要说明理由。

（3）张某投保时未经其父亲同意，但事后取得其父亲的书面认可，该保险合同是否有效？简要说明理由。

答案

（1）张某为其父亲投保人身保险时，张某对被保险人具有保险利益。

根据规定，投保人对父母具有保险利益。

（2）保险公司认为张某不得为限制民事行为能力人投保不符合法律规定。

根据规定，投保人不得为无民事行为能力人投保以死亡为给付保险金条件的人身保险，保险人也不得承保。

本题中，张父为限制民事行为能力人，保险法律制度并未规定，不得为限制民事行为能力人投保以死亡为给付保险金条件的人身保险。

（3）张某投保时未经其父亲同意，但事后取得其父亲的书面认可，该保险合同有效。

根据规定，当事人订立以死亡为给付保险金条件的合同，被保险人可以在合同订立时采取书面形式、口头形式或其他形式同意并认可保险金额，也可以在合同订立后追认。

<u>**守将五、保险合同的订立及免责条款**（★★★）（2016年、2017年判断题；2021年单选题）</u>

（一）保险合同的订立

1. 实际履行原则

保险人接受了投保人提交的投保单并收取了保险费，尚未作出是否承保的意思表示，发生保险事故：

（1）符合承保条件

保险人应当按照保险合同承担赔偿或者给付保险金责任。

（2）不符合承保条件

保险人不承担保险责任，但应当退还已经收取的保险费。

『**老侯提示**』 保险人主张不符合承保条件的，应承担举证责任。

2. 缴费追认原则

投保人或者投保人的代理人订立保险合同时没有亲自签字或者盖章，而由"保险人或者保险人的代理人"代为签字或者盖章的，对投保人不生效。但投保人已经缴纳保险费的，视为其对代签字或者盖章行为的追认。

【例题1·单选题】☆甲保险公司的代理人张某向王某推销一款保险产品，王某符合该保险的承保条件。张某向王某出具了一份投保单，王某口头同意投保，张某代替王某在投保单上签字，王某向甲保险公司缴纳了保险费。由于内部工作流程问题，甲保险公司迟迟未向王某签发保险单，后在保险期间发生了保险事故。下列关于保险合同效力及保险责任的表述中，正确的是（ ）。

A. 张某代替王某签字，该合同对王某不生效

B. 保险合同未生效，甲保险公司无须承担责任

C. 张某代替签字有过错，应当承担对王某的保险责任

D. 王某已经缴纳保险费，甲保险公司应当承担保险责任

解析 投保人或者投保人的代理人订立保险合同时没有亲自签字或者盖章，而由保险人或者保险人的代理人代为签字或者盖章的，对投保人不生效。但投保人已经交纳保险费的，视为其对代签字或者盖章行为的追认。本题中，王某已经缴纳了保险费，保险公司应当承担保险责任。 **答案** D

【例题2·单选题】根据保险法律制度的规定，下列关于保险合同成立时间的表述中，

正确的是( )。

A. 投保人支付保险费时，保险合同成立

B. 保险人签发保险单时，保险合同成立

C. 保险代理人签发暂保单时，保险合同成立

D. 投保人提出保险要求，保险人同意承保时，保险合同成立

解析 投保人提出保险要求，经保险人同意承保，保险合同成立。 **答案** D

(二)保险合同的免责条款

1. 对免责范围内发生保险事故造成的损害，保险人不承担保险责任。

2. 对免责条款，保险人在订立合同时应以"书面或口头"形式向投保人作出明确说明，未作提示或未明确说明的，该条款不产生效力。

3. 保险人已向投保人履行了保险法规定的提示和明确说明义务，保险标的受让人以保险标的"转让后"保险人未向其提示或者明确说明为由，主张免除保险人责任的条款不成为合同内容的，人民法院不予支持。

4. 保险人将"法律、行政法规中的禁止性规定情形"作为保险合同免责条款的免责事由，保险人对该条款"作出提示"后，投保人、被保险人或者受益人以保险人未履行明确说明义务为由主张该条款不成为合同内容的，人民法院不予支持。

5. 人民法院认定保险人履行了提示义务的情形。

(1) 保险合同订立时，保险人在保险凭证上，对保险合同中的免责条款，以"足以引起投保人注意"的文字、字体、符号或其他明显标志作出提示；

(2) 保险人对保险合同中有关免责条款的概念、内容及其法律后果以"书面或者口头"形式向投保人作出常人能够理解的解释说明；

(3) 通过网络、电话等方式订立的保险合同，保险人以网页、音频、视频等形式对免责条款予以提示和明确说明；

(4) "投保人"对保险人履行了符合要求的明确说明义务在相关文书上签字、盖章或以其他形式予以"确认"。

【举例】2021年6月2日，甲公司驾驶员赵某持记分超过12分的驾驶证驾驶投保车辆发生保险事故，致路人蒋某当场死亡，交警部门认定双方对该起事故负同等责任。经甲公司与蒋某继承人协议，应付赔偿款50万元，其中30万元交强险赔款由蒋某继承人向A保险公司诉讼取得。庭审中，A保险公司认为赵某因违章已扣12分，故不予理赔。

理由：保险合同中约定"依照法律法规或公安机关交通管理部门有关规定不允许驾驶被保险机动车的其他情况下驾车，保险人不负责赔偿"这一免责条款。且免责条款是以"加下划线"的内容以示区分于其他一般条款，甲公司在投保单投保人声明栏内"盖章，亦确认"收到保险条款并仔细阅读了免责条款的内容。

结果：对于以禁止性规定情形作为免责事由的免责条款，保险公司仅需履行提示阅读义务，即可产生法律效力。本案中，该免责条款生效，在赵某违章记分已达12分的情形下，保险公司主张的免责抗辩依法成立。

守将六、保险合同的形式(★)(2019年、2020年单选题)

1. 保险合同的形式(见表6-38)

表6-38 保险合同的形式

形式	具体内容
保险单 (正式凭证)	保险合同的"正式"书面凭证，索赔的"主要"凭证 「老侯提示」某些情况下，保险单具有有价证券的效用

续表

形式	具体内容
保险凭证（简化版）	俗称"小保单"，是内容简化的保险单 "不列明具体"条款，与保险单具有"同等法律效力" [老侯提示] 对保险凭证未列明的内容，以相应的保险单的记载为准
暂保单（临时凭证）	保险单发出前的"临时"保险凭证 [老侯提示1] 保险人正式签发保险单"前"，与保险单具有"同等法律效力" [老侯提示2] 保险人出具正式保险单或暂保单的有效期限届满，暂保单的法律效力"自动终止"
投保单（不是合同）	保险人事先制定的供投保人提出保险要约的格式文件 [老侯提示] 投保单"不是保险合同"，但经投保人填具后，保险人完全接受并盖章，就成为保险合同的组成部分

2. 保险合同记载内容不一致的认定（见表6-39）

表6-39 保险合同记载内容不一致的认定

不一致的凭证		以谁为准
投保单与保险单或其他保险凭证不一致	一般情况	投保单
	不一致的情形经保险人说明、投保人同意	投保人签收的保险单或者其他保险凭证载明的内容
非格式条款与格式条款不一致		"非"格式条款
保险凭证记载的时间不同		形成时间在"后"的
保险凭证存在手写和打印两种方式		双方签字、盖章的"手写"部分的内容

【例题·单选题】☆根据保险法律制度的规定，保险合同中记载内容不一致时，下列关于认定规则的表述中，不正确的是（　）。

A. 投保单与保险单不一致的，以投保人选择的内容为准

B. 保险凭证记载的时间不同的，以形成时间在后的为准

C. 保险凭证存在手写和打印两种方式的，以双方签字、盖章的手写部分的内容为准

D. 非格式条款与格式条款不一致的，以非格式条款为准

解析　选项A，投保单与保险单或者其他保险凭证不一致的，以投保单为准，但不一致的情形系经保险人说明并经投保人同意的，以投保人签收的保险单或者其他保险凭证载明的内容为准。

答案　A

守将七、保险合同的履行（★）（2017年单选题）

（一）投保人的义务

1. 支付保险费——最基本、最主要

（1）被保险人、受益人或者他人"代为"支付保险费，视为投保人交费义务已经履行。

（2）迟交宽限、中止、复效与解除。

①人身保险合同约定分期支付保险费，投保人支付首期保险费后，除另有约定，投保人自保险人"催告之日起超过30日"或超过"约定期限60日"未支付当期保险费，合同效力"中止"或"减少保险金额"。

②因投保人未按规定支付保费而导致合同效力"中止"的，经保险人与投保人协商并达成协议，在投保人补交保险费后，合同效力恢复。

③自合同效力中止之日起"满2年"未达成协议的，保险人有权解除合同。

『老侯提示』人寿保险的保险费，保险人不得用诉讼方式要求投保人支付。

2. 危险增加通知（主动通知）

(1)认定危险增加应考虑的因素。

①保险标的用途的改变；

②保险标的使用范围的改变；

③保险标的所处环境的变化；

④保险标的因改装等原因引起的变化；

⑤保险标的使用人或者管理人的变化；

⑥危险程度增加持续的时间。

(2)被保险人的义务。

保险标的的危险显著增加的，被保险人应当按照合同约定及时通知保险人。

『老侯提示』被保险人未通知，保险人不赔付。

(3)保险人的权利。

保险人可以按照合同约定"增加保险费或解除合同"。

『老侯提示』保险人解除合同的，应当将已收取的保险费，按照合同约定"扣除"自保险责任开始之日起至合同解除之日止应收的部分后，"退还"投保人。

3. 保险事故后通知

"故意或者因重大过失"未及时通知，致使保险事故的性质、原因、损失程度等难以确定的部分，"不承担赔偿责任"，但保险人通过其他途径已经及时知道或应当及时知道保险事故发生的除外。

4. 接受检查和维护标的安全

投保人、被保险人未按照约定履行其对保险标的的安全应尽责任的，保险人有权要求"增加保险费或者解除合同"。

5. 积极施救

保险事故发生时，被保险人应当尽力采取必要的措施，防止或者减少损失。

【例题1·单选题】姜某的私家车投保商业车险，年保险费为3 000元。姜某发现当网约车司机收入不错，便使用手机软件接单载客，后辞职专门跑网约车。某晚，姜某载客途中与他人相撞，造成车损10万元。姜某向保险公司索赔，保险公司调查后拒赔。关于本案，下列选项中，正确的是（　　）。

A. 保险合同无效

B. 姜某有权主张约定的保险金

C. 保险公司不承担赔偿保险金的责任

D. 保险公司有权解除保险合同并不退还保险费

解析　私家车改为网约车属于保险标的用途的改变，用途改变导致危险明显增加，姜某未通知保险公司，因此导致的车损10万元，保险公司免于承担赔偿保险金责任。　答案　C

(二)保险人的义务

给付保险赔偿金或保险金。

【链接】按保险金额与保险价值的"比例"支付保险金，止损、查证、诉讼费另算。

(三)索赔

1. "人寿保险"的"被保险人或者受益人"向保险人请求给付保险金的诉讼时效期间为"5年"，自其知道或者应当知道保险事故发生之日起计算。

2. "人寿保险以外的其他保险"的"被保险人或者受益人"，向保险人请求赔偿或者给付保险金的诉讼时效期间为"2年"，自其知道或者应当知道保险事故发生之日起计算。

『老侯提示1』人身保险包括人身意外伤害保险、健康保险和人寿保险等，仅"人寿保险"适用5年诉讼时效期间。

『老侯提示2』商业责任险的被保险人向保险人请求赔偿保险金的诉讼时效期间，自"被保险人对第三者应负的赔偿责任确定之日"起计算。

【例题2·单选题】☆根据保险法律制度的规定，人寿保险的被保险人或者受益人向保险人请求给付保险金的诉讼时效期间为（　　）年。

A. 3　　　　　　　B. 2

C. 1　　　　　　　D. 5

答案　D

守将八、保险合同的变更（★★★）
（2016年判断题、2021年简答题）

（一）投保人、被保险人的变更（常见于财产保险）

1. 在财产保险合同中，保险标的转让的，保险标的的受让人承继被保险人的权利和义务。

2. 保险标的已"交付"受让人，但"尚未依法办理所有权变更登记"，承担保险标的毁损灭失风险的受让人，依照规定主张行使被保险人权利的，人民法院应予支持。

【链接】民法典规定，标的物毁损灭失的风险，自交付时起转移给买受人。

3. 保险标的转让，被保险人或者受让人应当及时"通知"保险人，但"货物运输保险合同"和另有约定的合同除外。

『老侯提示』货物运输合同保险单在货物所有权转移时由投保人背书转让。

4. 被保险人、受让人依法及时向保险人发出保险标的的转让通知后，"保险人作出答复前"，发生保险事故，被保险人或者受让人主张保险人按照保险合同承担赔偿保险金的责任的，人民法院应予支持。

『老侯提示』因"通知"即生效，无须保险人"同意"。

（二）保险合同内容的变更

1. 一般情况下，变更保险合同的内容需要取得"保险人的同意"，但是在"人身保险"合同中，被保险人或投保人可以"变更受益人并书面通知保险人"。

2. 投保人或者被保险人变更受益人，当事人主张变更行为自变更意思表示发出时生效的，人民法院应予支持。

3. 投保人或者被保险人变更受益人未通知保险人，保险人主张变更对其不发生效力的，人民法院应予支持。

4. 投保人变更受益人"未经被保险人同意"，人民法院应认定变更行为无效。

5. 投保人或者被保险人在保险事故发生"后"变更受益人，变更后的受益人请求保险人给付保险金的，人民法院不予支持。

（三）保险合同效力的变更——迟交宽限、中止、复效与解除

前文已讲述，此处不再赘述。

【例题1·判断题】☆投保人变更受益人未通知保险人，保险人主张变更对其不发生效力的，人民法院应予支持。（　　）

答案 √

【例题2·多选题】下列保险合同的变更应当通知保险人的有（　　）。

A. 财产保险的标的物被转让
B. 货物运输保险合同标的物所有权转移
C. 人身保险合同被保险人变更受益人
D. 短期健康险合同被保险人变更所保的疾病种类

解析 选项B，保险标的的转让，被保险人或者受让人应当及时"通知"保险人，但"货物运输保险合同"和另有约定的合同除外；选项D，变更人身保险合同的内容需要取得保险人的"同意"。

答案 AC

【例题3·简答题】☆2020年10月10日，赵某在某4S店购买了一辆小汽车，并向甲保险公司购买了"交强险"以及足额"车损险"，被保险人为赵某。2021年初，单位派赵某去海外工作两年，赵某决定转让该辆小汽车。

2021年2月1日，赵某与钱某签订了买卖小汽车的合同。当日，赵某即将小汽车交付钱某。钱某将上述事实通知了甲保险公司。钱某在开车回家途中因操作失误撞到马路护栏上，导致车辆损失。钱某随即向甲保险公司报案并索赔。

甲保险公司提出以下两项抗辩：（1）小汽车虽已经交付，但尚未办理过户登记。因此，钱某无权主张行使被保险人的权利；（2）钱某虽及时将转让小汽车的事实通知了甲保险公司，但甲保险公司尚未作出答复，

此时发生保险事故，甲保险公司不承担赔偿保险金的责任。

要求：根据上述资料和保险法律制度的规定，不考虑其他因素，回答下列问题。

（1）甲保险公司的第（1）项抗辩理由是否符合法律规定？简要说明理由。

（2）甲保险公司的第（2）项抗辩理由是否符合法律规定？简要说明理由。

答案

（1）甲保险公司的第（1）项抗辩理由不符合法律规定。

根据规定，保险标的已交付受让人，但尚未依法办理所有权变更登记，承担保险标的毁灭损失风险的受让人，依照规定主张行使被保险人权利的，人民法院应予支持。

（2）甲保险公司的第（2）项抗辩理由不符合法律规定。

根据规定，被保险人、受让人依法及时向保险人发出保险标的转让通知后，保险人作出答复前，发生保险事故，被保险人或者受让人主张保险人按照保险合同承担赔偿保险金的责任的，人民法院应予支持。

守将九、保险合同的解除（★）（2021年多选题）

（一）投保人单方解除合同权

1. 行使解除权

除法律另有规定或合同另有约定外，保险合同"成立"后，"投保人可以解除合同，保险人不得解除合同"。

2. 退款（见表6-40）

表6-40 退款

合同类型		退还内容
人身保险		保险人应自收到解除通知之日起"30日内"，按约定退还保险单的"现金价值"
财产保险	保险责任开始前	投保人向保险人支付"手续费" 保险人应当退还"保险费"
	保险责任开始后	保险人应"扣除"自保险责任开始之日至合同解除之日止"应收的部分"保险费后，退还投保人

（二）保险人单方解除合同权

1. 投保人"故意或者因重大过失"未履行如实告知义务，足以影响保险人决定是否同意承保或者提高保险费率的，保险人有权解除合同。（违背最大诚信原则）

2. 未发生保险事故，被保险人或者受益人谎称发生了保险事故，向保险人提出赔偿或者给付保险金请求的，保险人有权解除合同，并不退还保险费。投保人、被保险人故意制造保险事故的，保险人有权解除合同，不承担赔偿或者给付保险金的责任。（骗保）

3. 投保人、被保险人未按照约定履行其对保险标的的安全应尽责任的，保险人有权解除合同。（对方违约）

4. 在合同有效期内，保险标的的危险程度显著增加，被保险人未按合同约定及时通知保险人的或者保险人要求增加保险费被拒绝的，保险人有权解除合同。（对方违约）

5. 投保人申报的被保险人年龄不真实，并且其真实年龄不符合合同约定的年龄限制的，保险人可以解除合同。（违背最大诚信原则）

6. 人身保险合同效力中止之日起满两年保险合同双方当事人未达成协议恢复合同效力的，保险人有权解除合同。（中止后未复效）

（三）双方均有权解除合同

1. 保险标的发生"部分损失"的，自"保险人赔偿之日起30日内"，投保人可以解除合同。

2. 除合同另有约定外，保险人也可以解

除合同,但应当"提前15日通知"投保人。

3. 合同解除的,保险人应当将保险标的未受损失部分的保险费,按照合同约定扣除自保险责任开始之日起至合同解除之日止应收的部分后,退还投保人。

(四)当事人不得解除的合同

"货物运输保险合同"和"运输工具航程保险合同",其保险责任开始后,合同当事人不得解除合同。

【例题1·多选题】 根据保险法律制度的规定,下列属于保险人可以单方解除合同的情形有( )。

A. 投保人故意隐瞒与保险标的有关的重要事实,未履行如实告知义务的

B. 被保险人谎称发生保险事故的

C. 被保险人在保险标的的危险程度显著增加时未按照合同约定及时通知保险人的

D. 投保人对保险事故的发生有重大过失的

解析 选项A,投保人故意或者因重大过失未履行如实告知义务,足以影响保险人决定是否同意承保或者提高保险费率的,保险人有权解除合同;选项B,被保险人或者受益人未发生保险事故,谎称发生了保险事故,向保险人提出赔偿或者给付保险金请求的,保险人有权解除合同,并不退还保险费;选项C,在合同有效期内,保险标的的危险程度显著增加,被保险人未按照合同约定及时通知保险人,保险人可以解除合同;选项D,保险人应当履行给付保险金或赔偿金的责任,不得解除合同。 **答案** ABC

【例题2·多选题】 根据保险法律制度的规定,保险合同成立后,投保人单方解除合同的情况下,下列说法正确的有( )。

A. 人身保险合同中保险人应自收到解除通知之日起30日内,按约定退还保险单的现金价值

B. 财产保险保险责任开始前投保人要求解除合同的,无须再向保险人支付手续费

C. 财产保险保险责任开始前投保人要求解除合同的,保险人应当退还保险费

D. 财产保险保险责任开始后投保人要求解除合同的,保险人应扣除应收的部分保险费后,将剩余保费退还投保人

解析 选项B,财产保险保险责任开始前投保人要求解除合同的,投保人应当向保险人支付手续费。 **答案** ACD

【例题3·多选题】 ☆根据保险法律制度的规定,下列保险合同中,保险责任开始后,合同当事人均不得解除合同的有( )。

A. 安全生产责任保险合同

B. 货物运输保险合同

C. 人身保险合同

D. 运输工具航程保险合同

解析 货物运输保险合同和运输工具航程保险合同,其保险责任开始后,合同当事人不得解除合同。 **答案** BD

守将十、"财产保险合同"中的特殊制度(★★★)(2017年多选题、2021年判断题)

(一)重复保险的分摊制度

1. 重复保险的概念

投保人对"同一保险标的""同一保险利益""同一保险事故"分别与"两个以上保险人"订立保险合同,且"保险金额总和超过保险价值"的保险。

【举例】 赵某为其所有的一幢价值500万元的房屋(同一保险标的"房屋"、同一保险利益"所有权")先后向A、B两家保险公司(两个以上保险人)投保一年期的财产保险综合险,A保险公司收取保险费3万元,保险金额为300万元;B保险公司收取保险费5万元,保险金额为500万元(保险金额总和超过保险价值),在保险期间内,该房屋发生火灾造成损失共计160万元(同一保险事故)。赵某分别向A保险公司和B保险公司索赔。赵某的上述行为属于重复保险。

2. 与其他类型保险的区别

(1)区别于"不同保险利益"的投保人分

别投保的情形

"不同投保人"就同一保险标的分别投保，保险事故发生后，被保险人在其"保险利益范围内"依据保险合同主张保险赔偿的，人民法院应予支持。

【举例】甲公司购入一批价值500万元的东北大米，委托乙粮食储运公司储存，甲公司（投保人1，给予所有权带来的保险利益）为该批大米向A保险公司投保财产保险综合险，保额500万元；乙公司（投保人2，基于保管责任带来的保险利益）也为该批大米向B保险公司投保财产保险综合险，保额300万元。某日粮库意外发生火灾，该批粮食全部烧毁。甲公司向乙公司和A保险公司索赔，乙公司向B保险公司索赔，由此发生争议。

【分析】本案属于"不同保险利益"的投保人分别投保，不属于重复保险。

（1）A保险公司应当根据与甲公司之间的保险合同向甲公司赔偿500万元；

（2）A保险公司赔偿甲公司后取得向乙公司的代位求偿权（见后续知识点）；

（3）乙公司应当向A保险公司赔偿500万元；

（4）B保险公司应当根据与乙公司之间的保险合同向乙公司赔偿300万元。

『老侯提示』财产保险中，并非只有财产的所有权人才对保险标的享有保险利益，其他利益相关主体，如保管人也在相应利益范围内对其享有保险利益；不同投保人可在自己的利益范围内对同一保险标的分别投保，保险合同分别有效。保险事故发生后，保险人应依据保险合同约定在被保险人利益范围内对其进行赔偿。

（2）区别于"共同保险"

同一投保人对同一保险标的、同一保险利益、同一保险事故分别与两个以上保险人订立保险合同，各保险合同的保险金额总和"未超过"保险标的的价值。

（3）区别于"超额保险"

【链接】财产保险的保险金额可以等于或少于保险价值但"不得超过"保险价值。超过保险价值的，"超过部分无效"，保险人应当退还相应的保险费。

3. 重复保险的通知义务

（1）通知义务

重复保险的投保人应当将重复保险的有关情况通知各保险人。

（2）通知方式

口头、书面或其他方式。

『老侯提示1』重复保险投保人履行通知义务，不需要保险人的询问，应当"主动告知"。

『老侯提示2』我国《中华人民共和国保险法》对重复保险的投保人不履行通知义务的法律后果未作规定，因此"不适用"最大诚信原则关于解除保险合同的规定，各保险人仍然应当按规定承担保险责任。

4. 重复保险的责任分摊方式

（1）法定方式——比例责任分摊

重复保险的各保险人赔偿保险金的总和不得超过保险价值。除合同"另有约定"外，各保险人按照"其保险金额与保险金额总和的比例"承担赔偿保险金的责任。

【举例】赵某为其所有的一幢价值500万元的房屋先后向A、B两家保险公司投保一年期的财产保险综合险，A保险公司收取保险费3万元，保险金额为300万元；B保险公司收取保险费5万元，保险金额为500万元，在保险期间内，该房屋发生火灾造成损失共计160万元。赵某分别向A保险公司和B保险公司索赔。A、B两家保险公司应当如何承担保险责任？

答案

①A保险公司的赔偿金额=160×300÷(500+300)=60（万元）。

②B保险公司的赔偿金额=160×500÷(500+300)=100（万元）。

（2）约定方式（略）

5. 保险费的返还

重复保险的投保人可以就保险金额总和超过保险价值的部分，请求各保险人按比例返还保险费。

计算公式：保险公司应返还保险费＝保险人承保的保险金额占总额的比例×多收取保费总额

【举例】赵某为其所有的一幢价值500万元的房屋先后向A、B两家保险公司投保一年期的财产保险综合险，A保险公司收取保险费3万元，保险金额为300万元；B保险公司收取保险费5万元，保险金额为500万元，这一情况下赵某可以要求A、B两家保险公司返还多少保险费？

答案▶

（1）收取保险费总额＝3+5=8（万元）；

（2）保险金额总额＝300+500=800（万元）；

（3）保险价值=500万元；

（4）应返还保费总额＝8-8×500÷800=3（万元）；

（5）A保险公司应返还保险费＝3×300÷（500+300）=1.125（万元）；

B保险公司应返还保险费＝3×500÷（500+300）=1.875（万元）。

【例题1·单选题】赵某为自己拥有的一张价值100万元的古画先后向甲、乙两家保险公司投保财产保险综合险，甲公司的保险金额为50万元，乙公司的保险金额为80万元，在保险责任期间内，该画被盗，赵某向甲、乙两家保险公司分别索赔，则关于甲、乙两家保险公司应赔偿的保险金额，下列说法中，正确的是（　　）。

A. 赵某的行为属于重复保险，甲、乙两家保险公司无须承担赔偿保险金的责任

B. 甲保险公司应赔偿保险金50万元，乙保险公司应赔偿保险金80万元

C. 甲保险公司应赔偿保险金38.46万元，乙保险公司应赔偿保险金61.54万元

D. 甲保险公司应赔偿保险金19.23万元，乙保险公司应赔偿保险金49.23万元

解析▶（1）投保人对同一保险标的的同一保险利益同一保险事故分别与两个以上保险人订立保险合同，且保险金额总和超过保险价值的保险为重复保险；（2）重复保险除合同另有约定外，各保险人按照其保险金额与保险金额总和的比例承担赔偿保险金的责任；（3）甲保险公司应赔偿保险金=100×50÷(50+80)=38.46（万元）；乙保险公司应赔偿保险金=100×80÷(50+80)=61.54（万元）。

答案▶C

【例题2·判断题】☆重复保险的投保人可以就保险金额总和超过保险价值的部分，请求各保险人按比例返还保险费。（　　）

答案▶√

（二）物上代位制度

1. 全部代位

保险事故发生后，保险人已支付了全部保险金额，并且"保险金额等于保险价值"的，受损保险标的的"全部权利"归于保险人。

2. 部分代位

保险事故发生后，保险人已支付了全部保险金额，但"保险金额低于保险价值"的，保险人按照保险金额与保险价值的比例取得受损保险标的的"部分权利"。

（三）代位求偿制度

1. 代位求偿的概念

因"第三者"对保险标的的损害而造成保险事故的，保险人自向被保险人赔偿保险金之日起，在"赔偿金额范围内"代位行使被保险人对第三者请求赔偿的权利。

2. 代位求偿权的行使

（1）保险人代位求偿权的诉讼时效期间应自其"取得"代位求偿权之日起算。

（2）"保险人"应以"自己"的名义行使保险代位求偿权。

（3）保险人"不得对被保险人的家庭成员或组成人员"行使代位求偿权，但其"故意"对保险标的的损害造成保险事故的除外。

3. 与"代位求偿"有关的司法解释（见表6-41）

表 6-41 与"代位求偿"有关的司法解释

适用情形	法律后果
投保人和被保险人为不同主体,因投保人对保险标的的损害而造成保险事故	保险人依法主张行使代位求偿权的,人民法院应予支持,但法律另有规定或者保险合同另有约定的除外
被保险人因故意或者重大过失未向保险人提供必要的文件和所知道的有关情况,致使保险人未能行使或者未能全部行使代位求偿权	保险人主张在损失范围内扣减或者返还相应保险金的,人民法院应予支持
保险合同"订立前"被保险人已放弃对第三人请求赔偿的权利	第三人以此为由进行抗辩,人民法院认定上述放弃行为合法有效,保险人就相应部分主张行使代位求偿权的,人民法院不予支持
保险合同"订立时",保险人就是否存在放弃情形提出询问,投保人未如实告知,导致保险人不能行使代位求偿权	保险人请求返还相应保险金的,人民法院应予支持 【老侯提示】保险人知道或应当知道上述情形仍同意承保的除外
保险事故发生后,保险人"未赔偿保险金之前",被保险人"放弃"对第三者请求赔偿的权利	保险人"不承担"赔偿保险金的责任
保险人向被保险人"赔偿保险金后",被保险人"未经保险人同意"放弃对第三者请求赔偿权利	该放弃行为"无效"
保险人获得代位求偿权的情况"未通知"第三者或通知到达第三者"前",第三者在被保险人已经从保险人处获赔的范围内又向被保险人作出赔偿	(1)保险人主张行使代位求偿权的,人民法院不予支持 (2)保险人就相应保险金主张被保险人返还的,人民法院应予支持
保险人获得代位求偿权的情况"已经通知"第三者,第三者又向被保险人作出赔偿	保险人主张行使代位求偿权,第三者以其已向被保险人赔偿为由抗辩的,人民法院不予支持

【例题 3·多选题】☆下列关于保险代位求偿制度的表述中,符合保险法律制度规定的有( )。

A. 保险人向被保险人赔偿保险金后,被保险人未经保险人同意放弃对第三者请求赔偿权利的,该行为无效

B. 保险人应以被保险人的名义行使代位求偿权

C. 保险人在赔偿金额范围内代位行使被保险人对第三者请求赔偿的权利

D. 被保险人因故意致使保险人不能行使代位请求赔偿权利的,保险人可以扣减或者要求返还相应的保险金

解析 选项 B,保险人应以自己的名义行使代位求偿权。 答案 ACD

【例题 4·判断题】因第三者对保险标的的损害而造成的保险事故发生后,保险人未赔偿保险金之前,即使被保险人放弃对第三者请求赔偿的权利,保险人仍应承担赔偿保险金的责任。 ( )

解析 保险事故发生后,保险人未赔偿保险金之前,被保险人放弃对第三者请求赔偿的权利的,保险人不承担赔偿保险金的责任。

答案 ×

【例题 5·多选题】下列关于保险代位求偿权的表述中,符合保险法律制度规定的有( )。

A. 保险人未赔偿保险金之前,被保险人放弃对第三人请求赔偿的权利的,保险人不承担赔偿保险金的责任

B. 保险人向被保险人赔偿保险金后,被保险人未经保险人同意放弃对第三人请求赔偿的权利的,该放弃行为无效

C. 因被保险人故意致使保险人不能行使代位请求赔偿的权利的,保险人可以扣减或者要求返还相应的保险金

D. 即使被保险人的家庭成员故意损害保险标的而造成保险事故，保险人也不得对被保险人的家庭成员行使代位求偿权

解析 选项D，若被保险人的家庭成员故意损害保险标的而造成保险事故，保险人可以对被保险人的家庭成员行使代位求偿权。

答案 ABC

守将十一、人身保险合同的特殊条款（★★★）（2016年、2017年单选题；2019年判断题；2020年多选题）

（一）不丧失价值条款

1. 投保人申报的被保险人年龄不真实，并且其真实年龄不符合合同约定的年龄限制的，保险人可以解除合同，并按照合同约定退还保险单的现金价值。

2. "投保人"故意造成被保险人死亡、伤残或疾病的，保险人"不承担给付保险金的责任"，若投保人已交足"2年以上"保费，保险人应向其他权利人退还保险单的现金价值。

3. "被保险人"故意犯罪或者抗拒依法采取的刑事强制措施导致其伤残或者死亡的，保险人不承担给付保险金的责任。投保人已交足"2年以上"保险费的，保险人应退还保险单的现金价值。

【链接】 "受益人"故意造成被保险人死亡、伤残、疾病的，或者故意杀害被保险人未遂的，"该受益人"丧失受益权。

（二）误告年龄条款

1. 超越年龄限制——解除合同

投保人申报的被保险人年龄不真实，并且其真实年龄不符合合同约定的年龄限制的，保险人可以解除合同。

2. 未超越年龄限制——多退少补

投保人申报的被保险人的年龄不真实，致使投保人支付的保险费少于应付保险费的，保险人有权更正并要求投保人补交保险费，或在给付保险金时按照实付保险费与应付保险费的比例支付。投保人申报的被保险人年龄不真实，致使投保人支付的保险费多于应付保险费的，保险人应当将多收的保险费退还投保人。

（三）自杀免责条款

以被保险人死亡为给付保险金条件的合同，自合同成立或合同复效之日起"2年内"，被保险人自杀的，保险人不承担给付保险金的责任，但被保险人自杀时为"无民事行为能力人"除外。

【例题1·单选题】 ☆2013年刘某为自己投保人寿保险，并指定其妻宋某为受益人。2015年刘某实施抢劫时被他人捅死。事后，宋某请求保险公司支付保险金遭到拒绝。经查，刘某已缴纳3年保险费。下列关于保险公司是否承担支付保险金责任的表述中，符合保险法律制度规定的是（　　）。

A. 保险公司应承担支付保险金的责任

B. 保险公司不承担支付保险金的责任，也不退还保险单的现金价值

C. 保险公司不承担支付保险金的责任，但应退还保险单的现金价值

D. 保险公司不承担支付保险金的责任，但应退还保险费

解析 被保险人故意犯罪或者抗拒依法采取的刑事强制措施导致其伤残或者死亡的，保险人不承担给付保险金的责任。投保人已交足2年以上保险费的，保险人应当按照合同约定退还保险单的现金价值。 **答案** C

【例题2·单选题】 ☆投保人申报的被保险人年龄不真实，并且其真实年龄不符合合同约定的年龄限制的，关于保险人可否解除合同的下列表述中，符合保险法律制度规定的是（　　）。

A. 可以解除合同，并退还保险费

B. 可以解除合同，并要求投保人承担违约责任

C. 可以解除合同，并按照合同约定退还保险单的现金价值

D. 不可以解除合同，但可要求投保人按

照真实年龄调整保险费

解析 投保人申报的被保险人年龄不真实,并且其真实年龄不符合合同约定的年龄限制的,保险人可以解除合同,并按照合同约定退还保险单的现金价值。 **答案** C

【例题3·多选题】☆2019年10月,赵某为其儿子小赵购买了一份以死亡为给付保险金条件的人身保险。2020年4月,小赵因失恋自杀身亡,赵某请求保险公司给付保险金。已知:小赵自杀时具有完全民事行为能力。下列关于保险公司承担责任的表述中,正确的有( )。

A. 保险公司应按照合同约定退还保险单的现金价值

B. 保险公司应承担给付保险金的责任

C. 保险公司应退还已缴纳的保险费

D. 保险公司不承担给付保险金的责任

解析 以被保险人死亡为给付保险金条件的合同,自合同成立之日起2年内,被保险人自杀的,保险人不承担给付保险金的责任,但被保险人自杀时为无民事行为能力人的除外。保险人依照规定不承担给付保险金责任的,应当按照合同约定退还保险单的现金价值。本题中,赵某购买保险的时间为2019年10月,被保险人小赵自杀的时间为2020年4月,不满2年,且小赵自杀时为完全民事行为能力人,因此保险公司不承担给付保险金责任但应退还保险单的现金价值。

答案 AD

【例题4·单选题】☆2014年10月,向某为自己18岁的儿子投保了一份以死亡为给付保险金条件的保险合同。2017年向某的儿子因抑郁自杀身亡,向某要求保险公司给付保险金。下列关于保险公司承担责任的表述中,符合保险法律制度规定的是( )。

A. 保险公司不承担给付保险金的责任,也不退还保险费

B. 保险公司不承担给付保险金的责任,也不退还保险单的现金价值

C. 保险公司应承担给付保险金的责任

D. 保险公司不承担给付保险金的责任,但应退还保险单的现金价值

解析 以被保险人死亡为给付保险金条件的合同,自合同成立或者合同效力恢复之日起二年内,被保险人自杀的,保险人不承担给付保险金的责任,但被保险人自杀时为无民事行为能力人的除外。本题中,2017年向某的儿子自杀自合同成立已经超过2年,所以保险人应当承担给付保险金的责任。

答案 C

第四部分 信托法律制度(2022年新增)

守将一、信托概述与信托的设立(★)

(一)信托的概念、特征与功能

1. 信托的概念

信托是委托人基于对受托人的信任,将其财产权委托给受托人,由受托人按委托人的意愿以自己的名义,为受益人的利益或者特定目的,进行管理或者处分的行为。

2. 信托的特征

(1)信托以委托人对受托人的信任为基础。

(2)信托财产具有独立性,信托依法成立后,信托财产即从委托人、受托人以及受益人的自有财产中分离出来,成为独立运作的财产。

(3)信托财产权主体为受托人,利益主体为受益人,受托人应当按照委托人的意思管理和处分信托财产,不能为自己的利益使用信托财产,不能将管理处分信托财产的利益归于自己。

(4)信托责任具有有限性,受托人处理信托事务未违反信托并已尽职守则,对受益人所负的债务、对第三人所负责任均以信托财产为限。

(5)信托管理具有连续性,不因受托人的欠缺而影响其成立,已成立的信托不因受

托人的更迭而影响其存续。

3. 信托的功能

(1)转移财产和管理财产——基本功能；

(2)融资功能；

(3)协调经济关系功能。

(二)信托的分类

信托的分类见表6-42。

表6-42 信托的分类

分类标准	类别	典型代表
信托事务性质	民事信托	家族信托
	商事信托	公司资金运用信托
受益人与委托人关系	自益信托	
	他益信托	
委托人人数的不同	单独信托	
	集合信托	公募证券投资基金
信托成立原因	意定信托	
	法定信托	
其他分类	私益信托与公益信托、营业信托与非营业信托、契约信托与遗嘱信托等	

(三)信托的设立

1. 信托的成立方式

(1)采取信托合同形式设立信托的，信托合同签订时，信托成立；

(2)采取其他书面形式设立信托的，受托人承诺信托时，信托成立。

『老侯提示』受益人一般不属于信托行为主体。但是，设立遗嘱信托，遗嘱指定的人拒绝或者无能力担任受托人的，由受益人另行选任受托人的，受益人为信托行为主体。

2. 信托的生效要件

(1)委托人应当是具有"完全民事行为能力"的自然人、法人或者依法成立的其他组织；受托人应当是具有"完全民事行为能力"的自然人、法人，法律、行政法规对受托人的条件另有规定的，从其规定；

(2)有"确定"的信托财产，且该信托财产为委托人"合法"财产并具有"可转让性"；

(3)委托人和受托人的意思表示应当真实，并应当采取书面形式。

『老侯提示』书面形式包括信托合同、遗嘱等。

(4)有合法的信托目的。

3. 信托无效

(1)信托目的违反法律、行政法规或者损害社会公共利益；

(2)信托财产不能确定；

(3)委托人以非法财产或者法律规定不得设立信托的财产设立信托；

(4)专以诉讼或者讨债为目的设立信托；

(5)受益人或者受益人范围不能确定。

4. 信托可撤销

委托人设立信托"损害其债权人利益"的，"债权人"有权自知道或者应当知道撤销原因之日起"1年内"申请人民法院"撤销"该信托。人民法院撤销信托的，不影响"善意受益人"已经取得的信托利益。

【例题1·单选题】根据信托法律制度的规定，下列情形中，属于信托撤销事由的是( )。

A. 信托财产不能确定的

B. 专以诉讼为目的设立信托的

C. 受益人范围不能确定的

D. 委托人设立信托损害其债权人利益的

解析 选项 ABC，为信托无效的情形。

答案 D

【例题 2·多选题】下列信托中，属于无效信托的有( )。

A. 诉讼信托
B. 讨债信托
C. 股权信托
D. 农村集体所有的土地所有权信托

解析 选项 A、B，专以诉讼或者讨债为目的设立信托无效；选项 D，农村集体所有的土地所有权，不满足信托财产的可转让性。

答案 ABD

守将二、信托财产(★)

(一)信托财产的范围

1. 受托人因承诺信托而取得的财产
2. 受托人因信托财产的管理运用而取得的财产
3. 受托人因信托财产的处分而取得的财产
4. 受托人因其他情形而取得的财产(如保险赔款)

(二)不能成为信托财产

1. 商誉、经营控制权等营业上的利益
2. 人身权
3. 法律、行政法规"禁止流通"的财产不得作为信托财产

『老侯提示』 法律、行政法规"限制流通"的财产，依法经有关主管部门批准后，可以成为信托财产。

【例题·多选题】下列财产中，能够充当信托财产的有( )。

A. 汽车
B. 姓名权
C. 商标权
D. 在建工程收益权

解析 选项 B，姓名权属于人身权，是具有专属性质的权利，不具有可转让性，不能成为信托财产；选项 D，在建工程收益权等营业上的利益，不属于确定的独立财产，不能成为信托财产。

答案 AC

(三)信托财产的归属

在信托财产上不能成立所有权，信托财产"归属于受托人"。

(四)信托财产的特征

1. 信托财产的独立性(见表6-43)

表6-43 信托财产的独立性

独立性	具体内容
独立于委托人	(1)设立信托后，委托人死亡或者依法解散、被依法撤销、被宣告破产时，委托人是唯一受益人的，信托终止，信托财产作为其遗产或者清算财产； (2)委托人不是唯一受益人的，信托存续，信托财产不作为其遗产或者清算财产。作为共同受益人的委托人死亡或者依法解散、被依法撤销、被宣告破产时，其信托受益权作为其遗产或者清算财产
独立于受托人	(1)受托人根据信托文件的约定，按照委托人的意愿对信托财产进行管理、处分； (2)受托人死亡或者依法解散、被依法撤销、被宣告破产而终止，信托财产不属于其遗产或清算财产
独立于受益人	(1)信托关系存续期间，受益人只能主张信托利益，不享有信托财产权； (2)信托关系终了后，委托人可以通过信托文件将信托财产归于自己或第三人

续表

独立性		具体内容
偿债独立性	一般情况	(1)受托人无权用信托财产清偿其与信托无关的个人债务； (2)债权人无权要求通过强制执行或拍卖信托财产来满足债权
	对信托财产强制执行的特殊情形	(1)设立信托前债权人已对该信托财产享有优先受偿的权利，并依法行使该权利的； (2)受托人处理信托事务所产生债务； (3)信托财产本身应担负的税款
抵销独立性		(1)受托人管理运用、处分信托财产所产生的债权，不得与其固有财产产生的债务相抵销； (2)受托人管理运用、处分不同委托人的信托财产所产生的债权债务，不得相互抵销

2. 信托财产的物上代位性

信托设立后，因受托人对信托财产的管理、处分，信托财产变化成各种形态，在信托结束前，无论信托财产物质形态如何变换，均属于信托财产。

本关主将*、信托当事人的权利和义务（★★）

（一）委托人

1. 身份及要求

（1）委托人应当是具有完全民事行为能力的自然人、法人或者依法成立的其他组织。

（2）设立信托时不得陷入破产境地。

2. 权利（见表6-44）

表6-44　权利

权利	具体内容
知情权	(1)了解其信托财产的管理运用、处分及收支情况，要求受托人作出说明； (2)查阅、抄录或者复制与其信托财产有关的信托账目及处理信托事务的其他文件； (3)委托人行使质询权和查阅、抄录、复制权，任何人不得干涉
变更信托财产管理方法权	委托人因设立信托时未能预见的特别事由，致使信托财产的管理方法不利于实现信托目的或者不符合受益人的利益时，有权要求受托人调整该信托财产的管理方法
撤销权	(1)受托人违反信托目的处分信托财产或者因违背管理职责、处理信托事务不当致使信托财产受到损失的，委托人有权申请人民法院"撤销"该处分行为，并有权要求受托人恢复信托财产的原状或者予以赔偿； (2)该信托财产的受让人明知是违反信托目的而接受该财产的，应当予以返还或者予以赔偿
解任权	受托人违反信托目的处分信托财产或者管理运用、处分信托财产有重大过失的，委托人有权依照信托文件的规定解任受托人，或者申请人民法院解任受托人

3. 义务

（1）委托人应当按照信托文件的约定向受托人支付报酬；

（2）委托人违反信托文件的约定，单方解除信托关系给受托人造成损失的，应当承担赔偿责任。

---

* "守将三、信托当事人的权利和义务"因地位显赫，需考生多加关注，故单列为"本关主将、信托当事人的权利和义务"。

(二)受托人

1. 身份及要求(见表6-45)

表6-45 身份及要求

分类	具体内容
一般信托	具有完全民事行为能力的自然人、法人
金融信托	依法设立并取得经营金融业务许可证的"信托公司、基金管理公司"等金融机构
公益信托	应当经有关公益事业管理机构批准

2. 义务(见表6-46)

表6-46 义务

义务	具体内容	
谨慎(注意)义务	(1)受托人应当遵守信托文件的规定,为受益人的最大利益处理信托事务; (2)受托人管理信托财产,必须恪尽职守,履行诚实、信用、谨慎、有效管理的义务 [老侯提示] 谨慎义务,可通过信托文件的约定予以增加或减少,但是不得约定免除谨慎义务及违反谨慎义务的责任	
忠实义务	(1)受托人除依法取得报酬外,不得利用信托财产"为自己谋取利益",否则所得利益归入信托财产	①不得以受托人的地位"直接或间接地享有信托财产的收益"; ②不得以信托财产"为自己的利益而进行交易"; ③不得因信托财产交易而"从交易对方获取自己的利益"
	(2)受托人不得将信托财产转为其固有财产,否则应当恢复该信托财产的原状,造成信托财产损失的应当承担赔偿责任; (3)受托人不得将其固有财产与信托财产进行交易(自我交易)或者将不同委托人的信托财产进行相互交易(双方代理),但信托文件另有规定或者经委托人或者受益人同意,并以公平的市场价格进行交易的除外。违反规定造成信托财产损失的,应当承担赔偿责任	
分别管理义务	受托人应当将信托财产与其固有财产分别管理、分别记账,并将不同委托人的信托财产分别管理、分别记账	(1)信托财产是种类物:分别存放、计数、记录,并提示为信托财产项下的财产; (2)信托财产是特定物:分别记录; (3)信托财产是金钱:分别记账,单立账户,并提示由信托财产账户收支
自己管理义务	(1)受托人应当自己处理信托事务,但信托文件另有规定或者有不得已事由的,可以委托他人代为处理; (2)受托人依法将信托事务委托他人代理的,应当对他人处理信托事务的行为承担责任	
书类设置义务	受托人必须保存处理信托事务的完整记录	
报告义务	受托人应当每年定期将信托财产的管理运用、处分及收支情况,报告委托人和受益人	
保密义务	受托人对信托中了解到的委托人、受益人以及处理信托事务的情况和资料应当依法保守秘密	
支付信托利益义务	受托人以信托财产为限向受益人承担支付信托利益的义务	

3. 共同受托人

(1)事务处理

共同受托人应当共同处理信托事务,但信托文件规定对某些具体事务由受托人分别处理的,从其规定。

(2)分歧解决

按信托文件规定处理→由委托人、受益人或者其利害关系人决定。

(3)责任承担

共同受托人处理信托事务对第三人所负债务,应当承担连带清偿责任。

4. 权利(见表6-47)

表6-47 权利

权利	具体内容
报酬给付请求权	(1)受托人有权依照信托文件的约定取得报酬; (2)信托文件未约定→达成补充约定→不得收取报酬 〖老侯提示〗 受托人违反信托目的处分信托财产或者因违背管理职责、处理信托事务不当致使信托财产受到损失的,在未恢复信托财产的原状或者未予赔偿前,不得请求给付报酬
优先受偿权	受托人以其固有财产对应由信托财产承付的费用、债务或损失"先行支付"的,对信托财产享有优先受偿的权利

(三)受益人

1. 身份及要求

(1)自然人、法人或者其他组织均可成为受益人;

(2)受益人可以是一人或数人;

(3)委托人、受托人、第三人均可成为受益人;

〖老侯提示〗 委托人可以是同一信托的"唯一"受益人,受托人不得是同一信托的"唯一"受益人。

2. 权利(见表6-48)

表6-48 权利

权利		具体内容	
受益权	生效时间	信托生效之日	
	共同受益权的分配	信托文件规定→平均	
	债务清偿	受益人可以将信托受益权用于债务清偿,但法律、行政法规及信托文件有限制性规定的除外	
	转让与继承	受益权可以转让和继承,信托文件有限制性规定的除外	
	放弃	全体放弃	信托终止
		部分放弃	被放弃的信托受益权归属确定顺序为信托文件规定的人→其他受益人→委托人或者其继承人
其他权		包括:知情权、变更权、撤销权、解任权 〖老侯提示1〗 受益人行使上述权利与委托人意见不一致时,可申请人民法院作出裁定 〖老侯提示2〗 共同受益人之一行使对违反信托权限行为的撤销权,人民法院所作出的撤销裁定,对全体共同受益人有效	

【例题1·多选题】根据信托法律制度的规定，下列关于委托人、受托人和受益人的表述中，正确的有( )。

A. 受益人可以是一个人或数人
B. 金融信托的受托人可是法人，也可以是自然人
C. 委托人、受托人和受益人都应当具有完全民事行为能力
D. 受托人可以是受益人

解析 选项A，受益可以是一个人或数人，受益人为数人的，数人为共同受益人；选项B，金融信托的受托人为依法设立并取得经营金融业务许可证的"信托公司、基金管理公司"等金融机构；选项C，委托人、受托人应当具有完全民事行为能力，但是受益人不要求行为能力；选项D，委托人、受托人、第三人均可成为受益人，受托人不得是同一信托的"唯一"受益人。 答案 AD

【例题2·单选题】根据信托法律制度的规定，下列关于受托人的表述中，不正确的是( )。

A. 自然人可以成为金融信托的受托人
B. 法人可以成为受托人
C. 受托人不得利用信托财产为自己谋取利益
D. 受托人不得将信托财产转为其固有财产

解析 自然人不得成为金融信托的受托人，按照我国法律，从事金融信托业务，应当是依法设立的、取得经营金融业务许可证的信托公司、基金管理公司等金融机构。

答案 A

守将四、信托的变更与终止(★)

(一)信托的变更

1. 变更信托财产管理方法(略)
2. 变更受托人(见表6-49)

表6-49 变更受托人

变更方式		具体要求
解任		略
辞任		(1)设立信托后，经委托人和受益人同意，受托人可以辞任； (2)受托人辞任的，在新受托人选出前仍应履行管理信托事务的职责
职责终止	终止情形	(1)死亡或者被依法宣告死亡； (2)被依法宣告为"无限人"； (3)被依法撤销或者被宣告破产； (4)依法解散或者法定资格丧失
	终止影响	受托人的变更，不影响信托的存续，受托人职责终止时，其继承人或者遗产管理人、监护人、清算人应当妥善保管信托财产，协助新受托人接管信托事务
	新受托人选择 受托人为一人	信托文件规定→委托人→受益人→受收益人的监护人
	受托人为数人	由其他受托人管理和处分
	终止程序	除受托人死亡或成为"无限人"外，应当作出处理信托事务的报告，并向新受托人办理信托财产和信托事务的移交手续

3. 变更受托人报酬：经信托当事人协商同意
4. 变更受益人(见表6-50)

表 6-50　变更受益人

分类	变更情形
自益信托	信托文件另有规定→委托人或者其继承人可以解除信托
他益信托	(1)受益人对委托人有重大侵权行为； (2)受益人对其他共同受益人有重大侵权行为； (3)经受益人同意； (4)信托文件规定的其他情形

(二)信托的终止

1. 信托终止事由(见表 6-51)

表 6-51　信托终止事由

具体事由			信托终止
受托人辞任、死亡、丧失民事行为能力、依法解散、被依法撤销或被宣告破产			否
委托人	丧失民事行为能力		
	死亡、依法解散、被依法撤销或者被宣告破产	委托人非唯一受益人	
		委托人为唯一受益人	是
信托文件规定的终止事由发生、信托的存续违反信托目的、信托目的已经实现或者不能实现、信托当事人协商同意、信托被撤销、信托被解除			

2. 信托终止后的财产归属

信托文件规定的人→受益人或者其继承人→委托人或者其继承人

〖老侯提示〗信托财产转移给权利归属人的过程中，"信托视为存续"，权利归属人视为受益人。

3. 信托终止后的债务处理

(1)强制执行的对象：权利归属人。

(2)受托人的留置权：受托人依法行使请求给付报酬、从信托财产中获得补偿的权利时，可以留置信托财产或者对信托财产的权利归属人提出请求。

【例题·多选题】根据信托法律制度的规定，下列关于信托终止的表述中，正确的有(　　)。

A. 信托目的已经实现的，信托终止

B. 设立信托后，委托人死亡的，信托终止

C. 受托人辞任的，信托终止

D. 信托当事人协商一致的，信托可以终止

解析　选项 B，设立信托后，委托人死亡，且其是唯一受益人的，信托终止；选项 C，信托不因受托人辞任、死亡、丧失民事行为能力、依法解散、被依法撤销或被宣告破产而终止。

答案　AD

积粮筑墙

第一部分 票据法律制度

扫我做试题

一、单项选择题

1. 甲公司向乙公司签发一张票据,由于甲公司的财务人员疏忽未在票据上盖公司的章,只由法定代表人签字后便交给了乙公司,乙公司取得票据后未加检查即将票据背书转让给丙公司。根据票据法律制度的规定,下列说法正确的是( )。
   A. 丙公司有权要求付款人支付票款
   B. 丙公司有权向乙公司进行追索
   C. 丙公司有权向甲公司进行追索
   D. 丙公司可以要求乙公司更换其他的支付方式

2. 甲乙公司双方签订买卖合同,甲公司向乙公司签发一张银行承兑汇票,乙公司在提示承兑后将其背书转让给了丙公司,后因货物质量问题甲乙双方解除了买卖合同,下列说法正确的是( )。
   A. 汇票效力随之消灭
   B. 丙不享有汇票权利
   C. 银行可以该汇票无真实交易和债权债务关系为由拒绝支付汇票金额
   D. 承兑银行必须履行付款义务,不能以甲乙之间买卖合同已解除为由对抗丙

3. 2020年6月5日,A公司向B公司开具一张见票后3个月到期的银行承兑汇票,6月10日A公司向其开户银行提示承兑,银行于当日承兑,6月11日A公司将票据交付给B公司,7月10日B公司将该票据背书转让给C公司。9月12日,C公司请求承兑银行付款时,银行以A公司账户余额不足为由拒绝付款。C公司遂要求B公司付款,B公司于9月15日向C公司付清了全部款项。根据票据法律制度的规定,B公司向A公司行使再追索权的期限为( )。
   A. 2020年12月5日之前
   B. 2020年12月15日之前
   C. 2022年6月5日之前
   D. 2022年9月10日之前

4. 甲公司将一张出票日为2020年3月10日的商业承兑汇票背书转让给乙公司,乙公司于汇票到期日2020年5月10日向承兑人请求付款时遭到拒绝,乙公司向甲公司行使追索权的最后日期为( )。
   A. 2020年8月10日
   B. 2020年11月10日
   C. 2022年5月10日
   D. 2022年3月10日

5. 2019年6月5日,A公司向B公司开具一张金额为5万元、3个月后到期的银行承兑汇票,甲银行于7月12日承兑后B公司将该汇票背书转让给C公司。9月18日,C公司委托开户银行向甲银行提示付款,C公司开户银行以超过提示付款期限为由拒绝受理。根据票据法律制度的规定,C公司向B公司行使追索权的说法正确的是( )。
   A. 2019年12月18日之前向B公司追索
   B. 2020年3月18日之前向B公司追索

C. 2021 年 9 月 18 日之前向 B 公司追索

D. C 公司不能向 B 公司追索

6. 根据票据法律制度的规定，丧失后可以采取公示催告方式进行补救的票据是( )。

   A. 已承兑的商业汇票

   B. 现金支票

   C. 填明现金字样的银行汇票

   D. 填明现金字样的银行本票

7. 甲签发一张票面金额为 2 万元的转账支票给乙，乙将该支票背书转让给丙，丙将票面金额改为 5 万元后背书转让给丁，丁又背书转让给戊，赵某在票据的背面注明保证字样并签章，但无法确定签章在变造前后。下列关于票据责任承担的表述中，正确的是( )。

   A. 甲、乙、丁对 2 万元负责，丙、赵某对 5 万元负责

   B. 甲、乙对 2 万元负责，丙、丁、赵对 5 万元负责

   C. 甲、乙、赵对 2 万元负责，丙、丁对 5 万元负责

   D. 甲、乙、赵对 2 万元负责，丁对 5 万元负责，丙不承担票据责任

8. 甲公司与乙公司交易，签发一张 20 万元的支票，并在票据上注明，出票人为甲公司，收款人为乙公司，应乙公司要求未记载出票日期，则下列说法中正确的是( )。

   A. 支票的出票日期可以授权补记

   B. 甲公司出票时未记载出票日期，乙公司在提示付款前自行记载与甲公司记载具同等法律效力

   C. 该支票无效

   D. 乙公司持支票提示付款时，付款银行应及时与甲公司确认出票时间，若确在 10 日之内，则应履行付款责任

9. 甲公司于 2020 年 12 月 28 日，签发一张 3 个月后到期的商业汇票给乙公司，则乙公司应于( )前向承兑人提示承兑。

   A. 2021 年 1 月 28 日

   B. 2021 年 2 月 28 日

   C. 2021 年 3 月 28 日

   D. 2021 年 4 月 7 日

10. 甲公司将自己持有的一张商业汇票背书转让给乙公司，但只在背书人栏签章并未在被背书人栏记载乙公司的名称，乙公司发现后自己将公司名称填入被背书人栏，则该项行为( )。

    A. 无效

    B. 有效

    C. 经甲公司追认后有效

    D. 属于侵权行为

11. 根据票据法律制度的规定，下列关于票据背书的说法中不正确的是( )。

    A. 使用粘单的背书人均应当在票据和粘单的粘接处签章

    B. 以背书转让的票据，持票人以背书的连续，证明其票据权利

    C. 非经背书转让，持票人依法举证，证明其票据权利

    D. 将票据金额的一部分转让或者将票据金额分别转让给两人以上的背书无效

12. 甲公司向乙公司签发一张支票以支付货款，未记载乙公司名称即交付，乙公司将该票据直接交付给丙公司以抵顶欠款，丙公司将自己的名字填写于收款人栏，并向甲公司的开户银行提示付款，则下列说法中正确的是( )。

    A. 甲公司的开户银行有权拒绝付款

    B. 丙公司的行为经甲公司追认后有效

    C. 丙公司的行为属于变造票据

    D. 甲公司的开户银行应当付款

13. 甲公司签发一张 6 个月到期的商业承兑汇票给乙公司，找到赵某、钱某作为票据的保证人，赵某和钱某在票据正面记载"若持票人到期不获付款，我二人各承担票据责任的 50%"。后乙公司又将该汇票背书转让给了丙公司，并找到孙某作为票据的保证人，孙某在票据的背面记载"若到期后甲公司不能支付票款，持票

人必须先到法院起诉，本人只承担补充责任"。根据票据法律制度的规定，下列说法中，正确的是( )。

A. 赵某、钱某承担按份保证责任

B. 孙某承担一般保证责任

C. 孙某的保证行为无效，不承担保证责任

D. 赵某、钱某、孙某应当承担连带责任

二、多项选择题

1. 下列各项中，属于票据法上的非票据关系的有( )。

   A. 甲公司向乙公司签发一张支票支付货款

   B. 赵某丢失一张支票被高某拾得，赵某要求高某返还票据

   C. 甲公司使用支票支付乙公司货款，由于疏忽在票据上加盖了合同专用章，乙公司要求甲公司更换支付方式

   D. 甲公司的开户银行向乙公司支付支票金额后，收回支票

2. 下列关于票据的记载事项表述中，正确的有( )。

   A. 绝对记载事项若不记载则该票据或票据行为无效

   B. 相对记载事项若未记载由法律另作规定予以明确，并不影响票据的效力

   C. 出票人在票据上记载的"不得转让"字样为票据的任意记载事项

   D. 对票据上的所有记载事项，银行均应认真审查并承担相应的审查责任

3. 下列关于票据责任的表述中，不正确的有( )。

   A. 票据债务人可以以自己与出票人之间的抗辩事由对抗持票人

   B. 支票的持票人未按照规定期限提示付款的，付款人不予付款

   C. 本票的持票人未按照规定期限提示付款的，出票人的付款责任解除

   D. 商业汇票的持票人未按照规定期限提示付款的，承兑人的付款责任解除

4. 下列票据中，无效的有( )。

   A. 大小写金额不一致的票据

   B. 更改实际结算金额的银行汇票

   C. 更改出票日期的商业汇票

   D. 未记载收款人名称的支票

5. 下列关于票据签章的表述中，正确的有( )。

   A. 出票人在票据上的签章不符合规定的，其签章无效，但不影响其他符合规定签章的效力

   B. 承兑人在票据上的签章不符合规定的，其签章无效，但不影响其他符合规定签章的效力

   C. 保证人在票据上的签章不符合规定的，其签章无效，但不影响其他符合规定签章的效力

   D. 背书人在票据上的签章不符合规定的，其签章无效，但不影响其他符合规定签章的效力

6. 根据票据法律制度的规定，丧失后可以采取挂失止付方式进行补救的票据有( )。

   A. 已承兑的商业汇票

   B. 支票

   C. 填明现金字样的银行本票

   D. 填明现金字样和代理付款人的银行汇票

7. 汇票到期日前，持票人可以行使追索权的情形有( )。

   A. 付款人死亡的

   B. 汇票被拒绝承兑的

   C. 保证人被依法宣告破产的

   D. 承兑人因违法被责令终止业务活动的

8. 甲公司受乙公司胁迫开出一张以甲为付款人，以乙为收款人的汇票，之后乙公司通过背书将该汇票赠与丙公司，丙公司又将该汇票背书转让与丁公司，以支付货款。丙、丁对乙胁迫甲取得票据一事毫不知情。下列说法中，正确的有( )。

   A. 甲有权请求丁返还汇票

B. 乙不享有该汇票的票据权利

C. 丙不享有该汇票的票据权利

D. 丁不享有该汇票的票据权利

9. 甲公司签发一张支票给乙公司,丙公司窃取该支票后伪造了乙公司的签章,将其背书转让给丁公司用以偿付到期货款,丁公司明知该票据为捡来的但为收回货款欣然接受。根据票据法律制度的规定,下列说法中正确的有( )。

A. 丁公司不享有票据权利

B. 丙公司不享有票据权利

C. 丙公司不承担票据责任

D. 乙公司不承担票据责任

10. 下列关于支票记载事项的说法中,不正确的有( )。

A. 付款日期为支票的相对记载事项,支票未记载付款日期的,视为见票即付

B. 付款地为支票的相对记载事项,支票未记载付款地的,以付款人的营业场所、住所或者经常居住地为付款地

C. 出票地为支票的相对记载事项,支票未记载出票地的,以出票人的营业场所、住所或者经常居住地为出票地

D. 付款人名称为支票的授权补记事项

11. 根据票据法律制度的规定,票据持票人应在法定期限内向付款人提示付款。关于票据提示付款期限的下列表述中,正确的有( )。

A. 商业承兑汇票自到期日起10日内提示付款

B. 银行汇票自出票日起1个月内提示付款

C. 银行本票自出票日起2个月内提示付款

D. 支票自出票日起10日内提示付款

12. 根据票据法律制度的规定,下列票据背书行为中,属于非转让背书的有( )。

A. 甲公司将自己持有的一张银行汇票背书转让给乙公司以偿付货款

B. 乙公司将自己持有的一张商业汇票背书转让给丙公司作为向丙公司借款的质押

C. 丙公司将自己持有的一张支票背书转让给丁银行,委托丁银行代为行使收款权

D. 丁公司将自己持有的一张银行本票背书转让给戊公司作为合同定金

13. 根据票据法律制度的规定,票据或粘单未记载下列事项,保证人仍需承担保证责任的有( )。

A. 保证人签章

B. 保证日期

C. 被保证人名称

D. "保证"字样

14. 甲公司签发一张银行承兑汇票给乙公司,记载的付款人为A银行。该票据由丙公司提供保证,丙公司在票据上注明"若到期后甲公司不能支付票款,持票人必须先到法院起诉,本公司只承担补充责任";乙公司拿到汇票后将其背书转让给丁公司,并注明"若票据到期后持票人不获付款,不能向本公司追索";A银行于丁公司提示承兑时在票据上注明"若票据到期时甲公司存款不足支付票款,本银行不予付款"。同期丁公司向戊公司签发转账支票一张,出票日为2021年3月1日,并注明付款日期为3月12日。则下列说法中正确的有( )。

A. A银行的记载视为拒绝承兑

B. 乙公司的记载不具票据上的效力

C. 丙公司的记载视为拒绝承担保证责任

D. 丁公司在支票上对付款日期的记载无效

15. A公司向B公司开具一张金额为5万元的银行承兑汇票,由甲银行承兑,票据到期前B公司将该票据背书转让给C公司,赵某作为保证人在票据上签章。票据到期的第二天,C公司请求甲银行付款时,甲银行以A公司账户内只有5 000元为由拒绝付款,则C公司可以向

（　　）追索。

A. A公司　　　　B. B公司

C. 甲银行　　　　D. 赵某

16. 甲公司签发一张出票后1个月到期的银行承兑汇票给乙公司，记载付款人为P银行，赵某作为保证人在票据上签章，但未记载被保证人名称，票据到期日前乙公司向P银行提示承兑被拒绝，则下列说法中正确的有（　　）。

A. 该票据的被保证人为P银行

B. 该票据的被保证人为甲公司

C. 乙公司可以向P银行追索

D. 乙公司可以向赵某追索

17. 甲公司签发一张出票后1个月到期的银行承兑汇票给乙公司，记载付款人为P银行。乙公司将该票据背书转让给丙公司，赵某作为保证人在票据上签章，记载被保证人为乙公司。票据到期后的第二天，丙公司向P银行提示付款，P银行以丙公司未在规定期限内提示承兑为由拒绝付款，则下列说法中正确的有（　　）。

A. 丙公司不能向甲公司请求票据权利

B. 丙公司不能向乙公司追索

C. 丙公司不能向P银行追索

D. 丙公司不能向赵某追索

18. 甲公司签发一张银行承兑汇票给乙公司，该票据由丙公司提供保证，后乙公司将该票据背书转让给了丁公司。票据到期日前丁公司向A银行提示承兑，A银行在票据上注明"若票据到期时甲公司存款不足支付票款，本银行不予付款"。票据到期的第二天，丁公司持该票据向A银行提示付款时，A银行以甲公司账户余额不足为由拒绝付款，则丁公司可以向（　　）追索。

A. 甲公司　　　　B. 乙公司

C. 丙公司　　　　D. A银行

19. 甲公司签发一张由A银行承兑的银行承兑汇票给乙公司，乙公司将该票据背书转让给丙公司，同时在该票据的背面注明"不得转让"，丙公司又将其背书转让给丁公司，票据到期丁公司提示付款被拒，则丁公司可以向（　　）追索。

A. 甲公司　　　　B. 乙公司

C. 丙公司　　　　D. A银行

20. 甲公司签发一张支票给乙公司用于支付货款，由赵某提供保证，赵某在支票正面记载了保证字样，但误签笔名"飞燕"，乙公司将该支票背书转让给丙公司用于购买货物，丙公司在提示付款期限内向甲公司的开户行A提示付款，A银行以甲公司账户余额不足支付为由拒绝付款，此时丙公司尚未给乙公司发货，则下列说法中正确的有（　　）。

A. 丙公司不可以向甲公司行使票据权利

B. 丙公司不能向A银行追索

C. 丙公司不能向乙公司追索

D. 丙公司不能向赵某追索

21. 甲公司签发一张商业汇票给乙公司，乙公司将其背书转让给了丙公司，丙公司又将其背书转让给了丁公司，丁公司到期提示付款被拒绝，于是向丙公司行使了追索权，丙公司清偿后取得该票据并向出票人甲公司追索，则丙公司可以要求甲公司支付（　　）。

A. 本公司向丁公司支付的全部金额

B. 本公司自取得票据后到甲公司清偿前发生的利息

C. 本公司向甲公司发出通知书的费用

D. 本公司自取得票据后到甲公司清偿前因资金周转不足造成的停工待料损失

三、判断题

1. 甲银行在向A公司承兑其申请的银行承兑汇票时未加盖汇票专用章而加盖了甲银行的公章，则该签章无效，但不影响汇票上其他真实签章的效力。（　　）

2. 失票人申请挂失止付，付款人或者代理付款人自收到挂失止付通知书之日起12日

内没有收到人民法院的止付通知书的，自第13日起，不再承担止付责任，持票人提示付款即依法向持票人付款。（　）

3. 公示催告公示期间不得少于60日，且公示催告期间届满日不得早于票据付款日前15日。（　）

4. 商业汇票的付款期限自出票之日起最长不超过6个月。（　）

5. 被拒绝承兑、被拒绝付款或者超过付款提示期限的票据，不得背书转让。（　）

6. 甲公司签发一张商业汇票给乙公司，乙公司将该汇票背书转让给丙公司并在票据背面注明"不得转让"字样，此行为属于附条件的背书。（　）

四、主观题

（一）历年试题

1. ☆（简答题）2019年1月10日，甲公司向乙公司签发了一张商业承兑汇票，由丙公司依法承兑。2019年1月20日，乙公司将该汇票背书转让给丁公司。丁公司要求提供担保，戊公司应乙公司请求在汇票上保证，但未记载被保证人名称。

2019年3月10日，丁公司持已经到期的汇票请求丙公司付款。丙公司以其与甲公司之间存在合同纠纷正在诉讼为由，拒绝付款。

2019年3月11日，丁公司要求戊公司支付汇票金额。戊公司支付汇票金额后，向丙公司追索。丙公司认为其与戊公司没有票据上的关系，戊公司无权向其追索。

要求：根据上述资料和票据法律制度的规定，不考虑其他因素，回答下列问题。

(1) 戊公司在汇票上保证的被保证人是谁？简要说明理由。

(2) 丙公司拒绝丁公司付款请求的理由是否符合法律规定？简要说明理由。

(3) 戊公司是否有权向丙公司追索？简要说明理由。

2. ☆（简答题）2019年1月10日，甲公司为支付50万元货款，向乙公司背书转让了一张商业承兑汇票，并在汇票上记载"不得转让"字样。汇票上记载的付款日期为2019年4月30日。该汇票为甲公司通过其前手背书转让而取得。

2019年2月10日，乙公司为履行付款义务，将该汇票背书转让给丙公司，同时在汇票上记载丙公司必须在2月15日之前交货。丙公司实际于2月16日交货。

2019年5月5日，丙公司持该汇票请求承兑人付款。承兑人认为甲公司前手的签章系伪造，该汇票无效，拒绝付款。

2019年5月6日，丙公司向乙公司追索，乙公司以丙公司迟延交货为由，拒绝付款。

2019年5月7日，丙公司向甲公司追索，甲公司以汇票上有"不得转让"字样为由，拒绝付款。

要求：根据上述资料和票据法律制度的规定，不考虑其他因素，回答下列问题。

(1) 承兑人拒绝付款是否符合法律规定？简要说明理由。

(2) 乙公司拒绝付款是否符合法律规定？简要说明理由。

(3) 甲公司拒绝付款是否符合法律规定？简要说明理由。

3. ☆（简答题）甲公司根据合同约定向乙公司销售价值270万元建筑材料，乙公司向甲公司交付一张经丙公司承兑的商业汇票，该汇票距到期日尚有3个月。

甲公司持有票据1个月后，因资金紧张，将其贴现给丁银行。丁银行在汇票到期日向丙公司提示付款时，遭拒付。

丙公司拒付理由是：乙公司来函告知，甲公司的建筑材料存在严重质量问题，对该汇票应拒付，请协助退回汇票。丁银行认为，丙公司已承兑汇票，不得拒绝付款。丙公司坚持拒付。丁银行遂请求丙公司出具拒绝证明，以便向甲公司行使追索权。

要求：根据上述资料和票据法律制度的规

定,不考虑其他因素,回答下列问题。

(1)乙公司能否以建筑材料存在严重问题为由通知丙公司拒付该汇票?简要说明理由。

(2)丁银行认为丙公司不得拒绝付款的理由是否成立?简要说明理由。

(3)丁银行可否向甲公司行使追索权?简要说明理由。

4. ☆(简答题)2018年5月20日,甲公司为支付货款,向乙公司签发一张6个月后付款且经丙公司承兑的商业汇票。

(1)6月20日,乙公司为支付技术服务费将该汇票背书转让给丁公司,乙公司背书时在汇票上记载了"不得转让"字样。

(2)7月20日,丁公司为支付货款又将该汇票背书转让给戊公司。戊公司要求提供担保,己公司作为保证人在汇票的正面记载"保证"字样并签章,但未记载被保证人的名称。

(3)11月25日,戊公司向丙公司提示付款,丙公司以其与甲公司发生经济纠纷为由拒绝付款,并出具了拒绝证明。考虑到乙公司实力最为雄厚,戊公司首先向乙公司发出追索通知,乙公司拒绝。

(4)11月27日,戊公司又向己公司发出追索通知,己公司仅同意支付汇票金额,拒绝支付利息和发出通知书的费用。

要求:根据上述资料和票据法律制度的规定,不考虑其他因素,回答下列问题。

(1)乙公司拒绝戊公司追索是否合法?简要说明理由。

(2)该汇票的被保证人是谁?简要说明理由。

(3)己公司拒绝支付利息和发出通知书的费用是否合法?简要说明理由。

5. ☆(简答题)2018年7月14日,甲公司从乙公司购买了办公设备,合计20万元,双方约定以商业汇票结算货款。

7月15日,乙公司签发了一张以甲公司为付款人,以乙公司的债权人丙公司为收款人,期限为2个月的20万元商业承兑汇票。甲公司经提示在汇票上签章承兑。

该汇票在交付给丙公司时,丙公司要求甲公司提供保证。甲公司遂请求丁公司保证,丁公司提出需以甲公司设定抵押为保证生效条件,甲公司同意。丁公司便以保证人身份在汇票上签章,并注明"该保证以甲公司提供抵押为生效条件"。丁公司保证时未记载被保证人名称和保证日期。

汇票到期后,丙公司获悉甲公司财务状况不佳,遂直接向保证人丁公司提示付款。丁公司拒绝付款,理由是:

(1)汇票未记载被保证人名称和保证日期,保证无效;

(2)甲公司没有向保证人提供抵押,保证不生效;

(3)即使保证生效,持票人应先向被保证人请求付款,只有在被保证人没有支付能力时才由保证人付款。

要求:根据上述资料和票据法律制度的规定,不考虑其他因素,回答下列问题。

(1)丁公司拒绝付款的理由(1)是否成立?简要说明理由。

(2)丁公司拒绝付款的理由(2)是否成立?简要说明理由。

(3)丁公司拒绝付款的理由(3)是否成立?简要说明理由。

6. ☆(简答题)2018年5月16日,甲公司签发一张转账支票交付给同城的乙公司,该支票记载了付款日期,但未记载票面金额和收款人名称,乙公司收到该支票后,其财务人员对票面金额和收款人名称进行了补记,补记后的票面金额为20万元。乙公司在5月25日向甲公司开户行提示付款,遭到退票。甲公司开户行退票理由如下:

(1)支票上票面金额和收款人名称记载与其他内容记载的字体不一致,显然不是出票人所记载;

(2)支票上记载了付款日期。

要求：根据上述资料和票据法律制度的规定，不考虑其他因素，回答下列问题。

(1)甲公司开户行的退票理由(1)是否成立？简要说明理由。

(2)甲公司开户行的退票理由(2)是否成立？简要说明理由。

(1)M工程队是否可以向乙公司行使追索权？并说明理由。

(2)M工程队是否可以向丙公司行使追索权？并说明理由。

(3)A银行的抗辩理由是否成立？并说明理由。

(二)练习题

1. (简答题)甲公司与乙公司签订一份买卖合同，为支付货款甲公司签发了一张见票后定期付款的银行承兑汇票给乙公司，承兑人为A银行，A银行承兑后记载的汇票到期日为2021年5月1日。

乙公司随后将该汇票背书转让给丙公司，并在背书时记载了"不得转让"字样。

丙公司收到汇票后将汇票背书转让给M工程队用于支付工程款，并在背书时记载了"如果该汇票得不到付款，不得向本公司追索"的字样。

M工程队于2021年5月8日向A银行提示付款，A银行以当日甲公司的存款账户余额不足为由拒绝付款。

要求：根据以上情况，回答下列问题。

2. (简答题)甲公司为支付购货款向乙公司签发了一张20万元的支票，出票日为2021年9月10日，未记载乙公司的名称。乙公司直接将该支票交付给丙公司用于支付欠款。2021年9月18日丙公司将自己的名称填写在该支票的收款人栏后向付款人提示付款。付款人以甲公司账户只有10万元为由拒绝付款。

要求：根据上述资料和票据法的有关规定，分析回答下列问题。

(1)丙公司是否可以记载自己为收款人？说明理由。

(2)丙公司的提示付款期限是否符合规定？说明理由。

(3)甲公司账户余额不足属于何种行为？说明理由。

第二部分　证券法律制度

扫我做试题

一、单项选择题

1. 根据证券法律制度的规定，下列关于公开发行公司债券的表述中，不正确的是(　)。

A. 公开发行公司债券筹集的资金不得用于弥补亏损

B. 公开发行公司债券的条件之一是最近3年的利润总额足以支付公司债券1年的利息

C. 发行人具备健全且运行良好的组织机构

D. 公开发行公司债券包括面向专业投资者公开发行和面向普通投资者公开发行两种方式

2. 根据金融法律制度的规定，下列关于非公开募集基金的表述中，不正确的是(　)。

A. 各类私募基金管理人均应当向基金业协会申请登记

B. 私募基金管理人只能向合格的投资者募集资金

C. 具备相应风险识别能力和风险承担能力且投资于单只私募基金的金额不低于100万元，最近3年个人年均收入不低于

50万元的个人投资者属于私募基金的合格投资者

D. 私募基金管理人可以向投资者承诺最低收益

3. 根据证券法律制度的规定，下列关于证券承销的表述中，不正确的是(   )。

   A. 证券公司不得为本公司预留所代销的证券

   B. 证券承销期限最长不得超过90日

   C. 证券公司不得为本公司预先购入并留存所包销的证券

   D. 代销期限届满销售股票数量达到拟公开发行股票数量60%的为发行成功

4. 某证券公司在QQ、微信的多个荐股群中向股民推荐M上市公司的股票，声称有内部信息，该公司股票近期将会暴涨，在股民购买的同时，将自己持有的M公司股票大量卖出获利。根据证券法律制度的规定，该证券公司的上述行为属于(   )。

   A. 内幕交易　　　B. 操纵市场
   C. 虚假陈述　　　D. 欺诈客户

5. 甲公司拟收购乙上市公司。根据证券法律制度的规定，下列投资者中，如无相反证据，不属于甲公司一致行动人的是(   )。

   A. 赵某是甲公司监事，持有乙公司1%的股份

   B. 由甲公司的监事赵某担任董事的丁公司，持有乙公司2%股份

   C. 甲公司董事钱某的弟弟孙某，持有乙公司1%股份

   D. 持有甲公司20%股份的自然人股东李某，持有乙公司3%股份

6. 收购上市公司的投资者及其一致行动人，拥有权益的股份达到或者超过一个上市公司已发行股份的一定比例，应当编制权益变动报告书，则下列说法中不符合证券法律制度规定的是(   )。

   A. 达到5%，但未超过20%，不是上市公司的第一大股东或实际控制人，应当编制简式权益变动报告书

   B. 达到5%，但未超过20%，是上市公司的第一大股东或实际控制人，应当编制详式权益变动报告书

   C. 达到20%，但未超过30%，不是上市公司的第一大股东或实际控制人，应当编制简式权益变动报告书

   D. 达到20%，但未超过30%，是上市公司的第一大股东或实际控制人，应当编制详式权益变动报告书

7. 甲、乙两公司签署协议共同收购丙上市公司，当甲、乙两公司共同拥有权益的股份达到丙上市公司已发行股份的5%时，应当在该事实发生之日起一定期限内编制权益变动报告书，向中国证监会、证券交易所提交书面报告，通知丙上市公司，并予以公告。该期限是(   )日。

   A. 3　　　　　　B. 5
   C. 10　　　　　 D. 15

8. 某投资者向甲上市公司的全体股东发出收购要约，要约收购期限为60天，每股收购价格为5元，收购比例为60%。要约收购期限届满前40日在无竞争要约出现的情况下，该投资者拟变更收购要约。则下列变更符合法律规定的是(   )。

   A. 将要约收购期限缩短为45天

   B. 将要约收购期限延长为90天

   C. 将每股收购价格调整为6元

   D. 将收购比例减少为50%

9. 下列关于上市公司收购人权利义务的表述中，不符合上市公司收购法律制度规定的是(   )。

   A. 收购人在要约收购期内，可以卖出被收购公司的股票

   B. 收购人在收购要约确定的承诺期限内，不得撤销其收购要约

   C. 收购人对不同种类股份可提出不同的收购条件

   D. 在要约收购期间，被收购公司董事不得辞职

10. 根据证券法律制度的规定，发生可能对

上市交易公司债券的交易价格产生较大影响的重大事件，投资者尚未得知时，公司应当立即将有关该重大事件的情况向国务院证券监督管理机构和证券交易场所报送临时报告，并予公告，下列情形中，属于重大事件的是(　　)。

A. 公司 9 名董事中有 1 人辞职

B. 公司增资的计划

C. 公司新增借款超过上年末净资产的 10%

D. 公司发生超过上年末净资产 10% 的重大损失

二、多项选择题

1. 根据证券法律制度的规定，下列各项中，属于股份有限公司首次公开发行股票应当满足的条件的有(　　)。

    A. 具备健全且运行良好的组织机构

    B. 具有持续经营能力

    C. 最近 3 年财务会计报告被出具过保留意见审计报告

    D. 发行人最近 3 年不存在贪污、贿赂、侵占财产、挪用财产或者破坏社会主义市场经济秩序的刑事犯罪

2. 根据证券法律制度的规定，下列各项中，属于在科创板上市的股份有限公司的首次公开发行条件的有(　　)。

    A. 发行人应当是依法设立且持续经营 3 年以上的股份有限公司

    B. 财务报表由注册会计师出具无保留意见的审计报告

    C. 最近 3 年内主营业务和董事、高级管理人员、核心技术人员均没有发生重大不利变化

    D. 所募集资金必须按照招股说明书或者其他公开发行募集文件所列资金用途使用

3. 根据证券法律制度的规定，下列关于在科创板上市的股票的发行程序中，说法正确的有(　　)。

    A. 发行人应当按照规定制作注册申请文件，由保荐人保荐并向证监会申报

    B. 证监会应当自受理注册申请文件之日在规定的期限内形成审核意见

    C. 证监会依照法定条件，应当在 20 个工作日内对发行人的注册申请作出同意注册或者不予注册的决定

    D. 获证监会同意注册后，发行人与主承销商应当及时向证交所报备发行与承销方案

4. 根据证券法律制度的规定，某上市公司的下列人员中，不得将其持有的该公司的股票在买入后 6 个月内卖出，或者在卖出后 6 个月内又买入的有(　　)。

    A. 监事会主席

    B. 董事长

    C. 财务负责人

    D. 持股 3% 的股东

5. 根据证券投资基金法律制度的规定，申请上市的封闭式基金应具备的条件有(　　)。

    A. 基金合同期限为 2 年以上

    B. 基金持有人不少于 1 000 人

    C. 基金募集金额不低于 5 亿元

    D. 基金募集期限届满，基金募集的基金份额总额达到准予注册规模的 80% 以上

6. 下列各项中，属于知悉股票交易内幕信息的知情人员的有(　　)。

    A. 甲上市公司的财务负责人

    B. 持有乙上市公司 3% 股份的股东赵某

    C. 证券交易所的工作人员

    D. 丙上市公司实际控制人的董事钱某的配偶

7. 某投资者以要约收购方式收购甲上市公司，收购行为完成后甲公司公开发行的股份比例已经不再满足上市条件，则下列说法中正确的有(　　)。

    A. 甲上市公司的股票应由证券交易所终止上市交易

    B. 持有甲上市公司股份 1% 的股东赵某，要求以收购要约的同等条件向收购人出售其股票的，收购人不得拒绝

C. 收购人持有的甲公司股票，在收购行为完成后的 12 个月内不得转让

D. 收购行为完成后，收购人应当在 15 日内将收购情况报告国务院证券监督管理机构和证券交易所，并予公告

8. 根据证券法律制度的规定，下列各项中，属于证券发行市场信息披露的文件有（　　）。

A. 年度报告

B. 招股说明书

C. 重大事件的临时报告

D. 债券募集说明书

9. 根据证券法律制度的规定，凡发生可能对上市公司股票交易价格产生较大影响的重大事件，投资者尚未得知时，上市公司应当立即报送临时报告，并予公告，下列情形中，属于重大事件的有（　　）。

A. 公司 9 名董事中有 1 人辞职

B. 公司 5 名监事中有 1 人辞职

C. 公司经理因病无法履行职责

D. 公司增资的计划

10. 根据证券法律制度的规定，下列关于投资者保护制度的说法中正确的有（　　）。

A. 证券交易所应当依法承担适当性管理义务

B. 普通投资者与证券公司发生纠纷的，证券公司应当证明其行为符合规定

C. 投资者保护机构可以有偿方式公开征集股东权利

D. 普通投资者与证券公司发生证券业务纠纷，普通投资者提出调解请求的，证券公司不得拒绝

三、判断题

1. 向累计不超过 200 人的特定对象（不包括依法实施员工持股计划的员工人数）发行证券的，属于证券非公开发行。（　　）

2. 根据证券法律制度的规定，发行人申请公开发行股票并在科创板上市的，发行前股本总额不低于人民币 3 000 万元，公开发行的股份不得低于公司股份总数的 25%。（　　）

3. 赵某是甲上市公司传达室的员工，某日整理快递和信件时发现一张法院传票，是该公司一笔超过净资产 10% 的重大担保事项，因对方无力偿还，被诉至法院要求承担担保责任，在该消息公告前赵某卖出了其持有的本公司股票，该行为属于内幕交易。（　　）

4. 根据证券法律制度的规定，投资者通过证券交易所的证券交易拥有一个上市公司已发行的有表决权股份达到 5% 时，应当在该事实发生之日起 3 日内编制权益变动报告书，向国务院证券监督管理机构、证券交易所作出书面报告，通知该上市公司，并予公告，在上述期限内不得再行买卖该上市公司的股票。违反上述规定买入上市公司有表决权的股份的，在买入后 18 个月内，对该超过规定比例部分的股份不得行使表决权。（　　）

5. 收购人为终止上市公司的上市地位而发出全面要约的应当以现金支付收购价款。（　　）

6. 发行人的控股股东侵犯公司合法权益给公司造成损失，投资者保护机构持有该公司股份的，可以为公司的利益以自己的名义向人民法院提起诉讼，持股比例和持股期限不受公司法规定的限制。（　　）

第三部分　保险法律制度

扫我做试题

一、单项选择题

1. 赵某患有先天性心脏病，在朋友侯某的劝说下决定投保重大疾病险，但在填写投保单时，故意隐瞒了患病的事实。保险公司正式承保并收取保费后的某日，赵某任职的公司组织员工体检，保险公司得知了赵某患有先天性心脏病的事实。则保险公司自知道赵某患病之日起的一定期限内有权解除合同。该期限为(　　)。

    A. 3 个月　　　　B. 2 年
    C. 30 日　　　　D. 1 年

2. 赵某在 2020 年投保了一份人寿保险受益人为其子小赵，填写投保单时故意隐瞒了自己患有先天性心脏病的事实，保险公司在核保时发现了这一情况但仍同其订立了合同，并收取了保费。2021 年 5 月，赵某因心肌梗死不治身亡，小赵向保险公司提出给付保险金的申请，则下列说法中正确的是(　　)。

    A. 保险公司可以解除合同
    B. 保险公司不承担保险责任，也不退还保险费
    C. 保险公司不承担保险责任，但应退还保险费
    D. 保险公司不得解除合同，并应承担给付保险金的责任

3. 赵妻张某为赵某投保一份终身人寿保险，受益人为张某。两年后因赵某出轨导致二人离婚。其后赵某与李某结婚，婚后一年赵某因交通意外身故。则下列说法中正确的是(　　)。

    A. 保险事故发生时张某对赵某不具有保险利益，保险人不承担给付保险金责任

    B. 保险人不承担给付保险金责任，但应当退还张某保险单的现金价值

    C. 保险事故发生时张某对赵某不具有保险利益，保险合同无效

    D. 保险人应当向张某承担给付保险金的责任

4. 甲公司为其价值 500 万元的设备向某保险公司投保保额为 250 万元的保险，在保险责任期限内，发生了保险事故，致使该设备严重毁损，经估价实际损失达 300 万元。这一期间甲公司为防止损失的扩大，花费了 6 万元施救费。对此，保险公司应当赔偿甲公司的金额是(　　)万元。

    A. 150　　　　　B. 156
    C. 250　　　　　D. 256

5. 根据保险法律制度的规定，下列各项中，属于保险合同当事人的是(　　)。

    A. 投保人　　　　B. 保险代理人
    C. 被保险人　　　D. 受益人

6. 2019 年 8 月，赵某为儿子小赵投保了一份人寿保险。2021 年 9 月刚刚过完 12 岁生日的小赵因赵某不允许他使用手机打游戏，而从楼上跳下不幸身亡。对于保险人保险责任的承担，下列说法中正确的是(　　)。

    A. 不承担给付保险金的责任并不退还保单现金价值

    B. 不承担给付保险金的责任但应退还保单现金价值

    C. 不承担给付保险金的责任，但应退还所交保险费

    D. 应承担给付保险金的责任

7. 2018 年 4 月，赵妻张某为赵某投保人寿保险，并指定其子小赵为受益人。2021 年

6月,赵某被不堪忍受家庭暴力的妻子刺伤致死,赵妻因犯故意杀人罪被判处有期徒刑10年。经查,张某已缴纳3年保险费。下列关于保险公司是否承担支付保险金责任的表述中,符合保险法律制度规定的是( )。

A. 保险公司应承担支付保险金的责任

B. 保险公司不承担支付保险金的责任,也不退还保险单的现金价值

C. 保险公司不承担支付保险金的责任,但应退还保险单的现金价值

D. 保险公司不承担支付保险金的责任,但应退还保险费

8. 2018年4月,赵某为自己投保人寿保险,约定受益人为赵妻和其子小赵。2021年6月,赵某被不堪忍受家庭暴力的妻子刺伤致死,赵妻因犯故意杀人罪被判处有期徒刑10年。经查,赵某已缴纳3年保险费。下列关于保险公司是否承担支付保险金责任的表述中,符合保险法律制度规定的是( )。

A. 赵妻丧失受益权,保险公司应向小赵承担支付保险金的责任

B. 保险公司不承担支付保险金的责任,也不退还保险单的现金价值

C. 保险公司不承担支付保险金的责任,但应退还保险单的现金价值

D. 保险公司不承担支付保险金的责任,但应退还保险费

9. 2018年4月赵妻张某为赵某投保人寿保险,并指定其子小赵为受益人。2021年6月,赵某实施入室盗窃时坠楼致死。经查,张某已缴纳3年保险费。下列关于保险公司是否承担支付保险金责任的表述中,符合保险法律制度规定的是( )。

A. 保险公司应承担支付保险金的责任

B. 保险公司不承担支付保险金的责任,也不退还保险单的现金价值

C. 保险公司不承担支付保险金的责任,但应退还保险单的现金价值

D. 保险公司不承担支付保险金的责任,但应退还保险费

10. 赵某为自己的私家车投保商业责任险,后用该车辆注册"噗噗打车"App,利用业余时间从事网约车司机工作。某晚,赵某载客途中与他人相撞,造成车损10万元,并向保险公司索赔。关于本案,下列选项中,不正确的是( )。

A. 若保险事故发生前赵某告知保险公司私家车改为网约车,保险公司有权解除该保险合同

B. 若保险事故发生前赵某告知保险公司私家车改为网约车,保险公司可以要求赵某增加保险费

C. 若保险事故发生前赵某未告知保险公司私家车改为网约车,则该保险合同无效

D. 若保险事故发生前赵某未告知保险公司私家车改为网约车,则发生保险事故后保险公司不承担赔偿保险金的责任

11. 根据保险法律制度的规定,人寿保险以外的其他保险的被保险人或者受益人自其知道或应当知道保险事故发生之日起计算,向保险人请求给付保险金的诉讼时效期间是( )年。

A. 5 　　　　　　　B. 4

C. 3 　　　　　　　D. 2

12. 赵某为其所有的一幢价值500万元的房屋先后向甲、乙两家保险公司投保一年期的财产保险综合险,甲公司保险金额为500万元,乙公司保险金额为300万元,在保险期间内,该房屋发生火灾造成损失共计160万元。赵某分别向甲、乙两家保险公司索赔。则下列说法中正确的是( )。

A. 甲公司应当承担的赔偿金额为64万元

B. 乙公司应当承担的赔偿金额为60万元

C. 甲公司应当承担的赔偿金额为160

万元

D. 乙公司应当承担的赔偿金额为 96 万元

13. 甲为其一块名贵金表在保险公司购买了财产保险。某日，甲将该金表放在办公桌上，被同事乙不慎摔坏。下列表述不正确的是（　　）。

A. 保险公司向甲赔付保险金后应当以自己的名义行使对乙的代位求偿权

B. 若乙是甲的女友，则保险公司不能对乙行使代位求偿权

C. 在保险公司未赔偿保险金之前，甲放弃了对乙的索赔权，则保险公司不承担赔偿保险金责任

D. 在保险公司赔偿保险金之后，甲放弃了对乙的索赔权，则放弃行为无效

二、多项选择题

1. 下列情形中，投保人具有保险利益的有（　　）。

A. 张某为自己的妻子李某投保人身保险

B. 田某为自己投保人身保险

C. 甲公司为自己单位的劳动者投保人身保险

D. 侯某经过朋友赵某的同意，为赵某投保人身保险

2. 下列关于保险公司的设立、变更和终止的说法中正确的有（　　）。

A. 保险公司注册资本最低限额为人民币 2 亿元，且必须为实缴货币资本

B. 保险公司主要股东总资产不低于人民币 2 亿元

C. 变更持有股份有限公司股份 5% 以上的股东要经过国务院保险监督管理机构批准

D. 经营有人寿保险业务的保险公司被依法撤销的，其持有的人寿保险合同及责任准备金，必须转让给其他经营有人寿保险业务的保险公司

3. 下列关于保险代理人与保险经纪人的说法中正确的有（　　）。

A. 保险代理人和保险经纪人均可以是个人

B. 个人代理人代办人身保险业务，不得同时接受两个以上保险人的委托

C. 保险代理人以保险人的名义，在保险人授权范围内代为办理保险业务的行为，由保险人承担责任

D. 保险经纪人代表投保人的利益，以自己的名义独立实施保险经纪行为，自行承担由此产生的法律后果

4. 赵某的妻子为赵某投保人身意外伤害险，则下列说法中正确的有（　　）。

A. 可以以赵某为受益人

B. 赵妻可以指定自己为受益人，但须经赵某同意

C. 保险合同成立后，赵妻可以变更受益人为赵子，但须经赵某同意并书面通知保险人

D. 保险合同成立后，赵某可以变更受益人为赵子，只须书面通知保险人

5. 根据保险法律制度的有关规定，投保人投保的下列保险中有效的有（　　）。

A. 父母为未成年的子女投保以死亡为给付保险金条件的合同，未经被保险人同意

B. 投保人为被保险人投保以死亡为给付保险金条件的合同，未经被保险人同意

C. 投保人为被保险人投保以死亡为给付保险金条件的合同，被保险人明知他人代其签名同意而未表示异议

D. 投保人为自己投保以死亡为给付保险金条件的合同

6. 甲公司驾驶员程某酒后驾车，致路人蒋某当场死亡，交警部门认定程某对该起事故负全部责任。甲公司支付赔款后要求乙保险公司理赔，但该公司认为保险合同中约定"依照法律有关规定不允许驾驶被保险机动车的情况下驾车，发生保险事故，保险人不负责赔偿"，程某因酒后驾车发生事故不予理赔，则下列说法中正确的有（　　）。

A. 以法律、行政法规中的禁止性规定情形作为免责条款，在乙保险公司作出提示后生效

B. 甲公司在投保单投保人声明栏内盖章，确认收到保险条款并仔细阅读了免责条款，应当认定乙保险公司履行了提示义务

C. 甲公司以乙保险公司未履行明确说明义务为由主张免责条款不生效的，人民法院应予支持

D. 乙保险公司主张的免责抗辩依法成立

7. 赵某拟为自己的汽车购买财产损失险，已经向保险公司支付了保险费，保险公司已经接受了保单但尚未正式承保。这一期间由于赵某将打火机丢在驾驶室内，导致车辆自燃，赵某拟向保险公司要求赔偿，则下列说法中正确的有（　　）。

A. 符合承保条件的，保险公司应对汽车的毁损承担保险责任

B. 即使符合承保条件，保险公司也不对汽车的毁损承担保险责任，但应退还保险费

C. 不符合承保条件的，保险公司不对汽车的毁损承担保险责任，也不退还保险费

D. 保险公司主张不符合承保条件的，应承担举证责任

8. 下列关于保险合同的形式说法中正确的有（　　）。

A. 保险单是保险人签发的关于保险合同的正式书面凭证

B. 投保单是被保险人向保险人索赔的主要凭证

C. 保险凭证未列明的内容，应以相应的投保单的记载为准

D. 暂保单是一种临时保险凭证，有效期限届满，暂保单的法律效力自动终止

9. 下列关于保险合同中记载内容不一致的认定，说法正确的有（　　）。

A. 投保单与保险单或其他保险凭证不一致的，以投保单为准

B. 非格式条款与格式条款不一致的，以非格式条款为准

C. 保险凭证记载的时间不同，以形成时间在前的为准

D. 保险凭证存在手写和打印两种方式的，以双方签字、盖章的手写部分的内容为准

10. 根据保险法律制度的规定，在合同有效期内，保险标的的危险显著增加的，被保险人应当按照合同约定及时通知保险人。下列各项中，属于认定危险增加应考虑的因素有（　　）。

A. 保险标的用途的改变

B. 保险标的使用范围的改变

C. 保险标的的使用人或者管理人的变化

D. 危险程度增加持续的时间

11. 关于保险合同的履行，下列表述中正确的有（　　）。

A. 保险合同约定分期支付保险费，投保人支付首期保险费后，除另有约定，投保人超过约定期限60日未支付当期保险费，合同效力终止

B. 保险事故发生时，被保险人应当尽力采取必要的措施，防止或者减少损失

C. 发生保险事故，投保人故意未及时通知保险人，致使保险事故的损失程度难以确定的部分，即使保险人通过其他途径已经及时知道也不承担赔偿责任

D. 投保人未按照约定履行其对保险标的的安全应尽责任的，保险人有权要求增加保险费或者解除合同

12. 2021年4月1日，侯某将自己的房屋卖给了赵某，双方签订了房屋买卖合同。4月10日，侯某将房屋交付给赵某，双方商定于4月20日到产权登记机关办理产权转移登记手续。4月18日，该房屋因电线老化引发火灾而烧毁。经查，侯某为该房屋上有财产保险，且已经将财产转让的情形通知保险人。则下列说法中，正确的有（　　）。

A. 双方签订的房屋买卖合同自2021年4月1日起生效

B. 该房屋毁损灭失的风险由侯某承担

C. 该房屋毁损灭失的风险由赵某承担

D. 赵某向保险人主张赔偿，人民法院应予支持

13. 根据保险法律制度的规定，下列关于保险合同变更的说法中正确的有（　）。

A. 财产保险合同中，保险标的转让，受让人继承被保险人的权利和义务，无须通知保险人

B. 货物运输合同允许保险单随货物所有权的转移而转移，只需投保方背书即可转让，无须通知保险人

C. 人身保险合同中投保人或者被保险人变更受益人未通知保险人，变更对保险人不发生效力

D. 投保人变更受益人未经被保险人同意，变更行为无效

14. 根据保险法律制度的规定，下列情形中，保险人有权解除保险合同的有（　）。

A. 赵某为其小轿车向甲保险公司投保盗抢险，投保后赵某谎称其小轿车被盗，向甲保险公司提出赔偿请求

B. 因钱某未按规定支付保费而导致合同效力中止，满2年钱某未与乙保险公司达成协议补交保险费

C. 50岁的孙某在为自己投保人身保险时，申报的年龄为40岁，而丙保险公司该类保险对被保险人限制为45岁以下

D. 李某在与丁保险公司签订重大疾病人身保险合同时故意隐瞒自己的重大疾病史

15. 赵某为自己投保人身意外伤害保险，后与原配妻子张某离婚，另娶李某为妻，次年赵某遇车祸意外身亡，当事人对保险合同约定的受益人发生争议，则下列说法中正确的有（　）。

A. 若合同约定的受益人为法定继承人，则受益人为民法典继承编规定的法定继承人

B. 若合同约定的受益人为赵某的妻子，则受益人为李某

C. 若合同约定的受益人为赵某的妻子，则受益人为张某

D. 若合同约定的受益人为赵某的妻子张某，则受益人为张某

16. 根据保险法律制度的规定，当事人签订的下列保险合同，保险责任开始后，合同当事人不得解除的有（　）。

A. 货物运输保险合同

B. 运输工具航程保险合同

C. 人身意外伤害保险合同

D. 短期健康保险合同

17. 下列关于保险代位求偿制度的表述中，符合保险法律制度规定的有（　）。

A. 投保人和被保险人为不同主体，因投保人对保险标的的损害而造成保险事故保险人依法主张行使代位求偿权的，人民法院应予支持

B. 第三者以被保险人在保险合同订立前已放弃对其请求赔偿的权利为由进行抗辩，人民法院认定上述放弃行为合法有效，保险人就相应部分主张行使代位求偿权的，人民法院不予支持

C. 保险合同订立时，保险人就是否存在放弃对第三人请求赔偿权利的情形提出询问，投保人未如实告知，导致保险人不能行使代位求偿权，保险人请求返还相应保险金的，人民法院应予支持

D. 保险人行使代位求偿权的通知到达第三者前，第三者在被保险人已经从保险人处获赔的范围内又向被保险人作出赔偿，保险人主张继续行使代位求偿权的，人民法院应予支持

三、判断题

1. 赵某为自己的汽车购买了车辆损失险，某日在高速公路行驶时因疲劳驾驶与隔离带发生碰撞，为防止被后车再次碰撞，赵某打电话给救援公司，支付拖车费500元，将车辆拖至修理厂。理赔时，保险人以赵

某即使不将车辆拖走,只要在足够远的距离放下警示标志,也不会导致被后车再次碰撞为由,拒绝支付拖车费用,保险人的拒付理由符合法律规定。( )

2. 保险人不得兼营人身保险业务和财产保险业务。( )

3. 经营财产保险业务的保险公司经国务院保险监督管理机构批准,可以经营长期健康保险业务和意外伤害保险业务。( )

4. 保险合同是最大诚信合同。( )

5. 赵某为自己的汽车购买了车辆损失险,保险合同中规定了免责条款,保险人已经向赵某履行了提示说明义务。其后赵某将该车卖给了侯某,侯某以汽车转让后保险人未向自己提示说明为由,主张免责条款不成为合同内容的,人民法院应予支持。
( )

6. 赵某中年丧偶,有一子小赵,后娶妻张某,张某为赵某投保人身意外伤害险,受益人为其子小赵,后赵某于出差途中遇车祸死亡,张某书面通知保险人变更受益人为自己,并要求保险人给付保险金,该变更行为无效,张某的请求人民法院不予支持。( )

7. 赵某为自己的机动车购买了第三者商业责任险,2021年6月1日赵某驾车将横穿马路的高某撞伤,6月5日公安机关交通管理部门作出交通事故责任认定书,赵某负全责。则赵某向保险人请求赔偿保险金的诉讼时效期间自2021年6月5日起计算。
( )

8. 保险事故发生后,保险人已支付了全部保险金额,无论保险金额是否等于保险价值,受损保险标的的全部权利均归于保险人。( )

四、主观题

（一）历年试题

[老侯提示] 保险法的题目是2021年第一次在考试中以主观题形式出现,共计考核两个题目均在前文予以列示,此处不再赘述。

（二）练习题

(简答题)2021年4月1日,甲保险公司的代理人高某向潘某推销一款人身意外伤害保险,保险期间为自保险合同成立时起3年。潘某因为丈夫赵某从小比较倒霉,曾经在1年内12次被高空坠物砸中,遂十分心动。4月2日高某将投保单的电子版发送至潘某的手机,潘某查阅时得知赵某刚刚又不幸被高空坠物砸中,因急于去医院,便电话告知高某同意投保,高某随后代替潘某在投保单上签字,注明的被保险人为赵某,身故受益人为赵某的妻子。4月5日潘某通过手机向甲保险公司缴纳了保险费。4月10日甲保险公司向潘某签发保险单。

2021年6月赵某因婚外情与潘某离婚,另娶李某为妻。2021年8月2日,赵某再次被高空坠物砸中,不幸身故,潘某得知后向甲保险公司理赔,遭到拒绝。潘某遂向人民法院起诉,要求甲保险公司承担保险责任。庭审时甲公司提出抗辩:

(1)投保单是高某代潘某签字,对潘某不生效,保险合同不成立。

(2)即使保险合同成立,因保险事故发生时高某与赵某已经离婚,潘某对赵某不具有保险利益,保险合同无效。

(3)即使保险合同有效,合同记载的身故受益人为赵某的妻子,故本公司应当向李某承担保险责任。

要求:根据上述资料和保险法的有关规定,不考虑其他因素,分析回答下列问题。

(1)甲公司的抗辩理由(1)是否成立?简要说明理由。

(2)甲公司的抗辩理由(2)是否成立?简要说明理由。

(3)甲公司的抗辩理由(3)是否成立?简要说明理由。

第四部分 信托法律制度

扫我做试题

一、单项选择题

1. 接受单个委托人委托，按照委托人确定的财产管理方式，单独管理与运用信托财产的信托属于( )。
   A. 民事信托   B. 自益信托
   C. 单独信托   D. 意定信托

2. 下列关于信托成立的表述中，不正确的是( )。
   A. 信托成立是指当事人之间信托关系的依法确立
   B. 采取信托合同形式设立信托的，信托合同签订时，信托成立
   C. 采取遗嘱形式设立信托的，受托人承诺信托时，信托成立
   D. 信托成立意味着信托生效

3. 下列财产中，不能成为信托财产的是( )。
   A. 金钱   B. 动产
   C. 不动产   D. 商誉

4. 根据信托法律制度的规定，下列关于委托人的表述中，不正确的是( )。
   A. 委托人可以是一人或数人
   B. 具有完全民事行为能力的自然人可以成为委托人
   C. 委托人不可以是同一信托的唯一受益人
   D. 法人可以成为委托人

二、多项选择题

1. 下列选项中，属于信托最为基本的制度功能的有( )。
   A. 转移财产
   B. 管理财产
   C. 融资功能
   D. 协调经济关系功能

2. 按照受益人与委托人的关系，可以将信托分为( )。
   A. 自益信托   B. 他益信托
   C. 单独信托   D. 集合信托

3. 下列选项中，属于信托文件应当载明的事项有( )。
   A. 信托目的
   B. 信托财产的管理办法
   C. 受托人的报酬
   D. 受益人或受益人范围

4. 下列情形中，会导致信托无效的有( )。
   A. 信托目的违反行政法规
   B. 信托财产不能确定
   C. 受益人不能确定
   D. 委托人设立信托损害其债权人利益

三、判断题

1. 信托法是调整信托关系、规范信托行为的法律规范的总称。( )

2. 设立信托，委托人和受托人的意思表示应当真实，并应当采取书面形式。( )

3. 信托关系存续期间，受益人享有信托财产权。( )

4. 除另有规定外，受益人的信托受益权可以转让和继承。( )

积粮筑墙答案及解析

第一部分 票据法律制度

一、单项选择题

1. D 【解析】单位在票据上的签章，应为该单位的财务专用章或者公章加其法定代表人或其授权的代理人的签名或者盖章。单位在票据上的签章属于票据绝对记载事项，票据欠缺绝对记载事项的，票据无效，持票人不享有票据权利。

2. D 【解析】票据一经形成，就与基础关系相分离，基础关系是否存在，是否有效，对票据关系都不起作用。

3. D 【解析】持票人对商业汇票的出票人的追索权时效，自到期日起2年。本题中，"见票后定期付款"的汇票，承兑日即为见票日即6月10日，到期日为9月10日，到期日起2年至2022年9月10日。

4. B 【解析】持票人对前手的追索权，自被拒绝承兑或者被拒绝付款之日起6个月。

5. D 【解析】持票人未按照规定期限提示付款的，丧失对前手的追索权，但在作出说明后，承兑人或者付款人仍应当继续对持票人承担付款责任。

6. A 【解析】可以背书转让的票据丧失的，失票人可以申请公示催告。一般票据均属于这个范围，只有较少的例外。如填明"现金"字样的银行汇票、银行本票和现金支票不得背书转让，因此这些票据不能申请公示催告。

7. C 【解析】变造前在票据上签章的票据行为人，依照原记载事项负责。因此甲、乙对2万元负责；变造后在票据上签章的票据行为人，依照变造后的记载事项负责。因此丙、丁对变造后的5万元负责；不能辨别是在票据被变造之前或者之后签章的，视同在变造之前签章。所以赵某对变造前的2万元负责。因此甲、乙、赵对2万元负责，丙、丁对5万元负责。

8. C 【解析】支票的出票日期是绝对记载事项；若欠缺，则支票无效。

9. C 【解析】出票后定期付款的汇票，持票人应在到期日前提示承兑。

10. B 【解析】背书人未记载被背书人名称即将票据交付的，持票人在被背书人栏内记载自己的名称与背书人记载具同等法律效力。

11. A 【解析】粘单上的"第一记载人"，应当在票据和粘单的粘接处签章。

12. D 【解析】支票的出票人既可以授权收取支票的相对人补记，也可以由相对人再授权他人补记。本题中，乙公司再授权丙公司补记是符合票据法规定的行为。

13. D 【解析】被保证的汇票，保证人应当与被保证人对持票人承担连带责任。保证不得附有条件；附有条件的，不影响对汇票的保证责任。

二、多项选择题

1. BCD 【解析】选项A，出票行为，属于票据法上的票据关系；选项B、C、D，票据上的正当权利人对于因恶意而取得票据的人行使票据返还请求权而发生的关系、因时效届满或手续欠缺而丧失票据上权利的持票人对于出票人或承兑人行使利益偿还请求权而发生的关系、票据付款人付款后请求持票人交还票据而发生的关系均属于票据法上的非票据关系。

2. ABC 【解析】选项D，对于非法定记载事项，银行不负审查责任。

3. ACD 【解析】选项 A，票据债务人不得以自己与出票人之间的抗辩事由对抗持票人；选项 C，本票的持票人未按照规定期限提示付款的，丧失对出票人以外的前手的追索权；选项 D，商业汇票的持票人未按照规定期限提示付款的，在作出说明后，承兑人仍应承担付款责任。

4. ABC 【解析】选项 A，票据金额以中文大写和数码同时记载，两者必须一致，两者不一致的，票据无效；选项 B、C，票据金额、日期、收款人名称不得更改，更改的票据无效；选项 D，支票未记载收款人名称可以授权补记，不会当然导致票据无效。

5. BC 【解析】选项 A，出票人在票据上的签章不符合规定的，票据无效；选项 D，背书人在票据上的签章不符合规定的，其签章无效，但不影响"前手"符合规定签章的效力。

6. ABCD

7. ABD 【解析】在发生以下情形之一的，持票人可以行使追索权：（1）汇票到期被拒绝付款；（2）汇票在到期日前被拒绝承兑(选项 B)；（3）在汇票到期日前，承兑人或付款人死亡、逃匿的（选项 A）；(4)在汇票到期日前，承兑人或付款人被依法宣告破产或因违法被责令终止业务活动(选项 D)。

8. BC 【解析】选项 A、D，行为人合法取得票据，即取得了票据权利，甲无权请求丁返还票据；选项 B，因胁迫而取得票据的，不得享有票据权利；选项 C，因税收、继承、赠与可以依法无偿取得票据的，不受给付对价的限制。但是，所享有的票据权利不得优于前手。本题中，丙的前手乙没有票据权利，丙也不享有票据权利。

9. ABCD 【解析】选项 A、B，因偷盗、恶意而取得票据的，不得享有票据权利；选项 C、D，伪造人与被伪造人均不承担票据责任。

10. ABD 【解析】选项 A，支票的相对记载事项为付款地和出票地，支票限于见票即付，不得另行记载付款日期，另行记载付款日期的，该记载无效；选项 B，付款地为支票的相对记载事项，未记载付款地的，付款人的营业场所为付款地；选项 D，收款人名称为支票的授权补记事项。

11. ABCD

12. BC 【解析】委托收款背书与质押背书，为非转让背书。选项 A，属于转让背书；选项 B，属于质押背书，为非转让背书；选项 C，属于委托收款背书，为非转让背书；选项 D，属于转让背书。

13. BC 【解析】选项 A、D，属于保证行为的绝对记载事项，欠缺绝对记载事项的保证行为无效；选项 B、C，属于保证的相对记载事项，未记载按法律规定执行，不会导致保证行为无效。

14. ABD 【解析】选项 A，承兑附条件的，视为拒绝承兑；选项 B，背书附条件，条件无效，因此乙公司的记载不具票据上的效力；选项 C，保证附条件的，不影响保证的效力；选项 D，支票另行记载付款日期的，该记载无效。

15. ABCD 【解析】承兑人不得以其与出票人之间的资金关系来对抗持票人拒绝支付汇票金额；承兑人无理拒付，持票人可以向全体前手追索。

16. BD 【解析】选项 A、B，保证人在票据或者粘单上未记载"被保证人名称"的，已承兑的票据，承兑人为被保证人；未承兑的票据，出票人为被保证人；选项 C，付款人拒绝承兑，不属于票据的主债务人，持票人不能对付款人行使追索权；选项 D，保证人对合法取得汇票的持票人所享有的汇票权利，承担保证责任。

17. BCD 【解析】持票人未按规定期限提示

承兑,丧失对"出票人以外的前手"的追索权,不丧失对出票人(甲公司)的权利。

18. ABC 【解析】承兑附条件,视为拒绝承兑。本题中,A银行为付款人不属于票据的主债务人,持票人不能向付款人行使追索权。

19. ACD 【解析】背书人在票据上记载"不得转让"字样,其后手再背书转让的,原背书人对后手的被背书人不承担保证责任。

20. BCD 【解析】选项A,出票人签发票据即要保证后手能够获得付款,在后手不获付款时应当承担清偿责任;选项B,支票的付款人不属于票据的主债务人,持票人不能向付款人行使追索权;选项C,票据债务人可以对不履行约定义务的与自己有直接债权债务关系的持票人,进行抗辩;选项D,保证人的签章不符合规定,其签章无效,但不影响其他有效签章的效力。

21. ABC 【解析】被追索人依照规定清偿后,可以向其他汇票债务人行使再追索权,请求其他汇票债务人支付下列金额和费用:已清偿的全部金额;前项金额自清偿日起至再追索清偿日止,按照中国人民银行规定的利率计算的利息;发出通知书的费用。选项D属于间接损失,不属于再追索的支付范围。

三、判断题

1. × 【解析】银行承兑汇票的承兑人在票据上未加盖规定的专用章而加盖该银行公章的,签章人应当承担票据责任。
2. √
3. × 【解析】公示催告期间届满日不得早于票据付款日"后"15日。
4. √
5. √
6. × 【解析】"不得转让"属于禁止背书的记载,不属于附条件。

四、主观题

(一)历年试题

历年主观题考点提要

考点		年份
票据行为	保证人签章不符合规定	2021年(延考)
对人的抗辩	可以抗辩	2020年
	抗辩切断	2021年、2020年、2019年、2015年、2013年、2008年
伪造	伪造行为下真实签章的效力	2020年
付款	付款人的付款责任	2008年
承兑	承兑人的付款责任	2019年
背书	禁止背书的记载	2021年(×2)、2020年、2019年、2013年
	背书附条件	2021年

续表

考点			年份
保证	相对记载事项	被保证人	2021年、2020年、2019年、2018年、2014年、2008年
		保证日期	2018年、2014年
		保证附条件	2018年
		保证人的付款责任	2018年
		保证人清偿后的权利	2020年
追索		被追索人的确定	2019年、2014年、2013年、2008年
		追索内容	2019年
汇票		相对记载事项(付款日期)	2015年
		超期提示付款	2021年(延考)
支票		授权补记事项	2018年
		不得记载的事项(付款日期)	2018年

1. 【答案】

(1)丙公司为被保证人。

根据规定,保证人在汇票上未记载被保证人名称的,已承兑的汇票,承兑人为被保证人;未承兑的汇票,出票人为被保证人。

(2)丙公司拒绝丁公司付款请求的理由不成立。

根据规定,票据债务人不得以自己与出票人之间的抗辩事由对抗持票人,拒绝支付汇票金额。

(3)戊公司有权向丙公司追索。

根据规定,保证人清偿汇票债务后,可以对被保证人及其前手行使追索权。

2. 【答案】

(1)承兑人拒绝付款不符合法律规定。

根据规定,票据上有伪造签章的,不影响票据上其他真实签章的效力;票据债权人在依法提示承兑、提示付款或者行使追索权时,在票据上真正签章人不能以票据伪造为由进行抗辩。

(2)乙公司拒绝付款符合法律规定。

根据规定,票据债务人可以对不履行约定义务的与自己有直接债权债务关系的持票人进行抗辩。

(3)甲公司拒绝付款符合法律规定。

根据规定,背书人在汇票上记载"不得转让"字样,其后手再背书转让的,原背书人对其后手的被背书人不承担保证责任。

3. 【答案】

(1)乙公司不能以建筑材料存在严重质量问题为由通知丙公司拒绝付款。

根据规定,票据债务人不得以自己与持票人的前手之间的抗辩事由对抗持票人。

(2)丁银行认为丙公司不能拒绝付款的理由成立。

根据规定,付款人承兑汇票后,成为汇票的主债务人,应当承担到期付款的责任。到期付款的责任是一种绝对责任。

(3)丁银行可以向甲公司行使追索权。

根据规定,汇票的出票人、背书人、承兑人和保证人对持票人承担连带责任。持票人可以不按照汇票债务人的先后顺序,对其中任何一人、数人或者全体行使追索权。甲公司作为背书人,丁银行可以向甲公司行使追索权。

4. 【答案】

(1)乙公司拒绝戊公司追索合法。

根据规定,背书人在汇票上记载"不得转让"字样,其后手再背书人对后手的被背书人不承担保证责任。
(2)该汇票的被保证人是丙公司。
根据规定,保证人在汇票或者粘单上未记载被保证人的名称的,已承兑的汇票,承兑人为被保证人。
(3)己公司拒绝支付利息和发出通知书的费用不合法。
根据规定,持票人行使追索权,可以请求被追索人支付的金额和费用包括:被拒绝付款的汇票金额;汇票金额自到期日或者提示付款日起至清偿日止,按照中国人民银行规定的同档次流动资金贷款利率计算的利息;取得有关拒绝证明和发出通知书的费用。

5.【答案】
(1)丁公司拒绝付款的理由(1)不成立。
根据规定,在汇票的保证中,被保证人名称和保证日期为相对记载事项,汇票保证未记载该事项并不影响保证的效力。
保证人在汇票或者粘单上未记载被保证人名称的,已承兑的汇票,承兑人为被保证人;未承兑的汇票,出票人为被保证人。
保证人在汇票或者粘单上未记载保证日期的,出票日期为保证日期。
(2)丁公司拒绝付款的理由(2)不成立。
根据规定,保证不得附有条件;附有条件的,不影响对汇票的保证责任。
本题中,虽然甲公司没有向保证人提供抵押,但不影响对汇票的保证责任,故保证生效。
(3)丁公司拒绝付款的理由(3)不成立。
根据规定,保证人对合法取得汇票的持票人所享有的汇票权利,承担保证责任。被保证的汇票,保证人应当与被保证人对持票人承担连带责任。持票人在票据到期后,根据需要,可以不向被保证人请求付款,而直接向保证人请求付款。保证人应当支付全部票据金额,不得以必须先向被保证人请求付款为由拒绝付款。

6.【答案】
(1)甲公司开户行的退票理由(1)不成立。
根据规定,支票上的金额可以由出票人授权补记,未补记前的支票,不得使用,即出票人可以授权收款人就支票金额补记。支票上未记载收款人名称的,出票人可以授权收取支票的相对人补记,也可以由相对人再授权他人补记。
(2)甲公司开户行的退票理由(2)不成立。
根据规定,支票限于见票即付,不得另行记载付款日期。另行记载付款日期的,该记载无效。

(二)练习题

1.【答案】
(1)M工程队不能向乙公司行使追索权。
根据规定,背书人在汇票上记载"不得转让"字样,其后手再背书转让的,原背书人对后手的被背书人不承担保证责任。
(2)M工程队可以向丙公司行使追索权。
根据规定,被追索人包括出票人、背书人、承兑人和保证人。持票人可以不按照汇票债务人的先后顺序,对其中任何一人、数人或者全体行使追索权。背书时附有条件的,所附条件不具有汇票上的效力。
本题中,丙公司背书时所附条件无效,不影响M工程队对其行使追索权。
(3)A银行的抗辩理由不成立。
根据规定,承兑人不得以其与出票人之间资金关系来对抗持票人,拒绝支付汇票金额。
本题中,该汇票已经过A银行合法承兑,因此A银行不得以甲公司银行存款账户余额不足为由拒绝付款。

2.【答案】
(1)丙公司可以记载自己为收款人。
根据规定,支票的金额和收款人名称可以授权补记。支票的出票人既可以授权收取支票的相对人补记,也可以由相对人再授权他人补记。

(2)丙公司的提示付款期限符合规定。

根据规定,支票的提示付款期限为自出票之日起10日。

本题中,出票日为2021年9月10日,提示付款日为2021年9月18日,未超过10天。

(3)甲公司账户余额不足属于签发空头支票的行为。

根据规定,支票的出票人签发支票的金额不得超过付款时在付款人处实有的金额。禁止签发空头支票。

第二部分 证券法律制度

一、单项选择题

1. B 【解析】选项B,公开发行公司债券的条件之一是:最近3年"平均"可分配利润足以支付公司债券1年的利息。

2. D 【解析】选项D,私募基金管理人不得向投资者承诺保本或者最低收益。

3. D 【解析】选项D,股票发行采用代销方式,代销期限届满,向投资者出售的股票数量未达到拟公开发行股票数量"70%"的,为发行失败。

4. B 【解析】操纵证券市场行为是指单位或个人以获取利益或减少损失为目的,利用其资金、信息等优势影响证券市场价格,制造证券市场假象,诱导或者致使投资者在不了解事实真相的情况下作出买卖证券的决定,扰乱证券市场秩序的行为。

5. D 【解析】选项D,持有投资者30%以上股份的自然人,与投资者持有同一上市公司股份的,为一致行动人。

6. C 【解析】选项C,投资者及其一致行动人拥有表决权的股份达到20%但未超过30%的,无论是否为上市公司第一大股东或者实际控制人,均应当编制详式权益变动报告书。

7. A

8. C 【解析】选项A,收购要约的变更不得缩短收购期限;选项B,收购要约约定的期限不得少于30日,并不得超过60日;选项D,收购要约的变更不得减少预定收购股份数额。

9. A 【解析】选项A,收购人在要约收购期内,不得卖出被收购公司的股票。

10. D 【解析】选项A,公司董事发生变动属于股票发行公司临时报告的重大事件;选项B,增资属于股票发行公司临时报告的重大事件;选项C,公司新增借款或者对外提供担保超过上年末净资产的20%,属于公司债券上市交易公司发布临时报告的重大事件。

二、多项选择题

1. ABD 【解析】股份有限公司首次公开发行股票应当满足的条件之一为最近3年财务会计报告被出具无保留意见审计报告。

2. ABD 【解析】选项C,在科创板上市的股份有限公司的首次公开发行条件之一为最近2年内主营业务和董事、高级管理人员、核心技术人员均没有发生重大不利变化。

3. CD 【解析】选项A,发行人申请公开发行股票并在科创板上市,应当按照规定制作注册申请文件,由保荐人保荐并向"证券交易所"申报;选项B,"证券交易所"应当自受理注册申请文件之日在规定的期限内形成审核意见。

4. ABC 【解析】上市公司、股票在国务院批准的其他全国性证券交易场所交易的公司持有5%以上股份的股东、董事、监事、高级管理人员,将其持有的该公司的股票或者其他具有股权性质的证券在买入后6个月内卖出,或者在卖出后6个月内又买入,由此所得收益归该公司所有。选项A,属于监事;选项B,属于董事;选项C，属于高级管理人员；选项D，未达到规定的持股比例，不受上述条款的限制。

5. BD 【解析】选项A，基金合同期限为5年以上；选项C，基金募集金额不低于2亿元。

6. AC 【解析】选项B、D，持有公司5%以上股份的股东及其董事、监事、高级管理人员，公司的实际控制人及其董事、监事、高级管理人员。

7. ABD 【解析】选项C，收购人持有的被收购的上市公司的股票，在收购行为完成后的18个月内不得转让。

8. BD 【解析】选项A、C属于证券"交易"市场信息披露的文件。

9. ACD 【解析】选项B，公司的董事、1/3以上监事或者经理发生变动，董事长或者经理无法履行职责，属于重大事件。选项B中不满足"1/3以上监事发生变动"这一点。

10. BD 【解析】选项A，证券公司依法承担适当性管理义务；选项C，依照规定征集股东权利的，征集人应当披露征集文件，上市公司应当予以配合，禁止以有偿或者变相有偿的方式公开征集股东权利。

三、判断题

1. √
2. × 【解析】发行人申请公开发行股票并在科创板上市的，发行"后"股本总额不低于人民币3 000万元，公开发行的股份不得低于公司股份总数的25%，但公司股本总额超过4亿元的，公开发行比例为10%以上。
3. √ 【解析】内幕交易行为是指证券交易内幕信息的知情人员利用内幕信息进行证券交易的行为。
4. × 【解析】违反上述规定买入上市公司有表决权的股份的，在买入后的36个月内，对该超过规定比例部分的股份不得行使表决权。
5. √
6. √

第三部分 保险法律制度

一、单项选择题

1. C 【解析】保险人解除合同的权利，自保险人知道有解除事由之日起，超过30日不行使而消灭。

2. D 【解析】保险人在合同订立时已经知道投保人未如实告知的情况的，保险人不得解除合同；发生保险事故的，保险人应当承担赔偿或者给付保险金的责任。

3. D 【解析】人身保险的投保人在保险合同订立时，对被保险人应当<u>具有保险利益</u>。题目中是人身保险，在合同订立时二人是夫妻关系，投保人对被保险人具有保险利益；因此保险合同有效，保险事故发生后，是向受益人张某支付保险金。

4. B 【解析】保险金额低于保险价值的，除合同另有约定外，保险人按照保险金额与保险价值的比例承担赔偿保险金的责任。本题保险金额与保险价值的比例为1∶2，保险公司赔偿甲公司150万元，止损费由保险公司支付，所以是150+6＝156（万元）。

5. A 【解析】保险合同的当事人是指投保人和保险人，即订立保险合同的双方当事人。

6. D 【解析】以被保险人死亡为给付保险金条件的合同，自合同成立或者合同效力恢复之日起2年内，被保险人自杀的，保险人不承担给付保险金的责任，但被保险人自杀时为无民事行为能力人的除外。题目中自杀时距离保险合同成立时已经超过2年，保险公司应当赔付。

409

7. C 【解析】投保人故意造成被保险人死亡、伤残或者疾病的，保险人不承担给付保险金的责任。投保人已交足2年以上保险费的，保险人应当按照合同约定向其他权利人退还保险单的现金价值。

8. A 【解析】受益人故意造成被保险人死亡、伤残、疾病的，或者故意杀害被保险人未遂的，该受益人丧失受益权，故赵妻丧失受益权。本题中，另一受益人小赵并没有丧失受益权，所以保险公司应向其支付保险金。

9. C 【解析】因被保险人故意犯罪或者抗拒依法采取的刑事强制措施导致其伤残或者死亡的，保险人不承担给付保险金的责任。投保人已交足2年以上保险费的，保险人应当按照合同约定退还保险单的现金价值。

10. C 【解析】选项A、B，在合同有效期内，保险标的的危险程度显著增加的，被保险人应当按照合同约定及时通知保险人，保险人可以按照合同约定增加保险费或者解除合同；选项D，被保险人未履行前述通知义务的，因保险标的的危险程度显著增加而发生的保险事故，保险人不承担赔偿保险金的责任；选项C，保险合同是诺成合同，本题中，赵某未告知保险公司私家车改为网约车，并不导致保险合同无效。

11. D

12. B 【解析】各个保险合同的保险人只就其承保部分在保险事故发生时，按比例承担保险赔偿的责任。本题中甲、乙两家保险公司的保险金额比例为5∶3，因此甲公司应当承担的赔偿金额为100万元，乙公司应当承担的赔偿金额为60万元。

13. B 【解析】选项B，除被保险人的家庭成员或者其组成人员故意对保险标的损害而造成保险事故外，保险人不得对被保险人的家庭成员或者其组成人员行使代位请求赔偿的权利。本题中，"女友"并不属于家庭关系，因此可以对乙行使代位求偿权。

二、多项选择题

1. ABCD 【解析】选项A，投保人对配偶具有保险利益；选项B，投保人对本人具有保险利益；选项C，投保人对与投保人有劳动关系的劳动者具有保险利益；选项D，被保险人同意投保人为其订立合同的，视为投保人对被保险人具有保险利益。

2. ACD 【解析】选项B，保险公司主要股东净资产不低于人民币2亿元，而不是总资产。

3. CD 【解析】选项A，保险经纪人只能是单位；选项B，个人代理人代办"人寿"保险业务，不得同时接受两个以上保险人的委托，而不是人身保险。

4. ABCD 【解析】人身保险的受益人由被保险人或投保人指定，投保人指定受益人时须经被保险人同意，投保人变更受益人时也须经被保险人同意。

5. ACD 【解析】(1)以死亡为给付保险金条件的保险合同，未经被保险人同意并认可保险金额，保险合同无效；(2)投保人"不得"为无民事行为能力人投保死亡保险，但父母为其未成年子女投保的人身保险"除外"；(3)被保险人"明知"他人代其签名同意而"未表示异议"的，视为同意。

6. ABD 【解析】选项C，保险人将法律、行政法规中的禁止性规定情形作为保险合同免责条款的免责事由，保险人对该条款作出提示后，投保人、被保险人或者受益人以保险人未履行明确说明义务为由主张该条款不生效的，人民法院不予支持。

7. AD 【解析】保险人接受了投保人提交的投保单并收取了保险费，尚未作出是否承保的意思表示，发生保险事故，被保险人或者受益人请求保险人按照保险合同承担赔偿或者给付保险金责任。选项 AB，符合承保条件的，人民法院应予支持。选项 C，不符合承保条件的，保险人不承担保险责任，但应当退还已经收取的保险费。选项 D，保险人主张不符合承保条件的，应承担举证责任。

8. AD 【解析】选项 B，保险单是被保险人向保险人索赔的主要凭证；选项 C，保险凭证未列明的内容，以保险单的记载为准。

9. ABD 【解析】选项 C，保险凭证记载的时间不同，以形成时间在后的为准。

10. ABCD

11. BD 【解析】选项 A，保险合同约定分期支付保险费，投保人支付首期保险费后，除另有约定，投保人超过约定期限 60 日未支付当期保险费，合同效力中止；选项 C，投保人、被保险人或者受益人知道保险事故发生后，应当及时通知保险人。故意或者因重大过失未及时通知，致使保险事故的性质、原因、损失程度等难以确定的部分，不承担赔偿或者给付保险金的责任，但保险人通过其他途径已经及时知道或者应当及时知道保险事故发生的除外。

12. ACD 【解析】选项 A，买卖合同是诺成合同，自双方当事人签字之日起生效；选项 B、C，标的物毁损灭失的风险自交付之日起转移给买受人。本题中 4 月 10 日房屋已交付，毁损风险由赵某承担；选项 D，保险标的已交付受让人，但"尚未依法办理所有权变更登记"，承担保险标的毁损灭失风险的受让人主张行使被保险人权利的，人民法院应予支持。

13. BCD 【解析】选项 A，财产保险合同中，保险标的转让，受让人继承被保险人的权利和义务，应当及时通知保险人。

14. ABCD 【解析】选项 A，被保险人或者受益人未发生保险事故，谎称发生了保险事故，向保险人提出赔偿或者给付保险金请求的，保险人有权解除合同，并不退还保险费；选项 B，人身保险合同效力中止之日起满 2 年保险合同双方当事人未达成协议恢复合同效力的，保险人有权解除合同；选项 C，投保人申报的被保险人年龄不真实，并且其真实年龄不符合合同约定的年龄限制的，保险人可以解除合同；选项 D，投保人故意或者因重大过失未履行如实告知义务，足以影响保险人决定是否同意承保或者提高保险费率的，保险人有权解除合同。

15. AB 【解析】选项 A，受益人约定为"法定"或者"法定继承人"的，以民法典继承编规定的法定继承人为受益人。选项 BC，受益人仅约定为身份关系，投保人与被保险人为同一主体的，根据保险事故发生时与被保险人的身份关系确定受益人。本题中，投保人与被保险人均为赵某，因此，现任妻子李某为受益人。选项 D，受益人的约定包括姓名和身份关系，保险事故发生时身份关系发生变化的，认定为未指定受益人。

16. AB 【解析】货物运输保险合同和运输工具航程保险合同，其保险责任开始后，合同当事人不得解除合同。

17. ABC 【解析】选项 D，保险人行使代位求偿权的通知到达第三者前，第三者在被保险人已经从保险人处获赔的范围内又向被保险人作出赔偿，保险人主张继续行使代位求偿权的，人民法院不予支持。

三、判断题

1. × 【解析】保险事故发生后，被保险人请求保险人承担为防止或者减少保险标的的损失所支付的必要、合理费用，保险人以被保险人采取的措施未产生实际效果为由抗辩的，人民法院不予支持。

2. √

3. × 【解析】经营财产保险业务的保险公司

经国务院保险监督管理机构批准，可以经营短期健康保险业务和意外伤害保险业务。

4. √

5. × 【解析】保险人已向投保人履行了保险法规定的提示和明确说明义务，保险标的受让人以保险标的转让后保险人未向其提示或者明确说明为由，主张免除保险人责任的条款不成为合同内容的，人民法院不予支持。

6. √ 【解析】投保人或者被保险人在保险事故发生"后"变更受益人，变更后的受益人请求保险人给付保险金的，人民法院不予支持。

7. √ 【解析】商业责任险的被保险人向保险人请求赔偿保险金的诉讼时效期间，自"被保险人对第三者应负的赔偿责任确定之日"起计算。

8. × 【解析】保险事故发生后，保险人已支付了全部保险金额，并且保险金额等于保险价值的，受损保险标的的全部权利归于保险人。

四、主观题

（一）历年试题

历年主观题考点提要

考点			年份
保险法基本原则	保险利益原则	人身保险是否具有保险利益的判定	2021年
保险合同当事人	被保险人	死亡保险	2021年
		同意或认可的形式	2021年
保险合同的变更	财产保险标的已交付受让人但未办理变更，发生保险事故		2021年
	财产保险标的的转让已通知保险人，保险人答复前发生保险事故		2021年

（二）练习题

【答案】

(1) 甲公司的抗辩理由(1)不成立。

根据规定，投保人订立保险合同时没有亲自签字或者盖章，而由保险人的代理人代为签字或者盖章的，对投保人不生效。但投保人已经交纳保险费的，视为其对代签字或者盖章行为的追认。

本题中，潘某已经缴纳了保险费，保险合同已经成立。

(2) 甲公司的抗辩理由(2)不成立。

根据规定，人身保险中，投保人对配偶具有保险利益。人身保险的投保人在保险合同订立时，对被保险人应当具有保险利益。人身保险合同订立后，因投保人丧失对被保险人的保险利益，当事人主张保险合同无效的，人民法院不予支持。

本题中，潘某在保险合同订立时与赵某是夫妻关系，因此具有保险利益。

(3) 甲公司的抗辩理由(3)不成立。

根据规定，受益人仅约定为身份关系，投保人与被保险人为不同主体的，根据保险合同成立时与被保险人的身份关系确定受益人。

本题中，受益人仅约定为妻子，投保人潘某与被保险人赵某为不同主体，因保险合同成立时潘某为赵某的妻子，因此判定受益人为潘某。

第四部分　信托法律制度

一、单项选择题

1. C　【解析】单独信托是指接受单个委托人委托，按照委托人确定的财产管理方式，单独管理与运用信托财产的信托。

2. D　【解析】信托成立并不意味着信托生效。信托成立后，只有在信托当事人、信托财产、信托行为和信托目的的四个方面均符合信托法的生效条件，才能使已经成立的信托生效。

3. D　【解析】商誉、经营控制权等营业上的利益，因非确定的独立财产，不能成为信托财产。

4. C　【解析】委托人可以是同一信托的唯一受益人，但受托人不得是同一信托的唯一受益人。

二、多项选择题

1. AB　【解析】信托最为基本的制度功能为转移财产和管理财产。

2. AB　【解析】按照受益人与委托人的关系，可以将信托分为自益信托和他益信托。自益信托是受益人与委托人合二为一的信托；他益信托是受益人为委托人以外的他人的信托。

3. ABCD　【解析】信托文件应当载明信托目的；委托人、受托人的姓名或者名称、住所；受益人或者受益人范围；信托财产的范围、种类及状况；受益人取得信托利益的形式、方法以及信托期限、信托财产的管理方法、受托人的报酬、新受托人的选任方式、信托终止事由等事项。

4. ABCD　【解析】信托无效分为绝对无效与相对无效。选项A、B、C，属于绝对无效的情形；选项D，属于相对无效的情形。

三、判断题

1. √

2. √

3. ×　【解析】信托关系存续期间，受益人只能主张信托利益，不享有信托财产权。

4. √　【解析】受益人的信托受益权可以转让和继承，信托文件有限制性规定的除外。

第七关 "玉门关"——财政法律制度

战略分析

雄关万道,玉门萧潇。正所谓"黄河远上,白云一片,孤城万仞山。羌笛何须怨,杨柳春风,不度玉门关"。一如本关,作为经济法的收官章节,在考生眼中就是一片不毛之地,也是考生首先选择放弃的章节。

本关由杂牌军混搭而成,各自为战,无主将,但自2021年始守军明显增加,2022年预计占比10%~12%,甚至不排除出现主观题的可能,杨柳春风已度玉门关。

考生绝不能放弃本章,结合课程掌握主要考点才是王道。

最近3年题型题量

题型	2021年			2020年			2019年	
	卷3	卷2	卷1	卷3	卷2	卷1	卷2	卷1
单选题	5题5分	5题5分	4题4分	2题2分	1题1分	2题2分	3题3分	2题2分
多选题	2题4分	2题4分	2题4分	1题2分	1题2分	1题2分	2题4分	1题2分
判断题	1题1分	1题1分	2题2分	1题1分	1题1分	2题2分	1题1分	1题1分
简答题	—	—	—	—	—	—	—	—
综合题	—	—	—	—	—	—	—	—
合计	8题10分	8题10分	8题10分	4题5分	3题4分	5题6分	6题8分	4题5分

【说明】2021年延考地区试卷、2019年第三套试卷因考生反馈考题并不完整,此处不予统计。

2022年本关调动

1. 预算法律制度:重新编写(★★)

2. 国有资产管理法律制度:重新编写(★★)

3. 政府采购法律制度:新增政府采购一般性程序、政府采购活动的禁止与回避,调整质疑与投诉(★★)

4. 知识产权法(商标、专利):删除

攻城略地

第一部分 预算法律制度

守将一、预算法概述(★★)(2016年、2017年、2019年单选题)

(一)预算的基本原则

1. 统筹兼顾、勤俭节约、量力而行、讲求绩效、收支平衡原则
2. 预算法定原则
3. 预算完整原则
4. 预算公开原则——涉及国家秘密除外(2022年新增)

(1)经本级人民代表大会或者人大常委会批准的预算、预算调整、决算、预算执行情况的报告及报表,应当在批准后"20日"内由本级政府财政部门向社会公开,并对本级政府财政转移支付安排、执行的情况以及举借债务的情况等重要事项作出说明;

(2)经本级政府财政部门批复的部门预算、决算及报表,应当在批复后"20日"内由各部门向社会公开,并对部门预算、决算中"机关运行经费"的安排、使用情况等重要事项作出说明。

5. 跨年度预算平衡原则
6. 制约协调原则

(二)预算体制

1. 一级政府一级预算

(1)五级预算体制(见表7-1)

表7-1 五级预算体制

分类	具体内容
中央预算	中央预算
地方预算	省级(省、自治区、直辖市)预算
	地市级(设区的市、自治州)预算
	县市级(县、自治县、不设区的市、市辖区)预算
	乡镇级(乡、民族乡、镇)预算

『老侯提示』县级以上地方政府的派出机关根据本级政府授权进行预算管理活动,"不作为一级预算",其收支纳入本级预算。

(2)各级预算组成(2022年新增)

①全国预算=中央预算+地方预算

②地方预算=各省、自治区、直辖市"总"预算

③地方各级"总"预算=本级预算+汇总的下一级"总"预算

『老侯提示』下一级只有本级预算的,下一级总预算即指下一级的本级预算。没有下一级预算的,总预算即指本级预算。

2. 分税制(2022年新增)

(1)国家实行中央和地方分税制。

(2)县级以上地方各级政府应当根据中央和地方分税制的原则和上级政府的有关规定,确定本级政府对下级政府的财政管理体制。

3. 财政转移支付(2022年新增)

(1)主要目标:推进地区间基本公共服务均等化。

(2)分类

财政转移支付的分类见表7-2。

表 7-2 财政转移支付的分类

类别		具体内容
一般性转移支付	性质	属于主要转移支付方式
	包括内容	(1)均衡性转移支付； (2)对革命老区、民族地区、边疆地区等的财力补助； (3)其他一般性转移支付
专项转移支付	性质	上级政府为实现"特定"的经济和社会发展目标给予下级政府，并由下级政府按照上级政府"规定的用途"安排使用
	要求	(1)市场竞争机制能够有效调节的事项不得设立专项转移支付； (2)上级政府在安排专项转移支付时，除按照国务院的规定应当由上下级政府共同承担的事项外，"不得要求"下级政府承担配套资金
	评估	(1)符合规定且有必要继续执行的，可继续执行； (2)设立的有关要求变更，或实际绩效与目标差距较大、管理不够完善的，应当调整； (3)设立依据失效或废止的，应当取消

（三）预算管理的职权

1. 种类

编制权、审批权、执行权、调整权、监督权。

2. 人民代表大会的审查与批准权

人民代表大会的审查与批准权见表 7-3。

表 7-3 人民代表大会的审查与批准权

级别	审查权	批准权
全国人大	中央和地方"预算草案"和"预算执行情况报告"	中央预算和预算执行情况报告
地方人大	本级总预算草案和总预算执行情况报告	本级预算和预算执行情况报告

3. 人民代表大会常务委员会的审批权

人民代表大会常务委员会的审批权见表 7-4。

表 7-4 人民代表大会常务委员会的审批权

级别	审批权
全国人大常委会	中央预算的"调整方案、决算方案"
地方人大常委会	本级预算的调整方案、决算方案

【老侯提示】设立预算的"乡、民族乡、镇"，不设立人大常委会，所有的审批权均由人大行使。

【例题 1·多选题】我国国家预算体制中县市级预算包括（　　）。

A. 县预算　　　　B. 自治县预算
C. 设区的市预算　D. 市辖区预算

解析　我国国家预算体制中县市级预算包括：县预算、自治县预算、不设区的市预算、市辖区预算。

答案　ABD

【例题 2·单选题】 ✮根据预算法律制度的规定，中央决算草案在编制后需经特定机关审查和批准。该特定机关是( )。

A. 全国人民代表大会
B. 全国人民代表大会常务委员会
C. 财政部
D. 国务院

解析 国务院财政部门编制中央决算草案，经国务院审计部门审计后，报国务院审定，由国务院提请全国人民代表大会常务委员会审查和批准。 **答案** B

守将二、预算收支范围（2019年多选题；2020年、2021年单选题）

（一）一般公共预算

1. 一般公共预算收入（2022年调整）
（1）税收收入；属于一般公共预算收入主体。占比80%以上；
（2）行政事业性收费收入；
（3）国有资源（资产）有偿使用收入；
（4）转移性收入：
①上级税收返还和转移支付
②下级上解收入
③调入资金
④按照财政部规定列入转移性收入的无隶属关系政府的无偿援助

『老侯提示』不包括按规定应上缴的"国有资本收益、政府性基金、社保收入"等。

2. 一般公共预算支出
（1）按功能划分
①一般公共服务支出；
②外交、公共安全、国防支出；
③农业、环境保护支出；
④科、教、文、卫、体支出（事业发展）；
⑤社会保障及就业支出。
（2）按经济性质划分
①工资福利支出；
②商品和服务支出；
③资本性支出。

3. 中央与地方的一般公共预算项目划分（2022年新增）

中央与地方的一般公共预算项目划分见表7-5。

表7-5 中央与地方的一般公共预算项目划分

中央一般预算		地方一般预算	
收入	支出	收入	支出
中央本级收入	中央本级支出	地方本级收入	地方本级支出
地方向中央上解收入	中央对地方的税收返还和转移支付	上级政府对本级政府的税收返还和转移支付	对上级政府的上解支出
		下级政府上解收入	对下级政府的税收返还和转移支付

（二）政府性基金预算（2022年新增）

政府性基金预算见表7-6。

表7-6 政府性基金预算

考点	具体内容	举例
收入来源	依照法律、行政法规的规定在一定期限内向特定对象征收、收取或者以其他方式筹集的资金	民航发展基金、国家重大水利建设基金、国有土地使用权出让金等
支出方向	专项用于特定公共事业发展	

【老侯提示】 政府性基金预算应当根据基金项目收入情况和实际支出需要，按基金项目编制，做到"以收定支"。

(三)国有资本经营预算(2022年新增)

收入来源：国有资本收益。

【老侯提示】 国有资本经营预算应当按照收支平衡的原则编制，不列赤字，并安排资金调入一般公共预算。

(四)社会保险基金预算(2022年新增)

收入来源：社会保险缴款、一般公共预算安排的财政补贴、基金投资收益、利息收入及捐赠收入等。

支出方向：专项用于社会保险。

【老侯提示】 社保基金预算应当按照统筹层级和社会保险项目分别编制，做到收支平衡。

【例题1·多选题】 根据预算法律制度的规定，下列各项中，属于一般公共预算收入的有( )。

A. 国家所有的森林使用收入
B. 行政事业性收费收入
C. 下级上解收入
D. 税收收入

解析 选项A，属于国有资源(资产)有偿使用收入；选项C，属于转移性收入。

答案 ABCD

【例题2·单选题】 根据预算法律制度的规定，下列一般公共预算收入中，属于转移性收入的是( )。

A. 行政事业性收费收入
B. 税收收入
C. 国有资源有偿使用收入
D. 返还性收入

解析 转移性收入包括：上级税收返还和转移支付、下级上解收入、调入资金、按照财政部规定列入转移性收入的无隶属关系政府的无偿援助。

答案 D

【例题3·多选题】 根据预算法律制度的有关规定，我国预算包括( )。

A. 一般公共预算
B. 政府性基金预算
C. 国有资本经营预算
D. 社会保险基金预算

答案 ABCD

【例题4·多选题】 下列国家预算中有关中央一般公共预算表述正确的有( )。

A. 包括中央各部门(含直属单位)的预算
B. 包括地方向中央上解的收入
C. 包括中央对地方的税收返还
D. 以国有资本收益为主体

解析 选项D，一般公共预算以税收收入为主。

答案 ABC

守将三、预算组织程序(★★)(2016年判断题、单选题；2017年单选题、多选题；2018年多选题、判断题；2020年判断题；2021年多选题)

(一)预算编制

1. 预算年度——公历1月1日至12月31日

2. 预算编制的基本要求(2022年调整)

(1)各级预算收入的编制，应当与经济社会发展水平相适应，与财政政策相衔接。

(2)各级政府、各部门、各单位应当依照法律规定，将"所有"政府收入全部列入预算，不得隐瞒、少列。

(3)涉及举借债务的规定(见表7-7)

表7-7 举借债务的规定

	中央一般公共预算举债(国债)	省、自治区、直辖市政府举债(地方债)
执行限额管理	不得超过"全国人大"批准的限额	不得突破"国务院"批准的限额
用途	——	只能用于公益性资本支出，不得用于经常性支出

续表

	中央一般公共预算举债（国债）	省、自治区、直辖市政府举债（地方债）
偿还	——	应当有偿还计划和稳定的偿还资金来源
监督	——	国务院建立地方政府债务风险评估和预警机制、应急处置机制及责任追究制度

(4) 各级预算支出应当依照预算法规定，按其功能和经济性质分类编制。

(5) 各级预算支出的编制，应当贯彻勤俭节约的原则，严格控制各部门、各单位的机关运行经费和楼堂馆所等基本建设支出。

(6) 各级一般公共预算支出的编制，应当统筹兼顾，在保证基本公共服务合理需要的前提下，优先安排国家确定的重点支出。

3. 预算编制的基础

预算编制的基础见表7-8。

表7-8 预算编制的基础

政府	各部门、单位
(1) 年度经济社会发展目标； (2) 国家宏观调控总体要求； (3) 跨年度预算平衡的需要； (4) 参考上一年预算执行情况、有关支出绩效评价结果和本年度收支预测	(1) 政府收支分类科目； (2) 预算支出标准和要求； (3) 绩效目标管理等规定； (4) 根据依法履行职能和事业发展的需要以及存量资产情况

4. 一般公共预算编制的细化要求（2022年新增）

一般公共预算编制的细化要求见表7-9。

表7-9 一般公共预算编制的细化要求

收支方向	分类	编制细化要求
收入	按功能分类	类、款、项
支出	按功能分类	类、款、项
	按经济性质分类	类、款

5. 预备费、周转金与预算稳定调节基金（2022年新增）

预备费、周转金与预算稳定调节基金见表7-10。

表7-10 预备费、周转金与预算稳定调节基金

类别		具体考点
预备费	设置标准	按照本级一般公共预算支出额的"1%至3%"设置
	用途	用于当年预算执行中的自然灾害等突发事件处理增加的支出及其他难以预见的开支
周转金	设置标准	额度不得超过本级一般公共预算支出总额的"1%"
	用途	用于本级政府调剂预算年度内季节性收支差额
	归宿	年度终了时，各级政府财政部门可以将预算周转金收回并用于补充预算稳定调节基金
预算稳定调节基金	用途	用于弥补以后年度预算资金的不足

【例题1·单选题】☆根据预算法律制度的规定，我国预算年度的起止日期为( )。

A. 自公历10月1日起，至次年9月30日止

B. 自公历4月1日起，至次年3月31日止

C. 自公历1月1日起，至12月31日止

D. 自公历6月1日起，至次年5月31日止

解析 我国的预算年度从当年的1月1日始，至12月31日止。 **答案** C

【例题2·单选题】☆根据预算法律制度的规定，经国务院批准，省、自治区、直辖市政府可以适度举借债务，举借的债务只能用于特定支出。该特定支出是( )。

A. 公益性资本支出

B. 工资福利支出

C. 商品支出

D. 服务支出

答案 A

【例题3·单选题】根据预算法律制度的规定，报请各级人民代表大会审查和批准的政府性基金预算草案，按其功能应当编制到( )。

A. 类　　　　B. 款

C. 项　　　　D. 目

答案 C

【例题4·多选题】根据预算法律制度的规定，下列关于预算编制的要求说法正确的有( )。

A. 各级政府、各部门、各单位应当依照法律规定，将所有政府收入全部列入预算

B. 各级一般公共预算支出的编制，在保证基本公共服务合理需要的前提下，优先安排国家确定的重点支出

C. 各级一般公共预算应当按照本级一般公共预算支出额的5%设置预备费

D. 预算周转金用于弥补以后年度预算资金的不足

解析 选项C，预备费按照本级一般公共预算支出额的"1%至3%"设置；选项D，预算周转金用于本级政府调剂预算年度内季节性收支差额。 **答案** AB

(二)预算的审批

1. 预算审批权

(1)中央预算：全国人民代表大会；

(2)地方各级政府预算：本级人民代表大会。

2. 预算审批流程(2022年新增)

(1)中央和地方预算草案及执行情况的报告

国务院报全国人大审批→全国人大财政经济委员会向全国人大主席团提出审查结果报告

(2)地方预算草案及执行情况的报告

地方各级政府报地方人大审批→省级、地市级人大有关专门委员会，县市级人大常委会向地方人大主席团提出审查结果报告

3. 预算审查的内容(2022年新增)

(1)上一年预算执行情况是否符合本级人民代表大会预算决议的要求。

(2)预算安排是否符合预算法的规定。

(3)预算安排是否贯彻国民经济和社会发展的方针政策，收支政策是否切实可行。

(4)重点支出和重大投资项目的预算安排是否适当。

(5)预算的编制是否完整，是否细化到符合预算法的规定。

(6)对下级政府的转移性支出预算是否规范、适当。

(7)预算安排举借的债务是否合法、合理，是否有偿还计划和稳定的偿还资金来源。

(8)与预算有关重要事项的说明是否清晰。

4. 审查结果报告包括的内容(2022年新增)

(1)对上一年预算执行和落实本级人民代表大会预算决议的情况作出评价。

(2)对本年度预算草案是否符合预算法

的规定,是否可行作出评价。

(3)本级人民代表大会批准预算草案和预算报告提出建议。

(4)对执行年度预算、改进预算管理、提高预算绩效、加强预算监督等提出意见和建议。

5. 预算备案

预算备案见图7-1。

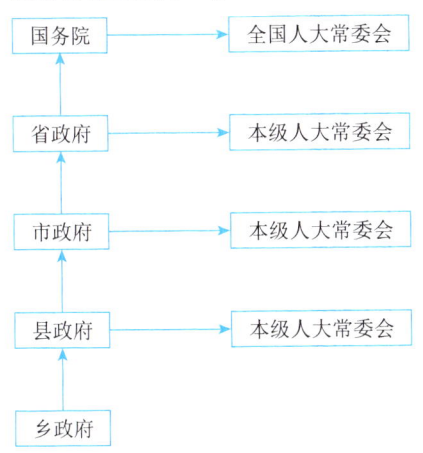

图7-1 预算备案

6. 预算批复

各级政府"财政部门"应当自本级人大批准本级政府预算之日起"20日"内,批复本级各部门预算。

"各部门"应当自接到本级财政部门批复的本部门预算后"15日"内,批复所属各单位预算。

【例题5·单选题】各级预算经本级人民代表大会批准后,本级政府财政部门应当在( )日内向本级各部门批复预算。

A. 10　　　　　B. 15
C. 20　　　　　D. 30

解析　各级预算经本级人民代表大会批准后,本级政府财政部门应当在20日内向本级各部门批复预算。　　答案▶C

(三)预算的执行

1. 预算执行中的职权

各级预算由"本级政府"组织执行,具体工作由本级政府"财政部门"负责。"各部门、各单位"是本部门、本单位的预算执行主体。

2. 预算收支的组织执行

(1)预算审批"前"可以安排的支出。

①上一年度结转的支出;

②参照上一年同期的预算支出数额安排必须支付的本年度部门基本支出、项目支出,以及对下级政府的转移性支出;

③法律规定必须履行支付义务的支出,以及用于自然灾害等突发事件处理的支出。

〖老侯提示1〗预算审批前安排的支出,应当在预算草案的报告中作出说明。预算审批后按照批准的预算执行。

(2)预算收入的组织执行。

预算收入征收部门和单位,必须按照法律、行政法规的规定,及时、足额征收应征的预算收入。

〖老侯提示1〗各级政府不得向预算收入征收部门和单位下达收入指标。

〖老侯提示2〗政府的全部收入应当上缴国库。

(3)预算支出的组织执行。

各级政府财政部门,必须依照法律、行政法规和国务院财政部门的规定,及时、足额地拨付预算支出资金,加强对预算支出的管理和监督。

各级政府、各部门、各单位的支出必须按照预算执行,不得虚假列支。并应当对预算支出情况开展绩效评价。

(4)预算执行中会计核算的基础:收付实现制(2022年新增)。

〖老侯提示〗特定事项按照国务院的规定实行权责发生制的有关情况,应当向本级人民代表大会常务委员会报告。

3. 国库制度

(1)国库设立。

县级以上各级预算必须设立国库。

〖老侯提示〗具备条件的乡、民族乡、镇也应当设立国库。

(2)国库业务。

中央国库业务由"中国人民银行"经理，地方国库业务依照国务院的有关规定办理。

（3）库款支配。

各级国库库款的支配权属于本级政府"财政部门"。

4."超收收入"与"结余资金"的管理（2022年新增）

（1）各级一般公共预算年度执行中有"超收收入"的，只能用于"冲减赤字"或者"补充预算稳定调节基金"。

（2）各级一般公共预算的"结余资金"，应当"补充预算稳定调节基金"。

5.短收的处理（2022年新增）

省、自治区、直辖市一般公共预算年度执行中出现短收，通过调入预算稳定调节基金、减少支出等方式仍不能实现收支平衡的，省、自治区、直辖市政府报本级人民代表大会或者其常务委员会批准，可以增列赤字，报国务院财政部门备案，并应当在下一年度预算中予以弥补。

【例题6·多选题】☆根据预算法律制度的规定，预算年度开始后，各级预算草案在本级人民代表大会批准前，可以安排的支出有（　）。

　A．用于自然灾害等突发事件处理的支出

　B．法律规定必须履行支付义务的支出

　C．参照上一年同期的预算支出数额安排必须支付的本年度部门基本支出

　D．上一年度结转的支出

答案 ABCD

【例题7·判断题】☆各级政府不得向预算收入征收部门和单位下达收入指标。（　）

答案 √

【例题8·判断题】☆各级一般公共预算年度执行中有超收收入的，只能用于冲减赤字或补充预算稳定调节基金。（　）

答案 √

【例题9·多选题】根据预算法律制度的规定，下列关于预算的执行说法中，正确的有（　）。

　A．各级一般公共预算年度执行中有超收收入的，可以结转下年自行安排

　B．预备费可以用于当年预算执行中的自然灾害等突发事件处理增加的支出

　C．各级一般公共预算的结余资金，应当补充预算稳定调节基金

　D．各级一般公共预算年度执行中有超收收入的，可以用于冲减赤字

解析　选项A，各级一般公共预算年度执行中有"超收收入"的，只能用于"冲减赤字"或者"补充预算稳定调节基金"。

答案 BCD

（四）预算的调整

1.调整原因

（1）需要增加或者减少预算总支出的；

（2）需要调入预算稳定调节基金的；

（3）需要调减预算安排的重点支出数额的；

（4）需要增加举借债务数额的。

『老侯提示1』需要进行预算调整的原因无非"超支、短收"。

『老侯提示2』在预算执行中，因上级政府"增加不需要本级政府提供配套资金的专项转移支付"而引起的预算支出变化，不属于预算调整。

2.调整程序

（1）编制方案

预算调整方案应当说明预算调整的理由、项目和数额。

（2）审批

①县级以上包括中央：由人大常委会审批；

②乡、民族乡、镇：本级人大审批。

【例题10·多选题】☆根据预算法律制度的规定，经批准的中央预算在执行中出现下列情形时，应当进行预算调整的有（　）。

　A．需要增加预算总支出的

　B．需要减少举借债务数额的

　C．需要调入预算稳定调节基金的

D. 需要调减预算安排的重点支出数额的

解析 选项 B：需要增加举借债务数额的，应当进行预算调整。 **答案** ACD

(五)决算

1. 决算草案的编制

决算草案由各级政府、各部门、各单位，在每一预算年度终了后按照"国务院"规定的时间编制。

2. 决算草案的审批

国务院财政部门编制中央决算草案，经国务院审计部门审计后，报国务院审定，由国务院提请全国人大常委会审批。

县级以上地方各级政府财政部门编制本级决算草案，经本级政府审计部门审计后，报本级政府审定，由本级政府提请本级人大常委会审批。

乡、民族乡、镇政府编制本级决算草案，提请"本级人大"审批。

【例题11·单选题】☆根据预算法律制度的规定，审查和批准县级决算草案的机关是( )。

A. 县级人民政府
B. 县级人民代表大会常务委员会
C. 县级人民代表大会
D. 县级财政部门

答案 B

守将四、预算监督(★)

监督主体：各级国家权力机关；政府；财政部门、审计部门、政府其他部门；社会公众。

(一)权力机关的监督

1. 全国人大及常委会对中央和地方预算、决算进行监督。

2. 县级以上地方各级人大及常委会对本级和下级政府预算、决算进行监督。

3. 乡、民族乡、镇人大对本级预算、决算进行监督。

(二)政府机关的监督

各级政府监督下级政府的预算执行；下级政府应当定期向上一级政府报告预算执行情况。

【老侯提示】国务院和县级以上地方各级政府应当在每年6-9月期间向本级人民代表大会常务委员会报告预算执行情况。

(三)各级政府"专门机构"的监督

1. 各级政府"财政部门"负责监督检查本级各部门及其所属各单位预算管理有关工作；并向"本级政府"和"上一级政府财政部门"报告预算执行情况。

2. 各级政府"审计部门"对本级预算执行情况和决算草案，本级各部门、各单位和下级政府的预算执行和决算实行"审计监督"。

3. 政府各部门负责监督检查所属各单位的预算执行，及时向"本级政府财政部门"反映本部门预算执行情况，依法纠正违反预算的行为。

(四)其他主体对预算的监督

公民、法人、其他组织发现有违法行为，可以依法向有关国家机关进行检举、控告。

接受检举、控告的国家机关应当依法进行处理，并为检举人、控告人保密。任何单位或个人不得压制、打击报复检举人、控告人。

【例题·多选题】下列有关预决算管理的监督表述正确的有( )。

A. 全国人民代表大会及其常务委员会对中央和地方预算、决算进行监督

B. 县级以上地方各级人民代表大会及其常务委员会对本级和下级政府预算、决算进行监督

C. 乡、民族乡、镇人民代表大会对本级预算、决算进行监督

D. 各级政府财政部门负责监督本级各部门及其所属各单位预算的执行，并向上一级

政府报告预算执行情况

解析 选项D，各级政府财政部门负责监督检查本级各部门及其所属各单位预算的执行；并向本级政府和上一级政府财政部门报告预算执行情况。　　**答案** ABC

第二部分　国有资产管理法律制度

守将一、企业国有资产法律制度（★★）（2018年多选题；2019年单选题、判断题；2020年、2021年单选题、多选题）

（一）出资人和履行出资人职责的机构（2022年调整）

1. 出资人——国务院代表国家行使国有资产所有权

（1）关系国民经济命脉和国家安全的大型国家出资企业、重要基础设施和重要自然资源等领域的国家出资企业，由国务院代表国家履行出资人职责。

（2）其他的国家出资企业，由地方人民政府代表国家履行出资人职责。

2. 履行出资人职责的机构——国资委和授权部门

（1）国务院国有资产监督管理机构和地方人民政府按照国务院的规定设立的国有资产监督管理机构，根据本级人民政府的授权，代表本级人民政府对国家出资企业履行出资人职责。

（2）国务院和地方人民政府根据需要，可授权其他部门、机构代表本级人民政府对国家出资企业履行出资人职责。

【例题1·单选题】☆根据国有资产管理法律制度的规定，下列机构中，代表国家行使国有资产所有权的是（　　）。

A. 中国人民银行　　B. 自然资源部
C. 国务院　　　　　D. 财政部

答案 C

（二）国家出资企业类型

国有独资企业、国有独资公司、国有资本控股公司、国有资本参股公司。

（三）国家出资企业管理者的选择与考核

1. 履行出资人职责机构的人事任免权见表7-11。

表7-11　履行出资人职责机构的人事任免权

企业类型	人事任免权
国有独资企业	任免经理、副经理、财务负责人和其他高级管理人员
国有独资公司	任免董事长、副董事长、董事、监事会主席和监事（非职工代表）
国有资本控股、参股公司	向股东会、股东大会"提出"董事、监事人选

2. 国家出资企业管理者的"兼职"限制。

（1）未经"履行出资人职责的机构"同意，"国有独资企业、国有独资公司"的董事、高级管理人员不得在"其他企业"兼职。

【链接】国有独资企业、国有独资公司不设股东会，董事、高管由履行出资人职责的机构任命。

（2）未经"股东会、股东大会"同意，"国有资本控股公司、国有资本参股公司"的董事、高级管理人员不得在"经营同类业务"的其他企业兼职。

（3）未经履行出资人职责的机构同意，国有独资公司的董事长不得兼任经理。

（4）未经股东会、股东大会同意，国有资本控股公司的董事长不得兼任经理。

（5）董事、高级管理人员不得兼任监事。

【例题2·单选题】☆根据国有资产管理法律制度的规定，国家出资企业的下列人员中，不由履行出资人职责的机构任免的是( )。

A. 国有资本参股公司的监事
B. 国有独资公司的董事长
C. 国有独资企业的经理
D. 国有独资企业的财务负责人

解析 选项A，国有资本参股公司的监事(非职工代表)，履行出资人职责的机构有权提出人选，不能直接任免。 **答案** A

【例题3·判断题】未经履行出资人职责的机构同意，国有资本控股公司的董事长不得兼任经理。 ( )

解析 未经股东会、股东大会同意，国有资本控股公司的董事长不得兼任经理。 **答案** ×

【例题4·判断题】未经履行出资人职责的机构同意，董事、高级管理人员不得兼任监事。 ( )

解析 董事、高级管理人员不得兼任监事是"法定"的。 **答案** ×

(四)与"关联方"交易的限制

1. 谁是关联方

本企业的"董、监、高"+近亲属+上述人员所有或者实际控制的企业。

2. 禁止事项

(1)绝对禁止——必然导致国有资产流失。

不得"无偿"向关联方提供资金、商品、服务或者其他资产，不得以"不公平的价格"与关联方进行交易。

(2)相对禁止——可能导致国有资产流失。

国有独资企业、国有独资公司与关联方的相对禁止转让事项见表7-12。

表7-12 国有独资企业、国有独资公司与关联方的相对禁止转让事项

企业性质	相对禁止事项	除外情形
国有独资	订立"财产转让、借款"的协议	经履行出资人职责的机构批准
	提供"担保"	
	"共同出资"设立企业	
	向关联方企业"投资"	

(3)禁止行使表决权。

国有资本控股公司、国有资本参股公司与关联方的交易，公司董事会作出决议时，该交易所涉及的董事"不得行使"表决权，也"不得代理"其他董事行使表决权。

【例题5·多选题】☆根据国有资产管理法律制度的规定，未经履行出资人职责的机构同意，与关联方发生的下列交易中，应该禁止的有( )。

A. 国有独资企业为关联方提供担保
B. 国有独资企业与关联方订立财产转让协议
C. 国有独资公司与关联方订立借款协议
D. 国有独资公司按照市场价格购买关联方的商品

解析 选项A、B、C，可能导致国有资产流失，应当经履行出资人职责的机构批准；选项D，市场价格交易，不会导致国有资产流失，无须经过批准。 **答案** ABC

(五)国有资本经营预算

1. 应当纳入国有资本经营预算的收入

(1)从国家出资企业分得的利润；
(2)国有资产转让收入；
(3)从国家出资企业取得的清算收入。

2. 国有资本经营预算的编制要求

(1)国有资本经营预算按年度单独编制，纳入本级人民政府预算，报本级人民代表大会批准。

(2)其预算支出按照当年预算收入规模

安排，不列赤字。

(3)国务院和有关地方人民政府财政部门负责国有资本经营预算草案的编制工作，履行出资人职责的机构向财政部门提出由其履行出资人职责的国有资本经营预算建议草案。

【例题6·单选题】✮根据企业国有资产法律制度的规定，下列关于国有资本经营预算的表述中，不正确的是( )。

A. 国有资本经营预算可列赤字
B. 国有资本经营预算按年度单独编制
C. 国有资本经营预算的执行情况应接受审计监督
D. 国有资本经营预算草案的编制由财政部门负责

解析 ▶ 选项A，企业国有资本经营预算支出按照当年预算收入规模安排，不列赤字。

答案 ▶ A

(六)企业国有资产及重大事项管理(2022年调整)

1. 由国有资产监督管理机构负责的事项

(1)企业国有资产的产权界定、产权登记、资产评估监管、清产核资、资产统计、综合评价等基础管理工作。

(2)建立企业国有资产产权交易监督管理制度。

(3)对其所出资企业的企业国有资产收益、重大投融资规划、发展战略和规划依法履行出资人职责。

(4)决定国有独资企业、国有独资公司的"分立、合并、破产、解散、增减资本、发行公司债券"。

(5)决定其所出资企业的国有股权转让。

(6)拟订所出资企业收入分配制度改革的指导意见，调控所出资企业工资分配的总体水平。

(7)依法对所出资企业财务进行监督。

2. 报本级人民政府批准的事项

(1)重要的国有独资企业、国有独资公司"分立、合并、破产、解散"。

(2)转让"全部"国有股权或者转让部分国有股权致使国家"不再拥有控股地位"。

【例题7·多选题】重要的国有独资企业、国有独资公司的下列事项中，应由本级人民政府批准的有( )。

A. 分立成两个企业
B. 与其他企业合并
C. 增加或减少注册资本
D. 分配利润

解析 ▶ 重要的国有独资企业、国有独资公司、国有资本控股公司的合并、分立、解散、申请破产等须报请本级人民政府批准。

答案 ▶ AB

(七)企业国有资产监督(2022年新增)

1. 各级权力机关的监督：各级人大常委会
2. 各级政府的监督：国务院和地方人民政府
3. 审计监督：国务院和地方人民政府审计机关
4. 社会监督：会计师事务所审计、单位、个人检举

考将二、行政事业性国有资产管理法律制度(★)(2017年单选题)

(一)行政事业性国有资产管理体制——政府分级监管、各部门及其所属单位直接支配(2022年调整)

1. "各级人民政府"应当建立健全行政事业性国有资产管理机制，加强对本级行政事业性国有资产的管理，审查、批准重大行政事业性国有资产管理事项。

2. "国务院财政部门"负责制定行政事业单位国有资产管理规章制度并负责组织实施和监督检查，牵头编制行政事业性国有资产管理情况报告。

3. "国务院机关事务管理部门和有关机关事务管理部门(国管局)"会同有关部门依法依规履行相关中央行政事业单位国有资产管

理职责，制定中央行政事业单位国有资产管理具体制度和办法并组织实施，接受国务院财政部门的指导和监督检查。

4. **"各部门"** 根据职责负责本部门及其所属单位国有资产管理工作。

5. **"各部门所属单位"** 负责本单位行政事业性国有资产的具体管理。

【例题1·多选题】有关事业单位国有资产管理体制规定的表述，下列各项中，正确的有( )。

A. 国务院财政部门负责制定行政事业单位国有资产管理规章制度并负责组织实施和监督检查

B. 国务院机关事务管理部门和有关机关事务管理部门会同有关部门依法依规履行相关中央行政事业单位国有资产管理职责

C. 各部门根据职责负责本部门及其所属单位国有资产管理工作

D. 各级人民政府财政部门应当建立健全行政事业性国有资产管理机制，加强对本级行政事业性国有资产的管理

解析▶ 选项D，"各级人民政府"应当建立健全行政事业性国有资产管理机制，加强对本级行政事业性国有资产的管理。 答案▶ ABC

(二) 行政事业性国有资产的配置、使用和处置 (2022年调整)

1. 配置

(1) 配置方式：调剂、购置、建设、租用、接受捐赠等。

(2) 调剂优先原则：各部门及其所属单位应当优先通过"调剂"方式配置资产。

2. 使用

(1) 除法律另有规定外，行政单位不得以任何形式将国有资产用于对外投资或者设立营利性组织。

(2) 行政单位应当将对外投资形成的股权纳入经营性国有资产集中统一监管体系。

(3) 县级以上地方人民政府及其有关部门应当建立健全国有资产共享共用机制。

3. 处置

(1) 应当及时报废、报损的资产

①因技术原因确需淘汰或者无法维修、无维修价值的资产；

②涉及盘亏、坏账以及非正常损失的资产；

③已超过使用年限且无法满足现有工作需要的资产；

④因自然灾害等不可抗力造成毁损、灭失的资产。

(2) 罚没资产处理

各部门及其所属单位应当将依法罚没的资产公开拍卖或者按照国家有关规定处理，所得款项全部上缴国库。

(三) 行政事业性国有资产的基础管理

1. 按规定设置账簿进行会计核算，不得形成账外资产。

2. 应当定期或者不定期进行盘点、对账，做到账实相符和账账相符。

3. 除国家另有规定外，行政事业性国有资产转让、拍卖、置换、对外投资等，应当进行资产评估，市场化方式出售、出租的，可以通过相应公共资源交易平台进行。

4. 应当进行财产清查的情形

(1) 根据本级政府部署要求；

(2) 发生重大资产调拨、划转以及单位分立、合并、改制、撤销、隶属关系改变等情形；

(3) 因自然灾害等不可抗力造成资产毁损、灭失；

(4) 会计信息严重失真；

(5) 国家统一的会计制度发生重大变更，涉及资产核算方法发生重要变化。

5. 对需要办理权属登记的资产应当依法及时办理。

6. 发生资产纠纷的，应当采取协商等方式处理。

7. 国务院财政部门应当建立全国行政事业性国有资产管理信息系统，推行资产管理网上办理，实现信息共享。

【例题 2·多选题】 根据国有资产管理法律制度的规定，各部门及其所属行政事业单位发生的下列情形中，应当进行资产清查的有（　）。

A. 因不可抗力造成资产毁损、灭失

B. 国家统一的会计制度发生重大变更，但资产核算方法未发生变化

C. 发生重大资产调拨、划转

D. 单位合并

解析 选项B，国家统一的会计制度发生重大变更，涉及资产核算方法发生重要变化的应当进行资产清查。

答案 ACD

（四）行政事业性国有资产的报告

1. 政府向人大负责制

（1）国务院向全国人大常委会报告全国行政事业性国有资产管理情况。

（2）县级以上地方政府向本级人大常委会报告行政事业性国有资产管理情况。

2. 报告内容

资产负债总量，相关管理制度建立和实施，资产配置、使用、处置和效益，推进管理体制机制改革等情况。

3. 逐级上报制度

本部门所属单位→本部门→本级政府财政部门→本级政府和上一级政府财政部门

（五）行政事业性国有资产的监督（同预算监督）

第三部分　政府采购法律制度

守将一、政府采购的概念和原则（★）（2017年单选题）

（一）概念

各级"国家机关、事业单位和团体组织"，使用"财政性资金"采购依法制定的"集中采购目录以内的或者采购限额标准以上"的"货物、工程和服务"的行为。

1. 采购主体

国家机关、事业单位和团体组织。

『老侯提示』"国有企业、私营企业、集体企业"都不属于政府采购的主体范围。

2. 调整范围

集中采购目录以内或采购限额标准以上。

『老侯提示』在政府集中采购目录以"外"且采购限额标准以"下"，不属于政府采购法的调整范围。

3. 采购对象

货物、工程和服务。

【例题 1·多选题】 下列选项中，不适用政府采购法的有（　）。

A. 某外商独资企业采购原材料

B. 某国有独资公司采购生产设备

C. 某体育局用体育经费拨款购买体育设施

D. 某建筑公司承揽了国家的某项重点工程新建项目而采购建筑材料

解析 政府采购是指各级"国家机关、事业单位和团体组织"，使用"财政性资金"采购依法制定的"集中采购目录以内的或者采购限额标准以上"的"货物、工程和服务"的行为。选项A、B、D属于公司、企业，不能使用财政性基金。因此不适用政府采购法。

答案 ABD

（二）政府采购的原则

1. 公开透明原则

（1）政府采购的"信息"应当在政府采购监督管理部门指定的媒体上及时向社会公开发布，但涉及商业秘密的除外；

（2）政府"采购目录和限额标准"应当向社会公布；

（3）政府采购项目的"采购标准"应当公开；

（4）采购人在采购活动完成后，应当将"采购结果"予以公布。

2. 公平竞争原则

（1）任何单位和个人不得采用任何方式，阻挠和限制供应商自由进入本地区和本行业的政府采购市场。

（2）政府采购当事人不得以任何手段排斥其他供应商参与竞争。

（3）采购人或者采购代理机构不得以不合理的条件对供应商实行差别待遇或者歧视待遇，包括：

①就同一采购项目向供应商提供有差别的项目信息；

②设定的资格、技术、商务条件与采购项目的具体特点和实际需要不相适应或者与合同履行无关；

③采购需求中的技术、服务等要求指向特定供应商、特定产品；

④以特定行政区域或者特定行业的业绩、奖项作为加分条件或者中标、成交条件；

⑤对供应商采取不同的资格审查或者评审标准；

⑥限定或者指定特定的专利、商标、品牌或者供应商；

⑦非法限定供应商的所有制形式、组织形式或者所在地。

3. 公正原则

（1）微观：个案公正；

（2）宏观：整体环境公正。

4. 诚实信用原则

[例题2·单选题] ☆根据政府采购法律制度的规定，下列各项中，属于采购人以不合理的条件对供应商实行差别待遇的情形是（　）。

A. 要求供应商具有良好的商业信用
B. 要求供应商具有依法纳税的良好记录
C. 要求供应商拥有特定的商标
D. 要求供应商具有独立承担民事责任的能力

解析 限定或指定特定的专利、商标、品牌或供应商，属于采购人以不合理的条件对供应商实行差别待遇。　**答案** C

守将二、政府采购的当事人（★）
（2019年多选题；2021年判断题）

（一）采购人——国家机关、事业单位和团体组织（2022年调整）

1. 集中采购目录的制定。

（1）属于"中央预算"的政府采购项目，其集中采购目录由财政部拟定后报"国务院"确定并公布；

（2）属于"地方预算"的政府采购项目，其集中采购目录由"省级人民政府或其授权的机构"确定并公布。

2. 采购"纳入"集中采购目录的政府采购项目，"必须"委托集中采购机构代理采购。

（1）属于通用政府采购项目：委托集中采购机构代理采购；

（2）属于本部门、本系统有特殊要求的项目：实行部门集中采购；

（3）属于本单位有特殊要求的项目，经省级以上政府批准，可以自行采购。

3. 采购"未纳入"集中采购目录的政府采购项目，可以自行采购，也可以委托集中采购机构代理采购。

4. 采购人可以委托集中采购机构以外的采购代理机构，在委托的范围内办理政府采购事宜。

5. 采购人有权自行选择采购代理机构，任何单位和个人不得以任何方式为采购人指定采购代理机构。

（二）采购代理机构

1. 集中采购机构

设区的市级以上人民政府依法设立的"非营利事业法人"，是代理集中采购项目的执行机构。

2. 集中采购机构以外的采购代理机构

从事采购代理业务的社会中介机构。

3. 集中采购要求

采购价格低于市场平均价格、采购效率更高、采购质量优良、服务良好。

429

(三)供应商

1. 概念

向采购人提供货物、工程或者服务的"法人、其他组织或者自然人"。

2. 参加政府采购活动的条件

参加政府采购活动"前3年内",在经营活动中没有重大违法记录。

3. 要求

(1)单位负责人为同一人或者存在直接控股、管理关系的不同供应商,不得参加同一合同项下的政府采购活动。

(2)除单一来源采购项目外,为采购项目提供整体设计、规范编制或者项目管理、监理、检测等服务的供应商,不得再参加该采购项目的其他采购活动。

(3)以联合体方式参加政府采购。

①两个以上的自然人、法人或者其他组织可以组成一个联合体,以一个供应商的身份共同参加政府采购。

②以联合体形式进行政府采购的,联合体各方应当共同与采购人签订采购合同,就采购合同约定的事项对采购人承担"连带责任"。

③联合体中有同类资质的供应商按照联合体分工承担相同工作的,应当按照资质等级较低的供应商确定资质等级。

④以联合体形式参加政府采购活动的,联合体各方不得再单独参加或者与其他供应商另外组成联合体参加同一合同项下的政府采购活动。

【例题1·判断题】☆采购未纳入集中采购目录的政府采购项目,采购人不得委托集中采购机构代理采购。( )

解析 采购未纳入集中采购目录的政府采购项目,采购人可以自行采购,也可以委托集中采购机构代理采购。 **答案** ×

【例题2·多选题】根据政府采购法律制度的规定,下列各项中,属于供应商应当具备的条件有( )。

A. 具有独立承担民事责任的能力

B. 具有良好的商业信用和健全的财务会计制度

C. 具有履行合同所必需的设备和专业技术能力

D. 参与政府采购活动前2年内没有违法记录

解析 选项D,政府采购的供应商要求参与政府采购活动前3年内,在经营活动中没有重大违法记录。 **答案** ABC

【例题3·判断题】☆以联合体形式参加政府采购活动的,联合体中资质等级较高的供应商可以再单独参加同一合同项下的政府采购活动。( )

解析 以联合体形式参加政府采购活动的,联合体各方不得再单独参加或者与其他供应商另外组成联合体参加同一合同项下的政府采购活动。 **答案** ×

守将三、政府采购方式和程序(★★)(2018年多选题;2019年单选题;2020年多选题;2021年单选题)

(一)政府采购的方式

1. 公开招标

(1)招标人以招标公告的方式邀请"不特定"的法人或者其他组织投标。

(2)采购人不得将应当以公开招标方式采购的货物或者服务"化整为零"或者"以其他任何方式规避"公开招标采购。

2. 邀请招标——邀请"3家以上"供应商

(1)具有特殊性,只能从有限范围的供应商处采购的;

(2)采用公开招标方式的费用占政府采购项目总价值的比例过大的。

3. 竞争性谈判——与"不少于3家"供应商谈判

(1)招标后没有供应商投标或者没有合格标的或重新招标未能成立的;

(2)技术复杂或者性质特殊,不能确定详细规格或者具体要求的;

(3)采用招标所需时间不能满足用户紧急需要的;

(4)不能事先计算出价格总额的。

『老侯提示』 有不确定因素才有谈判的空间,上述四项分别为"原因、要求、时间、金额"的不确定。

4. 单一来源——唯一

(1)只能从"唯一"供应商处采购的。

(2)发生了"不可预见的紧急情况"不能从其他供应商处采购的。

『老侯提示』 该"不可预见的紧急情况"非重大自然灾害或其他不可抗力造成。

(3)必须保证原有采购项目一致性或者服务配套的要求,需要继续从原供应商处添购,且添购资金总额不超过原合同采购金额"10%"的。

5. 询价

向"3家以上"供应商发出询价单,对"一次性"报出的价格进行比较,最后按照符合采购需求、质量和服务相等且报价最低的原则,确定成交供应商的方式。

适用范围:"货物规格、标准统一,现货货源充足而且价格变动幅度比较小"的采购项目。

【例题1·多选题】☆根据政府采购法律制度的规定,下列各项中,属于政府采购方式的有( )。

A. 询价　　　　B. 公开招标
C. 邀请招标　　D. 竞争性谈判

答案 ABCD

【例题2·多选题】☆根据政府采购法律制度的规定,下列关于政府采购方式的表述中,正确的有( )。

A. 竞争性谈判的方式要求最少2家供应商,就采购事宜由采购人或者采购代理机构与供应商分别进行一对一的谈判

B. 只能从唯一供应商处采购的,可以采用单一来源采购的方式

C. 公开招标应作为政府采购的主要方式

D. 具有特殊性,并且只能从有限范围的供应商处采购商品或者服务的,可采用邀请招标的方式

解析 选项A,竞争性谈判的方式要求3家以上的供应商就采购事宜与供应商分别进行一对一的谈判,最后通过谈判结果来选择供应商的一种采购方式。 **答案** BCD

【例题3·单选题】某事业单位拟采购一种特定的技术服务,经向社会公开招标没有合格标的,在此情形下,根据政府采购法的规定,该事业单位可以采用的采购方式是( )。

A. 询价　　　　B. 邀请招标
C. 竞争性谈判　D. 单一来源采购

解析 招标后没有供应商投标或者没有合格标的或者重新招标未能成立的,应当采用竞争性谈判方式采购。 **答案** C

(二)政府采购程序(2022年调整)

1. 一般性程序

(1)采购人应当向本级政府财政部门"报备"采购计划。

(2)招标文件、谈判文件、询价通知书中应当"公开采购预算金额"。

(3)投标保证金制度。

①招标文件要求投标人提交投标保证金的,投标保证金不得超过采购项目预算金额的2%。

②投标保证金应当以非现金形式提交。

③采购人或者采购代理机构应当自中标通知书发出之日起5个工作日内退还未中标供应商的投标保证金,自政府采购合同签订之日起5个工作日内退还中标供应商的投标保证金。

(4)除财政部规定情形外,应当从政府采购评审专家库中"随机抽取"评审专家。

(5)评审结果的公布。

①采购代理机构应当自评审结束之日起2个工作日内将评审报告送交采购人。

②采购人应当自收到评审报告之日起5个工作日内在评审报告推荐的中标或者成

交候选人中按顺序确定中标或者成交供应商。

③采购人或者采购代理机构应当自中标、成交供应商确定之日起2个工作日内，发出中标、成交通知书，并予以公告。

(6) 文件保存时间。

采购文件从采购结束之日起"至少保存15年"。

2. 招标采购程序

(1) 公开招标。

货物和服务项目采用公开招标方式采购的，自招标文件开始发出之日起至投标人提交投标文件截止之日止，不得少于"20日"。

(2) 应予废标的情形。

①符合专业条件的供应商或者对招标文件作实质响应的供应商"不足3家"的；

②出现影响采购公正的违法、违规行为的；

③投标人的报价"均超过"了采购预算，采购人不能支付；

④因重大事故，采购任务取消的。

(3) 政府采购招标评标方法：最低评标价法和综合评分法。

3. 竞争性谈判程序

谈判小组由采购人的代表和有关专家共3人以上的单数组成，其中专家的人数不得少于成员总数的2/3。

4. 询价程序

(1) 询价小组：由采购人的代表和有关专家共3人以上的单数组成，其中专家的人数不得少于成员总数的2/3。

(2) 询价：被询价的供应商一次报出不得更改的价格。

5. 政府采购中的禁止与回避（2022年新增）

(1) 禁止行为

①不得串通损害国家、社会或他人利益；

②不得限制竞争；

③不得行贿；

④不得欺诈（作倾向性、误导性的解释说明）；

⑤不得泄密。

(2) 采购人员及相关人员应当回避的情形

①参加采购活动前3年内与供应商存在劳动关系。

②参加采购活动前3年内担任供应商的董事、监事。

③参加采购活动前3年内是供应商的控股股东或者实际控制人。

④与供应商的法定代表人或者负责人有夫妻、直系血亲、三代以内旁系血亲或者近姻亲关系。

【例题4·单选题】✩根据政府采购法的规定，从采购结束之日起，政府采购文件至少要保存的年限为( )年。

A. 30   B. 25
C. 20   D. 15

答案 D

【例题5·单选题】根据政府采购法律制度的规定，货物和服务采用招标方式进行政府采购的，自招标文件开始发出之日起至投标人提交投标文件截止之日止，不得少于一定期间，该期间为( )日。

A. 20   B. 15
C. 10   D. 7

解析 根据规定，采用招标方式进行政府采购的，自招标文件开始发出之日起至投标人提交投标文件截止之日止，不得少于20日。

答案 A

【例题6·多选题】在招标采购中，出现下列情形，应当废标的有( )。

A. 符合专业条件的供应商不足5家的

B. 出现影响采购公正的违法、违规行为的

C. 投标人的报价均超过了采购预算，采购人不能支付

D. 因重大事故，取消采购任务的

解析 符合专业条件的供应商或者对招标文件作实质响应的供应商"不足3家"的，应予废标，选项A错误。

答案 BCD

【例题 7·多选题】下列情形中，赵某作为采购代理机构的工作人员应当回避的有( )。

A. 2 年前曾经在甲供应商担任董事
B. 2 年前曾在乙供应商担任销售
C. 与丙供应商的法定代表人是夫妻
D. 与丁供应商的法定代表人是战友

解析 选项 A，参加采购活动前 3 年内担任供应商的董事、监事应当回避；选项 B，参加采购活动前 3 年内与供应商存在劳动关系应当回避；选项 C、D，与供应商的法定代表人或者负责人有夫妻、直系血亲、三代以内旁系血亲或者近姻亲关系应当回避。

答案 ABC

守将四、政府采购合同(★★)(2017 年单选题；2019 年多选题；2020 年多选题、判断题；2021 年多选题)

(一)合同的形式

政府采购合同适用民法典合同编的规定，应当采用书面形式。

(二)履约保证金

1. 非现金形式提交；
2. 数额不得超过政府采购合同金额的 10%。

(三)合同的签订

1. 采购人与中标、成交供应商应当在中标、成交通知书发出之日起"30 日内"签订政府采购合同。
2. 采购人可以委托采购代理机构代表其与供应商签订政府采购合同。由采购代理机构以采购人名义签订合同的，应当提交采购人的授权委托书，作为合同附件。
3. 自签订之日起 7 个工作日内，采购人应当将合同副本报同级政府采购监督管理部门和有关部门备案。

(四)公告

采购人应当自政府采购合同签订之日起 2 个工作日内，将政府采购合同在省级以上人民政府财政部门指定的媒体上公告，但政府采购合同中涉及国家秘密、商业秘密的内容除外。

(五)履行

1. 经采购人同意，政府采购合同分包履行的，中标供应商的合同主体资格并不改变，"中标供应商就采购项目和分包项目向采购人负责，分包供应商就分包项目承担责任"。

2. 政府采购合同履行中，采购人需追加与合同标的相同的货物、工程或者服务的，在不改变合同其他条款的前提下，可以与供应商协商签订补充合同，但所有补充合同的采购金额不得超过原合同采购金额的"10%"。

【链接】单一来源采购方式中从原供应商处添购，添购资金总额也不能超过原合同采购金额"10%"。

【例题·多选题】☆根据政府采购法律制度的规定，下列关于政府采购合同签订和履行的表述中，正确的有( )。

A. 履约保证金的数额不得超过政府采购合同金额的 10%
B. 采购人不得委托采购代理机构代表其与供应商签订政府采购合同
C. 政府采购合同签订后，采购人应当将合同副本报同级政府采购监督管理部门和有关部门备案
D. 供应商不得采取分包方式履行政府采购合同

解析 选项 B，采购人可以委托采购代理机构代表其与供应商签订政府采购合同；选项 D，经采购人同意，中标、成交供应商可以依法采取分包方式履行合同。

答案 AC

守将五、政府采购的质疑、投诉与监督(★)(2021 年多选题)

(一)询问

1. 供应商对政府采购活动事项有疑问

的，可以向采购人提出询问，采购人应当及时作出答复，但答复的内容不得涉及商业秘密。

2. 采购人或者采购代理机构应当在3个工作日内对供应商依法提出的询问作出答复。

（二）质疑

1. 供应商认为采购文件、过程和成交结果使自己的权益受到损害，可以在知道权益受损之日"7个工作日内"，以"书面形式"向采购人提出质疑。

2. 采购人委托采购代理机构采购的，供应商可以向采购代理机构提出询问或者质疑，采购代理机构应当就采购人委托授权范围内的事项作出答复。

3. 政府采购评审专家应当配合采购人或者采购代理机构答复供应商的询问和质疑。

4. 采购人应当在收到供应商的书面质疑后"7个工作日内"作出答复，并以书面形式通知质疑供应商和其他有关供应商。

（三）投诉

1. 质疑供应商对采购人、采购代理机构的答复不满意或采购人、采购代理机构未在规定时间作出答复，可在答复期满后"15个工作日"内向"同级政府采购监督管理部门"投诉。

2. 政府采购监督管理部门应当在收到投诉后30个工作日内，对投诉事项作出处理决定。

（四）政府采购的监督

1. 各级人民政府"财政部门"是负责政府采购监督管理的部门。

2. "审计机关"应当对政府采购进行"审计监督"。

3. "监察机关"应当加强实施"监察"。

4. 任何单位和个人对政府采购活动中的违法行为，有权控告和检举。

【例题·多选题】 ☆根据政府采购法律制度的规定，下列关于供应商对政府采购活动事项质疑的表述中，正确的有（　）。

A. 政府采购评审专家应当配合采购人答复供应商的质疑

B. 对供应商的询问，采购人答复的内容不得涉及商业秘密

C. 政府采购供应商可以口头形式提出质疑

D. 采购人委托采购代理机构采购的，供应商可以向采购代理机构提出质疑

解析 选项C，供应商认为采购文件、采购过程和中标、成交结果使自己的权益受到损害的，可以在知道或者应知其权益受到损害之日起7个工作日内，以书面形式向采购人提出质疑。

答案 ABD

积粮筑墙

第一部分　预算法律制度

扫我做试题

一、单项选择题

1. 根据预算法律制度的规定，下列各项中属于地市级预算的是（　）。

A. 直辖市　　　　B. 设区的市
C. 不设区的市　　D. 市辖区

2. 下列关于预算编制基本要求的说法中，不正确的是( )。

A. 中央政府公共预算和地方各级政府预算不列赤字

B. 各级政府、各部门、各单位应当依照法律规定，将所有政府收入全部列入预算

C. 各级预算支出应当按其功能和经济性质分类编制

D. 各级一般公共预算支出的编制，应当统筹兼顾，在保证基本公共服务合理需要的前提下，优先安排各部门、各单位的机关运行经费和楼堂馆所等基本建设支出

3. 各级预算经本级人民代表大会批准后，本级政府财政部门应当在规定期限内向本级各部门批复预算。该期限是( )日。

A. 5   B. 10
C. 15   D. 20

4. 根据预算法律制度的规定，审查和批准设立预算的乡的预算调整方案的机关是( )。

A. 乡级人民政府

B. 乡级人民代表大会常务委员会

C. 乡级人民代表大会

D. 乡级财政部门

5. 下列关于我国政府预算体系的说法中，错误的是( )。

A. 一般公共预算是对以税收为主体的财政收入，进行统筹安排的收支预算

B. 政府性基金预算应当按基金项目编制，做到以支定收

C. 国有资本经营预算应当按照收支平衡的原则编制，不列赤字

D. 社会保险基金预算应当按照统筹层次和社会保险项目分别编制

6. 根据预算法律制度的规定，下列关于预算预备费的说法中，正确的是( )。

A. 按照本级一般公共预算支出额的3%~5%设置

B. 可以用于本级政府调剂预算年度内季节性收支差额

C. 可以用于当年预算执行中的自然灾害等突发事件处理增加的支出

D. 可以用于冲减赤字

二、多项选择题

1. 根据预算法律制度的规定，下列各项中，属于全国人民代表大会预算职权的有( )。

A. 批准中央预算

B. 批准中央预算的调整方案

C. 批准中央决算方案

D. 批准中央预算执行情况的报告

2. 下列各项中，属于一般公共预算收入的有( )。

A. 税收收入

B. 行政事业性收费收入

C. 国有土地使用权出让收入

D. 转移性收入

3. 根据预算法律制度的规定，预算年度开始后，各级预算草案在本级人民代表大会批准前，可以安排的支出有( )。

A. 用于自然灾害等突发事件处理的支出

B. 本单位列入预算的购买汽车支出

C. 参照上一年同期的预算支出数额安排必须支付的本年度部门基本支出

D. 上一年度结转的支出

4. 根据预算法律制度的规定，下列属于预算调整的原因的有( )。

A. 需要增加预算总支出

B. 需要减少预算总支出

C. 需要增加预算安排的重点支出数额的

D. 需要减少预算安排的重点支出数额的

5. 下列关于预算监督的表述中，正确的有( )。

A. 全国人民代表大会及其常务委员会对中央和地方预算、决算进行监督

B. 各级政府监督下级政府的预算执行，下级政府应当定期向上一级报告预算执行情况

C. 各级政府财政部门负责监督本级各部

门及其所属各单位预算管理有关工作，并向上一级政府报告预算执行情况

D. 政府各部门负责监督检查所属各单位的预算执行，及时向本级政府反映本部门预算执行情况，依法纠正违反预算的行为

6. 根据预算法律制度的规定，下列关于地方举债的表述中，正确的有（　　）。

A. 举借债务的数额，不得突破全国人民代表大会批准的限额

B. 应当有偿还计划和稳定的偿还资金来源

C. 只能用于经常性支出，不能用于资本支出

D. 国务院建立地方政府债务风险评估和预警机制、应急处置机制及责任追究制度

7. 根据预算法律制度的规定，下列关于预算周转金和预算稳定调节基金的说法中，正确的有（　　）。

A. 预算周转金用于弥补以后年度预算资金的不足

B. 预算周转金的额度不得超过本级一般公共预算支出总额的1%

C. 预算稳定调节基金用于本级政府调剂预算年度内季节性收支差额

D. 各级一般公共预算年度执行中有超收收入的，只能用于冲减赤字或者补充预算稳定调节基金

三、判断题

1. 我国的预算年度以农历年度作为预算年度。（　　）

2. 我国的预算分为中央预算和地方预算，而中央预算是由各地方预算组成的。（　　）

3. 根据预算法律制度的规定，国库分为中央国库和地方国库，其中中央国库业务由中国人民银行经理。（　　）

4. 在预算执行中，因上级政府增加不需要本级政府提供配套资金的专项转移支付而引起的预算支出变化，也属于预算调整。（　　）

5. 国务院财政部门编制中央决算草案，经国务院审计部门审计后，报国务院审定，由国务院提请全国政协常委会审查和批准。（　　）

第二部分　国有资产管理法律制度

扫我做试题

一、单项选择题

1. 根据国有资产管理法律制度的规定，关于履行出资人职责的机构职责下列表述中不正确的是（　　）。

A. 履行出资人职责的机构应当依照法律、行政法规的规定，参与制定国家出资企业的章程

B. 履行出资人职责的机构对本级人民政府负责，向上级人民政府报告履行出资人职责的情况

C. 履行出资人职责的机构应当依照法律、行政法规的规定，保障出资人权益

D. 履行出资人职责的机构应当代表本级人民政府对国家出资企业依法享有资产收益、参与重大决策和选择管理者等出资人权利

2. 根据国有资产管理法律制度的规定，关于国家出资企业管理者的兼职限制的表述中正确的是（　　）。

A. 未经履行出资人职责的机构同意，国有独资公司的高级管理人员不得在其他企业兼职

B. 未经股东会、股东大会的同意，国有

独资企业的高级管理人员不得在其他企业兼职

C. 未经股东会、股东大会的同意，董事、高级管理人员不得兼任监事

D. 未经履行出资人职责的机构同意，国有资本参股公司的董事不得在经营同类业务的其他企业兼职

3. 根据国有资产管理法律制度的规定，关于与关联方交易的限制下列表述中不正确的是（ ）。

A. 未经履行出资人职责的机构同意，国有独资公司不得为关联方提供担保

B. 国有独资公司可以无偿向关联方提供商品

C. 国家出资企业的关联方不得利用与国家出资企业之间的交易，谋取不当利益，损害国家出资企业利益

D. 未经履行出资人职责的机构同意，国有独资公司不得与关联方订立借款协议

4. 根据国有资产管理法律制度的规定，转让部分国有股权致使国家不再拥有控股地位的，需要报相关部门批准。该部门是（ ）。

A. 本级人民政府

B. 上级人民政府

C. 国务院

D. 全国人民代表大会

二、多项选择题

1. 根据国有资产管理法律制度的规定，下列关于履行出资人职责的机构说法正确的有（ ）。

A. 任免国有独资企业的经理

B. 任免国有独资企业的财务负责人

C. 任免国有独资公司的董事长

D. 任免国有独资公司的监事

2. 根据国有资产管理法律制度的规定，下列各项中应当编制国有资本经营预算的有（ ）。

A. 国有资产转让收入

B. 国有资产转让支出

C. 从国有资本控股公司获得的股息红利收入

D. 从国家出资企业取得的清算收入

3. 根据国有资产管理法律制度的规定，关于行政事业性国有资产的基础管理的表述中，不正确的有（ ）。

A. 对有账簿记录但权证手续不全的行政事业性资产，可以向本级人民政府有关主管部门提出确认资产权属申请，及时办理权属登记

B. 国务院应当建立全国行政事业性国有资产管理信息系统，实现信息共享

C. 各部门及其所属单位可以根据业务需要形成账外资产

D. 会计信息的严重失真需要各部门及其所属单位对行政事业性国有资产进行清查

4. 根据国有资产管理法律制度的规定，下列行政事业性国有资产应当予以报废、报损的有（ ）。

A. 会计信息严重失真

B. 会计制度重大变更涉及资产核算方法发生重要变化

C. 非正常损失的资产

D. 无维修价值的资产

三、判断题

1. 赵某是甲国有独资企业的财务负责人，根据企业国有资产法的规定，赵某属于甲国有独资企业的关联方。（ ）

2. 任何单位和个人都有权对造成国有资产损失的行为进行检举和控告。（ ）

3. 县级以上地方人民政府财政部门应当每年汇总本级和下级行政事业性国有资产管理情况，报送本级政府和上一级政府。（ ）

第三部分 政府采购法律制度

扫我做试题

一、单项选择题

1. 下列各项中,属于政府采购供应商应当必备条件的是( )。
   A. 曾经是政府采购的供应商
   B. 依法缴纳税金和社会保障资金
   C. 良好的政府公关能力
   D. 参加政府采购前三年内连续盈利

2. 根据政府采购法律制度的规定,下列关于公开招标的说法中,不正确的是( )。
   A. 公开招标面向的对象是不特定的供应商
   B. 公开招标适用于货物规格、标准统一,现货货源充足而且价格变动幅度比较小的采购项目
   C. 采购人不得将应当以公开招标方式采购的货物或者服务化整为零或者以其他任何方式规避公开招标采购
   D. 采用公开招标方式采购的,自招标文件开始发出之日起至投标人提交投标文件截止之日止,不得少于20日

3. M医院是一家公立三甲医院,现拟采购一专用手术设备,由于该设备的特殊性,只有有限范围的供应商可以提供,则该医院可以采用的政府采购方式是( )。
   A. 公开招标   B. 邀请招标
   C. 竞争性谈判   D. 单一来源

4. 根据政府采购法律制度的规定,下列情形中,采购人不可以采用竞争性谈判方式购的是( )。
   A. 采用招标方式所需时间不能满足用户紧急需要的
   B. 不能事先计算出价格总额的
   C. 采用公开招标方式的费用占政府采购项目总价值的比例过大的
   D. 技术复杂或者性质特殊,不能确定详细规格或者具体要求的

5. 某国家机关采购一项工程,甲供应商与其成交,经过该国家机关同意,甲将该成交项目的部分工作分包给乙和丙完成。根据政府采购法的有关规定,下列说法中正确的是( )。
   A. 甲不得采用分包方式履行合同
   B. 甲仅就采购项目向采购人负责,分包项目不予负责
   C. 乙和丙仅受分包合同的约束,不受采购合同的约束
   D. 乙和丙应就分包项目与甲承担连带责任

6. 采用招标方式采购的,招标文件的提供期限自招标文件开始发出之日起不得少于一定期限。该期限是( )。
   A. 5日   B. 5个工作日
   C. 20日   D. 20个工作日

二、多项选择题

1. 下列采购活动中,不适用政府采购法调整的有( )。
   A. 某事业单位使用财政性资金采购办公用品
   B. 某外商独资企业采购设备
   C. 某国有独资公司采购电脑
   D. 某建筑公司承接国家重点工程项目而采购建筑材料

2. 下列关于政府采购的说法中,正确的有( )。
   A. 集中采购机构是设区的市级以上人民政府依法设立的非营利事业法人

B. 集中采购机构是从事采购代理业务的社会中介机构

C. 政府采购的对象既包括法人和其他组织也包括自然人

D. 属于中央预算的政府采购项目，其集中采购目录由财政部拟定后报国务院确定并公布

3. 黄河水利委员会政府采购办公室就中小河流水文监测系统黄河流域水文应急机动测验队建设项目设计和监理进行国内公开招标。该项目共分 2 个标段：（1）设计；（2）监理。则下列情形甲公司不能成为该政府采购项目第二标段的供应商的有（ ）。

A. 甲公司与乙公司共同受控于丙公司，乙公司已经中标该政府采购项目的第一标段

B. 甲公司已中标该项目的第一标段

C. 甲公司与丙公司组成联合体进行第二标段的投标

D. 甲公司与乙公司组成联合体已经中标该政府采购项目的第一标段，现准备与丙公司组成联合体进行第二标段的投标

4. 下列关于政府采购方式的表述中，正确的有（ ）。

A. 公开招标是政府采购的主要方式

B. 邀请招标只能邀请 3 家供应商

C. 特殊商品只能从唯一供应商处采购的，可以选择单一来源方式

D. 在询价采购方式下，为保证满足符合采购需求，质量和服务相等且报价最低的原则，应对供应商多次报出的价格进行反复分析和比较

5. 根据政府采购法律制度的规定，下列情形中，应予废标的有（ ）。

A. 符合专业条件的供应商或者对招标文件作实质响应的供应商只有 3 家

B. 出现了影响采购公正的违法、违规行为

C. 投标人的报价均超过了采购预算，采购人不能支付

D. 因重大事故，采购任务取消

6. 根据政府采购法律制度的规定，下列关于投标保证金的说法中错误的有（ ）。

A. 投标保证金不得超过采购项目预算金额的 2%

B. 采购代理机构应当自政府采购合同签订之日起 5 个工作日内退还未中标供应商的投标保证金

C. 采购代理机构应当自中标通知书发出之日起 5 个工作日内退还中标供应商的投标保证金

D. 投标保证金应当以现金形式提交

三、判断题

1. 某地 A 教育局与 B 建筑工程公司签订建造五层办公楼的政府采购合同，工程总造价为 3 000 万元。在合同履行过程中，A 教育局需在原设计方案基础上增加楼层，经与 B 建筑工程公司协商加层部分的造价为 350 万元。双方可就此内容直接签订书面的补充合同。（ ）

2. A 大学曾于 2020 年通过政府采购方式向 B 公司购买化学实验室的专用设备，价值为 12 万元。2021 年 1 月 A 大学的该实验室拟继续通过政府采购方式添置一台与专用设备配套的分析仪器，价值为 1 万元。A 大学可以不采用公开招标方式，只向 B 公司一家供应商采购所需的分析仪器。（ ）

3. 根据政府采购法律制度的规定，政府采购合同签订后，中标供应商需支付履约保证金的，履约保证金数额不得超过政府采购合同金额的 2%。（ ）

积粮筑墙答案及解析

第一部分　预算法律制度

一、单项选择题

1. B　【解析】选项 A，属于省、自治区、直辖市预算；选项 C、D，属于县市级预算。
2. D　【解析】选项 D，各级一般公共预算支出的编制，应当统筹兼顾，在保证基本公共服务合理需要的前提下，优先安排国家确定的重点支出。
3. D
4. C　【解析】选项 C，乡、民族乡、镇预算的调整方案应当提请本级人民代表大会审查和批准。
5. B　【解析】政府性基金应当根据基金项目收入情况和实际支出需要，按基金项目编制，做到以收定支。
6. C　【解析】选项 A，预算预备费按照本级一般公共预算支出额的1%～3%设置；选项 B，预算周转金可以用于本级政府调剂预算年度内季节性收支差额；选项 D，预算预备费不得用于冲减赤字。

二、多项选择题

1. AD　【解析】选项 A、D，全国人民代表大会批准中央预算和中央预算执行情况的报告；选项 B，中央预算的调整方案应当提请全国人民代表大会常务委员会审查和批准；选项 C，国务院财政部门编制中央决算草案，经国务院审计部门审计后，报国务院审定，由国务院提请全国人民代表大会常务委员会审查和批准。
2. ABD　【解析】一般公共预算收入主要包括税收收入、行政事业性收费收入、国有资源(资产)有偿使用收入、转移性收入和其他收入。选项 C，属于政府性基金预算收入。
3. ACD　【解析】预算年度开始后，各级预算草案在本级人民代表大会批准前，可以安排下列支出：(1)上一年度结转的支出(选项 D)；(2)参照上一年同期的预算支出数额安排必须支付的本年度部门基本支出、项目支出，以及对下级政府的转移性支出(选项 C)；(3)法律规定必须履行支付义务的支出，以及用于自然灾害等突发事件处理的支出(选项 A)。选项 B，不属于在本级人大批准前可以安排的支出。
4. ABD　【解析】选项 C，需要调减预算安排的重点支出数额属于预算调整的原因。
5. AB　【解析】选项 C，各级政府财政部门负责监督检查本级各部门及其所属各单位预算管理有关工作，并向本级政府和上一级政府财政部门报告预算执行情况；选项 D，政府各部门负责监督检查所属各单位的预算执行，及时向本级政府财政部门反映本部门预算执行情况，依法纠正违反预算的行为。
6. BD　【解析】选项 A，应是"国务院"确定的限额；选项 C，只能用于公益性资本支出，不得用于经常性支出。
7. BD　【解析】选项 A，预算稳定调节基金用于弥补以后年度预算资金的不足；选项 C，预算周转金用于本级政府调剂预算年度内季节性收支差额。

三、判断题

1. ×　【解析】我国的预算年度从当年的1月1日始，至12月31日止。
2. ×　【解析】中央预算是由中央各部门(含直属单位)的预算组成。

3. √

4. × 【解析】本题所述情形，不属于预算调整。

5. × 【解析】国务院财政部门编制中央决算草案，经国务院审计部门审计后，报国务院审定，由国务院提请全国人大常委会审查和批准。

第二部分　国有资产管理法律制度

一、单项选择题

1. B 【解析】履行出资人职责的机构对本级人民政府负责，向本级人民政府报告履行出资人职责的情况，接受本级人民政府的监督和考核，对国有资产的保值增值负责。

2. A 【解析】选项 A、B，未经履行出资人职责的机构同意，国有独资企业、国有独资公司的董事、高级管理人员不得在其他企业兼职；选项 C，董事、高级管理人员不得兼任监事；选项 D，未经股东会、股东大会同意，国有资本控股公司、国有资本参股公司的董事、高级管理人员不得在经营同类业务的其他企业兼职。

3. B 【解析】选项 B，国有独资企业、国有独资公司、国有资本控股公司不得无偿向关联方提供资金、商品、服务或者其他资产，不得以不公平的价格与关联方进行交易。

4. A 【解析】国有资产监督管理机构决定其所出资企业的国有股权转让。其中，转让全部国有股权或者转让部分国有股权致使国家不再拥有控股地位的，报本级人民政府批准。

二、多项选择题

1. ABCD 【解析】履行出资人职责的机构依照法律、行政法规以及企业章程的规定，任免或者建议任免国家出资企业的下列人员：（1）任免国有独资企业的经理、副经理、财务负责人和其他高级经理人员；（2）任免国有独资公司的董事长、副董事长、董事、监事会主席和监事；（3）向国有资本控股公司、国有资本参股公司的股东会、股东大会提出董事、监事人选。

2. ABCD 【解析】国家取得的下列国有资本收入，以及下列收入的支出，应当编制国有资本经营预算：（1）从国家出资企业分得的利润；（2）国有资产转让收入；（3）从国家出资企业取得的清算收入；（4）其他国有资本收入。

3. BC 【解析】选项 B，国务院"财政部门"应当建立全国行政事业性国有资产管理信息系统，实现信息共享；选项 C，各部门及其所属单位应当按照国家规定设置行政事业性国有资产台账，依照国家统一的会计制度进行会计核算，不得形成账外资产。

4. CD 【解析】各部门及其所属单位应当对下列资产及时予以报废、报损：（1）因技术原因确需淘汰或者无法维修、无维修价值的资产；（2）涉及盘亏、坏账以及非正常损失的资产；（3）已超过使用年限且无法满足现有工作需要的资产；（4）因自然灾害等不可抗力造成毁损、灭失的资产。

三、判断题

1. √ 【解析】企业国有资产法所称的关联方，是指本企业的董事、监事、高级管理人员及其近亲属，以及这些人员所有或者实际控制的企业。

2. √

3. × 【解析】县级以上地方人民政府财政部门应当每年汇总本级和下级行政事业性国有资产管理情况，报送本级政府和上一级政府财政部门。

第三部分 政府采购法律制度

一、单项选择题

1. B 【解析】政府采购供应商，应当具备下列法定条件：具有独立承担民事责任的能力；具有良好的商业信用和健全的财务会计制度；具有履行合同所必需的设备和专业技术能力；有依法缴纳税金和社会保障资金的良好记录；参与政府采购活动前3年内，在经营活动中没有重大违法记录。

2. B 【解析】选项B，采购货物规格、标准统一，现货货源充足且价格变化幅度小的政府采购项目，可以采用询价方式采购。

3. B 【解析】具有特殊性，只能从有限范围的供应商处采购的可以采用邀请招标。

4. C 【解析】选项C，应采用邀请招标方式采购。

5. D 【解析】经过采购人同意，中标、成交供应商可以依法采取分包方式履行合同。中标、成交供应商必须就采购项目和分包项目向采购人负责，分包供应商也要接受政府采购合同的约束，就分包项目承担责任。

6. B

二、多项选择题

1. BCD 【解析】选项B、C、D，政府采购的当事人包括国家机关、事业单位和团体组织，公司不属于政府采购当事人，不适用政府采购法。

2. AD 【解析】选项B，集中采购机构是设区的市级以上人民政府依法设立的非营利事业法人，是代理集中采购项目的执行机构。集中采购机构以外的采购代理机构，是从事采购代理业务的社会中介机构；选项C，采购的对象是指以合同方式有偿取得货物、工程和服务的行为，包括购买、租赁、委托、雇用等。法人、其他组织、自然人指的是供应商的范围。

3. ABD 【解析】选项A，单位负责人为同一人或者存在直接控股、管理关系的不同供应商，不得参加同一合同项下的政府采购活动；选项B，除单一来源采购项目外，为采购项目提供整体设计、规范编制或者项目管理、监理、检测等服务的供应商，不得再参加该采购项目的其他采购活动；选项D，以联合体形式参加政府采购活动的，联合体各方不得再单独参加或者与其他供应商另外组成联合体参加同一合同项下的政府采购活动。

4. AC 【解析】选项B，邀请招标应当至少邀请3家供应商；选项D，在询价采购方式下，为保证满足符合采购需求，质量和服务相等且报价最低的原则，应对供应商一次报出的价格进行反复分析和比较，而不是多次的。

5. BCD 【解析】选项A，符合专业条件的供应商或者对招标文件作实质响应的供应商不足3家的应予废标。

6. BCD 【解析】选项B、C，采购人或者采购代理机构应当自中标通知书发出之日起5个工作日内退还未中标供应商的投标保证金，自政府采购合同签订之日起5个工作日内退还中标供应商的投标保证金；选项D，投标保证金应当以支票、汇票、本票或者金融机构、担保机构出具的保函等非现金形式提交。

三、判断题

1. × 【解析】政府采购补充合同的采购金额不得超过原合同采购金额的10%。

2. √ 【解析】采购人如果必须保证原有采购项目一致性或者服务配套的要求，需要继续从原供应商处添购，且添购资金总额不超过原合同采购金额10%的，可以向唯一供应商进行采购。

3. × 【解析】履约保证金数额不得超过政府采购合同金额的10%。

第三篇 "定鼎中原"——考前模拟

梦想成真辅导丛书

考前模拟 2 套卷

模拟试卷（一）

扫我做试题

一、**单项选择题**(本类题共 30 小题，每小题 1 分，共 30 分。每小题备选答案中，只有一个符合题意的正确答案。错选、不选均不得分。)

1. 根据民法典的规定，下列各项中，属于无效民事法律行为的是( )。
   A. 13 周岁的赵某乘坐公交车投币 1 元
   B. 23 周岁的王某继承其父亲财产后，购买了一辆游艇
   C. 孙某欲购买某型号手机一部，售货员李某误将标价"8 399"元看成"3 399"元，以"3 399"元的价格出售给孙某
   D. 周某与吴某买卖毒品的行为

2. 下列规范性文件中属于经济法部门的是( )。
   A.《中华人民共和国证券法》
   B.《中华人民共和国票据法》
   C.《中华人民共和国预算法》
   D.《中华人民共和国公司法》

3. 根据诉讼时效法律制度的规定，在诉讼时效期间最后 6 个月内发生的下列情形中，能够引起诉讼时效中止的是( )。
   A. 权利人提起诉讼
   B. 发生不可抗力致使权利人无法行使请求权
   C. 义务人同意履行义务
   D. 权利人向义务人提出履行义务的要求

4. 下列关于行政复议决定的表述中，不正确的是( )。

   A. 行政复议的举证责任，由申请人承担
   B. 除法律另有规定外，行政复议机关应当自受理申请之日起 60 日内作出行政复议决定
   C. 行政复议机关责令被申请人重新作出具体行政行为的，被申请人不得以同一事实和理由作出与原具体行政行为相同或者基本相同的具体行政行为
   D. 行政复议决定书一经送达，即发生法律效力

5. 根据行政诉讼法律制度的规定，当事人不服人民法院第一审裁定的，有权在裁定书送达之日起一定期间内向上一级人民法院提起上诉。该期间是( )日。
   A. 5   B. 10
   C. 15   D. 30

6. 根据公司法律制度的规定，下列各项中，可以作为财产出资的是( )。
   A. 劳务   B. 商誉
   C. 土地使用权 D. 特许经营权

7. 根据公司法律制度的规定，下列各项中，属于股份有限公司监事会职权的是( )。
   A. 向股东大会会议提出提案
   B. 决定公司内部管理机构的设置
   C. 对发行公司债券作出决议
   D. 对公司合并、分立作出决议

8. 下列关于国有独资公司组织机构的表述中，符合公司法律制度规定的是( )。
   A. 国有独资公司设经理，由国有资产监

督管理机构聘任或解聘

B. 国有独资公司不设股东会，其职权由董事会行使

C. 董事会的成员中可以有公司职工代表

D. 经国有资产监督管理机构同意，董事会成员可以兼任经理

9. 下列对普通合伙企业财产的表述中，不正确的是(　　)。

A. 合伙企业存续期间，所有以合伙企业名义取得的收益均属于合伙企业财产

B. 合伙人在合伙企业清算前私自转移或者处分合伙企业财产的，合伙企业不得以此对抗善意第三人

C. 合伙人之间转让在合伙企业中的全部或者部分财产份额时，应当通知其他合伙人

D. 合伙企业的原始财产是全体合伙人实际缴纳的财产

10. 张三为甲普通合伙企业的合伙人。张三欠王六人民币30万元，用个人财产无力清偿。在张三从甲合伙企业分得收益不能清偿所欠王六债务的情况下，王六还可以(　　)。

A. 代位行使张三在甲合伙企业的权利

B. 依法请求人民法院强制执行张三在甲合伙企业的财产份额用于清偿

C. 自行接管张三在甲合伙企业的财产份额

D. 直接变卖张三在甲合伙企业的财产份额用于清偿

11. 根据合伙企业法律制度的规定，下列有关合伙企业的解散和清算的说法中，不正确的是(　　)。

A. 合伙企业解散，清算人一般由全体合伙人担任

B. 清算人自被确定之日起10日内将合伙企业解散事项通知债权人，并于30日内在报纸上公告

C. 合伙人已不具备法定人数满30天的，合伙企业应当解散

D. 自合伙企业解散事由出现之日起15日内未确定清算人的，合伙人或者其他利害关系人可以申请人民法院指定清算人

12. 根据物权法律制度的规定，物权可以分为所有权、用益物权、担保物权，下列属于用益物权的是(　　)。

A. 私人所有权

B. 宅基地使用权

C. 抵押权

D. 撤销权

13. 根据物权法律制度的规定，下列属于天然孳息的有(　　)。

A. 母鸡腹中的鸡蛋

B. 母鸡生出的鸡蛋

C. 葡萄架上的葡萄

D. 从银行取得的存款利息

14. 根据物权法律制度的规定，法律赋予物权的强制性作用力，保障了物权人能够对标的物进行支配并排除他人干涉，下列选项中体现了物权优先于债权的是(　　)。

A. 赵某将房屋出借给钱某使用，借用关系结束前，赵某又将该房屋出售给孙某，孙某的所有权优先于钱某

B. 赵某将房屋出租给钱某使用，租赁关系结束前，赵某又将该房屋出售给孙某，钱某的租赁关系不受影响

C. 赵某将房屋出租给钱某使用，租赁关系结束前，赵某向银行贷款又以该房屋设定抵押，钱的租赁关系不受影响

D. 赵某将房屋出售给钱某，办理过户登记前钱某请求将赵某转移房屋所有权的债权进行预告登记，其后赵某将该房屋所有权转让给王某，预告登记人钱某可以主张所有权转移不发生效力

15. 甲公司依据租赁合同交付给乙公司工程设备一套，乙公司使用后表示满意，向甲公司提出购买该套设备，甲公司表示同意，买卖合同订立时该套设备的所有

权转移。这种交付方式是( )。

A. 直接交付　　B. 简易交付

C. 指示交付　　D. 占有改定

16. 甲公司于2021年2月1日向A银行贷款300万元用于购买一台生产设备。2月3日，甲公司收到该设备并储存于乙公司的仓库中。2月10日，甲公司向丙公司借款100万元，以该设备设定抵押并办理了登记。2月12日，A银行就该设备办理抵押登记，用于担保甲公司的借款。3月5日，因甲公司未支付仓储费用，该设备被乙公司留置。假设两笔借款到期后，甲公司均无力清偿，A银行、乙公司、丙公司均主张优先受偿。根据规定，关于清偿顺序表述正确的是( )。

A. A银行>乙公司>丙公司

B. A银行>丙公司>乙公司

C. 丙公司>A银行>乙公司

D. 乙公司>A银行>丙公司

17. 根据合同法律制度的规定，下列关于提存表述不正确的是( )。

A. 提存应在债务清偿地的提存机关进行

B. 提存人是债权人或其代理人

C. 提存的标的只能是动产

D. 提存期间，标的物的孳息归债权人所有

18. 张某与杨某签订了一份合同，约定由李某向张某履行债务，现李某履行债务的行为不符合合同的约定，则张某的下列做法正确的是( )。

A. 请求李某承担违约责任

B. 请求杨某承担违约责任

C. 请求杨某和李某共同承担违约责任

D. 请求杨某或李某承担违约责任

19. 下列有关代位权的说法中，符合法律规定的是( )。

A. 债权人应当以债务人的名义行使代位权

B. 债权人可以对债务人的所有债权行使代位权

C. 代位权行使的费用由债权人承担

D. 代位权行使的范围以债权人享有的债权为限

20. 根据票据法律制度的规定，下列关于汇票背书的表述中，不正确的是( )。

A. 背书时附有条件的，所附条件不具有汇票上的效力

B. 背书时未记载背书日期的，视为到期日前背书

C. 背书人在票据上记载"不得转让"字样，其后手再背书转让的，背书无效

D. 将汇票金额一部分进行背书转让的，背书无效

21. 下列关于票据伪造及责任承担的表述中，符合票据法律制度规定的是( )。

A. 票据伪造人应向持票人承担票据责任

B. 票据被伪造人应向持票人承担票据责任

C. 出票人假冒他人名义签发票据的行为属于票据伪造

D. 持票人行使追索权时，在票据上的真实签章人可以票据伪造为由进行抗辩

22. 根据证券法律制度的规定，在一个上市公司中拥有权益的股份达到或者超过该公司已发行股份一定比例的，如果继续增加其在该公司拥有的权益不影响该公司的上市地位，可以免于发出要约。这里所说的一定比例是指( )。

A. 10%　　　　B. 20%

C. 30%　　　　D. 50%

23. 根据保险法律制度的规定，下列关于保险经纪人的表述中，正确的是( )。

A. 保险经纪人是专门从事保险经纪活动的个人

B. 保险经纪人可同时向投保人和保险人收取佣金

C. 保险经纪人代表投保人的利益从事保险经纪行为

D. 保险经纪人是保险合同的当事人

24. 根据保险法律制度的规定，人寿保险的

被保险人或者受益人自其知道或应当知道保险事故发生之日起计算,向保险人请求给付保险金的诉讼时效期间为( )年。

A. 5 B. 4
C. 3 D. 2

25. 根据信托法律制度的规定,除另有规定外,下列不属于信托终止情形的是( )。

A. 信托当事人协商同意终止信托
B. 信托被撤销
C. 信托被解除
D. 信托委托人死亡

26. 根据预算法律制度的规定,下列各项中不属于我国预算范围的是( )。

A. 国有资本经营预算
B. 政府性基金预算
C. 社会保险基金预算
D. 企业资本经营预算

27. 某国有独资公司的下列行为,可以不经履行出资人职责的机构同意的是( )。

A. 与关联方订立借款的协议
B. 为关联方提供担保
C. 与关联方共同出资设立企业
D. 向关联方提供技术服务

28. 根据行政事业性国有资产管理法律制度的规定,下列资产中应当予以报废、报损的是( )。

A. 已超过使用年限且无法满足现有工作需要的资产
B. 会计信息严重失真
C. 发生重大资产划转及单位隶属关系改变的情形
D. 国家统一的会计制度发生重大变更,涉及资产核算方法发生重要变化

29. 根据政府采购法律制度的规定,采用竞争性谈判方式采购的,应当遵循的程序是( )。

A. 成立谈判小组→制定谈判文件→确定邀请参加谈判的供应商名单→谈判→确定成交供应商

B. 制定谈判文件→成立谈判小组→确定邀请参加谈判的供应商名单→谈判→确定成交供应商

C. 确定邀请参加谈判的供应商名单→成立谈判小组→制定谈判文件→谈判→确定成交供应商

D. 确定邀请参加谈判的供应商名单→制定谈判文件→成立谈判小组→谈判→确定成交供应商

30. 根据政府采购法律制度的规定,采购文件要求中标或者成交供应商提交履约保证金的,履约保证金的数额不得超过政府采购合同金额的一定比例。该比例为( )。

A. 5% B. 20%
C. 10% D. 30%

二、多项选择题(本类题共15小题,每小题2分,共30分。每小题备选答案中,有两个或两个以上符合题意的正确答案。请至少选择两个答案,全部选对得满分,少选得相应分值,多选、错选、不选均不得分。)

1. 甲与乙在履行合同过程中发生纠纷,于是根据仲裁条款提请仲裁。根据仲裁法律制度的规定,当事人提出仲裁员的回避申请,应当得到准许的情形包括( )。

A. 甲发现某仲裁员私自会见乙的代理人
B. 乙发现某仲裁员法律专业知识欠缺
C. 甲发现某仲裁员接受乙的礼物
D. 乙发现某仲裁员是甲的亲姐姐

2. 根据民事法律制度的规定,下列关于民事再审程序的表述中不正确的有( )。

A. 各级人民法院院长对本院已经发生法律效力的判决、裁定、调解书,发现确有错误,认为需要再审的,可以自行决定再审

B. 当事人对已经发生效力的判决,认为有错误的,且当事人一方人数众多的案件,可以向原审人民法院申请再审

C. 在人民检察院对当事人的申请作出不予提出再审检察建议或者抗诉决定后又提

出申请的，法院裁定不予受理再审申请

D. 当事人对已经发生法律效力的判决，认为有错误的，只要向人民法院申请再审，该判决就应停止执行

3. 根据行政复议法律制度的规定，当事人认为行政机关的具体行政行为所依据的规定不合法，在对具体行政行为申请行政复议时，可以一并向行政复议机关提出对该规定的审查申请，其中包括（　　）。

A. 国务院部门的规定

B. 县级人民政府的规定

C. 县级人民政府财政部门的规定

D. 乡、镇人民政府的规定

4. 根据公司法律制度的规定，下列属于股份有限公司董事、高级管理人员禁止的行为有（　　）。

A. 依据公司章程规定对其他企业进行投资

B. 违反公司章程的规定，未经股东大会或者董事会同意，将公司资金借贷给他人或者以公司财产为他人提供担保

C. 违反公司章程的规定或者未经股东大会同意，与本公司订立合同或者进行交易

D. 离职半年后，将所持本公司全部股份转让

5. 甲、乙成立普通合伙企业，订立书面合伙协议约定：甲以10万元出资，乙以劳务出资；乙执行合伙企业事务。下列关于合伙协议约定的利润分配和亏损分担，正确的有（　　）。

A. 合伙企业利润由甲、乙分别按80%和20%的比例分配

B. 由合伙人甲获得合伙企业的全部利润和承担全部亏损

C. 合伙企业亏损由甲、乙分别按20%和80%的比例分担

D. 甲和乙平均分配利润，由合伙人乙承担全部亏损

6. 甲有一套房屋，乙认为自己是共有人，于是申请了异议登记，后来因证据不足对此事置之不理，甲将房屋卖给丙，丙查知房屋存在异议登记于是放弃购买。下列说法正确的有（　　）。

A. 乙自异议登记之日起15日内不提起诉讼的，异议登记失效

B. 因有异议登记，若丙愿意购买此房也不能办理产权变更登记

C. 甲可以要求乙承担赔偿责任

D. 丙可以要求乙承担赔偿责任

7. 根据物权法律制度的规定，妨害物权或者可能妨害物权的，权利人可以请求排除妨害或者消除危险。下列属于妨害行为的有（　　）。

A. 停车于他人停车位

B. 凌晨2点在自家敲打架子鼓

C. 在邻居家房屋后墙上悬挂广告牌

D. 占用他人土地修建水渠

8. 下列各项权利质押，其质权自办理出质登记时设立的有（　　）。

A. 以有权利凭证的仓单质押

B. 以有权利凭证的提单质押

C. 以上市公司流通股质押

D. 以非上市公司可以转让的股权质押

9. 出租人出卖租赁房屋，承租人主张优先购买房屋的，人民法院不予支持的情形有（　　）。

A. 房屋按份共有人行使优先购买权

B. 出租人将房屋出卖给近亲属

C. 出租人履行通知义务后，承租人在15日内未明确表示购买

D. 出租人委托拍卖人拍卖租赁房屋并于拍卖的5日前通知承租人，但承租人未参加拍卖

10. 根据民法典的规定，下列关于承担违约责任的形式中支付违约金的表述正确的有（　　）。

A. 当事人就迟延履行约定违约金的，违约方支付违约金后，还应当履行债务

B. 合同违约方支付违约金不足以弥补非违约方遭受的损失的，非违约方仍然可

以向违约方请求赔偿损失

C. 当事人为了防止损失扩大而支出的合理费用不得要求违约方承担

D. 在同一合同中，既约定违约金，又约定定金的，一方违约时，对方可以选择适用违约金或定金条款

11. 根据票据法律制度的规定，下列关于票据抗辩的限制的说法中，正确的有（　　）。

A. 承兑人不得以其与出票人之间的资金关系对抗持票人，拒绝支付汇票金额

B. 票据债务人可以自己与持票人的前手之间的抗辩事由对抗持票人

C. 持票人取得的票据是无对价或不相当对价的，票据债务人可以对抗持票人前手的抗辩事由对抗该持票人

D. 凡是善意的、已付对价的正当持票人可以依法向票据上的一切债务人请求付款，不受前手权利瑕疵和前手相互间抗辩的影响

12. 下列关于证券承销的表述中，正确的有（　　）。

A. 证券承销有期限的限制，最长不得超过90日

B. 证券公司代发行人发售证券，在代销期结束时，可以将未售出的证券全部退还给发行人

C. 公开发行股票，代销、包销期限届满，发行人应当在规定的期限内将股票发行情况报国务院证券监督管理机构备案

D. 证券公司在代销、包销期内，不得为本公司预留所代销的证券和预先购入并留存所包销的证券

13. 关于保险公司的设立，下列表述正确的有（　　）。

A. 设立保险公司，其注册资本的最低限额为人民币2亿元

B. 保险公司的注册资本必须为实缴资本，包括货币与非货币出资

C. 国务院保险监督管理机构应当自受理申请之日起6个月内作出批准或者不批准筹建的决定，并书面通知申请人

D. 申请人应自收到批准筹建通知之日起1年内完成筹建工作，筹建期间不得从事保险经营活动

14. 根据预算法律制度，下列有关预算、决算管理的监督表述正确的有（　　）。

A. 全国人民代表大会及其常务委员会对中央和地方预算、决算进行监督

B. 县级以上地方各级人民代表大会及其常务委员会对本级和下级预算、决算进行监督

C. 乡、民族乡、镇人民代表大会对本级预算、决算进行监督

D. 各级政府财政部门负责监督本级各部门及其所属各单位预算的执行，并向上一级政府报告预算执行情况

15. 采购是指以合同方式有偿取得货物、工程和服务的行为，包括购买、租赁等。根据政府采购法律制度的规定，这里的货物包括（　　）。

A. 原材料　　　　B. 燃料
C. 设备　　　　　D. 修建的建筑物

三、判断题（本类题共10小题，每小题1分，共10分。请判断每小题的表述是否正确。每小题答题正确的得1分，错答、不答均不得分，也不扣分。）

1. 第三人知道行为人无权代理还与行为人实施民事行为给他人造成损害的，由第三人承担损害赔偿责任。（　　）

2. 高级管理人员包括公司的财务负责人、上市公司董事会秘书、经理等，但不包括公司的副经理。（　　）

3. 李某是乙有限合伙企业的有限合伙人，后因车祸意外死亡，其儿子经其他合伙人一致同意才可以取得李某在乙企业的资格。（　　）

4. 拾得遗失物，应当返还权利人或者送交有关部门，有关部门收到遗失物，知道权利人的，应当及时通知其领取；不知道的，

应当及时发布招领公告。公告期为1年。
( )
5. 当事人设立居住权,应当采用书面形式,居住权自订立居住权合同时起设立。( )
6. 合同成立的地点是确定合同纠纷案件管辖的标准之一。( )
7. 张某向王某借款1万元用于购房,由于彼此是好朋友,便没有立书面字据,则双方之间的借款合同自王某提供借款时生效。
( )
8. 人身保险合同订立后,因投保人丧失对被保险人的保险利益,保险人可以主张保险合同无效。( )
9. 信托关系当事人包括委托人和受托人,不包括受益人。( )
10. 国家实行一级政府一级预算,设立中央,省、自治区、直辖市,设区的市、自治州、县、自治县、不设区的市、市辖区、乡、民族乡、镇五级预算。( )

四、简答题(本类题共3小题,共18分。凡要求说明理由的,必须有相应的文字阐述。)

1. 甲、乙、丙、丁共同投资设立了A有限合伙企业(以下简称A企业)。合伙协议约定:甲、乙、丙为普通合伙人,分别出资10万元;丁为有限合伙人,出资15万元;甲执行合伙企业事务,对外代表A企业,但甲无权单独与第三人签订超过10万元的合同,合伙协议未对其他事项作出约定。2020年,A企业发生下列事实:

(1)甲以A企业的名义与善意第三人B公司签订了一份12万元的买卖合同。乙获知后,认为该买卖合同损害了A企业的利益,且甲的行为违反了A企业内部规定的限制,所以该合同无效。

(2)丙在征得甲的同意后,以自己在A企业中的财产份额出质,为自己向银行借款提供质押担保。但是乙、丁对上述事项均不知情。

(3)丁因其所设个人独资企业发生严重亏损不能清偿C公司到期债务,经C公司申请,人民法院强制执行了丁在A企业中的全部财产份额用于清偿其债务。此后,甲、乙、丙决定A企业以现有企业组织形式继续经营。

要求:根据上述资料和合伙企业法律制度的规定,回答下列问题。

(1)甲以A企业的名义与B公司签订的买卖合同是否有效?并说明理由。

(2)丙的质押担保行为是否有效?并说明理由。

(3)人民法院强制执行了丁在A企业中的全部财产份额后,甲、乙、丙决定A企业以现有企业组织形式继续经营是否合法?并说明理由。

2. 甲将其所有的临街房屋出租给乙,双方签订房屋租赁合同约定租金为每年5万元,租期30年。但如果甲去世,则合同失效。房屋出租后的第二年,乙为了经营花店遂未经甲同意对该房屋进行了装修,共花费6万元。一日,一失控的汽车撞到该房屋,致使其临街的玻璃墙毁损,肇事司机驾车逃逸,乙要求甲维修,甲拒绝,乙便自行花费1万元予以维修。

要求:根据上述资料和合同法律制度的规定,回答下列问题。

(1)该合同的租赁期限是否合理?说明理由。

(2)对于乙的装修行为,甲可以采取什么措施?说明理由。

(3)玻璃墙的维修费用应由谁承担?说明理由。

3. 甲公司为了采购商品,向A公司开具20万元的支票。A公司收到票据后,将支票背书转让给B公司,但到期A公司未供货给甲公司,银行将票据款项支付给了该支票的持票人。甲公司认为银行的代理付款行为无效。

为了偿还欠款,甲公司将持有的400万元的汇票分别背书转让给C公司和D公司,其中160万元给C公司,剩余240万元给 D 公司；将持有的一张 70 万元的汇票背书转让给乙公司，用于支付乙公司的货款，并注明"不得转让"字样。C 公司将收到的票据交银行提示付款。银行认为该背书行为无效，拒绝付款。乙公司收到票据后又背书转让给丙公司，以抵销乙公司所欠丙公司的货款。丙公司提示付款被拒后，向甲公司行使追索权，要求甲公司支付票据款项，甲公司拒付。

要求：根据上述资料和票据法律制度的规定，回答下列问题。

(1) 甲公司认为银行的代理付款行为无效的观点是否正确？说明理由。

(2) 银行认为甲公司背书给 C 公司的行为无效的观点是否正确？说明理由。

(3) 甲公司拒付的行为是否合法？说明理由。

五、综合题(本类题共 1 题，共 12 分。凡要求说明理由的，必须有相应的文字阐述。)

某股份有限公司于 2022 年 3 月召开董事会会议，该次会议召开情况及讨论的有关问题如下：(1) 公司董事会由 6 名董事组成。出席该次会议的董事有甲、乙、丙、丁；董事戊、庚因故不能出席会议，其中，戊口头委托董事甲代为出席会议并表决，庚委托监事李某代为出席会议并表决。

(2) 根据总经理提名，出席本次会议的董事讨论并一致同意，聘任张某为公司财务负责人，并决定给予张某年薪 20 万元。

(3) 董事会会议讨论通过了制定公司基本管理制度的方案，表决时，董事甲反对，其他董事表示同意。该次董事会会议记录，由出席董事会会议的全体董事和列席会议的监事签名后存档。

要求：根据上述资料和公司法律制度的规定，不考虑其他因素，分析回答下列问题：

(1) 出席该次董事会会议的董事人数是否符合规定？并说明理由。

(2) 董事戊委托他人出席该次董事会会议是否有效？并说明理由。

(3) 董事庚委托他人出席该次董事会会议是否有效？并说明理由。

(4) 董事会通过的聘任公司财务负责人的决议是否符合规定？并说明理由。

(5) 董事会通过的制定公司基本管理制度的方案的决议是否符合规定？并说明理由。

(6) 指出董事会会议记录签名和存档中不规范之处，并说明理由。

模拟试卷（二）

扫 我 做 试 题

一、**单项选择题**（本类题共 30 小题，每小题 1 分，共 30 分。每小题备选答案中，只有一个符合题意的正确答案。错选、不选均不得分。）

1. 根据行政诉讼法律制度的规定，审理海关处理的第一审行政案件的法院是（　）。
   A. 基层　　　　B. 中级
   C. 高级　　　　D. 最高级

2. 根据民事诉讼法律制度的规定，下列案件，适用简易程序的是（　）。
   A. 起诉时被告下落不明的案件
   B. 发回重审的案件
   C. 当事人一方人数众多的案件
   D. 事实清楚、权利义务关系明确，争议不大的简单案件

3. 侯某与赵某约定，赵某若于 1 年内结婚，侯某则把其名下一套房屋借给赵某作为婚房使用。该约定的性质是（　）。
   A. 附期限的法律行为
   B. 附条件的法律行为
   C. 单方法律行为
   D. 不属于法律行为

4. 下列各项中，不属于委托代理终止的法定情形是（　）。
   A. 代理期间届满
   B. 代理人辞去委托
   C. 被代理人恢复民事行为能力
   D. 被代理人取消委托

5. 根据民事诉讼法律制度的规定，下列选项中说法正确的是（　）。
   A. 审判人员如果与本案有利害关系应当回避
   B. 离婚案件不公开审理
   C. 涉及商业秘密的案件不公开审理
   D. 合议庭的成员满足 3 人以上即可

6. 关于行政复议和行政诉讼，下列说法正确的是（　）。
   A. 对属于人民法院受理范围内的行政案件，必须要先经过行政复议，对行政复议不服的，才可以向人民法院提起诉讼
   B. 对属于人民法院受理范围内的行政案件，必须要先经过行政诉讼，对行政诉讼判决不服的，才可以提起行政复议
   C. 对属于人民法院受理范围内的行政案件，必须直接向法院提起行政诉讼，不可以事先提起行政复议
   D. 对属于人民法院受理范围内的行政案件，可以先提起行政复议，对复议不服的，再向人民法院提起诉讼；也可以直接向人民法院提起诉讼

7. 根据公司法律制度的规定，下列关于股份有限公司股份转让的表述中，不正确的是（　）。
   A. 公司可以接受本公司的股票作为质押权的标的
   B. 无记名股票的转让，由股东将股票交付给受让人后即发生转让效力
   C. 发起人持有的本公司股份，自公司成立之日起 1 年内不得转让
   D. 公司董事在任职期间每年转让的本公司股份不得超过其所持有本公司股份总数的 25%

8. 某有限责任公司的股东甲拟向公司股东以外的人乙转让其出资。下列关于甲转让出资的表述中，不符合公司法律制度规定的是（　）。

A. 甲应就其股权转让事项书面通知其他股东征求同意

B. 甲可以将其出资转让给乙，但须经其他股东所持表决权的过半数同意

C. 若公司其他股东自接到通知之日起30日内未答复，则视为同意转让

D. 若公司其他股东均不同意甲转让股权，又均不购买甲的股权，则甲可以将其出资转让给乙

9. 根据公司法律制度的规定，下列各项中，属于有限责任公司股东会的职权的是（　　）。

A. 决定公司的经营计划和投资方案

B. 选举和更换由股东出任的监事

C. 聘任或者解聘公司副经理

D. 对股东向股东以外的人转让出资做出决议

10. 根据公司法律制度的规定，下列关于名义股东和实际出资人的说法正确的是（　　）。

A. 名义股东可以与实际出资人约定，由名义股东出面行使股东权利，由实际出资人享受投资权益

B. 实际出资人未经公司全体股东半数以上同意，请求公司变更股东的，人民法院不予支持

C. 名义股东和实际出资人之间发生投资权益归属的争议，名义股东可以公司股东名册记载、公司登记机关登记为由否认实际出资人权利

D. 名义股东将登记于其名下的股权转让，实际出资人可以其对股权享有实际权利为由，请求认定处分股权行为无效

11. 甲股份有限公司准备非公开发行优先股，发行前的普通股股份总数是5 000万股，净资产额是8 000万元，优先股的票面股息率是10%，股息可累积到下一会计年度，章程规定公司连续3个会计年度不支付股息，优先股股东才有权出席股东大会。根据优先股试点管理办法的规定，下列说法正确的是（　　）。

A. 甲公司拟发行的优先股股份数不得超过4 000万股

B. 甲公司筹资金额不得超过5 000万元

C. 若发生表决权恢复的事项，优先股股东的表决权恢复直至公司全额支付所欠股息

D. 章程规定"公司连续3个会计年度不支付股息的情况下，优先股表决权才恢复"符合法律规定

12. 下列关于普通合伙企业设立的表述中，符合法律规定的是（　　）。

A. 公民张某与自己年仅13周岁的儿子成立一普通合伙企业

B. 合伙人必须一次全部缴付出资，不可以约定分期出资

C. 公民甲、乙、丙、丁出资设立一个普通合伙企业，甲可以以劳务出资

D. 合伙企业名称中没有标明"普通"或"有限"，应视为是普通合伙企业

13. 有限合伙企业中的合伙人身份可能会发生变化，对此下列说法不正确的是（　　）。

A. 有限合伙人转变为普通合伙人后，对其作为有限合伙人期间发生的债务承担无限连带责任

B. 普通合伙人转变为有限合伙人后，对其作为普通合伙人期间发生的债务承担有限责任

C. 除合伙协议另有约定外，普通合伙人转变为有限合伙人，应当经全体合伙人一致同意

D. 除合伙协议另有约定外，有限合伙人转变为普通合伙人，应当经全体合伙人一致同意

14. 甲、乙、丙、丁设立普通合伙企业，合伙人包括有限责任公司乙、丙，自然人甲、丁。根据合伙企业法律制度的规定，下列情形中会导致当然退伙的是（　　）。

A. 甲在合伙企业中的全部财产份额被强制执行

B. 乙未履行出资义务
C. 丙被债权人申请破产
D. 丁丧失行为能力

15. 根据合伙企业法律制度的规定，下列关于有限合伙企业事务执行的表述中，不正确的是( )。
   A. 除合伙协议另有约定外，有限合伙人可以与本企业进行交易
   B. 除合伙协议另有约定外，有限合伙人可以经营与本企业相竞争的业务
   C. 有限合伙人可以对本企业的经营管理提出建议
   D. 有限合伙企业由有限合伙人执行合伙事务

16. 在乙举办的摄影展上，甲看上了乙的一幅摄影作品，于是出资买下该作品。甲、乙二人签订买卖合同时约定，乙先借用该作品完成展览，甲在展览结束后才将作品取走。之后乙又将该作品以合理价格卖给了善意不知情的丙，并且当场将作品交付与丙。下列说法正确的是( )。
   A. 甲、乙买卖合同中，乙已经交付了作品
   B. 甲没有取得该作品所有权，因为没有实际交付
   C. 甲有权要求丙返还该作品
   D. 乙是有权处分人，丙不是根据善意取得制度而拥有该作品的

17. 根据物权法律制度的规定，下列关于预告登记的表述中，错误的是( )。
   A. 当事人签订商品房预购合同的，可以向登记机构申请预告登记
   B. 预告登记的本质是限制权利人处分其物权，以保障债权请求人实现其请求权
   C. 预告登记后，自能够进行不动产登记之日起30日内未申请登记的，预告登记失效
   D. 预告登记后，买卖不动产物权的协议被认定无效、被撤销的预告登记失效

18. 根据物权法律制度的规定，当事人以某些财产设定抵押，抵押权自抵押合同生效时设立。属于该财产的是( )。
   A. 建筑物和其他土地附着物
   B. 建设用地使用权
   C. 海域使用权
   D. 交通运输工具

19. 根据合同法律制度的规定，下列关于留置权的表述中，正确的是( )。
   A. 债权人留置的动产，必须与债权属于同一法律关系
   B. 留置权人无权收取留置财产的孳息
   C. 同一动产上已设立质权，该动产又被留置的，质权人优先受偿
   D. 留置财产为可分物的，留置财产的价值应当相当于债务的金额

20. 根据合同法律制度的规定，要约可以撤销的情形是( )。
   A. 要约人确定了承诺期限
   B. 要约人以明示方式表示要约是不可撤销的
   C. 撤回通知与要约同时到达受要约人
   D. 受要约人有理由认为要约是不可撤销的，并且已经为履行合同做了合理准备工作

21. 下列有关票据承兑的说法正确的是( )。
   A. 定日付款的商业承兑汇票，持票人应当在汇票到期日前向付款人提示承兑
   B. 见票后定期付款的汇票，持票人应当自出票日起10日内向付款人提示承兑
   C. 付款人承兑汇票的，应当在汇票正面或者背面记载"承兑"字样和承兑日期并签章
   D. 票据承兑后，持票人未在法定期限提示付款的，承兑人的票据责任解除

22. 某上市公司监事会有5名监事，其中监事赵某、张某为职工代表，监事任期届满，该公司职工代表大会在选举监事时，认为赵某、张某未能认真履行职责，故一致决议改选陈某、王某为监事会成员。根据证券法律制度的规定，该上市公司

应通过一定的方式将该信息予以披露，该信息披露的方式是( )。
A. 中期报告　　B. 季度报告
C. 年度报告　　D. 临时报告

23. 张某为其妻子贾某投保时，隐瞒贾某健康状况，贾某真实健康状况不符合保险合同约定的投保条件。保险合同生效后1个月，贾某因隐瞒的疾病死亡。下列关于投保人违反告知义务后果的表述中，正确的是( )。
A. 保险人有权解除合同，不承担赔偿或给付保险金的责任，并不退还保险费
B. 保险人有权解除合同，不承担赔偿或给付保险金的责任，但应退还保险费
C. 保险人不可以解除合同，但可以要求投保人承担违约责任
D. 保险人不可以解除合同，且应当给付保险金

24. 下列财产中，不能够成为信托财产的是( )。
A. 知识产权　　B. 房屋
C. 有价证券　　D. 商誉

25. 根据预算法律制度的规定，关于预算体制的下列说法中，不正确的是( )。
A. 全国预算由中央预算和地方预算组成
B. 上级政府在安排专项转移支付时，不得要求下级政府承担配套资金。但是，按照国务院的规定应当由上下级政府共同承担的事项除外
C. 省级以上地方政府的派出机关根据本级政府授权进行预算管理活动，不作为一级预算，其收支纳入本级预算
D. 国家实行中央和地方分税制

26. 根据国有资产管理法律制度的规定，关于企业国有资产及重大事项管理的下列表述中，不正确的是( )。
A. 由于转让部分国有股权导致国家不再拥有控股地位的，需报上级人民政府批准
B. 国有独资公司分立的，应当由国有资产监督管理机构审核后，报本级人民政府批准
C. 国有独资企业的重大资产处置，需由国有资产监督管理机构批准的，依照有关规定执行
D. 国有独资公司的重大资产处置，需由国有资产监督管理机构批准的，依照有关规定执行

27. 国务院财政部门编制中央决算草案，经国务院审计部门审计后，报国务院审定，由国务院提请特定机关审查和批准。该特定机关是( )。
A. 审计机关
B. 全国人民代表大会常务委员会
C. 全国人民代表大会
D. 财政部

28. 企业国有资产的出资人和所有权人虽然是国家，但根据法律的规定代表国家行使国有资产所有权的是( )。
A. 国务院
B. 国务院国有资产监督管理委员会
C. 全国人民代表大会
D. 地方各级人民政府

29. 根据国有资产管理法律制度的规定，下列关于国家出资企业管理者的兼职限制的说法中，不正确的是( )。
A. 董事、高级管理人员不得兼任监事
B. 未经履行出资人职责的机构同意，国有独资公司的董事长不得兼任经理
C. 未经履行出资人职责的机构同意，国有独资企业、国有独资公司的董事、高级管理人员不得在其他企业兼职
D. 未经履行出资人职责的机构同意，国有资本控股公司、国有资本参股公司的董事、高级管理人员不得在经营同类业务的其他企业兼职

30. 根据政府采购法律制度的规定，政府采购的监督管理部门是( )。
A. 各级人民政府
B. 全国人民代表大会

C. 国务院
D. 各级人民政府财政部门

二、**多项选择题**(本类题共15小题,每小题2分,共30分。每小题备选答案中,有两个或两个以上符合题意的正确答案。请至少选择两个答案,全部选对得满分,少选得相应分值,多选、错选、不选均不得分。)

1. 根据民法典的规定,下列关于诉讼时效期间的起算,说法正确的有( )。
   A. 无民事行为能力人对其法定代理人的请求权,自该法定代理终止之日起算
   B. 未成年人遭受性侵害的损害赔偿请求权的诉讼时效期间,知道义务人的自受害人年满18周岁之日起算
   C. 20年长期诉讼时效期间,自权利被侵害之日起算
   D. 侵权之债的诉讼时效,自权利人知道或应当知道权利被侵害事实之时开始计算

2. 乙公司以国产牛肉为样品,伪称某国进口牛肉,与甲公司签订了买卖合同,后甲公司得知这一事实。此时恰逢该国流行疯牛病,从该国进口的牛肉滞销,国产牛肉价格上涨。下列说法中,正确的有( )。
   A. 甲公司有权自知道样品为国产牛肉之日起一年内主张撤销该合同
   B. 乙公司有权自合同订立之日起一年内主张撤销该合同
   C. 甲公司有权决定履行该合同,乙公司无权拒绝履行
   D. 在甲公司决定撤销该合同前,乙公司有权按约定向甲公司要求支付货款

3. 马某是甲有限责任公司的股东,但是并没有全面履行出资义务。后来其做生意需要资金,将其股权转让给知情的罗某,并约定之后由罗某承担出资义务,不得向马某追偿。下列说法正确的有( )。
   A. 公司有权请求马某履行出资义务
   B. 公司有权请求罗某对马某的出资承担连带责任
   C. 罗某对出资承担责任后,有权向马某追偿
   D. 马某与罗某约定转让后不得向马某追偿的条款违法

4. 甲有限责任公司的股东张某为购买住宅准备向银行贷款,张某请求甲公司为自己提供担保。对此,下列说法正确的有( )。
   A. 经董事会决议通过即可
   B. 必须经股东会决议方可实施
   C. 股东会就该担保事项表决时,张某不得参加表决
   D. 该项表决由出席会议的全体股东所持表决权的过半数通过

5. 下列关于特殊普通合伙企业的执业风险基金和职业保险的说法正确的有( )。
   A. 执业风险基金用于偿付合伙人执业活动造成的债务
   B. 执业风险基金应当单独立户管理
   C. 特殊的普通合伙企业可以办理职业保险
   D. 执业风险基金用于化解经营风险

6. 某普通合伙企业的合伙人甲死亡,乙对甲在该普通合伙企业中的财产份额享有合法继承权。下列有关乙与合伙企业关系的表述中,不符合合伙企业法规定的有( )。
   A. 如果乙不愿意成为合伙企业的合伙人,则该合伙企业可以不必向乙退还甲的财产份额
   B. 如果乙未取得合伙协议约定的合伙人资格,则该合伙企业可以不必向乙退还甲的财产份额
   C. 如果乙为无民事行为能力人,全体合伙人未能一致同意乙入伙,则该合伙企业应当将甲的财产份额退还乙
   D. 如果乙为无民事行为能力人,经全体合伙人一致同意,乙可以成为有限合伙人,但该合伙企业应转为有限合伙企业

7. 某合伙企业解散时,在如何确定清算人的问题上,合伙人甲、乙、丙、丁各执一词。下列各合伙人的主张中,符合合伙企业法律制度规定的有( )。

A. 甲：由我们4人共同担任清算人

B. 乙：我是大家一致同意的企业事务执行人，只能由我担任清算人

C. 丙：建议从我们4人中推出一个担任清算人

D. 丁：合伙企业清算不允许由合伙人担任，因此建议请一名注册会计师来担任清算人

8. 甲、乙、丙、丁、戊、庚六人对一台挖掘机按份共有。甲的份额是2/3，其余五人的份额各为1/15。根据物权法律制度的规定，没有特别约定时，下列行为中，转让有效的有（ ）。

A. 甲将挖掘机转让给辛，乙、丙、丁、戊、庚均表示反对

B. 甲、乙将挖掘机转让给辛，丙、丁、戊、庚均表示反对

C. 乙、丙、丁、戊、庚将挖掘机转让给辛，甲表示反对

D. 丙、丁、戊、庚将挖掘机转让给辛，甲、乙均表示反对

9. 根据物权法律制度的规定，下列关于建设用地使用权的续期和处分的表述中，说法正确的有（ ）。

A. 住宅建设用地使用权期间届满的，自动终止

B. 非住宅建设用地使用权期间届满后自动续期

C. 建设用地使用权转让、互换、出资或者赠与的，附着于该土地上的建筑物、构筑物及其附属设施一并处分

D. 在建设用地使用权期限届满前，因公共利益需要提前收回土地的，出让人应当依法对该土地上的房屋以及其他不动产给予补偿，并退还相应的出让金

10. 合同的消灭，除导致合同权利义务终止外，还发生的效力有（ ）

A. 从权利义务归于消灭

B. 当事人应当遵循诚信等原则，根据交易习惯履行通知、协助、保密、旧物回收等义务

C. 债权人应当将债权文书返还债务人

D. 合同的消灭，不影响合同中有关解决争议的方法、结算和清理条款的效力

11. 甲与乙双方签订一份买卖在途标的物的合同，签订合同时，甲得知该货物已损坏但未告知买受人，乙收到货物时，发现货物已毁损便要求甲承担赔偿责任，关于该案例，下列说法不正确的有（ ）。

A. 由承运人承担在途标的物毁损的责任

B. 由出卖人甲承担在途标的物毁损的责任

C. 由买受人乙承担在途标的物毁损的责任

D. 由甲和承运人共同承担在途标的物毁损的责任

12. 王某为其母亲投保人寿险，在确定具体受益人时王某与母亲发生了分歧。下列关于如何确定受益人的表述中，不符合保险法律制度规定的有（ ）。

A. 受益人只能是王某

B. 受益人只能是母亲

C. 受益人可以由王某指定，但必须经其母亲同意

D. 受益人只能由王某母亲指定

13. 根据信托法律制度的规定，下列情形会导致信托绝对无效的有（ ）。

A. 信托财产不能确定

B. 受益人范围不能确定

C. 专以讨债为目的设立信托

D. 信托目的损害社会公共利益

14. 根据预算法律制度的规定，下列关于预算调整的表述中，正确的有（ ）。

A. 在预算执行中，地方政府因上级政府增加不需要本级政府提供配套资金的专项转移支付而引起的预算支出变化，不属于预算调整

B. 中央预算的调整方案应当提请全国人民代表大会常务委员会审查和批准

C. 县级以上地方各级预算的调整方案应

当提请本级人民代表大会审查和批准

D. 在预算执行中，需要增加举借债务数额的，应当依据法定条件和程序进行预算调整

15. 根据政府采购法律制度的规定，下列各项中，属于供应商应当具备的条件有( )。

A. 具有独立承担民事责任的能力

B. 具有良好的商业信用和健全的财务会计制度

C. 有依法缴纳税金和社会保障资金的良好记录

D. 参与政府采购活动前1年内没有违法记录

三、判断题(本类题共10小题，每小题1分，共10分。请判断每小题的表述是否正确。每小题答题正确的得1分，错答、不答均不得分，也不扣分。)

1. 无民事行为能力人、限制民事行为能力人的监护人是其法定代理人。( )

2. 仲裁委员会可以在直辖市和省、自治区人民政府所在地的市设立，也可以根据需要在其他设区的市设立，不按行政区划层层设立。( )

3. 因合并、分立而解散的公司需要清算。( )

4. 有限合伙人退伙后，对基于其退伙前的原因发生的有限合伙企业债务，以其退伙时从有限合伙企业中取回的财产承担责任。( )

5. 普通合伙人以劳务出资的，其评估办法由全体合伙人协商确定，并在合伙协议中载明。( )

6. 债权人可以基于质押合同的约定请求出质人承担违约责任，但是不得超过质权有效设立时出质人应当承担的责任范围。监管人未履行监管职责，债权人有权请求监管人承担责任。( )

7. 当事人采用合同书形式订立合同的，自双方当事人签字或者盖章时合同成立，当事人在合同书上按指印的，不具有法律效力。( )

8. 要约收购的收购人持有的被收购的上市公司的股票，在收购行为完成后的12个月内不得转让。( )

9. 我国的预算年度为自公历的1月1日始至12月31日止。( )

10. 举借的债务应当有偿还计划和稳定的偿还资金来源，可以用于公益性资本支出，也可以用于经常性支出。( )

四、简答题(本类题共3小题，共18分。凡要求说明理由的，必须有相应的文字阐述。)

1. 2020年9月，赵某、钱某、孙某、李某、周某五人共同出资设立甲有限责任公司(简称甲公司)。公司章程规定：

(1)公司注册资本500万元。赵某、钱某、孙某各以现金90万元出资；李某以自有房屋作价100万元出资；周某以专利权作价130万元出资。股东的货币出资在6个月内缴足，非货币出资财产转移手续在6个月内办理完毕。

(2)股东享有均等表决权。

公司成立后，李某按期办理了出资房屋所有权转移手续，但一直未将房屋交付公司使用。

2021年10月，甲公司召开临时股东会修改公司章程。赵某、钱某、孙某赞成，李某和周某反对。赵某认为，李某未将出资房屋交付公司使用，不得行使表决权。

要求：根据上述资料和公司法律制度的规定，回答下列问题。

(1)甲公司章程规定股东均等行使表决权是否符合法律规定？简要说明理由。

(2)赵某主张李某不得行使表决权是否符合法律规定？简要说明理由。

(3)甲公司修改公司章程的决议能否通过？简要说明理由。

2. 甲公司和乙公司签订货物买卖合同，甲公司于2021年2月1日根据合同开出一张3个月后到期的商业汇票，经丙银行承兑，

交付给乙公司作为预付款。乙公司收到汇票后，于2021年3月10日将该汇票背书转让给丁公司以偿付债务，但没有注明背书日期。丁公司收到汇票后，因疏忽直到2021年5月20日才向丙银行提示付款。

要求：根据上述资料和票据法律制度的规定，回答下列问题。

(1) 乙公司将该汇票背书转让给丁公司，没有注明背书日期，该背书是否有效？说明理由。

(2) 丁公司提示付款的日期是否符合规定？说明理由。

(3) 如果丁公司被丙银行拒绝付款，可以向谁追索？说明理由。

3. 甲公司与乙公司签订了一份标的为400万元的买卖合同，货到后3个月内付款。买方甲公司以自有的3辆汽车作为抵押，并办理了抵押物登记手续，又请丙公司为甲公司提供一般保证。

乙公司按期交货后，甲公司因经营不善无力付款，但甲公司对丁公司享有债权400万元，于是三方协商决定，甲公司将400万元债务转移给丁公司，但未将此事通知丙公司。

付款期限届满后，乙公司要求丁公司偿还400万元，但此时丁公司由于拖欠银行贷款无力清偿，已被人民法院宣告破产。于是，乙公司找到丙公司，要求丙公司承担保证责任。丙公司以不知道甲公司债务已经转移给丁公司为由，拒绝承担保证责任。

要求：根据以上事实，并结合相关法律规定，分别回答下列问题。

(1) 本题中，抵押与保证并存时，债务人不履行到期债务时，债权人应当如何实现债权？

(2) 甲公司将400万元债务转移给丁公司的行为是否有效？说明理由。

(3) 甲公司的债务转移后，丙公司是否承担保证责任？说明理由。

五、综合题(本类题共1题，共12分。凡要求说明理由的，必须有相应的文字阐述。)

2021年4月，甲公司因欠乙公司货款100万元不能按时偿还，向乙公司请求延期至2022年4月1日还款，并愿意以本公司所有的3台大型设备进行抵押和1辆轿车进行质押，为其履行还款义务提供担保。乙公司同意了甲公司的请求，并与甲公司订立了书面抵押和质押合同。甲公司将用于质押的轿车的机动车登记证书交乙公司保管，但未就抵押和质押办理任何登记手续，也未向乙公司交付用于抵押的设备和质押的轿车。

2021年5月，甲公司将用于抵押的3台设备出租给丙公司，将用于质押的轿车出租给丁公司，租期均为1年。

2021年8月，甲公司隐瞒有关事实，与戊公司订立合同出售其用于抵押的3台设备。随后，甲公司通知丙公司：本公司已将出租的3台设备卖给戊公司，要求解除租赁合同，丙公司可不再支付剩余9个月的租金，并请其将这3台设备交付给戊公司。丙公司表示同意，且立即向戊公司交付了这3台设备。

2021年9月1日，甲公司再次隐瞒了有关事实，与己公司订立合同出售其用于质押的轿车。双方办理了过户登记手续，并约定2021年9月15日之前交付。甲公司在通知丁公司向己公司交付出租的轿车时，丁公司拒绝了甲公司的要求，并向甲公司主张同等条件下的优先购买权。2021年9月30日，丁公司工作人员在驾驶该轿车外出时，遭遇罕见泥石流，车毁人亡。

要求：根据上述内容，分别回答下列问题。

(1) 甲公司是否有权将用于抵押的3台设备出租给丙公司？并说明理由。

(2) 乙公司是否有权就用于抵押的3台设备向戊公司行使抵押权？并说明理由。

(3)在用于质押的轿车灭失前,谁是其所有权人?乙公司是否对该轿车享有质权?并分别说明理由。

(4)丁公司就轿车向甲公司主张同等条件下的优先购买权是否成立?并说明理由。

(5)甲公司是否有权要求丁公司对轿车的灭失承担赔偿责任?并说明理由。

(6)己公司是否有权要求甲公司对不能交付轿车承担赔偿责任?并说明理由。

考前模拟 2 套卷参考答案及解析

模拟试卷（一）参考答案及解析

一、单项选择题

1. D 【解析】选项 A，限制民事行为能力人独立实施的与其年龄、智力和精神健康状况相适应的法律行为有效；选项 B，完全民事行为能力人实施的法律行为有效；选项 C，属于重大误解的可撤销法律行为；选项 D，违反法律、行政法规的强制性规定的民事法律行为无效。

2. C 【解析】选项 A、B、D，属于民商法部门。

3. B 【解析】选项 A、C、D，属于"主观原因"，引起诉讼时效的中断。

4. A 【解析】行政复议的举证责任，由被申请人承担。

5. B 【解析】当事人不服人民法院第一审判决的，有权在判决书送达之日起15日内向上一级人民法院提起上诉。当事人不服人民法院第一审裁定的，有权在裁定书送达之日起10日内向上一级人民法院提起上诉。

6. C 【解析】选项 C，股东可以用货币出资，也可以用实物、知识产权、土地使用权等可以用货币估价并可以依法转让的非货币财产作价出资。但是，法律、行政法规规定不得作为出资的财产除外。选项 A、B、D，股东不得以劳务、信用、自然人姓名、商誉、特许经营权或者设定担保的财产等作价出资。

7. A 【解析】选项 B，属于董事会职权；选项 C、D，属于股东大会职权。

8. D 【解析】选项 A，国有独资公司设经理，由董事会聘任或解聘；选项 B，国有独资公司不设股东会，由国有资产监督管理机构行使股东会职权；选项 C，董事会成员中应当有公司职工代表。

9. D 【解析】合伙企业的原始财产是全体合伙人"认缴"的财产，而非各合伙人"实际缴纳"的财产。

10. B 【解析】合伙人的自有财产不足清偿其与合伙企业无关的债务的，该合伙人可以其从合伙企业中分取的收益用于清偿；债权人也可以依法请求人民法院强制执行该合伙人在合伙企业中的财产份额用于清偿。

11. B 【解析】清算人自被确定之日起10日内将合伙企业解散事项通知债权人，并于60日内在报纸上公告。债权人应当自接到通知书之日起30日内，未接到通知书的自公告之日起45日内，向清算人申报债权。

12. B 【解析】选项 A 属于所有权；选项 C 属于担保物权；选项 D 不属于物权。

13. B 【解析】选项 B 属于天然孳息。选项 D 属于法定孳息。选项 A、C 都属于物的组成部分，不属于原物的孳息。孳息必须是独立的物，因此摘下的葡萄是孳息，葡萄架上的葡萄不是孳息。

14. A 【解析】物权存在于某标的物上，债权请求的内容也指向该物而与物权发生冲突时，无论物权成立于债权之前或之后，物权均具有优先于债权的效力。但是下列情形除外：(1)买卖不破租赁；(2)先租后抵；(3)经预告登记的债权。

15. B 【解析】根据规定，动产物权设立和转让前，权利人已经占有该动产的，物权自法律行为生效时发生效力，此种交付替代方式为简易交付。本题乙公司在买卖合同订立前已经占有工程设备，选项 B 正确。

16. D 【解析】动产抵押担保的主债权是抵押物的价款，标的物交付后10日内办理抵押登记的，该抵押权人优先于抵押物买受人的其他担保物权人受偿，但是留置权人除外。乙公司是留置权人，因此优先于 A 银行与丙公司。A 银行于 2 月 12 日办理抵押登记，担保的是抵押物的价款，在动产交付(2 月 3 日)的 10 日内，因此 A 银行优先于丙公司。所以优先受偿的顺序为：乙公司>A 银行>丙公司。

17. B 【解析】选项 B，提存人是债务人或其代理人。

18. B 【解析】当事人约定由第三人向债权人履行债务的，第三人不履行债务或者履行债务不符合约定的，债务人应当向债权人承担违约责任。

19. D 【解析】选项 A，债权人应当以自己的名义代位行使债务人的债权；选项 B，专属于债务人自身的债权不能行使代位权；选项 C，债权人行使代位权的必要费用，由债务人负担。

20. C 【解析】选项 C，背书人在票据上记载"不得转让"字样，其后手再背书转让的，原背书人对其后手的被背书人不承担保证责任(但该背书行为是有效的)。

21. C 【解析】选项 A、B、D，票据伪造中，伪造人与被伪造人均不承担票据责任；票据上的真实签章人应当对持票人承担票据责任。

22. D 【解析】在一个上市公司中拥有权益的股份达到或者超过该公司已发行股份的50%的，继续增加其在该公司拥有的权益不影响该公司的上市地位，可以免于发出要约。

23. C 【解析】选项 A，保险经纪人是专门从事保险经纪活动的单位，而不能是个人；选项 B，保险经纪机构不得同时向投保人和保险人双方收取佣金；选项 D，保险合同的当事人是指投保人和保险人。保险经纪人既不是保险合同的当事人，也不是任何一方的代理人。

24. A 【解析】人寿保险的被保险人或者受益人向保险人请求给付保险金的诉讼时效期间为 5 年，自其知道或者应当知道保险事故发生之日起计算。

25. D 【解析】除另有规定外，信托不因委托人或者受托人的死亡、丧失民事行为能力、依法解散、被依法撤销或者被宣告破产而终止，也不因受托人的辞任而终止。

26. D 【解析】我国预算包括一般公共预算、政府性基金预算、国有资本经营预算、社会保险基金预算四本预算。

27. D 【解析】未经履行出资人职责的机构同意，国有独资企业、国有独资公司不得有下列行为：与关联方订立财产转让、借款的协议(选项 A)；为关联方提供担保(选项 B)；与关联方共同出资设立企业，或者向董事、监事、高级管理人员或者其近亲属所有或者实际控制的企业投资(选项 C)。

28. A 【解析】选项 B、C、D，属于应当进行清查的情形。

29. A 【解析】采用竞争性谈判方式采购的，应当遵循的程序是：成立谈判小组→制定谈判文件→确定邀请参加谈判的供应商名单→谈判→确定成交供应商。

30. C 【解析】履约保证金的数额不得超过政府采购合同金额的10%。

二、多项选择题

1. ACD 【解析】仲裁员有下列情形之一的，必须回避，当事人也有权提出回避申请：(1)是本案当事人或者当事人、代理人的近亲属(选项 D)；(2)与本案有利害关系；(3)与本案当事人、代理人有其他关系，可能影响公正仲裁的；(4)私自会见当事人、代理人，或者接受当事人、代理人的请客送礼的(选项 A、C)。

2. AD 【解析】选项 A，各级人民法院院长对本院已经发生法律效力的判决、裁定、调解书，发现确有错误，认为需要再审的，提交审判委员会讨论决定。选项 D，当事人申请再审的，不停止判决、裁定的执行。

3. ABCD 【解析】公民、法人或者其他组织认为行政机关的具体行政行为所依据的下列规定不合法，在对具体行政行为申请行政复议时，可以一并向行政复议机关提出对该规定的审查申请：(1)国务院部门的规定；(2)县级以上地方各级人民政府及其工作部门的规定；(3)乡、镇人民政府的规定。

4. BC 【解析】选项 A，依据章程规定完成对公司的经营管理属于合法行为。选项 D，公司董事、监事、高级管理人员离职后半年内，不得转让其所持有的本公司股份。离职半年后转让属于合法行为。

5. AC 【解析】普通合伙企业的合伙协议不得约定将全部利润分配给部分合伙人或者由部分合伙人承担全部亏损。

6. AC 【解析】选项 A，申请人自异议登记之日起 15 日内不提起诉讼的，异议登记失效。选项 B，异议登记不能阻却物权变动。选项 C，乙的异议登记不当给甲造成了损失，甲可以要求其赔偿。选项 D，乙丙之间不存在法律规定的侵权关系，因此不能要求乙赔偿。

7. ABCD 【解析】妨害行为表现形式多样，包括但不限于：(1)妨害他人所有权的行使，如停车于他人车库(选项 A)；(2)可量物或不可量物的侵入(选项 B)；(3)未经授权使用他人之物，如在他人墙壁上悬挂广告招牌(选项 C)；(4)对物之实体的侵害(选项 D)。

8. CD 【解析】以汇票、本票、支票、债券、存款单、仓单、提单出质的，质权自权利凭证交付质权人时设立；没有权利凭证的，质权自有关部门办理出质登记时设立。法律另有规定的，依照其规定。以基金份额、股权出质的，质权自办理出质登记时设立。可以转让的股权，无论是否为上市公司，均自办理出质登记时质权设立。

9. ABCD 【解析】选项 AB，出租人出卖租赁房屋的，应当在出卖之前的合理期限内通知承租人，承租人享有以同等条件优先购买的权利；但是，房屋按份共有人行使优先购买权或者出租人将房屋出卖给近亲属的除外。选项 C，出租人履行通知义务后，承租人在 15 日内未明确表示购买的，视为承租人放弃优先购买权。选项 D，出租人委托拍卖人拍卖租赁房屋的，应当在拍卖 5 日前通知承租人。承租人未参加拍卖的，视为放弃优先购买权。

10. ABD 【解析】选项 C，当事人为了防止损失扩大而支出的合理费用可以要求违约方承担。

11. ACD 【解析】选项 B，票据债务人不得以自己与持票人的前手之间的抗辩事由对抗持票人。

12. ABCD 【解析】选项 A、B、C、D 表述均正确。

13. ACD 【解析】选项 B，保险公司的注册资本必须为实缴货币资本。

14. ABC 【解析】选项 D，各级政府"财政部门"负责监督检查本级各部门及其所属各单位预算管理有关工作，并向"本级政府"和"上一级政府财政部门"报告预算执行情况。

15. ABC 【解析】采购，是指以合同方式有偿取得货物、工程和服务的行为，包括购买、租赁、委托、雇用等。这里的货物，是指各种形态和种类的物品，包括原材料、燃料、设备、产品等；工程包括建筑物和构筑物的新建、改建、扩建、装修、拆除、修缮等；服务包括政府自身需要的服务和政府向社会公众提供的公共服务。选项D属于工程。

三、判断题

1. × 【解析】第三人知道或者应当知道行为人无权代理的，由第三人和行为人按照各自的过错承担责任。
2. × 【解析】高级管理人员，是指公司的经理、副经理、财务负责人，上市公司董事会秘书和公司章程规定的其他人员。
3. × 【解析】作为有限合伙人的自然人死亡、被依法宣告死亡或者作为有限合伙人的法人及其他组织终止时，其继承人或者权利承受人可以依法取得该有限合伙人在有限合伙企业中的资格。
4. √ 【解析】本题表述正确。
5. × 【解析】当事人设立居住权，应当采用书面形式订立居住权合同，也可以以遗嘱方式设立居住权。居住权自登记时设立。
6. √ 【解析】本题表述正确。
7. √ 【解析】自然人之间的借款合同是实践合同，自贷款人提供借款时生效。借款合同应采用书面形式，但自然人之间借款另有约定的除外。
8. × 【解析】人身保险合同订立后，因投保人丧失对被保险人的保险利益，当事人主张保险合同无效的，人民法院不予支持。
9. × 【解析】信托关系当事人包括委托人、受托人和受益人。
10. √ 【解析】本题表述正确。

四、简答题

1. 【答案】

(1) 甲以A企业的名义与B公司签订的买卖合同有效。根据规定，合伙企业对合伙人执行合伙企业事务以及对外代表合伙企业权利的限制不得对抗善意的第三人。在本题中，B公司属于不知情的善意第三人，因此，买卖合同有效。

(2) 丙的质押担保行为无效。根据规定，普通合伙人以其在合伙企业中的财产份额出质的，须经其他合伙人一致同意；未经其他合伙人一致同意，其行为无效，由此给善意第三人造成损失的，由行为人依法承担赔偿责任。在本题中，普通合伙人丙的质押行为未经其他合伙人一致同意，因此，质押行为无效。

(3) 甲、乙、丙决定A企业以现有企业组织形式继续经营不合法。根据规定，有限合伙企业仅剩普通合伙人的，应当转为普通合伙企业。在本题中，人民法院强制执行丁在A企业中的全部财产份额后，丁当然退伙。A企业中仅剩下普通合伙人，A企业应当转为普通合伙企业。

2. 【答案】

(1) 该合同的租赁期限不合理。根据规定，租赁期限不得超过20年，超过20年的，超过部分无效。

(2) 甲可以要求乙将房屋恢复原状或者赔偿损失。根据规定，承租人经出租人同意，可以对租赁物进行改善或者增设他物。承租人未经出租人同意，出租人可以请求承租人恢复原状或者赔偿损失。

(3) 应由甲承担维修费用。根据规定，承租人在租赁物需要维修时可以要求出租人在合理期限内维修。出租人未履行维修义务的，承租人可以自行维修，维修费用由出租人负担。

3. 【答案】

(1) 甲公司的观点是错误的。根据规定，票据关系一经形成，就与基础关系相分离，基础关系是否存在、是否有效，对票据关系都不起影响作用，因此只要权利人合法持有票据，便享有票据权利，银行审查以后，如果票据形式符合规定，就应该付款。

（2）银行的观点是正确的。根据规定，将汇票金额的一部分转让或者将汇票金额分别转让给两人以上的背书无效。

（3）甲公司的拒付行为合法。根据规定，背书人在汇票上记载"不得转让"字样，其后手再背书转让的，原背书人对其后手的被背书人不承担保证责任。

五、综合题

【答案】

（1）出席该次董事会会议的董事人数符合规定。根据规定，董事会会议应有过半数的董事出席方可举行。

（2）董事戊委托他人出席该次董事会会议无效。根据规定，董事因故不能出席董事会会议时，可以书面委托其他董事代为出席。董事戊是口头委托而非书面委托的其他董事，无效。

（3）董事庚委托他人出席该次董事会会议无效。根据规定，董事因故不能出席董事会会议时，可以书面委托其他董事代为出席。董事庚委托的是监事而不是董事代为出席会议，无效。

（4）董事会通过的聘任公司财务负责人的决议符合规定。根据规定，根据经理提名决定聘任公司财务负责人并决定其报酬属于董事会职权范围，且经出席本次会议的董事讨论并一致同意，符合规定。

（5）董事会通过的制定公司基本管理制度的方案的决议不符合规定。根据规定，董事会作出决议必须经全体董事的过半数通过。公司董事由6人组成，董事甲反对，戊、庚委托不合法，实际只有3名董事同意，不符合全体董事的过半数（需大于3名）。

（6）董事会会议记录无须列席会议的监事签名。根据规定，董事会应当对会议所议事项的决定作成会议记录，出席会议的董事应当在会议记录上签名，无需监事签名。

模拟试卷（二）参考答案及解析

一、单项选择题

1. B 【解析】一般情况下，第一审行政案件由基层人民法院管辖；第一审行政案件由"中级人民法院"管辖的有：（1）对国务院各部门或者县级以上地方人民政府所作的行政行为提起诉讼的案件；（2）海关处理的案件；（3）本辖区内重大、复杂的案件；（4）其他法律规定由中级人民法院管辖的案件。

2. D 【解析】简易程序适用于事实清楚、权利义务关系明确、争议不大的简单案件。

3. B 【解析】选项A、B，期限必然会到来，条件不一定会成就。赵某1年内不一定结婚，所以属于附条件的法律行为。选项C、D，多方法律行为是指依两个以上当事人意思表示一致而成立的法律行为，本题属于多方法律行为。

4. C 【解析】选项C，是法定代理终止的法定情形之一。

5. A 【解析】选项B、C，离婚案件、涉及商业秘密的案件，当事人申请不公开的，可以不公开审理；选项D，合议庭的成员应当是3人以上的单数。

6. D 【解析】对属于人民法院受案范围的行政案件，公民、法人或者其他组织可以先向上一级行政机关或者法律、法规规定的行政机关申请复议，对复议决定不服的，再向人民法院提起诉讼；也可以直接向人民法院提起诉讼。

7. A 【解析】选项A，公司不得接受本公司的股票作为质押权的标的。

8. B 【解析】选项A、C，股东应就其股权转让事项书面通知其他股东征求同意，其他股东自接到书面通知之日起满30日未答复的，视为同意转让。选项B、D，股东向股东以外的人转让股权，应当经其他股东过半数同意。其他股东半数以上不同意转让的，不同意的股东应当购买该转让的股权；不购买的，视为同意转让。

9. B 【解析】选项A、C，属于董事会的职权；选项D，只需过半数的股东同意即可，无须股东会进行决议。

10. A 【解析】选项B，实际出资人未经公司"其他股东"半数以上同意，请求公司变更股东、签发出资证明书、记载于股东名册、记载于公司章程并办理公司登记机关登记的，人民法院不予支持；选项C，名义股东和实际出资人之间发生投资权益归属的争议，名义股东以公司股东名册记载、公司登记机关登记为由否认实际出资人权利，人民法院不予支持；选项D，名义股东将登记于其名下的股权转让、质押或者以其他方式处分，如果受让方构成善意取得，交易的股权可以最终为其所有。

11. C 【解析】选项A、B，公司已发行的优先股不得超过公司普通股股份总数的50%，且筹资金额不得超过发行前净资产的50%；选项C，可累积优先股，表决权恢复直至公司全额支付所欠股息；选项D，公司累计3个会计年度或连续2个会计年度未按约定支付优先股股息的，优先股股东有权出席股东大会，每股优先股股份享有公司章程规定的表决权。

12. C 【解析】选项A，普通合伙企业设立时，合伙人是自然人的，应当具有完全民事行为能力；选项B，合伙人可以约定出资的缴付期限，不一定必须一次性缴付出资；选项 D，普通合伙企业应当在其名称中标明"普通合伙"字样，否则是不符合规定的。

13. B 【解析】选项 A、B，有限合伙人转变为普通合伙人后，对其作为有限合伙人期间发生的债务承担无限连带责任；普通合伙人转变为有限合伙人后，对其作为普通合伙人期间发生的债务承担无限连带责任。选项 C、D，除合伙协议另有约定外，普通合伙人转变为有限合伙人，或者有限合伙人转变为普通合伙人，应当经全体合伙人一致同意。

14. A 【解析】选项 A，全部财产份额被强制执行会导致当然退伙；选项 B，未履行出资义务是导致除名的事由；选项 C，被宣告破产才会导致当然退伙，申请破产不会；选项 D，普通合伙人丧失民事行为能力不一定导致当然退伙。

15. D 【解析】选项 D，有限合伙人不执行合伙事务，不得对外代表有限合伙企业。

16. A 【解析】本题所述情形，为占有改定方式转让动产，动产物权转让时，当事人又约定由出让人继续占有该动产的，物权自该约定生效时发生效力。甲、乙签订了买卖合同，又约定乙先借用该作品完成展览。此时在借用合同生效时，视为乙已经交付了作品，作品所有权归甲所有，选项 A 正确，选项 B 错误。乙之后将作品卖给丙，属于是无权处分，丙善意取得该作品的所有权，所以甲无权要求丙返还该作品，选项 C、D 错误。

17. C 【解析】选项 C，预告登记后，自能够进行不动产登记之日起 90 日内未申请登记的，预告登记失效。

18. D 【解析】以"建筑物和其他土地附着物、建设用地使用权、海域使用权、正在建造的建筑物"设定抵押的，抵押权自登记时设立。

19. D 【解析】选项 A，债权人留置的动产，应当与债权属于同一法律关系，但企业之间留置的除外；选项 B，留置权人有权收取留置财产的孳息；选项 C，同一动产上已设立抵押权或者质权，该动产又被留置的，留置权人优先受偿。

20. C 【解析】选项 C，属于要约可以撤回的情形。

21. A 【解析】选项 B，见票后定期付款的汇票，持票人应当自出票日起 1 个月内向付款人提示承兑；选项 C，付款人承兑汇票的，应当在汇票正面记载"承兑"字样和承兑日期并签章，不能在票据背面记载；选项 D，票据承兑后，承兑人的票据责任不因持票人未在法定期限提示付款而解除。

22. D 【解析】1/3 以上监事发生变动属于股票发行公司发布临时报告的重大事件，5 名监事中有 2 名监事发生变动，2/5 大于 1/3，所以在临时报告中披露。

23. A 【解析】投保人故意不履行如实告知义务的，保险人对于解除合同前发生的保险事故，不承担赔偿或给付保险金的责任，并不退还保费。

24. D 【解析】商誉、经营控制权等营业上的利益，因非确定的独立财产，不能成为信托财产。

25. C 【解析】县级以上地方政府的派出机关根据本级政府授权进行预算管理活动，不作为一级预算，其收支纳入本级预算。

26. A 【解析】选项 A，由于转让部分国有股权导致国家不再拥有控股地位的，需报本级人民政府批准。

27. B 【解析】国务院财政部门编制中央决算草案，经国务院审计部门审计后，报国务院审定，由国务院提请全国人民代表大会常务委员会审查和批准。

28. A 【解析】企业国有资产的出资人和所有权人虽然是国家，但根据法律的规定由国务院代表国家行使国有资产所有权。

29. D 【解析】未经股东会、股东大会同意，国有资本控股公司、国有资本参股公司的董事、高级管理人员不得在经营同类业务的其他企业兼职。

30. D 【解析】政府采购监督管理部门是各级人民政府财政部门。

二、多项选择题

1. ABC 【解析】侵权之债的诉讼时效,自权利人知道或应当知道权利被侵害事实和加害人之时开始计算。

2. ACD 【解析】选项 A,受欺诈而订立的合同,属于可撤销的合同,具有撤销权的当事人(甲公司)自知道或应当知道撤销事由之日起1年内没有行使撤销权的,撤销权消灭;选项 B,受欺诈、受胁迫而订立的合同,只有受损害方甲公司才有权撤销,乙公司没有撤销权;选项 C,可撤销的合同在撤销前已经生效,甲公司可以行使撤销权,也可以不行使撤销权而要求乙公司履行合同;选项 D,可撤销的合同在被撤销前,合同有效,乙公司有权要求甲公司履行付款义务。

3. AB 【解析】有限责任公司的股东(马某)未履行或者未全面履行出资义务即转让股权,受让人(罗某)对此知道或者应当知道,公司请求该股东履行出资义务、受让人(罗某)对此承担连带责任的,人民法院应予支持;公司债权人依法向该股东提起诉讼,同时请求前述受让人对此承担连带责任的,人民法院应予支持。受让人根据规定承担责任后,向该未履行或者未全面履行出资义务的股东追偿的,人民法院应予支持。但是,当事人另有约定的除外。

4. BC 【解析】公司为公司股东提供担保的,必须经股东会或者股东大会决议,接受担保的股东不得参加该事项的表决。该项表决由出席会议的其他股东(不包括张某)所持表决权的过半数通过。

5. ABD 【解析】选项 C,特殊的普通合伙企业应当建立执业风险基金(单独立户管理)、办理职业保险。

6. AB 【解析】选项 A、B,合伙企业应当将被继承合伙人的财产份额退还该继承人;选项 C、D,根据规定,合伙人死亡或者被依法宣告死亡的,对该合伙人在合伙企业中的财产份额享有合法继承权的继承人,按照合伙协议的约定或者经全体合伙人一致同意,从继承开始之日起,取得该合伙企业的合伙人资格,但是合伙人的继承人为无民事行为能力人或者限制民事行为能力人的,经全体合伙人一致同意,可以依法成为有限合伙人,普通合伙企业依法转为有限合伙企业。全体合伙人未能一致同意的,合伙企业应当将被继承合伙人的财产份额退还该继承人。

7. AC 【解析】根据规定,清算人由全体合伙人担任;经全体合伙人过半数同意,可以自合伙企业解散事由出现后15日内指定一个或者数个合伙人,或者委托第三人,担任清算人。

8. AB 【解析】处分共有的不动产或者动产以及对共有的不动产或者动产作重大修缮、变更性质或者用途的,应当经占份额2/3以上的按份共有人或者全体共同共有人同意,但共有人之间另有约定的除外。本题中,乙、丙、丁、戊、庚的共有份额合计为1/3,甲的份额为2/3,因此对于甲的转让以及甲、乙的转让行为均有效,选项 A、B 正确;选项 C、D 中,由于甲或甲、乙的反对,使得其他共有人的转让行为归于无效。

9. CD 【解析】选项 A,住宅建设用地使用权期限届满的,自动续期。续期费用的缴纳或者减免,依照法律、行政法规的规定办理。选项 B,非住宅建设用地使用权期限届满后的续期,依照法律规定办理。

10. ABCD 【解析】合同的消灭,除导致合同权利义务终止外,还发生如下效力:(1)从权利义务(如保证债权)归于消灭;(2)债权人应当将债权文书返还债务人;

(3)当事人应当遵循诚信等原则，根据交易习惯履行通知、协助、保密、旧物回收等义务；(4)合同的消灭，不影响合同中有关解决争议的方法、结算和清理条款的效力，选项ABCD均正确。

11. ACD 【解析】出卖人出卖交由承运人运输的在途标的物，在合同成立时知道或者应当知道标的物已经毁损、灭失却未告知买受人，买受人主张出卖人负担标的物毁损、灭失的风险的，人民法院应予支持。

12. ABD 【解析】被保险人或者投保人可以指定一人或者数人为受益人。投保人指定受益人未经被保险人同意的，法院应认定指定行为无效。

13. ABCD 【解析】有下列情形之一的，信托无效：(1)信托目的违反法律、行政法规或者损害社会公共利益；(2)信托财产不能确定；(3)委托人以非法财产或者法律规定不得设立信托的财产设立信托；(4)专以诉讼或讨债为目的设立信托；(5)受益人或者受益人范围不能确定；(6)法律、行政法规规定的其他情形。

14. ABD 【解析】选项C，县级以上地方各级预算的调整方案应当提请本级人民代表大会常务委员会审查和批准。

15. ABC 【解析】选项D，政府采购的供应商"参与政府采购活动前3年内，在经营活动中没有重大违法记录"。

三、判断题

1. √ 【解析】本题表述正确。
2. √ 【解析】本题表述正确。
3. × 【解析】因合并、分立而解散的公司不需要清算。
4. √ 【解析】本题表述正确。
5. √ 【解析】本题表述正确。
6. √ 【解析】本题表述正确。
7. × 【解析】当事人采用合同书形式订立合同的，自当事人均签名、盖章或者按指印时合同成立。
8. × 【解析】收购人持有的被收购的上市公司的股票，在收购行为完成后的18个月内不得转让。
9. √ 【解析】本题表述正确。
10. × 【解析】举借的债务应当有偿还计划和稳定的偿还资金来源，只能用于公益性资本支出，不得用于经常性支出。

四、简答题

1. 【答案】
(1)甲公司章程规定股东均等行使表决权符合法律规定。根据规定，有限责任公司的股东按照出资比例行使表决权，但公司章程另有规定的除外。在本题中，公司章程对表决权的行使有特别规定，各股东可以均等行使表决权。
(2)赵某主张李某不得行使表决权符合法律规定。根据规定，出资人以房屋、土地使用权或者需要办理权属登记的知识产权等财产出资，出资人已经就前述财产出资，办理权属变更手续但未交付给公司使用，公司或者其他股东主张其向公司交付，并在实际交付之前不享有相应股东权利的，人民法院应予支持。
(3)甲公司修改公司章程的决议能够通过。根据规定，股东会会议做出修改公司章程的决议，必须经代表2/3以上表决权的股东通过。在本题中，李某不享有表决权，享有表决权的4人中有3人同意，3/4超过2/3，故该决议能够通过。

2. 【答案】
(1)乙公司将该汇票背书转让给丁公司，没有注明背书日期的背书有效。根据规定，背书日期属于相对应记载事项，未记载背书日期的，视为在票据到期日前背书。
(2)丁公司提示付款的日期不符合规定。根据规定，出票后定期付款的汇票，持票人应在该票据到期日起10日内提示付款。

在本题中，到期日为 2021 年 5 月 1 日，丁公司应在 2021 年 5 月 10 日前向丙银行提示付款。

（3）如果丁公司被丙银行拒绝付款，可以向丙银行和甲公司追索。根据规定，未按规定期限提示付款的，丧失对 除出票人、承兑人以外 的前手的追索权。

3.【答案】
（1）同一债权既有保证又有物的担保的，债务人不履行到期债务，债权人应当按照约定实现债权；没有约定或者约定不明确，债务人自己提供物的担保的，债权人应当先就该物的担保实现债权。

（2）甲公司将 400 万元债务转移给丁公司的行为有效。根据规定，债务人将合同的义务全部或者部分转移给第三人，应当 经债权人同意。在本题中，该转移经过三方协商决定，故转让有效。

（3）丙公司不承担保证责任。根据规定，保证期间，债权人许可债务人转让债务的，应当取得保证人书面同意，保证人对未经其同意转让的债务部分，不再承担保证责任。在本题中，由于债务转移未经丙公司同意，故保证人丙公司对此项债务不再承担保证责任。

五、综合题

【答案】
（1）甲公司有权将用于抵押的 3 台设备出租给丙公司。根据规定，抵押权设定后，由于抵押人仍占有抵押物，可以继续对抵押物进行使用、收益和处分。所以甲公司有权将用于抵押的 3 台设备出租。

（2）乙公司无权就用于抵押的 3 台设备向戊公司行使抵押权。根据规定，当事人以生产设备设定抵押的，抵押权自 抵押合同生效时 设立，未经登记，不得 对抗善意第三人。在本题中，乙公司以设备设定抵押，但是未办理登记手续，其抵押权不得对抗善意的戊公司。

（3）①用于质押的轿车灭失前，甲公司是该轿车的所有权人。根据规定，动产物权的转让，自交付时发生效力，但法律另有规定的除外。本题中，甲公司与己公司虽然已经办理了过户登记手续，但是轿车尚未交付，所有权未发生转移。

②乙公司对该轿车不享有质权。根据规定，质权自质物移交给质权人占有时设立。本题中，甲公司仅将用于质押的轿车的机动车登记证交给乙公司保管，并未实际交付该轿车，质权尚未设立。

（4）丁公司主张优先购买权不成立。根据规定，只有在 房屋租赁 中才有 优先 购买权的适用，对于其他标的物的租赁，并不适用优先购买权。

（5）甲公司无权要求丁公司对轿车的灭失承担赔偿责任。根据规定，因不可归责于承租人的事由，致使租赁物部分或者全部毁损、灭失的，承租人可以要求减少租金或者不支付租金。在本题中，轿车的毁损是因不可抗力引起的，承租人并无过错，因此不承担赔偿责任。

（6）己公司有权要求甲公司承担赔偿责任。根据规定，当事人一方不履行合同义务，在履行义务或者采取补救措施后，对方还有 其他损失 的，应当赔偿损失。在本题中，合同标的物轿车已经毁损，甲公司无法继续履行合同义务，应当对己公司的损失进行赔偿。